中国古代名著全本译注丛书

周礼译注

杨天宇　译注

图书在版编目(CIP)数据

周礼译注／杨天宇译注．—上海：上海古籍出版社，2016.11（2023.4重印）
（中国古代名著全本译注丛书）
ISBN 978-7-5325-8222-8

Ⅰ.①周… Ⅱ.①杨… Ⅲ.①礼仪—中国—周代②《周礼》—译文③《周礼》—注释 Ⅳ.①K224.06

中国版本图书馆CIP数据核字(2016)第225909号

中国古代名著全本译注丛书
周礼译注
杨天宇　译注
上海古籍出版社出版发行
（上海市闵行区号景路159弄1-5号A座5F　邮政编码201101）
(1)网址：www.guji.com.cn
(2)E-mail：guji1@guji.com.cn
(3)易文网网址：www.ewen.co
江阴市机关印刷服务有限公司印刷
开本890×1240　1/32　印张30.375　插页5　字数583,000
2016年11月第1版　2023年4月第4次印刷
印数5,201—6,250
ISBN 978-7-5325-8222-8
K·2248　定价：78.00元
如有质量问题，请与承印公司联系

前　言

一、关于《周礼》书名

《周礼》在汉代最初名为《周官》，始见于《史记·封禅书》，曰：

> 《周官》曰："冬日至，祀天于南郊，迎长日之至；夏日至，祭地祇。"

又曰：

> 自得宝鼎，上与公卿诸生议封禅。封禅用希旷绝，莫知其礼仪，而群儒采封禅《尚书》、《周官》、《王制》之望祀射牛事。

《汉书·礼乐志》亦称之为《周官》，曰：

> 自夏以往，其流不可闻矣，《殷颂》尤有存者。《周诗》既备，而器用张陈，《周官》具焉。

又《汉书·王莽传上》载平帝元始四年(公元4年)征天下"异能之士"，其所列书名，亦称之为《周官》：

> 征天下通一艺、教授十一人以上，及有《逸礼》、古《书》、《毛诗》、《周官》、《尔雅》、天文、图谶、钟律、月令、兵法、《史籀》文字，通知其意者，皆诣公车。网罗天下异能之士，至者前后千数。

至《汉书·郊祀志》记平帝元始五年，王莽奏改南北郊祭礼时，仍称《周官》，其奏文有曰：

《周官》天墬(地)之祀，乐有别有合。

又奏言：

谨案《周官》“兆五帝于四郊”，山川各因其方，今五帝兆居在雍五畤，不合于古。

同年五月，公卿、大夫、博士、议郎、列侯九百余人奏为王莽加九锡之礼，犹称引之为《周官》，曰：

谨以《六艺》通义，经文所见，《周官》、《礼记》宜于今者，为九命之锡。(《汉书·王莽传上》)

以上所记，皆在王莽未居摄时。

王莽居摄三年(公元8年)九月，莽母功显君死，时刘歆与博士诸儒七十八人议功显君服，则改称《周官》为《周礼》了，其议有曰：

圣心周悉，卓尔独见，发得《周礼》，以明因监。

又引《司服》之文，亦称《周礼》，曰：

《周礼》曰：“王为诸侯缌缞”，“弁而加环绖”。

是可知《周官》之改名为《周礼》，当在王莽居摄之后、居摄三年之前(公元6年至8年间)，故刘歆等七十八人之议方径称之为《周礼》。

《周礼》又有《周官经》之称，见于《汉书·艺文志》，曰：“《周官经》六篇。”案《汉志》是沿袭刘歆的《七略》，据王葆玹说，刘歆奏上《七略》，在哀帝建平元年(公元前6年)之初(见王著《今古文经学新论》第三章第四节，中国社会科学出版社

1997年版)，由此看来，似乎早在王莽居摄之前，《周官》已被尊为“经”了，则恐不然。因为《周官》之改称《周礼》与被尊为经，都是王莽居摄以后的事。哀帝建平元年(前6年)刘歆争立古文经博士时，也只提到《左氏春秋》、《毛诗》、《逸礼》和《古文尚书》，未及《周官》，而《汉志》虽沿袭《七略》，亦非一字不易地照抄，“《周官经》”的“经”字，盖班固据东汉古文经盛行以后所加，并非西汉旧名。东汉以后人确有称《周礼》为《周官经》的，如荀悦《汉纪》卷二十五云：“刘歆以《周官经》十六(案“十”字盖衍文)篇为《周礼》，王莽时，歆奏以为礼经，置博士。”又《经典释文·序录》云：“王莽时，刘歆为国师，始建立《周官经》为《周礼》。”可见，在“歆奏以为礼经”之前，《周官》是不曾称“经”的。又据上引《汉纪》和《释文》之说可知，改称《周官》为《周礼》，始于刘歆。然《释文》说“刘歆为国师”时，“始建立《周官经》为《周礼》”，则不确。据《汉书·王莽传中》，刘歆为国师在王莽始建国元年(公元9年)，而在此三年以前刘歆已改称《周官》为《周礼》了。《释文》之说，未得其实。

又《汉书·食货志下》记王莽下诏曰：“夫《周礼》有赊贷。”接着记莽“又以《周官》税民”。同一《志》中而两见其名者，武亿曰：“凡莽及臣下施于诏议章奏，自号曰《周礼》，必大书之。而(班固)自为史文，乃更端见例，复仍其本名。”(《授堂文钞》卷一:《周礼名所由始考》)然则《周官》一书，自刘歆改名之后，迄于东汉，《周官》、《周礼》两名每互见错出。蒋伯潜说：“如郑玄《周礼注自序》已称《周礼》，其注《仪礼》、《礼记》引《周礼》亦甚多，而《后汉书·儒林传》犹称玄作《周官》；《卢植传》有《周礼》之称，《儒林传》又称马融作《周官传》；郑玄《序》则谓郑兴、郑众、卫宏、贾逵、马融皆作《周礼解诂》。”(见蒋著《十三经概论》第四编第一章)是其例也。

又古人还有所谓《周礼》有七处异名之说，见于孔颖达《礼记》大题《疏》，曰：

> 《周礼》见于经籍，其名异者见有七处。案《孝经说》云“《经礼》三百”，一也；《礼器》云“《经礼》三百”，二也；《中庸》云“《礼仪》三百”，三也；《春秋说》云“《礼经》三百”，四也；《礼说》云“有《正经》三百”，五也；《周官外题》谓为《周礼》，六也；《汉书·艺文志》云“《周官经》六篇”，七也。七者皆云三百，故知俱是《周官》。《周官》三百六十，举其大数而云三百也。

这里所谓七处异名，实际只有六名，曰《经礼》（见一、二两处。据阮校，宋本《孝经说》“经礼”作“礼经”，则与下引《春秋说》同，亦重其名），曰《礼仪》，曰《礼经》，曰《正经》，曰《周礼》，曰《周官经》。《周礼》、《周官经》二名前已述之。《经礼》、《礼经》、《礼仪》、《正经》四名，则皆据“三百”之数以断其为《周礼》之异名，实则不然。孔氏之误，缘自郑玄。郑玄于《礼记·礼器》“经礼三百，曲礼三千”下注曰：“经礼谓《周礼》也。《周礼》六篇，其官三百六十。曲犹事也，事礼今谓《礼》（案指《仪礼》）也。”是郑玄以《周礼》为经礼，而以《仪礼》为事礼或曲礼。其实《礼器》所谓“经礼”，乃指礼之大纲，“曲礼”则指其细目，而三百、三千之数，不过极言其多且盛。朱熹曰：“经礼三百，便是《仪礼》中士冠、天子冠礼之类，此是大节，有三百条。如始加，再加，三加，又如‘坐如尸，立如齐’之类，皆是其中之小目，便有三千条。或有变礼，亦是小目。”（《朱子语类》卷七十八）“礼经”、“礼仪”、“正经”之名，义亦放此。孙诒让说：“盖《周礼》乃官政之法，《仪礼》乃礼之正经，二经并重，不可相对而为经、曲。《中庸》‘礼仪’、‘威仪’，咸专属《礼经》（案指《仪礼》），与《周礼》无涉。《孝经》、《春秋》、《礼说》所云‘礼经’（案当作“经礼”）、‘礼义’（案当作“礼经”）、‘正经’者，亦无以定其必为此经。郑(玄)、韦(昭)、孔(颖达)诸儒，并以三百大数巧合，遂为皮傅之说，殆不足冯。”(《周礼正义》之《周礼》大题《疏》)案孙说是也。孔颖达所举“经礼”、“礼经”、“礼仪”、“正经”四者，皆非《周礼》之异名也。

二、《周礼》的发现

有关《周礼》一书发现的记载，最早见于《汉书·景十三王传》之《河间献王传》，曰：

> 河间献王刘德，以孝景前二年立，修学好古，实事求是。从民间得善书，必为好写与之，留其真，加金帛以招之。繇是四方道术之人不远千里，或有先祖旧书，多奉以奏献王者，故得书多，与汉朝等。……献王所得书皆古文先秦旧书，《周官》、《尚书》、《礼》、《礼记》、《孟子》、《老子》之属，皆经传说记，七十子之徒所论。

案河间献王立于景帝前元二年(前 155 年)，立二十六年而薨，是薨于武帝元光五年(前 130 年)，而武帝即位在公元前 140 年，是河间献王刘德之前十六年在景帝时期，后十年在武帝时期，因此他很有可能在景帝时期即已从民间得《周官》之书。

又有河间献王得《周官》于李氏之说，见于陆德明《释文序录》所引“或曰”：

> 景帝时河间献王好古，得古礼献之。或曰河间献王开献书之路，时有李氏上《周官》五篇，失《事官》一篇，乃购千金不得，取《考工记》以补之。

《隋书·经籍志》亦曰：

> 而汉时有李氏得《周官》。《周官》盖周公所制官政之法，上于河间献王，独阙《冬官》一篇，献王购以千金不得，遂取《考工记》以补其处，合成六篇奏之。

案李氏献《周官》之说在当时或有所本，但今已不可究其确然否。要之，河间献王当时确曾从民间得《周官》之书则无可疑。或以为《史记·五宗世家》未言河间献王得古文旧书事，遂以为《汉书·河间献王传》的记载不可信（如康有为《新学伪经考》即力主此说）。然而这种因为《史记》缺载，遂疑《汉书》所记为不可信的说法，理由并不充分。近王葆玹所著《今古文经学新论》一书对此说作了有力的批驳。据王葆玹考证，《史记》对于河间献王得书事之所以缺载，是因为司马迁对河间王国的情况缺乏了解，他从未到过河间王国，也不可能看到河间王国的文献，所以司马迁的《五宗世家》对河间献王刘德的记载极简略，总共只用了几十个字。王葆玹还论证了河间王国是当时与汉帝的王朝相并列的两个古文经传的汇集点之一，完全有可能收集到包括《周官》在内的大量古文旧书。王说甚辩，详可见其书第三章第一节。

又上引《释文序录》说“得古礼（当包括《周礼》）献之”，《隋志》亦曰“合成六篇奏之”，这都是说河间献王曾将所得《周礼》上献于汉王朝。唐孔颖达在其《春秋左传正义》篇首之《春秋序》题下《疏》中亦曰：“汉武帝时河间献《左氏》及《古文周官》。”然《史记·五宗世家》及《汉书·河间献王传》皆未言及河间献王献书事，《河间献王传》唯曰“武帝时，献王来朝，献雅乐，对三雍宫，及诏策所问三十余事”。盖河间献王这次朝武帝、献雅乐，同时亦有献书事，而《汉书》缺载欤？

武帝时期汉朝廷“秘府”中确曾有一部《周礼》。唐贾公彦

《序周礼废兴》说：

> 《周官》孝武之时始出，秘而不传。《周礼》后出者，以其始皇特恶之故也。是以马融《传》云：“秦自孝公以下用商君之法，其政酷烈，与《周官》相反，故始皇禁挟书，特疾恶，欲绝灭之，搜求焚烧之独悉，是以隐藏百年。孝武帝始除挟书之律（案秦挟书律汉惠帝四年已除，见《汉书·惠帝纪》，此误），开献书之路，既出于山岩屋壁，复入于秘府，五家之儒莫得见焉。”

这里是说，《周礼》因秦始皇焚书而被隐藏，至汉“开献书之路”而出于“山岩屋壁”，出而复入于汉王朝之“秘府”，致使“五家之儒”（指汉代传《礼》者高堂生、萧奋、孟卿、后仓、戴德戴圣五家）也都“莫得见”。这部出于“山岩屋壁”的《周礼》，盖即河间献王从民间所得而献之者。故孙诒让说：“秘府之本，即献王所奏。……至马《序》（案指贾公彦《序废兴》所引马融《传》）云‘出山岩屋壁’，只谓蕴藏荒僻，与淹中孔壁，绝无关涉。”（《周礼正义》之《周礼》大题《疏》）黄侃也说：“汉武帝时，河间献王献《左传》及《古文周官》，此则马（融）所云‘出于山岩屋壁，复入于秘府’者，即指此献王之本矣。”（《礼学略说》，见《二十世纪中国礼学研究论集》第 31 页，学苑出版社 1998 年版）盖因河间献王献书时，汉王朝立于学官的儒家经典已经确定了《诗》《书》《易》《礼》《春秋》五经，这五经都是用当时通行的隶书写成的，而又得此古文《周礼》，且其所述制度又与当时的制度相左，故即将其藏之秘府，致使“五家之儒莫得见焉”。这部“入于秘府”的《周礼》，到成帝时刘向、歆父子校理秘书，始又发现而著于《录》《略》，到王莽时方得表彰而大显于世。

关于《周礼》的发现，还有出于孔壁之说。郑玄《六艺论》

曰:“《周官》,壁中所得,六篇。”(《礼记》大题孔《疏》引)又《太平御览》卷六一九引杨泉《物理论》曰:“鲁恭王坏孔子旧宅,得《周官》,缺,无《冬官》,汉武购千金而莫有得者,遂以《考工记》备其数。”案此说并无史实根据。《汉书·楚元王传》载刘歆《移让太常博士书》曰:“及鲁恭王坏孔子宅,而得古文于坏壁之中,《逸礼》有三十九,《书》十六篇。天汉之后,孔安国献之,遭巫蛊仓卒之难,未及施行。及《春秋》左氏丘明所修,皆古文旧书,多者二十余通。”《汉书·艺文志》曰:“《古文尚书》者,出孔子壁中。武帝末鲁共(恭)王坏孔子宅(案鲁恭王以景帝前元二年立,立二十八年而薨,见《汉书·鲁恭王传》,是其薨时当武帝元朔元年,不得云武帝末),欲广其宫,而得《古文尚书》及《礼记》、《论语》、《孝经》凡数十篇,皆古字也。……孔安国者,孔子后也,悉得其书,以考二十九篇,得多十六篇,安国献之,遭巫蛊事,未列于学官。”许慎《说文叙》曰:“壁中书者,鲁恭王坏孔子宅,而得《礼记》、《尚书》、《春秋》、《论语》、《孝经》。”王充《论衡·佚文篇》曰:“恭王坏孔子宅以为宫,得佚《尚书》百篇,《礼》三百,《春秋》三十篇,《论语》二十一篇。”又《释文序录》云:“《古文尚书》者,孔惠(孔子之末孙)之所藏也,鲁恭王坏孔子旧宅,于壁中得之,并《礼》、《论语》、《孝经》,皆科斗文字。”案以上诸文所记出于孔壁之书虽参差不一,然无一言及《周礼》,是郑玄《六艺论》及杨泉《物理论》之说,并不可信,故孙诒让斥之为“妄撰”(见《周礼正义》之《周礼》大题《疏》)。

又有所谓孔安国献《周礼》之说,见于《后汉书·儒林传》,曰:“孔安国所献《礼古经》五十六篇及《周官经》六篇,前世传其书,未有名家。”案孔安国献书之说,已见于上引刘歆《移让太常博士书》及《艺文志》,其所献乃孔壁中书,而孔壁所出书既不见《周礼》,孔安国又何得而献之?且据《移让书》和

《艺文志》，孔安国所献，乃《逸礼》和《古文尚书》，又何曾献过《周礼》？又孔安国是否有过献书的事，学者亦颇疑之。《史记·孔子世家》曰："安国为今皇帝博士，至临淮太守，蚤卒。"案孔安国之生年不可考，何时任博士亦不可考，据常理推之，其任博士时盖不小于二十岁。又武帝元朔五年（前124年）曾下诏"崇乡党之化，以厉贤材"（《汉书·武帝纪》），于是公孙弘上书建议令郡国荐举"好文学"者以为博士弟子（《汉书·儒林传》），此后有兒宽者，"以郡国选诣博士，受业孔安国"（《汉书·兒宽传》）。可见孔安国任博士，定当在元朔五年之前，而兒宽之被选为弟子并受业于孔安国，则当在元朔五年之后，前后相隔，盖不少于三年。即使孔安国任博士、公孙弘建议郡国荐举"好文学"者及兒宽之被举而为孔安国弟子都在同一年，即都在元朔五年，而巫蛊事件（当指戾太子巫蛊事件）则发生在征和二年（前91年），距元朔五年已经三十三年，孔安国如果还活着，他的年龄已不小于五十三岁，且实际年龄可能远在五十三岁以上，那就同司马迁称其"蚤卒"的记载不相符了。《史记·仲尼弟子列传》曰："（颜）回年二十九，发尽白，蚤死，孔子哭之恸。"颜回小于孔子三十岁，孔子死时年七十三岁（见《孔子世家》），则颜回死时决不会大于四十二岁，而称"蚤死"，则孔安国有生之年断不可能及于巫蛊事件明矣。是所谓孔安国献书而遭巫蛊事件之说，亦不可信，盖属传闻之误。

还有所谓文帝时得《周礼》之说，见于《礼记·礼器》"故经礼三百，曲礼三千，其致一也"下之孔《疏》，其文曰："（《周官》）经秦焚烧之后，至汉孝文帝时，求得此书，不见《冬官》一篇，乃使博士作《考工记》补之。"案此说益不知何据，汉人从无文帝时得《周礼》的记载，故孙诒让斥之曰"此尤谬悠之说，绝无根据者也"（《周礼正义》之《周礼》大题《疏》）。

综上所考可见，《周礼》一书的发现，当以汉初河间献王从民间献书所得之说，较为可信，而其他诸说，则皆经不住推敲。

三、《周礼》的成书时代与真伪

《周礼》一书，古文经学家大抵以为周公所作，其说始于刘歆。贾公彦《序周礼废兴》引马融《传》曰：

> (《周礼》)既出于山岩屋壁，复入于秘府，五家之儒莫得见焉。至孝成皇帝，达才通人刘向、子歆校理秘书，始得列序，著于《录》《略》。……时众儒并出，共排以为非是。唯刘歆独识，其年尚幼，务在广览博观，又多锐精于《春秋》，末年乃知其周公致太平之迹，迹具在斯。

是刘歆以为《周礼》乃“周公致太平之迹”，即周公治周所建制度之实录。后来郑玄袭其说，而于《周礼·天官·序官》“惟王建国”下注曰：

> 周公居摄而作“六典”之职，谓之《周礼》，营邑于土中，七年致政成王，以此《礼》授之，使居雒邑治天下。

又贾公彦《序周礼废兴》引郑玄《序》(盖即郑玄《周礼序》)曰：

> 斯道也，文、武所以纲纪周国，君临天下，周公定之，致隆平龙凤之瑞。

《隋书·经籍志》亦曰：

> 《周官》盖周公所制官政之法。

此后中国封建时代的学者大多信用此说。孙诒让更就郑玄之说，考订周公摄政的年代与颁行《周礼》的时间，其结论曰：“周公作《周礼》虽在(居摄)六年，其颁行则在致政时(案谓居摄七年，

《周礼》“惟王建国”下贾《疏》引《书传》云：“七年致政成王。”)，故《明堂位》孔《疏》亦谓成王即位乃用《周礼》是也。”(见《周礼正义》之《天官·叙官》“惟王建国”下孙《疏》)

但此书一开始就遭到与刘歆同时的今文学家的竭力攻击，故贾公彦《序废兴》说：“时众儒并出，共排以为非是。”由此可以想见当时攻击之激烈。到了东汉，大约与郑玄同时，又有林孝存(即临硕)、何休等竭力否定其为周公之书，《序废兴》说：

> 然则《周礼》起于成帝刘歆，而成于郑玄，附离之者大半。故林孝存以为武帝知其末世渎乱不验之书，故作《十论》、《七难》以排弃之。何休亦以为六国阴谋之书。

郑玄因此而与他们展开了论战，《序废兴》接着说：

> 唯有郑玄遍览群经，知《周礼》乃周公致太平之迹，故能答临硕之《论》、《难》，使《周礼》义得条通。

然林孝存之《论》、《难》及郑玄所答，“其书久佚，今惟《女巫》及《夏官·叙官》贾《疏》、《诗·卫风·伯兮》、《大雅·棫朴》、《礼记·王制》孔《疏》，引其佚文各一事，余不传，莫详其说。”(孙诒让《周礼正义》之《周礼》“郑氏注”下《疏》)

最早提出《周礼》为刘歆伪造说的，是宋代的胡安国、胡宏父子。朱熹说：

> 《周礼》，胡氏父子以为是王莽令刘歆撰。(《朱子语类》卷八十六:《周礼·总论》)

然宋代主张《周礼》为刘歆伪造说最有力者，大概要数包恢了。朱彝尊《经义考》卷一二四《周礼五》于“包氏恢《六官疑辨》”条下引刘克庄曰：

> 宏斋包公(恢)著《六官疑辨》。盖先儒疑是书者非一人，至宏斋始确然以为国师刘歆之书。一日，克庄于缉熙殿进讲《天官》，至《渔人》，奏曰："《周礼》一书用于新室，再用于后周，三用于熙宁，皆为天下之祸。臣旧疑其书，近见恢《疑辨》，豁然与臣意合。陛下试取其书观之，便见其人识见高，非世儒所及。"

又引吴澄曰：

> 毁《周礼》非圣经，在前固有其人，不若吾乡宏斋包恢之甚，毫分缕析，逐节诋排，如法吏定罪，卒难解释，观者必为所惑。近年科举不用《周礼》，亦由包说惑之也。

包恢之书久佚，然由《经义考》所引刘克庄及吴澄说，可见包恢于否定《周礼》用力之深，影响之大。其后否定《周礼》为周公所作者，代有其人。至清代万斯大又作《周官辨非》，"以《周官》非周公之书，举其可疑者辩驳之，凡五十五则。或举吴氏之说，或独抒己见，皆持之有故，言之成理。"(《清通考》卷二一四:《经籍四》)然以《周礼》为刘歆伪造说之集大成者，当数季清之康有为。康氏撰有《周官证伪》一书，又于其《新学伪经考》中力辨《周礼》为刘歆伪作。其书具在，兹以文繁不录。

除以上相互对立的两说外，亦颇有主调停之说者：或以为周公作而未实行，或以为周公作而间有后儒之增窜。如宋程颢说："《周礼》不全是周公之礼法，亦有后世随时添入者，亦有汉儒撰入者。"(《二程集》第二册第404页，中华书局1981年版)朱熹亦曰："《周礼》毕竟出于一家。谓是周公亲笔做成，固不可，然大纲却是周公意思。某所疑者，但恐周公立下此法，却不曾行得尽。"又曰："恐是当时作成此书，见设官太多，遂不用，亦如《唐六典》今存，唐时元不曾用。"(《朱子语类》卷八十六:《周礼·总论》)这种调停说，要以纪昀之说最有代表性，他在《四库提要》之《周礼注疏》下说：

《周礼》一书，上自河间献王，于诸经之中，其出最晚，其真伪亦纷如聚讼，不可缕举。惟《横渠语录》曰："《周礼》是的当之书，然其间必有末世增入者。"郑樵《通志》引孙处曰："周公居摄六年之后，书成归丰，而实未尝行。盖周公之为《周礼》，亦犹唐之《显庆》、《开元礼》，预为之以待他日之用，其实未尝行也。惟其未经行，故仅述大略，俟其临事而损益之。故建都之制不与《召诰》、《洛诰》合，封国之制不与《武成》、《孟子》合，设官之制不与《周官》合，九畿之制不与《禹贡》合。"其说差为近之，然亦未尽也。夫《周礼》作于周初，而周事之可考者不过春秋以后，其东迁以前三百余年，官制之沿革，政典之损益，除旧布新，不知凡几。其初去成、康未远，不过因其旧章，稍为改易，而改易之人，不皆周公也。于是以后世之法窜入之，其书遂杂。其后去之愈远，时移世变，不可行者渐多，其书遂废。此亦如后世律令条格，率数十年而一修，修则必有所附益，特世近者可考，年远者无征，其增删之迹，遂靡所稽，统以为周公之旧耳。迨乎法制既更，简编犹在，好古者留为文献，故其书阅久而仍存。此又如《开元六典》、《政和五礼》，在当代已不行用，而今日尚有传本，不足异也。使其作伪，何不全伪六官，而必阙其一，至以千金购之不得哉！且作伪者，必剽取旧文，借真者以实其赝，《古文尚书》是也。刘歆宗《左传》，而《左传》所云"礼经"皆不见于《周礼》。《仪礼》十七篇皆在《七略》所载古经七十篇中，《礼记》四十九篇亦在刘向所录二百十四篇中，而《仪礼·聘礼》宾行饔饩之物，禾米刍薪之数，笾豆簠簋之实，铏壶鼎甕之列，与《掌客》之文不同。又《大射礼》天子、诸侯侯数侯制，与

《司射》（案当作《射人》）之文不同。《礼记·杂记》载子男执圭，与《典瑞》之文不同。《礼器》天子、诸侯席数，与《司几筵》之文不同。如斯之类，与二《礼》多相矛盾。歆果赝托周公为此书，又何难牵就其文，使与经传相合，以相证验，而必留此异同，以启后人之攻击？然则《周礼》一书，不尽原文，而非出依托，可概睹矣。

经过近现代许多学者的研究，周公作《周礼》说及刘歆伪造说，大体上已经没有人相信了，而调停说是建立在前者基础上的，自然也不可信。但《周礼》究竟成书于何时，至今也还没有定论。彭林在其所著《周礼主体思想与成书年代研究》（中国社会科学出版社1991年版）之第一章第二节中，对于有关《周礼》成书时代诸说，罗列较备，兹除其第1说即“《周礼》为周公手作”说和第6说即“刘歆伪造”说外，其他诸说，录之如下（某些地方以“愚案”的形式作简略的说明或补充）：

2. 作于西周。日本学者林泰辅在《周公と其时代》一书中，详尽地分析了《周礼》所见天神、地示、人鬼，以及伦理思想、政治制度等，认为此书作于西周厉王、宣王、幽王时代。蒙文通先生认为，《周礼》“虽未必即周公之书，然必为西周主要制度，而非东迁以下之治”（蒙文通《从社会制度及政治制度论周官成书年代》，载《图书集刊》第一期）。愚案：朱谦之在其《周礼的主要思想》（载《光明日报》1961年11月12日第2版）一文中说：“此书中所用古体文字，不见于其他古籍，而独与甲骨文金文相同，又其所载官制与《诗经·大雅、小雅》相合，可见非在西周文化发达的时代不能作。”陈汉平在其所著《西周册命制度研究》（学林出版社1986年版）一书中也说：“笔者倾向于《周官》成书在西周之说。”（第218页）又，前所举诸调停说，实际也是一种西周说。

3. 作于春秋。近人刘起釪先生认为:"《周礼》一书所载官制材料,都不出春秋之世周、鲁、卫、郑四国官制范围,没有受战国官制的影响。"(刘起釪《洪范成书时代考》,载《中国社会科学》1980 年第 3 期)愚案:刘起釪所著《古史续辨》一书(中国社会科学出版社 1991 年版),其中有《周礼真伪之争及其书写成的真实依据》一篇,其结论说:"《周礼》成书有一个发展过程。第一步只是一部官职汇编,至迟成于东周春秋时代,它依据的是自西周以来逐渐完备的周、鲁、卫、郑四国的姬周系统的官制,初步还记录了一些官职的职掌。后来逐渐详细补充,写成了各官职的职文,除主要保存了春秋以上资料外,还录进了不少战国资料,所以全书的补充写定当在战国时期。到汉代整理图书时,又有少数汉代资料掺进去了,但不影响这部书原是周代的旧籍。"(第 650 页)又金景芳先生说:"我认为《周礼》一书是东迁后某氏所作。作者得见西周王室档案,故讲古制极为纤细具体,但其中也增入了作者自己的设想。例如封国之制、畿服之制一类的东西,就是作者自己设想所制定的方案。"(《经书浅谈》第 46 页,中华书局 1984 年版)

4. 作于战国。此说始于东汉经师何休。何休认为《周礼》是"六国阴谋之书"(见贾公彦《序周礼废兴》。愚案:所谓"阴谋",顾颉刚解释说"即是私下的计划",见《文史》第六辑第 39 页),汉儒张禹、包咸等从其说。季本《读礼疑图》、清儒崔述《丰镐考信录》、皮锡瑞《经学通论》、近代学者钱穆先生《周官著作时代考》(载《燕京学报》第 11 期,1933 年 6 月)、郭沫若先生《周官质疑》(见郭著《金文丛考》)、顾颉刚先生《"周公制礼"的传说和〈周官〉一书的出现》(载《文史》第六辑)、范文澜先生《经学讲演录》（见《范文澜历史论文选集》）、杨向奎《周礼的内容分析及其著作时代》（载《山东大学学报》1954 年第 4 期。愚案：还可参看杨氏《宗周社会与礼乐文明》一书，人民出版社 1992 年版）等均持此说，成为目前学术界最有影响的说法。愚案：顾颉刚、杨向奎二先生还进一步认定《周礼》作者是战国时的齐人，如顾颉刚说："《周官》我敢断定是齐国人所作，但今本《周官》是否即齐国的原本，我却不敢断定。"（《文史》第六辑第 36 页）杨向奎说："我向来认为《周礼》是齐人编成，他们根据西周文献及齐国当时制度加以理想化而成书。"（《宗周社会与礼乐文明》第 288 页）今人钱玄所著《三礼通论》（南京师范大学出版社 1996 年版）用钱穆说，又补充新证，证明"《周礼》必成书于战国晚期"（见第 31—32 页）。齐思和也说："《周官》乃战国末年之书。"（《西周时代之政治思想》，载《燕京社会科学》第一卷，1948 年8 月）

5. 作于周秦之际。毛奇龄云："此书系周末秦初儒者所作。"（毛奇龄《经问》卷二）梁启超说："这书总是战国、秦、汉之间，一二人或多数人根据从前短篇讲制度的书，借来发表个人的主张。"（梁启超《古书真伪及其年代》第 125 页，中华书局 1955 年版）魏了翁疑为"秦汉间所附会之书"（魏了翁《鹤山文钞·师友雅言》）。胡适因《周礼》屡屡有"祀五帝"之语，故说，"其为汉人所作之书似无可疑"（胡适《论秦畤及周官书》，《古史辨》第五册）。近人陈连庆先生《周礼成书时代的新探索》一文（载《中国历史文献研究》二，1988 年出版）认为："《周礼》制作年代的上限，不早于商鞅变法"，"它的下限也不会晚于河间献王在位之时"，"《周礼》成书年代最大可能，是在秦始皇帝之世。"港台学者史景成先生《周礼成书年代考》一文（载《大陆杂志》第 32 卷，第 5、6、7 期）认为，此书作于《吕氏春秋》以后，秦统一天下之前。日本学者池田温先生认为，“《周礼》基本上为战国时代思想家的构想，至汉代始以如今日所见的形式固定下来成书。在其内容中，作为素材的那些被认为是从周至春秋战国的诸制度和诸事物，乃是经过种种加工而收入进去的”（池田温《中国古代籍帐研究》第39页，中华书局1984年版）。

彭林本人则认为“《周礼》成书于汉初”，“《周礼》一书的作者当是与贾谊同时代的人”，“《周礼》成书的下限，当不得晚于文景之世”（见《周礼主体思想与成书年代研究》第七章第五节）。

以上诸说，都各有一定的理由，但又都不可尽释读者之疑。如持西周说者，就很难解释《周礼》中为什么有那么多春秋战国乃至秦汉时代的材料，所谓后世增入说，也只是推测，很难有切实的证据。持春秋、战国诸说者，又很难解释《周礼》中为什么没有铁器和牛耕。持汉初说者，则对于《周礼》中的畿服制和王权分封制与大一统的汉代所实行的中央集权制的矛盾很难作出令人满意的解释，且《周礼》所设计的职官系统与汉代的官制也根本不类，如果《周礼》的作者是汉人而以汉代的情况为背景来设计的建国规划，怎么可能搞出这样一套同现实制度如此大相径庭的东西来呢？且汉初天下统一，制度已定（尽管还不完备），哪里还需要什么人出来再设计一套建国纲领或规划之类的东西呢？大凡一种思想，一种计划，或一种制度，都是因时代的某种需要而产生的，否则就只能如无本之木，无源之水，没有产生的可能。因此能够产生出像《周礼》这种作品的时代，决不可能在天下一统的秦汉时代。总之，不论哪一说，都不是无懈可击，都可以指出许多疑点而不能令人完全信服。看来，要解决《周礼》的成书时代问题，还有许多工作要做，还有待学者们的共同努力，来继续推动这一问题的解决。就个人的看法而言，第一，我比较倾向于成书于战国说。像《周礼》这样的建国规划，只有在战国那样有统一希望和统一要求的时代背景下才有可能被制定出来。这一点顾颉刚先生在他的《“周公制礼”的传说和〈周官〉一书的出现》一文的第二节中，已经作了很好的论述。

第二，除了钱穆、顾颉刚、杨向奎诸先生所提出的各种证据外，钱玄先生于其所著《三礼通论》中又提出一证。他将《尚书·禹贡》、《吕氏春秋·有始览》、《尔雅·释地》中所载九州，同《周礼·夏官·职方氏》的九州相对比，然后说：

> 《周礼·职方氏》独多出一并州。又《职方氏》的幽州与《吕氏春秋·有始览》、《尔雅·释地》的幽州，名同而地不同。幽，是表示北方的意思。战国时，燕在北，故幽州相当于燕国的地方，即今河北一带。后来，燕伐东胡，新拓辽东五郡：上谷、渔阳、右北平、辽西、辽东。就将新拓的五郡属幽州。《职方氏》云：幽州“其山镇曰医无闾”。医无闾山在今辽宁省锦州北与阜新之间，可见《职方氏》的幽州包括辽东五郡。又把原来幽州，改称并州。《职方氏》云：并州“其山镇曰恒山”。恒山在今河北曲阳县西北，则并州为原燕国之地。燕伐胡，约在燕昭王时(前311—前279年)。《职方氏》九州名称的增改，还在其后，则可证《周礼》必成书于战国晚期(见第32页)。

这确实是一条能够说明《周礼》成书时代的很好的材料。

第三，《周礼》是一部未完成的著作。此说宋代已有人提出，如王应麟《困学纪闻》卷四引九峰蔡氏说：“周公方条治事之官，而未及师保之职，《冬官》亦阙，首尾未备，周公未成之书也。”其说之不可取处，在于认定《周礼》为周公作，至于说《周礼》是“未成之书”，则甚是。清人江永也说：“《周礼》本是未成之书，阙《冬官》，汉人求之不得，以《考工记》补之，恐是当时原阙也。”（《周礼疑义举要》之《考工记一》，见《清经解》卷二四九）近人郭沫若、蒋伯潜亦有此论。郭沫若说：“其书盖未竣之业，故书与作者均不传于世。”（《周官质疑》，见《金文丛考》）蒋伯潜说：“窃疑此书尚属初稿，不仅《冬官》一篇，未及创制，以上五官，亦犹待增删易稿，而作者遽尔溘逝，未能成书，传之汉世，因以为亡佚耳。”（《十三经概论》第315页，上海古籍出版社1983年版）案此说可从。正因为《周礼》是一部因遭变故而及未完成的著作（据蒋伯潜推测是因为作者“遽尔溘逝”），所以书稿存于作者家中而未及流传，以至不为当时人所见。赵光贤先生说：“战国是百家争鸣时期，当时如有这样有组织、有条理，讲周代官制的书，设官分职，细密如此，一定会震惊一世，争相引用。事实乃正相反，先秦诸子不仅无人引用，甚至无人提及此书，岂非怪事。”（见赵先生为彭林《周礼主体思想与成书年代研究》一书所作的《序》）但若知《周礼》乃未竣之作，当时并未公之于世，则赵先生所说的情况，就不值得奇怪了。但这部未竣之作保存到汉代，终于被人发现而献之于河间献王，后又献之于汉王朝。然汉人亦不知其为未竣之作，故出重金以求其《冬官》，终不可得，方以《考工记》补之。

案古人有主《冬官》不亡一派，谓《冬官》即分寄在五官中，于是割裂五官以就《冬官》。如宋俞庭椿之《周礼复古编》即力主此说。《四库提要》曰：

> 庭椿之说，谓五官所属皆六十，不得有羡，其羡者，皆取以补《冬官》。凿空臆断，其谬妄皆不足辩。……复古之说，始于庭椿，厥后邱葵、吴澄皆袭其谬，说《周礼》者遂有“《冬官》不亡”一派，分门别户，辗转蔓延，其弊至明末而未已。

案此说确属谬妄而不足辩，却影响不小，非但至明末，及至清初还有人相信此说，而尤以明人遵信此说为愈（参见本文第五节）。然究其原因，实皆因不知《周礼》乃未竣之业所致。

至于《考工记》，实亦战国时人所作。《南齐书·文惠太子传》有一条材料，说：

时襄阳有盗发古冢者，相传云是楚王冢，大获宝物玉屐、玉屏风、竹简书青丝编。简广数分，长二尺，皮节如新，盗以把火自照。后人得十余简，以示抚军王僧虔。僧虔云是科斗书《考工记》，《周官》所阙文也。

所谓科斗书，李学勤先生说，是“春秋战国之际毛笔手写的文字”，“其特点是笔画中肥末锐，形似蝌蚪”（《东周与秦代文明》第366页，文物出版社1984年版）。因此科斗书《考工记》的发现，正是《考工记》作于秦以前的一个有力的证据。江永考证《考工记》为东周以后齐人所作，曰：

《考工记》，东周后齐人所作也。其言“秦无庐”，“郑之刀”，厉王封其子友始有郑，东迁以后西周故地与秦始有秦，故知为东周时书。其言“橘逾淮而北为枳”，“鹳鹆不逾济”，“貉逾汶则死”，皆齐鲁间水。而“终古”、“戚速”、“椑茭”之类，郑《注》皆以为齐人语，故知是齐人所作也。盖齐鲁间精物理、善工事而工文辞者为之。（《周礼疑义举要》之《考工记一》）

近现代学者，则多以为是战国时人的著作。如皮锡瑞说：“《考工记》据‘胡无弓、车’之类，亦属战国人作。文字奥美，在《周官》上。”（《经学通论·三礼》）蒋伯潜说：“此《记》述古代工业，可以考见战国时我国工业发达之情况。”（《十三经概论》第257页）翦伯赞说：“青铜器制作在战国手工业中仍占重要地位。……《周礼·考工记》有所谓‘钟鼎’、‘斧斤’、‘戈戟’、‘大刃’、‘削杀矢’、‘鉴燧’这样六齐。齐是指铜、锡的比例，这说明当时掌握铜、锡比例已有很丰富的经验。”（《中国史纲要》第68页，人民出版社1979年版）郭沫若先生在四十年代曾以为“《考工记》是春秋年间齐国的官书”（《十批判书》第24页，人民出版社1954年版），但在他主编《中国史稿》时，又将它列为战国时期的科学技术成就中，说它是战国时期“齐国的一部技术书”，其所记“六齐”，“是世界上最早的金属合金成分规律”（《中国史稿》第二册第94页，人民出版社1979年版）。闻人军在其所撰《〈考工记〉成书年代新考》（载《文史》第二十三辑）一文中，从度量衡制、历史地理称谓、金石乐器形制、青铜兵器形制、车制等方面，考定其成书于战国初年，可备一说。

至于《考工记》是何时补入《周礼》的，文献记载说法不一。从《周礼》一书的发现情况来看，盖河间献王得《周官》后、献于武帝之前补之。钱玄说：“按据《经典释文·序录》及《隋书·经籍志》并谓李氏上《周官》五篇时已失《事官》一篇，献王乃购千金不得，取《考工记》补之。则秦汉间已失《冬官》（案钱先生信《周礼》原为完书），补记者为河间献王。此说较为允当。”（《三礼通论》第25页）

四、《周礼》立博士及其在汉代的流传

《周礼》一书经河间献王献之于汉王朝后，旋即藏入秘府，其原因盖如贾公彦《序废兴》引林孝存的看法，即“武帝知其末世渎乱不验之书”的缘故。末世者，谓《周礼》为周末之书也；“渎乱不验”者，盖谓其所述制度既与立学官的今文五经不合，也与大一统的西汉王朝的现实制度相左。所以《周礼》一书并没

有受到西汉统治者的重视，当时汉王朝诸儒亦无研治《周礼》者。然《汉志》礼家类却记有“《周官传》四篇”，据王葆玹先生考证，这四篇《传》很可能是河间献王组织人编写的(见《今古文经学新论》第三章第五节)。可见《周礼》一书发现后，在河间王国曾有研治者，但此后《周礼》学的承传便终断了。

成帝时，刘向、歆父子校理汉王朝秘书(据《汉书·成帝纪》，校书事始于河平三年，前26年)，发现了《周礼》，刘向将其著之于《别录》。成帝绥和元年(前8年)，刘向卒。第二年成帝亦死，哀帝即位，命刘歆继续校书，以卒父业。于是刘歆又在其父《别录》的基础上撰成《七略》奏之。刘歆奏《七略》的时间，据现有材料看，盖在哀帝即位之初。《汉书·刘歆传》说：

> 哀帝初即位，……(刘歆)复领《五经》，卒父前业。歆乃集六艺群书，种别为《七略》。

《汉志》亦曰：

> 会向卒，哀帝复使向子侍中奉车都尉歆卒父业。歆于是总群书而奏其《七略》。

故钱穆在其所著《刘向歆父子年谱》(见《古史辨》第五册)中，便将刘歆奏《七略》事系于哀帝即位之初、改元建平之前(案成帝死于绥和二年三月，至翌年始改元)。至建平元年，刘歆请立《左氏春秋》、《毛诗》、《逸礼》及《古文尚书》博士，遭到今文博士反对，于是刘歆上《移让太常博士书》以切责之。

我们举出上述史实，目的在于说明，《周礼》虽于成帝时被发现，后又著于《录》《略》，然不但未引起当时统治者的重视，亦不为刘向、歆父子所重。刘歆争立古文经博士并不包括《周礼》，其《移让书》中亦未言及《周礼》。刘歆所最重视的，是《左传》，故《刘歆传》说：“及歆校秘书，见古文《春秋左氏传》，歆大好之。”并加以研究，为之做解说，这也就是贾公彦《序废兴》引马融《传》所说“多锐精于《春秋》”。所以《周礼》自被发现后，除前所说河间献王组织人编写的《周官传》四篇外，不见有其他研治者，故《后汉书·儒林传下》说，“《周官经》六篇，前世传其书，未有名家”。

《周礼》真正被重视，并被立学官，是到了王莽时候的事。《汉志》“《周官经》六篇”下颜《注》说：“王莽时，刘歆置博士。”这“王莽时”具体指什么时间呢？史无明文。然据史料分析，当指王莽居摄时。据《王莽传上》，平帝元始四年曾“立《乐经》，益博士员，经各五人”，这里载明立《乐经》博士，而未及《周礼》。而下文紧接着记王莽征“异能之士”，其中才提到通《周官》者。这时《周官》尚未改名《周礼》，而这时才征求通《周官》的人才，显然当时尚未立博士。到元始五年，《周礼》仍称《周官》（见本文第一节），是亦尚未立博士也。直到居摄三年，莽母功显君死，刘歆与博士诸儒七十八人议功显君服，才赞扬王莽“发得《周礼》，以明因监”。这“发得”二字尤其值得注意：《周礼》一书明明是刘氏父子从秘府中发现而加以著录的，何以又称王莽“发得《周礼》”呢？可见这“发得”二字不能简单地理解为发现，而应该理解为特加提倡。康有为《新学伪经考》说：“‘发得《周礼》，以明因监’，为《周礼》大行之始，故特著焉。”（《汉书刘歆王莽传辨伪》）这是说得不错的。可见这时《周官》不仅已经改名为《周礼》，列之为经，并且已经立了博士，否则不会把“发得《周礼》”作为王莽的一项功绩来加以颂扬。这就说明，《周礼》之立博士，大概与改名同时，都在居摄年间（公元6—8年），即所谓“王莽时”也。王莽为什么要重视《周礼》呢？其重要原因之一就在于它为王莽“加九锡”提供了理论依据（参见《春官·典命》），既加九锡，其居摄称帝才能顺理成章。那么，既然是王莽重视并“发得《周礼》”，颜《注》又何以说是“刘歆置博士”，荀悦《汉纪》又何以说“歆奏以为《礼经》，置博士”呢？这是因为刘歆当时职典羲和，是文化教育方面的主管官，王莽有某种想法或要求，必然要讽示并通过有关官员去做，所以立《周礼》博士的事，当然要由刘歆来付诸实施（此处参用王葆玹说，见《今古文经学新论》第三章第四节）。王莽既重视《周礼》，受到王莽信重的刘歆，自然也就不能不重视《周礼》，并认真对《周礼》加以研究了，这大概就是《序废兴》引马融《传》所说，刘歆“末年乃知其周公致太平之迹，迹具在斯”的缘故。

《周礼》虽在王莽时立博士，但好景不长，随着短命的新莽政权的覆灭，王莽所立诸古文经博士，自然也就被废弃了。但《周礼》学却在王莽时期有了一个突出的发展。由于史书缺载，尽管我们不能指出具体的史实，但自王莽居摄年间立《周礼》博士，到新朝灭亡，也有十六七年的历史，这期间由于博士的讲授，生员的研习，自可为《周礼》学的传播打下基础。且自平帝时，郡国及县、道、邑、侯国以至乡、聚皆立学，以普及经学教育（见《汉书·平帝纪》元始三年）。平帝元始四年，王莽又进一步扩大太学的规模，“为学者筑舍万区”，“益博士员，经各五人”（《王莽传上》）。据《汉书补注》沈钦韩引《御览》五百三十四所引《黄图》说：“五经博士领弟子员三百六十，六经三十博士，弟子万八百人。”可见当时官学发展规模之大。又由于王莽特别重视《周礼》，上之所好，下必甚焉，《周礼》学在王莽时期必然有一个相当规模的传播发展。刘歆由好《左传》转而研治《周礼》，就是趋同王莽所好的一个典型的例子。

到了东汉，《周礼》博士虽废，然民间的传习，依然绵延不绝。据《序废兴》引马融《传》说：

> 遭天下仓卒，兵革并起，疾疫丧荒，（刘歆之）弟子死

> 丧，徒有里人河南缑氏杜子春尚在，永平之初，年且九十，家于南山，能通其读，颇识其说，郑众、贾逵往受业焉。众、逵洪雅博闻，又以经书记转(阮校说当作“传”)相证明为解。逵解行于世，众解不行，兼揽二家为备，多所遗阙，然众时所解说，近得其实。……至(年)六十，为武都守，郡小事少，乃述平生之志，著《易》、《尚书》、《诗》、《礼传》皆讫，惟念前业未毕者，唯《周官》。年六十有六，目瞑意倦，自力补之，谓之《周官传》也。

据马融说，王莽时刘歆《周礼》学之弟子甚众，然皆因遭时丧乱而死丧，只有里人杜子春尚在，于东汉明帝永平年间传其学于郑众、贾逵，郑、贾二人皆著有《周官解》，马融又兼揽郑、贾之学而著《周官传》。是可见杜子春乃两汉之际《周礼》学承传的关键人物。然马《传》的说法也颇有一些问题。如说杜子春是刘歆的“里人”（同乡），就不可信，因刘歆生长在长安，与河南缑氏县相去甚远，这一点王葆玹先生已经正确地指出了(《今古文经学新论》第三章第五节)。但王先生又疑杜子春“未必是刘歆的弟子”，则疑所不当疑。因为马融《传》上下文的意思十分明白，说刘歆“弟子死丧，徒有……杜子春尚在”，这就清楚地说明杜子春是刘歆弟子的仅存者，正常的理解是不应产生歧义的。又，马《传》未提及郑众之父郑兴，而《序废兴》引郑玄《序》述东汉《周礼》的承传，就首先提到郑兴，说：

> 世祖(光武帝刘秀)以来通人达士大中大夫郑少赣名兴，及子大司农仲师名众，故议郎卫次仲、侍中贾景伯、南郡太守马季长，皆作《周官解诂》。

是郑众之父郑兴亦传《周礼》学，郑玄在其《周礼注》中亦曾多次引用其说，《后汉书·郑兴传》也说“兴好古学，尤明《左氏》、《周官》”。郑兴的《周礼》学，当亦受之于杜子春无疑。据王葆玹考证，是“郑兴先派其子郑众向杜子春请教，再由郑众那里了解《周官》之学的内容。这就是说，郑兴传习《周官》应在郑众之后”（同上），或可备一说。又对照郑《序》来看，马《传》还遗漏了卫次仲（据《后汉书·卫宏传》当作“敬仲”），即卫宏。钱大昭《补续汉书艺文志》、侯康《补后汉书艺文志》、姚振宗《后汉艺文志》及曾朴《补后汉书艺文志》，亦皆载有卫宏《周礼解诂》（皆见《二十五史补编》），其实都是根据的郑《序》，然《卫宏传》并未言及卫宏研治《周礼》事，其说亦不见前人称引，不知郑《序》此说确然否。

又《后汉书·张衡传》载张衡著有《周官训诂》。张衡与马融同时，其《周礼》学不明所受，然从崔瑗对其《周官训诂》的评价“以为不能有异于诸儒”来看，盖亦上承传自杜子春、郑氏父子及贾逵之学。稍晚于马融还有卢植，《后汉书》本传载其著有《三礼解诂》，又记其给灵帝的上书说“臣少从通儒南郡太守马融受古学”，又说“臣前以《周礼》诸经发起粃谬，敢率愚浅，为之解诂”。是卢植亦著有《周礼解诂》，其学受之于马融，是亦上承杜子春、二郑一系。又有张恭祖者，亦治《周礼》（见《后汉书·郑玄传》），然其学不知所承。

东汉是古文经学大发展时期，其主要原因就在于东汉统治者从其开国皇帝刘秀起，就很重视古文经学，并重用古文经师（详拙作《刘秀与经学》，《史学月刊》1997 年第 3 期）。章帝还“特好”古文经学，并曾命贾逵作《周官解诂》（见《后汉书·贾逵传》）。东汉中后期的统治者，也继承了这种重视古文经学的传统。而郑氏父子，及贾逵、马融等，又都是东汉一代有影响的古文经学大师，因此尽管《周礼》在东汉时期没有立学官，但由于统治者及上述诸大儒的提倡，遂大行于世。

在《周礼》学的发展史上，我们还要特别提到东汉后期的郑玄。郑玄的《周礼》学，据《后汉书·儒林传》说，是“马融作

《周官传》，授郑玄，玄作《周官注》”。然《后汉书》本传则说“从东郡张恭祖受《周官》”，而《序废兴》所引郑《序》则曰：

> 玄窃观二三君子之文章，顾省竹帛之浮辞，其所变易，灼然如晦之见明；其所弥缝，奄然如合符；复析斯，可谓雅达广揽者也。然犹有参错，同事相违。则就其原文字之声类，考训诂，捃秘逸。谓二郑者，同宗之大儒，明理于典籍，觕(粗)识皇祖大经《周官》之义，存古字，发疑正读，亦信多善，徒寡且约，用不显于世。今赞而辨之，庶成此家世所训也。

可见郑玄之《周礼》学，亦综揽前儒，非仅受之于马融。郑玄博通今古文经学而又遍注群经。《后汉书》本传载郑玄《戒子书》述其治经之宗旨说：“但念述先圣之元意，思整百家之不齐。”故郑玄注经，括囊大典，网罗众家，博综兼采，择善而从，故能使天下靡然乡风，咸宗其学，且致使今文博士之学，一蹶不振。其《周礼注》亦然，实为汉代《周礼》学集大成之作，这是值得注意的第一点。第二，郑玄兼注《三礼》，而特崇《周礼》，在汉代经学史上，第一次把《周礼》排在了《三礼》之首(先《周礼》，后《仪礼》，再《礼记》)，这就大大地提高了《周礼》的地位。第三，两汉的今古文两派，其区分的最重要标志在于礼制，故廖平说：“今学博士之礼制出于《王制》，古文专用《周礼》。”(《四益馆经学四变记·初变记》)皮锡瑞也说：“《王制》为今文大宗，《周礼》为古文大宗，两相对峙。”(《经学通论·三礼》)这种区分是否正确，固然还可以讨论，但正如杨志刚所说：“有一点却是清楚的，那就是礼经学特别是《周礼》之学，在汉代经学的发展中，处于枢纽的地位。从两汉之际始，学界渐以《三礼》尤其是《周礼》移释他经。及至马融、郑玄，更突出地将其他经义纳入礼学的阐释系统。”(《中国礼学史发凡》，见《二十世纪中国礼学研究论集》第128页）这种学风尤以郑玄为最，故皮锡瑞批评郑玄“尊信《周礼》太过”（《经学通论·三礼》）。孔颖达也说：“《礼》是郑学。”（《礼记》之《月令》、《明堂位》、《杂记》孔《疏》皆有此说）故郑玄对于此后中国礼学，尤其是《周礼》学的发展，实起了奠基作用。

就两汉经学的发展而言，西汉是今文经学的时代，东汉是古文经学发展并压倒今文经学的时代，而古文经学的发展，又以《周礼》学的发展为旗帜、为代表，所以尽管终东汉一代《周礼》没有立博士，然实堪称东汉古文经学之“素王”。

五、汉以后的《周礼》学

汉魏之际，天下战乱，经学衰微，唯郑学独盛。王粲称“伊、洛已东，淮、汉之北，（郑玄）一人而已，莫不宗焉。咸云先儒多阙，郑氏道备”；魏博士张融称“（郑）玄《注》泉深广博，两汉四百余年，未有伟于玄者”（皆见《旧唐书·元行冲传》载冲《释疑》所引）。皮锡瑞说：“郑君党徒遍天下，即经学论，可谓小统一时代。”（《经学历史》五：《经学中衰时代》）据刘汝霖考证，曹魏所立十九博士，除《公羊》、《穀梁》、《论语》三经外，《易》、《书》、《毛诗》、《周礼》、《仪礼》、《礼记》和《孝经》，初皆宗郑学（《汉晋学术编年》卷六“魏文帝黄初五年”条）。是可见皮氏所谓郑学“小统一时代”，非虚言也。

然而魏时王肃不好郑学。王肃亦学贯今古，博通群经，并遍注群经，其中有《周官礼注》十二卷（见于《释文序录》、《隋志》及《旧唐志》）。王肃之经学称为王学，然其经注却处处与郑玄立异，且“集《圣证论》以讥短玄”（《魏志·王肃传》），又“规玄数十百件”（元行冲《释疑》），一心要取代郑学的地位。郑学之徒如马昭、孙炎、王基等则起而申郑驳王。当时王肃党于司马氏，其女又嫁给了司马懿之子、司马师之弟司马昭，因此凭借政治势力和姻戚关系，其所注诸经“皆立于学官”（《魏志·王肃传》）。案司马氏控制曹魏政权，当在曹芳正始十年（公元249年）司马懿杀了曹爽之后，第二年即改元为嘉平，是王肃所注诸经立学官，盖不早于嘉平年间，这时已是曹魏中后期。据《魏志·高贵乡公纪》，甘露元年（公元256年），高贵乡公临幸太学，问诸博士经义，帝执郑氏说，而博士之对，则以王肃之义为长。故马宗霍说：“于此之际，王学几欲夺郑学之席。”（《中国经学史》第七篇：《魏晋之经学》）

晋承魏绪，而尤重王学，其朝廷仪制，“一如宣帝所用王肃议”（《晋书·志第九·礼上》），而不用郑氏说，是王学盛而郑学衰。然而王学之盛，仅昙花一现，随着西晋的灭亡，王学博士俱废。东晋元帝初年，减省博士，“博士旧制十九人，今五经合九人”（《晋书·荀崧传》）。而所立九博士，除《周易》用王弼注、《古文尚书》用伪孔《传》本、《左传》用杜预、服虔注，其他六经，即《周礼》、《礼记》、《尚书》、《毛诗》、《论语》、《孝经》，则皆用郑注（亦见《荀崧传》）。可见东晋虽经学衰微，而郑学则复兴。

南北朝时期，天下分为南北，经学亦分为“南学”、“北学”。据《隋书·儒林传·序》，“南北所治，章句好尚，互有不同”，然《三礼》之学，“则同遵于郑氏”。南朝疆域狭小，加上玄学和佛教的盛行，经学益衰。梁武帝时，始较重经学，经学出现了一个相对繁荣的时期，但到陈朝，又迅速衰落了。南朝经学，最可称道者，要数《三礼》学。《南史·儒林传》所载何佟之、严植之、司马筠、崔灵恩、孔佥、沈峻、皇侃、沈洙、戚衮、郑灼诸儒，皆精于《三礼》学，张崖、陆诩、沈德威、贺德基等人，也都以礼学见称于世。然南朝社会因划分为士庶两大阶级，严于等级门第之分，故甚重《仪礼》学，特别是其中的《丧服》学(即所谓礼服学)，故南朝治《仪礼》及礼服学者尤众，著作亦特多。而《周礼》学则不甚为人所重，唯梁人沈峻之《周礼》学，颇为时人所推重。时吏部郎陆倕与仆射徐勉书荐之曰："凡圣贤可讲之书，必以《周官》立义，则《周官》一书，实为群经源本。此学不传，多历年世。……惟助教沈峻，特精此书，……莫不叹服，人无间言。弟谓宜即用此人，命其专此一学，周而复始，使圣人正典，废而更新，累世绝学，传于学者。"(《梁书·儒林传》)由陆倕的推荐书，亦可见当时《周礼》几成绝学，陆倕的建议，也未能改变这种局面。盖南朝诸儒兼习《三礼》者虽众，而研治《周礼》者则寡。今就《隋志》所见，南朝时有关《周礼》的著作，仅寥寥数种，远不及《仪礼》和《礼记》之夥。

北朝经学，稍盛于南朝，其间魏文帝、周武帝，崇奖尤至。北朝号称大儒，能开宗立派者，首推徐遵明，次则为刘献之。徐遵明博通群经，北朝诸经传授，除《毛诗》传自刘献之外，《周易》、《尚书》、《春秋》、《三礼》等，皆传自徐遵明。徐氏之《三礼》学传于李铉等，李铉又传熊安生等，熊安生又传孙灵晖等。然"诸生尽通《小戴礼》，于《周》、《仪礼》兼通者，十二三焉"(《北史·儒林传·序》)。可见北朝于《三礼》最重《礼记》之学。就礼学而言，成就较著者，当推熊安生。据《周书·熊安生传》，安生虽"事徐遵明，服膺历年"，但前此已"从房虬受《周礼》，并通大义"，东魏时期，又"受《礼》于李宝鼎"，后"专以《三礼》教授"，并撰有《周礼义疏》二十卷、《礼记义疏》四十卷，是其礼学亦不尽出自徐遵明。值得一提的是，北朝重视《周礼》，远胜于南朝。特别是西魏时期，宇文泰当政，任用苏绰进行改制，全仿《周礼》建立六官。及至其子建立北周，仍沿用六官之制，因此当时颇多研习《周礼》者。故《熊安生传》说："时朝廷既行《周礼》，公卿以下多习其业。"可见北朝后期，颇兴起一股《周礼》热。

隋、唐天下一统，经学亦归于统一。隋朝祚短，经学罕可称道者。隋立博士，《三礼》学仍宗郑氏。然《隋书·儒林传》所载，以礼学名家者，唯称马光“尤明《三礼》”，褚辉“以《三礼》学称于江南”而已。隋朝大儒，当推刘焯、刘炫，二刘于诸经皆有《义疏》，并曾“问礼于熊安生”，然并非礼学专门。唐初诏颜师古考订五经文字，撰成《五经定本》。又诏孔颖达与诸儒撰《五经正义》，后经修订，于高宗永徽四年(653年)，颁布于天下，作为标准读本，据以科考取士。然所谓“五经”者，《周易》、伪孔传本《古文尚书》、《毛诗》、《礼记》、《春秋左传》也。是可见唐初于《三礼》唯重《礼记》，《周礼》和《仪礼》皆不见重。高宗永徽年间，贾公彦为太学博士，撰《周礼义疏》五十卷，《仪礼义疏》四十卷(见《旧唐书》本传)，同《礼记正义》一样，其《义疏》皆宗郑《注》，是就《三礼》学而言，郑学益成独尊之势。贾公彦之礼学，据两《唐书·儒学传》，受之于张士衡，士衡则受之于刘轨思、熊安生及刘焯，是其学渊源于北学可知。后杨士勋撰《春秋穀梁传疏》，徐彦撰《春秋公羊传疏》。贾、杨、徐所作之四经《疏》与前五经之《正义》，被称为《九经正义》。后四经亦皆立学官，用于科考取士，《新唐书·选举志上》即列以上九经为科考之经书，其中《周礼》和《仪礼》在当时被称为“中经”(《礼记》、《春秋左氏传》为大经，《易》、《尚书》、《春秋公羊传》、《穀梁传》为小经)。然而后四经是在何时立学官的，以及立学官是否用此四家之《义疏》，则史无明文。开元八年(720年)，国子司业李元瓘上书言：“《三礼》、《三传》及《毛诗》、《尚书》、《周易》等，并圣贤微旨，生人教业，……今明经所习，务在出身，咸以《礼记》文少(案就大经言，《礼记》文少于《左传》，故以为文少也)，人皆竞读，《周礼》经邦之轨则，《仪礼》庄敬之楷模，《公羊》、《穀梁》历代崇习，今两监及州县，以独学无友，四经殆绝。”（《通典》卷十五：《选举三》）至开元十六年(728 年)国子祭酒杨玚犹奏言：“《周礼》、《仪礼》及《公羊》、《穀梁》殆将废绝，若无甄异，恐后代便弃。望请能通《周》、《仪礼》、《公羊》、《穀梁》者，亦量加优奖。”（《旧唐书》本传）是可见《周礼》等四经虽立学官，然名利所趋，避难就易，在唐代并不太为士人所重。但开元年间，却有一事值得一书。据韦述《集贤记注》说，开元十年(722 年)，曾诏按《周礼》六官编制官制之典，张锐以其事委徐坚，然徐坚“思之历年，未知所适”。又委毋煚、余钦、韦述，“始以令式入六司，象《周礼》六官之制”。然用功艰难，最后勉强编成《唐六典》三十卷，“至今在书院，亦不行用”。但据晁公武《郡斋读书志》说，“其秩品以拟《周礼》，虽不能悉行于世，而诸司遵用，殆将过半，观《唐会要》，请事者往往援据以为实，韦述以为书虽成，而竟不行，过矣”（皆见《文献通考》卷二〇二：《经籍考》二十九）。是《周礼》对于唐代官制，也还是有一定影响。但总的说来，唐代《周礼》学并不太盛行。然贾公彦的《周礼义疏》却甚为学者推重，对后世影响亦巨。朱熹说：“《五经》中，《周礼疏》最好。”（《朱子语类》卷八十六）后世学者皆以为此评实有见地。《四库提要》也称贾《疏》“极博核，足以发挥郑学”。

由上可见，《周礼》之学，自汉末至唐，除魏晋之际一度几为王学夺席，皆以郑《注》为中心。这种情况，至宋初亦然。然而到宋仁宗庆历以后，学风始变。王应麟说：“自汉儒至于庆历间，谈经者守训诂而不凿。《七经小传》（案作者为刘敞，庆历间进士）出，而稍尚新奇矣。至（王安石）《三经新义》行，视汉儒之学若土梗。”（《困学纪闻》卷八）马宗霍说：“宋儒治经，不惟喜新好奇，异于前也，尚有二事，颇足以启后人之议。其一曰疑经，其一曰改经。”《周礼》学自亦然。马宗霍举例说：“谓《周礼》为傅会女主之书，欧阳修、苏辙、胡宏亦并疑《周官》，此疑《礼》者也”；“刘敞谓《周礼》‘诛以驭其过’，‘过’当作‘祸’；‘士田、贾田’，‘士’当作‘工’；九筮五曰‘巫易’，当作‘巫阳’。……俞庭椿《周礼复古编》谓‘五官所属皆六十，不得有羡’，其羡者皆取以补《冬官》。又谓《天官·世妇》与《春官·世妇》，《夏官·环人》与《秋官·环人》，为一官复出，当省并之。……此改《礼》者也。”（《中国经学史》第十篇：《宋之经学》）案胡宏之疑《周礼》，俞庭椿之《周礼复古编》，本文第三节已略言之。欧阳修、苏辙之疑《周礼》，兹略举其说如下。欧阳修之说有曰：

《周礼》，其出最后。……然今考之，实有可疑者。夫设公卿大夫士，下至府史胥徒，以相副贰；外分九服，建五等，差尊卑，以相统理：此《周礼》之大略也。而六官之属略见于经者五万余人，而里闾县都之长，军师卒伍之徒不与焉。王畿千里之地，为田几井，容民几家，王官王族之国邑几数，民之贡赋几何，而又容五万人者于其间。其人耕而赋乎？如其不耕而赋，则何以给之？夫为治者，故若是其烦乎？此其一可疑者也。秦既诽古，尽去古制。自汉以后，帝王称号，官府制度，皆袭秦故，以至于今，虽有因革，然大抵皆秦制也，未尝有意于《周礼》者。岂其体大而难行乎？其果不可行乎？夫立法垂制，将以遗后也，使难行，而万世莫能行，与不可行等尔。然反秦制之不若耶？脱有行者，亦莫能兴，或因以取乱，王莽、后周是也。则其不可用决矣。此又可疑者也。（《欧阳文忠公全集·居士集》卷四十八：《问进士策三首》之一）

苏辙之说有曰：

言周公所以治周者，莫详于《周礼》。然以吾观之，秦汉诸儒以意损益之者众矣，非周公之完书也。何以言之？周之西都，今之关中也；其东都，今之洛阳也。二都居北山之阳，南山之阴，其地东西长，南北短，短长相补，不过千里，古今一也。而《周礼》王畿之大，四方相距千里，如画棋局，近郊、远郊、甸地、稍地、小都、大都，相距皆百里，千里之方地，实无所容之，故其畿内远近诸法，类皆空言耳。（《栾城后集》卷七：《历代论·周公》。案苏辙归纳《周礼》有“三不可信”，此处所引是其一，篇幅所限，下略）

由上可见庆历以后《周礼》学之一斑。这种学风，亦播及到当时的年轻人。司马光曾批评说：“新进后生，口传耳剽，读《易》未识卦爻，已谓《十翼》非孔子之言；读《礼》未知篇数，已谓《周官》为战国之书；读《诗》未尽《周南》、《召南》，已谓毛、郑为章句之学；读《春秋》未知十二公，已谓《三传》可束之高阁。”（《论风俗札子》，收在司马光《传家集》中）案我们这里只说宋儒拨弃传注旧说、务求新义的学风，并不涉及其观点的正确与否。宋儒学风虽变，却并非不重《周礼》学，事实乃正相反：宋神宗支持王安石利用《周礼》进行变法，就是突出的例证。王安石撰有《三经新义》，三经者，《尚书》、《毛诗》、《周礼》也。其《周礼新义》凡二十二卷，王安石说：

制而用之存乎法，推而用之存乎人。其人足以任官，其官足以行法，莫盛乎成周之时。其法可施于后世，其文有见于载籍，莫具乎《周官》之书。盖其因习以崇之，赓续以终之，至于后世，无以复加，则岂特文、武、周公之力哉！（《临川先生文集》卷八十四：《周礼义序》）

是其欲效成周、据《周礼》以行新法之意昭然。然而王氏之经学，亦是典型的宋学，因此有人曾批评其《三经新义》本于刘敞《七经小传》，如吴曾《能改斋漫录》曰：“庆历以前，多遵章句注疏之学；至刘原甫为《七经小传》，始异诸儒之说。至王荆公修《经义》，盖本于原甫。”至皮锡瑞则径谓其《新义》“多剿敞说”（《经学历史》八：《经学变古时代》），这种批评虽未必尽当，而其学风与刘敞不异，则是事实。然王安石亦非照搬《周礼》以行新法，不过打出圣经的旗号，务塞反对者之口而已，故《四库提要》卷十九于《周官新义》下说：

> 宋当积弱之后，而欲济之以富强，又惧富强之说必为儒者所排击，于是附会经义，以箝儒者之口实，实非真信《周礼》为可行。

然而宋儒之攻击《周礼》者(如以为《周礼》不可信，或径谓之为伪书等等)，很大程度实出于反对王安石变法的守旧派学者。但肯定《周礼》的也不乏其人，宋神宗即是这方面典型。如熙宁十年(1077 年)侍讲沈季长、黄履奏问讲何经，神宗即说：“先王礼乐法度，莫详于周，宜讲《周礼》。”（《续资治通鉴》卷七十二)南宋大儒朱熹也说：“《周礼》一书好看，广大精密，周家法度在里。”“《周礼》一书，也是做得缜密，真个盛水不漏。”（《朱子语录》卷八十六：《礼三》）

王安石的《周礼新义》撰成后，即于熙宁八年(1075 年)颁于学官，用作试士标准，故王氏之《周礼》学在当时影响甚大，统治学界近六十年，至南宋始废。晚于王安石的王昭禹撰《周礼详解》，王与之撰《周礼订义》，林之奇撰《周礼讲义》，皆“颇据其说”（见《四库提要》之《周官新义》条）。

宋儒于《周礼》著述颇丰，王与之《周礼订义》所采旧说五十一家，其中宋人说就占四十五家。如叶时撰《礼经会元》，括《周礼》以立论，凡一百篇，其第二篇专驳汉儒之失，且谓郑玄之《注》深害《周礼》；第一百篇补《冬官》之亡，谓《冬官》散见于五篇中，与俞庭椿之说同，是皆宋人习气。郑伯谦撰《太平经国书》，首列四图，以明成周及秦汉官制，继则为目三十二篇，如教化、宰相、官刑、税赋、考课、官制等，以发挥《周礼》之义，其体例与叶时《礼经会元》略同。易祓撰《周官总义》，研索经文，断以己意，虽与先儒旧说颇有异同，要皆以经释经，颇有考据，非凿空杜撰之作。黄度撰《周礼说》，颇非《注》《疏》，然肯定《注》《疏》处亦多，立论较持平。朱申撰《周礼句解》，则大略据《注》《疏》以为说，逐句诠释经文，义取简约，虽无大发明，犹不失为谨严之作，是于宋学统治之时，犹略见汉唐遗风。又有林希逸者，撰《鬳斋考工记解》，则专研制作。案前此专研《考工记》者，唐有杜牧之《注》，宋有陈祥道、林亦之、王炎诸家之《解》，其书皆不传，唯林氏此《解》仅存，其说较为明白浅显，且附有图，甚便初学，然所说多与郑《注》相剌缪，是亦宋学习气。

元人株守宋学。仁宗于皇庆二年(1313 年)所定“考试程式”，即明确规定《四书》以朱熹《集注》为主，《诗》以朱熹《集传》为主，《书》以蔡沈(朱熹弟子)《集传》为主，《易》以程颐《传》和朱熹《本义》为主，《春秋》用《三传》及胡安国《传》(案胡安国学宗二程)，唯《礼记》用古《注》、《疏》(见《元史·选举一·科目》)。由此可见元人经学所尚。元人不甚重《周礼》学，虽世祖至元二十四年(1287 年)立国子学时规定的经书中有《周礼》(见《元史·选举一·学校》)，然试士则不用。故元代《周礼》学衰微，虽有研治者，亦不脱宋学巢臼。如陈友仁所辑《周礼集说》，乃用宋人旧本重辑，而于王安石《新义》采摘尤多，又于《考工记》后附俞庭椿《周礼复古编》。毛应龙撰《周官集传》，于宋学诸家训释引据颇博，宋以来诸家散佚之说，尚因是书得以存其崖略。至邱葵所撰《周礼补亡》，径本俞庭椿、王与之《冬官》不亡之说，谓《冬官》一职，散见于五官中，于是割裂五官，而定《冬官》之属五十四职，故其书深为世人所诟病。由此可见元人《周礼》学之大概。

明人又株守元人之学。明初所颁“科举定式”，一仍元人“考试程式”之旧，亦不用《周礼》。到永乐年间，其《礼记》又改为“止用陈澔《集说》”（《明史·选举二》）。永乐十二年（1414年）十一月，敕命胡广等三十九人修《尚书》、《诗经》、《礼记》、《春秋》、《四书》等《五经大全》。此《大全》仅用不到一年时间，翌年九月即告成，而“废《注》、《疏》不用”（同上），成祖亲为制《序》，颁行天下，科举取士，以此为则。皮锡瑞批评说，修纂《大全》，“此一代盛事，自唐修《五经正义》，越八百年而得再见者也。乃所修之书，大为人姗笑”，不过“取已成之书，钞誊一过”，而所取之书，不过是“元人遗书，故谫陋为尤甚”（《经学历史》九:《经学积衰时代》）。顾炎武的批评更尖锐，说:“若有明一代之人，其所著书，无非盗窃而已。”（《日知录》卷十八“窃书”条）明人之《周礼》学，自亦不脱此弊。如郎兆玉《古周礼》，“皆钞撮旧文，罕能通贯”；张采《周礼注疏》，则“疏浅特甚”（皆见《四库提要》卷二三）。且明人之作尤多袭俞庭椿、王与之等《周礼》不亡之说而臆为窜乱。如何乔新《周礼集注》、舒芬《周礼定本》、陈深《周礼训隽》、沈珫《周礼发明》、金瑶《周礼述注》、郝敬《周礼完解》等，皆属此类。唯王志长之《周礼注疏删翼》，虽多采宋以后说，尚能“以《注》、《疏》为根柢”，“恪遵古本”，“在经学荒芜之日，临深为高，亦可谓研心古义者矣”（同上卷十九）又王应电所撰《周礼传》，“覃研十数载”，用力颇深，尚能“因显以探微，因细以绎大”，“论说颇为醇正，虽略于考证，而义理多所发明”，然割裂《叙官》之文，分别部居，以类相从，则颇嫌窜乱，是亦不免宋学习气（同上）。明人专研《考工记》的著作亦有数种，如林兆珂之《考工记述注》，徐昭庆之《考工记通》，程明哲之《考工记纂注》等等，然皆少发明，无可称道者。

由上可见，宋、元、明三代，皆属宋学统治时代。若比较此三代之经学，则元不如宋，明又不如元，每况而愈下。皮锡瑞说："宋学有根柢，故虽拨弃古义，犹能自成一家。若元人则株守宋人之书，而于《注》、《疏》所得甚浅。……明人又株守元人之书，于宋儒亦少研究。……故经学至明为积衰时代。"（《经学历史》九：《经学积衰时代》）

清初仍是宋学占上风。顺治二年(1645年)所定试士例，"《四书》主朱子《集传》，《易》主程、朱二《传》，《诗》主朱子《集传》，《书》主蔡《传》，《春秋》主胡《传》，《礼记》主陈氏《集说》"（《清通典》卷十八：《选举一》），是仍袭元、明旧制。其时治《周礼》者，如王芝藻《周礼订释古本》、高愈《高注周礼》，高宸《周礼三注粹钞》等，则皆俞庭椿、王与之、邱葵等《冬官》不亡说之末流。万斯大《周官辨非》，力攻《周礼》之伪；方苞之《周官析疑》、《周官辨》，每力诋经文及郑《注》；姜兆锡《周礼辑义》，多本王与之《周礼订义》而攻诘郑《注》，是皆宋学之余也。然清初硕学大儒王夫之、顾炎武、黄宗羲等，则已启汉、宋兼采之风。嗣后治《周礼》学者，如李光坡《周礼述注》，其侄李钟伦《周礼训纂》，汪基《周礼约编》，沈淑《周官翼疏》，官献瑶《石溪读周官》等，皆汉、宋兼采之作。乾隆十三年(1748年)，钦定《三礼义疏》（其中《周官义疏》四十八卷)，采掇群言，混淆汉、宋，第一次以朝廷名义打破了元、明以来宋学对经学的垄断，且将《周礼》置于《三礼》之首。治经独标汉帜而专欲复兴汉学者，亦始于乾隆时期。然稍早于此的惠士奇，实已肇其端，其所著《礼说》，就《周礼》中有所考证辩驳者，各为之说，而说皆以郑氏为宗，"持论最有根柢"（《四库提要》卷十九)。稍后有沈彤，"尤邃于礼，著《周官禄田考》，因欧阳修有《周礼》官多田少，禄且不给之疑，故详究周制以与之辨"（江藩《国朝汉学师承记》卷二)。王鸣盛撰《周礼军赋说》，专研《周礼》军赋之制，"繁征博引，辑为是编，考周制军赋者，自莫能外是书”（《续四库提要·经部·礼类》）。沈、王二氏之书，皆能自成一家。其时深于礼学者，共推江永，著有《礼经纲目》及《周礼疑义举要》等著作多种。其《周礼疑义举要》“融会郑注，参以新说，于经义多所阐发。其解《考工记》，尤为精核”（同上）。江永的学生金榜，则“专治《三礼》，以高密（案指郑玄，郑玄是山东高密人）为宗，不敢杂以后人之说，可谓谨守绳墨之儒矣”（《国朝汉学师承记》卷五）。又有戴震，撰《考工记图》，考据精审，多所发明，甚为学者所称道（参见同上卷六所附纪昀《戴氏考工记图序》）。而程瑶田之《考工创物小记》，则更加详矣。此外如段玉裁之《周礼汉读考》，发疑正读，甚为精核。案清人于《周礼》著述颇丰，见于《续四库全书总目提要》的还有胡翘元《周礼会通》、孔广林《周礼臆测》、李调元《周礼摘笺》、程际盛《周礼故书考》、蒋载康《周官心解》、徐养原《周礼故书考》、吕飞鹏《周礼补注》、曾钊《周官注疏小笺》等等，达五十三种之多，而专研制度或制作的还有程瑶田《沟洫疆理小记》、胡匡衷《周礼畿内授田考实》、钱坫《车制考》、阮元《考工记车制图解》、王宗涑《考工记考辨》、郑珍《轮舆私笺》等等，达十四种之多，再加上见于《清史稿·艺文志》的毛奇龄《周礼问》、沈梦兰《周礼学》、丁晏《周礼释注》等等，数量更多，超过前此任何一代。而集《周礼》学之大成的著作，则共推孙诒让的《周礼正义》。

该书是孙诒让用了二十多年工夫撰成，是其毕生精力所粹。据书前自序说，该书草创于同治季年，始为长编数十巨册，继复更张义例，剟繁补缺，二十多年来，草稿屡易，而后才撰成这部八十六卷、二百三十余万字的巨著。该书于汉唐以来，历宋元明，迄于清乾嘉诸儒之旧诂，以及凡古籍中与《周礼》内容有关的材料，皆广为搜集，兼及近世欧洲政艺，亦加汲纳，而于书中详加考辨，折衷是非，博采而约取，持论宏通，且无门户之见。其每述一义，每引一说，则必称其人，指明原委，绝不攘人之善。该书就学术水平而言，已远超唐宋旧疏之上，故自问世以来，向为学者所推重。而其所征资料之繁富，洵为治《周礼》学者之渊薮。然孙氏笃信《周礼》为周公所作，且以其一人之力，成此巨帙，故对于名物制度以及经义的解释，亦难免有错误或不当处，但全书善处多，是皆瑕不掩瑜也。

孙诒让之后治《周礼》学者，亦不乏其人。如李滋然《周礼古学考》，刘光《周官学》，于鬯《读周礼日记》，李步清《周官讲义》，王闿运《周官笺》，刘师培《周礼古注集疏》，叶德辉《周礼郑注正字考》，廖平《周礼订本略注》，等等，皆见于《续四库全书总目提要》，故皮锡瑞称清代为“经学复盛时代”，仅就《周礼》学而论，洵非虚言。

六、《周礼》与西周史研究

自《周礼》被今文学派诬为伪造，曾一度致使治中国古史者视为禁区，莫敢援引其说，这实在是一大冤案。经过近现代学者的深入研究，这种“伪造”说已经没有什么人相信了。尤其通过大量金文材料的证明，其珍贵的史料价值，已愈益显现出来。《周礼》虽非西周的作品，更非周公所作，而出于战国人之手，但其中确实保存有大量西周史料，只要我们善于择别，并证以其他先秦文献和出土资料，就可以为我们今天研究古史、特别是西周史所用。在这方面，许多前辈学者以及当今的不少中青年学者，都已经做出了很好的成绩。这里，我仅以杨向奎先生的《宗周社会与礼乐文明》，以及张亚初、刘雨两先生的《西周金文官制研究》为例，来说明这个问题。

杨向奎先生的《宗周社会与礼乐文明》一书，内容十分丰富，篇幅所限，此处仅略述其有关西周社会发展模式的研究。对此，杨先生主要就是依据《周礼》的材料，并参以《管子》和其他先秦文献以及金文材料，以西周主要地区之一的齐国为例，来进行探讨的。其结论，“肯定西周是宗法封建社会，也就是‘前期’封建制，它们自氏族社会转变而来，没有经过奴隶制”。其主要依据如下：

> 一、《周礼》中有奴隶制残余存在，但奴隶已经不是主要生产者，在农业社会，他们不从事农业生产，他们从事的工作，或者是为贵族的享乐，或者是看守门户，或者管畜牧，或者是其他贱役。
>
> 二、虽然《周礼》中有奴隶存在，但其中有广大的从事于农业的农民及封建贵族地主。这种农民在《周礼》中称作“甿”，他们的地位高于奴隶，他们是授田的对象，他们是居住于野的“野人”。
>
> 三、根据《周礼》和《管子》的记载，我们可以知道当时东部地区治国用彻法，治鄙用助法。这是一种封建式剥削而有东方色彩。在国内正是“统治种族自己的公社形成的农村组织”，而在鄙内存在着“被统治异族的公社”。在被统治异族公社的农民是受奴役的农民，这些人是不自由的，《周礼》说农民徙于他乡，为之旌节而行之；没有旌节的，关上便须呵问，查出来要受处罚。而国内的农村组织的农民——士，可以称为“自由农民”，他们没有那些限制。士是贵族中的小宗成员，是贵族成员中的大多数，《仪礼》实际是《士礼》。
>
> 四、“书社”的制度正好说明齐国地方组织有浓厚的农村公社色彩，它包括有土地和人民，而区域不大，家数不多，可以用来赐人的公社组织。《周礼》中的井田制是公社，与

书社性质相似，都是地区域的农村公社。如果说国内公社是氏族公社原生形态的变种，那么，区域公社也就是鄙内公社，就是氏族公社的次生形态了。国内公社成员是贵族小宗成员，他们有血缘关系，鄙内农民不存在宗法，而且组织划分由统治者摆布，只能是地区性的农民公社。

五、在地方行政组织上，齐国也有由原始部落留下来的十进位的行政组织，如《地官·族师》及《管子·立政》都有类似的记载。

杨先生还指出当时社会发展的不平衡性，认为“齐国在宗周各国中可能是最早进入宗法封建制的国家”，然而“在西周至春秋时代，东方齐，南方楚，西方秦，北方晋，各国的历史传统不同，地理环境不同，因之不能说他们的社会形态是完全相同的”，因此“我们不能把问题简单化”。

在具体的分析论证中，杨先生还主要依据《周礼·地官》的材料，提出了这样一些见解。他认为周实行分封后，在每一国中的居民可以大别为两个不同的阶级，即：1. 宗周的小宗成员士及没落的殷商贵族。2. 居于野外的依附农民。前者居于乡遂，属于国畿；后者居于都鄙，属于野外。他们所耕种的土地，以“田”为单位，一田是一千亩。但不同的是，乡遂实行的是“十夫为沟”的田制，一田千亩，都属份地，田间有小邑，居住十家，称为“十室之邑”，构成一个小小的公社组织；都鄙则是实行的“九夫为井”的田制，千亩之田，九夫各耕百亩，是为份地，其中百亩则为公田；居住于乡遂的是国人，向国家缴纳贡赋；居住于都鄙的为野人，向国家出劳役租。贵族领主则居于国内即城内。战时，乡遂之民有当兵的义务，称作甲士；都鄙之民则充作徒兵。土地划分为方形和长方形：一夫百亩是方形，一邑千亩则是长方形。土地的规划有“图”，属专人保管，而土地上所居之民的户籍则称为“版”，统治者通过“版图”来控制土地和人民。但这种棋盘形的田制，是整齐化了的结果，实际一邑之田可以有多有少。在国畿附近实行的是“宗族公社”，这是由小宗成员组织的公社，它是氏族公社的发展；在郊野中实行的则是以地区划分的农村公社，在这里不存在宗法制度，地区划分代替了血缘组织，是氏族公社的次生形态，这已经是阶级社会中的基层行政单位了，等等(皆见杨著之第三篇第一节)。

杨先生的上述见解是否正确，当然还可以讨论，但从杨先生的探讨中我们可以清楚地看出，《周礼》一书对于研究西周历史具有何等重要的意义，可以说，没有《周礼》所提供的材料，杨先生就不可能得出上述看法。

利用金文材料来研究西周官制并验证《周礼》，是现代学者所十分注目的一项课题。首先致力于此项课题的，是杨筠如先生。他的《周代官名略考》一文(发表于1928年《国立中山大学语言历史学研究所周刊》第二集第二十期)，从文献及金文中搜寻材料，用以证明《周礼》一书保存了部分周代官制。此后，有郭沫若先生作于1932年的名文《周官质疑》，文中以金文所见的西周官制同《周礼》进行比较，以推定“其真伪纯驳与其时代之早晚”。杨、郭二先生之后，从事这方面研究的学者还很多，而在这方面做出重要贡献的，要数八十年代中期张亚初、刘雨两先生的《西周金文官制研究》一书(中华书局1986年版)。

该书在前人研究的基础上，对西周职官方面的铭文作了比较彻底的清理，搜集了有关职官铭文的铜器近五百件，整理出了不同的职官材料近九百条(包括同铭之器在内)，归纳出西周职官二百一十三种，按十五类进行整理研究，然后以这些西周当时的第一手材料为依据，与《周礼》的记载进行对比研究。“发现西周金文中的职官也有许多与《周礼》所记相合”(第112页)。具体说：《天官》六十四官，与西周金文有相同或相近者十九官；《地官》八十官有二十六官；《春官》七十一官有十三官；《夏官》七十四官有二十七官；《秋官》六十七官有十一官。总计《周礼》三百五十六官有九十六官与西周金文相同或相近，这说明《周礼》中有四分之一以上的职官在西周金文中可以找到根据。再则，（一）就职官体制言，《周礼》六官的体系除司寇一官与其他五官并列与西周金文不合，其余五官大体与西周晚期金文中的官制相当。（二）就宰职言，《周礼》的天官冢宰总摄百官，主司王家内外一切，地位与其他五官有上下之别，这种宰职的设置在金文中也可以找到来源，如西周晚期金文中所见毛公、番生，其职权即与《周礼》的冢宰十分切合。（三）就《周礼·夏官》中的司士职言，其职掌大体可以归纳为以下四项：1. 掌群臣之版；2. 正群臣朝仪之位；3. 掌群臣之爵禄赏赐，三岁考核一次；4. 掌群臣之治，即其戒令刑罚。这四项职掌与西周金文中的司士和士的职司都能对上号。（四）就乡遂制度言，金文中虽未出现“遂”字，但出现了“乡”字，且西周中晚期金文中有奠人与邑人之分，据陈梦家、杨宽先生考证，此即乡遂两处的官吏，这虽是诸侯国的乡遂官吏，但综观金文中周王与诸侯国官吏的建制，两者是大同小异的，从诸侯国的建制当可推见王官的建制。（五）就《周礼》中的爵制而言，虽有公、侯、伯、子、男五等之分，然就杨向奎先生的研究，这五等仅用于封地大小的不同，而其礼制上的划分则为三等，即公一等，侯伯一等，子男一等。这种三等爵与金文中的三等爵虽然名称不尽相同，但其对应关系则是显而易见的。《周礼》中记录的九命为公、七命为侯伯、五命为子男的爵级，也与金文中频繁的册命制度十分一致。综上所述可见，《周礼》与西周金文“有如此众多的相似之处，无论如何不能说是偶然的巧合，只能证实《周礼》一书在成书时一定是参照了西周时的职官实况”（第140页）。“其书虽有为战国人主观构拟的成分，然其绝非全部向壁虚造”（第112页）。“《周礼》一书在其主要内容上是参照了西周官制的，《周礼》的作者一定是一位十分熟悉西周典章制度的宿儒。所以，我们认为对《周礼》一书似有重新认识的必要。对这部书过去一段时间的研究多从否定方面出发，而今后有必要多从肯定方面，援引第一手金文材料，找出其合于西周制度的内容，充分利用它帮助我们开辟西周职官研究的新途径”(第144页)。总之，通过张、刘两先生的研究，对于《周礼》的史料价值，作了比较客观、公正的评价。

最后，我们想引用李学勤先生在其《从金文看周礼》(载《寻根》1996年第2期)一文中说过的一段话，来结束这篇《前言》:“法国汉学家毕瓯(E. Biot)翻译《周礼》，自以为业绩不在发掘巴比伦、亚述之下，这是在1890年克尼翁(F. G. Kenyon)在不列颠博物院新入藏的纸草中鉴定出《雅典政制》之前。《雅典政制》的确认和研究，大有裨于古希腊历史的探讨。通过与金文比较，重新认识《周礼》的价值，一定会在中国古代历史文化的研究上起类似的重要作用。”

又，本书系河南省高等学校人文社会科学重点研究基地——郑州大学中原文化资源与发展研究中心科研项目暨郑州大学“十五”“211工程”重点学科——中国古代文明与考古学建设项目。特此说明。

杨天宇

目　　录

前言 …… 1

译注说明 …… 1

天官冢宰第一 …… 1

叙官 …… 2

一、大宰 …… 26

二、小宰 …… 42

三、宰夫 …… 53

四、宫正 …… 61

五、宫伯 …… 64

六、膳夫 …… 66

七、庖人 …… 71

八、内饔 …… 74

九、外饔 …… 78

一〇、亨人 …… 80

一一、甸师 …… 81

一二、兽人 …… 84

一三、渔人 …… 85

一四、鳖人 …… 86

一五、腊人 …… 88

一六、医师 …… 89

一七、食医 …… 90
一八、疾医 …… 92
一九、疡医 …… 94
二〇、兽医 …… 96
二一、酒正 …… 97
二二、酒人 …… 103
二三、浆人 …… 104
二四、凌人 …… 106
二五、笾人 …… 108
二六、醢人 …… 110
二七、醯人 …… 114
二八、盐人 …… 115
二九、幂人 …… 116
三〇、宫人 …… 117
三一、掌舍 …… 118
三二、幕人 …… 119
三三、掌次 …… 120
三四、大府 …… 123
三五、玉府 …… 126
三六、内府 …… 128
三七、外府 …… 129
三八、司会 …… 130
三九、司书 …… 132
四〇、职内 …… 135
四一、职岁 …… 136

四二、职币……………………………………… 137
四三、司裘……………………………………… 138
四四、掌皮……………………………………… 140
四五、内宰……………………………………… 142
四六、内小臣 …………………………………… 147
四七、阍人……………………………………… 149
四八、寺人……………………………………… 150
四九、内竖……………………………………… 151
五〇、九嫔……………………………………… 152
五一、世妇……………………………………… 154
五二、女御……………………………………… 155
五三、女祝……………………………………… 156
五四、女史……………………………………… 157
五五、典妇功 …………………………………… 158
五六、典丝……………………………………… 159
五七、典枲……………………………………… 161
五八、内司服 …………………………………… 162
五九、缝人……………………………………… 164
六〇、染人……………………………………… 165
六一、追师……………………………………… 166
六二、屦人……………………………………… 167
六三、夏采……………………………………… 168

地官司徒第二………………………………… 170
叙官 …………………………………………… 171
一、大司徒……………………………………… 195

二、小司徒…………………………………………………………… 213
三、乡师……………………………………………………………… 220
四、乡大夫…………………………………………………………… 226
五、州长……………………………………………………………… 230
六、党正……………………………………………………………… 232
七、族师……………………………………………………………… 235
八、闾胥……………………………………………………………… 238
九、比长……………………………………………………………… 239
一〇、封人…………………………………………………………… 240
一一、鼓人…………………………………………………………… 242
一二、舞师…………………………………………………………… 245
一三、牧人…………………………………………………………… 246
一四、牛人…………………………………………………………… 248
一五、充人…………………………………………………………… 250
一六、载师…………………………………………………………… 251
一七、闾师…………………………………………………………… 255
一八、县师…………………………………………………………… 257
一九、遗人…………………………………………………………… 259
二〇、均人…………………………………………………………… 261
二一、师氏…………………………………………………………… 262
二二、保氏…………………………………………………………… 265
二三、司谏…………………………………………………………… 267
二四、司救…………………………………………………………… 268
二五、调人…………………………………………………………… 269
二六、媒氏…………………………………………………………… 271
二七、司市…………………………………………………………… 273

二八、质人…… 280
二九、廛人…… 282
三〇、胥师…… 283
三一、贾师…… 284
三二、司暴…… 285
三三、司稽…… 286
三四、胥…… 287
三五、肆长…… 287
三六、泉府…… 288
三七、司门…… 290
三八、司关…… 292
三九、掌节…… 294
四〇、遂人…… 296
四一、遂师…… 301
四二、遂大夫 …… 303
四三、县正…… 304
四四、鄙师…… 305
四五、酂长…… 306
四六、里宰…… 308
四七、邻长…… 309
四八、旅师…… 310
四九、稍人…… 311
五〇、委人…… 313
五一、土均…… 314
五二、草人…… 316
五三、稻人…… 317

五四、土训…………………………………………………… 319
五五、诵训…………………………………………………… 320
五六、山虞…………………………………………………… 321
五七、林衡…………………………………………………… 323
五八、川衡…………………………………………………… 324
五九、泽虞…………………………………………………… 325
六〇、迹人…………………………………………………… 327
六一、矿人…………………………………………………… 327
六二、角人…………………………………………………… 328
六三、羽人…………………………………………………… 328
六四、掌葛…………………………………………………… 329
六五、掌染草 ……………………………………………… 329
六六、掌炭…………………………………………………… 330
六七、掌荼…………………………………………………… 330
六八、掌蜃…………………………………………………… 331
六九、囿人…………………………………………………… 331
七〇、场人…………………………………………………… 332
七一、廪人…………………………………………………… 333
七二、舍人…………………………………………………… 335
七三、仓人…………………………………………………… 337
七四、司禄(阙) ………………………………………… 338
七五、司稼…………………………………………………… 338
七六、舂人…………………………………………………… 339
七七、饎人…………………………………………………… 340
七八、槁人…………………………………………………… 340

春官宗伯第三……………………………………342
叙官 ………………………………………………343
一、大宗伯…………………………………………366
二、小宗伯…………………………………………378
三、肆师……………………………………………387
四、郁人……………………………………………393
五、鬯人……………………………………………395
六、鸡人……………………………………………397
七、司尊彝…………………………………………398
八、司几筵…………………………………………402
九、天府……………………………………………405
一〇、典瑞…………………………………………408
一一、典命…………………………………………413
一二、司服…………………………………………416
一三、典祀…………………………………………420
一四、守祧…………………………………………421
一五、世妇…………………………………………422
一六、内宗…………………………………………424
一七、外宗…………………………………………425
一八、冢人…………………………………………427
一九、墓大夫 ……………………………………430
二〇、职丧…………………………………………431
二一、大司乐 ……………………………………432
二二、乐师…………………………………………440
二三、大胥…………………………………………444
二四、小胥…………………………………………445

二五、大师…………………………………………… 447
二六、小师…………………………………………… 449
二七、瞽矇…………………………………………… 451
二八、视瞭…………………………………………… 452
二九、典同…………………………………………… 453
三〇、磬师…………………………………………… 455
三一、钟师…………………………………………… 456
三二、笙师…………………………………………… 457
三三、镈师…………………………………………… 459
三四、韎师…………………………………………… 459
三五、旄人…………………………………………… 460
三六、籥师…………………………………………… 461
三七、籥章…………………………………………… 461
三八、鞮鞻氏 ………………………………………… 462
三九、典庸器 ………………………………………… 463
四〇、司干…………………………………………… 463
四一、大卜…………………………………………… 464
四二、卜师…………………………………………… 467
四三、龟人…………………………………………… 469
四四、菙氏…………………………………………… 470
四五、占人…………………………………………… 471
四六、簭人…………………………………………… 473
四七、占梦…………………………………………… 474
四八、视祲…………………………………………… 475
四九、大祝…………………………………………… 477
五〇、小祝…………………………………………… 485

五一、丧祝……………………………………………………………… 488
五二、甸祝……………………………………………………………… 490
五三、诅祝……………………………………………………………… 491
五四、司巫……………………………………………………………… 492
五五、男巫……………………………………………………………… 494
五六、女巫……………………………………………………………… 495
五七、大史……………………………………………………………… 496
五八、小史……………………………………………………………… 500
五九、冯相氏 ………………………………………………………… 501
六〇、保章氏 ………………………………………………………… 503
六一、内史……………………………………………………………… 505
六二、外史……………………………………………………………… 507
六三、御史……………………………………………………………… 508
六四、巾车……………………………………………………………… 509
六五、典路……………………………………………………………… 518
六六、车仆……………………………………………………………… 519
六七、司常……………………………………………………………… 520
六八、都宗人 ………………………………………………………… 524
六九、家宗人 ………………………………………………………… 525
七〇、神仕……………………………………………………………… 526

夏官司马第四………………………………………………………… 528
叙官 …………………………………………………………………… 529
一、大司马……………………………………………………………… 551
二、小司马……………………………………………………………… 565
三、军司马(阙) …………………………………………………… 566

四、舆司马(阙) …… 566
五、行司马(阙) …… 566
六、司勋 …… 566
七、马质 …… 568
八、量人 …… 569
九、小子 …… 572
一〇、羊人 …… 574
一一、司爟 …… 575
一二、掌固 …… 576
一三、司险 …… 578
一四、掌疆(阙) …… 579
一五、候人 …… 579
一六、环人 …… 579
一七、挈壶氏 …… 580
一八、射人 …… 582
一九、服不氏 …… 586
二〇、射鸟氏 …… 587
二一、罗氏 …… 588
二二、掌畜 …… 589
二三、司士 …… 589
二四、诸子 …… 593
二五、司右 …… 595
二六、虎贲氏 …… 596
二七、旅贲氏 …… 597
二八、节服氏 …… 598
二九、方相氏 …… 598

三〇、大仆…… 599
三一、小臣…… 603
三二、祭仆…… 605
三三、御仆…… 606
三四、隶仆…… 607
三五、弁师…… 608
三六、司甲(阙) …… 611
三七、司兵…… 611
三八、司戈盾 …… 612
三九、司弓矢 …… 613
四〇、缮人…… 617
四一、槁人…… 618
四二、戎右…… 619
四三、齐右…… 621
四四、道右…… 621
四五、大驭…… 622
四六、戎仆…… 623
四七、齐仆…… 624
四八、道仆…… 625
四九、田仆…… 626
五〇、驭夫…… 627
五一、校人…… 627
五二、趣马…… 631
五三、巫马…… 632
五四、牧师…… 633
五五、廋人…… 634

五六、圉师…… 635
五七、圉人…… 636
五八、职方氏 …… 637
五九、土方氏 …… 646
六〇、怀方氏 …… 647
六一、合方氏 …… 648
六二、训方氏 …… 649
六三、形方氏 …… 649
六四、山师…… 650
六五、川师…… 650
六六、原师…… 651
六七、匡人…… 651
六八、撢人…… 652
六九、都司马(附家司马) …… 652

秋官司寇第五…… 654
叙官 …… 655
一、大司寇…… 676
二、小司寇…… 683
三、士师…… 690
四、乡士…… 696
五、遂士…… 698
六、县士…… 700
七、方士…… 701
八、讶士…… 703
九、朝士…… 704

一〇、司民…………………………………………………… 708
一一、司刑…………………………………………………… 709
一二、司刺…………………………………………………… 710
一三、司约…………………………………………………… 711
一四、司盟…………………………………………………… 713
一五、职金…………………………………………………… 714
一六、司厉…………………………………………………… 715
一七、犬人…………………………………………………… 716
一八、司圜…………………………………………………… 717
一九、掌囚…………………………………………………… 718
二〇、掌戮…………………………………………………… 719
二一、司隶…………………………………………………… 720
二二、罪隶…………………………………………………… 721
二三、蛮隶…………………………………………………… 722
二四、闽隶…………………………………………………… 722
二五、夷隶…………………………………………………… 723
二六、貉隶…………………………………………………… 724
二七、布宪…………………………………………………… 724
二八、禁杀戮 ……………………………………………… 725
二九、禁暴氏 ……………………………………………… 726
三〇、野庐氏 ……………………………………………… 726
三一、蜡氏…………………………………………………… 728
三二、雍氏…………………………………………………… 730
三三、萍氏…………………………………………………… 731
三四、司寤氏 ……………………………………………… 731
三五、司烜氏 ……………………………………………… 732

三六、条狼氏 …… 734
三七、修闾氏 …… 735
三八、冥氏…… 736
三九、庶氏…… 737
四〇、穴氏…… 737
四一、翨氏…… 738
四二、柞氏…… 738
四三、薙氏…… 739
四四、硩蔟氏 …… 740
四五、翦氏…… 741
四六、赤犮氏 …… 742
四七、蝈氏…… 742
四八、壶涿氏 …… 743
四九、庭氏…… 743
五〇、衔枚氏 …… 744
五一、伊耆氏 …… 745
五二、大行人 …… 745
五三、小行人 …… 756
五四、司仪…… 761
五五、行夫…… 772
五六、环人…… 773
五七、象胥…… 774
五八、掌客…… 775
五九、掌讶…… 783
六〇、掌交…… 785
六一、掌察(阙) …… 787

六二、掌货贿(阙) …………………………………………… 787
六三、朝大夫 …………………………………………………… 787
六四、都则(阙) ………………………………………………… 788
六五、都士(阙) ………………………………………………… 788
六六、家士(阙) ………………………………………………… 788

冬官考工记第六 ……………………………………………… 789
总叙 ……………………………………………………………… 790
一、轮人…………………………………………………………… 798
二、舆人…………………………………………………………… 809
三、辀人…………………………………………………………… 812
四、筑氏…………………………………………………………… 821
五、冶氏…………………………………………………………… 823
六、桃氏…………………………………………………………… 825
七、凫氏…………………………………………………………… 827
八、栗氏…………………………………………………………… 830
九、段氏(阙) …………………………………………………… 833
一〇、函人………………………………………………………… 833
一一、鲍人………………………………………………………… 835
一二、韗人………………………………………………………… 837
一三、韦氏(阙) ………………………………………………… 840
一四、裘氏(阙) ………………………………………………… 840
一五、画缋………………………………………………………… 840
一六、钟氏………………………………………………………… 842
一七、筐人(阙) ………………………………………………… 843
一八、㡛氏………………………………………………………… 843

一九、玉人…………………………………………………………… 844
二〇、椰人（阙） ………………………………………………………… 851
二一、雕人（阙） ………………………………………………………… 851
二二、磬氏…………………………………………………………… 851
二三、矢人…………………………………………………………… 852
二四、陶人…………………………………………………………… 856
二五、瓬人…………………………………………………………… 857
二六、梓人…………………………………………………………… 858
二七、庐人…………………………………………………………… 865
二八、匠人…………………………………………………………… 870
二九、车人…………………………………………………………… 881
三〇、弓人…………………………………………………………… 887

附录 ……………………………………………………………… 905
主要引用书目 ……………………………………………………… 905

译注说明

一、本《译注》以中华书局影印阮校《十三经注疏》本《周礼》为底本，依照原书分为《天官》、《地官》、《春官》、《夏官》、《秋官》、《冬官》六篇，每篇包括题解、原文、注解、译文四个部分。

二、题解置于每篇大题之下，简要介绍该篇包括多少职官，这些职官根据其职掌的性质可以划分为几类，并揭示其职官结构的矛盾或不合理处，以使读者对于该篇的内容先有个概貌的了解。

三、对于各篇职文的原文，除加标点符号外，我们在每一职官的职文前加了一个小标题(标题同于官名)，并将该职官的职文划分为若干小节，标以序号，以使眉目清楚。但对于少数职事较单纯、职文较简略者，则不再划分小节。

四、注解着重解释各种名物制度和生僻的字词概念。凡已注释过的名物制度或字词概念，后文重复出现，一般不再出注，而对于其中较为重要的，或前后注文之义可以互备的，则注明参见某官某节注第几，以便参阅。古代学者为《周礼》作注的很多，我们的注解尽量吸收前人的成果。凡引前人之说，为使注文简洁，除同一人而引其两种以上著作者外，一般只注明为谁人之说，而不标出其书名及篇卷，读者于本书后所附《主要引用书目》中，即可查得其书，并于相应的篇目章节或条文下检得其说。而有必要标明书名的，亦仅用其简称。但有少数引文，如引黄以周的《礼书通故》，读者难以很快从原书中查得所引之文的，则亦注明引文所出之篇卷。又为节省篇幅，亦为便于初学，在引用前人之说时，对于说法互歧的，一般只选择我们认为较可信的一说，其他诸说，除十分必要者外，则不再一一罗列。若有前人未释，或释而于意未安处，则以己意注之，亦幸千虑之或有一得也。又影印阮校本中所偶见文字方面的讹误，亦于注中加以校订，出校时凡曰“他本皆作某”者，即指《引用书目》中所见诸本。

五、译文部分，力求明白流畅。为尽可能保持原书的行文风格，凡有可能直译的地方，我们都尽量直译，只有在直译不能达意时，才采用意译。又原文简质，且每多省略，因此我们的译文往往不得不增加一些字词，以畅其意。这些增加的字词，皆外加〔 〕号作为标志。

六、《周礼》经文多用古字，汉郑玄作注时，已将古字改作今字。为便于今人阅读，本书将经文中古字均改为今字，兹列古、今字对照如次：

𢿇渔　灋法　攷考　眡视　衺邪　烖灾　鱻鲜　齍粢
辠罪　㮚栗　虣暴　覈核　媺美　婣姻　匶柩　囏艰　毄击
敂叩　彊强　簭筮　飌风　鬻煮　嘑呼　靁雷　磬韶　龡吹
㝱梦　𢷬拜　䭫稽　邍原　丱矿　訆叫　毆驱

《周礼》一书，体大事繁，加以职文简质，殊为难读。我们这部《译注》，就是希望使《周礼》一书能够成为一部一般人都可以读懂的书，并希望能为有志于深入研究的人提供某种参考。但由于篇幅所限，我们的注释不能做得过详过细，还有不少通过看译文即可明白其意的地方，也就不再出注了，这是要请读者朋友谅解的。由于本人学力所限，译注中错误或不当之处在所难免，诚恳地希望学者同仁不吝批评指正，在此谨预致诚挚的谢意。

天官冢宰第一

【题解】

天官系统共有六十三职官，其中大宰(即冢宰)既是天官之长，又是六官之首。天官系统的官，按《叙官》的说法，属于“治官”，即治理国政之官，然其实际职掌，却十分复杂而琐细，可以称得上治官的，仅大宰、小宰、宰夫、大府、内府、外府、司会、司书、职内、职岁、职币等十一官而已。其他诸官的职掌，大体上可以分为以下几类。一类是掌饮食的官，其中又分几类：一是负责烹煮或制作食物者，膳夫、庖人、内饔、外饔、亨人、腊人、醢人等七职皆是；二是负责捕获兽类或鱼鳖等以供膳食者，有兽人、渔人、鳖人等三职；三是负责进献食物者，有笾人和醢人；四是负责酒浆者，有酒正、酒人、浆人三职；还有专门为王调配饮食的食医，掌盐的盐人，掌供巾幂以覆盖饮食的幂人，掌供冰以冷藏食物的凌人等，皆可归属于掌饮食类的官。这一类的官除了为王、王后和太子的饮食服务外，还负责供给宾客、祭祀以及丧事等所需饮食。第二类是掌服装的官，其中有掌王皮裘的司裘，为王、王后缝制衣服的缝人，掌王后、九嫔和内外命妇首服(头上装饰物)的追师，为王、王后掌鞋的屦人等。第三类是医官，有医师、疾医、疡医、兽医等职。第四类是掌寝舍的官，其中有负责为宫寝清除污秽的宫人，有为王外出设宫舍、帷帐等的掌舍、幕人、掌次等。第五类是宫官，有宫正、宫伯、内宰、内小臣、阍人、寺人、内竖等五职。第六类是妇官，其中有服侍王并协助王后行礼事的九嫔、世妇、女御，而为王后掌祭祀和礼事的女祝、女史，亦可附于此类。第七类是掌妇功的官，有典妇功、典丝、典枲三职。另外还有为王掌借田的甸师，为王掌收藏的玉府，掌皮革的掌皮，掌染丝帛的染人，掌大丧为王招魂的夏采等五职，皆可自成一类。从本篇职文可以看出，作为天官之长、六官之首的大宰的职权是何等重大，他既“掌建邦之六典”，以作为天、地、春、夏、秋、冬六个系统官吏的典则，佐王治理天下邦国，又掌理王国的“八法”、“八则”、“八柄”、“八统”、“九职”、“九赋”、“九式”、“九贡”、“九两”等等。然其属官，除前所列第一类诸官（其中又主要是小宰）协助他施行部分职掌外，其他各类职官的职事皆甚细微，几与天官作为“治官”的职掌无涉，而尤以服务生活和宫内事务的职官为多，占了天官系统职官的绝大部分，因此颇为后世学者所讥。斯维至说：“曩读《周礼》，觉其言冢宰之权能极尊，而细按所属，则凡庖人、官人、世妇、女御等，殆皆王之小臣，可谓头大尾小，殊不相称。”（《两周金文所见职官考》，载1947年9月《中国文化研究汇刊》第七卷）蒋伯潜说，天官“以掌宫中事务者为最多，凡寝舍、膳食、饮料、服装、医药、妇寺，皆统于天官，次则为掌财货会计者。可见天官一方统摄六官，一方兼掌杂务，恰似现代各机关中之总务处焉”。（《十三经概论》，上海古籍出版社1983年版，第272页）这些批评，不为无见，然都是以现代人的眼光来看问题的。若从当时历史条件看，作者究竟为何如此设官，恐怕还是值得研究的问题。

叙　官

1. 惟王建国，辨方正位〔1〕，体国经野〔2〕。设官分职，以为民极〔3〕。乃立天官冢宰〔4〕，使帅其属，而掌邦治〔5〕，以佐王均邦国〔6〕。

【注释】

〔1〕正位：案《尚书·盘庚》曰：“盘庚既迁，……乃正厥位。”彼孔《疏》引郑玄《注》云：“正宗庙、朝廷之位。”此处“正位”之义盖与之同。

〔2〕体国经野：朱申曰：“体犹分也，经犹画也。城中曰国，郊外

曰野。”

〔3〕为民极：俞樾曰：“极有准则之义。”姜兆锡曰：“谓为斯民至极之标准。”

〔4〕天官冢宰：案《周礼》所设计的职官体制，分为六个系统，简称“六官”，而分别以天地四时命名，其首曰天官，天官之长则为大宰，大宰即冢宰，亦为六官之首，故郑《注》引郑司农曰（案以下凡引郑司农说皆转引自郑《注》，不复注）：“六官皆总属于冢宰。”

〔5〕掌邦治：沈梦兰《周礼学·城郭》曰：“王国曰国，曰邦，侯国则谓之邦国。”此《周礼》之通例。然而此处的“掌邦治”同下文的“均邦国”实为互文，皆统王国与诸侯国而言，亦即统全天下而言。

〔6〕均邦国：方苞《析疑》曰：“治之使各得其分谓之均。均者，上下、尊卑、贫富、远迩各得其平也。”

【译文】

王建立国都，辨别方向并确定〔宗庙和朝廷的〕位置，划分都城与郊野的界限。分设官职，用作民众的榜样。于是设立天官冢宰，让他率领下属，而掌管天下的治理，辅佐王使天下人各安守本分。

2. 治官之属〔1〕：大宰〔2〕，卿一人；小宰〔3〕，中大夫二人；宰夫〔4〕，下大夫四人；上士八人，中士十有六人，旅下士三十有二人〔5〕，府六人〔6〕，史十有二人〔7〕，胥十有二人〔8〕，徒百有二十人。

【注释】

〔1〕治官：案上节云天官冢宰“掌邦治”，因此称天官系统的官为“治官”。

〔2〕大宰：是治官之长。蒋载康曰：“大，音泰，后放此。”

〔3〕小宰：是大宰的副手。

〔4〕宰夫：主司对天官系统官吏的考核。贾《疏》曰：“宰夫是大宰之考。”

〔5〕旅下士：郑《注》曰："旅，众也。"郝敬曰："下士独言众，人众也。"

〔6〕府：主收藏的小吏。

〔7〕史：掌文书的小吏。据郑《注》，府、史"皆其长官所自辟除"。

〔8〕胥：及下文徒，郑《注》曰："此民给徭役者。"但胥的地位高于徒，是徒的十人之长。郑《注》曰："(胥)有才知(智)，为什长。"故胥十二人，徒则百二十人。案《周礼》中的府、史、胥、徒，皆所谓"庶人在官者"，即庶人在官府任职服役者，无爵位，其地位低于下士而略高于庶人。

【译文】

治官的属官有：大宰，由卿一人担任；小宰，由中大夫二人担任；宰夫，由下大夫四人担任；〔还配有〕上士八人，中士十六人，众下士三十二人，府六人，史十二人，胥十二人，徒一百二十人。

3. 宫正[1]，上士二人，中士四人，下士八人，府二人，史四人，胥四人，徒四十人。

【注释】

〔1〕宫正：郑《注》曰："正，长也。宫正，主宫中官之长。"

【译文】

宫正，由上士二人担任，中士四人为副手，〔还配有〕下士八人，府二人，史四人，胥四人，徒四十人。

4. 宫伯[1]，中士二人，下士四人，府一人，史二人，胥二人，徒二十人。

【注释】

〔1〕宫伯：郑《注》曰："伯，长也。"案此宫伯与上之宫正，皆主宫中之长，然其职掌有别。贾《疏》曰："若宫正，则主任三宫卿大夫士之身，故为宫中官之长。……宫伯云长者，直主宫中卿大夫士之适子、庶子，行其秩叙，授其舍次之事，亦得为长，故云'伯，长也'。"

【译文】

宫伯，由中士二人担任，下士四人为副手，〔还配有〕府一人，史二人，胥二人，徒二十人。

5. 膳夫〔1〕，上士二人，中士四人，下士八人，府二人，史四人，胥十有二人，徒百有二十人。

【注释】

〔1〕膳夫：郑《注》曰："食官之长也。"

【译文】

膳夫，由上士二人担任，中士四人为副手，〔还配有〕下士八人，府二人，史四人，胥十二人，徒一百二十人。

6. 庖人〔1〕，中士四人，下士八人，府二人，史四人，贾八人〔2〕，胥四人，徒四十人。

【注释】

〔1〕庖人：贾《疏》曰："庖者，今之厨。……庖人主六兽、六禽，以供庖厨。"

〔2〕贾：音 jià，知掌物价者。郑《注》曰："贾主市买，知物贾(价)。"

【译文】

庖人，由中士四人担任，下士八人为副手，〔还配有〕府二人，史四人，贾八人，胥四人，徒四十人。

7. 内饔[1]，中士四人，下士八人，府二人，史四人，胥十人，徒百人。

【注释】

〔1〕内饔：郑《注》曰："饔，割亨煎和之称。内饔所主在内。"所谓"所主在内"，贾《疏》曰："以其掌王及后、世子及宗庙，皆是在内之事。"

【译文】

内饔，由中士四人担任，下士八人为副手，〔还配有〕府二人，史四人，胥十人，徒一百人。

8. 外饔[1]，中士四人，下士八人，府二人，史四人，胥十人，徒百人。

【注释】

〔1〕外饔：郑《注》曰："所主在外。"贾《疏》曰："其职云掌外祭祀及邦飨孤子、耆老割亨，皆是在外之事，故云所掌在外也。"

【译文】

外饔，由中士四人担任，下士八人为副手，〔还配有〕府二人，史四人，胥十人，徒一百人。

9. 亨人[1]，下士四人，府一人，史二人，胥五人，徒五十人。

【注释】

〔1〕亨人：郑《注》曰："主为外内饔煮肉者。"

【译文】

亨人，由下士四人担任，〔还配有〕府一人，史二人，胥五人，徒五十人。

10. 甸师[1]，下士二人，府一人，史二人，胥三十人，徒三百人。

【注释】

〔1〕甸师：郑《注》曰："郊外曰甸。师，犹长也。甸师，主共野物官之长。"

【译文】

甸师，由下士二人担任，〔还配有〕府一人，史二人，胥三十人，徒三百人。

11. 兽人[1]，中士四人，下士八人，府二人，史四人，胥四人，徒四十人。

【注释】

〔1〕兽人：据贾《疏》，为"掌罟田兽"之官。罟，音 gǔ，网也，谓用网捕田兽。

【译文】

兽人，由中士四人担任，下士八人为副手，〔还配有〕府二人，史四人，胥四人，徒四十人。

12. 渔人[1]，中士二人，下士四人，府二人，史四人，胥三十人，徒三百人。

【注释】

〔1〕渔人：据贾《疏》，“掌以时渔”、“供鱼物”。

【译文】

渔人，由中士二人担任，下士四人为副手，〔还配有〕府二人，史四人，胥三十人，徒三百人。

13. 鳖人[1]，下士四人，府二人，史二人，徒十有六人。

【注释】

〔1〕鳖人：孙诒让曰：“掌共介物。”案介物，龟鳖之类。

【译文】

鳖人，由下士四人担任，〔还配有〕府二人，史二人，徒十六人。

14. 腊人[1]，下士四人，府二人，史二人[2]，徒二十人。

【注释】

〔1〕腊人：掌供干兽肉之官。

〔2〕府二人，史二人：据王引之校，以为此六字衍。然以经文传习既久，不敢遽删。

【译文】

腊人，由下士四人担任，〔还配有〕府二人，史二人，徒二十人。

15. 医师[1]，上士二人，下士四人，府二人，史二人，徒二十人。

【注释】

〔1〕医师：郑《注》曰："众医(官)之长。"

【译文】

医师，由上士二人担任，下士四人为副手，〔还配有〕府二人，史二人，徒二十人。

16. 食医[1]，中士二人。

【注释】

〔1〕食医：掌调和四季众味之宜。

【译文】

食医，由中士二人担任。

17. 疾医[1]，中士八人。

【注释】

〔1〕疾医：孙诒让曰："若今之内科医也。"

【译文】

疾医，由中士八人担任。

18. 疡医[1]，下士八人。

【注释】

〔1〕疡医：孙诒让曰："若今之外科医也。"

【译文】

疡医，由下士八人担任。

19. 兽医[1]，下士四人。

【注释】

〔1〕兽医：与今兽医同，掌医牛马等牲畜者。郑《注》曰："兽，牛马之类。"

【译文】

兽医，由下士四人担任。

20. 酒正[1]，中士四人，下士八人，府二人，史八人，胥八人，徒八十人。

【注释】

〔1〕酒正：郑《注》曰："酒官之长。"

【译文】

酒正，由中士四人担任，下士八人为副手，〔还配有〕府二人，史八人，胥八人，徒八十人。

21. 酒人[1]，奄十人[2]，女酒三十人[3]，奚三百人[4]。

【注释】

〔1〕酒人：掌造酒者。

〔2〕奄：郑《注》曰：“今谓之宦人。”贾《疏》曰：“奄亦府史之类。”

〔3〕女酒：由女奴充任。郑《注》曰：“女奴晓酒者。”孙诒让曰，谓女奴而“多才知，知作酒之事者”。案以下凡曰“女奴晓某者”，义皆放此。

〔4〕奚：亦女奴。孙诒让曰：“凡此经之奚皆为女奴，对《秋官》五隶为男奴也。”

【译文】

酒人，由奄十人担任，〔还配有〕女酒三十人，奚三百人。

22. 浆人[1]，奄五人，女浆十有五人[2]，奚百有五十人。

【注释】

〔1〕浆人：掌供王饮料者。

〔2〕女浆：郑《注》曰：“女奴晓浆者。”

【译文】

浆人，由奄五人担任，〔还配有〕女浆十五人，奚一百五十人。

23. 凌人[1]，下士二人，府二人，史二人，胥八人，徒八十人。

【注释】

〔1〕凌人：掌藏冰和供冰之用者。

【译文】

凌人，由下士二人担任，〔还配有〕府二人，史二人，胥八人，徒八十人。

24. 笾人[1]，奄一人，女笾十人[2]，奚二十人。

【注释】

〔1〕笾人：笾，是一种竹制盛物器，其形如豆。《说文》曰："笾，竹豆也。"笾人，掌以笾进献食物者。

〔2〕女笾：郑《注》曰："女奴之晓笾者。"

【译文】

笾人，由奄一人担任，〔还配有〕女笾十人，奚二十人。

25. 醢人[1]，奄一人，女醢二十人[2]，奚四十人。

【注释】

〔1〕醢人：掌以豆供荐羞者。醢，音 hǎi，肉酱。

〔2〕女醢：郑《注》曰："女奴晓醢者。"

【译文】

醢人，由奄一人担任，〔还配有〕女醢二十人，奚四十人。

26. 醯人[1]，奄二人，女醯二十人[2]，奚四十人。

【注释】

〔1〕醯人：掌以醯调制食物者。醯，音 xī，即醋。

〔2〕女醯：郑《注》曰："女奴之晓醯者。"

【译文】

醢人，由奄二人担任，〔还配有〕女醢二十人，奚四十人。

27. 盐人〔1〕，奄二人，女盐二十人〔2〕，奚四十人。

【注释】

〔1〕盐人：掌盐政者。

〔2〕女盐：郑《注》曰："女奴晓盐者。"

【译文】

盐人，由奄二人担任，〔还配有〕女盐二十人，奚四十人。

28. 幂人〔1〕，奄一人，女幂十人〔2〕，奚二十人。

【注释】

〔1〕幂人：掌供巾以覆盖饮食者。

〔2〕女幂：郑《注》曰："女奴晓幂者。"

【译文】

幂人，由奄一人担任，〔还配有〕女幂十人，奚二十人。

29. 宫人〔1〕，中士四人，下士八人，府二人，史四人，胥八人，徒八十人。

【注释】

〔1〕宫人：孙诒让曰："此官掌王寝，亦主服御之事。"

【译文】

官人，由中士四人担任，下士八人为副手，〔还配有〕府二人，史二人，胥八人，徒八十人。

30. 掌舍[1]，下士四人，府二人，史四人，徒四十人。

【注释】

〔1〕掌舍：孙诒让曰："掌王行道馆舍之事。"

【译文】

掌舍，由下士四人担任，〔还配有〕府二人，史四人，徒四十人。

31. 幕人[1]，下士一人，府二人，史二人，徒四十人。

【注释】

〔1〕幕人：及下节掌次，孙诒让曰："并主张设帷幕之事，以备王舍息。"

【译文】

幕人，由下士一人担任，〔还配有〕府二人，史二人，徒四十人。

32. 掌次，下士四人，府四人，史二人[1]，徒八十人。

【注释】

〔1〕府四人，史二人：王引之曰："窃疑掌次等官，'府四人，史二人'，'府二人，史一人'（案后者指《春官·叙官》之《郁人》、《司尊彝》、《司几筵》等的府史数），人数皆上下互讹，《唐石经》已如是。"所谓上下互讹，即谓"府四人，史二人"，当作"府二人，史四人"；"府二人，史一人"，当作"府一人，史二人"。

【译文】

掌次，由下士四人担任，〔还配有〕府二人，史四人，徒八十人。

33. 大府[1]，下大夫二人，上士四人，下士八人，府四人，史八人，贾十有六人[2]，胥八人，徒八十人。

【注释】

〔1〕大府：郑《注》曰："为王治藏之长。"

〔2〕贾：贾《疏》曰："有贾者，府官须有市买，并须知物货善恶故也。"

【译文】

大府，由下大夫二人担任，上士四人为副手，〔还配有〕下士八人，府四人，史八人，贾十六人，胥八人，徒八十人。

34. 玉府[1]，上士二人，中士四人，府二人，史二人，工八人[2]，贾八人[3]，胥四人，徒四十有八人。

【注释】

〔1〕玉府：为王掌金玉玩好及兵器者。

〔2〕工：指善治玉器之工。郑《注》曰："能攻玉者。"

〔3〕贾：贾《疏》曰："有贾者，使辨玉之善恶贵贱也。"

【译文】

玉府，由上士二人担任，中士四人为副手，〔还配有〕府二人，史二人，工八人，贾八人，胥四人，徒四十八人。

35. 内府[1]，中士二人，府一人，史二人，徒十人。

【注释】

〔1〕内府：郑《注》曰："主良货贿藏在内者。"所谓良货贿，据《内府》郑《注》说，是指"诸侯朝觐所献国珍"。

【译文】

内府，由中士二人担任，〔还配有〕府一人，史二人，徒十人。

36. 外府[1]，中士二人，府一人，史二人，徒十人。

【注释】

〔1〕外府：郑《注》曰："主泉(钱币)之藏在外者。"

【译文】

外府，由中士二人担任，〔还配有〕府一人，史二人，徒十人。

37. 司会[1]，中大夫二人，下大夫四人，上士八人，中士十有六人，府四人，史八人，胥五人，徒五十人。

【注释】

〔1〕司会：郑《注》曰："会，大计也。主天下之大计，计官之长。"

案《说文》曰："计，会也，算也。"是会即计算之义，如今之会计，而司会则为天下之总会计。

【译文】

司会，由中大夫二人担任，下大夫四人为副手，〔还配有〕上士八人，中士十六人，府四人，史八人，胥五人，徒五十人。

38. 司书[1]，上士二人，中士四人，府二人，史四人，徒八人。

【注释】

〔1〕司书：郑《注》曰："主计会之簿书。"簿书即会计账册。

【译文】

司书，由上士二人担任，中士四人为副手，〔还配有〕府二人，史四人，徒八人。

39. 职内[1]，上士二人，中士四人，府四人，史四人，徒二十人。

【注释】

〔1〕职内：郑《注》曰："主入也。"案其职文云"掌邦之赋入"，故曰"主入"。

【译文】

职内，由上士二人担任，中士四人为副手，〔还配有〕府四人，史四人，徒二十人。

40. 职岁[1]，上士四人，中士八人，府四人，史八人，徒二十人。

【注释】

〔1〕职岁：郑《注》曰："主岁计，以岁断。"即主管年终总结算。

【译文】

职岁，由上士四人担任，中士八人为副手，〔还配有〕府四人，史八人，徒二十人。

41. 职币[1]，上士二人，中士四人，府二人，史四人，贾四人，胥二人，徒二十人。

【注释】

〔1〕职币：王引之曰："主余财之官也。职，主也。币，余也。所主者，财物之余"，"谓为国营造用物有余，并归之于职币。"

【译文】

职币，由上士二人担任，中士四人为副手，〔还配有〕府二人，史四人，贾四人，胥二人，徒二十人。

42. 司裘[1]，中士二人，下士四人，府二人，史四人，徒四十人。

【注释】

〔1〕司裘：《说文》曰："裘，皮衣也。"即掌制皮衣之官。

【译文】

司裘，由中士二人担任，下士四人为副手，〔还配有〕府二人，史四人，徒四十人。

43. 掌皮[1]，下士四人，府二人，史四人，徒四十人。

【注释】

〔1〕掌皮：掌收敛和制作皮革之事者。

【译文】

掌皮，由下士四人担任，〔还配有〕府二人，史四人，徒四十人。

44. 内宰[1]，下大夫二人，上士四人，中士八人，府四人，史八人，胥八人，徒八十人。

【注释】

〔1〕内宰：郑《注》曰："宫中官之长。"即为下内小臣、阍人、寺人、内竖等之长。

【译文】

内宰，由下大夫二人担任，上士四人为副手，〔还配有〕中士八人，府四人，史八人，胥八人，徒八十人。

45. 内小臣[1]，奄上士四人[2]，史二人，徒八人。

【注释】

〔1〕内小臣：王后的侍从官。

〔2〕奄上士：奄中的贤者。于鬯曰："此上士与凡称上士、中士、下士者不同。……此则非爵也，特因奄之贤者为之，故尊其称曰奄上士耳。"

【译文】

内小臣，由奄上士四人担任，〔还配有〕史二人，徒八人。

46. 阍人〔1〕，王宫每门四人，囿游亦如之〔2〕。

【注释】

〔1〕阍人：守门人。

〔2〕囿游：据郑《注》，囿为御苑，游为囿内离宫。

【译文】

阍人，王宫每门设四人，御苑中离宫也每门四人。

47. 寺人〔1〕，王之正内五人〔2〕。

【注释】

〔1〕寺人：其职文曰："掌王之内人及女宫之戒令。"案寺人皆奄人。

〔2〕正内：郑《注》曰："路寝。"案王宫五门，据孙诒让引黄度、沈彤说，依次为皋门、库门、雉门、应门、路门。路寝在路门内。

【译文】

寺人，在王的正内，共五人。

48. 内竖〔1〕，倍寺人之数。

【注释】

〔1〕内竖：郑《注》曰："竖，未冠者之官名。"未冠者，即未成年者。内竖之职，其职文郑《注》曰："通王内外之命，给小事者。"

【译文】

内竖，人数比寺人多一倍。

49. 九嫔[1]。

【注释】

〔1〕嫔：妇官。案嫔乃天子之妾，其地位仅次于夫人。

【译文】

嫔九人。

50. 世妇[1]。

【注释】

〔1〕世妇：妇官，亦天子之妾，位次于九嫔。案此官未言员数，郑《注》曰："君子不苟于色，有妇德者充之，无则缺。"

【译文】

世妇。

51. 女御[1]。

【注释】

〔1〕女御：郑《注》说，即御妻。亦妇官，位次世妇，亦不言员数，

义同上。

【译文】

女御。

52. 女祝四人[1]，奚八人。

【注释】

〔1〕女祝：郑《注》曰："女奴晓祝事者。"案所谓祝，《说文》曰："祭祀主赞词者。"

【译文】

女祝四人，〔还配有〕奚八人。

53. 女史八人[1]，奚十有六人。

【注释】

〔1〕女史：郑《注》曰："女奴晓书者。"《说文》曰："史，记事者也。"是女史乃女奴而掌记事之官。

【译文】

女史八人，〔还配有〕奚十六人。

54. 典妇功[1]，中士二人，下士四人，府二人，史四人，工四人[2]，贾四人[3]，徒二十人。

【注释】

〔1〕典妇功：郑《注》曰："典，主也。典妇功者，主妇人丝枲(麻)

功官之长。”

〔2〕工：孙诒让曰：“此不言女工，则男工也。”

〔3〕贾：贾《疏》曰：“以其丝枲有善恶贵贱之事，故须贾人也。”

【译文】

典妇功，由中士二人担任，下士四人为副手，〔还配有〕府二人，史四人，工四人，贾四人，徒二十人。

55. 典丝[1]，下士二人，府二人，史二人，贾四人，徒十有二人。

【注释】

〔1〕典丝：掌丝织物的收藏及供给者。

【译文】

典丝，由下士二人担任，〔还配有〕府二人，史四人，贾四人，徒十二人。

56. 典枲[1]，下士二人，府二人，史二人，徒二十人。

【注释】

〔1〕典枲：掌麻、草织物的收藏及供给者。枲，音 xǐ。

【译文】

典枲，由下士二人担任，〔还配有〕府二人，史二人，徒二十人。

57. 内司服[1]，奄一人，女御二人[2]，奚八人。

【注释】

〔1〕内司服：郑《注》曰："主宫中裁缝官之长。"

〔2〕女御二人：女御，参见第51节。孙诒让说，此二女御，实以内官而兼领内司服之事，内司服当听命于女御。

【译文】

内司服，由奄一人担任，女御二人〔兼领其事〕，〔还配有〕奚八人。

58. 缝人[1]，奄二人，女御八人[2]，女工八十人[3]，奚三十人。

【注释】

〔1〕缝人：掌为王及后缝制衣服之事者。

〔2〕女御：据孙诒让说，此亦内官而兼领缝人之事者。

〔3〕女工：郑《注》曰："女奴晓裁缝者。"

【译文】

缝人，由奄二人担任，女御八人〔兼领其事〕，〔还配有〕女工八十人，奚三十人。

59. 染人[1]，下士二人，府二人，史二人，徒二十人。

【注释】

〔1〕染人：掌染丝帛者。

【译文】

染人，由下士二人担任，〔还配有〕府二人，史二人，徒二十人。

60. 追师〔1〕，下士二人，府一人，史二人，工二人，徒四人。

【注释】

〔1〕追师：掌制王后之首服（即冠戴）者。

【译文】

追师，由下士二人担任，〔还配有〕府一人，史二人，工二人，徒四人。

61. 屦人〔1〕，下士二人，府一人，史一人，工八人，徒四人。

【注释】

〔1〕屦人：屦，音 jù，用麻、葛、草、丝及皮革等制的鞋。屦人，掌为王及后制屦者。

【译文】

屦人，由下士二人担任，〔还配有〕府一人，史一人，工八人，徒四人。

62. 夏采〔1〕，下士四人，史一人，徒四人。

【注释】

〔1〕夏采：掌王丧招魂之事者。

【译文】

夏采，由下士四人担任，〔还配有〕史一人，徒四人。

一、大　宰

1. 大宰之职，掌建邦之六典〔1〕，以佐王治邦国。一曰治典，以经邦国〔2〕，以治官府，以纪万民。二曰教典，以安邦国，以教官府，以扰万民〔3〕。三曰礼典，以和邦国，以统百官，以谐万民。四曰政典，以平邦国，以正百官，以均万民。五曰刑典，以诘邦国〔4〕，以刑百官，以纠万民。六曰事典，以富邦国，以任百官，以生万民。

【注释】

〔1〕建邦之六典：建，孙诒让曰："经例言建者，并谓修立其政法之书，颁而行之。"邦，国也，此指王国，即天子之国，以别于下文泛指诸侯国的"邦国"。六典，即下文所云治典、教典、礼典、政典、刑典，事典，郑《注》说，这六典皆由大宰所建，而分别由大宰、司徒、宗伯、司马、司寇、司空六官施行之。

〔2〕经：及下文"治"、"纪"，变文而义同，都是治理的意思。

〔3〕扰：郑《注》曰："犹驯也。"

〔4〕诘：郑《注》曰："犹禁也。"

【译文】

大宰的职责，掌管建立和颁行王国的六种法典，以辅助王统治天下各国。第一是治典，用来治理天下各国，治理官府，治理民众。第二是教典，用来安定天下各国，教育官府的官吏，使民众顺服。第三是礼典，用来谐调天下各国，统御百官，使民众和谐。第四是政典，用来使天下各国政治公平，百官政风端正，民众赋役平均。第五是刑典，用来禁止天下各国的叛逆，惩罚百官的违法者，纠察民众。第六是事典，用来使天下各国富强，百官胜任职事，民众能得生养。

2. 以八法治官府〔1〕。一曰官属〔2〕，以举邦治〔3〕。二曰官职〔4〕，以辨邦治〔5〕。三曰官联〔6〕，以会官治。四曰官常〔7〕，以听官治。五曰官成〔8〕，以经邦治。六曰官法〔9〕，以正邦治。七曰官刑〔10〕，以纠邦治。八曰官计〔11〕，以弊邦治〔12〕。

【注释】

〔1〕官府：柯尚迁曰："府者官所居之处。"案此谓王朝之官府。

〔2〕官属：即属官，在此指有关属官编制的规定。

〔3〕以举邦治：贾《疏》曰："以下皆单言邦，据王国而言。"王昭禹曰："举者，有所执而兴起之谓也。"是举有开展、进行之义。

〔4〕官职：是指有关官吏职责的规定。

〔5〕辨：贾《疏》曰："别也。官事有分别。"

〔6〕官联：是指有关官吏联合办事的法则。

〔7〕官常：毛应龙引欧阳谦之曰："官常，一官之常职。"

〔8〕官成：郑《注》曰："谓官府之成事品式也。"即官府办事的成例，可依而行之。

〔9〕官法：是指诸官所应遵循的法规、制度。

〔10〕官刑：是指有关惩治官吏的法则。

〔11〕官计：是评断吏治的标准。郑《注》曰："谓《小宰》之六计，所以断群吏之治。"（参见《小宰》第8节）

〔12〕弊：郑《注》曰："断也。"

【译文】

依据八种法则来治理官府。第一是官属，用来开展王国的政事。第二是官职，用来区别王国官吏的职责。第三是官联，用来会合各官共同办事。第四是官常，用来考察官吏的工作。第五是官成，用来治理王国的政事。第六是官法，用来端正王国的政风。第七是官刑，用来纠察王国的政事。第八是官计，用来评断王国的吏治。

3. 以八则治都鄙〔1〕。一曰祭祀〔2〕，以驭其神〔3〕。二曰法则〔4〕，以驭其官。三曰废置〔5〕，以驭其吏。四曰禄位〔6〕，以驭其士〔7〕。五曰赋贡〔8〕，以驭其用。六曰礼俗，以驭其民。七曰刑赏〔9〕，以驭其威。八曰田役〔10〕，以驭其众。

【注释】

〔1〕都鄙：沈梦兰《周礼学·都鄙》曰："都鄙，畿内邑之统称。"所谓畿内邑，据郑注，指王子弟及公卿大夫在王畿内的采邑。

〔2〕祭祀：是指有关祭祀的制度、法则。

〔3〕驭其神：驭，"御"的古文。此经中的"驭"，有节制、管理、控制、操纵、督导、劝励、鞭策等多种含义，当随文而解之。公卿大夫爵位有尊卑，其所当祀之神亦有尊卑，位卑者则不得祀尊神。李光坡曰："驭其神，使之无僭祀，无淫祀也。"

〔4〕法则：郑《注》曰："其官之制度。"贾《疏》曰："谓宫室、车旗、衣服之等，皆不得僭也。"

〔5〕废置：是指有关罢黜和任用官吏的制度。

〔6〕禄位：是指有关授予俸禄和爵位的制度。

〔7〕士：郑司农曰："谓学士。"所谓学士，据孙诒让说，是指那些讲学道艺而养之于学者，非谓卿大夫士之士。

〔8〕赋贡：是指有关征收赋贡的制度。

〔9〕刑赏：是指有关惩罚和奖励的制度。

〔10〕田役：是指有关田猎和役使民众的制度。

【译文】

依据八种制度治理王畿内的采邑。第一是祭祀制度，用来节制对神的祭祀。第二是〔有关官室、车服等级的〕制度，用来统御属官。第三是废置制度，用来治理官吏。第四是禄位制度，用来督励学士。第五是赋贡制度，用来调节财用。第六是礼仪风俗，用来约束民众。第七是刑赏制度，用来树立威信。第八是田役制度，用来役使民众。

4. 以八柄诏王驭群臣〔1〕。一曰爵，以驭其贵。二曰禄，以驭其富。三曰予，以驭其幸。四曰置，以驭其行〔2〕。五曰生，以驭其福。六曰夺，以驭其贫。七曰废，以驭其罪。八曰诛，以驭其过〔3〕。

【注释】

〔1〕诏：郑《注》曰："告也，助也。"

〔2〕四曰置，以驭其行：贾《疏》曰："有贤行则置之于位，故云以驭其行。"

〔3〕过：俞樾曰："此'过'字当读为'祸'，古'祸'、'过'通用。"

【译文】

用八种权柄辅助王统御群臣。第一是授予爵位的权柄，以使臣尊贵。第二是授予俸禄的权柄，以使臣富有。第三是赐予的权柄，以使臣得宠幸。第四是安置官吏的权柄，以劝励臣下的贤行。第五是赦免死罪的权柄，以使臣得免死之福。第六是剥夺的权柄，以使臣贫穷。第七是废黜的权柄，以惩罚罪臣。第八是诛杀的权柄，以使罪臣遭祸。

5. 以八统诏王驭万民〔1〕。一曰亲亲，二曰敬故，三曰进贤，四曰使能，五曰保庸〔2〕，六曰尊贵，七曰达吏〔3〕，八曰礼宾。

【注释】

〔1〕八统：谓上以统下的八条原则。乾隆十三年《义疏》引《礼库》曰："八者通于上下，故曰统。"

〔2〕保庸：郑《注》曰："保庸，安有功者。"

〔3〕达吏：孙诒让曰："小吏爵秩卑猥，有勤劳者，则亦察举之，使通于上，故谓之达。"

【译文】

用八项原则辅助王统御民众。第一是亲近亲族，第二是尊敬故旧，第三是荐举贤人，第四是任用能人，第五是抚慰有功的人，第六是尊重尊贵的人，第七是提拔勤劳的小吏，第八是礼敬宾客。

6. 以九职任万民。一曰三农〔1〕，生九谷〔2〕。二曰园圃，毓草木〔3〕。三曰虞衡，作山泽之材〔4〕。四曰薮牧〔5〕，养蕃鸟兽。五曰百工〔6〕，饬化八材〔7〕。六曰商贾，阜通货贿〔8〕。七曰嫔妇〔9〕，化治丝枲。八曰臣妾〔10〕，聚敛疏材〔11〕。九曰闲民〔12〕，无常职，转移执事〔13〕。

【注释】

〔1〕三农：郑《注》曰："原（高而平之地）、隰（低而湿之地）及平地。"是三农指在此三种不同地理条件下从事农业生产者。

〔2〕九谷：据郑《注》，是指黍、稷、稻、粱、苽、麻、大豆、小豆、小麦九者。

〔3〕毓草木：毓，古"育"字。草木，在此泛指瓜果。

〔4〕虞衡，作山泽之材：郑《注》曰："掌山泽之官，主山泽之民者。"案虞衡为官名，在此指代在山林川泽从事生产之民。

〔5〕薮牧：郑《注》曰："泽无水曰薮。牧，牧田，在远郊。皆畜牧之地。"案薮牧在此指代畜牧业。

〔6〕百工：贾《疏》曰："谓各种巧作之工。"即各种手工业工匠。

〔7〕饬化八材：饬，整治。饬化，谓治而使原材料变化成器物，即制作、制造之义。八材，据郑司农说，指珠、象（象牙、象骨）、玉、石、木、金、革、羽八者，实则泛指各种原材料。

〔8〕阜通货贿：郑《注》曰："阜，盛也。金曰货，布帛曰贿。"通言之，货贿皆谓财，故《说文》货、贿并训云"财也"。

〔9〕嫔妇：即妇女。郑《注》曰："嫔，妇人之美称也。"

〔10〕臣妾：江永曰："奴婢也。贫民鬻身为人奴婢。"

〔11〕疏材：泛指各种草木果实。《地官·委人》"疏材"郑《注》曰："凡疏材，草木有实者也。"据孙诒让说，此处是指野生的草木果实。

〔12〕闲民：指无常职而为人佣工者。

〔13〕转移执事：朱申曰："若今佣雇为工作者。"

【译文】

以九类职业任用民众。第一是在三种不同地形从事农业，生产各种谷物。第二是园圃之业，培育瓜果。第三是虞衡之业，开发利用山林川泽的材物。第四是薮牧之业，蕃养鸟兽。第五是百工之业，利用各种原材料制造器物。第六是商贾之业，使财物大流通。第七是嫔妇之业，治理丝麻。第八是臣妾之业，采集草木果实。第九是闲民，没有固定职业，经常转换雇主为人做工。

7. 以九赋敛财贿。一曰邦中之赋〔1〕，二曰四郊之赋〔2〕，三曰邦甸之赋〔3〕，四曰家削之赋〔4〕，五曰邦县之赋〔5〕，六曰邦都之赋〔6〕，七曰关市之赋〔7〕，八曰山泽之赋〔8〕，九曰弊余之赋〔9〕。

【注释】

〔1〕邦中：据孙诒让说，此谓王城之中。

〔2〕四郊：郑《注》曰："去国百里。"案国即国都，即王城。

〔3〕邦甸：郑《注》曰："〔去国〕二百里。"

〔4〕家削：郑《注》曰："〔去国〕三百里。"

〔5〕邦县：郑《注》曰："〔去国〕四百里。"

〔6〕邦都：郑《注》曰："〔去国〕五百里。"案据孙诒让说，自"邦中"至此"邦都"六者，所征皆地税，"并由内而外，地之远近，为税法轻重之差。"

〔7〕关市之赋：是向商贾征收的赋税。关赋谓货物出入关门之税，市赋盖如今之市场营业税之类。

〔8〕山泽之赋：向在山泽生产经营之民征收的赋税。

〔9〕弊余之赋：弊，通币，本亦作"币"。据王引之说以为，币当读为"敝"，是残余的意思。币余在此指给公用的剩余财物，当交还给公家，即此所谓"弊余之赋"。（参见《叙官》第41节注①）

【译文】

用九种赋税法征收财物。第一是王都中的赋税法，第二是〔距王都百里的〕四郊的赋税法，第三是〔距王都百里至二百里的〕邦甸的赋税法，第四是〔距王都二百里至三百里的〕家削的赋税法，第五是〔距王都三百里至四百里的〕邦县的赋税法，第六是〔距王都四百里至五百里的〕邦都的赋税法，第七是关市的赋税法，第八是山泽的赋税法，第九是给公用的剩余财物的回收法。

8. 以九式均节财用〔1〕。一曰祭祀之式，二曰宾客之式，三曰丧荒之式，四曰羞服之式〔2〕，五曰工事之式，六曰币帛之式〔3〕，七曰刍秣之式〔4〕，八曰匪颁之式〔5〕，九曰好用之式〔6〕。

【注释】

〔1〕式：《说文》曰："法也。"

〔2〕羞服：《释文》引干宝云："羞，饮食也。服，车服也。"

〔3〕币帛：币亦帛，帛即缯，币帛即束帛。《说文》："币，帛也。"段注曰："帛者，缯也。《聘礼》注曰：'币，人所造成以自覆蔽，谓束帛也。'"案束帛谓十端帛，十端即五两。古时折布帛之法，由两端相向卷之，合为一两，一端二丈，一两即四丈。束帛五两，即二十丈。但此处

币帛非仅指束帛，而是泛指王使其臣聘问诸侯所用的财物。

〔4〕刍秣：饲养牛马的禾谷。

〔5〕匪颁：郑司农曰："匪，分也。"郑《注》曰："谓王所分赐群臣也。"金榜以为所颁赐者为禄食，即群臣的俸禄。

〔6〕好用：郑《注》曰："燕好所赐予。"所谓燕好，孙诒让曰："谓王燕闲与诸侯及亲贵诸臣为恩好。"案燕好所赐，是非正式场合的颁赐，有别于上之"匪颁"。

【译文】

用九种法则调节财物用度。第一是祭祀所用财物的法则，第二是接待宾客所用财物的法则，第三是遇死丧或灾荒所用财物的法则，第四是饮食和车服所用财物的法则，第五是工匠制作所用财物的法则，第六是行聘问礼所用财物的法则，第七是饲养牛马草料支出的法则，第八是分颁群臣俸禄所用财物的法则，第九是〔王闲暇时〕为与诸侯和臣下结恩好而赐予财物的法则。

9. 以九贡致邦国之用〔1〕。一曰祀贡〔2〕，二曰嫔贡〔3〕，三曰器贡〔4〕，四曰币贡〔5〕，五曰材贡〔6〕，六曰货贡〔7〕，七曰服贡〔8〕，八曰斿贡〔9〕，九曰物贡〔10〕。

【注释】

〔1〕贡：献也，谓诸侯国贡献于天子。

〔2〕祀贡：王引之曰："以供王祭祀之事。"

〔3〕嫔贡：郑《注》曰："嫔，故书作'宾'。"王引之以为"宾"是本字，"嫔"是借字，谓"供王宾客之事"。

〔4〕器贡：黄度曰："用器、兵器、礼乐之器。"

〔5〕币贡：郑司农曰："绣帛。"案绣帛在此泛指各种丝织物。

〔6〕材贡：郑《注》曰："櫄干栝柏篠簜也。"案櫄干栝柏皆木名。篠，小竹。簜，大竹。

〔7〕货贡：郑司农曰："珠贝自然之物也。"郑《注》曰："金玉龟贝也。"

〔8〕服贡：谓贡制作祭服之材，即郑《注》所谓絺、纻等。

〔9〕斿贡：郑《注》曰："燕好珠玑琅玕也。"案燕好即玩好，供玩赏之物。玑亦珠。琅玕，美石似玉者。

〔10〕物贡：郑《注》曰："杂物鱼盐橘柚。"贾《疏》据《尚书·禹贡》，谓徐州贡鱼，青州贡盐，荆、扬贡橘柚，是物贡即贡献各地的土特产。

【译文】

按九种贡法收取诸侯国的财物。第一是贡献祭祀用物，第二是贡献接待宾客用物，第三是贡献各种器物，第四是贡献丝织物，第五是贡献竹、木材，第六是贡献珠贝金玉等自然之物，第七是贡献缝制祭服用的材料，第八是贡献玩赏之物，第九是贡献各地土特产。

10. 以九两系邦国之民〔1〕。一曰牧，以地得民〔2〕。二曰长，以贵得民〔3〕。三曰师，以贤得民。四曰儒，以道得民。五曰宗，以族得民〔4〕。六曰主，以利得民〔5〕。七曰吏，以治得民。八曰友，以任得民〔6〕。九曰薮，以富得民〔7〕。

【注释】

〔1〕以九两系邦国之民：郑《注》曰："两犹耦也，所以协耦万民。系，联缀也。"贾《疏》曰："谓王者于邦国之中立法，使诸侯与民相合耦而联缀，不使离散，有九事。"

〔2〕牧，以地得民：刘敞曰："牧者，司牧也，谓邦国之君也。诸侯世(袭)，故曰以地得民。"

〔3〕长，以贵得民：孙诒让曰："长犹言官长，即公卿大夫士凡有爵位而无国邑者之通称……此皆以贵领贱，故曰长以贵得民。"

〔4〕宗，以族得民：据郑《注》，宗谓大宗，"收族者也。"收族即亲睦、统率宗族。

〔5〕主，以利得民：叶时《礼经会元·系民》曰："主谓卿大夫食采邑者，有利可依，故以利得民也。"

〔6〕友，以任得民：叶时《系民》曰：“友谓与国人交，相保任者，故以任得民。”保任，谓托付信任。

〔7〕薮，以富得民：薮，本指泽而无水之地，此处指代掌管山林川泽的虞衡之官，故惠士奇《礼说·天官上》曰：“川衡、林衡、山虞、泽虞，皆国之薮，民共之而吏掌之。”富，郑《注》曰：“谓薮中财物。”

【译文】

用九种和协的办法联系天下各国的民众。第一是诸侯国君，以土地取得民众。第二是官长，以尊贵的爵位取得民众。第三是老师，以贤德取得民众。第四是儒士，以道艺取得民众。第五是大宗，以亲睦族人取得民众。第六是主人，以有利可依取得民众。第七是官吏，以治理民事取得民众。第八是朋友，以可托付信任取得民众。第九是掌管山林川泽的官吏，以山林川泽的材物取得民众。

11. 正月之吉〔1〕，始和布治于邦国都鄙〔2〕，乃县治象之法于象魏〔3〕，使万民观治象，挟日而敛之〔4〕。

【注释】

〔1〕正月之吉：郑《注》曰：“正月，周之正月。吉谓朔日。”案周历以十一月为岁首，是周之正月，即夏历之十一月。朔日，初一。

〔2〕和布治于邦国都鄙：和布，据王引之说，“和”当读为“宣”，和布即宣布。治，谓治典(参见第1节)。都鄙，参见第3节注①。

〔3〕县治象之法于象魏：县，同“悬”。治象之法，即形成文字的法典，亦简称治象。孙诒让曰：“凡书著文字，通谓之象。”象魏，据孙诒让说，古代天子、诸侯宫门皆筑台，台上起屋谓之台门，天子台门之两旁又特为屋，高出于门屋之上，谓之双阙，亦谓之两观，因其巍然而高，故亦谓之巍阙(“魏”是“巍”字之省)。巍阙上可悬法，故通谓之象魏。

〔4〕挟日：郑《注》曰：“从甲至甲谓之挟日，凡十日。”

【译文】

〔周历〕正月初一，开始向各国诸侯和王畿内的采邑宣布治典，把形成文字的治典悬挂在象魏上，让民众观看治典，过十天而后收藏起来。

12. 乃施典于邦国，而建其牧〔1〕，立其监〔2〕，设其参〔3〕，傅其伍〔4〕，陈其殷〔5〕，置其辅〔6〕。乃施则于都鄙〔7〕，而建其长〔8〕，立其两，设其伍，陈其殷〔9〕，置其辅。乃施法于官府〔10〕，而建其正〔11〕，立其贰〔12〕，设其考〔13〕，陈其殷，置其辅。

【注释】

〔1〕建其牧：据郑《注》，牧谓州牧，一州之长，是以诸侯有功德者任之。天下九州，则有九牧。

〔2〕监：即诸侯国君。郑《注》曰："公侯伯子男，各监一国。"

〔3〕参：同"三"，郑《注》曰："谓卿三人也。"

〔4〕傅其伍：傅，是"敷"的借字，设也。伍，郑《注》曰："谓大夫五人。"

〔5〕陈其殷：陈，亦设也。殷，郑《注》曰："众也，谓众士也。"

〔6〕辅：据郑《注》，谓府史，即庶人在官者。

〔7〕则：据贾《疏》，谓八则(参见第3节)。

〔8〕长：郑《注》曰："谓公卿大夫，王弟子食采邑者。"案公卿大夫皆其采邑之主，故谓之长。

〔9〕立其两，设其伍，陈其殷：两，郑《注》曰："谓两卿。"以上文例之，则伍当为五大夫，殷当为众士。案此处是仅据公之采邑言，若卿大夫之采邑，则不得如此设官。故沈彤曰："唯在公，则两为卿，五为大夫，殷为上士。若在卿，则两为大夫，五为上士，殷为下士。盖爵之等从其长而递降，爵之数从其等而递减也。"

〔10〕施法于官府：法，据贾《疏》，谓八法(参见第2节)。官府，据孙诒让说，谓王朝六官之府。

〔11〕正：郑《注》曰："谓冢宰、司徒、宗伯、司马、司寇、司空也。"即六官府之长。

〔12〕贰：副也，即长官的副手。

〔13〕考：郑《注》曰："成也，佐成事者，谓宰夫、乡师、肆师、

军司马、士师也。《司空》亡，未闻其考。”案自宰夫以下，职掌对本系统官吏的考核，故谓之考。

【译文】

在各诸侯国和王畿内的采邑施行治典，为各州设州牧，为各国设国君，为国君设三卿，为卿设五大夫，为大夫设众士，为士置府史。在王畿施行八则，为各采邑设君长，为君长设两卿，为卿设五大夫，为大夫设众士，为士置府史。在官府施行八法，为各官府设长官，为长官设副手，副手下设考核官，属官下设众士，士下置府史。

13. 凡治，以典待邦国之治，以则待都鄙之治，以法待官府之治，以官成待万民之治[1]，以礼待宾客之治[2]。

【注释】

〔1〕官成：郑《注》曰：“成，八成。”所谓“八成”，据贾《疏》，即《小宰》“以官府之八成经邦治”之“八成”（参见彼第7节）。而之所以名之为“官成”，阮《校》曰：“谓以治官府之八成，待万民之治也。”

〔2〕礼：郑《注》曰：“宾礼也。”

【译文】

凡治理天下，用六典以待治理天下各国，用八则以待治理王畿，用八法以待治理官府，用官成以待治理民众，用宾礼以待接待宾客。

14. 祀五帝[1]，则掌百官之誓戒[2]，与其具修[3]。前期十日，帅执事而卜日[4]，遂戒[5]。及执事视涤濯[6]，及纳亨[7]，赞王牲事。及祀之日[8]，赞玉币爵之事[9]。祀大神示亦如之[10]。享先王亦如之。赞玉几玉爵[11]。

【注释】

〔1〕五帝：谓五方帝，又称五色帝。因五帝分主天之东西南北中五方，故称五方帝。按照五行观念，五方又分别与青白赤黑黄五色相配，故五方帝又称五色帝。综合以上二称，五帝是指东方青（苍）帝，西方白帝，南方赤帝，北方黑帝，中央黄帝。

〔2〕誓戒：誓，约束，谓预先告诫以相约束。

〔3〕具修：郑《注》曰："具，所当共（供）。修，扫除粪洒。"

〔4〕执事：郑《注》曰："宗伯、大卜之属。"

〔5〕戒：告也。郑《注》曰："又戒百官以始齐（斋）。"

〔6〕及执事视涤濯：据郑《注》，视涤濯谓视察祭器是否洗涤干净，视涤濯在祭祀之日的前夕。

〔7〕纳亨：即纳牲。案凡大祭祀，王要亲自迎牲、牵牲而纳之于庭，以向神行"告杀"礼，即报告神将杀此牲，即所谓纳牲，然后加以宰杀，杀毕则授给亨人烹煮，是先纳牲，而后授亨，故通谓之纳亨。据郑《注》，纳亨是在祭祀那天黎明时进行的。

〔8〕日：郑《注》曰："旦明也。"

〔9〕赞玉币爵之事：据郑《注》，玉、币（即束帛）皆为献神，爵则是向神献酒用的，玉和币的颜色皆如其所祭方帝之色（如祭东方之帝就用青色）。这三样东西都由大宰"执以从王，至而授之"，即所谓"赞玉币爵之事"。

〔10〕大神示：大神，谓天上的至上神。案《周礼》中的至上神称为"昊天上帝"，有时又称为"上帝"、"天"或"大神"。示，音 qí，同"祇"，谓地神。

〔11〕玉几玉爵：玉几，是供先王的神灵降临后凭依所用。玉爵，向神献酒所用。

【译文】

祭祀五帝，掌管告诫百官〔不要失礼〕，以及具备祭祀用品并把祭祀场所打扫干净。祭祀前的第十天，率众官占卜祭祀的日期，接着就斋戒。〔到祭祀的前夕〕携同众官视察祭器是否洗涤干净。到〔祭祀那天黎明王牵牲〕行纳亨礼的时候，帮助王牵牲。到祭祀那天天大亮的时候，帮助王拿玉器、币帛和爵。祭祀天上的大神和地神的礼仪也是这样。祭祀先王也是这样。还要帮助王拿玉几和玉爵。

15. 大朝觐会同〔1〕，赞玉币〔2〕、玉献〔3〕、玉几、玉爵〔4〕。

【注释】

〔1〕大朝觐会同:《春官·大宗伯》曰:“春见曰朝，夏见曰宗，秋见曰觐，冬见曰遇。”(见彼第6节)案此处不言宗、遇者，郑《注》曰:“举春秋，则冬夏可知。”会同，此处即指大朝觐。孙诒让曰:“经云大朝觐，即是会同。”

〔2〕赞玉币:案“赞”字通下玉币、玉献、玉几、玉爵四事言。玉币，郑《注》曰:“诸侯享币也。”即诸侯朝王时向王所献之玉，因为玉都是放置在币(即束帛)上奉献给王的，故称玉币。

〔3〕玉献:郑《注》曰:“献国珍异，亦执玉以致之。”案诸侯向王奉献本国珍异，当先献玉(亦加于束帛之上献之)致辞，而后进献珍物，即所谓“执玉以致之”之义，亦因此而名之为玉献。

〔4〕玉爵:郑《注》曰:“王礼诸侯之酢爵。”案王为答谢诸侯的朝觐，当向诸侯献酒，诸侯则当回敬王酒，曰酢酒;此玉爵即诸侯酢王所用。又诸侯酢王时，当先将玉爵授予大宰，而后大宰授予王，故贾《疏》曰:“冢宰赞王受之，故云赞玉爵。”

【译文】

诸侯朝觐王大会同而来，大宰协助王接受诸侯奉献的玉币，协助王接受诸侯进献的珍异之物，协助王设置玉几，协助王接受诸侯向王进酢酒的玉爵。

16. 大丧〔1〕，赞赠玉、含玉〔2〕。

【注释】

〔1〕大丧:谓王、王后、世子之丧。此处指王丧。

〔2〕赞赠玉、含玉:赞，据贾《疏》，谓助嗣王。赠玉、含玉，皆丧礼。赠玉是在死者的棺椁下入墓穴之后、封墓之前进行的。其礼，孙诒让曰:“盖以玉加于币(束帛)以入圹(墓穴)也。赠玉亦用璧。”含玉，是

在人死入殓前进行的。李调元曰："含玉，以玉实尸口。"

【译文】

有大丧，协助〔嗣王〕行赠玉、含玉之礼。

17. 作大事[1]，则戒于百官，赞王命。

【注释】

〔1〕大事：据贾《疏》，此处指戎事。

【译文】

采取大的军事行动，负责告诫百官，协助王发布命令。

18. 王视治朝[1]，则赞听治[2]。视四方之听朝[3]，亦如之。

【注释】

〔1〕治朝：天子朝名，郑《注》曰："在路门外，群臣治事之朝。"案天子有五门三朝，治朝在路门之外，应门之内，又叫正朝（参见本篇《叙官》第47节注②）。

〔2〕赞听治：郑《注》曰："王视之，则助王平断。"

〔3〕视四方之听朝：视四方，郑《注》曰："谓王巡守在外时。"听朝，孙诒让曰："于所至之国听朝也。"

【译文】

王在治朝处理政事，就协助王评断政事。王巡守四方时听断政事，〔大宰的职责〕也是这样。

19. 凡邦之小治，则冢宰听之[1]。待四方之宾客之小治。

【注释】

〔1〕凡邦之小治，则冢宰听之：郑《注》曰：“大事决于王，小事冢宰专平。”

【译文】

凡王国政务的小事，就由大宰处理。四方来朝宾客有小事也有待大宰处理。

20. 岁终[1]，则令百官府各正其治[2]，受其会[3]，听其致事[4]，而诏王废置。三岁则大计群吏之治而诛赏之。

【注释】

〔1〕岁终：王引之说，谓夏历的十二月。

〔2〕正其治：正，孙诒让曰：“谓平正处制其治也。”案平正处制，盖犹今言实事求是地处制。治，贾《疏》释之为“所治文书”。

〔3〕会：郑《注》曰：“大计也。”即年终会计总账。

〔4〕听其致事：王安石曰：“听其所致以告于上之事，则其吏之行治可知矣，于是乎诏王废置。”

【译文】

〔夏历〕年终，命令各官府实事求是地整理文书资料，接受他们的会计总账，评断他们汇报的政绩，而帮助王决定对官吏的罢黜和提升。三年大考核众官吏的政绩，而〔帮助王〕决定对他们的惩罚和奖励。

二、小　宰

1. 小宰之职，掌建邦之宫刑[1]，以治王宫之政令，凡宫之纠禁[2]。

【注释】

〔1〕建邦之宫刑：郑《注》曰："在王宫中者之刑。建，明布告之。"案所谓在王宫中者，谓在王宫中办公的官吏及其有关人员，如宰夫、宫正、宫伯、膳夫、玉府、内府、内史等及其下属。

〔2〕纠禁：纠，郑《注》曰："犹割也，察也，若今御史中丞。"毛应龙曰："纠以察其隐慝，禁以止其邪僻。"

【译文】

小宰的职责，掌管建立有关王宫中官吏的刑法，施行王宫中的政令，纠察一切违反王宫禁令者。

2. 掌邦之六典、八法、八则之贰[1]，以逆邦国[2]、都鄙、官府之治。执邦之九贡、九赋、九式之贰[3]，以均财节邦用。

【注释】

〔1〕掌邦之六典、八法、八则之贰：六典、八法、八则，分别参见《大宰》第1、2、3节。贰，副也，谓执其副本。

〔2〕逆：贾疏曰："谓迎受句(勾)考之也。"

〔3〕九贡、九赋、九式：分见《大宰》第9、7、8节。

【译文】

掌管王国六典、八法、八则的副本，以〔辅佐大宰〕考核天下各国、王畿、朝廷官府的政事。掌管王国九贡、九赋、九式的副本，以〔辅佐大宰〕使王国均财节用。

3. 以官府之六叙正群吏〔1〕。一曰以叙正其位〔2〕，二曰以叙进其治〔3〕，三曰以叙作其事〔4〕，四曰以叙制其食〔5〕，五曰以叙受其会〔6〕，六曰以叙听其情〔7〕。

【注释】

〔1〕叙：谓尊卑次序。

〔2〕以叙正其位：贾《疏》曰："谓若卿大夫士朝位尊卑次列。"

〔3〕以叙进其治：郑《注》曰："治，功状也。"贾《疏》曰："谓卿大夫士有治职功状文书进于上，亦先尊后卑也。"

〔4〕以叙作其事：贾《疏》曰："谓有所职掌其事，亦先尊后卑也。"案《秋官·象胥》曰："凡作事，王之大事诸侯，次事卿，次事大夫，次事上士，下事庶子。"（见彼第4节）是其义也。

〔5〕食：郑《注》曰："禄之多少。"

〔6〕以叙受其会：朱申曰："谓进会计文书，受之亦以尊卑为叙。"

〔7〕以叙听其情：俞樾曰："情，当读为'请'，古字通用。"又曰："谓群吏有所陈请，则小宰以叙听之也。"

【译文】

依照官府六个方面的尊卑次序规正官吏们。一是依照尊卑次序规正朝位，二是依照尊卑次序排定上报政绩的先后，三是依照尊卑次序分派所做事情的大小，四是依照尊卑次序制定俸禄的多少，五是依照尊卑次序接受所上报的年终会计总账，六是依照尊卑次序安排〔向王〕陈述或提出请求的先后。

4. 以官府之六属举邦治〔1〕。一曰天官，其属六十[2]，掌邦治[3]，大事则从其长[4]，小事则专达[5]。二曰地官，其属六十，掌邦教，大事则从其长，小事则专达。三曰春官，其属六十，掌邦礼，大事则从其长，小事则专达。四曰夏官，其属六十，掌邦政，大事则从其长，小事则专达。五曰秋官，其属六十，掌邦刑，大事则从其长，小事则专达。六曰冬官，其属六十，掌邦事[6]，大事则从其长，小事则专达。

【注释】

〔1〕以官府之六属举邦治：孙诒让曰："即《大宰》八法之'一曰官属，以举邦治'也。"（参见彼第2节）是官属乃大宰所掌"八法"之一，小宰则佐其施行之。六属，谓有关六官属官的设置法则。

〔2〕天官，其属六十：案此举成数，非确数。下凡言"其属六十"，义皆放此。

〔3〕掌邦治：案本篇《叙官》曰："乃立天官冢宰，使帅其属，而掌邦治。"（见彼第1节）故此处云"掌邦治"。下云地官"掌邦教"，春官"掌邦礼"，夏官"掌邦政"，秋官"掌邦刑"，冬官"掌邦事"，亦皆分据各篇《叙官》而言之。

〔4〕大事则从其长：此处之长，谓天官系统中分掌各类职事的诸官之长，如膳夫为诸食官之长，甸师为主供野物诸官之长等等，皆见《叙官》。案下凡云"大事则从其长"，义放此。

〔5〕小事则专达：达，通也。孙诒让曰："此专达亦谓修其职事，以自通达于王。"案上文说"大事则从其长"，而此处说小事反可"专达"者，贾《疏》曰："谓若宫人、掌舍无大事，无长官可谘，自专行事。"案下凡云"小事则专达"，义放此。

〔6〕邦事：案下节云"六曰事职，以富邦国，以养万民，以生百物"，是此所谓邦事，当谓王邦的生产之事。

【译文】

用官府的有关六类属官的法则〔辅佐大宰〕开展王国的政事。第一类是天官，它的属官有六十名，掌管王国的治理，大事听从各自长官的指挥，〔不设长官的小官的〕小事可自行向王报告。第二类是地官，它的属官有六十名，掌管王国的教育，大事听从各自长官的指挥，〔不设长官的小官的〕小事可自行向王报告。第三类是春官，它的属官有六十名，掌管王国的礼制，大事听从各自长官的指挥，〔不设长官的小官的〕小事可自行向王报告。第四类是夏官，它的属官有六十名，掌管王国的军政，大事听从各自长官的指挥，〔不设长官的小官的〕小事可自行向王报告。第五类是秋官，它的属官有六十名，掌管王国的刑法，大事听从各自长官的指挥，〔不设长官的小官的〕小事可自行向王报告。第六类是冬官，它的属官有六十名，掌管王国的生产事务，大事听从各自长官的指挥，〔不设长官的小官的〕小事可自行向王报告。

5. 以官府之六职辨邦治〔1〕。一曰治职，以平邦国，以均万民，以节财用〔2〕。二曰教职〔3〕，以安邦国，以宁万民，以怀宾客〔4〕。三曰礼职〔5〕，以和邦国，以谐万民，以事鬼神。四曰政职〔6〕，以服邦国，以正万民，以聚百物〔7〕。五曰刑职〔8〕，以诘邦国〔9〕，以纠万民，以除盗贼。六曰事职〔10〕，以富邦国，以养万民，以生百物。

【注释】

〔1〕以官府之六职辨邦治：孙诒让曰："此即《大宰》八法之'二曰官职，以辨邦治'也。"（参见彼第2节）六职，谓有关六官职责的规定。

〔2〕以均万民，以节财用：案《大宰》第1节记大宰的职责有"均万民"，第8节又曰"以九式均节财用"，此处则综彼二文而言。

〔3〕教职：谓地官的职责。

〔4〕怀：郑《注》曰："怀亦安也。宾客来，共其委积，所以安之。"

〔5〕礼职：谓春官的职责。

〔6〕政职：谓夏官的职责。

〔7〕以聚百物：郑《注》曰："司马主九畿，职方制其贡，各以其所有。"

〔8〕刑职：谓秋官的职责。

〔9〕诘：犹禁也。

〔10〕事职：谓冬官的职责。案《冬官》缺，其所掌职事，即所谓"事职"，今已不可详考。据下文说"以富邦国，以养万民，以生百物"推之，当属掌生产事务之官。

【译文】

用官府有关六类职责的规定〔辅佐大宰〕分辨王国的政事。第一是治理的职责，以使天下各国政治公平，以使民众赋役平均，以调节财物开支。第二是教育的职责，以安定天下各国，安定民众，安定〔来朝的〕宾客。第三是掌管礼制的职责，以和谐天下各国，和谐民众，祭祀鬼神。第四是掌管军政的职责，以使天下各国顺服，以使民众遵循正道，以征集进贡的各种财物。第五是掌管刑法的职责，以禁止天下各国的叛逆，纠察民众，除去盗贼。第六是掌管生产事务的职责，以使天下各国富庶，以养育民众，以增殖各种财物。

6. 以官府之六联合邦治〔1〕。一曰祭祀之联事，二曰宾客之联事，三曰丧荒之联事，四曰军旅之联事，五曰田役之联事〔2〕，六曰敛弛之联事〔3〕。凡小事皆有联〔4〕。

【注释】

〔1〕以官府之六联合邦治：孙诒让曰："此即大宰八法之'三曰官联，以会邦治'也。合、会义同。"（参见《大宰》第2节）六联，六项会合诸官办事的法则。黄度曰："凡官府之相关通者，联合之。"

〔2〕田役：孙诒让曰："谓起徒役以田猎。"

〔3〕敛弛：弛，施也。郑《注》曰："杜子春'弛'读为'施'。"（案以下凡引杜子春说，皆转引自郑《注》，不复注）王引之曰："当以读

‘施’为是。敛者，聚也。施者，散也。”

〔4〕凡小事皆有联：案小事当合办者亦甚多，不可一一列举，故此处笼统言之。

【译文】

用官府的六项联合办事的法则〔辅佐大宰〕会同各官合办王国的事务。一是祭祀之事的合办，二是接待来朝宾客之事的合办，三是王丧和赈济灾荒之事的合办，四是军事的合办，五是征发役徒进行田猎之事的合办，六是征赋和施惠之事的合办。凡小事也都有合办的。

7. 以官府之八成经邦治〔1〕。一曰听政役以比居〔2〕，二曰听师田以简稽〔3〕，三曰听闾里以版图〔4〕，四曰听称责以傅别〔5〕，五曰听禄位以礼命〔6〕，六曰听取予以书契〔7〕，七曰听卖买以质剂〔8〕，八曰听出入以要会〔9〕。

【注释】

〔1〕以官府之八成经邦治：方苞《集注》曰：“成，谓有成籍可覆按也。”孙诒让曰：“此即《大宰》八法之‘五曰官成，以经邦治’也。”(参见彼第2节)八成，谓八项成事品式(参见同上注⑧)。经，亦治也。

〔2〕听政役以比居：听，谓评断。政，郑《注》曰：“谓赋也。凡其字或作‘政’，或作‘正’，或作‘征’，以多言之宜从‘征’。”比居，比谓校比，居谓居民，比居即定期校比(清查)居民的人数及其财产，登记入簿册，以为征收赋税徭役的依据，此簿册即所谓比要。孙诒让曰：“盖每年校比，三年大比，皆有总要(即比要)，其征役弛舍，咸具于书(簿册)，故其治讼即依此听之。”

〔3〕听师田以简稽：听，在此有查核之义。师田，贾《疏》曰：“谓师出征伐及田猎也。”简稽，也是一种簿籍，上面登记有士卒和兵器数，以便查核。郑司农曰：“简稽，士卒、兵器簿书。”

〔4〕听闾里以版图：闾里，贾《疏》曰：“在六乡则二十五家为闾(参见《地官·大司徒》第15节)，在六遂则二十五家为里(参见《地

官·遂人》第1节）。”版图，郑司农曰：“版，户籍。图，地图也。听人讼地者，以版图决之。”

〔5〕听称责以傅别：责，同“债”。称责，郑司农曰：“谓贷子。”案贷子即借贷，是一种有息贷款。傅别，是一种借贷凭证，其制，在一札的中间写字，从字的中间剖开，双方各执其半，即郑《注》所谓“为大手书于一札，中字别之。”

〔6〕听禄位以礼命：礼命，郑司农曰：“谓九赐也。”案九赐，即九等封赐之义。但此处实指记载礼命的策书，故贾《疏》曰：“有人争禄之多少，位之前后，则以礼命文书听之。”

〔7〕听取予以书契：取，谓借取或领取。予，谓借予或授予。借领授予皆当有凭证，就是书契。据孙诒让说，书契有两种：一种是簿书之书契，如今所谓账册；一种是符券之书契，即《地官·质人》郑《注》所谓“书两札，刻其侧”者是也（参见彼第2节注③）。此处书契，即指符券。

〔8〕质剂：郑《注》曰：“谓两书一札，同而别之。长曰质，短曰剂。”即在同一札上，分左右写上两段相同的文字，然后从中剖开，双方各执其半。这是一种确定买卖关系的凭证，也是一种券书，故郑《注》曰：“傅别、质剂，皆今之券书也，事异，异其名耳。”质剂分两种，一种长，一种短，长的叫做质，短的叫做剂。贾《疏》曰：“大市（即大买卖），人民、牛马之属，用长券；小市，兵器、珍异之物，用短剂。”又案质剂与书契的区别在于：书契是书两札，双方各执其一；质剂则是书一札，左右文同而从中剖分开，双方各执其半札。

〔9〕听出入以要会：出入，谓财物收支。要会，要谓月要，是一月的会计结算文书；会谓岁会，是年终总结算的会计文书。要会在此泛指会计账册。贾《疏》曰：“岁计曰会，月计曰要。此出入者，正是官内自用物。有人争此官物者，则以要会簿书听之。”

【译文】

用官府的八种成事品式〔辅佐大宰〕治理王国。一是评断征派赋役方面的争讼，就依据人口财产登记册。二是查核出征或田猎的人员兵器，就依据人员兵器登记册。三是评断闾里间〔有关土地〕的争讼，就依据户籍和地图。四是评断有关借贷的争讼，就依据傅别。五是评断禄位的当否，就依据封赐时的策书。六是评断借取授予方面的争讼，就依据书契。七是评断买卖方面的争讼，就依据买卖质剂。八是评断财物收支方面的争讼，就依据会计账册。

8. 以听官府之六计，弊群吏之治[1]。一曰廉善[2]，二曰廉能[3]，三曰廉敬[4]，四曰廉正[5]，五曰廉法[6]，六曰廉辨[7]。

【注释】

〔1〕以听官府之六计，弊群吏之治：孙诒让曰："即《大宰》八法之'八曰官计，以弊邦治'也。"（参见彼第2节）六计，谓六项评断吏治的标准。听，郑《注》曰："平治也。"弊，郑《注》曰："断也。"

〔2〕廉善：郑《注》曰："既断以六事，又以廉为本。善，善其事，有辞誉也。"

〔3〕能：郑《注》曰："政令行也。"

〔4〕敬：郑《注》曰："不解（懈）于位也。"

〔5〕正：郑《注》曰："行无倾邪也。"

〔6〕法：郑《注》曰："守法不失也。"

〔7〕辨：郑《注》曰："辨然不疑惑也。"

【译文】

用公平治理官府的六项评断官吏的标准，〔辅佐大宰〕评断吏治。一是廉洁而又能做好工作，二是廉洁而又能推行政令，三是廉洁而又勤勉努力，四是廉洁而又处事公正，五是廉洁而又执法无误，六是廉洁而又明辨是非。

9. 以法掌祭祀、朝觐、会同、宾客之戒具[1]，军旅、田役、丧荒亦如之。七事者[2]，令百官府共其财用；治其施舍[3]，听其治讼[4]。

【注释】

〔1〕“以法”至“戒具”：法，郑《注》曰：“谓其礼法也。”会同，《春官·大宗伯》曰：“时见曰会，殷见曰同。”（详彼第6节注③、④）

〔2〕七事：案此“七事”，故书作“小事”。俞樾云：“七事上文既明列其目(案指上文所说祭祀、朝觐、会同、宾客、军旅、田役、丧荒七事)，则但云‘令百官府共其财用’云云足矣，不必更斥之曰‘七事者’，全经亦无此例。当从故书为‘小事’。”又曾钊云：“凡非祭祀、朝觐、会同、军旅、田役、丧荒之事，皆谓之小事。”俞、曾二氏之说是也。然以经文传习既久，不敢遽改。

〔3〕施舍：施，当为“弛”。阮校曰：“凡经云‘施舍’，《注》皆读‘施’为‘弛’，此经不言‘读为’，盖经本作‘弛’字。”郑《注》曰：“施(弛)舍，不给役者。”即免除徭役者。据贾《疏》，诸如“国中贵者、老者、疾者、服公事者”，皆可免服役。

〔4〕治讼：孙诒让曰：“此治盖谓以事来咨辩，及有所陈诉、请求”；“讼谓争讼之事”。

【译文】

依据礼法掌管祭祀、朝觐、会同以及接待宾客时告诫〔有关官吏〕具备用品，如有军事、田猎和徒役、死丧和灾荒的事，也这样做。以上七事，都命令有关官府供给财物用具；决定免于服役的人，评断〔各官府的〕有关事项和争讼。

10. 凡祭祀，赞王币爵之事[1]，祼将之事[2]。

【注释】

〔1〕赞王币爵之事：王，据段玉裁《汉读考》及阮校说，是“玉”字之误。郑《注》曰：“又从大宰助王也。”段玉裁《汉读考》曰：“谓大宰祀五帝之日‘赞玉币爵之事’（参见《大宰》第14节注⑨），是大宰助王，而小宰又从大宰助王也。”

〔2〕祼将：祼，音guàn。郑《注》曰：“将，送也。祼送，送祼，谓赞王酌郁鬯以献尸谓之祼，祼之言灌也，明不为饮，主以祭祀。”案王酌郁鬯献尸，尸用以灌少许于地以示祭，然后啐之(尝一尝)，即将郁

鬯放在席前不再饮，即郑《注》所谓“明不为饮，主以祭祀”之义，这就是所谓祼将礼。将，即送，亦即献尸。祼将二字是倒文。周人宗庙祭祀用尸祭，即用活人扮作已故父祖的形象，代父祖受祭。行祼礼时所用的酒，叫做郁鬯，是一种用黑黍掺和捣碎的郁金香酿造的香酒。

【译文】

凡祭祀，〔跟从大宰〕协助王拿玉器、币帛和爵，〔协助王〕献尸行祼礼的事。

11. 凡宾客赞祼[1]；凡受爵之事[2]，凡受币之事[3]。

【注释】

〔1〕赞祼：谓向宾客进献郁鬯，据郑《注》，这是助大宗伯向宾客行祼礼，以示代表王向宾客献酒。

〔2〕凡受爵之事：据郑《注》，此受爵以及下文受币，都是助大宰所行之事。受爵是指接受宾客的酢酒。案大宗伯代表王向宾客献酒（即行祼礼）之后，宾客要回敬王酒，叫做酢。这时小宰要协助大宰帮助王行受酢之事。

〔3〕受币：币，即币帛，亦即束帛，这是宾客进献给王的礼物。受币，谓协助大宰帮助王接受宾客所献币帛。

【译文】

凡接待宾客时协助〔大宗伯向宾客〕行祼礼；凡接受宾客〔向王酢酒〕之爵的事，凡接受宾客〔向王所献〕币帛的事，〔都协助大宰去做〕。

12. 丧荒，受其含、禭、币、玉之事[1]。

【注释】

〔1〕含、禭、币、玉之事：含，在此指含玉，即为死者行饭含礼所

需之玉（参见《大宰》第16节注②）。襚，音suì，赠送给死者的衣服。郑《注》曰："口食曰含，衣服曰襚。"

【译文】

遇王丧或荒年，负责接受〔诸侯、诸臣〕赠送的含玉、衣服、币帛、玉器的事。

13. 月终，则以官府之叙[1]，受群吏之要。赞冢宰受岁会。岁终，则令群吏致事[2]。

【注释】

〔1〕叙：谓尊卑次序。刘沅曰："以其尊卑之叙，致其簿书之要。"

〔2〕令群吏致事：贾《疏》曰："谓使六官各致一年功状，将来考之故也。"

【译文】

每月月底，依照官府的尊卑次序，接受官吏们当月的会计总账。协助大宰接受一年的会计总账。年终，命令官吏们汇报当年的政绩。

14. 正岁[1]，帅治官之属，而观治象之法[2]，徇以木铎[3]，曰："不用法者，国有常刑[4]。"乃退，以宫刑宪[5]，禁于王宫[6]。令于百官府曰："各修乃职，考乃法，待乃事[7]，以听王命。其有不共，则国有大刑。"

【注释】

〔1〕正岁：谓夏历正月。孙诒让曰："全经凡言正岁者，并为夏正建寅之月，别于凡言正月者为周正建子之月也。"

〔2〕帅治官之属，而观治象之法：治官，参见本篇《叙官》第2节

注①。治象之法，即治典，悬于象魏之上者(参见《大宰》第11节注③)。

〔3〕徇以木铎：徇，《说文》曰：“袀，行示也。”“徇”即“袀”的俗字。木铎，一种木舌的铃。朱申曰：“铎，铃也，金口而木舌。古者有新令，必奋木铎以警众。”

〔4〕国有常刑：黄度曰：“谓国法掌在司寇。”

〔5〕以宫刑宪：宫刑，曾钊以为即前所云“掌建邦之宫刑”(见第1节)，“但前主建，此主表县(悬)耳。”

〔6〕禁于王宫：孙诒让曰：“即前云‘王宫之纠禁’是也。”(见第1节)

〔7〕修乃职，考乃法，待乃事：孙诒让曰：“职、法，即《大宰》之‘官职’、‘官法’(参见彼第2节)，事谓当职之事也。”待乃事，案徐幹《中论·谴交篇》引此文“待”作“备”。

【译文】

〔夏历〕正月，〔协助大宰〕率领治官的属官观看〔悬挂在象魏上的〕治典，边走边摇动木铎，说：“不执行法令的，国家自有常刑。”于是退下，把有关王宫中的刑法悬挂公布，纠察王宫中违反禁令者。下令各官府说：“各自遵循你们的职守，遵守你们的规章制度，完备你们的职事，而听从王的命令。有不尽职的，国家自有重刑。”

三、宰　　夫

1. 宰夫之职，掌治朝之法〔1〕，以正王及三公、六卿、大夫、群吏之位〔2〕，掌其禁令〔3〕。

【注释】

〔1〕掌治朝之法：郑《注》曰：“治朝，在路门之外，其位司士掌焉，宰夫察其不如仪。”(参见《大宰》第18节注①及《夏官·司士》

第3节)

〔2〕群吏：孙诒让曰："命士以下。"

〔3〕掌其禁令：贾《疏》曰："即察其不如仪耳。"

【译文】

宰夫的职责，掌管有关治朝的法令，以规正王及三公、六卿、大夫和群吏的朝位，监察他们是否违反禁令。

2. 叙群吏之治〔1〕，以待宾客之令〔2〕，诸臣之复〔3〕，万民之逆〔4〕。

【注释】

〔1〕叙群吏之治：郑《注》曰："次叙诸吏之职事。"案此处群吏承上文，亦当指命士以下。命士有上中下三等，命士之下还有府、史，秩等尊卑皆不同，故须次序之。

〔2〕以待宾客之令：宾客，指来朝的诸侯。待宾客之令，孙诒让曰："犹《大宰》云'待四方宾客之小治'。"

〔3〕诸臣之复：诸臣，在此亦谓命士以下。如果是公卿大夫及诸侯之复，则由大仆、小臣掌之(分见其职文，在《夏官》)，王与大宰听之。复，报也，即向朝奏事。

〔4〕逆：郑《注》曰："自下而上曰逆，逆谓上书。"

【译文】

依尊卑安排群吏的职事，以待治理来朝宾客的小事，受理诸臣的奏事，以及民众的上书。

3. 掌百官府之征令，辨其八职〔1〕。一曰正，掌官法以治要〔2〕。二曰师，掌官成以治凡〔3〕。三曰司，掌官法以治目〔4〕。四曰旅，掌官常以治数〔5〕。五曰府，掌官契以治藏[6]。六曰史，掌官书以赞治[7]。七曰胥，掌官叙以治叙[8]。八曰徒，掌官令以征令[9]。

【注释】

〔1〕掌百官府之征令，辨其八职：贾《疏》曰："谓总王朝三百六十官，以备王之所征召及施令。若不分辨其职，则征召无所指斥，故须分辨三百六十职也。"王安石曰："有官府则有征令，有征令则其所掌治，不可不辨也。"

〔2〕一曰正，掌官法以治要：正，在此犹言一级长官，而下文所云师、司、旅，则依次犹言二级长官、三级长官、四级长官，而非确指某官为师、司、旅。官法，参见《大宰》第2节注⑨。治要，郑《注》曰："若岁计也。"

〔3〕二曰师，掌官成以治凡：师，郑《注》曰："辟小宰、宰夫也。"是谓小宰、宰夫这一类的官为次于正的司一级(即第二级)的官。治凡，郑《注》曰："若月计也。"

〔4〕三曰司，掌官法以治目：司，据贾《疏》，是指上士、中士所任诸官，即第三级的官。官法，与上文正所掌官法同，而所掌之详略则异：正掌其总纲，司掌其细则。治目，郑《注》曰："若今日计也。"

〔5〕四曰旅，掌官常以治数：旅，郑《注》曰："辟下士也。"是谓下士所任诸官为旅一级(即第四级)的官。治数，郑《注》曰："每事多少异也。"案以上自"治要"至"治目"，所考核的内容依次递详、递细，至此"治数"，则至详、至细矣。

〔6〕五曰府，掌官契以治藏：府，主收藏的小吏。官契，孙诒让曰："即《小宰》八成之书契也。"(参见彼第7节注⑦)治藏，郑《注》曰："藏文书及器物。"

〔7〕六曰史，掌官书以赞治：史，掌文书者。赞治，郑《注》曰："若今起文书草也。"

〔8〕七曰胥，掌官叙以治叙：胥，及下文徒，参见本篇《叙官》第2节注⑨。官叙，犹言叙官，即次序官事的轻重缓急。治叙，郑《注》曰："次序官中。"谓官府中当使唤徒役之时，则依照事情的轻重缓急，指派其所属之徒以供役使。

〔9〕征令：郑《注》曰："趋走给召呼。"黄以周《通故·职官礼通故五》曰："《注》'趋走'释徒，'召呼'释征令。"是此处之征令乃供召呼役使之义。

【译文】

掌管〔王对于〕官府的征召和命令，分辨官府的八类职责〔以备征令的下达〕。一是正一级的职责，掌管官府的法规制度而审核一年的会计总账。二是师一级的职责，掌管官府的成事品式而审核一月的会计总账。三是司一级的职责，掌管官府的法规制度而审核每天的会计账目。四是旅一级的职责，掌管按照官吏的常职而〔对官吏〕的工作进度进行考核。五是府的职责，掌管书契而负责〔文书、器物等的〕收藏。六是史的职责，掌管官府文书〔的起草〕而协助治理。七是胥的职责，掌管依照官事的轻重缓急而指派徒属。八是徒的职责，负责根据官府的命令而供召呼役使。

4. 掌治法以考百官府、群都、县、鄙之治〔1〕，乘其财用之出入〔2〕。凡失财用物、辟名者〔3〕，以官刑诏冢宰而诛之〔4〕。其足用、长财、善物者〔5〕，赏之。

【注释】

〔1〕“掌治法”至“之治”：郑《注》曰：“群都，诸采邑也。六遂五百家为鄙，五鄙为县。言县、鄙而六乡州、党亦存焉。”贾《疏》曰：“宰夫是句考之官，故以治法考百官及群都、县、鄙乡遂之内。”案采邑谓封于王畿内的公卿大夫及王子弟的食邑。遂是野(即距离王都百里以外、二百里以内)的行政组织，凡六遂，一遂辖五县(参见《地官·遂人》第1节)。乡是都郊(即距离王都百里之内)的行政组织，凡六乡。

〔2〕乘其财用：郑《注》曰：“乘，犹计也。财，泉(钱)谷也。用，货贿也。”

〔3〕辟名：郑《注》曰：“诈为书，以空作见(即以无诈称有)，文书与实不相应也。”

〔4〕官刑：参见《大宰》第2节注⑩。

〔5〕善物：江永曰：“如牧养肥充，制作精良之类。”

【译文】

掌管治法用以考核各官府、各采邑以及县、鄙的政绩，计算他们钱粮财物的收支情况，凡钱粮财物使用失当，以及造假账的，就要根据官刑报告冢宰加以惩罚。那些用度充足、能够增殖财物、能使物产精良的，就奖赏。

5. 以式法掌祭祀之戒具[1]，与其荐羞[2]，从大宰而视涤濯[3]。

【注释】

〔1〕以式法掌祭祀之戒具：式法，式亦法，在此谓祭祀之礼法。戒具，孙诒让曰："戒官有事者所当共(供)。"

〔2〕荐羞：指供祭祀用的脯醢和各种美味食物。郑《注》曰："荐，脯醢也。羞，庶羞、内羞。"案荐，进也；脯是干肉，醢是肉酱，脯醢分盛于笾、豆中荐上，称之为荐脯醢，故礼文中即每以荐指代脯醢。凌廷堪《释例》卷五曰："脯，笾食；醢，豆食。凡经所谓荐者，皆指脯醢也。"羞，指美味食物。庶，众也。内羞，谓房中之羞。敖继公曰："房中之羞，馔(陈放)于房者也。"

〔3〕从大宰而视涤濯：贾《疏》曰："上《大宰职》已云祀五帝视涤濯(见彼第14节)，此宰夫又从大宰视之也。"

【译文】

依照祭祀礼法负责祭祀时告诫有关官吏供给祭祀牲物，以及祭祀用的脯醢和各种食物，跟从大宰视察祭器是否洗涤干净。

6. 凡礼事，赞小宰比官府之具[1]。

【注释】

〔1〕比官府之具：郑《注》曰："比，校次之。"贾《疏》曰："上《小宰》于七事已言以法掌戒具(见彼第9节)，此宰夫赞小宰校次之，使知善恶足否也。"

【译文】

凡举行礼仪的事，协助小宰检查校核各官府所准备的器物〔是否符合要求〕。

7. 凡朝觐、会同、宾客，以牢礼之法[1]，掌其牢礼[2]、委积[3]、膳献[4]、饮食[5]、宾赐之飧牵[6]，与其陈数。

【注释】

〔1〕牢礼之法：是关于何时用牲牢以及用牲牢多少的规定。郑《注》曰："多少之差及其时也。三牲牛羊豕具为一牢。"

〔2〕牢礼：在此是指赠送牲肉与活牲之礼。贾《疏》曰："此牢礼谓饔饩之礼。"案饔指已杀的牲，饩指未杀的活牲。《仪礼·聘礼》郑《注》曰："杀曰饔，生曰饩。"

〔3〕委积：郑《注》曰："谓牢、米、薪、刍，给宾客道用也。"

〔4〕膳献：是指宾客及其副手(即介)留居期间，所为供应的牲禽。王安石曰："膳则'殷膳大牢'之属是也，献则'上介(宾的第一副手)有禽献'之属是也。"案王安石是据《秋官·掌客》所记诸侯相朝之礼为说，参见彼第4节。

〔5〕饮食：郑《注》曰："燕飨也。"案燕谓燕礼，是君主在闲暇时为安乐其臣下或宾客所举行的一种饮酒礼，《仪礼·燕礼》就是记载这种礼仪的。飨谓飨礼，也是一种用酒食款待宾客之礼，其礼久亡，今已不可详考。

〔6〕飧牵：飧，音sūn，是"飱"的俗字。郑《注》曰："飧，客始至所致礼。"案飧犹今所谓便宴(参见《秋官·司仪》第3节注⑭)牵，谓生牲，即活牲。

【译文】

凡是朝觐、会同或有宾客到来，依照牢礼之法，负责供应牲肉和活牲、供应路途所需粮草和牲、供应宾客留居期间所需牲肉和禽鸟、供应燕礼和飨礼所需酒食、供应宾客初到时所赐便宴的用牲，以及〔各种食品和器物〕陈列的数量。

8. 凡邦之吊事[1]，掌其戒令，与其币、器[2]、财用，凡所共者。

【注释】

〔1〕吊事：郑《注》曰："吊诸侯、诸臣。"

〔2〕币、器：郑《注》曰："币，所用赙也。"案赙，音 fù，谓赠财物助人办丧事。器，据郑《注》，谓随葬器物。

【译文】

凡王国有吊唁〔诸侯或大臣〕的事，掌管〔对前往吊唁的官吏〕进行告诫和命令，负责供给所当用的币帛、明器、财物，以及凡所当供给的器物。

9. 大丧、小丧[1]，掌小官之戒令[2]，帅执事而治之。三公、六卿之丧，与职丧帅官有司而治之[3]。凡诸大夫之丧，使其旅帅有司而治之[4]。

【注释】

〔1〕小丧：郑《注》曰："夫人以下。"

〔2〕掌小官之戒令：郑《注》曰："小官，士也。其大官，则冢宰掌其戒令。"

〔3〕与职丧帅官有司而治之：职丧，属春官。孙诒让曰："此与职丧为官联也。"又曰："官有司，谓小官之主共丧事者，亦谓之公有司。"

〔4〕使其旅帅有司而治之：贾《疏》曰："大夫之丧卑，宰夫不自为，使在己之下其旅三十有二人帅有事于丧家之有司而治之。"案旅指下士，参见本篇《叙官》第2节及其注⑥。

【译文】

有大丧或小丧，负责对小官进行告诫和命令，率领有关官吏办理丧事。三公、六卿的丧事，与职丧一起率领有关官吏办理。

凡是大夫的丧事，就使众下士率领有关官吏办理。

10. 岁终则令群吏正岁会〔1〕，月终则令正月要，旬终则令正日成，而以考其治。治不以时举者〔2〕，以告而诛之〔3〕。

【注释】

〔1〕岁终则令群吏正岁会：岁终，王引之曰："为夏(历)之季冬。"正，郑《注》曰："定也。"岁会，贾《疏》曰："谓一年会计文书也。"案下文月要、日成，则分别为月终和旬终会计文书之名。

〔2〕治不以时举者：郑《注》曰："谓违时令，失期会。"

〔3〕以告而诛之：贾《疏》曰："谓告冢宰而诛责之。"

【译文】

〔夏历〕年终就命令官吏们总结确定一年的会计文书，月终就命令总结确定当月的会计文书，旬终就命令总结确定本旬的会计文书，而用以考核官吏们的政绩。政令不按时施行的，就报告〔冢宰〕加以责罚。

11. 正岁〔1〕，则以法警戒群吏〔2〕，令修宫中之职事。书其能者与其良者，而以告于上〔3〕。

【注释】

〔1〕正岁：夏历正月。

〔2〕群吏：据孙诒让说，是指宰夫的属吏以及在王宫中任职的官吏。

〔3〕上：郑《注》曰："谓小宰、大宰。"

【译文】

〔夏历〕正月，就用法警戒官吏们，让他们做好王宫中的各项工作。记载他们当中的贤能者和优秀者，而用以报告上级。

四、宫　正

1. 宫正掌王宫之戒令、纠禁。以时比宫中之官府[1]、次舍之众寡[2]，为之版以待。夕击柝而比之[3]。

【注释】

〔1〕以时比宫中之官府：时，据孔广林《臆测》说，是对下“夕”而言，谓昼也。比，郑《注》曰：“校次其人在否。”宫中之官府，郑《注》曰：“官府之在宫中者。”

〔2〕次舍：郑《注》曰：“次，诸吏值宿。……舍，其所居寺。”

〔3〕夕击柝而比：柝，巡夜或警众用以敲击的木梆。郑《注》曰：“莫(暮)行夜比值宿者，为其有解(懈)惰离部署。”

【译文】

宫正掌管王宫中的戒令、纠察违反禁令的人。白天按时检查宫中大小官府人员的多少，记载在木版上以待考核。黄昏时敲击木梆而检查值班人员。

2. 国有故则令宿[1]，其比亦如之。

【注释】

〔1〕故：郑《注》曰：“凡非常也。”

【译文】

王国有非常事故就命令宿卫王宫，对这些宿卫者也像平常一样进行检查。

3. 辨外内而时禁[1]。稽其功绪，纠其德行，几其出入[2]，均其稍食[3]。去其淫怠与其奇邪之民[4]。会其什伍[5]，而教之道艺[6]。月终则会其稍食[7]，岁终则会其行事[8]。

【注释】

〔1〕时禁：谓非时则禁，故郑司农云："禁其非时出入。"

〔2〕几其出入：几，察也。据郑《注》，谓察其所穿的衣服、所拿的器物，以及出入次数的多少是否有异常等。

〔3〕均其稍食：贾《疏》曰："稍则稍稍与之，则月俸是也。"案易袚、金榜、沈彤、孙诒让等皆以为稍食与禄不同：禄是授给命士以上有爵位者，依其爵位之高低以为禄之等差，无爵则无禄，且禄或授以田，或授以米粟；稍食则是授给无爵而在官任职事者，即所谓庶人在官者，依其事功而为食之等差，且只授米粟。故所谓稍食，即发给庶人在官者作为报酬的食粮。

〔4〕去其淫怠与其奇邪之民：宋无名氏《集说》引刘氏曰："淫，放滥也。怠，懈慢也。奇，异常也。邪，不正也。"民，郑《注》曰："宫中吏之家人也。"

〔5〕会其什伍：会，合也。什伍，郑《注》曰："五人为伍，二伍为什。"所会合者，据贾《疏》说，是宫中官吏的子弟，会合他们的目的是为了对他们进行教育和训练，以便担任王宫宿卫。

〔6〕道艺：据王引之说，道与艺在此都是"术"的意思。在当时是指礼乐射御书数"六艺"。

〔7〕会：贾《疏》曰："月终会计之。"

〔8〕岁终则会其行事：郑《注》曰："行事，吏职也。"贾《疏》曰："岁终则会计行事吏职，当考知功过也。"

【译文】

辨别宫外、宫内的人而禁止他们不在规定的时间出入。考察宫中官吏的功业，纠察他们的德行，检查他们的出入，合理发给他们食粮。摒弃那些放纵、懈怠的官吏，以及〔官吏家属中〕那些诡异、邪恶的人。按照什伍编制〔把宫中官吏的子弟〕组合起来，教他们礼乐射御书数。月底合计宫中官吏的报酬，年终总结宫中官吏的任职情况。

4. 凡邦之大事[1]，令于王宫之官府舍次，无去守而听政令。

【注释】

〔1〕大事：孙诒让曰："谓有寇戎及大丧之事。"

【译文】

凡王国有大事，就命令王宫中大小官府〔的人员〕，不要擅离职守而听从命令。

5. 春秋，以木铎修火禁[1]。

【注释】

〔1〕修火禁：郑《注》曰："火星以春出，以秋入，因天时而以戒。"贾《疏》曰："此谓宫正于宫中特宜慎火，故修火禁。"

【译文】

春秋时节，摇动木铎〔告诫宫中〕严格遵守有关用火的禁令。

6. 凡邦之事[1]，跸宫中、庙中[2]，则执烛[3]。

【注释】

〔1〕事：郑《注》曰："祭事也。"

〔2〕跸宫中、庙中：跸，音 bì，谓王出行时为之清道，禁止闲人通行。此处谓跸于宫中、庙中，具体行跸事者，则是隶仆（参见《夏官·

隶仆》)。

〔3〕执烛：据贾《疏》，王往宫中、庙中时天尚未明，故需执烛。案烛，谓火把。

【译文】

凡王国有祭祀，在〔隶仆〕禁止宫中、庙中通行时，就拿火把〔为王照明〕。

7. 大丧，则授庐舍〔1〕，辨其亲疏贵贱之居〔2〕。

【注释】

〔1〕庐舍：郑《注》曰："庐，倚庐也。舍，垩室也。"案倚庐，贾《疏》曰："谓于路门之外东壁倚木为庐。"即谓倚庐是用木椽斜倚于路门外东墙搭的小草棚。垩室，据《仪礼·丧服》郑《注》说，是用砖垒的小草屋，而用白垩土涂墙，故名。

〔2〕辨其亲疏贵贱之居：郑《注》曰："亲者、贵者居倚庐，疏者、贱者居垩室。"

【译文】

王丧，负责安排居丧的庐舍，要分别亲疏贵贱来安排居丧处所。

五、宫　伯

1. 宫伯掌王宫之士、庶子凡在版者〔1〕，掌其政令，行其秩叙〔2〕，作其徒役之事〔3〕，授八次、八舍之职事〔4〕。

【注释】

〔1〕王宫之士、庶子凡在版者：士、庶子，据孙诒让说，皆公卿大夫士之子弟，通称之为国子，其已受爵命为士者谓之士，未受爵命者谓之庶子。版，郑司农曰：“名籍也。”

〔2〕行其秩叙：王引之曰：“秩叙谓士庶子更番宿卫之次第，一月之次谓之秩，一岁之次谓之叙，故下文‘月终则均秩，岁终则均叙’。均者齐其劳逸。行者巡其先后也。”

〔3〕作其徒役之事：郑《注》曰：“作徒役之事，大子所用。”贾《疏》曰：“士、庶子属大子，随其所用使役之也。”

〔4〕八次、八舍：郑《注》曰：“卫王宫必居四角四中，于徼候（循行伺望）便也。”又曰：“次，其宿卫所在。舍，其休沐之处。”案四角，谓宫墙之四角；四中，谓四面宫墙的正中。四角四中，是为八。宿卫于此八处，故需有八次。休沐（休息沐洗）亦相应有八处，故需有八舍。次、舍，都是屋舍的意思，只是用途不同。

【译文】

宫伯负责掌管王宫中的士和庶子，凡是列在名籍上的。掌管有关他们的政令，安排他们宿卫的先后次序，组织他们〔供太子〕役使，还有负责分配他们〔宿卫时的〕八次和〔休息时的〕八舍的职责。

2. 若邦有大事作宫众，则令之。

【译文】

如果王国有大事要发动宫中众人，就负责召集士、庶子。

3. 月终则均秩，岁终则均叙[1]。以时颁其衣裘。掌其诛赏。

【注释】

〔1〕月终则均秩，岁终则均叙：惠士奇《礼说·天官上》曰：“月终

均秩者，犹(唐时)府兵之月上；岁终均叙者，犹(汉时)卫卒之岁更。盖番上更休皆有秩叙，各得其均。”

【译文】

月底调整〔士、庶子〕宿卫的次序，年终调整〔士、庶子〕轮值的先后。按时颁发给他们夏衣和冬衣。掌管对他们的奖惩。

六、膳　　夫

1. 膳夫掌王之食、饮、膳、羞，以养王及后、世子。

【译文】

膳夫掌管王的饭食、饮料、牲肉、美味，以供养王、王后和太子。

2. 凡王之馈食用六谷〔1〕，膳用六牲〔2〕，饮用六清〔3〕，羞用百二十品〔4〕，珍用八物〔5〕，酱用百有二十瓮〔6〕。

【注释】

〔1〕六谷：郑司农曰：“稌、黍、稷、粱、麦、苽。”案稌，音 tú，稻也。程瑶田《九谷考》曰：“黍，今之黄米。稷，今之高粱。”又曰：“今北方呼粟米之纯白者曰粱。”苽，是“菰”的异体字，音 gū，即苽米，产于我国南方，可煮食，古人有以菰米为饭者。

〔2〕六牲：王引之曰：“牛、羊、豕、犬、雁(鹅)、鱼也。”

〔3〕六清：郑司农曰：“水、浆、醴、醇、醫、酏。”这六饮，水自是清的，其他五饮，则有清、浊之分，以清者为善，而此处所用皆清，

故曰六清。案此处六清，与《浆人》所掌“六饮”同，彼“醇”作“凉”，详彼第1节注①。

〔4〕羞用百二十品：郑《注》曰：“羞，出于牲及禽兽，以备滋味，谓之庶(众)羞。”

〔5〕珍用八物：郑《注》曰：“谓淳熬、淳母、炮豚、炮牂、捣珍、渍、熬、肝膋也。”案此《注》实据《礼记·内则》为说。据《内则》，淳熬，是用煎炒过的肉酱，加在稻米饭上，再浇上油脂做成的食物。淳母，是用煎炒过的肉酱，加在黍饭上，再浇上油脂做成的食物。炮豚，是将猪腹中掏空，填以枣，用苇席包裹，用泥涂封，再用火烧烤，烧后剥去泥和席，用水调和稻米粉涂在猪肉外面，再用油煎，煎后切成薄片，加香料调和，放在小鼎中，再将小鼎放入盛有水的大鼎中，然后用火煨上三天三夜，这样做成的食物。炮牂，牂即公羊，其做法与炮豚同，不过将猪换成羊而已。捣珍，是取牛、羊、麋、鹿、獐的狭脊肉，反复捶捣，然后煮熟，捞出，再用醋和肉酱调和而成的食物。渍，是取新鲜牛肉，切成薄片，用美酒浸泡一天一夜，然后用肉酱、醋和梅浆调和做成的食物。熬，是先将牛肉捶捣，然后摊在苇席上，洒上香料和盐，再用火把肉烤干做成的食物。肝膋，膋音 liáo，指动物肠间的脂肪，这是取一副狗肝，上面蒙以狗肠间的脂肪，再用火烤，使脂肪都焦熟而做成的食物。

〔6〕酱用百有二十瓮：酱，江永曰：“醯、醢之总名。”这百二十瓮具体是何种醯、醢，今已不可考，故郑《注》曰：“天子、诸侯有其数，而物未得尽闻。”

【译文】

凡馈送王的饮食，饭用六种谷物做成，牲肉用六种牲，饮料用六种清饮料，美味用一百二十种，珍肴用八种，酱用一百二十瓮。

3. 王日一举〔1〕，鼎十有二〔2〕，物皆有俎〔3〕。以乐侑食〔4〕。膳夫授祭〔5〕，品尝食，王乃食。卒食，以乐彻于造〔6〕。

【注释】

〔1〕王日一举：郑《注》曰："杀牲盛馔曰举。王日一举，以朝食也。"贾《疏》曰："一日食有三时，同食一举。"这是说每日早餐前杀牲，吃上一天(三餐)。

〔2〕鼎十有二：郑《注》曰："牢鼎九，陪鼎三。"案牢鼎，又称正鼎，是盛牛羊豕三牲以及其他牲肉的鼎。陪鼎，非正鼎，而陪设于正鼎之旁。

〔3〕物皆有俎：郑《注》曰："物谓牢鼎之实，亦九俎。"俎，形似几，有青铜制的，也有木制的。九鼎中的牲肉取出后则分置于九俎。

〔4〕侑：孙诒让说字当作"宥"。又说："宥，本训宽，假借为劝助之义。"

〔5〕膳夫授祭：郑《注》曰："礼，饮食必祭，示有所先。"秦蕙田《通考·吉礼六十二》曰："食必有祭，示不忘先。"案古人饮食之前必先行祭礼，叫做食前祭礼。所祭的对象，是从前发明这种食物的人，以示不忘本。其祭法，若饮，则先取少许浇于地；若食，亦先取少许置于席前俎、豆或笾旁以示祭。膳夫授祭，是说由膳夫帮助王行食前祭礼：把所当祭的食物一一取以授王，再由王一一祭之，这是"优至尊"的做法。

〔6〕造：郑司农曰："谓食之故所居处也，已食彻置故处。"是造若今所谓厨房。

【译文】

王〔用膳〕每天一杀牲，陈列十二鼎，鼎中牲肉〔取出后〕都有俎盛着进上。用音乐助王进食。〔食前〕膳夫把当行祭礼的食物授给王，并先为王品赏食物，然后王才吃。食毕，用音乐伴奏把食器彻回原处。

4. 王齐，日三举。

【译文】

王斋戒期间，每日三餐都杀牲。

5. 大丧则不举，大荒则不举，大札则不举[1]，天地有灾则不举[2]，邦有大故则不举[3]。

【注释】

〔1〕大札：郑《注》曰："疫疠也。"疫疠即瘟疫，谓急性传染病流行。

〔2〕天地有灾：郑《注》曰："天灾，日月晦食。地灾，崩动也。"

〔3〕大故：郑《注》曰："寇戎之事。"

【译文】

有大丧不杀牲，有大灾荒不杀牲，瘟疫流行不杀牲，天地出现灾异不杀牲，王国有大的军事行动不杀牲。

6. 王燕食[1]，则奉膳、赞祭[2]。凡王祭祀、宾客食[3]，则彻王之胙俎[4]。凡王之稍事[5]，设荐脯醢。王燕饮酒，则为献主[6]。

【注释】

〔1〕燕食：郑《注》曰："谓日中与夕食。"孙诒让曰："以王日三食，日中与夕食馔具减杀，别于礼食及朝食盛馔，故谓之燕食。"

〔2〕奉膳、赞祭：奉，进也。膳，牲肉。郑《注》曰："奉朝之余膳。"即早餐剩下的牲肉。祭，谓食前祭。

〔3〕祭祀、宾客食：祭祀，谓祭宗庙。宾客食，贾《疏》曰："王与宾客礼食于庙。"

〔4〕胙俎：胙，通"阼"。《仪礼·特牲馈食礼》郑《注》曰："阼俎，主人俎。"即主人席前所设之俎。祭祀或款待宾客之礼毕，则要由膳宰为主人把胙俎彻去。

〔5〕稍事：郑《注》曰："有小事而饮酒。"

〔6〕王燕饮酒，则为献主：燕饮酒，谓王闲暇时与其臣下饮酒，以结欢心。燕饮时，出于礼仪的需要，要由一位大夫充当宾，而由膳夫代王为主人向宾及臣下献酒，故称之为献主。郑司农曰："膳夫代王为主，

君不敌臣也。”即谓王的地位太尊，臣不敢与之抗礼，故由膳夫代王献酒。

【译文】

王进午餐和晚餐时，就为王奉进牲肉，并帮助王行食前祭礼。凡王举行祭祀，或款待宾客酒食，〔礼毕〕就彻下王的胙俎。凡王因小事而饮酒，就为王进设脯醢。王〔与臣下〕燕饮酒时，就代王为主人〔向臣下〕献酒。

7. 掌后及世子之膳羞〔1〕。

【注释】

〔1〕掌后及世子之膳羞：郑《注》曰："亦主其馔之数，不馈之耳。"案馔之数，谓制度规定的膳羞的种类和数量。馈之者是内饔（见彼职文第4节）。

【译文】

掌管供给王后和太子的牲肉及美味。

8. 凡肉脩之颁赐〔1〕，皆掌之。

【注释】

〔1〕肉脩：脩，是一种干肉，又叫腶脩。其制法，先将肉切成薄片，加入姜桂等佐料，经过捶捣，然后风干即成。案干肉有两种，贾《疏》曰："加姜桂锻治（即捶捣）者谓之脩，不加姜桂、以盐干之者谓之脯。"脩、脯亦可通谓之脯。

【译文】

凡王用牲肉和腶脩颁赐〔群臣的事〕，都由膳夫掌管。

9. 凡祭祀之致福者[1]。受而膳之[2]。以挚见者[3]，亦如之。

【注释】

〔1〕祭祀之致福：据《注》《疏》说，是指诸臣祭祀宗庙，祭毕将祭肉赠送给王，以示将祭祀所祈之福致之于王，故曰致福。

〔2〕受而膳之：贾《疏》曰："膳夫受之，以为王膳，故云'受而膳之'。"

〔3〕挚：见面礼。

【译文】

凡〔群臣〕祭祀而将祭肉馈送给王的，就接受而用作王的肴馔。〔对于臣下〕拿着挚来见王的，也这样做。

10. 岁终则会[1]，唯王及后、世子之膳不会[2]。

【注释】

〔1〕岁终则会：岁终，谓夏历年终。会，谓岁计。

〔2〕唯王及后、世子之膳不会：郑《注》曰："不会计多少，优尊者。"

【译文】

〔夏历〕年终就做结算，只有供给王、王后和太子的膳食不结算。

七、庖　人

1. 庖人掌共六畜[1]、六兽[2]、六禽[3]，辨其名物[4]。

【注释】

〔1〕六畜：郑《注》曰："六牲也。"（参见《膳夫》第2节注②）

〔2〕六兽：据郑《注》，谓麋、鹿、狼、麕（音jūn，即獐）、野豕、兔六者。

〔3〕六禽：据郑《注》，谓羔、豚（小猪）、犊（小牛）、麛（音mí，本指小鹿，在此泛指小兽）、雉、雁六者。郑《注》又曰："凡鸟兽未孕曰禽。"又案《礼记·曲礼上》孔《疏》曰："别而言之，羽则曰禽，毛则曰兽；通而为说，兽亦可曰禽。……《白虎通》曰：'禽者，鸟兽之总名。'"

〔4〕辨其名物：贾《疏》曰："此禽兽等皆有名号物色，故云'辨其名物'。"案物色即毛色。

【译文】

庖人掌管供应六畜、六兽、六禽，辨别它们的名号和毛色。

2. 凡其死、生、鲜、薧之物〔1〕，以共王之膳，与其荐羞之物〔2〕，及后、世子之膳羞。

【注释】

〔1〕凡其死、生、鲜、薧之物：薧，音kǎo，郑司农曰："谓干肉。"据孙诒让说，这里的"死、生、鲜、薧之物"，乃蒙上节六畜、六兽、六禽为文。

〔2〕荐羞：郑《注》曰："荐亦进也。备品物曰荐，致滋味乃为羞。"

【译文】

凡是那些死的、活的、鲜的、干的畜禽及兽肉，用以作为供奉给王的牲肉，和进献给王的美味，以及供奉王后与太子的牲肉和美味。

3. 共祭祀之好羞〔1〕。共丧纪之庶羞〔2〕，宾客之禽献[3]。

【注释】

〔1〕好羞：据《注》《疏》，谓四时珍美之物。

〔2〕丧纪：即丧事。丧事有一定的法数，故谓之丧纪。《礼记·文王世子》“丧纪以服之轻重为序”，郑《注》曰：“纪犹事也。”

〔3〕禽献：郑《注》曰：“献禽于宾客。”案此处之禽，兼禽兽言，亦如“六禽”之禽。

【译文】

供给祭祀所用的四时珍美之物。供给丧事所用各种美味，以及款待宾客所用的禽兽肉。

4. 凡令禽献[1]，以法授之[2]，其出入亦如之[3]。

【注释】

〔1〕凡令禽献：郑《注》曰：“令，令兽人也。禽兽不可久处，宾客至，将献之，庖人乃令兽人取之。”

〔2〕以法授之：法，指有关供应不同宾客的禽兽数目的规定。授之，谓授予兽人，让他依数进献。

〔3〕其出入亦如之：贾《疏》曰：“既以数授兽人，(兽人)依数以禽入庖人，是入也。庖人得此禽，还依数付使者送向馆，是出也。”

【译文】

凡命令〔兽人〕进献禽兽，把所应献禽兽的数目交给他。庖人接受兽人所献入的禽兽以及向宾客献出禽兽也按规定的数目进行。

5. 凡用禽献，春行羔豚[1]，膳膏香[2]；夏行腒鱐[3]，膳膏臊[4]；秋行犊麛，膳膏腥[5]；冬行鲜羽[6]，膳膏羶[7]。

【注释】

〔1〕行:《夏官·司爟》郑《注》曰:“犹用也。”

〔2〕膳膏香:膳,据郑《注》,谓煎和之。膏香,郑司农曰:“牛脂也,以牛脂和之。”

〔3〕腒鱐:音 jū sù,郑司农曰:“腒,干雉。鱐,干鱼。”

〔4〕膏臊:杜子春曰:“犬膏。”

〔5〕膏腥:郑《注》曰:“鸡膏也。”

〔6〕鲜羽:《礼记·内则》郑《注》曰:“鲜,生鱼也。羽,雁也。”

〔7〕膏羶:郑司农曰:“羊脂也。”

【译文】

凡用禽兽肉进献〔给王〕,春季用羊羔肉和小猪肉,用有香味的牛膏脂煎和;夏季用干野鸡肉和干鱼,用有臊味的狗膏脂煎和;秋季用牛犊肉和小兽肉,用有腥味的鸡膏脂煎和;冬季用鲜鱼和鹅肉,用有羶味的羊膏脂煎和。

6. 岁终则会,唯王及后之膳禽不会。

【译文】

到〔夏历〕年终就做结算,只有供给王和王后的禽兽不结算。

八、内　饔

1. 内饔掌王及后、世子膳羞之割亨煎和之事,辨体名、肉物[1],辨百品味之物[2]。

【注释】

〔1〕体名、肉物：体名，谓牲体不同部位的名称，如脊、胁（两肋）、肩（前胫骨的上端）、臂（在肩之下）、臑（音闹 nào，前胫骨的下端）等等。肉物，指不同部位和不同用途的脏腑的名称，如心、肝、肠、胃、举肺（用于食的肺）、祭肺（用于祭的肺）、肤（切肉）、伦肤（精而脆的肉），等等。

〔2〕百品味：郑《注》曰："庶羞之属。"

【译文】

内饔掌管供给王及王后、太子的牲肉和美味的宰割、烹煮、煎熬以及调味的事，辨别牲体和脏腑的名称，辨别各种美味的名称。

2. 王举〔1〕，则陈其鼎俎，以牲体实之〔2〕。

【注释】

〔1〕举：谓杀牲盛馔（参见《膳夫》第3节注①）。

〔2〕以牲体实之：郑《注》曰："取于镬以实鼎，取于鼎以实俎。"案牲体是先放在镬中煮熟，然后捞出盛于鼎而陈于庭中，再从鼎中捞出盛于俎以进献给王。

【译文】

为王杀牲，就负责陈列鼎和俎，并负责将牲体盛在鼎中和俎上。

3. 选百羞、酱物、珍物〔1〕，以俟馈〔2〕。

【注释】

〔1〕百羞、酱物、珍物：贾《疏》曰："百羞者，则庶羞百二十。酱物者，则酱用百二十瓮。珍物者，诸八珍之类。"（参见《膳夫》第2节）。

〔2〕以俟馈：孙诒让曰："谓俟膳夫之馈也。王之膳羞，内饔但主选，不主馈。"

【译文】

选择各种美味、酱类和珍肴，以待〔膳夫〕馈送〔给王〕。

4. 共后及世子之膳羞[1]。

【注释】

〔1〕共后及世子之膳羞：郑《注》曰："膳夫掌之，是乃馈之。"参见《膳夫》第7节。

【译文】

供给王后及太子牲肉和美味。

5. 辨腥、臊、羶、香之不可食者[1]。牛夜鸣则庮[2]。羊泠毛而毳[3]，羶。犬赤股而躁[4]，臊。鸟皫色而沙鸣[5]，貍[6]。豕盲视而交睫[7]，腥[8]。马黑脊而般臂[9]，蝼[10]。

【注释】

〔1〕腥、臊、羶、香：案鸡膏腥，犬膏臊，羊膏羶，牛膏香(参见《庖人》第5节)，故此处即用以指代鸡、犬、羊、牛等牲禽。又案下文牛、羊、犬皆言及，独不见鸡，其实于鸟中该之，参见注⑤。

〔2〕庮：音 yóu。贾《疏》曰："恶臭也。"

〔3〕羊泠毛而毳：泠，音 líng。毳，音 cuì。贾《疏》曰："泠毛，谓毛长也。而毳，谓毛别聚结者。"

〔4〕赤股而躁：贾《疏》曰："谓股里无毛，……而走又躁疾。"

〔5〕鸟皫色而沙鸣：鸟，孙诒让曰："兼雁鸡二牲而言。"皫，音 piǎo，郑《注》曰："失色，不泽美也。"又曰："沙，澌(嘶)也。"

〔6〕貍：《释文》曰："音郁。"案《礼记·内则》即作"郁"，彼郑《注》曰："腐臭。"

〔7〕盲视：《内则》郑《注》曰："远视也。"

〔8〕腥：郑《注》曰："当为'星'，声之误也。肉有如米者，似星。"案星即猪囊虫，生有囊虫的猪肉今俗称"米星肉"。

〔9〕般臂：般，通"斑"。郑《注》曰："般臂，臂毛有文。"案《内则》郑《注》曰："般臂，前胫般般然也。"

〔10〕蝼：郑司农曰："蝼蛄臭也。"

【译文】

辨别鸡、犬、羊、牛等牲中不可食用的。牛如果夜鸣，它的肉就恶臭。羊如果毛长而又打结，它的肉就羶。狗如果后腿内侧无毛而又奔跑急躁，它的肉就臊。鸟的毛色失去光泽而又鸣声嘶哑，它的肉就腐臭。猪如果作远视貌而睫毛相交，它的肉中就生有囊虫。马脊作黑色而前胫有杂斑，它的肉就作蝼蛄臭。

6. 凡宗庙之祭祀，掌割亨之事，凡燕饮、食亦如之〔1〕。凡掌共羞〔2〕、脩〔3〕、刑〔4〕、膴〔5〕、胖〔6〕、骨〔7〕、鱐，以待共膳。

【注释】

〔1〕燕饮、食亦如之：贾《疏》曰："谓王及后、世子自燕饮、食，皆须割亨，故云'亦如之'。"孙诒让曰："此食与《膳夫》燕食同，饮亦谓燕居饮酒。"案燕食，谓午餐与晚餐(参见《膳夫》第6节注①)。燕饮，参见同上注⑥。

〔2〕共羞：郑《注》曰："共，当为'具'。羞，庶羞也。"

〔3〕脩：郑《注》曰："锻脯也。"即腶脩(参见《膳夫》第8节注①)。

〔4〕刑：郑《注》曰："铏羹也。"案铏，音xíng，古代的一种盛羹器。铏羹，是一种盛于铏而和有菜的肉羹。《仪礼·公食大夫礼》郑《注》曰："铏，菜和羹之器。"

〔5〕膴：音hū，一种薄切的大肉片，用于食前祭礼。

〔6〕胖：不干的咸肉片(参见《腊人》第1节注②)。

〔7〕骨：郑《注》曰："牲体也。"案不同部位的牲体有不同的名称，在行礼中的用途也不同(参见第1节注①)。

【译文】

凡宗庙祭祀，掌管宰割、烹煮的事，凡〔王、王后及太子〕行燕饮酒礼或用午餐、晚餐时也这样。预备各种美味、腶脩、铏羹、大肉片、不干的咸肉、牲体、干鱼等，以待供〔王、王后和太子〕膳食所用。

7. 凡王之好赐肉脩〔1〕，则饔人共之〔2〕。

【注释】

〔1〕好赐肉脩：好赐，贾《疏》曰："谓群臣王所爱好，则赐之肉脩。"

〔2〕饔人：即内饔。孙诒让曰："称人者，通举其官长徒属之言。凡此经总举官属者皆称人。"

【译文】

凡王喜欢〔某臣〕而赐予牲肉和腶脩，就由内饔供给他。

九、外　饔

1. 外饔掌外祭祀之割亨〔1〕，共其脯、脩、刑、朊，陈其鼎俎，实之牲体、鱼、腊。凡宾客之飧、饔、飨、食之事〔2〕，亦如之〔3〕。

【注释】

〔1〕外祭祀：这是对宗庙之祭为内祭祀而言。凡宗庙之外，天地、山川、社稷等的祭祀，皆外祭祀。

〔2〕飧、饔、飨、食：飧，参见《宰夫》第7节注⑥。饔，是馈饔饩之省，《仪礼·聘礼》"馈饔饩"郑《注》曰："杀曰饔，生曰饩。"

彼胡培翚《正义》曰："饔兼饪与腥言，皆是已杀者。饩是生牲。"这是说，凡已杀的牲就叫做饔，杀而又煮熟了的牲肉就叫做饪，杀而未煮的生肉就叫做腥，未杀的活牲就叫做饩。食，音 sì，谓食礼，也是一种款待宾客之礼，《仪礼·公食大夫礼》就是记载诸侯国君用食礼款待前来行小聘礼的大夫的，可参看。

〔3〕亦如之：谓亦如外祭祀时那样掌割亨、陈鼎俎，并实之。

【译文】

外饔掌管外祭祀〔所用牲〕的宰割和烹煮，供给祭祀所需的脯、腶脩、铏羹、大肉片，陈列鼎和俎，并把牲体、鱼、干兽肉等盛入鼎中和俎上。凡为宾客设便宴、馈饔饩、举行飨礼和食礼的事，也这样做。

2. 邦飨耆老、孤子〔1〕，则掌其割亨之事。飨士、庶子亦如之〔2〕。

【注释】

〔1〕耆老、孤子：耆老，即老人，《说文》曰："耆，老也。"孤子，郑《注》曰："死王事者之子也。"

〔2〕士、庶子：指贵族子弟(参见《宫伯》第1节注①)，在此指其宿卫王宫者。郑《注》曰："士、庶子，卫王宫者。"

【译文】

王国用飨礼款待老人和孤子，就掌管〔所用牲的〕宰割和烹煮的事。用飨礼款待士和庶子时，也这样做。

3. 师役〔1〕，则掌共其献、赐脯肉之事〔2〕。

【注释】

〔1〕师役：贾《疏》曰："谓出师征伐，及巡守、田猎。"

〔2〕献、赐脯肉：贾《疏》曰："谓献其将帅并赐酒肉之事。"

【译文】

出师征伐及巡守、田猎，就掌管供给〔王〕向将帅献酒或赏赐时所需脯和牲肉的事。

4. 凡小丧纪[1]，陈其鼎、俎而实之。

【注释】

〔1〕小丧：贾《疏》曰："夫人已下之丧。"

【译文】

凡小丧事，就负责陈列鼎、俎并盛入所需牲肉。

一〇、亨　　人

1. 亨人掌共鼎、镬[1]，以给水火之齐[2]。

【注释】

〔1〕共鼎、镬：镬，音 huò，煮牲肉的大锅，形似无足的鼎。郝敬曰："镬以煮牲，牲各一镬，各一鼎，熟于各镬，升于各鼎。"

〔2〕齐：同"剂"，郑《注》曰："多少之量。"

【译文】

亨人掌管供给鼎、镬，掌握〔烹煮时〕用水的多少和火候的大小。

2. 职外、内饔之爨亨煮[1]，辨膳羞之物[2]。

【注释】

〔1〕职外、内饔之爨亨煮：职，郑《注》曰："主也。"爨，音cuàn，即灶。案此句中的"煮"字，王引之说是《注》文，本为释"亨"字，而窜入经文。

〔2〕辨膳羞之物：孙诒让曰："谓辨别《膳夫》膳用六牲，羞用百二十品之物，皆亨而共之。"

【译文】

负责将外饔和内饔〔所供食物〕在灶上烹煮，辨别所烹煮的各种牲肉和美味。

3. 祭祀共大羹、铏羹[1]。宾客亦如之。

【注释】

〔1〕大羹、铏羹：大羹，是一种不加盐菜和任何佐料的肉羹，故贾《疏》曰："谓大古之羹，不调以盐菜及五味。"铏羹，参见《内饔》第6节注④。

【译文】

祭祀时供给大羹和铏羹。款待宾客时也这样。

一一、甸　师

1. 甸师掌帅其属而耕耨王藉[1]，以时入之，以共粢盛[2]。

【注释】

〔1〕帅其属而耕耨王藉：其属，郑《注》曰："府、史、胥、徒也。"耨，除草。藉，谓王的藉田。藉田的收获物主要用于祭祀。

〔2〕粢盛：郑《注》曰："祭祀所用谷也。"阮校曰："《疏》云'六谷曰粢，在器曰盛，以共祭祀，故云粢盛'。"

【译文】

甸师负责率领下属耕种王的借田，按时进献收获物，以供给祭祀所需的谷物。

2. 祭祀，共萧、茅〔1〕，共野果蓏之荐〔2〕。

【注释】

〔1〕萧、茅：萧，即香蒿，祭祀时用以烧取香气。据《礼记·郊特牲》说，周人崇尚用气味来祭祀，因此要用"萧合黍稷"而烧之，使"臭(气味)阳达于墙屋。"茅，郑《注》曰："以共祭之苴，亦以缩酒。苴以借祭。缩酒，泲酒也。"这是说，茅在祭祀中有二用：一用作祭品的衬垫物，即把茅铺在神位前地上，再把祭品放在茅上以祭，即所谓"借祭"；二用以缩酒，即把茅捆成束，立置于神位前，把酒从茅束上浇下，泲入地中，以示供神饮酒。据王应电说，此茅为白茅。

〔2〕野果蓏：王应电曰："木实曰果，草实曰蓏。"

【译文】

祭祀，供给所需的香蒿和白茅，并供给野生的瓜果。

3. 丧事〔1〕，代王受眚灾〔2〕。

【注释】

〔1〕丧事：谓王丧。

〔2〕代王受眚灾：眚，音 shěng，犹灾也。据《注》《疏》说，祭祀

以谷物为主，谷物乃甸师率其属下耕种藉田而供之。王用谷物祭神，而现在王死了，说明神对王所用的谷物不满意，故降此凶灾，致使王丧。为了避免灾祸殃及后王，因此要由甸师代后王受此灾祸。其具体做法是，在死王殡后，由大祝做一篇移祸于甸师的祷辞，再由甸师用这篇祷辞去向藉田之神祝祷，表示甘愿代王受祸（参见《春官·大祝》第10节注④）。

【译文】

王丧，就代后王受灾祸。

4. 王之同姓有罪，则死、刑焉[1]。

【注释】

〔1〕王之同姓有罪，则死、刑焉：据贾《疏》，这是说王的同姓如果犯了罪，不在市朝行刑，要到处于郊野之地较为隐僻的甸师的官府处去行刑，其目的是为了避免国人议论王的兄弟的过恶。

【译文】

王的同姓如果有罪，〔判决后〕就到甸师的官府那里去处死或施刑。

5. 帅其徒以薪蒸[1]，役外、内饔之事[2]。

【注释】

〔1〕帅其徒以薪蒸：徒，指甸师之徒三百人（参见本篇《叙官》第10节）。薪蒸，即薪柴。郑《注》曰："木大曰薪，小曰蒸。"

〔2〕役外、内饔之事：郑《注》曰："役，为给役也。"案外、内饔皆掌割烹，故需用薪柴，而役使甸师之徒以供之，甸师与外、内饔为官联。

【译文】

率领徒属用薪柴〔供给外饔、内饔〕，做替外饔和内饔服役的事。

一二、兽　人

1. 兽人掌罟田兽[1]，辨其名物。冬献狼，夏献麋，春秋献兽物[2]。时田，则守罟。及弊田[3]，令禽注于虞中[4]。

【注释】

〔1〕罟：音 gǔ，网也。

〔2〕献兽物：郑《注》曰："凡兽皆可献也，及狐狸。"

〔3〕弊田：郑《注》曰："弊，仆也。"案仆，在此是停止的意思，贾《疏》曰："谓田止。"

〔4〕令禽注于虞中：禽，兽也。注，聚也。虞中，谓树有虞旗的田猎处的中央。据贾《疏》说，田猎停止，虞人就在田猎处的中央插起旌旗，即所谓虞旗。

【译文】

兽人掌管用网捕获野兽，辨别所捕野兽的名称和毛色。冬季献狼，夏季献麋鹿，春秋凡兽都可献。四季田猎时，就守候着捕兽的网。到停止田猎时，就命令把捕获的野兽聚集到树有虞旗的田猎处的中央。

2. 凡祭祀、丧纪、宾客，共其死兽、生兽。凡兽入于腊人，皮毛筋角入于玉府。

【译文】

凡祭祀、丧事、款待宾客，就供给死兽和活兽。凡所捕获的兽交给腊人，兽的皮毛筋角交给玉府。

3. 凡田兽者[1]，掌其政令[2]。

【注释】

〔1〕凡田兽者：李钟伦曰："谓公卿大夫常田，及百姓田猎者是也。"

〔2〕政令：据李钟伦说，是指有关田猎的地点、时间以及征收其皮角筋骨等的规定。

【译文】

凡捕猎野兽的，都由兽人掌管有关政令。

一三、渔　　人

1. 渔人掌以时渔，为梁[1]。春献王鲔[2]。辨鱼物，为鲜薧，以共王膳羞。

【注释】

〔1〕梁：鱼梁，用以捕鱼。其法，在河中筑堰，堰中央开一孔，以有倒刺的竹笱承孔，鱼入则不能出。

〔2〕王鲔：鲔，音 wěi，鲤鱼的一种，似鲤而大。

【译文】

渔人掌管按照一定的季节捕鱼，修筑鱼梁。春季进献大鲔鱼。辨别各种鱼的名称和性状，用鲜鱼或制成干鱼，以供给王膳食的美味所用。

2. 凡祭祀、宾客、丧纪，共其鱼之鲜薨。

【译文】

凡祭祀、款待宾客和丧事，供给所需的鲜鱼和干鱼。

3. 凡渔者，掌其政令[1]。

【注释】

〔1〕政令：谓有关捕鱼的时间、地点等的规定。

【译文】

凡捕鱼的，〔为其〕掌管有关政令。

4. 凡渔征[1]，入于玉府。

【注释】

〔1〕渔征：郑司农曰："渔者之租税，渔人主收之，入于玉府。"

【译文】

凡所征收的渔业税，交入玉府。

一四、鳖人

1. 鳖人掌取互物[1]，以时簎鱼鳖龟蜃[2]，凡貍物[3]。春献鳖蜃，秋献龟鱼。

【注释】

〔1〕互物：郝敬曰："有甲者。互，合也。蚌蛤之属甲皆合。"

〔2〕簎鱼鳖龟蜃：簎，音 jì，据郑司农说，谓用叉从泥中刺取。蜃，音 shèn，郑《注》曰："大蛤。"

〔3〕貍物：貍，"埋"的假借字。郑司农曰："貍物，龟鳖之属，自貍藏伏于泥中者。"

【译文】

鳖人掌管捕取有甲壳的动物，按季节叉取鱼鳖龟蛤等，凡埋藏在泥中的动物。春季献鳖蛤，秋季献龟鱼。

2. 祭祀共蠯、蠃、蚳〔1〕，以授醢人〔2〕。

【注释】

〔1〕蠯、蠃、蚳：蠯，音 pí，郑司农曰："蛤也。"蠃，音 luó，郑《注》曰："螔蝓。"案螔蝓，《尔雅·释鱼》郭《注》说"即蜗牛也"。蚳，音 chí，《尔雅·释虫》"蚍蜉，……其子蚳"，是蚳即蚁卵，古人每取以为酱。

〔2〕授醢人：案这是为了由醢人把蠯、蠃、蚳等制作成酱类(即醢)，以供祭祀时用。

【译文】

祭祀时供给蛤、蜗牛和蚁卵，交给醢人。

3. 掌凡邦之簎事。

【译文】

掌管凡王国中有关叉取鱼鳖龟蛤等的事。

一五、腊　　人

1. 腊人掌干肉，凡田兽之脯、腊、膴、胖之事〔1〕。

【注释】

〔1〕脯、腊、膴、胖之事：脯，谓咸干肉。郑《注》曰："薄析曰脯。"这是指切成片状的咸干肉。案脯有两种，一种切成薄片状，一种为条状。《齐民要术》卷八《腊脯》第七十五记作脯之法云："用牛、羊、獐、鹿、野豕、猪肉，或作条，或作片。"腊，郑《注》曰："小物全干。"即将小兽（如兔）整体风干，叫做腊。然广义地说，凡干肉（包括经解割的大牲，以及脯、腊、腶脩等）皆可谓之腊，故此经干肉、脯、腊等并由腊人掌之。膴，音 hū，薄切的大肉片。胖，音 pàn，是不干的咸肉片（参见下节注②）。案阮校以"膴胖之事"四字为衍文。阮氏之说诚是，然经文传习既久，未敢遽删。

【译文】

腊人掌管干肉，凡将猎获的野兽做成脯，或整体风干，或薄切成大肉片、或做成不干的咸肉片的事〔都由腊人负责〕。

2. 凡祭祀，共豆脯〔1〕、荐脯、膴、胖〔2〕，凡腊物〔3〕。

【注释】

〔1〕豆脯：郑《注》曰："脯非豆实（即谓脯不是盛在豆中的），'豆'当为'羞'，声之误也。"案脯乃笾实，礼文所见皆然。又"羞"与下文"荐"，都是进的意思，但在礼文中的用法则不同：祭祀时，在尸尚未享用祭品前向尸进献脯醢就叫做荐，这是正馔之荐；尸享用过祭品（象征神已享用），再向尸献酒，同时向尸进献脯醢，即所谓进加馔，就

叫做羞。

〔2〕胖：郑《注》曰："宜为脯而腥。胖之言片也，析肉意也。"案所谓"宜为脯而腥"，是说已经用盐腌渍，宜用之于风干而为脯，然尚未风干，还是鲜湿的肉，故曰腥。所谓"胖之言片，析肉意也"，是说将肉切成片状。是知胖为不干的咸肉片。又案腊人所掌不只是干肉，还兼有鲜肉，故此经记腊人所掌有脁、胖。

〔3〕腊物：泛指各种干肉(参见上节注①)。

【译文】

凡祭祀，供给加馔的脯、正馔的脯、大肉片、不干的咸肉片等，以及供给凡所需用的干肉。

3. 宾客、丧纪，共其脯腊〔1〕，凡干肉之事。

【注释】

〔1〕脯腊：即脯，因泛言之脯亦谓之腊(参见第1节注①)，故称之为脯腊。

【译文】

款待宾客、丧事，供给脯，以及凡所需用的干肉。

一六、医　师

1. 医师掌医之政令，聚毒药以共医事〔1〕。凡邦之有疾病者，有疕疡者造焉〔2〕，则使医分而治之。

【注释】

〔1〕毒药：在此泛指各种药物。因凡药皆有一定毒性，故称。

〔2〕有疕疡者造焉：疕，音 bǐ，据贾《疏》，谓头疮。疡，郑《注》曰："身伤曰疡。"造，犹至也。

【译文】

医师掌管有关医药方面的政令，收集药物以供医疗所用。凡王国中有患疾病的，有头上长疮或身上有创伤的，都到医师的官府来看病，医师派医者对他们分别进行治疗。

2. 岁终，则稽其医事，以制其食〔1〕：十全为上〔2〕，十失一次之，十失二次之，十失三次之，十失四为下。

【注释】

〔1〕食：庄存与曰："来岁之稍食也。"（参见《宫正》第3节注③）。

〔2〕十全：孔广林《臆测》曰："十全，非必治之皆愈也，能识其疾可为与否，言必有中，即为十全。"

【译文】

〔夏历〕年终，考核医者医疗的成绩，以确定给予他们食粮〔的等级〕：凡病都能准确诊断的为上等，有十分之一不能诊断准确的为次等，有十分之二不能诊断准确的又次一等，有十分之三不能诊断准确的又次一等，有十分之四不能诊断准确的为下等。

一七、食　医

1. 食医掌和王之六食、六饮、六膳、百羞、百酱、八珍之齐〔1〕。

【注释】

〔1〕“六食”至“之齐”：参见《膳夫》第2节。

【译文】

食医掌管调和王的六种饭食、六种饮料、六种牲肉、各种美味、各种酱类、八种珍肴。

2. 凡食齐视春时，羹齐视夏时，酱齐视秋时，饮齐视冬时[1]。凡和，春多酸，夏多苦，秋多辛，冬多咸，调以滑甘。

【注释】

〔1〕“凡食”至“冬时”：郑《注》曰：“饭宜温，羹宜热，酱宜凉，饮宜寒。”

【译文】

凡调和饭食应比照春天〔以温为宜〕，羹汤应比照夏天〔以热为宜〕，酱类应比照秋天〔以凉为宜〕，饮料应比照冬天〔以寒为宜〕。凡调和食物的滋味，春天应多一些酸味，夏天应多一些苦味，秋天应多一些辛味，冬天应多一些咸味，〔四季的食物中都要〕调和一些能使之变得柔滑和甘甜的食品。

3. 凡会膳食之宜[1]，牛宜稌，羊宜黍，豕宜稷，犬宜粱，雁宜麦，鱼宜苽[2]。凡君子之食恒放焉[3]。

【注释】

〔1〕凡会膳食之宜：会，在此是调配、搭配的意思。孙诒让曰：“此论六膳、六食，牲与谷配合之宜也。”

〔2〕“牛宜”至“宜苽”：案稌、黍、稷、粱、苽，参见《膳夫》第

2 节注①。

〔3〕君子之食恒放：君子，在此泛指各级贵族。放，郑《注》曰：“犹依也。”

【译文】

凡调配牲肉和饭食，牛肉宜配合稻饭，羊肉宜配合黍饭，猪肉宜配合稷饭，狗肉宜配合粱饭，鹅肉宜配合麦饭，鱼肉宜配合菰米饭。凡君子的膳食都依照这种调配原则。

一八、疾　医

1. 疾医掌养万民之疾病〔1〕。四时皆有疠疾〔2〕：春时有痟首疾〔3〕，夏时有痒疥疾〔4〕，秋时有疟寒疾〔5〕，冬时有漱上气疾〔6〕。

【注释】

〔1〕养：犹治。

〔2〕疠疾：郑《注》曰：“气不和之疾。”

〔3〕痟首疾：痟，音 xiāo，是一种头痛病。《说文》曰：“痟，酸痟，头痛。”

〔4〕痒疥：《释名・释疾病》曰：“痒，扬也，其气在皮中，欲得发扬，使人搔发之而扬出也。”是痒疥即皮肤上长痒疮。

〔5〕疟寒：即寒疟。《素问・疟论》曰：“先寒而后热也，病以时作，名曰寒疟。”

〔6〕漱上气：郑《注》曰：“漱，欬(咳)也。上气，逆喘也。”

【译文】

疾医掌管治疗万民的疾病。四季都有因气不调和而引起的疾病：春季有头痛病，夏季有皮肤长痒疥的病，秋季有寒疟病，冬季有咳嗽气喘病。

2. 以五味、五谷、五药养其病[1]，以五气、五声、五色视其死生[2]。两之以九窍之变[3]，参之以九藏之动[4]。

【注释】

〔1〕以五味、五谷、五药养其病：五味，据《注》《疏》，指具有酸、苦、甘、辛、咸五种滋味的饮食。五谷，郑《注》曰："麻、黍、稷、麦、豆也。"又曰："五药，草、木、虫、石、谷也。"

〔2〕五气、五声、五色：五气，郑《注》曰："五藏所出气也。肺气热，心气次之，肝气凉，脾气温，肾气寒。"曾钊曰："盖因五气以审五脏：伤则病，绝则死。"五声，郑《注》曰："言语宫、商、角、徵、羽也。"案正常人的言语，有高低轻重缓急，有抑扬顿挫，犹如宫、商、角、徵、羽五声，如果言语声音有变化，不正常，就是患病的征兆。五色，郑《注》曰："面貌青、赤、黄、白、黑也。"

〔3〕两之以九窍之变：两，贾《疏》曰："谓九窍于所视为两。"这是说"以五气、五声、五色视其生死"为第一步，观察"九窍之变"为第二步，故曰"两之"。下文"参之"则谓第三步。九窍，郑《注》曰："阳窍七，阴窍二。"所谓阳窍七，指两目、两耳、两鼻孔和嘴；所谓阴窍二，指肛门和尿道孔。总为九窍。九窍之变，郑《注》曰："谓开闭非常。"

〔4〕九藏之动：藏，同"脏"。九脏，据郑《注》，指肺、心、肝、脾、肾，即所谓五"正脏"，再加上胃、膀胱、大肠、小肠，总为九脏。藏之动，郑《注》曰："谓脉至与不至。"贾《疏》曰："谓九藏在内，其病难知，但诊脉至与不至，即知九藏之动，故云'藏之动，谓脉至与不至'也。"

【译文】

用五味、五谷、五药治疗患者的疾病。〔首先〕根据患者的五气、五声和五色来观察患者是必死还是可以治好，第二步观察患者九窍的变化，第三步诊断患者九脏的活动情况，〔这样来判断病情〕。

3. 凡民之有疾病者，分而治之，死终则各书其所以，而入于医师。

【译文】

凡民众有疾病的，就分别加以治疗，患者死了就分别记载死亡的原因，上报给医师。

一九、疡　医

1. 疡医掌肿疡、溃疡、金疡、折疡之祝药[1]、刮、杀之齐[2]。

【注释】

〔1〕“疡医”至“祝药”：据孙诒让释郑《注》说，红肿而未成脓血的疮叫肿疡，已成脓血而且溃破的叫溃疡，因刀箭所致创伤叫金疡，因跌倒致伤叫折疡。祝，郑《注》曰：“读如‘注病’之‘注’，声之误也。注谓附着药。”

〔2〕刮、杀之齐：郑《注》曰：“刮去脓血。”又曰：“杀，谓以药食其恶肉。”齐，谓剂量、分寸，通上祝(注)药、刮、杀而言。

【译文】

疡医掌管按一定剂量和分寸为肿疡、溃疡、金疡和折疡患者敷药，以及刮去脓血、销蚀腐肉。

2. 凡疗疡，以五毒攻之[1]，以五气养之[2]，以五药疗之[3]，以五味节之[4]。

【注释】

〔1〕以五毒攻之：指五种有毒性的药，据郑《注》，即指石胆、丹砂、雄黄、礐(hú)石、磁石五者。案此五种药中丹砂、磁石并无毒，孙诒让说，盖因这几种药“咸气性酷烈，故谓之五毒，不必皆有毒也”。攻，治也。

〔2〕以五气养之：郑《注》曰：“五气，当为‘五谷’，字之误也。”案五谷，参见《疾医》第2节注①。养之，据郑《注》，是指经过刮去患处的腐肉后，养之以使其生长新肉。下文“疗之”义同。

〔3〕五药：参见同上。

〔4〕以五味节之：五味，参见同上。节，据郑《注》，谓以五味来调节以成其药力。

【译文】

凡治疗疡疮，用五种药性酷烈的药来敷治，用五谷来调养，用五药来治疗，用五味来调节药效。

3. 凡药，以酸养骨，以辛养筋，以咸养脉，以苦养气，以甘养肉，以滑养窍[1]。

【注释】

〔1〕滑：郑《注》曰：“滑石也。凡诸滑物，通利往来，似窍。”窍即孔，指人体的各种孔道(如耳鼻喉腔肠等)；通利往来，即畅通无阻之意。案滑石，药名，其味甘寒。

【译文】

凡用药，以酸味补养骨骼，以辛味补养筋腱，以咸味补养血脉，以苦味补养气息，以甘味补养肌肉，以滑石畅通孔窍。

4. 凡有疡者，受其药焉。

【译文】

凡患有疡疮的人，都可以接受疡医的药物治疗。

二〇、兽　医

1. 兽医掌疗兽病[1]，疗兽疡。

【注释】

〔1〕兽医：贾《疏》说，此医唯疗家畜，不疗野兽，但因畜兽义通，故畜兽连言。

【译文】

兽医掌管治疗家畜的疾病，治疗家畜的疡疮。

2. 凡疗兽病，灌而行之[1]，以节之[2]，以动其气[3]，观其所发而养之。

【注释】

〔1〕灌而行之：郑《注》曰："疗畜兽必灌行之者，为其病状难知，灌以缓之，且强其气也。"这是说，通过灌药以延缓病畜的病情，且增强其气力，使之能够行走，以便观察其病情。

〔2〕以节之：郑《注》曰："节，趋聚之节也。"案趋谓缓行。聚，孙诒让说，是"骤"的省文，谓疾行。

〔3〕动其气：郑《注》曰："气谓脉气。既行之，乃以脉视之，以知所病。"案所谓脉气，谓血脉之气发于外者，视之则可判断畜病。

【译文】

凡治疗畜病，先灌药使它行走，节制它行走的快慢，以发动它的脉气，再观察所发的脉气〔以判断病情〕而加以治疗。

3. 凡疗兽疡，灌而劀之，以发其恶，然后药之，养之，食之。

【译文】

凡治疗家畜的疡疮，先灌药而后刮去浓血和腐肉，以挖出患处的坏死部分，然后敷上药，加以疗养，喂以饲料。

4. 凡兽之有病者，有疡者，使疗之，死则计其数，以进退之〔1〕。

【注释】

〔1〕进退之：贾《疏》曰“谓据功过进退其禄也。”

【译文】

凡家畜有疾病的，有疡疮的，就使兽医进行治疗，〔未能治好而〕死了就统计死畜的数量，以决定兽医俸禄的增减。

二一、酒　　正

1. 酒正掌酒之政令，以式法授酒材〔1〕。凡为公酒者，亦如之。

【注释】

〔1〕以式法授酒材：郑《注》曰："式法，作酒之法式。"酒材，贾《疏》曰："即米、曲糵，授与酒人，使酒人造酒。"

【译文】

酒正掌管有关酒的政令，按照法式授给〔酒人〕造酒的材料。凡为公事酿造酒的，也按法式授给造酒的材料。

2. 辨五齐之名[1]：一曰泛齐[2]，二曰醴齐[3]，三曰盎齐[4]，四曰缇齐[5]，五曰沉齐[6]。辨三酒之物[7]：一曰事酒[8]，二曰昔酒[9]，三曰清酒[10]。辨四饮之物：一曰清[11]，二曰医[12]，三曰浆[13]，四曰酏[14]。掌其厚薄之齐[15]，以共王之四饮、三酒之馔[16]，及后、世子之饮与其酒。

【注释】

〔1〕五齐：齐，音 jì，在此实指酒。贾《疏》曰："通而言之，五齐亦曰酒。"故五齐实指五种清浊厚薄不同的酒，然皆属浊酒，详下注。

〔2〕泛齐：是一种糟滓浮在酒上的浊酒。郑《注》曰："泛者，成而滓浮泛泛然。"

〔3〕醴齐：是一种酿造一宿即成的混有糟滓的甜酒。郑《注》曰："醴犹体也，成而汁滓相将，如今恬(甜)酒矣。"《说文》曰："醴，酒一宿孰(熟)也。"

〔4〕盎齐：是一种葱白色的浊酒。郑《注》曰："盎犹翁也，成而翁翁然，葱白色。"翁翁然，酒色浊貌，但比醴齐则又稍清，故郑《注》曰："盎以下差清。"

〔5〕缇齐：缇，音 tí。缇齐是一种赤红色的酒。郑《注》曰："缇者，成而红赤。"案缇齐亦属浊酒，但比盎齐又稍清。

〔6〕沉齐：是一种糟滓沉在下面的酒，故郑《注》曰："沉者，成而滓沉。"因糟滓沉在酒下，故此酒又稍清。

〔7〕三酒之物：三酒，指三种滤去糟滓的清酒。孙诒让曰："三酒，已

泲去滓之酒也。”物，即指酒，与上“辨五齐之名”的“名”字为互文。

〔8〕事酒：是一种因有事需用酒而新酿的酒。俞樾曰：“事酒者，谓临事而酿者也。”

〔9〕昔酒：是一种久酿而成的酒。贾《疏》曰：“昔酒者，久酿乃成，故以昔酒为名。”

〔10〕清酒：是一种更久酿而成的酒。贾《疏》曰：“清酒者，此酒更久于昔(酒)，故以清酒为号。”

〔11〕清：是滤去糟滓的醴齐之名。郑《注》曰：“清，谓醴之泲者。”

〔12〕医：是一种用粥酿造的醴。郑《注》曰：“医，《内则》所谓‘或以酏为醴’。”案酏是一种稀粥(见下注⑭)。

〔13〕浆：案《礼记·内则》所列诸“饮”中有浆，陈澔《礼记集说》释之曰：“醋水也。”

〔14〕酏：音 yí，郑《注》曰：“今之粥。”又曰：“酏饮，粥稀之清者。”也就是一种稀而清的粥。

〔15〕掌其厚薄之齐：贾《疏》曰：“从五齐以下，非酒正所造，并是酒人、浆人所作，故直辨其厚薄之齐。”

〔16〕馔：贾《疏》曰：“谓馔陈具设之也。”

【译文】

辨别五齐的名称种类：一是泛齐，二是醴齐，三是盎齐，四是缇齐，五是沉齐。辨别三种酒的名称种类：一是事酒，二是昔酒，三是清酒。辨别四种饮料的名称种类：一是清，二是医，三是浆，四是酏。负责辨别它们的厚薄程度，以供王所需用的四种饮料、三种酒的陈设，以及供给王后、太子的饮料和酒。

3. 凡祭祀，以法共五齐〔1〕、三酒，以实八尊〔2〕。大祭三贰〔3〕，中祭再贰，小祭壹贰，皆有酌数〔4〕。唯齐酒不贰〔5〕，皆有器量〔6〕。

【注释】

〔1〕法：据贾《疏》，因祭有大小，所需五齐、三酒亦有多少的不

同，各有常法。

〔2〕八尊：贾《疏》曰："五齐五尊，三酒三尊。"

〔3〕大祭三贰：郑司农曰："三贰，三益副之也。"案益副即添加。下文"再贰"、"壹贰"义放此。又据郑司农说，大祭是指祭天地；下文中祭、小祭，则分别指祭宗庙和五祀(所谓五祀，参见《夏官·小子》第2节注①)。

〔4〕酌数：酌，即勺。孙诒让曰："勺以酌酒，则亦通谓之酌。"酌数，郑《注》曰："数量之多少未闻。"

〔5〕唯齐酒不贰：杜子春曰："谓五齐以祭(即用于敬神)，不益也。"是益者唯三酒。

〔6〕器量：贾《疏》曰："器谓酌齐酒注入尊中，量谓皆有多少之量。"

【译文】

凡祭祀，按常法供应五齐、三酒，用以盛满八个酒尊。〔三酒〕大祭祀要添加三次，中祭祀添加两次，小祭祀添加一次，都有一定的勺数。只有齐酒不添加，〔注入尊中〕都有一定的数量。

4. 共宾客之礼酒[1]，共后之致饮于宾客之礼医、酏糟[2]，皆使其士奉之[3]。

【注释】

〔1〕共宾客之礼酒：宾客，指前来朝聘的诸侯。礼酒，郑《注》曰："王所致酒也。"案如果有诸侯前来朝聘，王当以飨礼和燕礼款待他们，但如果王因故不能亲临飨、燕之礼，就派人将酒送到宾客的馆舍去，即郑《注》所谓"致酒"之义。

〔2〕"共后"至"酏糟"：郑《注》曰："王致酒，后致饮，夫妇之义。糟，医、酏不泲者。泲曰清，不泲曰糟。"这是说，配合王向宾客致酒，后要向宾客致饮，所致的饮是未经过滤的医和酏(参见第2节注⑫、⑭)。

〔3〕使其士奉之：案本篇《叙官》列酒正中士四人，下士八人，此云"使士"，盖中士使下士。

【译文】

供应王送给宾客所需的酒，供应王后送给宾客所需的饮料即未经过滤的医和酏，都是派士送去。

5. 凡王之燕饮酒[1]，共其计，酒正奉之。

【注释】

〔1〕燕饮酒：谓王闲暇时与其臣下饮酒，以结恩好(参见《膳夫》第6节注⑥)。

【译文】

凡王举行燕饮酒礼，供给预计所当用的酒，酒正亲自送去。

6. 凡飨士、庶子[1]，飨耆老、孤子[2]，皆共其酒，无酌数[3]。

【注释】

〔1〕士、庶子：参见《宫伯》第1节注①。

〔2〕耆老、孤子：参见《外饔》第2节注①。

〔3〕无酌数：郑《注》曰："要以醉为度。"酌数，即勺数(参见第3节注④)。

【译文】

凡用飨礼款待士、庶子，款待老人、孤子，都供给所需的酒，没有一定勺数。

7. 掌酒之赐颁，皆有法以行之。凡有秩酒者[1]，以书契授之[2]。

【注释】

〔1〕秩酒：秩，常也。秩酒，即按常制所当供应的酒。据郑《注》，此处所供应的对象为老臣。

〔2〕书契：即符券账册(参见《小宰》第7节注⑦)。

【译文】

负责供应〔王〕颁赐臣下所需的酒，都有一定的制度依照执行。凡有依常制当供应酒的，就依照符券账册授予。

8. 酒正之出，日入其成〔1〕，月入其要〔2〕，小宰听之，岁终则会〔3〕。唯王及后之饮酒不会。以酒式诛赏〔4〕。

【注释】

〔1〕日入其成：谓酒人每日计其所用酒和酒材之数。成，谓日成，即十日小结算的会计文书。入，谓上报于酒正。孙诒让曰："盖酒人每日计用酒之多少，著之薄书，至浃旬，则总十日之成，言之酒正，正受而听之也。"

〔2〕月入其要：要，月结算的会计文书。贾《疏》曰："以月计文书入于小宰。"

〔3〕会：是年终总结算的会计文书。《小宰》云"赞冢宰受岁会"，是岁会当经小宰上报大宰而听之。

〔4〕酒式：即第1节所谓"式法"，郑《注》释之曰"作酒之法式"。

【译文】

酒正支出的造酒材料和酒，〔由酒人〕每日记载其数而将十日的会计文书上报〔给酒正〕，〔酒正〕每月将当月的会计文书上报〔给小宰〕，由小宰加以评断，年终总结全年的会计文书〔上报给大宰加以评断〕。只有王和王后饮用的酒不结算。按照造酒的法式〔考核酒人造酒的好坏〕以决定赏罚。

二二、酒　人

1. 酒人掌为五齐、三酒〔1〕，祭祀则共奉之，以役世妇〔2〕。

【注释】

〔1〕五齐、三酒：参见《酒正》第2节注①、⑦。

〔2〕以役世妇：世妇，《天官》和《春官》皆有其官，且皆有掌祭祀的职责，故孙诒让以为此处的世妇实兼此二官而言。以役世妇，据本篇《叙官》，酒正有“奚（造酒的女奴）三百人”，当祭祀时，酒正命其以酒奉送于世妇处，并接受世妇的指使而为祭祀服务。

【译文】

酒人负责酿造五齐、三酒，祭祀时供给所需用的酒，〔并命前往送酒的女奚〕听从世妇指使。

2. 共宾客之礼酒、饮酒而奉之〔1〕。

【注释】

〔1〕共宾客之礼酒、饮酒而奉之：礼酒，指飨礼和燕礼所用酒；饮酒，指食礼所用酒。王如因故不能亲自为宾客举行飨礼、燕礼和食礼，就使人将酒送往宾客的馆舍，即此所谓礼酒、饮酒。奉之，谓由酒人送到酒正那里，再由酒正使士送到宾馆（参见《酒正》第4节注③）。

【译文】

把供应宾客所需的礼酒和饮酒送到酒正那里。

3. 凡事共酒而入于酒府[1]。凡祭祀共酒以往[2]。宾客之陈酒亦如之[3]。

【注释】

〔1〕凡事共酒而入于酒府：据郑《注》，凡事，谓王有燕饮之事。酒府，谓酒正下属之府(据本篇《叙官》，酒正有府二人)。酒人送酒于酒正之府，再由酒正供给王。

〔2〕凡祭祀共酒以往：凡祭祀，据郑《注》，是指小祭祀。共酒以往，是使人送酒于负责祭祀的官吏。

〔3〕宾客之陈酒：谓王馈赠宾客之酒，因陈列于宾客馆舍之堂，故曰陈酒。

【译文】

凡〔王〕有燕饮的事就供应酒而送到酒正的府那里。凡有小祭祀就〔派人〕送酒前往。馈赠宾客的酒也派人送去。

二三、浆　　人

1. 浆人掌共王之六饮：水、浆、醴、凉、医、酏[1]，入于酒府。

【注释】

〔1〕水、浆、醴、凉、医、酏：水，即清水。浆、医、酏，参见《酒正》第2节注⑫、⑬、⑭。醴，郑《注》曰："醴清也。"案醴清，即经过过滤的醴，亦即《酒正》"四饮之物"的"清"，参见彼第2节注⑪。凉，郑司农曰："以水和酒也。"

【译文】

浆人掌管供应王的六种饮料：水、浆、醴、凉、医、酏，送到酒正的府那里。

2. 共宾客之稍礼〔1〕。

【注释】

〔1〕稍礼：据郑《注》，是指宾客留居期间所供给的饮食，而“所给，亦六饮而已”。

【译文】

供给宾客〔留居期间〕所需的饮料。

3. 共夫人致饮于宾客之礼〔1〕：清醴、医、酏糟〔2〕，而奉之〔3〕。

【注释】

〔1〕共夫人致饮于宾客之礼：夫人，据贾《疏》，谓王之三夫人，其位在王后之下。致饮于宾客之礼，是说配合王向宾客致酒和王后向宾客致饮，夫人亦当向宾客行致饮之礼(参见《酒正》第4节注①、②)。

〔2〕清醴、医、酏糟：犹言或清、或糟之醴、医、酏。案醴、医、酏皆有泲或未泲之别，故有清糟之分。

〔3〕奉之：谓奉之酒正，即先送到酒正那里，再由酒正奉之于夫人。

【译文】

供给夫人向宾客行致饮礼所需的饮料：经过过滤的，或未经过滤的醴、医、酏，而送到〔酒正那里〕。

4. 凡饮共之〔1〕。

【注释】

〔1〕凡饮共之：据郑《注》，指凡不是在吃饭的时候所需的饮料。又王志长引庄渠魏氏曰："古者饮，皆煮米为之，以养生。"据此说，则此所谓饮，犹今所谓米汤也。

【译文】

凡所需的饮料都负责供给。

二四、凌　人

1. 凌人掌冰正〔1〕。岁十有二月〔2〕，令斩冰，三其凌〔3〕。

【注释】

〔1〕掌冰正：正，通"政"。郑《注》曰："故书'正'为'政'。"郑司农曰："掌冰政，主藏冰之政也。"案据下文，凌人不仅主藏冰，亦主出冰，郑司农说未该。

〔2〕岁：段玉裁《汉读考》曰："考《周礼》全书，……凡言岁者，皆谓夏正也。"

〔3〕三其凌：凌，谓冰窖。郑《注》又曰："三其凌，三倍其冰。"即谓所斩伐之冰当三倍于所需之数。这是因为冰虽藏于窖，入春也会逐渐融解，故当估计所用冰数，三倍而藏之。

【译文】

凌人掌管有关藏冰出冰的政令。夏历十二月，命令斩伐冰块，〔要斩伐〕三倍的数量而藏入冰窖。

2. 春始治鉴〔1〕。凡外、内饔之膳羞鉴焉〔2〕。凡酒、浆之酒、醴亦如之[3]。祭祀共冰鉴。宾客共冰[4]。大丧共夷槃冰[5]。

【注释】

〔1〕鉴:《说文》曰:“大盆也。”

〔2〕膳羞:牲肉和各种美味(参见膳夫第1节注①)。

〔3〕凡酒、浆之酒、醴亦如之:上酒谓酒人,浆谓浆人。据贾《疏》,下酒、醴分别指代酒人之三酒、五齐和浆人之六饮。

〔4〕宾客共冰:案对于宾客仅供冰而不供鉴,其原因,据郑《注》,是为了让宾客及时乘鲜食用,若供冰鉴,则有使宾客不即食之之嫌。

〔5〕夷槃:盛冰器。因是供寒尸所用,故名夷槃。郑《注》曰:“夷之言尸也。实冰于夷槃中,置之尸床之下,所以寒尸也。尸之槃曰夷槃。”

【译文】

春天开始检查盛冰的鉴。凡外饔、内饔的牲肉和美味都盛在冰鉴中〔以防腐〕。凡酒人的五齐、三酒和浆人的六饮也都盛在冰鉴中。祭祀时供给冰鉴〔以盛祭物〕。对于宾客则供给冰。王丧,供给〔寒尸的〕夷槃所需的冰。

3. 夏颁冰[1],掌事[2]。秋,刷[3]。

【注释】

〔1〕夏颁冰:郑《注》曰:“暑气盛,王以冰颁赐。”

〔2〕掌事:贾《疏》曰:“谓主此赐冰多少,合得不合得。”

〔3〕刷:郑司农曰:“刷除冰室,当更内(纳)新冰。”

【译文】

夏季〔王〕颁赐冰给臣下,就掌管颁赐的具体事宜。秋天,清除冰窖。

二五、笾　　人

1. 笾人掌四笾之食〔1〕。朝事之笾〔2〕，其实麷、蕡、白、黑、形盐、朊、鲍鱼、鱐〔3〕。馈食之笾〔4〕，其实枣、栗、桃、干䕩、榛实〔5〕。加笾之实〔6〕，菱、芡、栗、脯〔7〕，菱、芡、栗、脯。羞笾之实〔8〕，糗饵、粉糍〔9〕。

【注释】

〔1〕四笾：笾，《注》曰："笾，竹器如豆者，其容实皆四升。"（参见本篇《叙官》第24节注①）。四笾，祭祀时先后四次所进献的笾，即下文所谓朝事之笾、馈食之笾、加笾、羞笾。

〔2〕朝事之笾：是指宗庙祭祀在行朝事过程中所荐之笾，这是宗庙祭祀第一次所荐之笾。所谓朝事，郑《注》曰："谓祭宗庙荐血腥之事。"案周代祭祀用尸祭，祭祀正式开始前，要在室中先向尸行裸将礼，即酌郁鬯（一种香酒）献尸，尸受而灌少许于地，然后奠（把爵放下）而不饮，即所谓灌礼，亦即所谓"裸将"。王先献尸，王后继献（称为亚献）。王献尸后出室到庭中迎牲。王后亚献后亦出室。接着由祝官迎尸出室，面朝南立于堂的正中位，位前设有席。这时王后要在尸的席前进上八豆、八笾。王迎牲入庭后，即行杀牲，并向尸荐上牲血和生的牲肉，即所谓"荐血腥"。接着王和王后还要用玉爵酌醴齐献尸。从王出室迎牲，直到以醴齐献尸，这个过程所行之礼，就叫做朝事，而其间王后向尸席前所进的八笾，就是所谓朝事之笾。朝事是祭礼的正式开始，礼文中又称为朝践。

〔3〕麷、蕡、白、黑、形盐、朊、鲍鱼、鱐：麷，音 fēng，炒熟的麦。郑司农曰："熬麦曰麷。"蕡，音 fén，即麻子。白，炒熟的稻。郑司农曰："熬……稻曰白。"黑，炒熟的黍。郑司农曰："熬……黍曰黑。"形盐，一种形似虎的盐块。郑《注》曰："盐之似虎者。"朊，薄切的大肉片，这里是指生鱼片。郑《注》曰："腜生鱼为大脔。"案腜音 zhé，

《说文》曰:“薄切肉也。”脔即肉块。鲍鱼,用火烘干的鱼。郑《注》曰:“鲍者,于煏室中糗干之。”案煏和糗在此都是用火烘干的意思。鱐,本指干鱼,此处指干鱼块。即先将鱼解析成块而后干之。郑《注》曰:“鱐者,析干之。”案以上八物,分盛于八笾之中而进献于尸席前。

〔4〕馈食之笾:是指宗庙祭祀在行馈食礼时所荐之笾,这是宗庙祭祀第二次所荐之笾。案行朝事是荐血腥,荐血腥之后则当荐熟牲肉,还要荐上黍稷做的饭,即所谓馈食礼。郑《注》曰:“馈食,荐熟也。”在牲肉和黍稷煮熟而尚未荐上的时候,王后先荐笾,即所谓馈食之笾。

〔5〕干䕩、榛实:干䕩(lǎo),郑《注》曰:“干梅也。”榛实,榛树的果实,郑《注》曰:“似栗而小。”

〔6〕加笾:是指向尸进加爵时所荐之笾。案王的宗庙祭礼,从向尸行祼将礼开始(参见上注②),一直到行馈食礼而尸吃饭毕(尸先后要吃十五口饭),要由王、王后和宾先后九次向尸献酒,叫做九献之礼(详《春官·司尊彝》第2节诸注)。九献又称正献。正献之后,参加祭祀的诸臣再向尸献酒,就叫做加爵。在行加爵时向尸进的笾,就叫做加笾。又案加笾是由内宗进上的,故《春官·内宗》云:“掌宗庙之祭祀,荐加豆、笾。”

〔7〕芡、栗、脯:芡,音 qiàn,俗称鸡头米。案下文重言“菱、芡、栗、脯”,郑《注》曰:“重言之者,以四物为八笾。”是此四物每物各盛二笾。

〔8〕羞笾:羞,进也。据孙诒让说,这是在进加爵前所进之笾。

〔9〕糗饵、粉糍:糗,音 qiǔ,在此指炒熟的大豆所捣成的粉。饵,是用稻米粉和黍米粉合蒸的饼。因饵有粘性,需着豆粉以防其粘,故称糗饵。粉糍,即糯米粉做的饼,今俗称糍巴,为防其粘,亦需着豆粉,故称粉糍。

【译文】

笾人掌管〔宗庙祭祀时〕四次用笾进献的食物。行朝事礼时所进献的笾,盛的食物是炒熟的麦、麻子、炒熟的稻米、炒熟的黍米、虎形的盐块、大块的生鱼片、烘干的鱼、干鱼块。行馈食礼时所进献的笾,盛的食物是枣、栗子、桃、干梅、榛食。进献加笾所盛的食物是菱角、鸡头米、栗子、肉脯,〔再加上四笾〕菱角、鸡头米、栗子、肉脯。进献羞笾所盛的食物是糗饵、粉糍。

2. 凡祭祀，共其笾荐羞之实[1]。丧事及宾客之事，共其荐笾羞笾。

【注释】

〔1〕荐羞：郑《注》曰："皆进也。未食未饮曰荐，既食既饮曰羞。"(参见《腊人》第2节注①)。

【译文】

凡举行祭祀，供给需用笾进献的食物。有丧事以及燕享宾客的事，供给需用笾进献的食物。

3. 为王及后、世子，共其内羞[1]。

【注释】

〔1〕内羞：即郑《注》所谓"房中之羞。"亦即盛于笾而预先陈放在房中的食物。

【译文】

为王及王后、太子，供给陈放在房中的食物。

4. 凡笾事掌之。

【译文】

凡有关笾的事都由笾人掌管。

二六、醢　人

1. 醢人掌四豆之实[1]。朝事之豆[2]，其实韭菹、醓醢、昌本、麋臡、菁菹、鹿臡、茆菹、麇臡[3]。馈食之豆[4]，其实葵菹、蠃醢、脾析、蠯醢、蜃、蚳醢、豚拍、鱼醢[5]。加豆之食[6]，芹菹、兔醢、深蒲、醓醢、箈菹、雁醢、笋菹、鱼醢[7]。羞豆之实[8]，酏食、糁食[9]。

【注释】

〔1〕醢人掌四豆之实：案醢人所掌的四豆，与笾人所掌的四笾，是同时而设。贾《疏》曰："豆与笾并设，节数与四笾同时，亦谓朝事、馈食、加豆、羞豆之食是也。"

〔2〕朝事：参见《笾人》第1节注②。

〔3〕韭菹、醓醢、昌本、麋臡、菁菹、鹿臡、茆菹、麇臡：韭菹，菹，音zū，是一种用醋酱腌渍成的菜(参见第3节注③)。韭菹，即用醋酱腌渍的韭菜。醓醢，醓，音tǎn，郑《注》曰："肉汁也。"醢是肉酱。醓醢则是一种多汁的肉酱。《释名·释饮食》曰："醢多汁者曰醓。"昌本，即菖蒲根，这里是指用菖蒲根做成的菹。郑《注》曰："菖蒲根切之四寸为菹。"麋臡，麋，谓麋鹿肉；臡，音ní，郑《注》曰："亦醢也。"又引或曰："麋臡，酱也。有骨为臡，无骨为醢。"据此，麋臡是指用带骨的麋鹿肉做成的酱。菁菹，郑《注》曰："菁，蔓菁也。"菁菹即用蔓菁做成的菹。鹿臡，用带骨的鹿肉做成的酱。茆，音mǎo，一种水生的野菜，江南人谓之莼菜，或谓之水葵。茆菹，即用茆做的菹。麇臡，麇，音jūn，同麏，即獐。麇臡即用带骨的獐肉做的酱。

〔4〕馈食：参见《笾人》第1节注④。

〔5〕葵菹、蠃醢、脾析、蠯醢、蜃、蚳醢、豚拍、鱼醢：葵，菜名，据金鹗考证，葵菜有多种，此处当指秋葵，其叶如鸭掌，嫩时食之尤佳。蠃，即蜗牛。脾析，郑司农曰："牛百叶也。"牛百叶即牛胃，今俗所谓牛肚。蠯，即蛤。蜃，大蛤。蚳，蚁卵。豚拍，郑《注》曰："郑大夫、杜子春皆读'拍'为'膊'，谓胁也。"豚拍，指小猪两胁处的肉。

〔6〕加豆：向尸进加爵时所进献的豆。加爵，参见《笾人》第1节注⑥。

〔7〕芹菹、兔醢、深蒲、醓醢、箈菹、雁醢、笋菹、鱼醢：芹，此指一种水生的芹菜。深蒲，蒲初生时的嫩叶。醓醢，参见注②。箈，音

tái，一种小竹的竹笋。

〔8〕羞豆：是指正献之后，进加爵之前所进的豆（参见《笾人》第1节注⑧）。

〔9〕酏食、糁食：酏食，据郑《注》说，同于《礼记·内则》所谓酏，是一种稻米做的稀粥。其做法，取稻米，用水淘洗，将狼胸臆间的膏脂切成小块，用来和稻米煮成稀粥即成。糁食，据郑《注》说，同于《内则》所谓糁，是一种煎饼。其做法，取牛、羊、豕的肉，切成小块，再与稻米搀和，搀和时按稻米二、肉一的比例，搀和后做成饼，再煎熟即成。案酏食与糁食仅二豆，与前三献皆为八豆异。

【译文】

醢人掌管〔宗庙祭祀时〕四次用豆进献的食物。行朝事礼时所进献的豆，盛的食物是韭菜做的菹、多汁的肉酱、菖蒲根做的菹、带骨的麋鹿肉做的酱、蔓菁做的菹、带骨的鹿肉做的酱、凫葵做的菹、带骨的獐肉做的酱。行馈食礼时所进献的豆，盛的食物是葵菜做的菹、蜗牛肉酱、牛肚、蛤肉酱、大蛤肉酱、蚁卵酱、小猪两胁的肉、鱼肉酱。进献加豆所盛的食物是水芹菜做的菹、兔肉酱、嫩蒲叶做的菹、多汁的肉酱、小竹笋做的菹、鹅肉酱、竹笋做的菹、鱼肉酱。进献羞豆所盛的食物是酏食、糁食。

2. 凡祭祀，共荐羞之豆实。宾客、丧纪亦如之。

【译文】

凡举行祭祀，供给需用豆进献的食物。款待宾客及丧事，也供给需用豆进献的食物。

3. 为王及后、世子，共其内羞〔1〕。王举则共醢六十罋〔2〕，以五齐、七醢、七菹、三臡实之〔3〕。

【注释】

〔1〕内羞：参见《笾人》第3节注①。

〔2〕举：谓杀牲盛馔（参见《膳夫》第3节注①）。

〔3〕五齐、七醢、七菹、三臡：郑《注》曰："齐，当为齑。五齑，昌本、脾析、蜃、豚拍、深蒲也。"案齑的做法与菹同，亦以醋酱腌渍而成，不过将菜、肉切成细碎状。郑《注》曰："凡醯酱所和，细切为齑，全物若（或）牒（切成薄片状）为菹。"郑《注》又曰："七醢，醓、蠃、蠯、蚳、鱼、兔、雁醢。七菹，韭、菁、茆、葵、芹、箈、笋菹。三臡，麋、鹿、麇臡也。"

【译文】

为王及王后、太子，供给陈放在房中的食物。王杀牲盛馔，就供给六十瓮，用五种齑类、七种酱类、七种菹类、三种臡类盛在里边。

4. 宾客之礼，共醢五十瓮[1]。

【注释】

〔1〕宾客之礼，共醢五十瓮：贾《疏》曰："宾客，谓五等诸侯来朝也。天子致饔饩。"案致饔饩是指天子派人到宾客的馆舍向他们赠送牲肉及活牲（参见《宰夫》第7节注①），以及酱类和其他多种食物之礼（详《仪礼·聘礼》）。

【译文】

接待宾客〔行致饔饩〕之礼时，供给酱类五十瓮。

5. 凡事共醢。

【译文】

凡有事需用酱类就负责供给。

二七、醯　人

1. 醯人掌共五齐、七菹，凡醯物[1]，以共祭祀之齐、菹。凡醯、酱之物[2]。宾客亦如之。

【注释】

〔1〕“醯人”至“醯物”：齐，亦当作“齑”。五齑、七菹，参见《醢人》第3节注③。据郑《注》，五齑、七菹皆需醯调和以成味，故醯人掌之。

〔2〕醯、酱：贾《疏》曰：“醯人连言酱者，并豆酱亦掌。”案醯指和醯的齑、菹，豆酱指盛于豆而未用醯调和的醢。醯即今之醋。

【译文】

醯人掌管五齑、七菹等，凡用醯调和的食物，以供给祭祀所需的齑、菹。凡所需调和醯的齑、菹以及未调和醯的酱类〔都负责供给〕。款待宾客也这样。

2. 王举，则共齐、菹醯物六十瓮。共后及世子之酱、齐、菹。

【译文】

王杀牲盛馔，就供给用醯调和的齑、菹六十瓮。供给王后和太子所需的酱类，以及〔用醯调和的〕齑、菹。

3. 宾客之礼，共醯五十瓮[1]。

【注释】

〔1〕宾客之礼，共醯五十甕：参见《醢人》第4节注①。

【译文】

接待宾客〔行致饔饩〕之礼，供给醯物五十甕。

4. 凡事共醯。

【译文】

凡有事需用醯物就负责供给。

二八、盐　　人

1. 盐人掌盐之政令，以共百事之盐。

【译文】

盐人掌管有关盐的政令，以供各种事情所需用的盐。

2. 祭祀共其苦盐、散盐〔1〕。宾客共其形盐〔2〕、散盐。王之膳羞共饴盐〔3〕，后及世子亦如之。凡齐事〔4〕，煮盬以待戒令〔5〕。

【注释】

〔1〕苦盐、散盐：苦盐，盐池所出，不经煎煮者，味特咸苦。散盐，郑《注》曰："鬻(煮)水为盐。"案散盐的咸度次于苦盐。孙诒让说，"散"就是次一等的意思。

〔2〕形盐：形似虎的盐块。

〔3〕饴盐：郑《注》曰："盐之恬（甜）者。"官献瑶曰："饴盐出于池，以风成者，味甘，今河西一带有之。"吕飞鹏曰："《淳州记》有青盐池，出盐正方，半寸，其形似石，甚甜美。"

〔4〕齐事：据郑《注》，谓调和五味之事。

〔5〕煮盬：盬，音 gǔ，泛指出盐之地，又引申指凡未经煎治之盐。吕飞鹏曰："盐出盐池，凡出盐之所皆得称盬，故未煎之盐亦称盐。"煮盬，郑《注》曰："湅治之。"

【译文】

祭祀时供给所需的苦盐、散盐。款待宾客时供给所需的形盐、散盐。为王烹制膳食佳肴共给饴盐，为王后和太子〔烹制食品〕也这样。凡调和食品的事，煮盐以待命。

二九、幂　　人

1. 幂人掌共巾幂[1]。

【注释】

〔1〕巾幂：幂，谓以巾覆物。古代酒器或食器上皆有布巾或葛巾覆盖，即所谓巾幂。

【译文】

幂人负责供给覆盖器物所需的巾。

2. 祭祀以疏布巾幂八尊[1]，以画布巾幂六彝[2]。

【注释】

〔1〕祭祀以疏布巾幂八尊：这是指祭祀天地时。郑《注》曰："以疏

布者，天地之神尚质。”八尊，据贾《疏》说，五齐三酒(参见《酒正》第2节)各盛一尊。

〔2〕以画布巾幂六彝：这是指祭祀宗庙时。据郑《注》，宗庙尚文饰，故用画布，所画的图案，盖为云气之类。彝，盛酒器。据贾《疏》，六彝皆用以盛郁鬯。

【译文】

祭祀时用粗疏的布巾覆盖八尊，用画有花纹的布巾覆盖六彝。

3. 凡王巾皆黼[1]。

【注释】

〔1〕凡王巾皆黼：王巾，是为王覆盖饮食物之巾。黼，一种黑白相间的花纹。

【译文】

凡为王覆盖饮食的巾都带有黼纹。

三〇、宫　　人

1. 宫人掌王之六寝之修[1]，为其井匽[2]，除其不蠲[3]，去其恶臭。

【注释】

〔1〕六寝：郑《注》曰：“路寝一，小寝五。”案路寝又叫正寝，又叫大寝，是处理政事的宫室。小寝又叫燕寝，是闲暇休息时所居的宫室。

〔2〕井匽：据孙诒让说，是指在隐蔽处设的厕所。

〔3〕蠲：音义皆同“涓”，郑《注》曰：“犹洁也。”

【译文】

宫人掌管王的六寝的清扫整理，在隐蔽处修建厕所，清除厕所中的污秽，消除它的恶臭。

2. 共王之沐浴。

【译文】

供给王洗头洗澡所需。

3. 凡寝中之事，埽除、执烛、共炉炭，凡劳事〔1〕。四方之舍事亦如之〔2〕。

【注释】

〔1〕劳事：郑《注》曰："劳亵之事。"

〔2〕四方之舍：郑《注》曰："从王适四方及会同所舍。"

【译文】

凡六寝中的杂事，如扫除、〔天黑〕执掌火把、〔冬天〕供给炉炭，凡属脏累的活都负责干。王有事外出时的行宫中的杂事也同样负责干。

三一、掌　舍

1. 掌舍掌王之会同之舍〔1〕。设梐枑再重〔2〕。设车宫，辕门〔3〕。为坛，壝宫，棘门〔4〕。为帷宫，设旌门。无宫则共人门〔5〕。

【注释】

〔1〕会同：皆谓在外与诸侯相会，参见《春官·大宗伯》第 6 节及其注③、④。

〔2〕梐枑：音 bì hù，是用树木相交叉做成的置于官署前以遮拦行人的设施，又叫行马，亦名闲。

〔3〕车宫，辕门：用车相连周匝当作围墙，即所谓车宫；用相对仰起的车辕作为宫门即所谓辕门。

〔4〕壝宫，棘门：壝，音 wěi，筑土为矮墙，围成一周以象宫，故曰壝宫。棘，通"戟"。棘门，郑司农曰："以戟为门。"

〔5〕无宫则共人门：据郑《注》，这是指王行途中，或与诸侯相遇，或暂驻游观，就不为宫垣，只在周围立人以为卫，而在当门处立身材高大者以象门，即所谓人门。

【译文】

掌舍负责王外出会同时的宫舍。设置两重梐枑作为防禁。〔如果停宿在险阻处就〕用车围成一圈以象宫，用相对仰起的车辕以象宫门。〔如果停宿在平地就〕筑土坛，并筑矮墙以象宫，树立双戟以象宫门。〔如果白天在途中暂息就〕用帷帐围宫，设置旌旗以象宫门。〔如果途中临时停留〕不设宫，就选择人站立两边以象门。

2. 凡舍事则掌之。

【译文】

凡〔王外出〕有关宫舍的事都负责掌管。

三二、幕　　人

1. 幕人掌帷、幕、幄、帟、绶之事〔1〕。

【注释】

〔1〕帷、幕、幄、帟、绶：张在四周的叫做帷，张在帷上的叫做幕，帷幕相合若今帐篷。据郑《注》，帷幕是用布做的。幄，似帐，张于帷幕之中。帟，音 yì，郑司农谓之“平帐”，盖平张于王座之上，以遮蔽灰尘，故又名承尘。据郑《注》，幄、帟都是用缯做的。绶，是丝带，是用来系连帷、幕、幄、帟的。据郑《注》，以上诸物，都是王外出时行宫中所用。

【译文】

幕人掌管有关帷、幕、幄、帟和绶带的事。

2. 凡朝觐、会同、军旅、田役、祭祀，共其帷、幕、幄、帟、绶。大丧共帷、幕、帟、绶。三公及卿大夫之丧，共其帟。

【译文】

凡有诸侯朝见王、王出外与诸侯会同、征伐、田猎、祭祀等事，供给所需的帷、幕、幄、帟和绶带。有大丧，供给所需的帷、幕、帟和绶带。有三公及卿大夫的丧事，供给所需的帟。

三三、掌　次

1. 掌次掌王次之法[1]，以待张事。

【注释】

〔1〕王次之法：次，即舍，谓王外出止息处。法，王应电曰：“大小丈尺，及张时节度。”

【译文】

掌次掌管有关王次舍的法度，以待〔王外出时〕张设。

2. 王大旅上帝[1]，则张毡案[2]，设皇邸[3]。朝日[4]，祀五帝[5]，则张大次、小次[6]，设重帟、重案[7]。合诸侯亦如之[8]。师、田则张幕[9]，设重帟、重案。

【注释】

〔1〕大旅：郑《注》曰："国有故而祭曰旅。"孙诒让曰："凡言旅者，并指非常之祭而言。"大旅，旅祭之隆者。

〔2〕毡案：毡，是"毡"的异体字，毡案在此指床。郑《注》曰："以毡为床于幄中。"

〔3〕皇邸：邸，郑司农释为后版，郑《注》疑后版即屏风，置于床后。皇，谓染羽毛像凤凰羽毛的色彩而饰于邸上。

〔4〕朝日：即行拜日礼。郑《注》曰："春分拜日于东门之外。"

〔5〕五帝：即五方帝，又称五色帝(参见《大宰》第14节注①)。

〔6〕大次、小次：郑《注》曰："次谓幄也。大幄，初往所止居也。小幄，既接祭退俟之处。"郑《注》又解释退俟之义说，周人祭祀，从早晨一直祭到晚上，虽强有力的人，也难以支持，因此王与诸臣交替行祭礼，王休息时就退俟于小幄之中。

〔7〕重帟、重案：郑《注》曰："重帟，复帟。重案，床重席也。"

〔8〕亦如之：谓亦如朝日、祀五帝那样，为王张大次、小次，设重帟、重案。

〔9〕师、田则张幕：据贾《疏》，师谓军旅，田谓田役。张幕，贾《疏》曰："不言帷者，亦有可知。"

【译文】

王举行大旅祭祭祀上帝，就〔在幄中〕为王张设铺有毛毡的床，〔床后边〕设置装饰有如同凤凰羽毛的屏风。行拜日礼，祭祀五帝，就为王张设大幄、小幄，〔幄中〕张设两重帟，床上铺两重席。王与诸侯会同，也这样为王张设。征伐、田猎，就为王张设帷幕，张设两重帟，床上铺两重席。

3. 诸侯朝觐，会同，则张大次、小次〔1〕。师、田则张幕，设案。

【注释】

〔1〕大次、小次：郑《注》曰："大次，亦初往所止居。小次，即宫待事之处。"案待事，据贾《疏》，谓诸侯待王答复。

【译文】

诸侯朝见王，或与王会同，就为他们张设大幄、小幄。〔诸侯跟从王〕征伐、田猎，就为他们张设帷幕，铺设床。

4. 孤、卿有邦事〔1〕，则张幕，设案。

【注释】

〔1〕孤、卿有邦事：孤，据王引之说，是六卿之一，是六卿中秉国政者，其位独尊，故称孤。有邦事，据郑《注》说，是指有事随王外出，如随王祭祀、征伐、田猎、会同等。

【译文】

孤、卿有国事〔随王外出〕，就为他们张设帷幕，铺设床。

5. 凡丧，王则张帟三重〔1〕，诸侯再重，孤、卿、大夫不重。凡祭祀，张其旅幕〔2〕，张尸次〔3〕。射则张耦次〔4〕。

【注释】

〔1〕张帟：据郑《注》，是张设在棺柩上遮蔽尘土用的。

〔2〕旅幕：据郑《注》，旅，众也，指参加祭祀的公卿以下众人，为之张大幕以容之。

〔3〕尸次：次亦谓幄。郑《注》曰："尸则有幄。"据郑司农说，这是为尸设的更衣帐。

〔4〕张耦次：耦，谓射耦。案射箭比赛是两人配成一对作为比赛对手，叫做耦。众耦射前皆待于次中，故需为之张次。

【译文】

凡丧事，是王〔的棺柩〕就张设三重帟，诸侯的就张设两重帟，孤、卿、大夫的就张设单帟。凡祭祀，为群臣张设大幕，为尸张设幄。举行射箭比赛，就为众耦张设次。

6. 掌凡邦之张事。

【译文】

掌管王国中一切需要张设〔帷、幕、幄、帟等〕的事。

三四、大　府

1. 大府掌九贡、九赋、九功之贰〔1〕，以受其货贿之入〔2〕，颁其货于受藏之府，颁其贿于受用之府〔3〕。

【注释】

〔1〕九贡、九赋、九功之贰：九贡，是诸侯国进奉天子的贡献物（参见《大宰》第9节）。九赋，是王畿内的地税（参见同上第7节）。九功，郑《注》曰："谓九职也。"（参见同上第6节）。据孙诒让说，九功在此

指“万民职事之征”，亦即今所谓从业税。案以上三者皆由大宰掌管，而大府为其副手，故言“贰”。

〔2〕货贿：泛指财物。若分别言之，贾《疏》曰：“金玉曰货，布帛曰贿。”

〔3〕颁其货于受藏之府，颁其贿于受用之府：这两句乃互文。郑《注》曰：“凡货贿皆藏以给用耳。……或言受藏，或言受用，又杂言货贿，皆互文。”

【译文】

大府负责协助大宰掌管九贡、九赋、九功，以收取交纳的财物，并把财物分拨给负责收藏以待用的各府。

2. 凡官府、都鄙之吏[1]，及执事者[2]，受财用焉。

【注释】

〔1〕官府、都鄙：官府，贾《疏》曰：“谓王朝三百六十官。”都鄙，谓王畿内的采邑(参见《大宰》第3节注①)。

〔2〕执事者：孙诒让曰：“非其专职，暂来治事者。”

【译文】

凡王朝各官府和王畿内采邑的官吏，以及暂时执行某项任务的官吏，都可〔按照规定来大府〕领取所需财物。

3. 凡颁财，以式法授之。关市之赋[1]，以待王之膳服。邦中之赋，以待宾客。四郊之赋，以待稍秣。家削之赋，以待匪颁。邦甸之赋，以待工事。邦县之赋，以待币帛。邦都之赋，以待祭祀。山泽之赋，以待丧纪，币余之赋，以待赐予。凡邦国之贡，以待吊用。凡万民之贡，以充府库。凡式贡之余财[2]，以共玩好之用。凡邦之赋用[3]，取具焉。

【注释】

〔1〕关市之赋：案自此以下至“凡万民之贡，以充府库”，详可参见《大宰》第6、7、8、9节及其注。其中：待，郑《注》曰：“犹给也。”稍秣，郑《注》曰：“即刍秣也。”丧纪，据郑《注》，在此指“丧荒”。

〔2〕式贡之余财：贾《疏》曰：“式谓九赋，贡谓九贡及万民之贡。”据郑《注》，式、贡为互文，在此实泛指各种赋税收入。余财，孙诒让曰：“此亦即币余之财。”

〔3〕赋用：郑《注》曰：“用赋。”孙诒让曰：“用赋犹言用财。”

【译文】

凡分拨财物，都按照制度授给。关市的赋税，供给王的膳食和衣服所用。王都中的赋税，供给接待宾客所用。〔距王都百里的〕四郊的赋税，供给饲养牛马草料所用。〔距王都二百里至三百里的〕家削的赋税，供给颁赐群臣所用。〔距王都百里至二百里的〕邦甸的赋税，供给工匠制作所用。〔距王都三百里至四百里的〕邦县的赋税，供给行聘问礼所用。〔距王都四百里至五百里的〕邦都的赋税，供给祭祀所用。山泽的赋税，供给死丧或灾荒所用。给公用的剩余财物，供给王闲暇时与诸侯和臣下结恩好而赐予所用。凡诸侯国贡献的财物，供给吊唁诸侯之丧所用。凡向万民征收的赋税，用以充实府库。凡赋税收入开支后的余财，用以供王的玩好所用。凡王国所用财物，都可以从大府领取。

4. 岁终，则以货贿之入出会之。

【译文】

〔夏历〕年终，就总计一年财物的收支〔而上报大宰〕。

三五、玉　　府

1. 玉府掌王之金玉、玩好、兵器[1]，凡良货贿之藏。

【注释】

〔1〕兵器：兵与器为二物，兵犹今言兵器，器则谓车乘和礼乐器。

【译文】

玉府负责王的金玉、玩好、兵器和车乘礼乐之器，及一切珍贵物品的收藏。

2. 共王之服玉、佩玉、珠玉[1]。王齐，则共食玉[2]。大丧，共含玉、复衣裳、角枕、角柶[3]。

【注释】

〔1〕服玉、佩玉、珠玉：服玉，谓凡装饰衣冠以及簪发、填耳所用的玉。佩玉，身上所佩带的玉。珠玉，孙诒让曰："小玉圆好如珠者。"

〔2〕食玉：曾钊以为是斋戒盛馔所供饰有玉的食器，如玉饰的簋、敦等。

〔3〕含玉、复衣裳、角枕、角柶：含玉，贾《疏》曰："璧形而小，以为口实。"（参见《大宰》第16节注②）。复衣裳，为死者招魂所用的衣裳。角枕，角饰的枕，用以枕尸。角柶，角质的柶，为楔齿所用。楔齿即以柶楔入死者齿间，这是为向死者行饭含礼做准备。人死口紧闭，不便饭含，故需楔齿。柶的形制，略似马蹄铁。

【译文】

〔平日〕供给王所需的服玉、佩玉、珠玉。王斋戒时，就供给食玉。王的丧事，供给含玉、招魂衣、角枕、角柶。

3. 掌王之燕衣服、衽席、床笫[1]，凡亵器[2]。

【注释】

〔1〕燕衣服、衽席、床笫：据郑《注》，巾、被、睡衣、内衣等，通谓之燕衣服。贾《疏》曰："衽席者，亦燕寝中卧席。床笫(zǐ)者，谓燕寝中床箦也。"案床箦在此实通指床。《方言》卷五曰："床，齐鲁之间谓之箦，陈楚之间或谓之笫。"

〔2〕亵器：即便溺器。

【译文】

掌管王燕寝中所用的衣被、卧席、床铺，以及便溺之器。

4. 若合诸侯，则共珠槃、玉敦[1]。

【注释】

〔1〕珠槃、玉敦：谓饰有珠玉的槃、敦。案这是王与诸侯盟誓时所用。郑《注》曰："合诸侯，必割牛耳，取其血，歃之以盟，珠槃以盛牛耳。"王昭禹曰："玉敦以盛血。"

【译文】

如果会合诸侯，就供给〔盟誓所需用的〕珠槃、玉敦。

5. 凡王之献金玉、兵器、文织[1]、良货贿之物，受而藏之。

【注释】

〔1〕文织：郑《注》曰："画及绣锦。"孙诒让曰："盖大夫以上服皆

染丝织之，织成文则为锦，织成缦缯而画之则为文，刺之则为绣。”案缦缯，是一种没有文采的帛。

【译文】

凡献给王的金玉、兵器和车乘礼乐之器、绘画的帛和刺绣的锦，以及其他珍贵的物品，都负责接受而收藏。

6. 凡王之好赐，共其货贿。

【译文】

凡王喜欢〔某臣〕而加赏赐，就供给赏赐的财物。

三六、内　　府

1. 内府掌受九贡、九赋、九功之货贿、良兵良器〔1〕，以待邦之大用〔2〕。凡四方之币献之金玉〔3〕、齿革、兵器，凡良货贿入焉〔4〕。

【注释】

〔1〕“内府”至“良器”：九贡、九赋、九功，参见《大府》第1节注①。案《大府》云掌九贡以下“货贿之入，颁其货于受藏之府”（见彼第1节），而此云“受九贡”以下，则内府正所谓“受藏之府”。是可见此内府所受以待用者，正从大府分拨而来。良兵良器，贾《疏》曰：“良兵，谓弓矢殳矛戈戟五兵之良者。良器，谓车乘及礼乐器之善者。”

〔2〕大用：郑《注》曰：“朝覲之班赐。”即天子颁赐来朝诸侯之所用。

〔3〕币献：即《大宰》所谓玉币、玉献（参见彼第15节）。

〔4〕良货贿：郑《注》曰：“诸侯朝聘所献国珍。”

【译文】

内府负责接受〔由大府分拨来的〕九贡、九赋、九功所交纳的财物、优良的兵器和优良的车乘礼乐之器，以供给王国中大事所用。凡四方诸侯〔朝见王〕所进献的玉币珍异和金玉、兽齿皮革、兵器和车乘礼乐之器等，以及一切珍贵的物品，都藏入内府。

2. 凡适四方使者，共其所受之物而奉之。

【译文】

凡出使四方诸侯国的使者，供给他们所当领受的财物而送给他们。

3. 凡王及冢宰之好赐予，则共之。

【译文】

凡王和冢宰喜欢〔某臣〕而加赏赐，就供给赏赐的财物。

三七、外　府

1. 外府掌邦布之入出〔1〕，以共百物，而待邦之用凡有法者〔2〕。

【注释】

〔1〕布：郑《注》曰："泉也。"泉即钱币。

〔2〕邦之用：据郑《注》，谓百官之公用。

【译文】

外府掌管王国钱币的收支，以供〔购取〕各种物品，并供给王国〔官府〕合法的公用开支。

2. 共王及后、世子之衣服之用。凡祭祀、宾客、丧纪、会同、军旅，共其财用之币赍[1]、赐予之财用。

【注释】

〔1〕币赍：郑《注》曰：“行道之财用也。”

【译文】

供给王和王后、太子穿衣的开支。凡祭祀、招待宾客、丧事、会同、出兵征伐，供给所需赍带的财物费用，以及行赏赐所需的财物费用。

3. 凡邦之小用，皆受焉。

【译文】

凡王国小事的开支，都到外府来领受。

4. 岁终则会。唯王及后之服不会。

【译文】

〔夏历〕年终就做收支总计。只有王和王后的穿衣费用不计算。

三八、司　　会

1. 司会掌邦之六典、八法、八则之贰[1]，以逆邦国[2]、都鄙官府之治。

【注释】

〔1〕六典、八法、八则之贰：六典、八法、八则，分别参见《大宰》第1、2、3节。贰，谓副本。

〔2〕逆：郑《注》曰："逆(迎)受而钩考之。"

【译文】

司会掌管王国六典、八法、八则的副本，以接受天下各国和畿内采邑各官府呈报的政绩〔而加以考核〕。

2. 以九贡之法，致邦国之财用[1]。以九赋之法，令田野之财用[2]。以九功之法，令民职之财用[3]。以九式之法，均节邦之财用[4]。

【注释】

〔1〕以九贡之法，致邦国之财用：参见《大宰》第9节注①。

〔2〕以九赋之法，令田野之财用：参见同上第7节。

〔3〕以九功之法，令民职之财用：九功，即九职(参见同上第6节)。

〔4〕以九式之法，均节邦之财用：参见同上第8节注①。

【译文】

按照九种贡法，收取诸侯国的财物。按照九种赋税法，命令征收出于〔王畿〕的地税。按照九种职业的征税法，命令征收民众的从业税。用九种法则，调节王国的财物开支。

3. 掌国之官府、郊、野、县、都之百物财用凡在书契版图者之贰[1]，以逆群吏之治，而听其会计。以参互考日成[2]，以月要考月成[3]，以岁会考岁成。以周知四国之治，以诏王及冢宰废置。

【注释】

〔1〕“掌国”至“之贰”：据郑《注》，郊谓四郊，距国都百里。野，包括甸和稍，甸即邦甸，距国都二百里；稍即家削，距国都三百里。县即邦县，距国都四百里。都即邦都，距国都五百里（参见《大宰》第7节）。书契，郑《注》曰：“书谓薄书。契，其最凡也。”案最凡就是要目或提要，是薄书的一部分。薄书即今所谓账册。郑《注》又曰：“版，户籍也。图，土地形象，田地广狭。”据孙诒让说，书契版图由官府之长，以及郊、野、县、都之吏，各分执其正本，司会掌其副本，以备考核。

〔2〕以参互考日成：参互，郑《注》曰：“谓司书之要贰，与职内之入，职岁之出。”案司书掌管官吏征收赋税记录的副本，即所谓“要贰”（参见《司书》第3节）；职内掌管王邦的赋税收入（参见《职内》第1节），职岁掌管王邦的财物支出（参见《职岁》第1节），也各有记录，司会则参照这三官的记录用于考核。日成，日谓十日；成谓官成，即官府办事的文书记录，贾《疏》谓之“成事文书”（下文二“成”字义同此）。

〔3〕月要：与下文“岁会”，分别指月结算和年终总结算之会计文书。

【译文】

掌管王国各官府以及郊、野、县、都记载各种财物开支的账册和户籍地图的副本，据以接受各级官吏呈报的政绩而加考核，评断他们的会计文书。相互参照〔司书、职内和职岁三官的记录〕以考核十日的办事文书记录，用月结算的会计文书考核当月的办事文书记录，用年终结算的会计文书考核全年的办事文书记录。全面了解各诸侯国的治理情况，以协助王和冢宰决定对他们的惩罚和奖励。

三九、司　　书

1. 司书掌邦之六典、八法、八则、九职、九正、九事[1]，邦中之版，土地之图，以周知入出百物，以叙其财[2]，受其币，使入于职币[3]。凡上之用财用，必考于司会[4]。

【注释】

〔1〕“司书”至“九事”：六典、八法、八则、九职，分别参见《大宰》第1、2、3、6节。据郑《注》，九正，谓九赋、九贡；九事，谓九式。分别参见《大宰》第7、9、8节。案司书所掌，乃以上六事之文书，以备考核。

〔2〕叙其财：郑《注》曰：“叙犹比次也，谓钩考其财币所给，及其余见（即现所节余），为之薄书。”这是说，考核各官府财物的开支情况，及所节余的财物，而依次载之薄书。案负责考核的是司会，而司书提供考核的文书并记录考核的结果。

〔3〕受其币，使入于职币：上“币”，谓余财。贾《疏》曰：“百官所用余财，送来与司书，司书受其币，使入于职币之官，不入本府。”案职币掌余财，见《职币》第1节。

〔4〕凡上之用财用，必考于司会：案上句两“用”字，文不成义，据王引之校，下“用”字为衍文。刘沅曰：“上谓王、后、世子、冢宰。王及后、世子不会矣，而兹又必考于司会者，盖至尊用财不斥计其多寡，而其数则亦必书以计之，无滥与也。”

【译文】

司书掌管有关王国的六典、八法、八则、九职、九赋、九贡、九式〔的文书〕，以及王国中的户籍，土地的地图，以全面了解各种财物的收支情况，〔经考核后〕依次记载各种财物的使用情况，接受各官府的余财，交到职币那里。凡王和冢宰所用财物，也必经司会考核〔而后记载〕。

2. 三岁则大计群吏之治[1]，以知民之财[2]、器械之数，以知田野、夫家、六畜之数，以知山林、川泽之数，以逆群吏之征令[3]。

【注释】

〔1〕大计群吏之治：孙诒让曰："亦赞大宰治官计也。"官计，参见《大宰》第2节注⑪。

〔2〕财：据王引之校，下脱"用"字。

〔3〕以逆群吏之征令：贾《疏》曰："逆谓钩考也。"征令，据孙诒让说，谓征役、征赋之令。

【译文】

三年〔协助大宰〕对各级官吏的政绩进行一次大考核，以了解民众的财物、农具和兵器的数目，以了解田地、各家的劳动力和牛马等牲畜的数目，以了解山林和川泽的数目，以考察各级官吏的征敛命令〔是否合理〕。

3. 凡税斂，掌事者受法焉[1]，及事成，则入要贰焉[2]。

【注释】

〔1〕法：郑《注》曰："犹数也，应当税者之数。"

〔2〕入要贰焉：贾《疏》曰："谓写一通副贰文书，名为要，入司书。"

【译文】

凡征收赋税，主管官吏从司书那里接受所当征收之数，到征收完毕，就将征税记录的副本交给司书。

4. 凡邦治，考焉。

【译文】

凡治理王国〔而对于治理之法有疑问或发生争执的〕，就到司书那里考察。

四〇、职　　内

1. 职内掌邦之赋入，辨其财用之物[1]，而执其总[2]。以贰官府、都鄙之财入之数，以逆邦国之赋用[3]。

【注释】

〔1〕辨其财用之物：郑《注》曰："处之，种类相从。"

〔2〕总：郑《注》曰："总谓薄书之种别与大凡。"案薄书之种别，谓分类明细账；大凡，谓总账。

〔3〕以逆邦国之赋用：此处"邦国"只谓王国，而非同于泛指天下各诸侯国的"邦国"。

【译文】

职内掌管王国的赋税收入，分辨所征收财物的种类，掌握财物的分类明细账和总账。用所掌握的王朝官府和王畿官吏财税收入数的副本，以考核王国的赋税用途。

2. 凡受财者，受其贰令而书之[1]。及会，以逆职岁与官府财用之出，而叙其财，以待邦之移用[2]。

【注释】

〔1〕凡受财者，受其贰令而书之：据孙诒让说，受财者，是奉命向有关的官府领受财物，而将命令的副本交给职内，以备考核。

〔2〕移用：郑《注》曰："谓转运给他。"

【译文】

凡领取财物的，就接受他们领取财物的命令的副本而登记入册，到年终结算的时候，就〔协助司会〕用以考核职岁与各官府财物支出的情况，而依次记载财物考核的结果，〔有余财〕就供王国移作他用。

四一、职　　岁

1. 职岁掌邦之赋出，以贰官府、都鄙之财出赐之数，以待会计而考之。

【译文】

职岁掌管王国所收赋税的支出，用所掌握的王朝官府和王畿官吏赋税支出和赏赐之数的副本，以待年终结算时考核用。

2. 凡官府、都鄙群吏之出财用，受式法于职岁〔1〕。

【注释】

〔1〕式法：孙诒让曰："即《大宰》九式之法。"（参见《大宰》第8节）

【译文】

凡王朝官府及王畿各级官吏支出财物，都要从职岁那里接受有关支出的规定。

3. 凡上之赐予，以叙与职币授之〔1〕。

【注释】

〔1〕“凡上”至“授之”：案赐予，谓好赐，所赐乃币余之财（参见《大府》第3节）。职币掌币余之财（见其职文第1节），职岁掌书其数以备考。叙，郑《注》曰：“受赐者之尊卑。”

【译文】

凡王和冢宰有所赐予，按照〔受赐者的〕尊卑会同职币授给所赐的财物。

4. 及会，以式法赞逆会[1]。

【注释】

〔1〕赞逆会：郑《注》曰：“助司会钩考群吏之计。”

【译文】

到年终结算时，用所掌有关支出的法则〔协助司会〕考核群吏的会计文书。

四二、职　币

1. 职币掌式法以敛官府、都鄙与凡用邦财者之币[1]，振掌事者之余财[2]，皆辨其物而奠其录[3]，以书楬之[4]，以诏上之小用、赐予。

【注释】

〔1〕币：郑《注》曰：“谓给公用之余。”

〔2〕振掌事者之余财：振，王引之以为义同“敛”，“皆收取也”。

掌事，郑《注》曰：“谓以王命有所作为也。”

〔3〕辨其物而奠其录：郑《注》曰：“奠，定也。”孙诒让曰：“谓次第财币名物，善恶多少，记录定著于簿籍也。”

〔4〕楬：音 jié，贾《疏》曰：“谓府别各为一牌，书知善恶价数多少，谓之楬。”案楬本是一种标识物品的小木桩，其作用犹今所谓标签。

【译文】

职币掌管支出的法则据以收取王朝官府和王畿群吏与凡使用王国财物者所剩余的财物，并收取奉王命办事者〔所用财物〕的余财，分辨所收剩余财物的名称、种类、数量和品质优劣而录定簿册，书写小木牌作为标识，以报告王和冢宰，以作为小事的开支和赏赐之用。

2. 岁终，则会其出。凡邦之会事，以式法赞之。

【译文】

〔夏历〕年终，就结算所掌剩余财物的支出。凡王国中年终考核的事，就依据法则协助〔司会〕进行。

四三、司　　裘

1. 司裘掌为大裘[1]，以共王祀天之服。

【注释】

〔1〕大裘：郑司农曰：“大裘，黑羔裘，服以祀天，示质。”贾《疏》曰：“裘言大者，以其祭天地之服，故以大言之，非谓裘体侈大。”

【译文】

司裘掌管制作大裘，以供王祭天所穿的服装。

2. 中秋献良裘[1]，王乃行羽物[2]。季秋献功裘[3]，以待颁赐。

【注释】

〔1〕良裘：孙诒让说，因为是王所服，当挑选毛物纯缛，做功精细者献之，故称良裘。

〔2〕行羽物：郑司农曰："以羽物飞鸟赐群吏。"案此羽物也是掌裘献给王，而后由王颁赐群吏。

〔3〕功裘：据郑《注》，是做功比良裘稍粗略的裘。郑司农曰："功裘，卿大夫所服。"

【译文】

仲秋进献良裘，王于是用〔司裘所供飞鸟〕赏赐官吏们。季秋进献功裘，以待颁赐给群臣。

3. 王大射[1]，则共虎侯[2]、熊侯、豹侯，设其鹄[3]。诸侯，则共熊侯、豹侯。卿大夫，则共麋侯。皆设其鹄。

【注释】

〔1〕大射：据郑《注》，是王为选择参加助祭宗庙的诸侯、群臣而举行的射箭比赛(参见《夏官·司马》第12节注⑤)。案诸侯和卿大夫皆有大射礼，下文所述是也。

〔2〕虎侯：侯，是用布张设的射箭的靶子。侯之中谓之侯中，为正方形。侯中的侧边饰以虎皮就叫虎侯。以下熊侯、豹侯放此。射箭比赛时，王射虎侯，诸侯射熊侯，卿大夫以下射豹侯。

〔3〕鹄：在侯中之中，亦为正方形，以兽皮为之。若虎侯则以虎皮

为鹄。熊侯、豹侯放此。又据郑司农说，鹄中还有正，正中还有质，质即靶心。

【译文】

王举行大射，就供给虎侯、熊侯、豹侯，在侯上设置鹄。诸侯举行大射，就供给熊侯、豹侯。卿大夫举行大射，就供给麋鹿侯。都在侯上设置鹄。

4. 大丧〔1〕，廞裘〔2〕，饰皮车〔3〕。

【注释】

〔1〕大丧：此谓王丧。

〔2〕廞裘：廞，音 xīn，陈也。郑司农曰："陈裘也。"案这是葬前作为明器陈设的裘。

〔3〕饰皮车：饰以皮的车，即革路，是王的五路（五种车）之一（参见《春官·巾车》第 2 节）。此处皮车也是明器。

【译文】

王的丧事，陈设皮裘，用皮装饰皮车。

5. 凡邦之皮事掌之。岁终则会，唯王之裘与其皮事不会。

【译文】

凡王国中有关皮革的事都掌管。〔夏历〕年终就做结算，只有王的皮衣和所使用皮革不结算。

四四、掌　　皮

1. 掌皮掌秋敛皮，冬敛革〔1〕，春献之〔2〕，遂以式法颁皮革于百工[3]。

【注释】

〔1〕秋敛皮，冬敛革：宋无名氏《集说》引吕氏曰："全毛者谓之皮，去其毛者谓之革。"

〔2〕献之：郑《注》曰："献其良者于王，以入司裘，给王用。"

〔3〕式法：郑《注》曰："作物所用多少故事。"作物，谓制作皮革制品。多少，谓所用皮革数量。故事，旧法或旧例。

【译文】

掌皮负责秋天收取兽皮，冬天收取革，春天献上〔以供王用〕，接着便依照旧例分拨皮革给百工。

2. 共其毳毛为毡[1]，以待邦事。

【注释】

〔1〕毳毛：毳，音 cuì。郑《注》曰："毳毛，毛细缛者。"

【译文】

供给细缛的兽毛制作毡，以待王国有事时用。

3. 岁终，则会其财赍[1]。

【注释】

〔1〕财赍：郑《注》曰："财，敛财本数及余见者。赍，所给予人以物曰赍。"

【译文】

〔夏历〕年终，就结算所收取和库存以及分拨百工的皮革数。

四五、内　宰

1. 内宰掌书版图之法[1]，以治王内之政令[2]，均其稍食[3]，分其人民以居之[4]。

【注释】

〔1〕版图：郑《注》曰："版，谓宫中阍寺之属及其子弟录籍也。图，王及后、世子之宫中吏官府之形象也。"案阍寺之属，谓内小臣、阍人、寺人、内竖等在宫中执事者(分详其职文)。吏官府之形象，即有关宫中官吏所在官府的地图。

〔2〕王内：孙诒让曰："路门以内通谓王内。"案王宫有五门，路门是第五即最里边的一道门(参见本篇《叙官》第47节注②)。

〔3〕稍食：用作报酬的食粮(参见《宫正》第3节注③)。

〔4〕分其人民以居之：郑《注》曰："人民，吏子弟。分之。使众者就寡，均宿卫。"

【译文】

内宰掌管有关登记宫中人员的名册以及绘制宫中官府地图的法则，以施行有关内宫的政令，〔按名册〕合理分发内宫官吏食粮，合理分配内宫官吏子弟的居住地〔以担任宿卫〕。

2. 以阴礼教六宫[1]，以阴礼教九嫔[2]，以妇职之法教九御[3]，使各有属[4]，以作二事[5]，正其服，禁其奇邪，展其功绪[6]。

【注释】

〔1〕以阴礼教六宫：阴礼，郑司农曰："妇人之礼。"六宫，郑《注》

说，在此指代王后。六宫实即六寝，王后六寝之制与王同，亦正寝一，燕寝五(参见《宫人》第1节注①)。因王后之尊与王同，内宰主教，不敢直说教王后，故以六宫指代之。

〔2〕九嫔：妇官，位次于夫人，而尊于世妇。郑《注》曰："不言教夫人、世妇者，举中，省文。"

〔3〕以妇职之法教九御：妇职，据郑《注》，是指织缯帛、丝絲、绶带，以及针线活。九御，即女御，亦即御妻，满员当为八十一人。

〔4〕使各有属：据郑《注》，九嫔九人，女御八十一人，九嫔每一人领女御九人，即所谓使各有属也。

〔5〕二事：杜子春曰："谓之丝、枲之事。"

〔6〕展其功绪：郑《注》曰："展犹录也。绪，业也。"

【译文】

用阴礼教导王后。用阴礼教导九嫔。用有关妇人职事的法则教导九御，使〔她们九人一组〕各分属于九嫔，以做好有关丝、麻方面的职事，端正她们的服装，禁止奇装异服，记录她们〔在妇职方面〕的成绩。

3. 大祭祀，后祼献[1]，则赞。瑶爵[2]，亦如之。正后之服位，而诏其礼乐之仪。赞九嫔之礼事[3]。

【注释】

〔1〕后祼献：祼，即行祼礼，亦即所谓祼将礼(参见《小宰》第10节注②)。案后祼在王之后，即所谓亚祼。献，郑《注》曰："谓王荐腥、荐孰，后亦从后献也。"案荐腥是指向尸进牲血和生牲肉，这是在行朝事礼时进行的；荐孰是指向尸进熟的牲肉，这是在行馈食礼时进行的(参见《笾人》第1节注②、④)。

〔2〕瑶爵：谓王后用瑶爵向尸进酳酒。案向尸行馈食礼，尸吃饭毕，要向尸献酒以供尸饮以洁口，此酒即所谓酳酒。王先酳尸，王后继而酳之。瑶是一种美玉，一说似玉的美石。

〔3〕赞九嫔之礼事：郑《注》曰："助九嫔赞后之事。"

【译文】

举行〔宗庙〕大祭祀，王后向尸行祼礼和进献牲肉时，就协助王后进行。王后用瑶爵向尸进酳酒时，也协助王后进行。规正王后的礼服和行礼时所应处的位置，告诉王后配合礼乐所应有的仪态。协助九嫔〔帮助王后〕行祭礼之事。

4. 凡宾客之祼献〔1〕，瑶爵〔2〕，皆赞。致后之宾客之礼〔3〕。

【注释】

〔1〕凡宾客之祼献：据郑《注》，此宾客谓前来朝觐王的同姓诸侯以及夏、殷二王的后裔。祼，是指朝觐礼毕，王后继王之后向宾客进郁鬯，这叫做礼宾。献，谓王用飨礼和燕礼招待宾客时，王后继王之后向宾献酒。

〔2〕瑶爵：是王后向宾客进酬酒所用爵。案据古礼，主人先向宾客敬酒叫做献，宾客回敬主人酒叫做酢，主人再向宾客劝酒叫做酬。

〔3〕致后之宾客之礼：孙诒让曰："谓为后致礼于来朝觐之诸侯也。"案此所谓致礼，谓赠送牲以及用壶、豆、笾等所盛的饮食给宾客。

【译文】

凡招待宾客〔王后继王之后〕向宾客进献郁鬯、〔在飨礼和燕礼上〕向宾客献酒，以及用瑶爵向宾客进酬酒，都协助王后进行。致送王后馈赠宾客的礼物。

5. 凡丧事，佐后使治外、内命妇〔1〕，正其服位。

【注释】

〔1〕佐后使治外、内命妇：使，据郑《注》，谓内宰使上士佐后。据本篇《叙官》，内宰爵下大夫，其属有上士四人。外命妇，谓卿大夫士之妻；内命妇，谓九嫔、世妇、女御。

【译文】

凡有丧事，〔命令上士〕协助王后管理外命妇和内命妇，规正她们应穿的丧服和当处的位置。

6. 凡建国，佐后立市[1]，设其次[2]，置其叙[3]，正其肆[4]，陈其货贿，出其度、量、淳、制[5]。祭之以阴礼[6]。

【注释】

〔1〕立市：据郑《注》，谓在王宫之后（即王宫之北）建立市场，所建凡三市（参见《考工记·匠人》第2节注⑤）。

〔2〕次：是管理市场的官吏办公处。次有总次、分次之别：思次是总次，介次是分次。每二十肆（店铺或货摊的二十列）设一介次（参见《地官·司市》第2节注①）。

〔3〕叙：是市场上介次以下的小吏治事的处所，设在肆行列之首巷门处（参见同上）。

〔4〕正其肆：孙诒让曰："谓内宰令市官，使列肆各以类相从。"

〔5〕度、量、淳、制：郑《注》曰："度，丈尺也。量，豆区之属。"又曰："故书'淳'为'敦'，杜子春读'敦'为'纯'，纯谓幅广也，制谓匹长。"

〔6〕祭之以阴礼：据郑《注》，阴礼谓妇人之礼。所祭为社神（土神）。因立市之前，其地或立有社，故立市后以阴礼祭之。

【译文】

凡建立国都，就协助王后建立市场，设置管理市场官吏的办公处所次和叙，合理安排店铺，分类陈列所卖的货物，出示〔标准的〕长度单位、容量单位、布幅的宽度和布匹的长度。用阴礼祭祀市中的社神。

7. 中春，诏后帅外、内命妇始蚕于北郊，以为祭服。

【译文】

仲春时节，告诉王后率领外命妇和内命妇开始在北郊养蚕，以制作祭服。

8. 岁终，则会内人之稍食〔1〕，稽其功事。佐后而受献功者〔2〕，比其大小与其粗良，而赏罚之。会内宫之财用。

【注释】

〔1〕内人：郑《注》曰："主谓九御。"案既曰"主谓九御"，则还当包括女府、女史、女酒、女笾以及凡宫中诸女工。

〔2〕献功：贾《疏》曰："献丝枲之功布帛等。"

【译文】

〔夏历〕年终，就总计九御等内人的食粮，考察她们的成绩。协助王后接受她们所呈献的布帛等，比较数量的多少和质量的好坏，而对她们进行赏罚。结算内宫的财用开支。

9. 正岁〔1〕，均其稍食，施其功事。宪禁令于王之北宫〔2〕，而纠其守。

【注释】

〔1〕正岁：贾《疏》曰："谓建寅之月。"即夏历正月。

〔2〕北宫：据郑《注》，即王后之六宫。按后之六宫在王的燕寝后，以方位言，则谓北宫。

【译文】

〔夏历〕正月，合理分配内人的食粮，交给她们应完成的任务。在王的北宫悬挂禁令，纠察守卫者。

10. 上春，诏王后帅六宫之人〔1〕，而生穜稑之种〔2〕，而献之于王〔3〕。

【注释】

〔1〕六宫之人：郑《注》曰："夫人以下分居后之六宫者。"是知六宫之人还包括九嫔、世妇、女御等。

〔2〕生穜稑之种：穜稑，音 tóng lù，郑司农曰："先种后孰谓之穜，后种先孰谓之稑。"案穜稑之种在此泛指各类谷种。生，谓挑选有生殖能力的谷种。

〔3〕献之于王：这是为供王播种藉田用。

【译文】

孟春，告诉王后率领六宫的人，挑选能够生殖的各类谷种，而进献给王。

四六、内 小 臣

1. 内小臣掌王后之命，正其服位。后出入，则前驱。

【译文】

内小臣负责发布王后的命令，规正王后应穿的服装和应处的位置。王后出入，就为她在前面开路。

2. 若有祭祀、宾客、丧纪，则摈[1]，诏后之礼事，相九嫔之礼事，正内人之礼事。彻后之俎。

【注释】

〔1〕摈：郑《注》曰："为后传辞，有所求为。"

【译文】

如果有祭祀、接待宾客和丧事，就为王后传达辞命，告诉王后应行的礼事，协助九嫔行礼事，规正内人的礼事。〔礼事完毕〕为王后彻去席前的牲俎。

3. 后有好事于四方，则使往。有好令于卿大夫，则亦如之。

【译文】

王后有对四方诸侯施恩惠的事，就派内小臣前往。有对卿大夫施恩惠的命令，也派内小臣前往。

4. 掌王之阴事、阴令[1]。

【注释】

〔1〕阴事、阴令：郑《注》曰："阴事，群妃御见(即与王同房)之事。……阴令，王所求为于北宫。"所谓求为于北宫，贾《疏》曰："谓若缝人、女御为王裁缝衣裳及丝枲织纴之等。"

【译文】

掌管为王安排群妃御见的事、传达有关裁缝织纴的命令。

四七、阍　人

1. 阍人掌守王宫之中门之禁[1]，丧服、凶器不入宫[2]，潜服、贼器不入宫[3]，奇服、怪民不入宫[4]。凡内人、公器[5]、宾客无帅，则几其出入。

【注释】

〔1〕中门：孙诒让说，王宫五门，以路门为内门，皋门为外门，“余三门(即指库、雉、应三门)处内外门之间，故通谓之中门。”

〔2〕凶器：郑《注》曰：“明器也。”案明器是随葬器物。

〔3〕潜服、贼器：潜服，据郑《注》，谓内穿甲衣；贼器，谓盗贼用以伤人的器械。

〔4〕怪民：在此犹今所谓精神病患者。

〔5〕内人、公器：内人，参见《内宰》第8节注①。公器，郑司农曰：“将持公家器出入者。”

【译文】

阍人掌管王宫中门的守卫纠禁。穿丧服、拿凶器的不准入宫，里面暗穿甲衣、拿着盗贼所用伤人器械的人不准入宫，穿奇装异服的人、精神失常的人不准入宫。凡内人、拿着公家器物的人以及宾客，如果没有人引导，就要检查他们的出入。

2. 以时启闭。凡外、内命夫、命妇出入[1]，则为之辟。掌埽门庭。

【注释】

〔1〕外、内命夫、命妇：命夫，谓受有爵命的男子。命妇，谓受有

爵命的妇女。外命夫，谓卿大夫，其妻则为外命妇。内命夫，郑《注》曰："卿大夫之在宫中者。"其妻则为内命妇。

【译文】

按时开闭宫门。凡外命夫、内命夫，以及外命妇、内命妇出入宫门，就为他们清除闲杂人员。负责扫除宫门和庭院。

3. 大祭祀、丧纪之事，设门燎[1]，跸宫门、庙门。凡宾客亦如之。

【注释】

〔1〕燎：郑《注》曰："地烛也。"案古代无如今之烛，所谓烛，实指柴扎的火把。

【译文】

有大祭祀、大丧事，要在宫门前地上设火把，宫门、庙门禁止通行。招待宾客时也这样做。

四八、寺　　人

1. 寺人掌王之内人[1]，及女宫之戒令[2]，相道其出入之事而纠之[3]。

【注释】

〔1〕内人：参见《内宰》第8节注①。

〔2〕女宫：郑《注》曰："刑女之在宫中者。"即女罪犯而没为官奴者。

〔3〕相道：孙诒让曰："谓诏相帅导之。"

【译文】

寺人掌管有关王的内人，以及宫中女奴的戒令，负责告诫和引导她们出入宫庭的事，并加以纠察。

2. 若有丧纪、宾客、祭祀之事，则帅女宫而致于有司。

【译文】

如果有丧事、招待宾客和祭祀的事，就率领宫中女奴到掌事的官吏那里，〔供他们役使〕。

3. 佐世妇治礼事。

【译文】

协助世妇办理有关礼的事。

4. 掌内人之禁令。凡内人吊临于外，则帅而往，立于其前，而诏相之。

【译文】

掌管有关内人的禁令。凡内人到外面去吊唁，就率领她们前往，站在她们前面告诉并协助她们行吊礼。

四九、内　　竖

1. 内竖掌内外之通令[1]，凡小事。

【注释】

〔1〕内竖掌内外之通令：竖，未成年者之称，故郑《注》称之为“童竖”。内外之通令，据郑《注》，是指王有小事通令于王后之六宫和在外的卿大夫。

【译文】

内竖负责传达〔王有关小事〕对宫内外的命令，凡小事〔供役使〕。

2. 若有祭祀、宾客、丧纪之事，则为内人跸〔1〕。王后之丧迁于宫中〔2〕，则前跸。及葬，执亵器以从遣车〔3〕。

【注释】

〔1〕内人：此处指女御，据郑《注》，是指“从世妇有事于庙者”。案祭祀、飨食宾客须在庙，丧事葬前须朝庙（见下注），皆此所谓“有事于庙”。

〔2〕丧迁于宫中：丧，谓棺柩。宫，庙也。案棺柩葬前要先迁往宗庙行朝庙礼，犹如生前出远门要先告庙（即到宗庙向祖先的神灵报告）一样。

〔3〕亵器：据郑《注》，谓洗沐之器。

【译文】

如果有祭祀、招待宾客和丧事，就为〔跟从世妇在宗庙的〕内人禁止他人通行。王后的棺柩将迁到宗庙〔行朝庙礼〕，就在前边清道禁人通行。到出葬时，就拿着洗沐器具跟在送葬车后边。

五〇、九　嫔

1. 九嫔掌妇学之法，以教九御妇德、妇言、妇容、妇功[1]，各帅其属[2]，而以时御叙于王所[3]。

【注释】

〔1〕妇德、妇言、妇容、妇功：郑《注》曰："妇德谓贞顺，妇言谓辞令，妇容谓婉娩，妇功谓丝枲。"

〔2〕属：指女御。

〔3〕王所：郑《注》曰："王所息之燕寝。"

【译文】

九嫔掌管有关妇人学习的法则，以教育女御作为妇人所应具有的德行、言辞、仪态、劳动技能，各率领所属的女御，按时依次到燕寝侍候王歇息。

2. 凡祭祀，赞玉粢[1]，赞后荐、彻豆笾。若有宾客，则从后[2]。大丧，帅叙哭者亦如之[3]。

【注释】

〔1〕玉粢：玉敦，郑《注》曰："玉敦，受黍稷器。"

〔2〕从后：郑《注》曰："当赞后事。"

〔3〕帅叙哭者：贾《疏》曰："谓若外内命妇哭时，皆依尊卑命数，在后后为前后列位哭之，故须帅导使有次叙也。"

【译文】

凡举行祭祀，协助〔王后〕进献盛有黍稷的玉敦，协助王后进献和彻下豆与笾。如果有宾客，就跟从王后〔协助招待宾客〕。有大丧，也跟从并协助王后率领〔内外命妇〕依尊卑次序排列哭位而哭。

五一、世　妇

1. 世妇掌祭祀、宾客、丧纪之事，帅女宫而濯概[1]，为粢盛[2]。及祭之日，莅陈女宫之具，凡内羞之物[3]。

【注释】

〔1〕帅女宫而濯概：女宫，宫中女奴。概，音 gài，郑《注》曰："拭也。"

〔2〕为粢盛：为，郑《注》曰："犹差择。"

〔3〕内羞：郑《注》曰："房中之羞。"孙诒让曰："即《笾人》'羞笾之食，糗饵、粉糍'（参见彼第1节），《醢人》'羞豆之食，酏食、糁食'也(参见彼第1节)。内羞皆谷物。"

【译文】

世妇掌管有关祭祀、招待宾客和丧事的事，率领宫中女奴洗涤和拭擦礼器，精选供祭祀用的谷物。到祭祀那天，亲临〔率领〕宫中女奴陈列祭器，以及所有〔当预先陈放在〕房中的食物。

2. 掌吊临于卿大夫之丧[1]。

【注释】

〔1〕掌吊临于卿大夫之丧：孙诒让曰："此(王)后使吊临，临谓哭也。"

【译文】

负责哭吊卿大夫的丧事。

五二、女　御

1. 女御掌御叙于王之燕寝[1]。

【注释】

〔1〕御叙：是“叙御”的倒文。叙，次也。

【译文】

女御负责安排〔嫔妃们〕依次到燕寝陪侍王〔过夜〕。

2. 以岁时献功事[1]。

【注释】

〔1〕功事：郑《注》曰：“丝枲成功之事。”

【译文】

按每年的一定季节呈献劳动成绩。

3. 凡祭祀赞世妇。大丧，掌沐浴。后之丧持翣[1]。从世妇而吊于卿大夫之丧。

【注释】

〔1〕翣：音 shà，其形如扇，木制，有长柄，出葬时，使人持以从柩车而行。

【译文】

凡祭祀协助世妇做事。王或王后死，负责为尸体洗头洗身。王后的丧事，负责〔为柩车〕掌翣。跟从世妇前往吊唁卿大夫之丧。

五三、女　　祝

1. 女祝掌王后之内祭祀[1]，凡内祷祠之事[2]。

【注释】

〔1〕内祭祀：据郑《注》，谓祭祀六宫中的灶、门、户(单扇的门)。

〔2〕祷祠：郑《注》曰："祷，疾病求瘳(愈)。祠，报福(即报答神赐福)。"

【译文】

女祝负责主持王后六宫内的祭祀，以及所有向神祈福、报福的事。

2. 掌以时招、梗、禬、禳之事[1]，以除疾殃。

【注释】

〔1〕以时招、梗、禬、禳之事：贾《疏》曰："云'以时'者，谓随其事时，不必要在四时也。"又说，招，是招取吉祥；梗，是预防邪恶；禬(音 guì)，是除去现在的灾害；禳，是消除现在的变异。此四者皆小祭祀名。

【译文】

掌管〔因事〕随时举行招祭、梗祭、禬祭、禳祭的事，以消除疾病和灾殃。

五四、女　　史

1. 女史掌王后之礼职，掌内治之贰〔1〕，以诏后治内政。

【注释】

〔1〕内治之贰：郑《注》曰："内治之法，本在内宰，书而贰之。"案《内宰》曰："掌书版图之法，以治王内之政令。"（见彼第1节）故知内治之法，本在内宰。

【译文】

内史负责有关王后之礼的职事，掌管治理内政之法的副本，以告诉王后据以治理内政。

2. 逆内宫〔1〕，书内令〔2〕。凡后之事，以礼从。

【注释】

〔1〕逆内宫：内宫，谓王后之六宫。郑《注》曰："钩考六宫之计。"贾《疏》曰："谓六宫所有费用财物及米粟，皆当钩考之也。"

〔2〕内令：郑《注》曰："后之令。"

【译文】

核查内宫〔的财物开支〕，记录王后的命令。凡王后〔有行礼〕的事，拿着礼书跟从王后，〔以告诉王后所当行之礼〕。

五五、典 妇 功

1. 典妇功掌妇式之法[1]，以授嫔、妇及内人女功之事赍[2]。

【注释】

〔1〕妇式之法：郑《注》曰："妇人事之模范。法，其用财旧数。"用财旧数，即依旧例做某活当用多少材料，如丝、麻等。

〔2〕内人女功之事赍：内人，孙诒让曰："即《典丝》之内工。"（参见下《典丝》第1节注②）。赍，通"资"，《广雅·释诂一》："资，取也。"郑《注》曰："事赍，谓以女功之事来取丝枲。"

【译文】

典妇功掌管妇功用材数量的标准，据以授给九嫔、世妇及女御从事妇功所需取用的材料。

2. 凡授嫔妇功，及秋献功，辨其苦良，比其大小，而贾之[1]，物书而楬之，以共王及后之用，颁之于内府[2]。

【注释】

〔1〕贾：通"价"。

〔2〕颁之于内府：贾《疏》曰："藏之于内府也。"

【译文】

凡分配给嫔妇的任务，到秋季呈献成绩时，辨别所做活计质量好坏，比较数量多少，而估定价值，书写标签加以标明，以供给王和王后所用，交到内府收藏。

五六、典　丝

1. 典丝掌丝入[1]，而辨其物，以其贾楬之。掌其藏与其出，以待兴功之时，颁丝于外、内工[2]，皆以物授之[3]。凡上之赐予亦如之。

【注释】

〔1〕丝入：郑《注》曰："谓九职之嫔妇所贡丝。"案此处嫔妇指外嫔妇(即国中嫔妇。嫔妇在此是妇女的美称。参见《大宰》第6节注⑨)。

〔2〕外、内工：郑《注》曰："外工，外嫔妇也。内工，女御。"

〔3〕皆以物授之：贾《疏》曰："若缣帛则授之以素丝，若文绣则授之以彩丝，故以物而言也。"

【译文】

典丝掌管入贡之丝的收受，而辨别丝的种类和精粗，依据丝的价值题写标签。掌管丝的收藏和支出，以准备制作丝织品所用。颁授丝给外、内女工，都按照她们所当制作的丝织品的种类授给所需的丝。凡王用丝物赏赐臣下也由典丝授给。

2. 及献功，则受良功而藏之[1]，辨其物而书其数，以待有司之政令，上之赐予。

【注释】

〔1〕良功：郑司农曰："良功，丝功，缣帛。"孙诒让曰："经自以丝

功为良功，对枲功为苦功。”案枲功谓麻制品，苦谓工艺较粗，参见《典枲》。

【译文】

到〔秋季外女工们〕呈献成绩的时候，就接受所献的丝织品加以收藏，辨别丝的种类，登记它们的数目，以待有关官吏下令〔调用〕，以及供王赏赐所用。

3. 凡祭祀，共黼画、组就之物[1]。丧纪，共其丝、纩、组、文之物[2]。凡饰邦器者，受文、织[3]、丝、组焉。

【注释】

〔1〕黼画、组就：黼画，指丝制的祭服。案天子的祭服有所谓衮服，分为十二章和九章两种，分别饰有十二种或九种花纹图案。其中上衣的花纹图案是绘画的，即此所谓“画”；下裳的花纹图案是刺绣的，即此所谓“黼”（参见《春官·司服》第2节）。因此用“黼画”来指代祭服。其实黼只是刺绣的花纹图案中的一种，由黑白两色构成。组就，即五彩丝绳，在此指代冕旒。冕是首服，冕的前沿悬挂有一串串的玉珠，叫做旒（参见同上注②）。旒的玉珠是用丝绳穿成的，即此所谓“组”。就，郑《注》曰：“采色一成曰就。”成是完备的意思，凡所当具备的色彩都具备，即所谓就。王的冕旒之组兼备五彩，故曰“组就”。

〔2〕文：孙诒让曰：“为缯帛有文采者之通名。”

〔3〕文、织：参见《玉府》第5节注①。

【译文】

凡祭祀，供给制作祭服、冕旒等所用的丝。丧事，供给所需用的丝线、丝绵、丝绳、有绘画的缯帛等物。凡修饰国家器物的，可以前来领受有绘画的缯帛，刺绣的锦、丝线、丝绳等物。

4. 岁终，则各以其物会之。

【译文】

〔夏历〕年终，就〔将所收支的丝物〕分类进行结算。

五七、典　　枲

1. 典枲掌布、缌、缕、纻之麻草之物[1]，以待时颁功而授赍[2]。

【注释】

〔1〕布、缌、缕、纻之麻草之物：布，谓麻布。缌，郑《注》曰："十五升布抽其半。"案古代布幅宽二尺二寸，据《仪礼·丧服传》郑《注》说，布经线八十缕为升，十五升为一千二百缕，抽其半则为六百缕，可见缌是一种细而疏的麻布。缕，线也。纻，郑《注》曰："白而细疏曰纻。"案纻是用纻麻织的布。草，郑《注》曰："葛苘之属。"案苘，音 qīng，也是一种麻类植物。

〔2〕赍：通"资"，取也。贾《疏》曰："以女工事来取。"

【译文】

典枲掌管制作麻布、细而疏的麻布、麻线、白而细的麻布等的材料麻和葛、苘等，以待按季节分配〔女工们〕任务时授予〔她们〕所当取用的。

2. 及献功，受苦功[1]，以其贾楬而藏之，以待时颁。颁衣服，授之。赐予亦如之。

【注释】

〔1〕苦功：指麻织品（参见《典丝》第2节注①）。

【译文】

到〔秋季外女工们〕呈献成绩的时候，就接受所献的麻织品，依照价值题写标签而加以收藏，以待随时颁发给需用者。到颁发衣服的时候，就授给领取的人。王赏赐臣下〔麻织品〕也这样由典枲授给。

3. 岁终，则各以其物会之。

【译文】

〔夏历〕年终，就〔将所收支的麻织品〕分类进行结算。

五八、内 司 服

1. 内司服掌王后之六服袆衣、揄狄、阙狄、鞠衣、展衣、缘衣[1]，素沙[2]。辨外、内命妇之服，鞠衣、展衣、缘衣[3]，素沙。

【注释】

〔1〕袆衣、揄狄、阙狄、鞠衣、展衣、缘衣：袆衣，袆，音 huī，郑《注》说，是"翚"的借字。先用玄色的缯刻为雉（野鸡）形，再用五彩描画之，即成所谓翚雉（五彩的野鸡），然后缀于衣上以为饰，即所谓袆衣，这是王后跟从王祭祀先王所服。揄狄，郑《注》说，"揄"是"摇"的借字，"狄"当为"翟"，也是野鸡。摇翟，是先用青色的缯刻作雉（翟）形，再用五彩描画，而后缀于衣上制成祭服，这是王后跟从王祭祀先公所服。阙狄（翟），是用赤色的缯刻为雉形，不用色彩描画即缀

于衣上制成的祭服，这是王后跟从王祭群小祀(即小神)所服。袆衣是玄色的，揄狄是青色的，阙狄是赤色的。鞠衣，据郑《注》，是一种颜色如初生的嫩黄的桑叶那样的衣服，是王后在春三月将开始养蚕时，为向天神祈求福祥所服，此后即穿此衣亲事养蚕。据聂氏《三礼图》卷二〇说，鞠衣是用黄罗(即黄色丝绸)制成的。展衣，郑《注》说，“展”当为“襢”。《释名·释衣服》曰:“襢衣，襢，袒也，坦然正白无文采也。”可见展衣是素白的。郑《注》说，这是王后“以礼见王及宾客之服”。缘衣，郑《注》说，“缘”是“褖”(tuàn)字之误，褖衣是一种黑色衣服，是王后燕居时或进御于王时所服。

〔2〕素沙:据郑《注》，以上六服都是袍制，有表有里，里子都是用素沙(纱)做的。

〔3〕“辨外”至“缘衣”:郑《注》说，内命妇之九嫔服鞠衣，世妇服展衣，女御服缘衣。外命妇，孤之妻服鞠衣，卿大夫之妻服展衣，士妻服缘衣。

【译文】

内司服掌管王后的六种服装，即袆衣、揄狄、阙狄、鞠衣、展衣、缘衣，都是白纱里子。辨别外命妇和内命妇所当穿的以下几种服装，即鞠衣、展衣、缘衣，都是白纱里子。

2. 凡祭祀、宾客，共后之衣服，及九嫔、世妇，凡命妇，共其衣服。共丧衰亦如之[1]。

【注释】

〔1〕衰:本指丧服的上衣，在此泛指丧服。

【译文】

凡举行祭祀、招待宾客，供给王后应穿的衣服，以及九嫔、世妇，凡内外命妇，都供给所应穿的衣服。供给丧服也这样。

3. 后之丧，共其衣服，凡内具之物[1]。

【注释】

〔1〕内具之物：据郑《注》，指佩巾、针线、丝绵、小囊等等。这些东西都将随葬。

【译文】

王后的丧事，供给所需的衣服，以及凡妇人所应具备的物件。

五九、缝　　人

1. 缝人掌王宫之缝线之事〔1〕，以役女御〔2〕，以缝王及后之衣服。

【注释】

〔1〕缝线：谓以针线缝之，犹今所谓缝纫。

〔2〕以役女御：此女御是内官而兼领缝人之事者（参见本篇《叙官》第58节注②）。

【译文】

缝人掌管王宫中缝纫的事，而听从女御的指使，以缝制王及王后的衣服。

2. 丧，缝棺饰焉〔1〕，衣翣柳之材〔2〕。

【注释】

〔1〕棺饰：入葬前柩车上棺柩周围的装饰物。

〔2〕衣翣柳之材：衣，犹言缠。贾《疏》曰："翣柳二者皆有材，缝人以采缯衣缠之，乃后张饰于其上。"案翣之上有木框，下有木柄，皆当先用彩缯缠饰，即所谓衣翣。又出殡的柩车上，在官柩周围有用木框

架支撑而用布张起的帐篷形的装饰物，以像生前的宫室，这木框架就叫做柳，柳上也先用彩缯缠饰，即所谓衣柳。

【译文】

〔王、王后、太子的〕丧事，就缝制棺饰，〔用彩缯〕缠饰翣和柳的木材。

3. 掌凡内之缝事。

【译文】

掌管宫内所有缝纫的事。

六〇、染　人

1. 染人掌染丝帛。凡染，春暴练〔1〕，夏纁玄〔2〕，秋染夏〔3〕，冬献功。

【注释】

〔1〕暴练：暴，晒也。练，是“湅”的假借字，谓煮丝帛使之柔软洁白而易染。

〔2〕纁玄：据孙诒让说，纁为黄赤色，像地色；玄为青黑色，像天色。

〔3〕染夏：据郑《注》，谓染五色。此处夏指夏狄（翟），是雉的一种，其羽毛兼备五色，故以“夏”指代五色。

【译文】

染人掌管染丝和帛。凡染，春季煮晒丝帛，夏季染纁色和玄色，秋季染五色，冬季呈献染成品。

2. 掌凡染事。

【译文】

掌管所有有关染色的事。

六一、追　　师

1. 追师掌王后之首服，为副、编、次[1]，追衡、笄[2]。为九嫔及外内命妇之首服，以待祭祀、宾客。

【注释】

〔1〕副、编、次：都是妇人的首饰，据《广雅·释器》王念孙疏证说，三者都是取他人发合己发编成的髻，而副上另有饰物，编、次则无。郑《注》曰："编，编列发为之"；"次，次第发长短为之"。所谓"为之"，皆谓为髻。至于编与次有何区别则不详。又据郑《注》说，副是跟从王祭祀戴的首饰，编是养蚕时戴的首饰，次是燕居或见王时戴的首饰。

〔2〕追衡、笄：郑《注》曰："追，犹治也。"案衡、笄皆笄。据孙诒让说，古代笄有两种：一种是固发之笄，即先用缅(黑缯)裹发，绕而作髻，然后加笄以固之；一种是固冠或固首饰之笄，即加冠或加首饰(如副、编、次等)后，再加笄以固之。此经之衡指后者，笄则指前者。

【译文】

追师掌管王后头部的服饰，制作副、编、次，琢治衡和笄。制作九嫔以及外、内命妇的头饰，以备祭祀和招待宾客时用。

2. 丧纪，共笄、绖亦如之[1]。

【注释】

〔1〕绖：音 dié，即麻孝带，在首为首绖，在腰为腰绖。

【译文】

有丧事，也这样供给丧笄和绖带。

六二、屦　　人

1. 屦人掌王及后之服屦〔1〕。为赤舄、黑舄，赤繶〔2〕、黄繶，青句〔3〕，素屦，葛屦。

【注释】

〔1〕服屦：屦，音 jù，禅底的鞋，下文舄（音 xì）则是复底的鞋。任大椿曰："禅者但以革为底，不重以木。"又曰："舄以革为底，而以木为重底，置在屦下。"此处单言屦，则通复底之舄言。郑《注》曰："屦自明矣，必连言服者，著服各有屦也。"又曰："凡屦舄，各象其裳之色。"如爵弁服，其裳为纁色，故配纁屦，等等。

〔2〕赤繶：繶，音 yì，是鞋帮与鞋底相接处的缝里嵌饰的丝绦。赤繶，据郑《注》说，是王的黑舄之饰。下黄繶则是王后玄舄之饰，此经略玄舄而未言。

〔3〕青句：郑《注》曰："句，当为絇，声之误也。"絇，音 qú，鞋头上的装饰，翘起如鼻，有孔，可穿系鞋带。青絇，据郑《注》说，是王的白舄之饰。案凡屦舄，皆有絇、繶、纯之饰。纯，音 zhǔn，缘也，是鞋口的缘饰。此经未言纯，乃省文。又据郑《注》说，王的吉服有九种，与之相配合的舄有三等，即赤舄、白舄、黑舄；王后的吉服有六种，其舄亦有三等，即玄舄、青舄、赤舄。此经之舄未备言，亦省文。

【译文】

屦人掌管王和王后配合各种服装所应穿的鞋。制作赤舄、黑舄等，制作装饰屦舄的赤繶、黄繶、青絇等，并制作白色的屦和葛屦。

2. 辨外内命夫、命妇之命屦、功屦、散屦〔1〕。凡四时之祭祀，以宜服之。

【注释】

〔1〕命屦、功屦、散屦：命，犹等级，谓王所命贵族之等级。命屦，是配合所命贵族不同等级的服装所应穿的屦。功屦，郑《注》曰："次命屦。"即在制作的工艺上稍次于命屦。散屦则又次之。案此经唯言屦，未言舄，孙诒让曰："经举屦以见舄，互文见义。"

【译文】

辨别外、内命夫和命妇所应穿的命屦、功屦和散屦。凡四季的祭祀，使他们〔依照尊卑等级〕穿所应穿的鞋。

六三、夏　采

夏采掌大丧以冕服复于大祖〔1〕，以乘车建绥复于四郊〔2〕。

【注释】

〔1〕以冕服复：冕服，王有六种冕服，即大裘、衮冕、鷩冕、毳冕、希冕、玄冕，其冕皆同，所异者，在于衣裳上绘刺的花纹图案的章数多少不同(详《春官·司服》第2节注③)。复，招魂。郝敬曰："人死气绝时，持死者衣升屋，西北面呼其名，招使返也。"据孙诒让说，用于招魂的只是自衮冕以下的五服，而不用大裘。因大裘是祭天所服，非宗庙所宜服。

〔2〕乘车建绥：乘车，即《春官·司常》所谓道车，亦即象路(参见彼第2节)。案象路是一种饰有象牙的车。绥，金榜以为是“旞”字之讹，在此指大常。大常是旗名，是王的五种旗之一。

【译文】

夏采负责在王丧时拿冕服在太祖庙为王招魂，用树着大常旗的乘车到四郊为王招魂。

地官司徒第二

【题解】

地官系统共有七十八职官，加上《叙官》中提及而职文中未列的乡老一职，合计七十九职。地官之长叫做大司徒。据《叙官》说，地官是“教官”，即掌教育之官，但细按其职文，掌教育固其职责之一，然并非主要职责。地官的主要职责，是掌土地和人民。《大司徒》开头就说：“大司徒之职，掌邦之土地之图，与其人民之数。”此其大纲，以下即据此以记其具体职掌。小司徒是大司徒的副手，协助大司徒工作，其主要职责，亦不外掌土地和人民两大类。大、小司徒之下的七十七属官，职掌则甚繁杂，大体上可以分为以下几类。第一类是掌基层各级政教的官，其中有掌都郊六乡各级政教的乡师、乡老、乡大夫、州长、党正、族师、闾胥、比长等八职；有掌郊外野地六遂各级政教的遂人、遂师、遂大夫、县正、鄙师、酂长、里宰、邻长等八职。第二类是掌征赋税、力役的官，有载师、闾师、县师、遗人、均人、旅师、稍人、委人、土均、角人、羽人、掌葛、掌染草、掌炭、掌荼、掌蜃等，凡十六职。第三类是掌管山林、川泽、场圃、矿藏等的官，有山虞、林衡、川衡、泽虞、迹人、矿人、囿人、场人等，凡八职。第四类是指导农业生产的官，有草人、稻人、司稼等三职。第五类是掌管粮食及仓储的官，有廪人、舍人、仓人、司禄(职文缺)、舂人、饎人、稾人等，凡七职。第五类是掌管市政(市场管理)及门关的官，有司市、质人、廛人、胥师、贾师、司暴、司稽、胥、肆长、泉府、司门、司关、掌节等，凡十三职。第六类是掌管教育的官(其中包括教王、教贵族子弟、教万民等)，有师氏、保氏、土训、诵训、司谏、司救等，凡六职。第七类是服务于祭祀的官，有封人、鼓人、舞师、牧人、牛人、充人等，凡六职。还有掌为民调解仇怨的调人，掌民婚姻的媒氏，皆可自成一类。以上诸职，特别是前四类以及调人和媒氏，其主要职责仍可以概括为掌土地和人民两大类。可见在六官中，地官所掌，关乎国计民生，乃立国之根本，最为重要。郑伯谦《太平经国书》卷一《教化》曰："司徒一官名曰教典，自今职职而考之，六十官之内，大抵皆分画乡遂，整理田畴，征敛财赋，掌山泽与夫市井门关之事，师田、行役、祭祀、丧纪、冠昏、乡社之法而已。有如乡大夫、州长、族、党之职，则不过属民读邦法，师氏、保氏、谏、救、调、媒之职，则不过掌国中得失之事，其曰十二教，曰三物之教，曰五礼、六乐之教，教之条目甚设，而教之官属不详见焉。"孔广林《肊测》亦曰："司徒以教官名，而考德行道艺者，十数职耳。他皆经理田畴，区画疆邑，蕃息牛牧，整齐货贿，与教无与焉。"这些说法都不错。还有些职掌，可能当属他官而混入此官，如《大司徒》记其所掌"乡八刑"及听断民之"不服教而有狱讼者"，即当属秋官之职；而上述第七类掌祭祀诸职，则似当归之春官。还有职掌与他官相冲突者，如《大司徒》曰"颁职事十有二于邦国都鄙"，而所颁之前九职与天官大宰所掌"任万民"之"九职"无异，而又增学艺、世事、服事三职，则"任万民"之职，究竟当由何官颁之，又究竟是九职还是十二职？读者不能不生疑窦。诸如此类的问题还不少，盖皆由作者思之未密，或因《周礼》尚属未成之书所致也。

叙　官

1. 惟王建国，辨方正位，体国经野，设官分职，以为民极。乃立地官司徒，使帅其属而掌邦教，以佐王安扰邦国[1]。

【注释】

〔1〕使帅其属而掌邦教，以佐王安扰邦国：案此即大宰所掌六典之二，所谓"二曰教典，以安邦国，以教官府，以扰万民"之义。扰，郑

《注》曰："亦安也。"

【译文】

王建立国都，辨别方向并确定〔宗庙和朝廷的〕位置，划分都城与郊野的界限，分设官职，用作民众的榜样。于是设立地官司徒，让他率领下属，掌管天下的教育，以辅佐王安定天下各国。

2. 教官之属[1]：大司徒，卿一人；小司徒，中大夫二人；乡师[2]，下大夫四人；上士八人，中士十有六人，旅下士三十有二人，府六人，史十有二人，胥十有二人，徒百有二十人。

【注释】

〔1〕教官：因上节云地官司徒"掌邦教"，故称地官系统的官为"教官"。

〔2〕乡师：乡是王都四郊（百里之内）的行政组织，乡师各掌其所治乡之教。案王都周围凡六乡，由四位乡师掌之，每二人掌三乡。郑《注》曰："司徒掌六乡，乡师分而治之，二人者共三乡之事，相左右也。"

【译文】

教官的属官有：大司徒，由卿一人担任；小司徒，由中大夫二人担任；乡师，由下大夫四人担任；〔还配有〕上士八人，中士十六人，众下士三十二人，府六人，史十二人，胥十二人，徒一百二十人。

3. 乡老[1]，二乡则公一人[2]。乡大夫[3]，每乡卿一人。州长[4]，每州中大夫一人。党正[5]，每党下大夫一人。族师，每族上士一人。闾胥，每闾中士一人。比长，五家下士一人。

【注释】

〔1〕乡老：据郑《注》说，由三公兼任，“老”是尊称。沈彤说，乡老主要参与乡中礼宾贤能者的工作。

〔2〕二乡则公一人：公，是王之下最高的爵等，凡三公，而有六乡，故公一人而兼二乡之事。刘青芝曰：“三公无专职，在朝则称公，在乡则称老，上与天子相坐而论道，参六官之事，以进退百官而不畏其偪；在乡则下与百姓相亲而言教，行六乡之事，以搜贤举能而不嫌于亵。”

〔3〕乡大夫：乡的行政长官。

〔4〕州长：州的行政长官。案州，与下党、族、闾、比，是乡以下依次递降的基层组织(参见《大司徒》第15节)。

〔5〕党正：党的行政长官。案正，与下师、胥，郑《注》曰：“皆长也。”即都是行政长官之称。

【译文】

乡老，每二乡由公一人兼任。乡大夫，每乡由卿一人担任。州长，每州由中大夫一人担任。党正，每党由下大夫一人担任。族师，每族由上士一人担任。闾胥，每闾由中士一人担任。比长，每五家由下士一人担任。

4. 封人[1]，中士四人，下士八人，府二人，史四人，胥六人，徒六十人。

【注释】

〔1〕封人：据郑《注》，是主管为社稷筑坛、垒墙垣，以及为王畿设置疆界等事的官。

【译文】

封人，由中士四人担任，下士八人为副手，〔还配有〕府二人，史四人，胥六人，徒六十人。

5. 鼓人〔1〕，中士六人，府二人，史二人，徒二十人。

【注释】

〔1〕鼓人：贾《疏》曰：“主教六鼓、四金。”（参见彼职文第1节）

【译文】

鼓人，由中士六人担任，〔还配有〕府二人，史二人，徒二十人。

6. 舞师〔1〕，下士二人，胥四人，舞徒四十人〔2〕。

【注释】

〔1〕舞师：贾《疏》曰：“主教野人之舞。”野人即庶人（参见《舞师》第2节注①）。

〔2〕舞徒：贾《疏》曰：“徒是给繇役之人，今兼云舞，即徒中使能舞者以充徒数也。”

【译文】

舞师，由下士二人担任，〔还配有〕胥四人，舞徒四十人。

7. 牧人〔1〕，下士六人，府一人，史二人，徒六十人。

【注释】

〔1〕牧人：郑《注》曰：“养牲于野田者。”

【译文】

牧人，由下士六人担任，〔还配有〕府一人，史二人，徒六十人。

8. 牛人[1]，中士二人，下士四人，府二人，史四人，胥二十人，徒二百人。

【注释】

〔1〕牛人：郑《注》曰："主牧公家之牛者。"

【译文】

牛人，由中士二人担任，下士四人为副手，〔还配有〕府二人，史四人，胥二十人，徒二百人。

9. 充人[1]，下士二人，史二人，胥四人，徒四十人。

【注释】

〔1〕充人：据《注》、《疏》，是负责为将用于祭之牲催肥的官。案祭祀之牲，本由牧人喂养，到祭前三月，选其中毛色纯好者，交给充人喂养，使之肥充。

【译文】

充人，由下士二人担任，〔还配有〕史二人，胥四人，徒四十人。

10. 载师[1]，上士二人，中士四人，府二人，史四人，胥六人，徒六十人。

【注释】

〔1〕载师：是掌地税之事的官。

【译文】

载师，由上士二人担任，中士四人为副手，〔还配有〕府二人，史四人，胥六人，徒六十人。

11. 闾师[1]，中士二人，史二人，徒二十人。

【注释】

〔1〕闾师：郑《注》曰："主征六乡赋贡之税者。"

【译文】

闾师，由中士二人担任，〔还配有〕史二人，徒二十人。

12. 县师[1]，上士二人，中士四人，府二人，史四人，胥八人，徒八十人。

【注释】

〔1〕县师：是公邑官之长。案公邑是设于郊外的甸、稍、县、都四地区的行政组织(参见《载师》第2节及其注⑤)。

【译文】

县师，由上士二人担任，中士四人为副手，〔还配有〕府二人，史四人，胥八人，徒八十人。

13. 遗人[1]，中士二人，下士四人，府二人，史四人，胥四人，徒四十人。

【注释】

〔1〕遗人：遗，音 wèi。遗人是掌施惠之事的官。

【译文】

遗人，由中士二人担任，下士四人为副手，〔还配有〕府二人，史四人，胥四人，徒四十人。

14. 均人[1]，中士二人，下士四人，府二人，史四人，胥四人，徒四十人。

【注释】

〔1〕均人：是掌均乡遂力役的官。

【译文】

均人，由中士二人担任，下士四人为副手，〔还配有〕府二人，史四人，胥四人，徒四十人。

15. 师氏[1]，中大夫一人，上士二人，府二人，史二人，胥十有二人，徒百有二十人。

【注释】

〔1〕师氏：是掌教国子（贵族子弟）的官。

【译文】

师氏，由中大夫一人担任，上士二人为副手，〔还配有〕府二人，史二人，胥十二人，徒一百二十人。

16. 保氏[1]，下大夫一人，中士二人，府二人，史二人，胥六人，徒六十人。

【注释】

〔1〕保氏：也是掌教国子的官。

【译文】

保氏，由下大夫一人担任，中士二人为副手，〔还配有〕府二人，史二人，胥六人，徒六十人。

17. 司谏[1]，中士二人，史二人，徒二十人。

【注释】

〔1〕司谏：是掌纠察和劝励万民的官。郑《注》曰："谏犹正也，以道正人行。"

【译文】

司谏，由中士二人担任，〔还配有〕史二人，徒二十人。

18. 司救[1]，中士二人，史二人，徒二十人。

【注释】

〔1〕司救：是掌防禁人过失的官。郑《注》曰："救，犹禁也，以礼防禁人之过者也。"

【译文】

司救，由中士二人担任，〔还配有〕史二人，徒二十人。

19. 调人[1]，下士二人，史二人，徒十人。

【注释】

〔1〕调人：是掌调解纠纷的官。郑《注》曰："调，犹和合也。"

【译文】

调人，由下士二人担任，〔还配有〕史二人，徒十人。

20. 媒氏[1]，下士二人，史二人，徒十人。

【注释】

〔1〕媒氏：是掌谋合婚姻的官。郑《注》曰："媒之言谋也，谋合异类，使和成者。"

【译文】

媒氏，由下士二人担任，〔还配有〕史二人，徒二十人。

21. 司市[1]，下大夫二人，上士四人，中士八人，下士十有六人，府四人，史八人，胥十有二人，徒百有二十人。

【注释】

〔1〕司市：是管理市场的官吏之长。

【译文】

司市，由下大夫二人担任，上士四人为副手，〔还配有〕中士八人，下士十六人，府四人，史八人，胥十二人，徒一百二十人。

22. 质人[1]，中士二人，下士四人，府二人，史四

人，胥二人，徒二十人。

【注释】

〔1〕质人：郑《注》曰："质，平也。主平定物贾(价)者。"

【译文】

质人，由中士二人担任，下士四人为副手，〔还配有〕府二人，史四人，胥二人，徒二十人。

23. 廛人〔1〕，中士二人，下士四人，府二人，史四人，胥二人，徒二十人。

【注释】

〔1〕廛人：郑《注》曰："廛，民居区域之称。"据孙诒让说，廛即宅基地，而此廛人所掌，唯市宅(经商者之宅)，不掌民宅。

【译文】

廛人，由中士二人担任，下士四人为副手，〔还配有〕府二人，史四人，胥二人，徒二十人。

24. 胥师〔1〕，二十肆则一人〔2〕，皆二史〔3〕。贾师〔4〕，二十肆则一人，皆二史。司暴〔5〕，十肆则一人。司稽〔6〕，五肆则一人。胥〔7〕，二肆则一人。肆长〔8〕，每肆则一人。

【注释】

〔1〕胥师：管理一介次的事务，并掌领群胥。案市中二十肆为一介次，胥师即介次之长(参见《司市》第2节注①)。

〔2〕肆：贾《疏》曰："谓行列。"即店铺的行列。

〔3〕皆二史：贾《疏》曰："皆有二史副之，助作文书。"

〔4〕贾师：据郑《注》，是负责确定物价之吏。

〔5〕司暴：掌禁暴乱之吏。

〔6〕司稽：是负责稽查违犯禁令者之吏。

〔7〕胥：所掌与司暴同，唯司暴掌十肆，胥仅掌二肆。

〔8〕肆长：掌一肆的事务。案自胥师至肆长六职，孙诒让曰："经不言爵，则皆庶人在官者。"

【译文】

胥师，每二十肆一人，每人都有二史为副手。贾师，每二十肆一人，每人都有二史为副手。司暴，每十肆一人。司稽，每五肆一人。胥，每二肆一人。肆长，每肆一人。

25. 泉府[1]，上士四人，中士八人，下士十有六人，府四人，史八人，贾八人[2]，徒八十人。

【注释】

〔1〕泉府：是掌调节市场供求的官。

〔2〕贾：知掌物价者。

【译文】

泉府，由上士四人担任，中士八人为副手，〔还配有〕下士十六人，府四人，史八人，贾八人，徒八十人。

26. 司门[1]，下大夫二人，上士四人，中士八人，下士十有六人[2]，府二人，史四人，胥四人，徒四十人。每门下士二人，府一人，史二人，徒四人。

【注释】

〔1〕司门：郑《注》曰："主王城十二门。"谓总监王城十二门之启闭及其出入者。

〔2〕下士十有六人：据王引之校，此六字是衍文。然以经文传习既久，不敢遽删。

【译文】

司门，由下大夫二人担任，上士四人为副手，〔还配有〕中士八人，下士十六人，府二人，史四人，胥四人，徒四十人。每门设下士二人，府一人，史二人，徒四人。

27. 司关[1]，上士二人，中士四人，府二人，史四人，胥八人，徒八十人。每关下士二人，府一人，史二人，徒四人。

【注释】

〔1〕司关：是监察关门出入及征收关税的官。

【译文】

司关，由上士二人担任，中士四人为副手，〔还配有〕府二人，史四人，胥八人，徒八十人。每关设下士二人，府一人，史二人，徒四人。

28. 掌节[1]，上士二人，中士四人，府二人，史四人，胥二人，徒二十人。

【注释】

〔1〕掌节：是负责保管符节的官。郑《注》曰："节犹信也，行者所执之信。"案信即信物、凭证，是使者受命出使的凭证，古谓之节或

符节。

【译文】

掌节，由上士二人担任，中士四人为副手，〔还配有〕府二人，史四人，胥二人，徒二十人。

29. 遂人〔1〕，中大夫二人。遂师〔2〕，下大夫四人，上士八人，中士十有六人，旅下士三十有二人，府四人，史十有二人，胥十有二人，徒百有二十人。

【注释】

〔1〕遂人：郑《注》曰："主六遂，若司徒之于六乡也。"案王都四郊百里之内设六乡，百里之外至二百里曰甸，甸地的行政组织即为遂。

〔2〕遂师：其职文曰："各掌其遂之政令、戒禁。"案据下文，六遂只有四遂师，故孙诒让曰："此官亦二人共三遂之事。"

【译文】

遂人，由中大夫二人担任。遂师，由下大夫四人担任，上士八人为副手，〔还配有〕中士十六人，众下士三十二人，府四人，史十二人，胥十二人，徒一百二十人。

30. 遂大夫〔1〕，每遂中大夫一人。县正〔2〕，每县下大夫一人。鄙师，每鄙上士一人。酂长，每酂中士一人。里宰，每里下士一人。邻长，五家则一人。

【注释】

〔1〕遂大夫：一遂之长。案此处大夫是官名，非爵名。

〔2〕县正：案县，及下文鄙、酂、里、邻，是遂之下依次递降的基层行政组织(参见《遂人》第1节)。县正，及下文鄙师、酂(zàn)长、

里宰、邻长，则分别为县、鄙、酂、里、邻之长。

【译文】

遂大夫，每遂由中大夫一人担任。县正，每县由下大夫一人担任。鄙师，每鄙由上士一人担任。酂长，每酂由中士一人担任。里宰，每里由下士一人担任。邻长，每五家则设一人。

31. 旅师〔1〕，中士四人，下士八人，府二人，史四人，胥八人，徒八十人。

【注释】

〔1〕旅师：江永曰："旅，众也。主众甿(méng，农民)合输之粟也。"

【译文】

旅师，由中士四人担任，下士八人为副手，〔还配有〕府二人，史四人，胥八人，徒八十人。

32. 稍人〔1〕，下士四人，史二人，徒十有二人。

【注释】

〔1〕稍人：孙诒让曰："主公邑军赋之官。"

【译文】

稍人，由下士四人担任，〔还配有〕史二人，徒十二人。

33. 委人〔1〕，中士二人，下士四人，府二人，史四人，徒四十人。

【注释】

〔1〕委人：是掌储聚薪柴、饲草等的官。

【译文】

委人，由中士二人担任，下士四人为副手，〔还配有〕府二人，史四人，徒四十人。

34. 土均[1]，上士二人，中士四人，下士八人，府二人，史四人，胥四人，徒四十人。

【注释】

〔1〕土均：是掌均邦国、都鄙税贡的官。

【译文】

土均，由上士二人担任，中士四人为副手，〔还配有〕下士八人，府二人，史四人，胥四人，徒四十人。

35. 草人[1]，下士四人，史二人，徒十有二人。

【注释】

〔1〕草人：是掌改良土壤使肥美的官。

【译文】

草人，由下士四人担任，〔还配有〕史二人，徒十二人。

36. 稻人[1]，上士二人，中士四人，下士八人，府二人，史四人，胥十人，徒百人。

【注释】

〔1〕稻人：是掌泽地种稻的官。

【译文】

稻人，由上士二人担任，中士四人为副手，〔还配有〕下士八人，府二人，史四人，胥十人，徒一百人。

37. 土训[1]，中士二人，下士四人，史二人，徒八人。

【注释】

〔1〕土训：据郑《注》，是熟悉土地山川形势及其所宜而告之于王的官。

【译文】

土训，由中士二人担任，下士四人为副手，〔还配有〕史二人，徒八人。

38. 诵训[1]，中士二人，下士四人，史二人，徒八人。

【注释】

〔1〕诵训：是熟悉四方历史掌故而告之于王的官。

【译文】

诵训，由中士二人担任，下士四人为副手，〔还配有〕史二人，徒八人。

39. 山虞[1]，每大山中士四人，下士八人，府二人，史四人，胥八人，徒八十人；中山下士六人，史二人，胥六人，徒六十人；小山下士二人，史一人，徒二十人。

【注释】

〔1〕山虞：是掌管山林的官。郑《注》曰：“虞，度也，度知山之大小及所生者。”

【译文】

山虞，每座大山由中士四人担任，下士八人为副手，〔还配有〕府二人，史四人，胥八人，徒八十人；每座中等的山由下士六人担任，〔还配有〕史二人，胥六人，徒六十人；每座小山由下士二人担任，〔还配有〕史一人，徒二十人。

40. 林衡[1]，每大林麓下士十有二人，史四人，胥十有二人，徒百有二十人；中林麓如中山之虞，小林麓如小山之虞。

【注释】

〔1〕林衡：是掌管平地及山麓之林的官。郑《注》曰：“山足曰麓。”

【译文】

林衡，每处大的林麓由下士十二人担任，〔还配有〕史四人，胥十二人，徒一百二十人。中等林麓的林衡如同中等山的山虞的编制，小林麓的林衡如同小山的山虞的编制。

41. 川衡[1]，每大川下士十有二人，史四人，胥十有二人，徒百有二十人；中川下士六人，史二人，胥六人，徒六十人；小川下士二人，史一人，徒二十人。

【注释】

〔1〕川衡：是掌管河流的官。郑《注》曰："川，流水也。"

【译文】

川衡，每条大河由下士十二人担任，〔还配有〕史四人，胥十二人，徒一百二十人；每条中等河流由下士六人担任，〔还配有〕史二人，胥六人，徒六十人；每条小河由下士二人担任，〔还配有〕史一人，徒二十人。

42. 泽虞[1]，每大泽、大薮中士四人，下士八人，府二人，史四人，胥八人，徒八十人。中泽、中薮如中川之衡，小泽、小薮如小川之衡。

【注释】

〔1〕泽虞：是掌管泽、薮的官。郑《注》曰："泽，水所钟也。水希曰薮。"希，是"晞"的假借字，《说文》曰："晞，干也。"是晞则无水。案泽犹今湖泊，薮犹今沼泽。

【译文】

泽虞，每个大泽、大薮由中士四人担任，下士八人为副手，〔还配有〕府二人，史四人，胥八人，徒八十人。中等的泽、中等的薮的泽虞如同中等河流的川衡的编制，小泽、小薮的泽虞如同小河的川衡的编制。

43. 迹人[1]，中士四人，下士八人，史二人，徒四十人。

【注释】

〔1〕迹人：是掌管王国田猎场的官。

【译文】

迹人，由中士四人担任，下士八人为副手，〔还配有〕史二人，徒四十人。

44. 矿人[1]，中士二人，下士四人，府二人，史二人，胥四人，徒四十人。

【注释】

〔1〕矿人：是掌矿藏的官。

【译文】

矿人，由中士二人担任，下士四人为副手，〔还配有〕府二人，史二人，胥四人，徒四十人。

45. 角人[1]，下士二人，府一人，徒八人。

【注释】

〔1〕角人：是掌征齿角骨物的官。

【译文】

角人，由下士二人担任，〔还配有〕府一人，徒八人。

46. 羽人[1]，下士二人，府一人，徒八人。

【注释】

〔1〕羽人：是掌征羽翮的官。翮，音 hé，《说文》曰："羽茎也。"亦即俗所谓羽管。

【译文】

羽人，由下士二人担任，〔还配有〕府一人，徒八人。

47. 掌葛[1]，下士二人，府一人，史一人，胥二人，徒二十人。

【注释】

〔1〕掌葛：是掌征葛草和麻类的官。

【译文】

掌葛，由下士二人担任，〔还配有〕府一人，史一人，胥二人，徒二十人。

48. 掌染草[1]，下士二人，府一人，史二人，徒八人。

【注释】

〔1〕掌染草：是掌征染草的官。郑《注》曰："染草，蓝、蒨、象斗之属。"案蓝草可染青，蒨(同茜)草可染绛，象斗可染黑。

【译文】

掌染草，由下士二人担任，〔还配有〕府一人，史二人，徒八人。

49. 掌炭[1]，下士二人，史二人，徒二十人。

【注释】

〔1〕掌炭：是掌征灰、炭的官。灰谓草木灰，供濯布缕所用。

【译文】

掌炭，由下士二人担任，〔还配有〕史二人，徒二十人。

50. 掌荼[1]，下士二人，府一人，史一人，徒二十人。

【注释】

〔1〕掌荼：是掌征茅秀的官。郑《注》曰："荼，茅莠。"此"莠"是"秀"的假借字。茅秀是指茅草所开的如絮状的白花，采之以供丧时填充衣被等所用。

【译文】

掌荼，由下士二人担任，〔还配有〕府一人，史一人，徒二十人。

51. 掌蜃[1]，下士二人，府一人，史一人，徒八人。

【注释】

〔1〕掌蜃：是掌征收蛤类的官。

【译文】

掌蜃，由下士二人担任，〔还配有〕府一人，史一人，徒八人。

52. 囿人[1]，中士四人，下士八人，府二人，胥八人，徒八十人。

【注释】

〔1〕囿人：是负责防禁野兽和牧养囿中野兽的官。郑《注》曰："囿，今之苑。"

【译文】

囿人，由中士四人担任，下士八人为副手，〔还配有〕府二人，胥八人，徒八十人。

53. 场人[1]，每场下士二人，府一人，史一人，徒二十人。

【注释】

〔1〕场人：是掌国之场圃的官。孙诒让曰："此场即园地，专种蔬果。"

【译文】

场人，每场由下士二人担任，〔还配有〕府一人，史一人，徒二十人。

54. 廪人[1]，下大夫二人，上士四人，中士八人，下士十有六人，府八人，史十有六人，胥三十人，徒三百人。

【注释】

〔1〕廪人：是掌仓廪所藏米粮数的官。

【译文】

廪人，由下大夫二人担任，上士四人为副手，〔还配有〕中士八人，下士十六人，府八人，史十六人，胥三十人，徒三百人。

55. 舍人〔1〕，上士二人，中士四人，府二人，史四人，胥四人，徒四十人。

【注释】

〔1〕舍人：是掌宫中用谷等事的官。郑《注》曰："舍犹宫也。"

【译文】

舍人，由上士二人担任，中士四人为副手，〔还配有〕府二人，史四人，胥四人，徒四十人。

56. 仓人〔1〕，中士四人，下士八人，府二人，史四人，胥四人，徒四十人。

【注释】

〔1〕仓人：是掌管储藏谷物的官。

【译文】

仓人，由中士四人担任，下士八人为副手，〔还配有〕府二人，史四人，胥四人，徒四十人。

57. 司禄[1]，中士四人，下士八人，府二人，史四人，徒四十人。

【注释】

〔1〕司禄：郑《注》曰："主班(颁)禄。"案其职文亡阙。

【译文】

司禄，由中士四人担任，下士八人为副手，〔还配有〕府二人，史四人，徒四十人。

58. 司稼[1]，下士八人，史四人，徒四十人。

【注释】

〔1〕司稼：是掌谷物种植法以教民的官。郑《注》曰："种谷曰稼，如嫁女以有所生。"

【译文】

司稼，由下士八人担任，〔还配有〕史四人，徒四十人。

59. 舂人[1]，奄二人[2]，女舂抌二人[3]，奚五人[4]。

【注释】

〔1〕舂人：负责供米和舂米的官。

〔2〕奄：即宦者。

〔3〕女舂抌：郑《注》曰："女奴能舂与抌者。抌，抒臼也。"抒臼即从臼中舀取已经舂好的谷米。案"抌"盖"抗"之讹。《说文》抌训"深击"，是别一字。抗则同"舀"，《说文》"舀"下重文"抗"，曰："舀或从手穴。"

〔4〕奚：女奴。

【译文】

舂人，由奄二人担任，〔还配有〕女舂抌二人，奚五人。

60. 饎人〔1〕，奄二人，女饎八人〔2〕，奚四十人。

【注释】

〔1〕饎人：主炊事的吏。饎，音 chì，炊也。

〔2〕女饎：负责炊事的女奴。

【译文】

饎人，由奄二人担任，〔还配有〕女饎八人，奚四十人。

61. 槀人〔1〕，奄八人，女槀每奄二人，奚五人〔2〕。

【注释】

〔1〕槀人：郑司农曰："主冗食者。"案冗食者是指因公务在朝而不能回家吃饭者。

〔2〕女槀每奄二人，奚五人：女槀，女奴而役于槀人者。沈彤曰："女槀每奄二人，八奄则女槀十六人；每奄奚五人，则四十人。"

【译文】

槀人，由奄八人担任，每奄〔还配有〕女槀二人，奚五人。

一、大司徒

1. 大司徒之职，掌建邦之土地之图与其人民之数，

以佐王安扰邦国。

【译文】

大司徒的职责，掌管天下各国土地的地图与记载人民数〔的户籍〕，以辅助王安定下天各国。

2. 以天下土地之图，周知九州之地域广轮之数[1]，辨其山、林、川、泽、丘、陵、坟、衍、原、隰之名物[2]，而辨其邦国都鄙之数[3]，制其畿疆而沟封之[4]，设其社稷之壝而树之田主[5]，各以其野之所宜木，遂以名其社与其野[6]。

【注释】

〔1〕九州之地域广轮：郑《注》曰："九州，扬、荊、豫、青、兖、雍、幽、冀、并也。"（参见《夏官·职方氏》）广轮，贾《疏》引马融曰："东西曰广，南北为轮。"

〔2〕山、林、川、泽、丘、陵、坟、衍、原、隰之名物：郑《注》曰："积石曰山，竹木曰林，注渎曰川，水钟曰泽，土高曰丘，大阜曰陵，水崖曰坟，下平曰衍，高平曰原，下湿曰隰。名物者，十等之名与所生之物。"

〔3〕都鄙：即王畿内的采邑。

〔4〕封：郑《注》曰："起土界也。"即筑低矮的土墙以为疆界。

〔5〕设其社稷之壝而树之田主：据郑《注》，社神名后土，稷神名田正。壝，本指社稷坛周围土筑的矮墙，即郑《注》所谓"埒埒"（音méi liè），在此实合指坛与埒埒。案此处经文未言坛，贾《疏》曰："以壝在坛之四周为之，明中有坛可知。"田主，即后土和田正二神所依之树。《朱子语类》卷二十五《哀公问宰我章》曰："看古人意思，只是以树为社主，使神依焉，如今人说神树之类。"惠士奇曰："盖木之茂者神所凭，故古之社稷恒依树木。"

〔6〕遂以名其社与其野：郑《注》举例说，如以松木为田主，其社就叫松社，其野就叫松社之野。

【译文】

依据天下土地的地图，遍知九州地域面积之数，辨别各地的山、林、川、泽、丘、陵、坟、衍、原、隰的名称与所出产之物，辨别天下的诸侯国和王畿内的采邑数，制定各国的畿疆而挖沟起土以为界。设立各国社稷的壝坛而以树作为田主，各用当地田野所宜生长的树〔为田主〕，于是就用这种树作为社和田野的名称。

3. 以土会之法，辨五地之物生〔1〕。一曰山林，其动物宜毛物〔2〕，其植物宜早物〔3〕，其民毛而方。二曰川泽，其动物宜鳞物，其植物宜膏物〔4〕，其民黑而津。三曰丘陵，其动物宜羽物，其植物宜核物〔5〕，其民专而长〔6〕。四曰坟衍，其动物宜介物，其植物宜荚物〔7〕，其民皙而瘠。五曰原隰，其动物宜裸物〔8〕，其植物宜丛物〔9〕，其民丰肉而庳〔10〕。

【注释】

〔1〕以土会之法，辨五地之物生：会，音 kuài，计也。郑《注》曰："以土计贡税之法，因别此五者也。"案五者，即指下文所说五种不同地形及其所生物。物生，即生物，亦即下文所说的动植物和人民等。

〔2〕毛物：郑《注》曰："貂狐貒貉之属，缛毛者也。"

〔3〕早物：早，阮校说，是"皁"的假借字。俞樾以为皁即栎，亦名柞。案栎树之实为皁斗，以其荚为汁，可以染皁色。

〔4〕膏物：郑《注》曰："'膏'当为'櫜'字之误也。莲芡之实有櫜韬"。案莲是荷花之实，芡是鸡头米，皆水生植物。

〔5〕核物：郑《注》曰："李梅之属。"案李梅都是有果核的植物。

〔6〕专：丁晏曰："即'团'之省文，《说文·囗部》曰：'团，圜也，从囗，专声。'"

〔7〕荚：谓荚角，如豆角、槐角之类。

〔8〕裸物：郑《注》曰："虎豹貔貐之属，浅毛者。"

〔9〕丛物：郑《注》曰："萑苇之属。"

〔10〕庳：音 bēi，郑《注》曰："犹短也。"

【译文】

根据按土地计算贡税的法则，辨别五种不同地形所宜生长的人和物。一是山林，那里宜于生长毛细密的动物，宜于生长栎树之类可供染色用的植物，那里的人民毛长而体方。二是川泽，那里宜于生长鳞甲类的动物，宜于生长莲芡之类结子多的植物，那里的人民皮肤黑而润泽。三是丘陵，那里宜于生长有羽毛的动物，宜于生长李梅之类有果核的植物，那里的人民体型圆而长。四是坟衍，那里宜于生长有甲壳的动物，宜于生长有荚角的植物，那里的人民肤色白而体瘦。五是原隰，那里宜于生长毛短浅的动物，宜于生长萑苇之类丛生的植物，那里的人民胖而矮。

4. 因此五物者民之常〔1〕，而施十有二教焉。一曰以祀礼教敬，则民不苟。二曰以阳礼教让〔2〕，则民不争。三曰以阴礼教亲〔3〕，则民不怨。四曰以乐礼教和〔4〕，则民不乖。五曰以仪辨等〔5〕，则民不越。六曰以俗教安，则民不偷〔6〕。七曰以刑教中〔7〕，则民不暴。八曰以誓教恤〔8〕，则民不怠。九曰以度教节，则民知足。十曰以世事教能〔9〕，则民不失职。十有一曰以贤制爵〔10〕，则民慎德。十有二曰以庸制禄〔11〕，则民兴功。

【注释】

〔1〕常：谓常所安习，亦即习惯。

〔2〕阳礼：郑《注》曰："谓乡射、饮酒之礼也。"

〔3〕阴礼：郑《注》曰："谓男女之礼。"案即婚姻之礼。

〔4〕乐礼：王引之曰："'乐'下不当有'礼'字，盖涉上祀礼、阳礼、阴礼而衍。"

〔5〕以仪辨等：朱申曰："宫室、车旗、衣服之仪，有上下之等。"

〔6〕偷：阮校说，是"愉"的俗字。郑《注》引此字即作"愉"，曰："谓朝不谋夕。"案阮校说，此处也应当遵循经用古字、注用今字之例，经文当作"愉"，而注文当作"偷"。

〔7〕以刑教中：刘青芝曰："中字应作去声读，以刑教之中乎礼、中乎法耳。"

〔8〕以誓教恤：誓，戒也。《师士》有所谓五戒，其一即为"誓戒"。恤，俞樾曰："慎也。……国有大事，先誓戒之，以役上命。"

〔9〕世事：柯尚迁曰："世间才艺之事。"

〔10〕以贤制爵：贾《疏》曰："人有贤行，制与之爵。"

〔11〕庸：郑《注》曰："功也。"

【译文】

根据以上五种地形的生长物所形成的人民的生活习惯，而施行十二个方面的教育。一是用祭祀之礼来教民尊敬，人民就不会马虎随便。二是用〔乡射礼、乡饮酒礼之类的〕阳礼教民谦让，人民就不会相争。三是用〔婚礼那样的〕阴礼来教民相亲，人民就不会相互怨恨。四是用乐教民和睦，人民就不会乖戾。五是用礼仪来辨别〔上下尊卑等级〕，人民就不会僭越。六是用习俗教民安居，人民就不会苟且。七是用刑法教民遵守礼法，人民就不会暴乱。八是用誓戒教民敬慎，人民就不会懈怠。九是用制度教民节制，人民就会知足。十是用世间技艺之事教民技能，人民就不会失业。十一是根据贤行颁授爵位，人民就会谨慎修养德行。十二是根据功绩制定俸禄，人民就会致力于建立功业。

5. 以土宜之法，辨十有二土之名物〔1〕，以相民宅，而知其利害，以阜人民，以蕃鸟兽，以毓草木，以任土事〔2〕。辨十有二壤之物〔3〕，而知其种，以教稼穑树蓺〔4〕。

【注释】

〔1〕十有二土：据郑《注》，是指根据天上的十二次所划分的地上的十二个国家或区域。案古人为了量度日、月、行星的位置和运动，把黄道（太阳周年视运动的轨迹）附近的一周天按照由西向东的方向，划分为十二个等分，即十二次，并给每一次取了个名称，如第一次叫星纪，第

二次叫玄枵，等等。十二次与地上十二土的对应关系，参见《春官·保章氏》第2节注①。

〔2〕以任土事：任，据孙诒让说，在此义同“傳”，是立的意思，“谓就地之力势所生，民之材力所能，傳立之以成其事功也”。

〔3〕十有二壤：郑《注》曰：“壤亦土也，变言耳。”贾《疏》曰：“此十二壤即上十二土。上经论居人物之事，此经辨其种殖所宜，故变其文。”

〔4〕稼穑树蓺：孙诒让曰：“稼穑为种谷，树蓺为种果木。”

【译文】

依据土地〔同所生长的人民和动植物〕相适宜的法则，辨别十二个区域土地的出产物及其名称，以观察人民的居处，而了解它们的利与害之所在，以使人民繁盛，使鸟兽繁殖，使草木生长，努力成就土地上的生产事业。辨别十二种土壤〔所宜种植〕的作物，而知道所适宜的品种，以教民种植谷物和果树。

6. 以土均之法〔1〕，辨五物九等〔2〕，制天下之地征，以作民职〔3〕，以令地贡〔4〕，以敛财赋〔5〕，以均齐天下之政。

【注释】

〔1〕均：郑《注》曰：“平也。”案平谓公平合理。

〔2〕五物九等：郑《注》曰：“五物，五地之物也。九等，骍刚、赤缇之属。”案五地之物见第3节。骍刚、赤缇之属，即《草人》所载骍刚、赤缇等九种土质。

〔3〕作民职：民职，郑《注》曰：“民九职也。”（参见《天官·大宰》第6节）。作，孙诒让曰：“凡经云‘作’者，并使令兴起之谓。”

〔4〕地贡：郑《注》曰：“贡地所生，谓九谷。”案九谷，参见同上注②。

〔5〕财赋：郑《注》曰：“财谓泉（钱）谷，赋谓九赋及军赋。”

【译文】

用按土地合理〔征收赋税〕的法则，辨别以上五种地形的生长物和九种土质，制定天下的地税，而兴起人民的各种职业，以使民贡献各种谷物，以收取钱谷赋税，以使天下赋税的征收公平合理。

7. 以土圭之法测土深[1]，正日景，以求地中[2]。日南则景短[3]，多暑。日北则景长，多寒。日东则景夕[4]，多风。日西则景朝，多阴。日至之景，尺有五寸，谓之地中，天地之所合也[5]，四时之所交也，风雨之所会也[6]，阴阳之所和也。然则百物阜安，乃建王国焉。制其畿方千里，而封树之。

【注释】

〔1〕以土圭之法测土深：土圭，是古代用以测日影以定四时和土地方位远近的工具，玉制，形如圭，长一尺五寸。测量时当在地上树立一根八尺长的表竿，而以土圭测日光于表竿投影的长短，以确定该地的方位和远近。土深，郑司农曰："谓南北东西之深也。"

〔2〕地中：谓东西南北之中。如果夏至那天中午，某地表竿的投影(在表北)为一尺五寸，正好与土圭等长，则此地即为地中。下文说"日至(即夏至)之景尺有五寸，谓之地中"，即谓此。当时以洛邑为地中，夏至影长一尺五寸即测之于此地。《史记·周本纪》记成王营洛邑曰："此天下之中，四方入贡道里均。"

〔3〕日南则景短：日南，郑司农曰："谓立表(竿)处大(太)南。"古人以为愈南则距日愈近，日影愈短，夏至那天中午短于一尺五寸。反之则日影长。郑《注》以为日影长短差一寸，于地则相差一千里。钱玄说："据后人精确推测，差一寸，则地偏南或偏北为一百三四十里。郑说不确。"(《通论》页250)

〔4〕日东则景夕：是说地中之日方中，而此处日已偏西，反之则日偏东。钱玄曰："凡差一时辰，于地大致差六千里。"(同上)

〔5〕天地之所合：案古人的观念，天地皆圆，而地包于天之，是地

之中，即天之中，故天中之气与地中之气，正于此处相和合。

〔6〕风雨之所会：贾《疏》曰："风雨所至，会合(符合)人心。"即风调雨顺之意。

【译文】

用土圭测日影之法测量土地四方的远近，校正日影，以求得地中央的位置。位置偏南就日影短，气候炎热。位置偏北就日影长，气候寒冷。位置偏东，〔当地中之日正中时则此处〕日已偏西，气候〔干燥〕多风。位置偏西，〔当地中之日正中时则此处〕日还偏东，气候〔潮湿〕多阴雨。〔测得〕夏至〔那天中午〕的日影，长一尺五寸，〔这个地方〕叫做地中，这是天地之气相和合的地方，是四时之气相交替的地方，是风雨适时而至的地方，是阴阳二气和协的地方，因而百物丰盛而安康，于是在此建立王国，制定地方千里的王畿，而〔在畿疆〕挖沟植树以为固。

8. 凡建邦国，以土圭土其地而制其域〔1〕。诸公之地，封疆方五百里，其食者半〔2〕。诸侯之地，封疆方四百里，其食者参之一。诸伯之地，封疆方三百里，其食者参之一。诸子之地，封疆方二百里，其食者四之一。诸男之地，封疆方百里，其食者四之一。

【注释】

〔1〕土：俞樾说通"度"。

〔2〕食者半：谓公可收取租税的土地占五百里的一半，其余一半土地的租税则归天子。下文"参之一"、"四之一"之义放此。

【译文】

凡建立诸侯国，用土圭〔测日影的方法〕测量该国的土地而制定该国的疆域。各公国的土地，疆界之内五百里见方，公可收取租税的土地占一半；各侯国的土地，疆界之内四百里见方，侯可收取租税的土地占三分之一；各伯国的土地，疆界之内三百里见方，伯可收取租税的土地占三分之一。各子国的土地，疆界之内二百里见方，子可收取租税的土地占四分之一。各男国的土地，疆界之内一百里见方，男可收取租税的土地占四分之一。

9. 凡造都鄙[1]，制其地域[2]，而封沟之，以其室数制之[3]。不易之地[4]，家百亩。一易之地，家二百亩。再易之地，家三百亩。

【注释】

〔1〕都鄙：谓王畿内王子弟和公卿大夫的采邑。郑《注》曰："其界曰都；鄙，所居也。"即谓采邑的界域所包之地叫做都，而治所所在之邑叫做鄙。案采邑分三等，即家邑、小都、大都。家邑最小，是大夫的采邑；小都是卿的采邑；大都则是公及王子弟的采邑(参见《载师》第2节注⑥)。

〔2〕制其地域：贾《疏》曰："家邑二十五里，小都五十里，大都百里，是造都鄙制其地域也。"

〔3〕以其室数制之：室，即今所谓户。制之，谓制其井田之数。郑《注》曰："谓制丘、甸之属。"丘、甸，都是井田单位名称(参见《小司徒》第5节)。

〔4〕不易之地：无须休耕的上等好地。郑司农曰："不易之地，岁种之，地美。"下文"一易之地"，则是次一等的地，种一年即须休耕一年，以恢复地力。"再易之地"义放此。

【译文】

凡建造采邑，制定该采邑的地域，而挖沟起土以为界，根据采邑的室家数来制定井田规模。无须休耕的地每家一百亩，种一年休耕一年的地每家二百亩，种一年休耕二年的地每家三百亩。

10. 乃分地职[1]，奠地守[2]，制地贡[3]，而颁职事焉[4]，以为地法，而待政令。

【注释】

〔1〕分地职：郑《注》曰："分其九职所宜。"九职，参见《天官·大宰》第6节。孙诒让曰："九职所宜，当是农圃在平地，薮牧在山泽，各随所宜授之。"

〔2〕奠地守：郑《注》曰："谓衡麓、虞候之属。"案衡麓是守山林的官，虞候是守草野薪柴的官，举此二官，以包各种地守之官。

〔3〕制地贡：郑《注》曰："谓九职所税也。"亦即地职所当税。

〔4〕颁职事：郑《注》曰："分命使各为其所职之事。"

【译文】

于是分配从事土地生产的职业，确定守护地产的官职，制定从事土地生产应交的税，而分别〔命令官民各自〕恪尽本职，以此作为有关地政的法则，而准备执行〔王的〕政令。

11. 以荒政十有二聚万民：一曰散利[1]，二曰薄征，三曰缓刑，四曰弛力，五曰舍禁，六曰去几[2]，七曰眚礼[3]，八曰杀哀[4]，九曰蕃乐[5]，十曰多昏[6]，十有一曰索鬼神[7]，十有二曰除盗贼。

【注释】

〔1〕散利：郑司农曰："贷种食也。"

〔2〕去几：郑《注》曰："去其税耳。"案谓关市之税。

〔3〕眚礼：眚，是"省"的假借字。郑《注》曰："眚礼，谓杀吉礼也。"即谓简省吉礼。

〔4〕杀哀：杀，减损。哀，谓丧礼。

〔5〕蕃乐：杜子春读"蕃乐"为"藩乐"，谓闭藏乐器而不作。

〔6〕多昏：这是简化婚礼的结果。郑司农曰："不备礼而娶，昏者多也。"据贾《疏》说，荒年简化婚礼有两个好处：一使有女之家减轻人口负担，二使有男之家易得娶妻。

〔7〕索鬼神：索，求也。郑司农曰："求废祀而修之。"

【译文】

用十二项救济灾荒的政策聚集万民：一是借贷种子和粮食〔给灾民〕，二是减轻赋税，三是减缓刑罚，四是免除力役，五是放松〔关市山泽的〕禁令，六是免除关市之税，七是简省吉礼，八是简省丧礼，九是收藏起乐器而不演奏，十是〔简化婚礼以促使〕多嫁娶，十一是求索〔已废弃祭祀的〕鬼神〔而重修祭祀〕，十二是铲除盗贼。

12. 以保息六养万民〔1〕：一曰慈幼，二曰养老，三曰振穷，四曰恤贫〔2〕，五曰宽疾，六曰安富〔3〕。

【注释】

〔1〕保息：郑《注》曰："谓安之使蕃息也。"

〔2〕恤贫：郑《注》曰："贫无财业禀贷之。"

〔3〕安富：贾《疏》曰："言繇役均平，又不专取，则富者安。"

【译文】

用六项使万民安定而繁衍生息的政策养育万民：一是慈爱幼儿，二是赡养老年人，三是拯救穷困的人，四是救助贫穷的人，五是宽免残疾人的赋役，六是〔公平分派赋役〕使富人安心。

13. 以本俗六安万民〔1〕：一曰美宫室，二曰族坟墓，三曰联兄弟〔2〕，四曰联师儒〔3〕，五曰联朋友〔4〕，六曰同衣服〔5〕。

【注释】

〔1〕本：郑《注》曰："犹旧也。"

〔2〕联兄弟：据郑《注》，这里是指由婚姻关系结成的异姓兄弟。《尔雅·释亲》云："妇之党为婚兄弟，婿之党为姻兄弟。"

〔3〕联师儒：师儒，郑《注》曰："乡里教以道艺者。"联师儒，贾《疏》曰："乡间子弟皆相连合同就师儒。"

〔4〕朋友：郑《注》曰："同师曰朋，同志曰友。"

〔5〕同衣服：据《注》、《疏》，民不分贫富，衣服当齐一，即都穿深衣(一种上衣与下裳相连的衣服)，只有士以上才能穿有彩章的衣服。

【译文】

用六种传统风俗使万民安居：一是使房屋坚固，二是使坟墓按族分布，三是团结异姓兄弟，四是使乡里子弟相连合而从师学习，五是团结朋友，六是使民衣服相同。

14. 正月之吉，始和布教于邦国都鄙，乃县教象之法于象魏，使万民观教象，挟日而敛之[1]。乃施教法于邦国都鄙，使之各以教其所治民。

【注释】

〔1〕"正月"至"敛之"：参见《天官·大宰》第11节。布教，教谓教法，即教育民众的法则，亦即《大宰》所谓教典(见彼第1节)。

【译文】

〔周历〕正月初一，开始向各诸侯国和王畿内的采邑宣布教法，把形成文字的教法悬挂在象魏上，让万民观看教法，过十天而后收藏起来。于是在各诸侯国和王畿内的采邑施行教法，让他们各用以教育所治理的人民。

15. 令五家为比，使之相保[1]。五比为闾，使之相受[2]。四闾为族，使之相葬。五族为党，使之相救。五党为州，使之相赒。五州为乡，使之相宾[3]。

【注释】

〔1〕相保：刘绩《三礼图》卷一曰：“谓比舍而保其行，不为非也。”

〔2〕受：郑《注》曰：“宅舍有故，相受寄托也。”

〔3〕相宾：郑《注》曰：“宾客其贤者。”

【译文】

令五家组成一比，使他们互相担保。五比组成一闾，使他们〔有事〕可以互相托付。四闾组成一族，使他们有丧葬事互相帮助。五族组成一党，使他们〔有灾荒〕互相救助。五党组成一州，使他们互相周济。五州组成一乡，使他们〔对乡中的贤者〕以宾客之礼相待。

16. 颁职事十有二于邦国都鄙〔1〕，使以登万民：一曰稼穑，二曰树蓺，三曰作材，四曰阜蕃，五曰饬材，六曰通财，七曰化材，八曰敛材，九曰生材，十曰学艺，十有一曰世事，十有二曰服事〔2〕。

【注释】

〔1〕颁：分也。

〔2〕“一曰”至“服事”：郑司农曰：“稼穑谓‘三农生九谷’也，树蓺谓‘园圃毓草木’，作材谓‘虞衡作山泽之材’，阜蕃谓‘薮牧养蕃鸟兽’，饬材谓‘百工饬化八材’，通财谓‘商贾阜通财贿’，化材谓‘嫔妇化治丝枲’，敛材谓‘臣妾聚敛疏材’，生材谓‘闲民无常职，转移执事’，学艺谓道艺，世事谓以世事教能则民不失职，服事谓为公家服事者。”案自“生材谓‘闲民无常职，转移执事’”以上，皆见《天官·大宰》第6节。蒋载康释“世事”曰：“累世专业相传，凡巫医卜筮诸艺事。”又贾《疏》释“服事”曰：“谓若府史胥徒，庶人在官者，是公家服事者。”

【译文】

在各诸侯国和王畿内采邑分配十二种职业，用以成就万民

〔的生计〕：一是种谷物，二是种瓜果，三是开发山林川泽的材物，四是畜牧业，五是手工业，六是商业，七是纺织业，八是采集业，九是做雇工，十是〔做学士〕学习道艺，十一是世代相传的专业，十二是在官府服务。

17. 以乡三物教万民，而宾兴之〔1〕。一曰六德：知、仁、圣、义、忠、和〔2〕。二曰六行：孝、友、睦、姻、任、恤〔3〕。三曰六艺：礼、乐、射、御、书、数〔4〕。

【注释】

〔1〕以乡三物教万民，而宾兴之：郝敬曰："三物，犹言德、行、艺也。"（详下文）宾兴，即兴宾。兴，郑《注》曰："犹举也。"宾，谓宾贤，即以宾客之礼敬待贤者。

〔2〕知、仁、圣、义、忠、和：郑《注》曰："知，明于事。仁，爱人以及物。圣，通而先识。义，能断时宜。忠，言以中心。和，不刚不柔。"

〔3〕孝、友、睦、姻、任、恤：郑《注》曰："善于父母为孝。善于兄弟为友。睦，亲于九族。姻，亲于外亲。任，信于友道。恤，振忧贫者。"贾《疏》曰："九族，上至高祖，下至玄孙，旁及缌麻之内也。"又曰："外亲者，则妻族、母族是也。"

〔4〕礼、乐、射、御、书、数：郑《注》曰："礼，五礼之义。乐，六乐之歌舞。射，五射之法。御，五御之节。书，六书之品。数，九数之计。"案以上六项，皆详本篇《保氏》第2节。

【译文】

用三方面内容来教育万民，而荐举贤能者。一是六德：明白事理、爱人及物、通达而能预见、适时决断、言谈发自内心、刚柔适宜。二是六行：孝敬父母、友爱兄弟、和睦九族、亲爱姻戚、信任朋友、救济贫穷。三是六艺：五类礼义、六种歌舞、五种射法、五种驾驭车马法、六种造字法、九种数学计算法。

18. 以乡八刑纠万民[1]：一曰不孝之刑，二曰不睦之刑，三曰不姻之刑，四曰不弟之刑，五曰不任之刑，六曰不恤之刑，七曰造言之刑，八曰乱民之刑。

【注释】

〔1〕乡八刑：据孙诒让说，是行于乡中之刑，因为司徒掌六乡，故亦兼掌其刑。

【译文】

用实行于乡中的八种刑罚纠察万民：一是针对不孝的刑罚，二是针对不和睦九族的刑罚，三是针对不亲爱姻戚的刑罚，四是针对不友爱兄弟的刑罚，五是针对不信任朋友的刑罚，六是针对不救济贫困的刑罚，七是针对制造谣言的刑罚，八是针对暴乱之民的刑罚。

19. 以五礼防万民之伪而教之中[1]，以六乐防万民之情而教之和。

【注释】

〔1〕五礼：及下文“六乐”，参见第17节注④。

【译文】

用五礼防止万民的诈伪而教他们符合中正，用六乐防止万民的情欲而教他们心地平和。

20. 凡万民之不服教而有狱讼者，与有地治者听而断之[1]，其附于刑者，归于士[2]。

【注释】

〔1〕有地治者：据郑《注》，谓治理乡、州及采邑者。

〔2〕士：在此指司法官。

【译文】

凡万民不服从教化而有争讼的，就与地方官一同听取而加以评断，其中有触犯刑律的，就交给司法官审理。

21. 祀五帝[1]，奉牛牲，羞其肆[2]。享先王亦如之。

【注释】

〔1〕五帝：谓五方帝(亦即五色帝)。

〔2〕羞其肆：羞，郑司农曰："进也。"肆，音 tì，解也。郑《注》曰："进所肆解骨体。"案凡解牲体皆谓之肆。解牲体有多种方法，据孙诒让说，此处是用的豚解。所谓豚解，是指解割牲体为七体，即将牲体分割为左肱、左胁、左股、右肱、右胁、右股、脊七部分。

【译文】

祭祀五帝，就奉进牛牲，进献经过豚解的牲体。祭祀先王也这样做。

22. 大宾客[1]，令野修道、委积[2]。

【注释】

〔1〕大宾客：指来朝诸侯。

〔2〕令野修道、委积：黄度曰："司徒令遂人，遂人令遂师，使各于其遂行之。遗人掌委积之政，守在遂师。"

【译文】

接待大宾客，命令在野外修整道路、积聚粮草〔以待宾客到来〕。

23. 大丧，帅六乡之众庶[1]，属其六引[2]，而治其政令。

【注释】

〔1〕众庶：郑《注》曰："所致役也。"贾《疏》曰："使为挽柩（拉柩车）之役。"

〔2〕引：郑司农曰："丧车索也。"即拉柩车的大绳。

【译文】

有大丧，率领六乡为丧事服役的徒众，拴系六条大绳在柩车上〔以便拉柩车〕，而负责指挥。

24. 大军旅，大田役，以旗致万民[1]，而治其徒庶之政令。

【注释】

〔1〕以旗致万民：这是说，在规定的日期树起旗帜，万民按期到旗下集合。案此万民即是下文之徒庶，具体指正卒和羡卒，是从六乡中征集来的（参见《小司徒》第4节注④）。

【译文】

大征伐，大田猎，用旗召集万民，而负责指挥徒众。

25. 若国有大故[1]，则致万民于王门[2]，令无节者不行于天下。

【注释】

〔1〕大故：郑《注》曰："谓王崩及寇兵也。"

〔2〕致万民于王门：王门，孙诒让曰："即王宫之皋门、库门。"又曰："致万民，盖于皋门内外属众而待事。"

【译文】

如果国家有大事故，就召集万民到王宫门前〔待命〕，并命令无符节的人不得在全国各地任意通行。

26. 大荒、大札，则令邦国移民[1]、通财[2]、舍禁、弛力、薄征、缓刑。

【注释】

〔1〕移民：郑《注》曰："避灾就贱。"案就贱，谓就谷多而价贱处。

〔2〕通财：贾《疏》曰："财是米谷也。其有留守不得去者(即不得迁移者)，则贱处通谷米与之。"

【译文】

遇到大灾荒或疾病大流行的年头，就命令诸侯国迁移灾民、互通米粮、放宽〔关市和山泽的〕禁令、免除力役、减轻租税、宽缓刑罚。

27. 岁终，则令教官正治而致事[1]。正岁[2]，令于教官曰："各共尔职，修乃事，以听王命。其有不正，则国有常刑。"

【注释】

〔1〕令教官正治而致事：教官，即谓地官系统的官。郑《注》曰："正治，明处其文书。致事，上其计薄。"

〔2〕正岁：郑《注》曰："夏历正月朔日。"

【译文】

〔夏历〕年终，命令所属官员明白审慎地整理文书资料而上报。〔夏历〕正月初一，命令教官们说："各自恪尽你们的职守，努力做好你们的工作，而听从王的命令。如有失误，国家自有常刑处置。"

二、小 司 徒

1. 小司徒之职，掌建邦之教法[1]，以稽国中及四郊都鄙之夫家九比之数[2]，以辨其贵贱、老幼、废疾，凡征役之施舍[3]，与其祭祀、饮食、丧纪之禁令。

【注释】

〔1〕掌建邦之教法：孙诒让曰："谓建立教官之官法。"

〔2〕夫家九比：夫家，郑注曰："犹言男女也。"九比，据王引之校，乃"人民"之误。

〔3〕凡征役之施舍：施，郑《注》以为当为"弛"。据贾《疏》，征谓税之，役谓繇役。贵与老幼、废疾不科役，故言弛。

【译文】

小司徒的职责，负责建立王国教官的为官法则，以考察王都中以及四郊和畿内采邑的男女人民的数目，分辨他们当中的贵贱、老幼和残疾者，凡赋税徭役的免除，和有关他们祭祀、饮食、丧事方面的禁令〔都掌管〕。

2. 乃颁比法于六乡之大夫[1]，使各登其乡之众寡[2]、六畜、车辇[3]，辨其物，以岁时入其数，以施政教，行征令[4]。及三年则大比[5]。大比则受邦国之比要。

【注释】

〔1〕比法：即校比法。孙诒让曰："谓校数户口财物之法。对三年大比则为小比。"

〔2〕登：郝敬曰："登簿籍。"

〔3〕车辇：贾《疏》曰："车谓革车及大车。辇，人挽行。"

〔4〕征令：孙诒让曰："征令亦谓宣布法令，通晐征役、征赋二义。"

〔5〕大比：郑《注》曰："谓使天下更简阅民数及其财物也。"

【译文】

向六乡大夫颁布校比法，使他们各自登记本乡人数的多少、六畜和车辇的数目，弄清各家的财物，每年按季呈报数字，以便施行政教，执行征收赋役的法令。到三年就举行大校比。大校比时接受各诸侯国〔呈报的登记校比结果〕的簿册。

3. 乃会万民之卒伍而用之[1]。五人为伍，五伍为两，四两为卒，五卒为旅，五旅为师，五师为军[2]，以起军旅，以作田役，以比追胥[3]，以令贡赋。

【注释】

〔1〕乃会万民之卒伍而用之：卒和伍，都是军队基层组织名，在此指代各级军事组织。用之，即用之于下文所说的军旅、田役、追胥等。

〔2〕"五人"至"为军"：伍、两、卒、旅、师、军，是与乡的行政

组织比、闾、族、党、州、乡一一相对应的军队组织名称。

〔3〕追胥：郑《注》曰："追，逐寇也。……胥，伺捕盗贼也。"

【译文】

〔协助大司徒〕编制万民的军事组织而〔备〕用。五人为一伍，五伍为一两，四两为一卒，五卒为一旅，五旅为一师，五师为一军，以起兵征伐，以进行田猎，以相配合追击外寇和伺捕国内盗贼，以施行有关贡赋的政令。

4. 乃均土地，以稽其人民，而周知其数〔1〕。上地家七人〔2〕，可任也者家三人〔3〕；中地家六人，可任也者二家五人；下地家五人，可任也者家二人。凡起徒役，毋过家一人，以其余为羡〔4〕，唯田与追胥竭作〔5〕。凡用众庶，则掌其政教，与其戒禁，听其辞讼，施其赏罚，诛其犯命者。凡国之大事致民〔6〕，大故致余子〔7〕。

【注释】

〔1〕"乃均"至"其数"：贾《疏》说，这是"佐大司徒掌土地人民之数"。

〔2〕上地家七人：郑《注》曰："一家男女七人以上，则授以上地，所养者众也。"

〔3〕可任：郑《注》曰："谓丁强任力役之事者。"

〔4〕羡：谓羡卒。贾《疏》曰："一家兄弟虽多，除一人为正卒，正卒之外，其余皆为羡卒。"

〔5〕追胥竭作：郑司农曰："追，追寇贼也。竭作，尽行。"

〔6〕大事致民：贾《疏》曰："谓有兵戎大事，于六乡之内发起民徒。"案此民徒指正卒。

〔7〕大故致余子：郑《注》曰："大故谓灾寇也。"郑司农曰："余子谓羡也。"王引之曰："大故则不惟致正卒，又并羡卒而致之。"

【译文】

〔协助大司徒〕合理调配土地，核查人民，而遍知人民的数目。上等土地授给七口以上人家，〔这样的人家〕可以胜任兵役和劳役的一家有三人；中等土地授给六口的人家，〔这样的人家〕可以胜任兵役和劳役的二家有五人；下等土地授给五口以下的人家，〔这样的人家〕可以胜任兵役和劳役的一家有二人。凡征调兵役和劳役，不超过每家一人，把其余的〔丁壮〕作为羡卒，只有田猎和追捕寇贼时〔正卒和羡卒〕全体出动。凡征用民众，就掌管有关的政教和对被征用者的禁戒，评断他们的争讼之辞，施行对他们的赏罚，惩罚他们当中的触犯禁戒者。凡国家有出兵征伐的事就召集正卒，有灾害寇贼的事〔就还要〕召集羡卒。

5. 乃经土地，而井牧其田野〔1〕。九夫为井〔2〕，四井为邑，四邑为丘，四丘为甸，四甸为县，四县为都，以任地事〔3〕，而令贡赋〔4〕，凡税敛之事〔5〕。

【注释】

〔1〕乃经土地，而井牧其田野：土地与田野在此是同义词。据郑《注》，这里是说的在都鄙（即王畿内的采邑）划分土地的方法。井、牧，都是土地划分法。井法是指在上等土地实行的土地划分法：一夫（即一家）百亩，九夫为井，井方一里。牧法则是次地（即中等土质的土地）的划分法：九夫为牧，二牧则当上地一井。然除次地外还有下地。贾《疏》曰："授民田之时，上地不易，家百亩；中地一易，家二百亩，下地再易，家三百亩。通率（即按三等土地平均计算）三家受六夫之地，一家受二夫之地，与牧地（即中等土地的受地数）同，故云'井牧其田野'。"案井、牧之法都属井田制，只因上、中、下地而异名。又据孙诒让说采邑和公邑都是实行井田制，而乡、遂则是实行沟洫制（参见《遂人》第4节注①）。

〔2〕井：是井田的最基本单位名。下文邑、丘、甸、县、都，都是井田单位的名称。据郑《注》，井方一里；四井为邑，四邑为丘，四丘为甸，四甸为县，四县为都。

〔3〕任地事：贾《疏》曰："谓任役万民使营地事。"

〔4〕贡赋：据孙诒让说，这里的贡指从业税，赋指地税。

〔5〕税敛：孙诒让曰："一井九家，各受田百亩，而敛其什一之税。"

【译文】

划分土地，而用井法和牧法划分田野。九夫所受的土地为一井，四井为一邑，四邑为一丘，四丘为一甸，四甸为一县，四县为一都，以〔使民〕从事土地生产事业，使民交纳贡赋，以及田税等所有当收取的租税。

6. 乃分地域而辨其守〔1〕，施其职而平其政〔2〕。

【注释】

〔1〕分地域而辨其守：分地域，据郑《注》，谓建邦国，造都鄙，制乡遂。据贾《疏》，这是佐大司徒为之。辨其守，义同《大司徒》所谓"奠地守"（参见彼第10节注②）。

〔2〕施其职而平其政：郑《注》曰："职谓九职也。"即《天官·大宰》之九职。又曰："政，税也。'政'当作'征'。"据孙诒让说，即《大司徒》所谓"地征"。

【译文】

〔协助大司徒〕划分各行政区域而确定守护地产的官职，〔使民各自〕从事自己的职业而合理地征收地税。

7. 凡小祭祀奉牛牲〔1〕，羞其肆〔2〕。小宾客〔3〕，令野修道、委积，大军旅，帅其众庶〔4〕。小军旅〔5〕，巡役〔6〕，治其政令。大丧〔7〕，帅邦役，治其政教。

【注释】

〔1〕小祭祀：据贾《疏》，是指对于山林、川泽、坟衍（参见《大司

徒》第2节）和四方百物之神，以及天上的风师、雨师等神的祭祀。

〔2〕羞其肆：参见《大司徒》第21节注②。

〔3〕小宾客：郑《注》曰："诸侯之使臣。"

〔4〕帅其众庶：郑《注》曰："帅而致之于大司徒。"案此众庶盖谓正卒。

〔5〕小军旅：据贾《疏》，谓由臣率军征伐，而大军旅则由天子亲征。

〔6〕巡役：俞樾曰："巡行其徒役。"徒役，谓军中从事杂役的民众。

〔7〕大丧：孙诒让说此处是兼王、后及世子之丧而言。

【译文】

凡有小祭祀就奉进牛牲，进献经解割的牲体。接待诸侯的使臣，命令在野外修整道路、积聚粮草〔以待使臣到来〕。有大征伐，就率领徒众〔交给大司徒〕。有小征伐，就负责巡视徒役，执行有关他们的政令。有大丧，就率领王国中为丧事服役的民众，执行有关他们的政教。

8. 凡建邦国，立其社稷[1]，正其畿疆之封。

【注释】

〔1〕立其社稷：贾《疏》曰："谓以文书法度与之，不可国国身往也。"

【译文】

凡建立诸侯国，使他们设立社稷坛壝，规正诸侯国疆域的封界。

9. 凡民讼，以地比正之[1]；地讼，以图正之[2]。

【注释】

〔1〕凡民讼，以地比正之：易祓曰："即《大宰》八成比居之法。"

案八成比居之法在《小宰》（见彼第7节），易说偶误。民讼，是指有关赋税、徭役方面的争讼。地比，谓校比当地居民，在此用以指代记载校比结果的簿册。

〔2〕地讼，以图正之：易祓曰："即《大宰》八成版图之法。"案八成版图之法亦在《小宰》第7节。

【译文】

凡民众〔在赋税、徭役方面〕有争讼，就依据当地清查〔居民〕的簿册来判决；有关土地的争讼，就依据地图来判决。

10. 岁终，则考其属官之治成而诛赏[1]，令群吏正要会而致事[2]。正岁则帅其属而观教法之象[3]，徇以木铎[4]，曰："不用法者，国有常刑。"令群吏宪禁令，修法，纠职，以待邦治。

【注释】

〔1〕治成：贾《疏》曰："成谓计簿。"即官府办事的文书记录。

〔2〕要会：贾《疏》曰："谓是月计、岁计总为簿书。"

〔3〕教法之象：即《大司徒》所谓"教象之法"（见彼第14节）。

〔4〕徇以木铎：参见《天官·小宰》第14节注③。

【译文】

〔夏历〕年终，考察属官们办事的文书记录而进行惩罚和奖赏，命令官吏们明白审慎地整理全年的会计文书而上报。〔夏历〕正月初一，就率领属官们观看〔悬挂在象魏上的〕教法，边走边摇动木铎，说："不执行法令的，国家自有常刑。"命令官吏们〔各自在治所〕悬挂禁令，加强法制，纠察职事，以待满足国家对于治理的要求。

11. 及大比，六乡四郊之吏，平教治，正政事，考夫屋及其众寡[1]、六畜、兵器，以待政令。

【注释】

〔1〕夫屋：都是计算田地面积的单位名称，此处用以指代田地数。郑《注》引《司马法》曰："亩百为夫，夫三为屋。"

【译文】

到大校比时，对于六乡四郊的官吏，评断他们的教育和治理情况，规正他们的政事，考察田地以及人民、六畜、武器和器械的数目，以待国家下达有关政令。

三、乡　　师

1. 乡师之职，各掌其所治乡之教，而听其治。

【译文】

乡师的职责是，各自掌管所治理之乡的教育，评断乡中官吏的治理情况。

2. 以国比之法[1]，以时稽其夫家众寡，辨其老幼、贵贱、废疾、马牛之物，辨其可任者[2]，与其施舍者，掌其戒令纠禁，听其狱讼。

【注释】

〔1〕国比之法：即《小司徒》所谓"乃颁比法于六官之大夫"（参见彼第2节）的比法。孙诒让曰："此官掌受比法，而以四时计当乡之民数也。"

〔2〕辨其可任者：贾《疏》曰："谓'上地家七人，可任者家三人'之等。"（参见《小司徒》第4节）

【译文】

依据国家的校比法，按时清查各家人数的多少，分辨他们当中的老幼、贵贱、残疾者，以及牛马等，分辨他们当中可以充任兵役、劳役的和应当免除兵役、劳役者，掌管有关他们的戒令、纠察和禁令，评断他们的争讼。

3. 大役〔1〕，则帅民徒而至，治其政令〔2〕。既役，则受州里之役要〔3〕，以考司空之辟，以逆其役事〔4〕。

【注释】

〔1〕大役：贾《疏》曰："谓筑作堤防、城郭等。"

〔2〕治：在此谓监督之。

〔3〕役要：要，簿书也。役要，贾《疏》曰："役人簿要。"即州里所送民徒之簿书。

〔4〕以考司空之辟，以逆其役事：郑《注》曰："辟，功作章程。逆，犹钩考也。"贾《疏》曰："司空主役作，故将此役要以钩考司空之功程。"

【译文】

有大劳役，就率领民夫来到施工地，监督他们执行政令的情况。劳役开始后，接受各基层〔呈报〕的民夫名册，按照司空的施工章程，来考查他们服役的情况。

4. 凡邦事，令作秩叙。

【译文】

凡王国有〔使用民力的〕事，令〔乡中长吏征调民夫〕有秩序。

5. 大祭祀，羞牛牲，共茅蒩[1]。

【注释】

〔1〕茅蒩：蒩，音 zū，郝敬曰：“蒩、苴同，藉也。”案“蒩”是“苴”的假借字。茅蒩，即以茅草为衬垫物，置于神位前，以便放置祭物。

【译文】

大祭祀，进献牛牲体，供给衬垫祭物用的茅草。

6. 大军旅、会同，正治其徒役[1]，与其輂辇[2]，戮其犯命者。

【注释】

〔1〕正治其徒役：贾《疏》曰：“谓六军之外，别有民徒使役，皆出于乡，故乡师治其徒役。”

〔2〕輂辇：輂，音 jú，马拉的载物大车。刘沅曰：“马驾以载辎重为輂，人挽之行以载任器为辇。”

【译文】

王亲征、会同，管理监督〔随军〕役徒和车辆，惩罚那些违犯禁令的人。

7. 大丧用役，则帅其民而至，遂治之[1]。及葬，执纛以与匠师御柩[2]，而治役。及窆，执斧以莅匠师[3]。

【注释】

〔1〕治之：郑《注》曰："谓监督其事。"

〔2〕执纛以与匠师御柩：纛，阮校以为当作"翿"。张参亦云"'翿'作'纛'，讹"。案翿，音dào，郑司农以为即"羽葆幢"。案《礼记·杂记下》孔《疏》释"羽葆"曰："以羽毛注于柄头，如盖，谓之羽葆。葆谓盖也。"幢，孙诒让说当作"橦"，即羽葆的柄。匠师，官名，属司空。郑《注》曰："乡师主役(徒)，匠师主众匠，共主葬引(即拉柩车)。"御柩，《杂记下》郑《注》曰："居前导正之。"

〔3〕执斧以莅匠师：郑《注》曰："匠师主丰碑之事，执斧以莅之，使戒其事。"案丰碑，为天子下葬所设。丰，大也。所谓碑，是用大木砍削而成，其形似碑，下棺时植于墓圹外的前后和四角，碑上凿有孔，孔中安辘轳，辘轳上缠绳，绳的一端系棺，另一端由人反身背着，听击鼓声向后退行，以将棺下入圹中。

【译文】

有大丧需用役徒，就率领乡民而来，于是负责监督乡民。到下葬时，持翿与匠师引导柩车前进，而监督〔拉柩车的〕役徒。到下棺入墓穴时，持斧临视匠师。

8. 凡四时之田，前期出田法于州里，简其鼓铎〔1〕、旗物、兵器，修其卒伍〔2〕。及期，以司徒之大旗致众庶〔3〕，而陈之以旗物，辨乡邑而治其政令刑禁，巡其前后之屯〔4〕，而戮其犯命者，断其争禽之讼。

【注释】

〔1〕鼓铎：铎，一种大铃。孙诒让以为此处"鼓铎"是包本篇《鼓人》之"六鼓、五金"而言(案"五"当作"四"，见彼第1节)。

〔2〕修其卒伍：贾《疏》曰："谓百人为卒，五人为伍，皆须修治，预为配当。"

〔3〕大旗：是一种画有熊虎的旗。

〔4〕巡其前后之屯：李调元曰："屯，聚也。阵前后各为屯聚，巡视

其不用命者戮之。”

【译文】

凡四季的田猎，事前先向各基层宣布田猎的法则，检阅他们的鼓铎、旗帜、武器和器械，整齐他们的军事编制。到期，用司徒的大旗召集民众，用〔代表乡邑的〕旗帜〔为标志〕排列队形，辨别乡邑而监督他们执行政令、刑法和禁令，巡视前后驻扎的〔车辆徒众〕，而惩罚违犯禁令的人，评断他们争夺猎物的争讼。

9. 凡四时之征令有常者〔1〕，以木铎徇于市朝〔2〕。

【注释】

〔1〕征令有常者：征令，宣布法令（参见《小司徒》第2节注④）。郑《注》曰：“征令之有常者，谓田狩及正月命修封疆，二月命‘雷且发声’。”案田狩即四时之田猎；所谓“正月命修封疆”、“二月命‘雷将发声’”，皆见《礼记·月令》。

〔2〕市朝：据孙诒让说，市谓集市，包括国都和郊野之市；朝谓乡师治事之所；凡众人聚集处亦通谓之市朝。

【译文】

凡四季当定期宣布的法令，就在众人聚集的地方边走边摇动木铎宣布。

10. 以岁时巡国及野〔1〕，而赒万民之艰厄〔2〕，以王命施惠。

【注释】

〔1〕岁时：郑《注》曰：“随其事之时，不必四时也。”

〔2〕艰厄：郑《注》曰：“饥乏也。”

【译文】

在有必要时就巡视国都和六乡四郊，而救济民众中饥饿困乏的人，以王的名义施予恩惠。

11. 岁终，则考六乡之治〔1〕，以诏废置〔2〕。正岁，稽其乡器〔3〕，比共吉凶二服〔4〕，闾共祭器，族共丧器，党共射器，州共宾器，乡共吉凶礼乐之器〔5〕。

【注释】

〔1〕六乡：据王引之校，“六”是“亓”字之误。亓，古“其”字。

〔2〕以诏废置：贾《疏》曰：“诏，告也。”刘沅曰：“告于司徒，达于王与冢宰废置之。”

〔3〕器：贾《疏》释之为“器服”。孙诒让曰：“通言之，服亦谓之器也。”又曰：“以下乡吏所共器服，并率民出私钱，而以官钱辅助之为器服，藏于乡吏所治处，民有事须用，则就吏取之，用毕复归而藏之，吏皆司其典守出入之事。”

〔4〕比共吉凶二服：比，谓五家为比之比。郑《注》曰：“吉服者，祭服也。凶服者，吊服也。比长主集为之。”即由比长集中保管，待用时供给之。下文义放此。

〔5〕乡共吉凶礼乐之器：郑《注》曰：“吉器，若闾祭器者。凶器，若族丧器者。礼乐之器，若州党宾射之器者也。乡大夫备集此四者，为州党族闾有故而不共也。”

【译文】

〔夏历〕年终，就考察乡的治理情况，报告上级以决定〔对乡中官吏的〕罢免或提升。〔夏历〕正月，核查乡中的公共器物和衣服。〔当需要时〕，比长供给祭服和吊服，闾胥供给祭祀器具，族师供给丧葬器具，党正供给乡射礼的器具，州长供给乡饮酒礼的器具，乡大夫〔当下级器具供给不足时可补充供给〕祭器、丧器和乡射礼、乡饮酒礼的器具。

12. 若国大比，则考教，察辞[1]，稽器[2]，展事[3]，以诏诛赏。

【注释】

〔1〕察辞：郑《注》曰："视吏言事，知其情实不。"

〔2〕器：即上节"稽其乡器"之器。

〔3〕展事：展，省视也。贾《疏》曰："谓行事展省视之，知其善恶。"

【译文】

如果国家大校比，就考核〔乡中官吏的〕教育成绩，考察汇报的情况〔是否属实〕，核查衣服器物〔是否完备无缺〕，省视所办事情〔的好坏〕，以报告上级决定赏罚。

四、乡大夫

1. 乡大夫之职，各掌其乡之政教禁令。

【译文】

乡大夫的职责是，各自掌管本乡的政教和禁令。

2. 正月之吉[1]，受教法于司徒[2]，退而颁之于其乡吏[3]，使各以教其所治，以考其德行，察其道艺。

【注释】

〔1〕正月之吉：谓周历正月初一。

〔2〕教法：贾《疏》曰："谓若《大司徒职》十二教以下。"（见彼

第4节）

〔3〕乡吏：谓州长、党正、族师、闾胥、比长。

【译文】

〔周历〕正月初一，从大司徒那里接受教法，下来颁布给乡吏们，让他们各自用以教育所治理的民众，并据以考察被教民众的德行和道艺。

3. 以岁时登其夫家之众寡，辨其可任者。国中自七尺以及六十〔1〕，野自六尺以及六十有五〔2〕，皆征之〔3〕。其舍者，国中贵者、贤者、能者、服公事者、老者、疾者，皆舍。以岁时入其书。

【注释】

〔1〕七尺：贾《疏》曰："谓年二十。"

〔2〕六尺：贾《疏》曰："谓年十五。"

〔3〕征之：郑司农曰："给公上事也。"

【译文】

每年按季登记乡中男女的多少，分辨其中可以胜任役事的人。都城中从二十岁到六十岁，郊野从十五岁到六十五岁，都要为公事服役。其中可以免除役事的，是都城中地位尊贵的人、有德行的人、有才能的人、在官府当差的人、年老的人、有残疾的人，都免除服役。每年按季把〔登记清查结果的〕簿册上报〔给大司徒〕。

4. 三年则大比，考其德行、道艺，而兴贤者〔1〕、能者。乡老及乡大夫帅其吏与其众寡〔2〕，以礼礼宾之〔3〕。厥明，乡老及乡大夫群吏献贤能之书于王，王再拜受之〔4〕，登于天府〔5〕，内史贰之。退而以乡射之礼五物询众庶〔6〕：一曰和，二曰容，三曰主皮〔7〕，四曰和容〔8〕，五曰兴舞〔9〕。此谓使民兴贤，出使长之；使民兴能，入使治之。

【注释】

〔1〕兴：举也。

〔2〕乡老及乡大夫帅其吏与其众寡：乡老，即《仪礼·士冠礼》之“乡先生”，彼郑《注》曰：“乡先生，乡中老人，为卿大夫致仕者。”即指退休在乡的卿大夫。众寡，郑《注》曰：“谓乡人之善者无多少也。”

〔3〕以礼礼宾之：郑《注》曰：“以乡饮酒之礼，礼而宾之。”案乡饮酒礼，是由乡大夫主持举行的一种饮酒礼，其目的就在于宾贤，即把乡中选出的贤者当作宾客来礼敬，以示尚贤，然后进献于诸侯国君或天子。关于乡饮酒礼，详可参看《仪礼·乡饮酒礼》。

〔4〕王再拜受之：据郑《注》，这是王表示十分重视得贤人，故再拜而受。

〔5〕登于天府：登，上也。案天府，官名，详其职文。孙诒让曰：“王致其书于天府言‘登’者，亦重得贤。”

〔6〕以乡射之礼五物询众庶：案这是通过举行乡射礼，从五个方面观察参加射箭比赛者，并征询众人的意见，看是否还有贤能者，即郑司农所谓“射，所以观士也”。关于乡射礼，详《仪礼·乡射礼》。

〔7〕主皮：谓重在射中靶心。据孙诒让说，“主皮”之名，起于大射。大射张皮侯，皮侯的侯中侧边饰以皮，而侯中的正中心又用一块正方的兽皮为鹄，即靶心，因此后来即以射中为主皮。现在举行的是乡射礼，所张的是兽侯，即在侯中侧边饰兽皮而不以皮为鹄，然亦沿用“主皮”为射中之名。

〔8〕四曰和容：《论语·八佾》“射不主皮”下何晏《集解》引马融曰：“四曰和颂，合《雅》、《颂》。”《雅》、《颂》指代音乐。案乡射礼配有音乐，参射者的动作容体都当符合音乐的节奏。

〔9〕兴舞：王引之曰：“兴者，作也，起也。”是兴舞即作舞，起舞。

【译文】

每三年进行一次大校比，考查乡民的德行和道艺，而荐举有德行、有才能的人。乡老和乡大夫率领属吏以及善良的乡民而不论人数多少，用乡饮酒礼像对待宾客一样礼敬被荐举出来的人。第二天，乡老和乡大夫以及乡吏们，呈献荐举贤能的文书给王，王行再拜礼而后接受文书，再把文书上交到天府收藏，内史收藏文书的副本。回来后〔举行乡射礼〕而用有关乡射礼的五个方面询问众人：一是看〔参加射箭比赛的人〕是否做到了身体与心志相和协，二是看仪容是否符合礼，三是看是否射中目标，四是看是否符合音乐节奏，五是看舞姿怎样。这就叫做让人民自己推举有德行的人，使他们做人民的长官；让人民自己推举有才能的人，使他们治理人民。

5. 岁终，则令六乡之吏皆会政致事[1]。正岁，令群吏考法于司徒，以退，各宪之于其所治之[2]。

【注释】

〔1〕六：王引之说，亦是“亓”(其)字之误。

〔2〕所治之：阮校说，“之”字是衍文。

【译文】

〔夏历〕年终，就命令本乡的官吏总结政事并将文书上报。正月，命令乡吏们到司徒那里考察教法，而后回来，各自把教法悬挂在自己的办公处。

6. 国大询于众庶[1]，则各帅其乡之众寡而致于朝[2]。国有大故[3]，则令民各守其闾，以待政令。以旌节辅令，则达之[4]。

【注释】

〔1〕大询：据郑《注》，国家有危难，或需要迁都，或当另立新君，遇有这一类大事，就需要大询众庶。

〔2〕朝：孙诒让曰："此朝谓外朝，在皋门内、库门外者。"

〔3〕大故：贾《疏》曰："谓灾变、寇戎之等。"

〔4〕以旌节辅令，则达之：旌节，即符节。据郑《注》，虽奉命往某地，如果不持旌节以为信，则禁之不得通行，故需"以旌节辅令"。

【译文】

国家有大事要征询广大民众的意见时，就各自率领本乡的民众来到王的外朝。国家有大的事故，就命令民众各自聚守在闾门，以等待命令。〔稽查来往行人〕，有用旌节帮助说明是奉命而行的，才允许通行。

五、州　　长

1. 州长各掌其州之教、治、政、令之法。

【译文】

州长各掌管本州有关教育、治理、行政和禁令的法则。

2. 正月之吉，各属其州之民而读法，以考其德行、道艺而劝之，以纠其过恶而戒之。若以岁时祭祀州社〔1〕，则属其民而读法，亦如之。

【注释】

〔1〕岁时祭祀州社：贾《疏》曰："此云岁时，唯谓岁之二时春、秋耳。春祭社所以祈膏雨，望五谷丰熟；秋祭社者，以百谷丰稔，所

以报功。”

【译文】

〔周历〕正月初一，各聚集本州的民众而宣读法令，用以考察州民的德行和道艺则而加以劝勉，用以纠正州民的过错而加以告诫。如果是在春秋二季祭祀州的社神的时候，就利用此时聚集州民而宣读法令，也这样对州民进行劝勉和告诫。

3. 春、秋以礼会民，而射于州序〔1〕。

【注释】

〔1〕序：是州、党一级的学校名。乡射礼是在州序中举行的(详《仪礼·乡射礼》)。

【译文】

春、秋二季依礼会聚州民，而在州序中举行乡射礼。

4. 凡州之大祭祀、大丧〔1〕，皆莅其事。

【注释】

〔1〕大祭祀、大丧：据郑《注》，大祭祀，谓祭祀州的社稷之神；大丧，谓州中有乡老、乡大夫死。

【译文】

凡州中的大祭祀、大丧，都亲临其事。

5. 若国作民而师、田、行、役之事，则帅而致之〔1〕，掌其戒令与其赏罚。

【注释】

〔1〕致之：贾《疏》曰："谓州长致于小司徒，小司徒乃率而致于大司徒。"

【译文】

如果国家征调民众参加征伐、田猎、巡狩、劳役的事，就率领本州的民众到小司徒那里，并掌管对于本州被征之民的戒令和赏罚。

6. 岁终，则会其州之政令。正岁，则读教法如初〔1〕。

【注释】

〔1〕如初：李钟伦曰："指上文'正月之吉'言也。"（参见第2节）。

【译文】

〔夏历〕年终，就总结本州执行政令的情况。〔夏历〕正月，像当初一样宣读法令。

7. 三年大比，则大考州里，以赞乡大夫废兴。

【译文】

到三年大校比时，就对州里官吏进行一次总考核，以协助乡大夫决定对州里官吏的罢免或提升。

六、党　　正

1. 党正各掌其党之政、令、教、治。

【译文】

党正各自掌管本党的行政、禁令、教育和治理。

2. 及四时之孟月吉日[1]，则属民而读邦法，以纠戒之。春秋祭禜[2]，亦如之。

【注释】

〔1〕吉日：谓朔日。

〔2〕禜：音 yǒng，是为禳除水旱灾害等而举行的祭祀。

【译文】

每到四季的第一个月的初一，就会聚民众宣读国家的法令，用以纠察和告诫民众。春秋举行禜祭时，也这样做。

3. 国索鬼神而祭祀[1]，则以礼属民而饮酒于序[2]，以正齿位[3]：壹命齿于乡里[4]，再命齿于父族[5]，三命而不齿。

【注释】

〔1〕国索鬼神而祭祀：郑《注》曰："谓岁十二月大蜡之时，建亥之月也。"案蜡，音 zhà，通"褚"，祭名，每年于周历十二月（夏历十月，即所谓建亥之月）举行。《礼记·郊特牲》曰："蜡也者，索也，岁十二月，合聚万物而索飨之。"即求索而聚合万物之神而加以祭祀。但以八种神为主，即《郊特牲》所谓先啬（指始教民稼穑者，如神农之类）、司啬（指掌管农事的官，如后稷）、百种（掌管各种谷物之神）、农（指农官田畯）、邮表畷（指田畯在田间居以督促农民耕作的房舍）、禽兽（如猫、虎等）、坊（堤防）、水庸（即水沟）等八种神，因此名为蜡八。又称之为"大蜡八"者，是天子之祭，较诸侯蜡祭为大，故名。

〔2〕以礼属民而饮酒于序：礼，谓党的饮酒礼。郑《注》曰："党正饮酒礼亡。"序，党的学校。

〔3〕齿：年龄。

〔4〕壹命：与下“再命”、“三命”，贾《疏》曰：“壹命谓下士，再命谓中士，三命谓上士。”

〔5〕父族：即指本族。

【译文】

当王国〔举行大蜡八之祭〕、搜求各种鬼神加以祭祀时，就用饮酒礼在党序中会聚民众，而按照年龄长幼排列位次。一命的官要与乡里众宾按年龄序尊卑，二命的官要与本族众宾按年龄序尊卑，三命的官就不与众宾按年龄序尊卑了，〔而特设其位以示尊宠〕。

4. 凡其党之祭祀、丧纪、昏、冠、饮酒，教其礼事，掌其戒禁。

【译文】

凡党中的祭祀、丧事、婚礼、冠礼、饮酒礼，教民众行礼的事，并掌管有关的戒令而加以纠禁。

5. 凡作民而师、田、行、役，则以其法治其政事[1]。

【注释】

〔1〕法：孙诒让曰：“即大司徒之役法，大司马之战法、田法。此官受彼法以治之也。”

【译文】

凡征调民众参加征伐、田猎、巡守、劳役的事，就用有关的法治理有关政事。

6. 岁终，则会其党政，帅其吏而致事[1]。正岁，属民读法[2]，而书其德行道艺。

【注释】

〔1〕致事：贾《疏》曰："致其所掌之事于州长，州长又致于乡大夫，乡大夫致于大司徒而行赏罚。"

〔2〕正岁，属民读法：孙诒让曰："前孟春朔日已读法(见第2节)，此月之内择日重复读之。"

【译文】

〔夏历〕年终，就总结本党的政事，率领本党属吏〔向州长〕呈报政绩。〔夏历〕正月，会聚民众宣读法令，并记录人们的德行和道艺。

7. 以岁时莅校比。及大比，亦如之。

【译文】

按照一年的四季亲临〔监察族师〕对民众的校比。到三年进行大校比时，也这样。

七、族　　师

1. 族师各掌其族之戒令、政事。

【译文】

族师各自掌管本族的戒令和政事。

2. 月吉[1]，则属民而读邦法，书其孝、弟、睦姻、有学者。春秋祭酺[2]，亦如之。

【注释】

〔1〕月吉：郑《注》曰："每月朔日也。"

〔2〕祭酺：酺，音 pú，神名，据郑《注》，是一种对人和物会造成灾害的神。祭之，祈其毋为害。

【译文】

每月初一，就会聚民众而宣读国家法令，记录民众中孝顺父母、敬爱兄长、和睦姻戚和学有所成的人。春秋祭酺时，也这样做。

3. 以邦比之法，帅四闾之吏，以时属民而校登其族之夫家众寡，辨其贵贱、老幼、废疾、可任者，及其六畜、车辇。

【译文】

依照王国的校比法，率领所属四闾的长吏，按时会聚民众而登记本族人数的多少，辨别其中的贵贱、老幼、残废疾病和可胜任役事的人，以及民众的各种牲畜和车辆数。

4. 五家为比，十家为联；五人为伍，十人为联；四闾为族，八闾为联[1]：使之相保相受[2]，刑罚庆赏相及相共，以受邦职，以役国事，以相葬埋。

【注释】

〔1〕四闾为族，八闾为联：案一闾二十五家，四闾百家为一族，八

闾为联，则二族之人。孙诒让曰：“八闾，二百家也。若然，在军盖亦百人为卒(参见下节注①)，二卒为联，经文不具也。”据此说，则“八闾为联”当理解为“二卒为联”，方与上文之义相合。

〔2〕相保相受：参见《大司徒》第15节注①、②。

【译文】

〔在家〕五家为比，十家为联；〔在军〕五人为伍，十人为联；〔在家〕四闾为族，〔在军〕八闾〔所出之二卒〕为联：使他们相互担保托付，有刑罚、喜庆、赏赐的事，相互共受共享，这样来承担王国的职事，为国事服役，相互帮助丧葬。

5. 若作民而师、田、行、役，则合其卒伍〔1〕，简其兵器，以鼓铎旗物帅而至〔2〕，掌其治令、戒禁、刑罚。

【注释】

〔1〕卒伍：贾《疏》曰：“族师主百家，家出一人，即为一卒，卒长还使族师为之。”案此处所谓卒伍，实指代军事编制。

〔2〕帅而至：贾《疏》曰：“帅至于乡师，以致司徒也。”

【译文】

如果征调民众参加征伐、田猎、巡守、劳役的事，就把他们按军事编制加以组合，检阅他们的武器和器械，带着鼓铎和旗帜率领徒众而到〔乡师那里〕，并掌管对徒众的治理、禁戒和刑罚。

6. 岁终，则会政致事。

【译文】

〔夏历〕年终，就总结政事呈报政绩。

八、闾　　胥

1. 闾胥各掌其闾之征令[1]。

【注释】

〔1〕征令：通该赋、役二者之令(参见《天官·司书》第2节注③)。

【译文】

闾胥各自掌管本闾有关征收赋税、徭役的命令。

2. 以岁时各数其闾之众寡，辨其施舍[1]。凡春秋之祭祀、役、政、丧纪之数聚众庶[2]，既比则读法，书其敬、敏、任、恤者[3]。

【注释】

〔1〕辨其施舍：孙诒让曰："即《乡师》云'辨其可任者与其施(弛)舍者'(见彼第2节)，此处不云'可任者'，文不具，亦辨之可知。"

〔2〕祭祀、役、政、丧纪之数：郑《注》曰："祭祀，谓州社、党禜、族酺也。役，田役也。政，若州射(参见《州长》第3节)、党饮酒(参见《党正》第3节)也。丧纪，大丧之事(参见《州长》第4节)也。"数，据王引之校，乃"事"字之误。

〔3〕敬、敏、任、恤：敬，即《大司徒》所谓"以祀礼教敬"之"敬"(见彼第4节)。敏，即《师氏》所谓"敏德"(见彼第2节)，彼郑《注》曰："仁义顺时者也。"任、恤，即《大司徒》"六行"所谓"任、恤"(参见彼第17节注③)。

【译文】

按一年的四季清点本闾人数的多少，辨别其中〔可以胜任役事者和〕应当免除役事者。凡春秋举行祭祀、田猎、乡射礼或饮酒礼、丧事等事聚集民众的时候，及〔四季〕校比民众的时候，就要〔向民众〕宣读法令，并记录民众中具有尊敬长上、及时行仁义、信任朋友和救济贫困等德行的人。

3. 凡事，掌其比、觵、挞罚之事[1]。

【注释】

〔1〕比、觵、挞罚：比，校比。案清查人数，分别贵贱尊卑，皆属校比之事。觵，音 gōng，古代饮酒器。案在乡射礼或乡饮酒礼上有失礼者，则以觵饮之以示罚。挞，亦是惩罚失礼者，《说文》曰："挞，乡饮酒罚不敬，挞其背。"

【译文】

凡有〔聚众行礼的〕事，掌管对众人的稽查、罚失礼者饮酒或鞭挞失礼者的事。

九、比　长

1. 比长各掌其比之治。五家相受、相和亲，有罪奇邪[1]，则相及。

【注释】

〔1〕奇邪：庄存与曰："奇邪，谓造谣乱民之类也。"

【译文】

比长各自掌管对本比的治理。五家相互托付、相互和睦亲善，有犯罪或造谣惑众的，就连带受惩罚。

2. 徙于国中及郊[1]，则从而授之[2]。若徙于他[3]，则为之旌节而行之。若无授无节，则唯圜土内之[4]。

【注释】

〔1〕郊：即郊里，亦在郊，但已出乡，是郊民所居的小城邑（详《县师》第1节注①）。

〔2〕从而授之：据郑《注》，这是说比长要将迁徙者交付给所迁处当地官吏，并负责向当地官吏说明迁徙者清白无罪恶。

〔3〕徙于他：刘绩《三礼图》卷一曰："谓出居异乡也。"

〔4〕圜土：郑《注》曰："狱城也。"案凡有过失而未构成犯罪的，即所谓罢民，则收入圜土，冀其悔改。故圜土与监狱、囹圄不同，犹今所谓劳教所。因其周围筑有圆形的围墙，故名。

【译文】

〔如果比内居民〕迁徙到都城中或郊里，〔比长〕就要跟从〔迁徙者〕而把他交付给当地官吏。如果迁徙到〔郊以外〕其他地方，就授给迁徙者符节让他上路。如果迁徙者没有〔比长前往〕交付或没有符节，就要被收进圜土。

一〇、封　　人

1. 封人掌设王之社壝[1]，为畿封而树之[2]。凡封国，设其社稷之壝，封其四疆。造都邑之封域者[3]，亦如之。

【注释】

〔1〕掌设王之社壝："设"，《注疏》本原文误刻作"诏"。社壝，祭祀社稷之神的坛壝。郑《注》曰："壝谓坛及堳埒。"（参见《大司徒》第2节注⑤）案此处言社而未言稷（谷神），刘阮曰："社稷有坛，外有壝，言社以该稷，壝以该坛也。"

〔2〕为畿封而树之：贾《疏》曰："谓王之国（都）外四面五百里，各置畿限，畿上皆为沟堑，其土在外而为封，又树木而为阻固。"

〔3〕造都邑之封域：都邑，据《注疏》，即王畿内的采邑。案都邑亦有社稷，此处唯言"造都邑之封域"而未言社稷，文略也。

【译文】

封人掌管修建王的社稷的壝坛，在王畿周围修筑疆界并在界上种树〔以为固〕。凡分封诸侯国，修建该国社稷的壝坛，在该国的四周修筑疆界。建造都邑的〔社稷壝坛和〕疆界，也这样做。

2. 令社稷之职[1]。

【注释】

〔1〕令社稷之职：郑《注》曰："将祭之时，令诸有职事于社稷者也。"

【译文】

〔将要祭祀社稷时〕，命令对于祭祀社稷负有职责的人〔各依职责去做〕。

3. 凡祭祀，饰其牛牲[1]，设其楅衡[2]，置其絼[3]，共其水稾[4]。歌舞牲及毛炮之豚[5]。

【注释】

〔1〕饰：郑《注》曰："谓刷治洁清之也。"

〔2〕楅衡：楅，音 bì，是设于牛角以防触人的横木。衡，即鼻栓，设于牛鼻便于着绳牵牛。

〔3〕纼：音 zhèn，着于牛鼻栓(即衡)上的牵牛绳。

〔4〕共其水稾：稾，阮校及孙诒让《校记》皆以为当作稾，此误。案稾是“稿”的异体字，稻、麦的秆子，此处盖指麦秆。郑《注》曰：“水稾，共杀时洗荐(衬垫)牲体也。”

〔5〕歌舞牲及毛炮之豚：歌舞牲，郑《注》曰：“谓君牵牲入时，言其肥香以歆神也。”案这是指行朝事礼时，王出室迎牲(参见《筵人》第1节注②)，封人则要跟在牲后面歌舞，所歌的内容是赞美牲又肥美又香，用以供神歆享。毛炮之豚，毛谓去毛，炮谓裹涂而烧之。其法，即《礼记·内则》所记八珍之一的炮豚之法：先用苇席裹豚，再用泥涂封，而后用火烧熟，再剥去泥和席(参见《天官·膳夫》第2节注⑤)。

【译文】

凡将举行祭祀，洗刷用于祭祀的牛牲，给牛设楅衡，栓上牵牛绳，供给〔杀牲时〕所需用的水和麦秸。〔当王将牲迎入庭中时〕，要为牲歌唱舞蹈，以及负责除去猪毛而后加以炮制。

4. 凡丧纪、宾客、军旅、大盟[1]，则饰其牛牲。

【注释】

〔1〕大盟：据贾《疏》，王亲临诸侯会盟，曰大盟。

【译文】

凡举行丧事、款待宾客、军队出征、大会盟，就洗刷所用的牛牲。

一一、鼓　人

1. 鼓人掌教六鼓[1]、四金之音声[2]，以节声乐，以和军旅，以正田役。

【注释】

〔1〕六鼓：即下节所记雷鼓、灵鼓、路鼓、鼖鼓、鼛鼓、晋鼓。

〔2〕四金之音声：四金，即下节所记金錞、金镯、金铙、金铎。音声，郑《注》曰："五声和合者。"案五声，指宫、商、角、徵、羽，构成我国古代音乐上的五声音阶。五声单发为声，按一定的规律排列则成音，即所谓"五声和合"。贾《疏》曰："五声须鼓乃和。"

【译文】

鼓人掌管教授六种鼓和四种金属敲击乐器以使五声和合发出乐音，用以节制音乐，协调军队，指挥田猎。

2. 教为鼓而辨其声用。以雷鼓鼓神祀〔1〕，以灵鼓鼓社祭〔2〕，以路鼓鼓鬼享〔3〕，以鼖鼓鼓军事〔4〕，以鼛鼓鼓役事〔5〕，以晋鼓鼓金奏〔6〕。以金錞和鼓〔7〕，以金镯节鼓〔8〕，以金铙止鼓〔9〕，以金铎通鼓〔10〕。

【注释】

〔1〕雷鼓鼓神祀：郑《注》说，雷鼓是一种八面鼓，神祀谓祀天神。

〔2〕灵鼓鼓社祭：郑《注》说，灵鼓是一种六面鼓，社祭谓祭地祇。

〔3〕路鼓鼓鬼享：郑《注》说，路鼓是一种四面鼓，鬼享谓享宗庙。

〔4〕鼖鼓：鼖，音 fén。郑《注》曰："大鼓谓之鼖，鼖鼓长八尺。"（参见《考工记·韗人》第 2 节）。又据贾《疏》说，鼖鼓是一种两面鼓。

〔5〕鼛鼓：鼛，音 gāo，郑《注》说，是一种长一丈二尺的大鼓。案鼛鼓《韗人》作皋鼓(参见彼第 3 节)。

〔6〕晋鼓：郑《注》说，是一种长六尺六寸的鼓。

〔7〕以金錞和鼓：錞，音 chún，即錞于。郑《注》曰："錞，錞于也。圜如碓头(即舂杵)，大上小下。乐作，鸣之与鼓相和。"马承源说，从出土情况看，錞于"始于春秋时期，盛行于战国至西汉前期"，可用

于军阵，亦可用于祭祀集会。

〔8〕以金镯节鼓：镯，音 zhuó，郑《注》以为即钲（音 zhēng），曰：“镯，钲也，形如小钟，军行鸣之，以为鼓节。”案钱玄说：“《周礼》无‘钲’字，即用‘镯’字。”（《通论》页 262）

〔9〕以金铙止鼓：铙，音 náo，郑《注》曰：“铙如铃，无舌，有秉，执而鸣之，以止击鼓。”案止击鼓，即为退军。贾《疏》曰：“进军之时击鼓，退军之时鸣铙。”马承源说，铙是我国最早使用的青铜打击乐器之一，流行于商代晚期，周初沿用，不单用于军中，且可用于祭祀和宴乐。

〔10〕以金铎通鼓：郑《注》曰：“铎，大铃也，振之以通鼓。”钱玄说：“在军击鼓，必先振铎，而后诸鼓齐鸣，故曰通鼓。”（《通论》页 266）马承源说，铎盛行于春秋战国时期，具体用于军旅和田猎。

【译文】

教击鼓而分辨鼓的声音和用途。祭祀天神时击雷鼓，祭祀地神时击灵鼓，祭祀宗庙时击路鼓，军事行动击鼖鼓，兴起役事击鼛鼓，敲击钟、镈等乐器时击晋鼓。用金錞调和〔作乐时的〕鼓声，用金镯节制〔行军时的〕鼓声，用金铙停止〔行军时的〕鼓声，用金铎〔示令〕军鼓齐作。

3. 凡祭祀百物之神[1]，鼓兵舞、帗舞者[2]。凡军旅，夜鼓鼜[3]。军动，则鼓其众[4]。田役亦如之。

【注释】

〔1〕百物之神：据贾《疏》，上文说了祭天、祭地、祭宗庙，此则说祭诸小神之事。

〔2〕兵舞、帗舞：据郑《注》，兵舞，谓以干（盾牌）戚（斧）为舞具，执之以舞。帗，音 fú，亦舞具，是剪裂五彩缯做成的；帗舞即执帗而舞。

〔3〕鼜：音 qì，巡夜所敲的鼓。郑《注》曰：“鼜，夜戒守鼓也。”

〔4〕军动，则鼓其众：贾《疏》曰：“据将临陈（阵）时，军旅始动，则击鼓以作士众之气。故曹刿云‘一鼓作气’。”

【译文】

凡祭祀各种小神，击鼓作为兵舞、帗舞的节奏。凡出征，夜里敲击鼜鼓。军队将冲锋陷阵，就击鼓鼓舞士气。发起徒役田猎时，也这样击鼓鼓舞士气。

4. 救日月，则诏王鼓。大丧，则诏大仆鼓〔1〕。

【注释】

〔1〕大丧，则诏大仆鼓：据郑《注》，在人始死时和下葬时，要击鼓。案大仆在大丧时有击鼓的职责(详其职文第7节)。

【译文】

解救日食、月食，就告知王击鼓。有大丧，就告知大仆击鼓。

一二、舞　师

1. 舞师掌教兵舞，帅而舞山川之祭祀。教帗舞，帅而舞社稷之祭祀。教羽舞〔1〕，帅而舞四方之祭祀〔2〕。教皇舞〔3〕，帅而舞旱暵之事〔4〕。

【注释】

〔1〕羽舞：羽，舞具，据郑《注》，是用白色羽毛做成，形如帗。执羽而舞，故名羽舞。

〔2〕四方之祭祀：郑《注》曰：“谓四望也。”孙诒让曰：“四方、四望可通称。”案望为祭名，四望即望祀四方名山大川及海。

〔3〕皇舞：皇，舞具，据郑《注》，是用五彩羽毛做成，亦形如帗。执皇而舞，故名皇舞。

〔4〕旱暵之事：郑《注》曰：“谓雩也。”雩，音yú，祭名，是为求

雨举行的祭祀。暵，音 hàn，《说文》曰："干也。"

【译文】

舞师掌管教习兵舞，祭祀山川之神时率舞队前往而舞。教习帗舞，祭祀社稷之神时率舞队前往而舞。教习羽舞，祭祀四方名山大川时率舞队前往而舞。教习皇舞，为解除旱灾而举行雩祭时率舞队前往而舞。

2. 凡野舞[1]，则皆教之。

【注释】

〔1〕野舞：郑《注》曰："谓庶人欲学舞者。"

【译文】

凡民众想学习舞蹈的，就都教他们。

3. 凡小祭祀，则不兴舞。

【译文】

凡是小祭祀，就不起舞了。

一三、牧　　人

1. 牧人掌牧六牲[1]，而阜蕃其物，以共祭祀之牲牷[2]。

【注释】

〔1〕六牲：郑《注》曰："谓牛、马、羊、豕、犬、鸡。"

〔2〕牲牷：牷，音 quán。牲牷，曾钊曰："牷，色之纯；牲，体之具也。"

【译文】

牧人掌管牧养六牲，而使六牲繁殖，供应祭祀所用完好而纯色的牲。

2. 凡阳祀〔1〕，用骍牲毛之〔2〕；阴祀〔3〕，用黝牲毛之；望祀〔4〕，各以其方之色牲毛之〔5〕。

【注释】

〔1〕阳祀：郑《注》以为是指祭祀天和宗庙。

〔2〕骍牲毛之：郑《注》曰："骍牲，赤色。毛之，取纯毛也。"

〔3〕阴祀：郑《注》以为是指祭祀地和社稷。

〔4〕望祀：即《舞师》所谓"四方之祭"（参见彼第1节）。

〔5〕各以其方之色牲：按照五行观念，东西南北中五方分别与青（苍）白赤黑黄五色相配，因此，如果祭祀东方的山川，就当用苍色的牲，下类推，即所谓"各以其方之色牲"。

【译文】

凡祭祀天或宗庙，用毛色纯赤的牲；祭祀地和社稷，用毛色纯黑的牲；祭祀名山大川，各用代表各方颜色的纯毛的牲。

3. 凡时祀之牲〔1〕，必用牷物。凡外祭、毁事〔2〕，用尨可也〔3〕。

【注释】

〔1〕时祀：据《注疏》，谓"四时所常祀"，即列在祭祀之常典、四

时定期举行的祭祀。

〔2〕外祭、毁事：外祭，郑《注》曰："谓表貉及王行所过山川用事者。"案表貉，谓田猎时在立表处举行貉祭（参见《春官·肆师》第6节注⑤）；所过山川用事，谓王外出时对所过山川进行祭祀：是皆所谓外祭。毁事，谓毁折牲体而祭，是一种为禳除殃咎而举行的祭祀，如《春官·大宗伯》所谓"疈辜"（参见彼第3节），《小祝》所谓"侯、禳"（参见彼第1节），皆属此类。

〔3〕尨：音 máng，杜子春曰："尨谓杂色不纯。"

【译文】

凡四季定期举行的祭祀所用牲，一定要用毛色纯一的。凡举行外祭或毁折牲体之祭，可以用杂色的牲。

4. 凡祭祀共其牺牲〔1〕，以授充人系之〔2〕。凡牲不系者〔3〕，共奉之。

【注释】

〔1〕牺：孙诒让曰："牺为祭牲之专名。"

〔2〕以授充人系之：郑《注》曰："授充人者，当殊养之。"殊养，谓殊别于牧群、另加拴系饲养。案充人有于祭前系养祭牲的职责，参见《充人》第1节。

〔3〕凡牲不系者：郑《注》曰："谓非时而祭祀者。"这是说，如果有不在常典之祀，是临时有事而祭祀，则所用牲不授充人系养。

【译文】

凡祭祀供应所需的牺牲，交给充人另加系养。凡〔临时的祭祀〕所用牲无须系养的，也供应。

一四、牛　　人

1. 牛人掌养国之公牛，以待国之政令。

【译文】

牛人掌管饲养国中公家的牛，以待国家的命令而供应。

2. 凡祭祀共其享牛、求牛〔1〕，以授职人而刍之〔2〕。凡宾客之事〔3〕，共其牢礼、积、膳之牛〔4〕。飨、食、宾射〔5〕，共其膳羞之牛〔6〕。军事，共其槁牛〔7〕。丧事，共其奠牛〔8〕。凡会同、军旅、行役〔9〕，共其兵车之牛，与其牵徬〔10〕，以载公任器〔11〕。

【注释】

〔1〕享牛、求牛：郑《注》曰："享，献也。献神之牛，谓所以祭者也。求，终也。终事之牛，谓所以绎者也。"这是说，享牛是用之于正祭以献神的牛，求牛则是用之于绎祭以终事的牛。绎，祭名，祭之明日又祭，谓之绎祭。祭祀至绎祭而终，故称求牛为"终事之牛"。案究竟何为享牛、求牛，学者众说纷纭，兹姑用郑说。

〔2〕授职人而刍之：职，是"枳"的假借字，郑《注》曰："樴谓之杙(木桩)，可以系牛。"是职人即系养牛的人。刍，用草喂养。

〔3〕宾客：据贾《疏》，指来朝的诸侯，或来聘之臣。

〔4〕牢礼、积、膳：牢礼，郑《注》曰："飧饔也。"(参见《天官·外饔》第1节注②)。积，即委积，是供宾客道路所用之资，所供亦有牲。膳，郑《注》曰："所以间礼宾客。"即在宾客留住期间宴飨宾客。

〔5〕飨、食、宾射：飨，谓飨礼，是一种用酒食款待宾客之礼，其礼久亡，今不可详。食，谓食礼，也是一种款待宾客之礼，《仪礼·公食大夫礼》记诸侯食礼，可参看。宾射，是天子与来朝诸侯，或诸侯相朝聘所举行的射礼。据贾《疏》，天子、诸侯行射礼前皆先行燕礼，因此需用牛牲。案《仪礼》有《燕礼》一篇，记诸侯燕礼之仪节，可参看。

〔6〕膳羞：即羞膳。郑《注》曰："羞，进也，所进宾之膳。"

〔7〕槁牛：郑司农曰："槁(犒)师之牛。"

〔8〕奠牛：方苞《集注》曰："丧所荐馈曰奠。"

〔9〕行役：在此指王巡守。贾《疏》曰："会同、军旅兼言行役，谓

王行巡守皆六军从也。”

〔10〕共其兵车之牛，与其牵徬：车，《注疏》本原误刻作“军”。据贾《疏》，除四马所驾的兵车外，还有用牛拉以载辎重的兵车，牛人当供其牛。牵徬，郑《注》曰：“在辕外挽牛也。”

〔11〕任：郑《注》曰：“犹用也。”

【译文】

凡祭祀供给所需的享牛和求牛，交给职人系养。凡招待宾客的事，供给为宾客设便宴或馈饔饩、赠送道路之资以及宴请宾客所需的牛。举行飨礼、食礼或宾射礼，都供给进献膳食所需的牛。有军事行动，供给犒劳将士所需的牛。有丧事，供给奠祭死者所需的牛。凡〔王〕与诸侯会同、出兵征伐、巡守，供给驾兵车所需的牛，并在辕外帮助牵牛，以运载公用器物。

3. 凡祭祀，共其牛牲之互〔1〕，与其盆簝〔2〕，以待事。

【注释】

〔1〕互：郑《注》曰：“若今屠家县(悬)肉格。”

〔2〕盆簝：簝，音 liáo，古代宗庙盛肉的竹器。郑司农曰：“盆、簝皆器名。盆，所以盛血。簝，受肉笼也。”

【译文】

凡祭祀，供给悬挂牛牲肉所需的架子，以及〔盛牲血〕的盆和〔盛牲肉〕的笼，以待祭事。

一五、充　人

1. 充人掌系祭祀之牲牷。祀五帝，则系于牢，刍之三月。享先王亦如之。凡散祭祀之牲[1]，系于国门[2]，使养之[3]。

【注释】

〔1〕散祭祀：即小祭祀，祭祀天地诸小神。

〔2〕系于国门：郑《注》曰：“谓城门司门之官。”（参见《司门》第3节）

〔3〕使养之：郑司农曰：“使守门者养之。”

【译文】

充人掌管系养祭祀所用的完好而纯色的牲。祭祀五帝，就拴系在栏圈中，喂养三个月。祭祀先王也这样做。凡散祭祀所需用的牲，拴系到国都城门的司门官那里，使〔守门人〕负责喂养。

2. 展牲[1]，则告牷。硕牲，则赞[2]。

【注释】

〔1〕展牲：郑《注》曰：“若今夕牲也。”案夕牲，谓祭祀前一天之夕检视牲，看牲体是否符合要求。

〔2〕硕牲，则赞：据贾《疏》，是指祭祀当天，王和王后先后向尸行祼将礼后，王迎牲入庙时，群臣把牲体肥硕报告神。赞，方苞《集注》曰：“防其奔骇，故助持之。”

【译文】

〔祭祀前夕〕省视牲，就〔向省视者〕报告牲体完好毛色纯。〔向神报告〕牲体肥硕时，就帮助〔王牵牲〕。

一六、载　　师

1. 载师掌任土之法[1]，以物地事[2]，授地职[3]，而待其政令〔4〕。

【注释】

〔1〕任土：郑《注》曰："任其力势（指土地肥力和高下形势）所能生育，且以制贡赋也。"

〔2〕物地事：郑《注》曰："物，物色之，以知其所宜之事。"案所宜之事，谓不同的土地所宜从事的生产。

〔3〕授地职：郑《注》曰："授农牧虞衡，使职之。"谓适宜于农业的土地就授给农民，适宜于放牧的土地就授给牧人，山林川泽则授给虞衡，等等。

〔4〕以待其政令：政，通"征"，税也。贾《疏》曰："谓因其职事，使出赋贡，即下经'园廛二十而一'以下是也。"（见第2节）黄度曰："待政令，待税敛之政令也。"

【译文】

载师掌管使用土地的法则，以分辨不同土地的功用，授给不同职业的人，以待完成国家征收赋税的命令。

2. 以廛里任国中之地〔1〕，以场圃任园地〔2〕，以宅田、士田、贾田任近郊之地〔3〕，以官田、牛田、赏田、牧田任远郊之地〔4〕，以公邑之田任甸地〔5〕，以家邑之田任稍地〔6〕，以小都之田任县地〔7〕，以大都之田任畺地〔8〕。凡任地，国宅无征〔9〕，园廛二十而一〔10〕，近郊什一，远郊二十而三，甸、稍、县、都皆无过十二，唯其漆林之征二十而五。

【注释】

〔1〕廛里：官献瑶曰："廛，民居之通称。许行曰：'愿受一廛而为民。'市肆亦民居也，故同谓之廛。里，居也。《孟子》曰：'收其田

里。’合而言之，皆宅也。”

〔2〕以场圃任园地：江永曰：“谓城外有可为园圃之地，授九职中艺园圃者，使贡草木果蓏之属，场人掌之。”是所谓场圃，即场人所掌之园圃；所谓园地，即可为园圃之地。孙诒让说，这种可为园圃之地在国都的城郭之间。案古代城外有郭(即外城)，城郭之间有大片空地，可作场圃。

〔3〕宅田、士田、贾田：据郑《注》，宅田是退休的官吏之家所受的田；士田的“士”当读为“仕”，是做官的人所受的田，即所谓圭田(《孟子·滕文公上》赵岐《注》曰：“古者卿以下至于士，皆受圭田五十亩，所以供祭祀。”)；贾田是贾人之家所受的田。孙诒让曰：“贾人身在市，不得为农，其家有子弟任农者，则授以田。”

〔4〕官田、牛田、赏田、牧田：据郑《注》，官田是庶人在官者之家所受的田；牛田、牧田，是为公家畜牧者之家所受的田。赏田，惠士奇曰：“禄田之外，有功而赏曰赏田。”案以上自宅田以至牧田，凡七种田，据江永说，都是近郊和远郊农田以外的闲田。

〔5〕以公邑之田任甸地：郑《注》曰：“公邑，谓六遂余地，天子使大夫治之，自此以外皆然。”案距都城百里至二百之间称为甸，亦即所谓邦甸(参见《天官·大宰》第7节)，甸地设六遂，六遂总领七万五千家(参见《遂人》第1节)，而六遂之外还余有民户和土地，就设公邑，由天子委派大夫去治理。又甸以外至畿疆，还有稍、县、都(见下文)，这些地方除了采邑亦皆属公邑，故曰“自此(指甸)以外皆然”。

〔6〕以家邑之田任稍地：据郑《注》，家邑是大夫的采邑，下文小都则是卿的采邑，大都是公(包括王子弟)的采邑。据贾《疏》，家邑最小，只有二十五里，小都五十里，大都百里。稍地，即家削之地，在距王都二百里与三百里之间(案此及下文县地、畺地，皆参见《大宰》第7节)。

〔7〕县地：即邦县之地，在距王都三百里至四百里之间。

〔8〕畺地：孙诒让曰：“畺，或作‘疆’。此经畿畺字并作‘疆’，惟此作‘畺’。”畺地，即邦都之地，亦即下文所谓都，在距王都四百里至五百里之间。

〔9〕国宅：即官宅，为官者的居宅。

〔10〕园廛二十而一：园廛，参见上注①、②。案园廛不种谷物，园则税其瓜果草木，廛则税其宅地所种树，郑《注》曰“古之宅必树”。

【译文】

用国都中的土地作居宅，用城郭间的空地作场圃，用近郊的土地作宅田、士田、贾田，用远郊的土地作官田、牛田、赏田、牧田，用甸地中〔六遂以外的余地〕作公邑，用稍地作家邑之田，用县地作小都之田，用畺地作大都之田。凡用地，官宅不征税，园圃和民宅的税率是二十分取一，近郊的税率是十分取一，远郊的税率是二十分取三，甸、稍、县、都的税率都不超过十分取二，只有对漆树林的征税率是二十而取五。

3. 凡宅不毛者，有里布〔1〕；凡田不耕者，出屋粟〔2〕；凡民无职事者，出夫、家之征〔3〕。

【注释】

〔1〕宅不毛者，有里布：宅不毛，郑司农曰："谓不树桑麻也。"里，江永曰："里居之里，……即谓所居之宅也。"布，郑《注》释之为"泉（钱）"。

〔2〕屋粟：税名，其数量今已不详。江永曰："屋粟又见《旅师》，自是当时征税之名，不知其多少。田不耕有多少，当量田而出粟。"

〔3〕夫、家之征：据郑《注》，谓出夫税、家税。夫税，指一夫百亩所当缴纳的田税；家税，谓出军赋，服徭役。

【译文】

凡宅地不种桑麻的，罚出居宅税钱；凡田地不耕种的，〔根据所荒废田地的多少〕罚出屋粟；凡民无职业而又无所事事的，罚他照样出夫税、家税。

4. 以时征其赋〔1〕。

【注释】

〔1〕以时征其赋：孙诒让说，载师为闾师、县师、遗人、均人之长，

则所云“征其赋”，当是令此四官依法征之，而载师督董之，非亲其事。

【译文】

按时征收各种赋税。

一七、闾　　师

1. 闾师掌国中及四郊之人民、六畜之数，以任其力，以待其政令，以时征其赋。

【译文】

闾师掌管国都中及四郊的人民、六畜的数目，以任用他们的劳动力，以等待国家的命令，而按时向他们征收赋贡。

2. 凡任民：任农以耕事，贡九谷；任圃以树事，贡草木[1]；任工以饬材事[2]，贡器物；任商以市事，贡货贿；任牧以畜事，贡鸟兽；任嫔以女事[3]，贡布帛；任衡以山事[4]，贡其物；任虞以泽事[5]，贡其物。

【注释】

〔1〕草木：郑《注》曰：“谓葵韭果蓏之属。”

〔2〕饬材：参见《天官·大宰》第6节注⑦。

〔3〕任嫔妇以女事：嫔妇，即妇女。女事，谓“化治丝枲”（参见同上注⑨）。

〔4〕衡：本指掌山林的官，在此指利用山林从事生产之民（参见同上注④）。

〔5〕虞：本指掌川泽之官，在此指利用川泽从事生产之民（参见同上）。

【译文】

凡任用人民：用农民从事耕种的事，贡纳各种谷物；用圃人从事种植的事，贡纳蔬菜瓜果；用工匠从事制作的事，贡纳器物；用商贾从事贸易的事，贡纳财物；用牧民从事畜牧的事，贡纳鸟兽；用妇女从事女工的事，贡纳布帛；用山民从事山林生产的事，贡纳山林的出产物；用川泽之民从事川泽生产的事，贡纳川泽的出产物。

3. 凡无职者〔1〕，出夫布〔2〕。

【注释】

〔1〕无职者：即《天官·大宰》所谓“九曰闲民，无常职，转移执事”者(见彼第6节)。

〔2〕出夫布：贾《疏》曰：“使出一夫口税之泉(钱)也。”

【译文】

没有固定职业的人，出一人的人头税。

4. 凡庶民不畜者，祭无牲；不耕者，祭无盛〔1〕；不树者，无椁；不蚕者，不帛；不绩者，不衰〔2〕。

【注释】

〔1〕盛：指盛于器而用于祭祀的谷物，郑《注》曰：“黍稷也。”

〔2〕不衰：衰，本指服斩衰、齐衰丧的人缀于丧服前当心处的麻布，《仪礼·丧服·记》曰：“衰长六寸，博四寸。”江永曰：“不绩之人遇有斩、齐之丧，其丧服不设此布以耻之，非不服丧服。”

【译文】

凡民众不饲养牲畜的，祭祀不得用牲；不耕种的，〔祭祀〕不得用谷物；不种树的，〔丧葬只可用棺而〕无椁；不养蚕的，不得穿丝绸；不纺织的，〔丧服前〕不得缀衰。

一八、县　师

1. 县师掌邦国、都鄙、稍、甸、郊里之地域[1]，而辨其夫家人民[2]、田莱之数[3]，及其六畜车辇之稽。三年大比，则以考群吏而以诏废置。

【注释】

〔1〕县师掌邦国、都鄙、稍、甸、郊里之地域：邦国，指各诸侯国。都鄙，是指分布于王畿内稍、甸、都地区的采邑。郊里，据孙诒让说，都郊地区分布有六乡，但不只是六乡，还有《载师》所说的宅田、士田以至牧田等七种田，在六乡和七种田之外，还有余地为民所居者，就称之为郊里。郊里之地在四郊，各为小城邑，为郊民所居，按什伍编制，与乡遂之民同，而与公邑井田之制异。县师是掌公邑的官，而公邑分布在甸、稍、县、都四地区(参见《载师》第2节注⑤)。四地区以内有郊里，以外有邦国，中间杂有都鄙(采邑)。所以这句经文的邦国、郊里，是就县师所掌地域的外、内界限而言，都鄙则是指其所掌地域中杂有都鄙而都鄙并非县师所掌。又此经唯言“稍甸”而未言“县都”，孙诒让曰：“文不具也。”

〔2〕夫家：江永曰：“犹云‘男女’。无妻者为夫，有妻者为家。”

〔3〕莱：郑《注》曰：“休不耕者。”

【译文】

县师掌管外到诸侯国、内自郊里，这当中除了采邑以外的〔都、县〕、稍、甸地区〔的公邑〕，而负责查明其间的男女民众、耕地和休耕地，及其六畜、车辆〔的数目〕。三年大校比，就考察〔公邑的〕官吏们而报告上级加以罢免或提升。

2. 若将有军旅、会同、田、役之戒，则受法于司马，以作其众庶及马牛车辇，会其车人之卒伍[1]，使皆备旗鼓、兵器，以帅而至[2]。

【注释】

〔1〕会其车人之卒伍：义同于《族师》所谓“合其卒伍”（参见彼第5节注①）。

〔2〕帅而至：据江永说，是公邑之长帅之，县师不帅。

【译文】

如果有将要出征、会同、田猎或劳役的戒令，就到大司马那里接受指示，以征调民众和马牛车辆，把车和人按军事编制加以组合，使他们都备足旗鼓、武器和器械，而〔由各公邑的长官〕率领他们到达〔县师那里〕。

3. 凡造都邑[1]，量其地，辨其物[2]，而制其域。

【注释】

〔1〕都邑：贾《疏》曰：“都谓大都、小都，邑谓家邑也。”是都邑犹言都鄙或采邑。

〔2〕辨其物：郑《注》曰：“物谓地所有也。”案地所有，谓山林、川泽、物产和人民等。

【译文】

凡建造采邑，测量它的土地，辨别该地所有的人民和物产，而划定它的地域。

4. 以岁时征野之赋贡[1]。

【注释】

〔1〕野之赋贡：野，据郑《注》，谓甸、稍、县、都。江永曰："此谓征公邑之民赋也。"

【译文】

每年按季征收野地的赋贡。

一九、遗　　人

1. 遗人掌邦之委积〔1〕，以待施惠。乡里之委积〔2〕，以恤民之艰厄；门关之委积〔3〕，以养老孤〔4〕；郊里之委积，以待宾客。野鄙之委积〔5〕，以待羁旅〔6〕；县都之委积〔7〕，以待凶荒。

【注释】

〔1〕委积：即积累，聚积。据江永、孙诒让说，委积在此处主要指谷物，亦兼有薪柴和饲草。谷物、柴草等足国用而有余，所余部分储存起来，以备施惠和接待宾客，即此所谓委积。

〔2〕乡里：里，居也。乡里即六乡七万五千家所居，亦即郑《注》所谓"乡所居也"。

〔3〕门关之委积：贾《疏》曰："门谓十二国门，关谓十二关门，出入皆有税。所税得者，亦送账多少(即向上报账)，足国用外，留之以养老孤。"王志长引"或曰"云："门关之委积，谓门关之税入所余。"

〔4〕老孤：指为国事而死者的父母及其未成年之子弟。

〔5〕野鄙：据孙诒让说，此指甸地(距王都二百里)和稍地(距王都三百里)。

〔6〕羁旅：贾《疏》曰："旅，客也。谓客有羁縶在此未得去者。"

〔7〕县都：指距王都四百里之县和五百里之都两地区。

【译文】

遗人掌管王国的委积，以待〔向民〕施恩惠。乡里的委积，用以救济乡民中饥饿困乏的人；门关的委积，用以抚养〔为国事而死者的〕父母和孩子，郊里的委积，用以供给〔出入王都的〕宾客；野鄙的委积，用以供应寄居的旅客；县都的委积，用以防备灾荒。

2. 凡宾客、会同、师、役，掌其道路之委积〔1〕。凡国野之道，十里有庐〔2〕，庐有饮食；三十里有宿〔3〕，宿有路室〔4〕，路室有委〔5〕；五十里有市，市有候馆〔6〕，候馆有积。

【注释】

〔1〕道路之委积：贾《疏》曰："上经委积随其所须之处而委积，此经所陈委积，据会同、师、役行道所须，故分布于道路。"

〔2〕庐：孙诒让曰："庐制最疏略，惟为长广之周屋，以便昼息，……无房室，不可野宿也。"

〔3〕宿：孙诒让曰："其制视庐加详，具有房室，可以夜宿。"

〔4〕路室：即指宿处的房室，亦即客舍。

〔5〕路室有委：委，及下文"候馆有积"的"积"，都是委积的意思。委、积本同义。《说文》曰："积，聚也。"《广雅·释诂》曰："委，积也。"是委、积都是积聚粮草的意思。但析言之，郑《注》曰："(集聚)少曰委，多曰积。"此处路室之委积较下文候馆之委积为少，故言"委"，而候馆之委积则曰"积"。

〔6〕候馆：郑《注》曰："楼可以观望者。"即以楼房为馆舍。

【译文】

凡有接待宾客、会同、征伐、劳役等事，掌管道路所需的委积。凡国都中和野外的道路，每十里设有庐，庐中备有饮食；每三十里设有宿，宿处有路室，路室有委；每五十里有集市，集市有候馆，候馆有积。

3. 凡委积之事，巡而比之，以时颁之。

【译文】

凡有关委积的事，加以巡视查核，按时颁布有关委积的政令。

二〇、均　　人

1. 均人掌均地政[1]，均地守[2]，均地职[3]，均人民、牛马、车辇之力政。

【注释】

〔1〕掌均地政：郑《注》曰："政，读为'征'。"下文皆然。征，税也。案均人所掌，是指根据国家的税法和税率，按照各征税对象的实际情况，制定出具体的征收标准或细则，以使赋税的征收合理，故曰"均"，并非实地从事赋税的征收。

〔2〕地守：据贾《疏》，这里的地，是指畿内的山林川泽；守，是指虞衡属下的山林川泽之民：他们居于山林川泽，即由他们守护之；他们入而取山林川泽之资源，即从而税之。

〔3〕地职：贾《疏》曰："此即《大宰》九职云'一曰三农，二曰园圃'之属(参见彼第6节)，以九职任之，因使出税也。"

【译文】

均人掌管使地税合理，使山林川泽之税合理，使各种从业税合理，使对于人民、牛马、车辇的力役征调合理。

2. 凡均力政，以岁上下：丰年则公旬用三日焉[1]，中年则公旬用二日焉，无年则公旬用一日焉。凶札则无力政，无财赋，不收地守、地职，不均地政。

【注释】

〔1〕公旬：郑《注》曰：“公，事也。旬，均也。”

【译文】

凡力役的征调，依照年成的好坏：丰年公事平均〔每人〕征用三天，中等年成公事平均〔每人〕征用二天，歉收年成平均〔每人〕征用一天。发生饥馑疫病就免除力役，免除赋税，不征收山林川泽税和各种从业税，因而也无须做使地税合理的工作。

3. 三年大比，则大均。

【译文】

三年大校比时，就〔对各种赋役〕作一次大的合理调整。

二一、师　氏

1. 师氏掌以美诏王。

【译文】

师氏负责以美善的道理告诉王。

2. 以三德教国子[1]：一曰至德[2]，以为道本；二曰敏德[3]，以为行本；三曰孝德，以知逆恶[4]。教三行：一曰孝行，以亲父母；二曰友行[5]，以尊贤良；三曰顺行，以事师长。

【注释】

〔1〕国子：谓贵族子弟。

〔2〕至德：郑《注》曰："中和之德也。"案中和之德即中庸之德。

〔3〕敏德：郑《注》曰："仁义顺时者也。"

〔4〕知逆恶：俞樾以为此处的"知"是"折"的假借字，而"折"与"制"义通，所以这句是"孝德以制逆恶"的意思。

〔5〕友行：孙诒让曰："《通典》引马(融)《注》曰：'教以朋友之行，使择益友。'"

【译文】

用三德教育国子：一是中庸之德，用作道德的根本；二是及时行仁义之德，用作行为的根本；三是孝德，用以制止犯上和邪恶的事。教国子三行：一是孝行，用以亲爱父母；二是善于交友之行，用以尊敬有德行而善良的人；三是敬顺之行，用以侍奉师长。

3. 居虎门之左〔1〕，司王朝〔2〕。

【注释】

〔1〕虎门之左：郑《注》曰："虎门，路寝门也。"路寝门即路门，据郑《注》说，因为路门上画有虎，故称虎门。左，东也。师氏上朝时居路门外、王之后、面朝南，故以东为左。

〔2〕司王朝：郑《注》曰："司犹察也。察王之视朝，若有善道可行者，则当前以诏王。"案师氏有"以美诏王"的职责，故王临朝时告以可行之善道。

【译文】

〔王临朝时师氏〕站在虎门外的左边，观察王处理朝政。

4. 掌国中失之事[1]，以教国子弟[2]。凡国之贵游子弟学焉[3]。

【注释】

〔1〕中失：郑《注》曰："中，中礼者也。失，失礼者也。"

〔2〕国子弟：孙诒让说，包括王的太子、诸王子，以及诸侯卿大夫之子弟。

〔3〕贵游子弟学焉：据孙诒让说，即上文之国子。之所以曰"游"者，郑《注》曰："无官司也。"是贵游子弟泛指未仕的贵族子弟。

【译文】

掌握王国中符合礼和不符合礼的故事，用以教育国子弟。凡国中的贵游子弟也参加学习。

5. 凡祭祀、宾客、会同、丧纪、军旅，王举则从[1]。听治亦如之[2]。

【注释】

〔1〕举：杜子春曰："当为'与'，谓王与会同、丧纪之事。"

〔2〕听治亦如之：郑《注》曰："谓王举(与)，于野外以听朝。"亦如之，贾《疏》曰："亦如上虎门之左同。"

【译文】

凡有祭祀、接待宾客、会同、丧事、征伐之事，王如果亲自参加就随行。〔王在野外〕处理朝政，〔师氏〕也像在国中那样〔观察王处理朝政〕。

6. 使其属帅四夷之隶[1]，各以其兵服守王之门外[2]，且跸。朝在野外[3]，则守内列[4]。

【注释】

〔1〕使其属帅四夷之隶：使其属，据本篇《叙官》，师氏是中大夫，其下有上士二人，并有府、史、胥、徒，皆其属。四夷之隶，被没为奴的四方少数民族战俘。

〔2〕门外：据孙诒让说，是指库门（第二门）之外。

〔3〕朝在野外：谓用作临时处理政事之所的野外宫舍。

〔4〕内列：郑《注》曰："蕃营之在内者也。其守亦帅四夷之隶守之，如守王宫。"

【译文】

使自己的下属率领四夷奴隶，各自拿着本族的兵器、穿着本族的服装守卫在王的库门外，并禁止行人靠近王宫。朝设在野外，就负责内线的守卫。

二二、保　　氏

1. 保氏掌谏王恶。

【译文】

保氏负责劝谏王的过失。

2. 而养国子以道。乃教之六艺：一曰五礼[1]，二曰六乐[2]，三曰五射[3]，四曰五驭[4]，五曰六书[5]，六曰九数[6]。乃教之六仪：一曰祭祀之容，二曰宾客之容，三曰朝廷之容，四曰丧纪之容，五曰军旅之容，六曰车马之容。

【注释】

〔1〕五礼：据郑《注》，是指吉、凶、宾、军、嘉五大类礼。

〔2〕六乐：据郑《注》，是指《云门》、《大咸》、《大韶》、《大夏》、《大濩》、《大武》六种舞乐。

〔3〕五射：据郑司农说，指白矢、参连、剡注、襄(让)尺、井仪五种射法。据贾《疏》的解释，白矢，是指使矢的白镞贯通射侯。参连，是指“前放一矢，后三矢连续而去也”。惠士奇引《列子·仲尼篇》以申贾义曰：“善射者，能令后镞中前括(箭的末端)，发发相及，矢矢相属，前矢造准而无绝落，后矢之括犹衔弦，视之若一焉，是为参连。”剡(yǎn)注，是指“羽头高镞低而去，剡剡然”。案羽设于箭的末端，羽头高而镞低，是矢斜向下而射。剡剡，起貌，盖谓羽头高起的样子。襄尺，襄，通“让”，襄尺是说臣与君为耦而射，臣不得与君并立，而当后退让君一尺。井仪，是指四支矢都贯通射侯，如“井”字形。

〔4〕五驭：据郑司农说，是指鸣鸾和、逐水曲、过君表、舞郊衢、逐禽左五种车马驾驭法。案鸣鸾和，鸾、和皆车铃，谓驾车马时能使鸾和发出有节奏的鸣声。逐水曲，据贾《疏》，是说车马行至有曲折水流的地方，能够“逐水势之屈曲而不坠水”。过君表，据孙诒让说，君表犹言君位，国君因会同、征伐或田猎在外，其所在之位必有标志物，凡车过之，当有仪法以致敬，即所谓过君表。舞交衢，据贾《疏》，衢，道也。交衢就是交叉路口。驾车马行至交叉路口而驱车马转弯时，要能“应于舞节”，即要像舞蹈那样优美而有节奏。逐禽左，据贾《疏》，国君田猎，当自禽兽的左侧射杀之，故驾车驱赶禽兽，当便于国君自左侧射之。

〔5〕六书：郑司农曰：“象形、会意、转注、处事(盖即指事)、假借、谐声(即形声)。”

〔6〕九数：九种数学计算方法。郑司农曰：“方田、粟米、差分、少广、商功、均输、方程、赢不足、旁要。”案《九章算术》差分作衰分，旁要作句(勾)股。

【译文】

用道艺来教养国子。教国子六艺：一是五礼，二是六乐，三是五射，四是五驭，五是六书，六是九数。教国子六种仪容：一是祭祀时的仪容，二是做宾客时的仪容，三是在朝廷上的仪容，四是丧事时的仪容，五是征伐时的仪容，六是驾车马时的仪容。

3. 凡祭祀、宾客、会同、丧纪、军旅，王举则从。听治亦如之[1]。使其属守王闱[2]。

【注释】

〔1〕听治亦如之：贾《疏》曰："与师氏同。"（参见《师氏》第5节）又，当王在国中临朝时，师氏的职责是"居虎门之左，司王朝"。（参见《师氏》第3节）保氏亦如之。惠士奇曰："师氏、保氏同居门左，各司王朝。保氏不言者，省文也。"

〔2〕使其属守王闱：其属，据本篇《叙官》，保氏为下大夫，其下有中士二人，还有府、史、胥、徒，皆其属。闱，音 wéi，郑《注》曰："宫中之巷门。"据贾《疏》，这一句说的是王在国中时保氏的职责。

【译文】

凡有举行祭祀、接待宾客、会同、丧事、征伐的事，王如果参加就随行。〔王在野外〕处理朝政，〔保氏〕也像在国中那样〔站在路门的左边观察王处理朝政〕。使下属守卫王的闱门。

二三、司　谏

1. 司谏掌纠万民之德而劝之朋友[1]，正其行而强之道艺[1]，巡问而观察之[3]，以时书其德行道艺，辨其能而可任于国事者。

【注释】

〔1〕朋友：郑《注》曰："相切磋以善道也。"

〔2〕强：郑《注》曰："犹劝也。"

〔3〕巡问：郑《注》曰："行问民间也。"

【译文】

司谏负责纠察万民的德行而鼓励他们在增进善道方面相互研讨，规正他们的品行而劝勉他们学习道艺，并到民间访问、观察，按时记录人们的德行和道艺，辨别其中有才能而可以担任国事的人。

2. 以考乡里之治，以诏废置，以行赦宥。

【译文】

〔通过访问、观察〕以考察乡里的治理情况，以报告上级〔决定对乡里官吏的〕罢免或升迁，或〔对有罪者〕实行赦免。

二四、司　救

1. 司救掌万民之邪恶、过失〔1〕，而诛让之，以礼防禁而救之。凡民之有邪恶者，三让而罚〔2〕，三罚而士加明刑〔3〕，耻诸嘉石，役诸司空〔4〕。其有过失者，三让而罚，三罚而归于圜土。

【注释】

〔1〕邪恶、过失：据郑《注》，邪恶轻于过失：邪恶，是指不尊敬长者和老人、言语伤人之类而尚未构成犯罪；过失，则是指酗酒争讼，或以兵器误伤人之类，已经构成犯罪。

〔2〕罚：郑《注》曰："谓挞击之也。"

〔3〕明刑：据郑《注》，是指去掉邪恶者头上的冠饰，写明邪恶之状，让他背在背上。

〔4〕耻诸嘉石，役诸司空：郑《注》曰："嘉石，朝士所掌（参见《秋官·朝士》第1节），在外朝之门左（案外朝在库门外，皋门内），坐

焉而耻辱之；既而役诸司空，使事官(指司空)作之也。坐、役之数，存于司寇。”

【译文】

司救负责〔了解〕民众的邪恶和过失，而对之加以责罚，用礼来防禁、挽救他们。凡民有邪恶的，三次谴责〔不改〕而后加以挞罚，三次挞罚〔不改〕而后〔由司寇〕施加明刑，让他坐在嘉石上羞辱他，再交到司空那里罚服劳役。那些有过失的，三次谴责〔不改〕而后加以挞罚，三次挞罚〔不改〕而后关进圜土。

2. 凡岁时有天患民病，则以节巡国中及郊野，而以王命施惠。

【译文】

凡一年的四季有自然灾害而使民困病，就拿着旌节巡视国都中以及郊野，而用王的名义对灾民施行救济。

二五、调　　人

1. 调人掌司万民之难而谐和之〔1〕。凡过而杀伤人者，以民成之〔2〕。鸟兽亦如之〔3〕。

【注释】

〔1〕难：郑《注》曰：“相与为仇仇。”

〔2〕以民成之：郑《注》曰：“成，平也。”即评断是非。

〔3〕鸟兽亦如之：郝敬曰：“鸟兽，谓伤人六畜，亦使人平。”

【译文】

调人负责对民众间的仇怨加以调解。凡因过失杀伤人的，就与乡里民众共同评断其是非。对于因过失杀伤他人畜禽的也这样处理。

2. 凡和难，父之仇辟诸海外〔1〕，兄弟之仇辟诸千里之外，从父兄弟之仇不同国〔2〕；君之仇视父〔3〕，师长之仇视兄弟，主友之仇视从父兄弟〔4〕。弗辟，则与之瑞节而以执之〔5〕。

【注释】

〔1〕父之仇辟诸海外：海外，据郑《注》，谓周边蛮夷（即少数民族）地区。又曰："和之使辟于此，不得就而仇之。"

〔2〕从父兄弟：《尔雅·释亲》曰："兄之子，弟之子，相谓为从父兄弟。"

〔3〕君之仇视父：贾《疏》曰："谓同国人杀君。视犹比，比父亦辟之海外。"案下文义放此。

〔4〕主：即主子，据郑《注》，在此指自己所侍奉的大夫，即所谓"大夫君"。

〔5〕瑞节：据郑《注》，谓剡圭。案剡圭是一种两侧向内坳而成弧形的圭。戴震释之曰："左右剡，坳而下，如规之判（半）。"郑《注》又曰："和之而不肯辟者，是不从王命也。王以剡圭使调人执之，治其罪。"

【译文】

凡调解仇怨：〔如果是某人的〕杀父的仇人就让他躲避到海外去，杀害兄弟的仇人就让他躲避到千里之外去，杀害从父兄弟的仇人就让他不要居住在同一国；对于杀君的仇人比同杀父之仇，杀害师长的仇人比同杀害兄弟之仇，杀害主子或朋友的仇人比同杀害从父兄弟之仇。如果不肯躲避，〔王就〕授给调人瑞节而抓捕他治罪。

3. 凡杀人有反杀者[1]，使邦国交仇之[2]。凡杀人而义者，不同国，令勿仇，仇之则死。凡有斗怒者，成之；不可成者则书之，先动者诛之。

【注释】

〔1〕反杀者：刘敞曰："此谓吏以法杀人，而死者之亲敢报之者。"

〔2〕使邦国交仇之：孙诒让曰："明其罪大，调人不得复和而解之，所逃至之国，得即诛之，示恶之甚也。"

【译文】

凡〔官吏依法〕诛杀有罪的人而〔被杀者的亲属〕有敢报复杀人的，就使天下各国都把他当作仇人〔加以捕杀〕。凡杀人而符合义理的，〔就使杀人者与被杀者之家〕不要同住在一国，劝令〔被杀者之家〕不要报仇，如果报仇就要判死罪。凡有吵嘴打架的，就加以评断和解；不可和解的，就〔把双方的姓名和事端〕记录下来，先行报复的要加以惩罚。

二六、媒　氏

1. 媒氏掌万民之判[1]。凡男女自成名以上[2]，皆书年月日名焉。令男三十而娶，女二十而嫁。凡娶判妻入子者，皆书之[3]。

【注释】

〔1〕判：郑《注》曰："半也。得耦为合，主合其半，成夫妇也。"

〔2〕成名：郑司农曰："谓子生三月，父名之。"

〔3〕娶判妻入子者，皆书之：孙诒让曰："判妻盖兼夫在而被出与夫亡而再嫁二者而言。"书之，江永曰："防其争讼也。"

【译文】

媒氏掌管民众的婚姻。凡男女自〔出生三月〕取名以上的，都要记录他们出生的年月日和姓名。使男子年满三十而娶妻，女子年满二十而出嫁。凡娶再嫁妇为妻和接纳再嫁妇所带子女的，都要加以记录。

2. 中春之月，令会男女。于是时也，奔者不禁。若无故而不用令者〔1〕，罚之。司男女之无夫家者而会之。凡嫁子娶妻，入币纯帛〔2〕，无过五两〔3〕。

【注释】

〔1〕无故：郑《注》曰："谓无丧祸之变也。"

〔2〕入币纯帛：入币，即纳币，《仪礼·士婚礼》谓之纳征。征，聘也，男家遣媒人向女家赠送聘礼，这是双方婚姻关系正式确立的标志。纯，据段玉裁《汉读考》说，是"缁"字之误。缁，黑色。

〔3〕五两：郑《注》曰："十端也。……每端二丈。"五两即五匹，亦即一束帛(参见《天官·大宰》第8节注③)。

【译文】

仲春二月，令男女成婚。这个时候，如果有私奔的也不加禁止。如果无故该嫁娶而不嫁娶的，就要处罚。了解男女〔过了婚龄〕尚未成婚的而帮助她们成婚。凡嫁女娶妻，送聘礼用缁帛，不超过五两。

3. 禁迁葬者与嫁殇者〔1〕。

【注释】

〔1〕迁葬者与嫁殇者：郑《注》曰："迁葬，谓生时非夫妇，死既葬，迁之使相从也。"殇，谓十九岁以下未成年而死。嫁殇者，贾《疏》曰："生年十九以下而死，死乃嫁之。不言殇娶者，举女殇，男可知也。"

案男女已死而行嫁娶，是通过合葬来体现的。

【译文】

禁止〔把生前没有夫妻名分的男女〕迁葬在一起，禁止对于殇死的男女再行嫁娶。

4. 凡男女之阴讼[1]，听之于胜国之社[2]；其附于刑者，归之于士[3]。

【注释】

〔1〕阴讼：郑《注》曰："争中冓之事以触法者。"案中冓之事，谓男女淫乱之事。

〔2〕胜国之社：郑《注》曰："胜国，亡国也。"是胜国即被灭亡之国。社即祭祀土神之坛。周时的胜国之社即亳社，亦即被灭亡的殷朝之社。

〔3〕士：是司寇的属官。

【译文】

凡因男女淫泆引起的争讼，在胜国的社坛听断；其中有触犯刑律的，交给司法官处置。

二七、司　市

1. 司市掌市之治、教、政、刑、量度、禁令。

【译文】

司市掌管听断市场的争讼、教道经营、〔掌管有关的〕政令、刑罚、度量单位和禁令。

2. 以次、叙分地而经市〔1〕，以陈肆辨物而平市〔2〕，以政令禁物靡而均市〔3〕，以商贾阜货而行布〔4〕，以量度成贾而征侇〔5〕，以质剂结信而止讼〔6〕，以贾民禁伪而除诈〔7〕，以刑罚禁暴而去盗，以泉府同货而敛赊〔8〕。

【注释】

〔1〕次、叙：都是管理市场的官吏治事的处所，即今所谓办公处。据孙诒让说，凡官吏治事处通谓之次。此市官之次，有思次、介次之分：思次是市官的总治所，介次则是分治之所，凡二十肆（谓店铺、货摊的二十列）设一介次（案介次之长是胥师）。又每肆行列店铺多少无定数，肆行列的行首处都有巷门，介次以下小吏的治事处即设在巷门处：每十肆（店铺、货摊的十列）有司暴，五肆有司稽，二肆有胥，一肆有长，这巷首的治事处就是所谓叙。

〔2〕以陈肆辨物而平市：辨物，郑《注》曰："物异肆也。"即将不同种类和不同质量的货物分别陈放于不同的店铺，则购买者便于比较识别货物好坏，而货主亦不得乱要价，故郑《注》曰"肆异则市平"。

〔3〕禁物靡而均市：郑《注》曰："物靡者易售而无用，禁之则市均。"贾《疏》曰："货物细靡，人买之者多，贵而无用，令使粗物买之者少而贱，使市贾不平，令禁之则市物均平。"

〔4〕商贾阜货：郑《注》曰："通物曰商，居卖曰贾。阜犹盛也。"

〔5〕征侇：郑《注》曰："征，召也。侇（yù），买也。物有定贾，则买者来也。"案郑于侇字或训买，或训卖，无定诂。孙诒让曰："侇本训卖，而亦通训买。"

〔6〕质剂：郑《注》曰："谓两书一札而别之。"案质剂是一种确定买卖关系的凭证（参见《天官·小宰》第7节注⑧）。

〔7〕贾民：孙诒让曰："此贾民，即谓胥师至肆长诸市吏。以其辟役在市之贾人为之，别于它官府之府史胥徒等为庶人在官者，故谓之贾民。"

〔8〕以泉府同货而敛赊：据郑《注》，敛是指由泉府收购滞销积压的货物，赊是指民急需某种物品时，可由泉府赊予之，通过泉府这种敛赊的作用，来体现与民"同货"。王应电曰："或敛或赊，官民相通，故曰同货。"孙诒让曰："其事掌于泉府而司市亦总其成焉。"

【译文】

按照次和叙的设置来区分地段、划分市场，按照货物的不同来分类陈列店铺而使买卖公平，用政令禁止出售细巧侈靡的物品而使买卖合理，通过招致商贾而使货物丰盛、钱币流通，通过度量确定价格而招徕购买者，通过质剂结成买卖双方的信任而避免争讼，用胥师、贾师等小吏来禁止假货而杜绝欺诈，用刑罚来禁止暴乱而铲除盗贼，通过泉府的收购或赊予来体现与民同财货。

3. 大市日昃而市[1]，百族为主[2]。朝市朝时而市[3]，商贾为主。夕市夕时而市[4]，贩夫贩妇为主。

【注释】

〔1〕昃：音 zè，贾《疏》曰："中后称昃。"即过了正午、太阳开始偏西的时候。

〔2〕百族：郑司农曰："百姓也。"

〔3〕朝市：案《礼记·郊特牲》云："朝市之于西方，失之矣。"彼郑《注》曰："朝市宜于市之东偏。"据此，则大市当居中，朝市在大市东，下文夕市在大市西。市与市之间则有垣相隔，故《说文》曰："市，买卖所之也，市有垣。"

〔4〕夕：《后汉书·五行一》刘昭《注》引《尚书大传》郑玄《注》曰："晡时至黄昏为日之夕。"案晡时即申时，当下午三点到五点的时候。

【译文】

大市在日过正午的时候开始交易，以百姓为主。朝市在早晨开始交易，以商贾为主。夕市在夕时开始交易，以男女小贩为主。

4. 凡市入，则胥执鞭度守门[1]，市之群吏平肆、展成奠贾[2]，上旌于思次以令市[3]。市师莅焉[4]，而听大治、大讼；胥师、贾师莅于介次[5]，而听小治、小讼。

【注释】

〔1〕胥执鞭度守门：胥，据郑《注》，是负责“守门察伪诈”者。度，郑《注》以为即殳。王引之以为殳即杖，供挞罚所用。门，指肆门。孙诒让曰：“三市每市盖各有总门，其内分设各次，次内又分列各肆，肆有一巷。是三市之中，内外分合，其门不一。胥二肆一人，则所守之门，当为肆门。”

〔2〕市之群吏平肆、展成奠贾：群吏，郑《注》曰：“胥师以下也。”案胥师以下还有贾师、司暴、司稽、胥、肆长等。平肆，黄以周《礼说三》曰：“谓辨其物类，各陈诸肆，所谓‘以陈肆辨物而平市’是也。”（参见第2节注②）展成奠贾，展，审视。奠，郑《注》读为“定”。黄以周又曰：“展成奠贾，谓展视所成之物，以定其贾。”

〔3〕思次：市官的总治所（参见第2节注①）。

〔4〕市师：即司市。孙诒让曰：“以司市掌治教，为市官之长，故谓之市师。”

〔5〕介次：市官的分治所（参见同上）。

【译文】

凡进入市场〔进行交易〕，胥手拿鞭杖守在肆门，市中群吏按货物分类划分行列、审视将成交的货物而估定价格，把旌旗悬挂到思次〔的屋楼〕上以表示交易开始。司市来到思次，而听断大事和大的争讼；胥师、贾师来到介次，而听断小事和小的争讼。

5. 凡万民之期于市者[1]，辟布者[2]，量度者[3]，刑戮者，各于其地之叙[4]。凡得货贿、六畜者，亦如之，三日而举之[5]。

【注释】

〔1〕凡万民之期于市者：孙诒让曰：“谓欲卖与欲买者，两相为期，约至市决其售否。”又曰：“下三者（案指下文所说辟布者，量度者，刑

戮者)，皆期于市者所有事也。”

〔2〕辟布者：郑《注》曰：“故书‘辟’为‘辞’。”郑司农曰：“辞布，辞讼泉物者也。”

〔3〕量度者：郑《注》曰：“若今处斗斛及丈尺也。”是犹今市场所置公平尺、公平秤之类。

〔4〕叙：是胥及肆长的治事处。

〔5〕举之：郑《注》曰：“没入官。”

【译文】

凡民众相约到市上进行交易的，〔其中有〕争讼钱物的，想量度货物的，〔或因违法〕当受处罚的，都各在所交易之地的叙处进行处理。凡拾得货物或牲畜的，也放在叙处供认领，过三天〔无人认领的〕就没收归公。

6. 凡治市之货贿、六畜、珍异[1]，亡者使有，利者使阜，害者使亡，靡者使微[2]。

【注释】

〔1〕珍异：此指时鲜果实和各种食物(参见《质人》第1节注②)。

〔2〕靡者使微：郑《注》曰：“侈靡细好，使富民好奢，微之而矣。”案微即少。

【译文】

凡调剂市中的货物、牲畜和四季珍异的食物，没有的使之有，对民有利的使之多，对民有害的使之消失，侈靡细巧的使之减少。

7. 凡通货贿，以玺节出入之[1]。

【注释】

〔1〕玺节：郑《注》曰：“印章。”

【译文】

凡〔商贾〕运输货物，凭印章出入。

8. 国凶荒、札丧[1]，则市无征，而作布[2]。

【注释】

〔1〕凶荒、札丧：孙诒让曰："即《膳夫》之大荒大札也。"（参见《膳夫》第5节）

〔2〕作布：郑《注》曰："因物贵，大铸钱以饶民。"

【译文】

国有大灾荒、大瘟疫，就不征收市场税，而多铸造钱币。

9. 凡市伪饰之禁[1]：在民者十有二，在商者十有二，在贾者十有二，在工者十有二[2]。

【注释】

〔1〕伪饰之禁：李光坡曰："此一节乃禁伪而除诈也。"

〔2〕"在民者十有二"至"在工者十有二"：郑《注》曰："于四十八则未闻数十二焉。"四十八，谓民商贾工所禁总为四十八项。未闻，谓不知其具体内容。据孙诒让说，注文之"数十二焉"四字疑后人妄增。

【译文】

凡市场禁止诈伪巧饰：对于民众有十二项，对于商人有十二项，对于贾人有十二项，对于工人有十二项，〔总计四十八项诈伪巧饰〕。

10. 刑市：小刑宪罚[1]，中刑徇罚[2]，大刑扑罚[3]。其附于刑者，归于士。

【注释】

〔1〕宪罚：贾《疏》曰：“宪是表显之名，……是以文书表示于肆。”即以文书书其犯禁之状而公布于肆以示罚。

〔2〕徇：犹今所谓游街。郑《注》曰：“举以示其地之众也。”

〔3〕扑：郑《注》曰：“挞也。”

【译文】

市中的刑罚：小刑公布〔违禁之状〕以示罚，中刑游街以示罚，大刑鞭挞以示罚。其中有触犯刑律的，就交给司法官处置。

11. 国君过市，则刑人赦。夫人过市，罚一幕[1]。世子过市，罚一帟。命夫过市[2]，罚一盖。命妇过市[3]，罚一帷。

【注释】

〔1〕罚一幕：及下文罚一帟、一盖、一帷，郑《注》曰：“市者，人之所交利而行刑之处，君子无故不游观焉。若游观则施惠以为说也。国君则赦其刑人，夫人、世子、命夫、命妇，则使之出罚，异尊卑也。所罚谓宪、徇、扑也。必罚幕、帟、盖、帷，市者众也，此四物者，在众之用也。”案幕、帟、帷，参见《天官·幕人》第1节注①。据贾《疏》，盖当是避暑雨之具。又曰：“出物虽重而无耻(即不受羞辱)，宪、徇虽轻而有愧，故以出物为轻也。”即以罚代刑，以示施惠。

〔2〕命夫：孙诒让曰：“谓有采地，命士以上至三公。”

〔3〕命妇：孙诒让曰：“卿大夫士妻之通称。”

【译文】

国君经过市场，当受刑的人就被赦免。国君夫人经过市场，就罚〔当受刑的人〕出一幕了事。太子经过市场，就罚〔当受刑的人〕出一帝了事。命夫经过市场，就罚〔当受刑的人〕出一盖了事。命妇经过市场，就罚〔当受刑的人〕出一帷了事。

12. 凡会同、师、役，市司帅贾师而从[1]，治其市政[2]，掌其卖儥之事[3]。

【注释】

〔1〕市司帅贾师：市司，即司市。贾师，详其职文。

〔2〕治其市政：孙诒让曰："以会同、师、役，皆聚大众，食用之物恐有不给，故司市为招来市物，以备其缺乏也。"

〔3〕儥：郑《注》曰："买也。"

【译文】

凡有会同、征伐、劳役等事，司市率贾师随行，治理临时市场的事务，掌管市场买卖的事。

二八、质　　人

1. 质人掌成市之货贿[1]、人民、牛马、兵器、珍异[2]。

【注释】

〔1〕成：郑《注》曰："平也。"谓评定物价。

〔2〕珍异：谓时新之物。贾《疏》曰："即果实及诸食物依四时成熟者也。"

【译文】

质人掌管评定市场上的货物、奴婢、牛马、兵器、珍异之物的价格。

2. 凡卖偾者质剂焉〔1〕：大市以质，小市以剂〔2〕。掌稽市之书契〔3〕，同其度量，壹其淳制〔4〕，巡而考之，犯禁者举而罚之。

【注释】

〔1〕凡卖偾者质剂焉：案即《司市》所谓“以质剂结信而止讼”之义(参见彼第2节)。

〔2〕大市以质，小市以剂：案质剂有长短两种，长的叫做质，短的叫做剂：人民、牛马之类的大买卖(即所谓大市)用质做凭证，兵器、珍异之类的小买卖(即所谓小市)用剂做凭证。

〔3〕书契：郑《注》曰：“取予市物之券也。”券即凭证，义同于《小宰》所谓“听取予以书契”(见彼第7节)。郑《注》又曰：“其券之象，书两札，刻其侧。”孙诒让曰：“刻其侧者，盖依其取予之数，刻其旁为纪。”又曰：“盖书契与傅别、质剂形制略同，惟以两札刻侧为异。”(参见《小宰》第7节注⑤、⑦、⑧)

〔4〕淳制：杜子春曰：“‘淳’当为‘纯’。纯谓幅广，制谓匹长也。皆当中度量。”中度量，谓符合标准。

【译文】

凡从事买卖的授予质剂〔做凭证〕：大买卖用质〔做凭证〕，小买卖用剂〔做凭证〕。掌管考察市场上〔取予货物所用〕的书契，统一度量标准，统一布匹的幅宽和匹长，巡行检查，有违犯规定的就没收货物并罚钱。

3. 凡治质剂者〔1〕，国中一旬〔2〕，郊二旬〔3〕，野三旬〔4〕，都三月〔5〕，邦国期。期内听，期外不听。

【注释】

〔1〕治质剂者：孙诒让曰：“谓以抵冒质剂成讼者。”据郑《注》，此处质剂泛指券契，包括质剂、书契等。

〔2〕一旬：及下文二旬、三旬等等，是质人所约定的听讼时间。郑《注》曰："以期内来则治之，后期则不治。"

〔3〕郊：郑《注》曰："远郊也。"

〔4〕野：郑《注》曰："甸、稍也。"（参见《载师》第2节注⑤、⑥）

〔5〕都：郑《注》曰："小都、大都。"案小都在县地，大都在畺地（参见同上注⑦、⑧）。

【译文】

凡处理有关券契的争讼，都城中〔约定在〕十天以内，四郊在二十天以内，甸、稍之地在三十天以内，小都、大都在三个月以内，诸侯国在一年以内。在约定的时期内〔前来投诉〕就受理，过期不受理。

二九、廛　人

1. 廛人掌敛市絘布〔1〕、总布〔2〕、质布〔3〕、罚布〔4〕、廛布〔5〕，而入于泉府。

【注释】

〔1〕掌敛市絘布：王引之以为"市"下当有"之"字，今本脱之。絘布，《释文》曰："絘，或本作'次'。"孙诒让以为当以或本作"次"为是。案次，舍也，故江永释絘布为"市之屋税"，即用作店铺的房屋税。

〔2〕总布：江永曰："货贿之正税。"即商贾的货物税。

〔3〕质布：王与之曰："质布，质人所税质剂者之布也。……质人卖侇之质剂，如今田宅、牛马，官给券以收税，谓之质布。"案《质人》曰："凡卖侇者质剂焉：大市以质，小市以剂。"但质人给予质剂不是无偿的，是要收税的，即所谓质布。

〔4〕罚布：郑《注》曰："犯市令者之泉也。"

〔5〕廛布：据孙诒让说，廛指市宅，即在市商贾之民的邸舍，包括

住宅和货仓。市宅要纳税，即所谓廛布。

【译文】

廛人掌管收取市场的店铺税、货物税、质剂税、罚款、市宅税，而交入泉府。

2. 凡屠者，敛其皮角筋骨，入于玉府。凡珍异之有滞者，敛而入于膳府。

【译文】

凡屠宰牲畜的，收取牲畜的皮角筋骨〔以当税〕，交入玉府。凡珍异之物有滞销的，收购而交入膳夫之府。

三〇、胥　师

1. 胥师各掌其次之政令[1]，而平其货贿，宪刑禁焉。

【注释】

〔1〕胥师各掌其次之政令：次，谓二十肆之介次（参见《司市》第2节注①）。胥师是介次之长，本篇《叙官》曰："胥师二十肆则一人。"（见彼第24节）故由胥师掌其次之政令。

【译文】

胥师各自掌管本次的政令，而使〔各肆〕货物的价格公平，公布有关的刑罚和禁令。

2. 察其诈伪、饰行儥慝者而诛罚之[1]，听其小治、小讼而断之。

【注释】

〔1〕儥慝：郑司农曰：“儥，卖也。慝，恶也。”

【译文】

察觉那些欺诈作假、巧饰其行以兜售劣质货物的人而加以惩罚，受理小事和小的争讼而加以裁断。

三一、贾　　师

1. 贾师各掌其次之货贿之治[1]，辨其物而均平之，展其成而奠其贾[2]，然后令市。

【注释】

〔1〕各掌其次之货贿之治：次，亦谓二十肆之介次。案本篇《叙官》曰：“贾师，二十肆则一人。”（见彼第24节）故曰“各掌其次之货贿之治”。

〔2〕展其成而奠其贾：官献瑶曰：“先视其物之良善，而后定其(价)高下，倘物不成则价不为之定矣。”

【译文】

贾师各自掌管对本次货物的管理，辨别本次的货物〔使分类合理〕而价格公平，审视将成交的货物而估定价格，然后使他们成交。

2. 凡天患，禁贵侯者[1]，使有恒贾。四时之珍异亦如之。

【注释】

〔1〕禁贵侯者：据郑《注》，久雨粮价就会贵，瘟疫流行棺木就会贵，皆禁不得贵卖。

【译文】

凡有天灾，禁止高价贵卖，使价格稳定。对于四季珍异之物也禁止贵卖。

3. 凡国之卖侯[1]，各帅其属而嗣掌其月[2]。凡师、役、会同亦如之[3]。

【注释】

〔1〕侯：郑《注》曰："买也。"

〔2〕各帅其属而嗣掌其月：帅其属，据贾《疏》，贾师的下属有群贾，二肆则一人。嗣，继也。孙诒让曰："谓帅其属每月相继续更代当直，为官掌卖侯之事也。"

〔3〕凡师、役、会同亦如之：王应电曰："师、役、会同则有军市，贾师亦嗣掌其月也。"（参见本篇《司市》第12节）。

【译文】

凡国家出卖或购买〔物资〕，就各自率领下属而按月相继轮流掌管买卖的事。凡征伐、劳役、会同，也这样为公家掌管买卖的事。

三二、司　暴

司暴掌宪市之禁令，禁其斗嚣者与其暴乱者，出入相陵犯者，以属游饮食于市者。若不可禁，则搏而戮之[1]。

【注释】

〔1〕搏：王应电曰："执也。"

【译文】

司暴掌管公布有关市场的禁令，禁止那些打斗吵闹的人和那些用暴力扰乱市场的人，禁止那些出入市场相互欺凌侵犯的人，禁止那些在市场上聚众游逛和吃喝的人。如果不可禁止，就抓捕而加以惩罚。

三三、司　稽

司稽掌巡市，而察其犯禁者与其不物者而搏之[1]。掌执市之盗贼以徇，且刑之。

【注释】

〔1〕不物：郑《注》曰："衣服、视占不与众同及所操物不如品式。"案占亦视也。

【译文】

司稽掌管巡视市场，察觉违犯禁令的人以及那些奇装异服、窥探偷看和所拿的东西怪异的人而加以抓捕。负责抓捕市场上的盗贼游街示众，且处以刑罚。

三四、胥

胥各掌其所治之政[1]，执鞭度而巡其前，掌其坐作、出入之禁令[2]，袭其不正者。凡有罪者，挞戮而罚之。

【注释】

〔1〕所治：谓二肆之地。本篇《叙官》曰："胥，二肆则一人。"

〔2〕坐作、出入之禁令：郑《注》曰："作，起也。坐起禁令，当市而不得空守之属。"案空守，是说没有店铺或摊位，犹今流动商贩。出入之禁令，谓禁止买卖不按时，孙诒让曰："三市各有定时(参见《司市》第3节)，当亦兼有不时之禁矣。"

【译文】

胥各自掌管所治理的〔二肆的〕事务，拿着鞭杖巡视在肆门前，掌管肆中有关坐起、出入的禁令，掩捕那些违犯禁令的人。凡有罪的人，加以鞭打而且罚款。

三五、肆　长

1. 肆长各掌其肆之政令[1]，陈其货贿，名相近者相远也，实相近者相尔也[2]，而平正之[3]。

【注释】

〔1〕肆长：贾《疏》曰："谓一肆立一长，使之检校一肆之事。"

〔2〕名相近者相远也，实相近者相尔也：尔，通"迩"，近也。郑司

农曰："谓若珠玉，俱名为珠，俱名为玉，而贾或百万，或数万，恐农夫愚民见欺，故别异令相远，使贾人不得杂乱以欺人。"

〔3〕平正之：案此即《司市》"以陈肆辨物而平市"之义(参见彼第2节注②)。

【译文】

肆长各自掌管本肆的政令，陈列肆中的货物，使名相近〔而实不同的〕相互远隔开来，使实相近〔而名不同的〕相互放在一起，而使分类正确、价格公平。

2. 敛其总布[1]，掌其戒令。

【注释】

〔1〕敛其总布：总布，即货物税(参见《廛人》第1节注②)。江永曰："三布(案指絘布、总布、廛布)中总布最多，故使每肆一人之肆长随时敛之，以归廛人，而廛人以入泉府也。"

【译文】

收取本肆的货物税，掌管本肆的戒令。

三六、泉　　府

1. 泉府掌以市之征布，敛市之不售、货之滞于民用者，以其贾买之[1]，物楬而书之，以待不时而买者[2]。买者各从其抵[3]：都鄙从其主[4]，国人、郊人从其有司，然后予之[5]。

【注释】

〔1〕“敛市”至“买之”：李调元曰：“谓有不售之货，留滞于市，切于民用，如布帛菽粟之类，官以所值价买之。”

〔2〕不时而买者：郑司农曰：“谓急求者也。”

〔3〕抵：郑《注》曰：“抵实‘柢’字。柢，本也。本谓所属吏，主有司是也。”是柢为主管官。

〔4〕都鄙从其主：都鄙，谓采邑，兼大都、小都、家邑三等采邑言。主，孙诒让说，即采宰。案采宰即邑宰。

〔5〕然后予之：郑司农曰：“为封符信，然后予之。”之所以这样做，据孙诒让说，是为了防止奸商以贱价贩官物，而贵卖予民。

【译文】

泉府掌管用〔所征收的〕市场税款，收购市场上卖不动、滞销而又切于民用的货物，按原价收购，一件一件地加上标签标明价钱，以待急需的人购买。购买者各从他们的主管官那里〔开出证明〕：采邑的人从他们的邑宰那里，国都的人和四郊的人从他们的有关官吏那里〔开出证明〕，然后卖给他。

2. 凡赊者，祭祀无过旬日，丧纪无过三月。凡民之贷者，与其有司辨而授之〔1〕，以国服为之息〔2〕。

【注释】

〔1〕有司：惠士奇曰：“乡遂之吏也。”

〔2〕以国服为之息：金榜释“国服”为“国法”，引《秋官·朝士》“凡民同货财者，令以国法行之”下郑《注》释“国法”为“以国服之法”为证(见彼第5节)。此处国法，即谓国之税法，一以田税为差。金榜曰：“贾人贷泉计所得(谓所获赢利)者出息，其息或以泉布，或以货物，轻重皆视田税为差(自注：轻者二十而一，重者无过二十而五也)，是谓以国服为之息。”

【译文】

凡赊取钱物的，为祭祀而赊取不超过十天归还，为丧事而赊取不超过三个月归还。凡民有贷取钱物的，就同他的主管官一起辨别钱物而授给他，按照国家规定的税率来收取利息。

3. 凡国之财用取具焉。岁终，则会其出入，而纳其余〔1〕。

【注释】

〔1〕纳其余：郑《注》曰："入余于职币。"案职币有收取余财的职责(详其职文)。

【译文】

凡国事所需钱物都从泉府支取。〔夏历〕年终，就总计钱物的收支，而缴纳盈余〔给职币〕。

三七、司　门

1. 司门掌授管键，以启闭国门〔1〕。几出入不物者〔2〕，正其货贿〔3〕。凡财物犯禁者举之〔4〕。

【注释】

〔1〕国门：贾《疏》曰："王城十二门者也。"

〔2〕不物：参见《司稽》注①。

〔3〕正：郑《注》曰："读为'征'。征，税也。"

〔4〕犯禁者：乾隆十三年《义疏》引陈汲曰："即《司市》'伪饰之禁'，民商工贾各有十二是也。"（参见《司市》第9节注②）

【译文】

司门掌管授给〔属吏〕钥匙和锁，用以开关国都城门。检查那些奇装异服、窥探偷看和所拿的东西怪异的人，征收〔进出的〕货物税，凡〔贩卖的〕财物违犯禁令的加以没收。

2. 以其财养死政之老与其孤[1]。

【注释】

〔1〕以其财养死政之老与其孤：郑《注》曰："财，所谓门关之委积也。死政之老，死国事者之父母也。孤，其子。"（参见本篇《遗人》第1节注）

【译文】

用国门的委积抚养为国事而死者的父母和孩子。

3. 祭祀之牛牲系焉[1]，监门养之[2]。

【注释】

〔1〕祭祀之牛牲：指用于散祭祀（谓小祭祀）的牛牲（参见《充人》第1节）。

〔2〕监门：郑《注》曰："门徒。"案据本篇《叙官》，司门属下有"徒四十人"，又每门还有"徒四人"，皆所谓监门。

【译文】

祭祀用的牛牲拴系在这里，由监门负责喂养。

4. 凡岁时之门，受其余。

【译文】

凡一年四季对国门的祭祀，接受祭祀的余财〔加以保管〕。

5. 凡四方之宾客造焉，则以告。

【译文】

凡四方的宾客到来，就〔向王〕报告。

三八、司　　关

1. 司关掌国货之节[1]，以联门、市[2]。司货贿之出入者，掌其治禁与其征、廛[3]。凡货不出于关者[4]，举其货，罚其人。

【注释】

〔1〕节：玺节，即印章，是司市出具的货物通行凭证(参见《司市》第7节)。

〔2〕联门、市：门谓国门，司门所掌；市谓市场，司市所掌。案货自内出的，由王国的司市给予玺节；货自外来者，则由其邦国的司市给予玺节，然后通过关门与国门而达于王国的市：此即郑《注》所谓关、门、市"参相联以检猾商"。

〔3〕征、廛：江永曰："征者，货贿之税也。廛者，货贿停阁邸舍之税也。若不停阁。则无廛布矣。"

〔4〕凡货不出关者：郑《注》曰："谓从私道出辟(避)税者。"

【译文】

司关掌管〔检查〕国境上过往货物的玺节，以与司门、司市相联合。检查携带货物出入的人，掌管有关治理的禁令和征收货物税以及货物存放仓库的租金。凡货物不从关门出入的，就没收货物，惩罚货主。

2. 凡所达货贿者，则以节、传出之[1]。

【注释】

〔1〕以节、传出之：郑《注》曰：“商或取货于民间，无玺节者至关，关为之玺节及传出之。其有玺节者，亦为之传。传，如今移过所文书。”案传，汉时俗称过所，犹今证明信或介绍信之类，上面写明所带货物以及所要经过和到达之地，各地关卡验而放行。

【译文】

凡携带货物到来〔而未经司市授予玺节〕的，就授给玺节和传而放行。

3. 国凶札，则无关门之征，犹几。

【译文】

国家发生灾荒、瘟疫，就免除关税，但仍然要进行检查。

4. 凡四方之宾客叩关[1]，则为之告。有外内之送令[2]，则以节[3]、传出内之。

【注释】

〔1〕叩关：郑《注》曰：“犹谒关人。”

〔2〕有内外之送令：据郑《注》，是指奉命贡献或传送文书等以常事往来者。

〔3〕节：据孙诒让说，此为旌节，不同于上文所说的“达货贿”的玺节。案《掌节》云：“道路用旌节。”是孙氏说所据。

【译文】

凡四方的宾客前来见关人，就为他们〔向王〕报告。有境外或境内奉命传送〔贡物或文书等〕的，就授给旌节和传让他们通行。

三九、掌　节

1. 掌节掌守邦节而辨其用[1]，以辅王命。

【注释】

〔1〕守邦节而辨其用：节，是奉王命出使的凭证。节有多种，郑《注》即举出了珍圭、牙璋、谷圭、琬圭、琰圭等五种，皆玉节(详《春官·典瑞》第4节)，不同的出使任务所用节不同，故由掌节负责“辨其用”。

【译文】

掌节负责保管王国的节而分辨它们的用途，以辅助执行王的命令。

2. 守邦国者用玉节[1]，守都鄙者用角节[2]。凡邦国之使节[3]，山国用虎节[4]，土国用人节，泽国用龙节，皆金也，以英荡辅之[5]。关门用符节[6]，货贿用玺节，道路用旌节[7]，皆有期以反节。

【注释】

〔1〕守邦国者用玉节：守邦国者，谓诸侯。据郑《注》，这里是指奉诸侯之命出使于其国内而不出国，亦当有节以辅命，此节即玉节。

〔2〕守都鄙者用角节：守都鄙者，指采邑之主。采邑主派遣使者于其采邑内，则用角节。郑《注》曰：“角用犀角，其制未闻。”

〔3〕使节：郑《注》曰："使卿大夫聘于天子、诸侯，行道所执之信也。"

〔4〕虎节：及下文人节、龙节，据郑《注》，都是用铜制成，其形制如虎、如人、如龙，故名。

〔5〕以英荡辅之：杜子春曰："'荡'当为'帑'（音 tǎng），谓以函器盛此节。或曰：英荡，画函。"段玉裁《汉读考》曰："帑者，藏金布（钱币）之府，引伸为函器。……英者，谓画也。"

〔6〕符节：竹制的节。

〔7〕道路用旌节：据郑《注》，道路指乡遂。旌节，据孙诒让说，这种节是在竹竿上缀以羽毛或白色的旄牛尾做成。

【译文】

诸侯〔派遣使者出使于国内〕用玉节，采邑主〔派遣使者出使于采邑内〕用角节。凡诸侯国的使者〔出境〕所用的节，山区之国用虎节，平地之国用人节，泽地之国用龙节，都是铜制的，用有画饰的函盛着。出入国都城门和关门用符节，运输货物用玺节，通行道路用旌节，〔各种节的使用〕都规定了有效日期以便按期归还。

3. 凡通达于天下者，必有节，以传辅之[1]。无节者，有几则不达。

【注释】

〔1〕必有节，以传辅之：据郑《注》，节是允许通行的凭证，而传则说明所带的物品以及所经过和所到达的地方（参见《司关》第2节注①）。

【译文】

凡通行天下，必须持有节，用传辅助节。没有节的人，遇有检查就不得通行。

四〇、遂　人

1. 遂人掌邦之野[1]。以土地之图经田野[2]，造县鄙形体之法。五家为邻，五邻为里，四里为酂，五酂为鄙，五鄙为县，五县为遂，皆有地域，沟树之，使各掌其政令、刑、禁，以岁时稽其人民，而授之田野，简其兵器，教之稼穑。

【注释】

〔1〕野：郑《注》曰："此野谓甸、稍、县、都。"（参见《载师》第2节注）

〔2〕经：及下文形体，郑《注》曰："皆谓制分界也。"

【译文】

遂人掌管王国的野地。按照地图划分田野，制定县鄙等的区划。五家为一邻，五邻为一里，四里为一酂，五酂为一鄙，五鄙为一县，五县为一遂，都有一定的地域，挖沟种树为界，使各自掌管区域内的政令、刑罚和禁令，按照一年的四季清查区域内的人民，而授给他们田地，检阅他们的武器和器械，教他们种庄稼。

2. 凡治野：以下剂致甿[1]，以田里安甿[2]，以乐昏扰甿[3]，以土宜教甿稼穑[4]，以兴锄利甿[5]，以时器劝甿[6]，以强予任甿[7]，以土均平政[8]。

【注释】

〔1〕下剂致甿：剂，据孙诒让说，义同役要，即可服役者的名册（参见《乡师》第3节注③）。根据民众所受土地的好坏及其家中可服役者人数的多少，名册分三等，即所谓上、中、下剂。据《小司徒》说："上地家七人，可任者家三人；中地家六人，可任者二家五人；下地家五人，可任者家二人。"（见彼第4节）可见如果按照下剂，则可征以从役的人数就少，而这里说"以下剂致甿"，正体现了轻役施惠的意思。

〔2〕以田里安甿：贾《疏》曰："田则为百亩之田，里则五亩之宅，民得业则安，故云安甿也。"

〔3〕以乐昏扰甿：郑《注》曰："乐昏，劝其昏姻，如媒氏之会男女也。扰，顺也。"孙诒让曰："乐、劝义同，谓劝成其婚姻，使之相爱乐也。"

〔4〕土宜：谓不同的土壤所宜从事的不同种植。

〔5〕锄：杜子春读为"助"，谓起民人令相佐助。

〔6〕时器：郑《注》曰："铸作耒耜钱镈之属。"据孙诒让说，所铸田器为供岁时之用，故谓之时器。

〔7〕强予：郑《注》曰："谓民有余力，复予之田，若余夫然。"

〔8〕以土均平地政：郑《注》曰："政，读为'征'。"土均，孙诒让以为即指《大司徒》所谓"土均之法"（见彼第6节）。

【译文】

凡治理野地：用最低服役人数的名册来征召民夫〔服役〕，用田地和房宅使民众安定，用鼓励民众成婚来使民和顺，用各种土壤所适宜的种植来教民种庄稼，用兴起互助来使民获得好处，用铸造四时所用的农具来鼓励农民耕作，用多授给强有余力的农民土地来任用民力，用按土地合理征收赋税的法则来使赋税公平。

3. 辨其野之土，上地、中地、下地，以颁田里[1]。上地夫一廛[2]，田百亩，莱五十亩，余夫亦如之[3]；中地夫一廛，田百亩，莱百亩，余夫亦如之；下地夫一廛，田百亩，莱二百亩，余夫亦如之。

【注释】

〔1〕里：《小尔雅·广言》曰："居也。"

〔2〕夫一廛：夫，谓成家的男子。孙诒让曰："户以一夫一妇为率，所谓夫家也。其所赋之田百亩，即谓之夫……一家之中，正夫止一人。"廛，据郑《注》，即指《孟子》所说的"五亩之宅"。

〔3〕余夫亦如之：余夫，据金鹗说即羡卒，亦即家中正夫以外的成丁男子(参见《小司徒》第4节注④)。亦如之，郑司农曰："其一户有数口者，余夫亦受此田也。"

【译文】

辨别野地的土地，分为上地、中地、下地，据以颁授田地和宅地。上地，一夫授给一处宅地，田一百亩，休耕地五十亩，余夫也照这样授田；中地，一夫授给一处宅地，田一百亩，休耕地一百亩，余夫也照这样授田；下地，一夫授给一处宅地，田一百亩，休耕地二百亩，余夫也照这样授田。

4. 凡治野[1]，夫间有遂[2]，遂上有径[3]；十夫有沟，沟上有畛；百夫有洫，洫上有涂；千夫有浍，浍上有道；万夫有川，川上有路，以达于畿。

【注释】

〔1〕凡治野：据王引之说，"野"下脱"田"字。又据孙诒让说，这以下是"记六遂治沟洫以制地之制也。六乡之制亦同。惟都鄙、公邑制井田，与此异。"

〔2〕遂：及下文沟、洫(xù)、浍(kuài)，皆水渠名，郑《注》曰："皆所以通水于川也。"又曰："遂，广深各二尺，沟倍之，洫倍沟。浍，广二寻(案八尺为寻)，深二仞(案七尺为仞，一说八尺为仞，与寻同)。"

〔3〕径：及下文畛(zhěn)、涂、道、路，皆道路名。郑《注》曰："径容牛马，畛容大车，涂容乘车一轨，道容二轨，路容三轨。"

【译文】

凡治理野地的田地，夫与夫的田之间有遂，遂上有径；十夫与十夫的田之间有沟，沟上有畛；百夫与百夫的田之间有洫，洫上有途；千夫与千夫的田之间有浍，浍上有道；万夫与万夫的田之间有川，川上的路，通达畿内各地。

5. 以岁时登其夫家之众寡，及其六畜、车辇，辨其老幼、废疾与其施舍者〔1〕，以颁职作事〔2〕，以令贡赋，以令师田，以起政役〔3〕。若起野役〔4〕，则令各帅其所治之民而至〔5〕，以遂之大旗致之，其不用命者诛之。

【注释】

〔1〕施舍：郑《注》曰："施，读为'弛'。"（参见《小司徒》第1节注③）

〔2〕以颁职作事：郑《注》曰："职，谓民九职也。"（参见《天官·大宰》第6节）

〔3〕政役：孙诒让曰："'政'亦当为'征'，与《小司徒》之'征役'（见彼第1节）及《均人》'力政'（见彼第2节）义同。"

〔4〕役：郑《注》曰："谓师、田若（或）有功作（谓劳役）也。"

〔5〕各帅其所治之民：贾《疏》曰："谓令县正以下。"案县正以下，还有鄙师、酂长、里宰、邻长，分别参见其职文。

【译文】

按照一年的四季登记男女人数的多少，以及六畜、车辆的数目，辨别老幼、残疾和那些应当免除赋税徭役的人，以分配职事使民众工作，以使民众缴纳贡赋，以征调民众参加征伐、田猎，以起用民众服劳役。如果起用野地民众服役，就命令〔属吏〕各自率领所治理的民众到来，用遂的大旗召集他们，有不服从命令的就加以诛罚。

6. 凡国祭祀，共野牲[1]，令野职[2]。凡宾客，令修野道而委积。大丧，帅六遂之役而致之[3]，掌其政令。及葬，帅而属六綍[4]。及窆，陈役[5]。

【注释】

〔1〕共野牲：郑《注》说，是供之于牧人以待事。野牲，贾《疏》曰："谓牛羊豕在六遂者。"

〔2〕野职：郑《注》曰："薪炭之属。"

〔3〕帅六遂之役而致之：郑《注》曰："致役，致于司徒，给墓上事及窆也。"贾《疏》曰："墓上则说(脱)载下棺之等，窆谓穿圹(墓穴)之等。"

〔4〕六綍：綍，音fú，同"绋"，牵引棺柩的大绳。王及后丧牵引棺柩用六根大绳，故曰六綍。

〔5〕及窆，陈役：郑《注》曰："陈役者，主陈列之耳。"贾《疏》曰："窆谓下棺。下棺之时，千人执綍，背碑负引，须陈列其人，故知谓陈列之也。"（参见《乡师》第7节注③）

【译文】

凡国家举行祭祀，命令供给野地所牧养的牲畜，供给柴炭。凡接待宾客，命令修治野地的道路并具备粮草。有大丧，就率领六遂的役徒而到大司徒那里，并掌管有关役徒的政令。到出葬的时候，率领役徒牵引六綍。到下棺的时候，就陈列役徒。

7. 凡事致野役，而师、田作野民，帅而至，掌其政、治、禁令。

【译文】

凡有〔兴建工程的〕事就召集野地的役徒，而有征伐、田猎的事就征调野地的民众，率领他们到来，掌管有关他们的政令、治理和禁令。

四一、遂　师

1. 遂师各掌其遂之政令、戒禁，以时登其夫家之众寡，六畜、车辇，辨其施舍，与其可任者。经、牧其田野[1]，辨其可食者[2]，周知其数而任之，以征财征[3]。作役事则听其治讼[4]。巡其稼穑，而移用其民，以救其时事[5]。

【注释】

〔1〕经、牧：郑《注》曰："制田界与井也。"案制田界，是指沟洫法，这是在遂地实行的土地划分法；井，谓井田法，亦即牧法，这是在采邑和公邑实行的土地划分法(参见《遂人》第4节①)。

〔2〕可食：郑《注》曰："谓今年所当耕者也。"

〔3〕财征：郑《注》曰："赋税之事。"

〔4〕作役事则听其治讼：贾《疏》曰："役事中可兼军役、田猎、功作之等，皆听其治讼也。"

〔5〕移用其民，以救其时事：郑《注》曰："移用其民，使转相助，救时急事也。"所谓救时急事，谓农事紧迫时(如收割季节)，有农户人手不够，则安排互助以救其急。

【译文】

遂师各自掌管所治理的遂的政令和戒禁，按时登记遂中男女人数的多少，以及六畜、车辆的数目，辨别其中应当免除徭役的以及可以胜任役事的人。在田野上划分田界和井田，辨别今年可以耕种的土地，全面了解它的数量而任用农民耕种，据以征收赋税。征发役徒就听断有关的事项和争讼。巡视地里的庄稼，而安排农民互助，以帮助农忙时节〔困难农户的〕农事。

2. 凡国祭祀，审其誓戒，共其野牲[1]。入野职、野赋于玉府[2]。宾客，则巡其道修，庀其委积[3]。大丧，使帅其属以幄、帟先[4]，道野役[5]；及窆，抱磿[6]，共丘笼及蜃车之役[7]。军旅、田猎，平野民[8]，掌其禁令，比叙其事而赏罚。

【注释】

〔1〕共其野牲：案遂人有祭祀时供给所需野牲的职责(见《遂人》第6节)，是通过遂师收取而供给的。

〔2〕入野职、野赋于玉府：野职，贾《疏》曰："谓民九职之贡。"案贡谓九职各贡其所作之物以当税，即从业税。野赋，即《大宰》所谓九赋。孙诒让曰："凡九赋皆地税。"入于玉府，孙诒让曰："此官但择中(适合于)王服御器物之用者入玉府耳。"

〔3〕庀：音 pǐ，郑司农曰："具也。"

〔4〕使帅其属以幄、帟先：使之者，据郑《注》，谓大宰。幄、帟，参见《天官·幕人》第1节注①。先，郑《注》曰："所以为葬窆之间(即下葬前)先张神坐也。"案张神坐，即用幄、帟为死者张设神位。

〔5〕道野役：郑《注》曰："帅以至墓也。"

〔6〕抱磿：抱，持也。磿，音 lì，孔广森《卮言》曰："执繂人名籍。"

〔7〕丘笼及蜃车：丘，谓取土填圹所起坟。笼，竹制的盛土器，用以取土。蜃车，据曾钊说，即辁(音 quán)车，字当以"辁"为正，"蜃"是声近通用字。案辁车，《说文》"轮"下曰："有辐曰轮，无辐曰辁。"又此经郑《注》说，蜃车"四轮迫地而行"，可见蜃车是一种低而没有辐条的木轮车。又据郑《注》说，蜃车是载棺柩于路所用。

〔8〕平：郑《注》曰："谓正其行列部伍。"

【译文】

凡国家举行祭祀，督察遂民遵守誓戒，供给野地所牧养的牲畜。〔把所征收的〕野地民众的从业税、地税〔适合于王用的〕交给玉府。〔将有〕宾客到来，就巡视所修整的道路，具备粮草。

有大丧，〔大宰〕使遂师率领下属拿幄、帟先行，引导野地的役徒〔前往墓地〕。到下棺的时候，手持执绋人名册〔查核和陈列役徒〕，供给用笼取土填圹起坟以及从蜃车上卸下棺柩所需的役徒。征伐和田猎，整齐野地服役民众的队伍，掌管有关的禁令，比较、排列役徒的工作表现而行赏罚。

四二、遂 大 夫

1. 遂大夫各掌其遂之政令，以岁时稽其夫家之众寡、六畜、田野，辨其可任者与其可施舍者，以教稼穑，以稽功事[1]，掌其政令、戒禁，听其治讼。令为邑者[2]，岁终则会政致事。

【注释】

〔1〕功事：郑《注》曰："九职之事，民所以为功业。"

〔2〕为邑者：谓遂中属吏治理邑里者。孙诒让曰："即邻、里、酂、鄙、县所治之邑里也。"

【译文】

遂大夫掌管本遂的政令，按照一年的四季稽查遂中男女的多少，以及六畜、田地的数量，辨别遂中可任役事的和可以免除役事的人，教他们种庄稼，考察他们的工作成绩，掌管有关的政令和禁戒，听断有关的事项和争讼。命令治理邑里的属吏，每年〔夏历〕年终总结政事上报。

2. 正岁，简稼器，修稼政[1]。

【注释】

〔1〕稼政：据郑《注》，是指修整地界、沟渠，观察不同的土质、地形所宜种植的作物，以教导民进行耕种等等。所有这些事，都“必躬亲之”。

【译文】

〔夏历〕正月，检阅农具，〔教民〕做好各项备耕工作。

3. 三岁大比，则帅其吏而兴甿[1]，明其有功者，属其地治者[2]。凡为邑者，以四达戒其功事[3]，而诛赏废兴之。

【注释】

〔1〕兴甿：郑《注》曰：“举民贤者、能者，如六乡之为也。”

〔2〕属其地治者：属，郑《注》曰：“犹聚也。”地治者，即所谓“为邑者”（见第1节）。贾《疏》曰：“又聚其地治邻长以上，勑之以职事，使之不慢也。”

〔3〕四达：郑《注》曰：“治民之事，大通者有四：夫家众寡也，六畜车辇也，稼穑耕耨也，旗鼓兵革也。”

【译文】

三年大校比，就率领属吏荐举民众中贤能的人，表彰属吏中有功的人，聚集各级属吏〔教导他们做好工作〕。凡治理邑里的官吏，告诫他们以四项大事作为工作的重点，并据此对他们进行赏赐、诛罚、罢免或提升。

四三、县　　正

1. 县正各掌其县之政令、征、比，以颁田里[1]，以分职事[2]。掌其治讼，趋其稼事，而赏罚之。

【注释】

〔1〕以颁田里：孙诒让曰："亦依遂人上中下地三等之法颁授之也。"（参见《遂人》第3节）

〔2〕分职事：贾《疏》曰："即九职之功事也。"

【译文】

县正各自掌管本县的政令、征发和校比，而颁授田地和宅地，分配各种职事，掌管听断有关的事项和争讼，督促人们耕作，并进行赏罚。

2. 若将用野民师、田、行、役，移职事[1]，则帅而至，治其政令。既役，则稽功会事而诛赏。

【注释】

〔1〕移职事：王安石曰："若《遂师》所谓巡其稼穑，而移用其民，以救其时事也。"

【译文】

如果将征用野地的民众参加征伐、田猎、巡狩、劳役，或调用民众帮助困难户，就率领役徒到来，掌管有关的政令。役事完毕后，就稽考、总结他们的工作情况而加以赏罚。

四四、鄙　师

1. 鄙师各掌其鄙之政令、祭祀[1]。凡作民[2]，则掌其戒令。

【注释】

〔1〕祭祀：郑《注》曰："祭禜也。"案祭禜即禜祭，是为禳除水旱而举行的祭祀(参见《党正》第2节注②)。

〔2〕作民：李光坡曰："谓起徒役也。"

【译文】

鄙师各自掌管本鄙的政令和祭祀。凡征调民众服役，就掌管有关的戒令。

2. 以时数其众庶，而察其美恶而诛赏。岁终，则会其鄙之政而致事。

【译文】

按季节清点鄙中的民众，考察他们的表现好坏而加以赏罚。〔夏历〕年终，就总结本鄙的政事而向上级报告。

四五、酂　　长

1. 酂长各掌其酂之政令，以时校登其夫家，比其众寡[1]，以治其丧纪、祭祀之事。

【注释】

〔1〕校登其夫家，比其众寡：这两句为互文。郑《注》曰："校，犹数也。"而《廪人》郑《注》曰："数犹计也。"(见彼第2节注①)，故孙诒让曰："校、数，同训计。凡全经云'校比'者，义并同。"是校比

犹今言清查、统计。

【译文】

酂长各自掌管本酂的政令，按季清查登记酂中男女的多少，治理酂中的丧事、祭祀等事。

2. 若作其民而用之，则以旗鼓兵革帅而至。若岁时简器[1]，与有司数之[2]。

【注释】

〔1〕简器：据郑《注》，谓简其农具和兵器。

〔2〕有司：据郑《注》，谓遂大夫。

【译文】

如果征调酂民服役，就率领役徒带着旗鼓兵器和甲胄到来。如果到了每年按季检查农具、武器和器械的时候，就同遂大夫共同统计。

3. 凡岁时之戒令，皆听之[1]，趋其耕耨，稽其女功[2]。

【注释】

〔1〕听之：郑《注》曰："受而行之也。"

〔2〕女功：郑《注》曰："丝枲(麻)之事。"案此即《天官·大宰》九职所谓"七曰嫔妇，化治丝枲"之义(参见彼第6节)。

【译文】

凡一年四季〔上级下达的〕戒令，都接受而执行，督促酂民耕作，考核妇女的工作成绩。

四六、里　宰

1. 里宰掌比其邑之众寡[1]，与其六畜、兵器，治其政令。

【注释】

〔1〕比其邑：比，孙诒让说，指四时小校比。邑，郑《注》曰："犹里也。"

【译文】

里宰掌管清查本里男数的多少，以及六畜、武器和器械数，执行有关本里的政令。

2. 以岁时合耦于锄[1]，以治稼穑，趋其耕耨，行其秩叙[2]，以待有司之政令[3]，而征敛其财赋。

【注释】

〔1〕合耦于锄：郑《注》曰："《考工记》曰：'耜广五寸，二耜为耦。'此言两人相助耦而耕也。"案耦耕是古代的一种耕作方法，据《注》说，是二人各执一耜，并排而耕。郑《注》又曰："锄者，里宰治处也，……于此合耦，使相佐助，因放而为名。"

〔2〕秩叙：郑《注》曰："受耦相佐助之次第。"

〔3〕有司之政令：孙诒让曰："《遂师》云'以征财征'（见彼第1节），则此官所待者，即遂师之征令，及司稼之敛法(见《司稼》第2节)是也。"

【译文】

按照一年的四季在锄处对农民进行耦耕的搭配，以进行耕种，督促农民耕作，安排〔农民相互帮助以行耦耕的〕先后次序，以待执行遂人和司稼征税的命令，而征收里中的赋税。

四七、邻　长

1. 邻长掌相纠相受[1]。

【注释】

〔1〕相受：谓相寄托(参见《大司徒》第15节注②)。

【译文】

邻长掌管〔使邻中居民〕相互纠察和相互托付。

2. 凡邑中之政相赞[1]。

【注释】

〔1〕邑：据贾《疏》，亦谓里(五邻为里)。

【译文】

凡〔上级下达〕里中的政令都协助执行。

3. 徙于他邑[1]，则从而授之。

【注释】

〔1〕他邑：孙诒让说，此所谓他邑不出六遂之界，若出六遂而迁到乡郊及公邑、都鄙之地，则当为之旌节而行之，此处文不具也（参见《比长》第2节）。

【译文】

〔邻中有居民〕迁徙到别的邑里，就跟从〔迁徙者〕把他交付给当地官吏。

四八、旅　师

1. 旅师掌聚野之锄粟、屋粟、闲粟而用之〔1〕。以质剂致民〔2〕，平颁其兴积〔3〕，施其惠，散其利〔4〕，而均其政令〔5〕。凡用粟，春颁而秋敛之〔6〕。

【注释】

〔1〕聚野之锄粟、屋粟、闲粟而用之：野，郑《注》曰："谓远郊之外也。"是亦该甸、稍、县、都言（参见《遂人》第1节注①）。锄粟，江永曰："锄粟者，农民合出之，因合耦于锄，故名锄粟。"是锄粟即合耦税，因由官为之合耦（见《里宰》第2节），故而税之。屋粟，参见《载师》第3节注②。闲粟，郑《注》曰："闲民无职事者所出一夫之征粟。"用之，据江永说，谓如常年到了春耕季节，或遇凶年，则皆可用此粟。

〔2〕质剂：形制与买卖所用质剂同，而此处是作为征收屋粟的凭证。孙诒让曰："此锄粟征验时，盖与民为质剂以为信，故颁予时，亦案质剂以授之。"

〔3〕平颁其兴积：郑《注》曰："兴积，所兴之积，谓此三者之粟也。平颁之，不得偏颇有多少。县官（政府官吏）征聚物曰兴。"

〔4〕施其惠，散其利：郑《注》曰："以赒衣食曰惠，以作事业曰利。"案这两句为互文，故贾《疏》曰："若通言之，惠利为一。"

〔5〕均其政令：曾钊释"均"为平，曰："窃谓平政令，即平施惠散利之政令。"

〔6〕凡用粟，春颁而秋敛之：秦蕙田《通考·凶礼二》曰："春时农事方兴，其无力者，颁粟以贷之，秋则计其所贷而敛之。"

【译文】

旅师掌管储积野地的锄粟、屋粟和闲粟而〔在必要时〕加以运用。〔用时〕凭质剂会聚民众，平均地颁授所征收储积的以上三种税粮，以救济民众的生活和生产，而使〔有关救济的〕政令执行得公正。凡所用粮，春季借贷〔给困难的民户〕而秋季再收回。

2. 凡新氓之治皆听之〔1〕，使无征役，以地之美恶为之等〔2〕。

【注释】

〔1〕治：郑《注》曰："谓有所乞求也。"

〔2〕以地之美恶为之等：郑《注》曰："七人以上授以上地，六口授以中地，五口以下授以下地，与旧民同。"（参见《小司徒》第4节）

【译文】

凡新迁来的民众有所请求都处理答复，〔在一定时期内〕使他们不负担赋税徭役，按照土地的好坏分等级〔授给他们〕。

四九、稍　　人

1. 稍人掌令丘乘之政令〔1〕。若有会同、师、田、行、役之事，则以县师之法，作其同徒輂辇〔2〕，帅而以至，治其政令，以听于司马。

【注释】

〔1〕丘乘之政令：郑《注》读"乘"为"甸"，因此以为"丘乘"

就是“四丘为甸”的意思。丘甸，在此是指代井田之制，故孙诒让说“丘乘之政令”即指井田出车徒之法。案井田出车徒之法，见于《小司徒》郑《注》所引《司马法》，曰：“六尺为步，百步为亩，亩百为夫，夫三为屋，屋三为井，井十为通。通为匹马，三十家，士(谓甲士)一人，徒(谓步卒)二人。通十为成，成百井，三百家，革车一乘，士十人，徒二十人。十成为终，终千井，三千家，革车十乘，士百人，徒二百人。十终为同，同方百里，万井，三万家，革车百乘，士千人，徒二千人。”

〔2〕以县师之法，作其同徒辇辇：案稍人是主公邑之官，县师是公邑官之长，县师受法于大司马，而颁之于稍人。所谓法，即有关征调车徒的指示。同，即《司马法》所谓“同方百里”之同，一同当出“革车百乘，士千人，徒二千人”。

【译文】

稍人掌管发布有关井田〔出车徒〕的政令。如果有会同、征伐、田猎、巡狩、劳役的事，就依照县师的指示，征发公邑各同的士徒和车辆，率领着来到〔大司马那里〕，掌管〔对于所率徒众的〕政令，而听从大司马的指挥。

2. 大丧，帅蜃车与其役以至〔1〕，掌其政令，以听于司徒。

【注释】

〔1〕帅蜃车与其役：曾钊曰：“车受于巾车，稍人则役其人将之以至遂师，遂师又帅之至司徒也。”蜃车，参见《遂师》第2节注⑦。

【译文】

有大丧，率领蜃车及其役徒到来，掌管对于所率役徒的政令，而听从大司徒的指挥。

五〇、委　人

1. 委人掌敛野之赋[1]，敛薪刍，凡疏材[2]、木材，凡畜聚之物[3]，以稍聚待宾客，以甸聚待羁旅，凡其余聚以待颁赐[4]。

【注释】

〔1〕野之赋：野，亦通甸地之六遂以及甸、稍、县、都之公邑言。赋，据贾《疏》，亦指“九职所出贡”，即九职的从业税，与本篇《遂师》之“野赋”（见彼第2节）指地税异。

〔2〕疏材：郑《注》曰：“草木有实者也。”

〔3〕畜聚之物：郑《注》曰：“瓜、瓠、葵、芋，御冬之具也。”

〔4〕余聚以待颁赐：余，郑《注》曰：“当为‘余’，声之误也。余，谓都、县畜聚之物。”案县地距都城四百里，都地距都城五百里（参见《载师》第2节注⑦、⑧）。颁赐，孙诒让曰：“颁为常赐，即《遗人》恤艰厄、养孤老之等”（见彼第1节）；“赐为好赐”（参见《天官·内饔》第7节注①）。

【译文】

委人掌管征收野地的从业税，收取薪柴和饲草，凡草木的果实、木材，凡可以蓄聚之物〔都加以收取储备〕。用稍地的蓄聚物接待宾客，用甸地的蓄聚物供应寄居的旅客，用县地、都地的蓄聚物颁授〔困难的民众〕或赏赐〔所喜欢的人〕。

2. 以式法共祭祀之薪蒸、木材[1]，宾客共其刍薪，丧纪共其薪蒸、木材，军旅共其委积薪刍、凡疏材[2]，共野委、兵器[3]，与其野囿财用[4]。

【注释】

〔1〕以式法共祭祀之薪蒸、木材：郑《注》曰："式法，故事多少也。薪蒸，给炊及燎，粗者曰薪，细者曰蒸。木材，给张事（谓张设幕帐等）。"

〔2〕委积薪刍、凡疏材：郑《注》曰："委积薪刍，委积之薪刍也。军旅又有疏材以助禾粟。"

〔3〕共野委、兵器：郑《注》曰："野委，谓庐宿止之薪刍也。"（参见《遗人》第2节）。庐宿有委积，贾《疏》曰："委积之中有薪刍，在野外，故云野委也。"兵器，据孙诒让说，是守卫野委所需兵器。

〔4〕野囿财用：财，通"材"。郑《注》曰："苑囿藩罗之材。"据贾《疏》，苑囿皆野外的田猎场所：在泽则有囿，在山则有苑。藩罗即藩篱，用以遮拦野兽。

【译文】

依旧例供给祭祀所需的粗细薪柴和木材，接待宾客供给所需的饲草和薪柴，有丧事供给所需的粗细薪柴和木材，有征伐供给所储备的薪柴、饲草和草木果实，供给守卫野外储备所需的武器和器械，以及为苑囿设置藩篱所需的木材。

3. 凡军旅之宾客〔1〕，馆焉。

【注释】

〔1〕军旅之宾客：贾《疏》曰："谓诸侯以军旅助王征讨者，故谓之军旅之宾客也。"

【译文】

凡助王征伐的诸侯，为他们安排馆舍。

五一、土　　均

1. 土均掌平土地之政〔1〕，以均地守〔2〕，以均地事[3]，以均地贡[4]。

【注释】

〔1〕掌平土地之政：据郑《注》，谓掌平邦国(各诸侯国)、都鄙之地税。

〔2〕地守：郑《注》曰："虞衡之属。"(参见《均人》第1节注②)

〔3〕地事：即地职(参见同上注③)。

〔4〕地贡：郑《注》曰："诸侯之九贡。"案即《天官·大宰》所谓九贡。

【译文】

土均掌管使土地税合理，使山林川泽之税合理，使各种从业税合理，使〔各诸侯国进献的〕贡物合理。

2. 以和邦国[1]、都鄙之政令、刑、禁与其施舍，礼俗、丧纪、祭祀，皆以地美恶为轻重之法而行之[2]，掌其禁令。

【注释】

〔1〕和：当读为"宣"(参见《天官·大宰》第11节注②)。

〔2〕"礼俗"至"行之"：礼俗，郑《注》曰："邦国、都鄙民之所行先王旧礼也。"是相沿成俗之旧礼谓之礼俗。贾《疏》曰："自礼俗、丧纪、祭祀三事，皆以地之美恶轻重者，地美则重行之，地恶则轻行之，以其礼许俭，不非无故也。"

【译文】

宣布有关诸侯国和采邑的政令、刑法、禁令以及免除赋税徭役的原则，礼俗、丧事、祭祀，都依据土地的好坏作为轻重的原则而加以实行，掌管有关的禁令。

五二、草　　人

1. 草人掌土化之法以物地〔1〕，相其宜而为之种。

【注释】

〔1〕土化之法以物地：郑《注》曰："土化之法，化之使美也。……以物地，占其形色为之种。"

【译文】

草人掌管改良土壤、审视土地，观察某地适宜种什么就决定种什么。

2. 凡粪种〔1〕，骍刚用牛〔2〕，赤缇用羊〔3〕，坟壤用麋〔4〕，渴泽用鹿〔5〕，咸潟用貆〔6〕，勃壤用狐〔7〕，埴垆用豕〔8〕，强檃用蕡〔9〕，轻爂用犬〔10〕。

【注释】

〔1〕粪种：即浸种。郑《注》曰："凡所以粪种者，皆谓煮取汁也。"案谓煮兽骨灰为汁以浸种。《齐民要术》卷一《种谷第三》载用马骨锉成末煮以浸种之法，谓可使"禾稼不蝗虫"；无马骨可用雪汁，"使稼耐寒"。是粪种之例。

〔2〕用牛：郑司农曰："以牛骨汁渍其种也，谓之粪种。"下文义皆放此。

〔3〕缇：《说文》曰："帛丹黄色也。"

〔4〕坟壤用麋：坟壤，郑《注》曰："润解。"麋，即麋鹿，又叫"四不像"，是我国的一种稀有的珍贵兽类。

〔5〕渴泽：郑《注》曰："故水处也。"案《尔雅·释诂》曰："涸，

澙也。”是原有水，今已干涸，故可耕种。

〔6〕咸澙用貆：澙，音 xì，郑《注》曰：“卤也。”貆，音 huān，孙诒让说，是“貛”的假借字，即猪貛。

〔7〕勃壤：郑《注》曰：“粉解者。”盖即今所谓沙壤。

〔8〕埴垆：音 zhí lú，是一种黑黏而坚硬的土。《考工记·总叙》“抟埴”郑《注》曰：“埴，黏土也。”又《说文》曰：“垆，黑刚土也。”

〔9〕强檃：檃，音 hǎn。强檃，郑《注》曰：“强坚者。”又《礼记·月令》“可以美土强”郑《注》曰：“强，强檃之地。”彼孔《疏》释之曰：“并谓磦砺磊块之地也。”

〔10〕轻爂：爂，音 biāo。轻爂，郑《注》曰：“轻脆(脆)者。”

【译文】

凡浸种，赤色而坚硬的土地用牛骨汁，赤黄色的土地用羊骨汁，润泽而苏松的土地用麋骨汁，干涸的泽地用鹿骨汁，盐碱地用貛骨汁，沙土地用狐骨汁，有黏性的黑色而坚硬的土地用猪骨汁，坚硬成块的土地用麻子汁，轻脆而缺乏韧性的土地用狗骨汁。

五三、稻　　人

1. 稻人掌稼下地[1]，以潴畜水[2]，以防止水，以沟荡水[3]，以遂均水[4]，以列舍水[5]，以浍写水[6]，以涉扬其芟作田[7]。

【注释】

〔1〕稼下地：据郑《注》，稼谓种谷，下地谓“水泽之地”。

〔2〕潴：音 zhū，即陂塘。

〔3〕以沟荡水：沟，即《遂人》“十夫有沟”之沟(参见彼第 4 节)。荡，杜子春读为“和荡”之“荡”，谓以沟行水也。

〔4〕遂：即《遂人》“夫间有遂”之遂(参见同上)。

〔5〕以列舍水：列，郑《注》曰："田畦之埒也。"案田中划分有畦，畦边有埂，即所谓埒。舍，止也，将水留止于畦。

〔6〕浍：即《遂人》"千夫有浍"之浍(参见同上)。

〔7〕以涉扬其芟作田：涉，谓涉水。扬，谓举而弃之。芟，刈也，谓割除杂草。郑《注》曰："作，犹治也。"又说，到第二年放水于田将插秧时，前一年所芟之草便浮于水表，这时便可涉水将其扬弃之，而后治田种稻(参见下节注①)。

【译文】

稻人掌管在泽地种稻，用陂塘蓄水，用堤防阻止水，用沟排放水，用遂均分水，用畦埂留止水，用浍泻水。涉水入田扬弃去年割除的草而治理田〔以便种稻〕。

2. 凡稼泽，夏以水殄草而芟夷之[1]。

【注释】

〔1〕夏以水殄草而芟夷之：殄，音 tiǎn，灭绝。芟夷，谓割除草。《左传》隐公六年"芟夷蕴崇"杜《注》曰："芟，刈也。夷，杀也。"据孙诒让说，凡杀草，夏初芟夷之，而草又有生者，到六月再在田中蓄水以淹杀之，即所谓"夏以水殄草"。到秋季田中水干时，则草或有未死者，则又"芟夷之"。案此时所芟夷之草即置于田中，可沤以肥田，而到了明年尚未沤烂的草，则待放水插秧时"涉扬"之(参见上节注⑦)。

【译文】

凡在泽地种稻，夏季用水淹的方法灭绝草而〔到秋季水干时再将尚未灭绝的草〕割除。

3. 泽草所生，种之芒种[1]。

【注释】

〔1〕芒种：郑司农曰："稻麦也。"案稻麦子实外生有芒，故称。

【译文】

泽地草所生长的地方，就可以在那里种稻麦。

4. 旱暵共其雩敛[1]。丧纪共其苇事[2]。

【注释】

〔1〕旱暵共其雩敛：旱暵，谓雩祭(参见《舞师》第1节注④)。雩敛，孙诒让曰："修雩所需财用，官不能尽共，则敛之民，故曰雩敛。"

〔2〕苇事：苇，芦苇。苇事，谓用苇填圹。据郑《注》，下棺入圹之前，当先以苇填塞圹底，以防潮湿。

【译文】

〔为解除旱灾〕举行雩祭就供给为雩祭所征收的财物。有丧事就供给填塞墓坑底部所用的芦苇。

五四、土　训

1. 土训掌道地图，以诏地事[1]。

【注释】

〔1〕地事：不同地区所宜之事。郑《注》曰："若云荆、扬地宜稻，幽、并地宜麻。"

【译文】

土训掌管解说地图，以告诉王不同的地区所适宜施行的事。

2. 道地慝[1]，以辨地物而原其生[2]，以诏地求。

【注释】

〔1〕地慝：郑《注》曰："若障蛊然也。"案障即瘴气，是南方山林间的一种湿热郁蒸、能致人疾病之气；蛊即《秋官·庶氏》所谓"毒蛊"（参见彼第1节注）。

〔2〕辨地物而原其生：郑《注》曰："辨其物者，别其所有所无也。"物，孙诒让说是指善物，即有益于人之物。原，察也。原其生者，在于使王知其物当生时则可求，非生时则不可妄求。

【译文】

解说各地的害人之物，辨别各地的有益于人之物而了解它们的生产时间，以便〔王有所需求时〕告诉王某地的物产何时可以求取。

3. 王巡守，则夹王车。

【译文】

王外出巡守，就在王车左右随行。

五五、诵　　训

1. 诵训掌道方志[1]，以诏观事[2]。掌道方慝[3]，以诏辟忌，以知地俗。

【注释】

〔1〕方志：郑《注》曰："四方所识久远之事。"

〔2〕以诏观事：郑《注》曰：“以告王观博古。”

〔3〕方慝：郑《注》曰：“四方言语所恶也。”

【译文】

诵训负责解说四方的历史典故，以告诉王〔而使王能广泛地〕了解古代的事。负责解说四方言语的忌讳，以告诉王避免触犯忌讳，而了解各地的风俗。

2. 王巡守，则夹王车。

【译文】

王外出巡守，就在王车左右随行。

五六、山　虞

1. 山虞掌山林之政令[1]，物为之厉[2]，而为之守禁[3]。

【注释】

〔1〕山林之政令：据孙诒让说，如授民山林之地、管理山林之民取草伐木，以及田猎、征收赋税等事，皆其政令。

〔2〕厉：谓藩界，即设藩篱以为界。

〔3〕为之守禁：郑《注》曰：“为守者设禁令也。守者，谓其地之民占（看守）伐林木者。”

【译文】

山虞掌管有关山林的政令，为山中的各种物产设置藩界，并为守护山林的民众设立禁令。

2. 仲冬斩阳木[1]，仲夏斩阴木。凡服耜[2]，斩季材[3]，以时入之。令万民时斩材，有期日。凡邦工入山林而抡材[4]，不禁。春秋之斩木，不入禁。凡窃木者，有刑罚。

【注释】

〔1〕阳木：郑《注》曰："生山南者也。"案阴木则生山北者。

〔2〕服耜：服，郑《注》谓之"服牝"，即《考工记·车人》所谓"牝服"（见彼第6节），彼郑《注》曰："牝服长八尺，谓较也。"案较是车厢两边挡板上面的横木，牛车、马车皆有左右两较。但马车的较高于车前的轼（车厢前的横木），牛车的较则与轼等高，谓之平较，平较即此所谓牝服。耜，孙诒让曰："即《车人》所谓耒也（见彼第2节）。耒长六尺六寸，以木为之。耜为耒头之金，……通言之，耒亦得称耜也。"

〔3〕季材：即幼小的木材。据郑《注》，车较和耒所用木尚柔韧，故用季材。

〔4〕抡：郑《注》曰："犹择也。"

【译文】

仲冬时节砍伐山南边的树木，仲夏时节砍伐山北边的树木。凡制造车较和耒，砍伐较幼小的木材，按时送交负责制造的官。命令民众按规定的时间砍伐木材，并规定了砍伐的天数。凡因国家工程需要而进山林选择木材，不加限禁。春秋季节砍伐树木，不可进入禁止的砍伐区内。凡盗伐树木的，有刑罚加以惩处。

3. 若祭山林，则为主，而修除[1]，且跸。

【注释】

〔1〕则为主，而修除：为主，郑《注》曰："主辨护之也。"孙诒让释"辨"谓"即今之办治字"，又引《汉书》颜《注》释"护"为"监视之"。修除，郑《注》曰："治道路坛场。"

【译文】

如果祭祀山林〔之神〕，就负责办理和监视〔祭祀〕，并负责修整扫除〔道路和祭祀坛场〕，且禁止行人通行。

4. 若大田猎，则莱山田之野〔1〕。及弊田〔2〕，植虞旗于中〔3〕，致禽而珥焉〔4〕。

【注释】

〔1〕莱山野之草：郑《注》曰："莱，除其草莱也。"据孙诒让说，除草莱的目的有二：一是在田猎区周围除草一圈以为田猎之界；二是在此界南边清理出一块空地，以便教战列阵。

〔2〕弊田：郑《注》曰："田者止也。"

〔3〕虞旗：据孙诒让说，是画有熊的旗。

〔4〕致禽而珥焉：郑司农曰："珥者，取禽左耳以效功也。"即谓使田猎者将所猎获的禽兽集中到虞旗下，而割取兽的左耳留以待计功。

【译文】

如果王亲自田猎，就芟除山中田猎场周围的草。到停止田猎时，就在猎场中央树起虞旗，在旗下集中所猎获的禽兽而〔由猎获者〕割取兽的左耳〔以待计功〕。

五七、林　衡

1. 林衡掌巡林麓之禁令〔1〕，而平其守〔2〕，以时计林麓而赏罚之〔3〕。

【注释】

〔1〕林麓：林谓平地之林，麓在此谓有林之山的山脚。

〔2〕平其守：郑《注》曰："平其地之民，守林麓之部分。"

〔3〕计林麓而赏罚之：郑《注》曰："计林麓者，计其守之功也，林麓蕃茂，民不盗窃则有赏，不则罚之。"

【译文】

林衡掌管巡视平地和山脚的林木而执行有关的禁令，合理安排守林的民众，按时核计他们守护平地和山脚林木的成绩而对他们进行赏罚。

2. 若斩木材，则受法于山虞[1]，而掌其政令。

【注释】

〔1〕受法于山虞：据郑《注》，法谓"万民入出时之期"。据贾《疏》，因山虞之官尊，故当由林衡受法于山虞。案山虞为中士，林衡则为下士，故尊于林衡(参见本篇《叙官》)。

【译文】

若要砍伐木材，就要到山虞那里接受所安排的时间，而掌管有关的政令。

五八、川　　衡

1. 川衡掌巡川泽之禁令[1]，而平其守，以时舍其守[2]，犯禁者执而诛罚之。

【注释】

〔1〕掌巡川泽之禁令：据贾《疏》，川衡掌川而不掌泽(掌泽是泽虞的职责)，此处连言泽，是因为有的泽与川相连，则兼掌之。

〔2〕舍：置也。

【译文】

川衡掌管巡视川泽，执行有关的禁令，而合理安排守护川泽的民众，按时安置守护人，有违犯禁令的就抓捕而加以惩罚。

2. 祭祀、宾客，共川奠〔1〕。

【注释】

〔1〕川奠：奠，祭也。川奠，谓河中所产可供奠祭之物，如鱼、蛤之类。孙诒让曰："引申之，凡荐羞通谓之奠，故宾客飨食亦得有川奠。"

【译文】

举行祭祀，或招待宾客，供给河中所产的鱼、蛤等物。

五九、泽　虞

1. 泽虞掌国泽之政令〔1〕，为之厉禁，使其地之人守其财物，以时入之于玉府〔2〕，颁其余于万民。

【注释】

〔1〕掌国泽：案当云"掌国泽薮"，此处省文。泽薮即湖泊沼泽。

〔2〕入之于玉府：郑《注》曰："谓皮角珠贝也，入之以当邦赋。"

【译文】

泽虞掌管王国湖泽的有关政令，为之〔划分范围〕设置藩界和禁令，使当地的民众守护湖泽的财物，按时缴纳皮角珠贝等给玉府，其余的财物分归民众所有。

2. 凡祭祀、宾客，共泽物之奠[1]。丧纪，共其苇蒲之事[2]。

【注释】

〔1〕泽物之奠：据郑《注》，谓芹、茆（莼菜）、蔆（菱）、芡（俗称鸡头）之类。

〔2〕共其苇蒲：共苇，事与稻人为官联（参见《稻人》第4节）。共蒲，郑《注》曰："蒲以为席。"

【译文】

凡祭祀或接待宾客，供给湖泽所产芹菜、莼菜、菱角、鸡头等物。丧事，供给所需的芦苇和蒲草。

3. 若大田猎，则莱泽野[1]。及弊田，植虞旌以属禽[2]。

【注释】

〔1〕莱泽野：意同《山虞》之"莱山田之野"（参见彼第4节）。

〔2〕植虞旌以属禽：虞旌，郑《注》曰："注析羽。"孙诒让曰："此旌亦以熊虎之旗，而注析羽。"所谓注析羽，即集羽毛于竿端以为饰。属禽，与《山虞》"致禽"之意有所不同。贾《疏》曰："此云属禽者，谓百姓致禽讫，虞人属聚之，别其等类，每禽取三十焉。"

【译文】

如果王亲自田猎，就芟除湖泽猎场周围原野的草。到停止田猎时，就在猎场中树起虞旌而聚集所猎获的禽兽〔加以归类分等〕。

六〇、迹　人

迹人掌邦田之地政，为之厉禁而守之，凡田猎者受令焉[1]。禁麛卵者[2]，与其毒矢射者。

【注释】

〔1〕令：谓规定田猎的时间地点。

〔2〕麛：音 mí，本指幼鹿，此处用作幼兽的通称。

【译文】

迹人掌管王国田猎场的政令，为之设置藩界和禁令而加以守护，凡田猎的人都要接受迹人的安排。禁止猎杀幼兽和获取鸟卵的人以及用毒箭射猎的人。

六一、矿　人

矿人掌金玉锡石之地，而为之厉禁以守之。若以时取之，则物其地图而授之。巡其禁令。

【译文】

矿人掌管出产金玉锡石等的地方，为之设置藩界和禁令而加以守护。如果按时采取，就选择开采地，绘成地图交给开采者。巡视是否有人违犯禁令。

六二、角　　人

角人掌以时征齿、角、凡骨物于山泽之农以当邦赋之政令，以度量受之，以共财用。

【译文】

角人掌管按时向山泽地区的农民征收兽齿、兽角、兽骨之物而用以算作上缴国家赋税的政令，用度量器具加以度量而接受征收物，以供〔国家的〕财用。

六三、羽　　人

羽人掌以时征羽翮之政于山泽之农以当邦赋之政令〔1〕。凡受羽，十羽为审〔2〕，百羽为抟，十抟为缚。

【注释】

〔1〕羽翮：翮，羽茎。案羽翮在此实指长茎的羽毛，故下文即单称羽。

〔2〕审：及下文抟、缚(zhuàn)，据郑《注》，皆羽束名。

【译文】

羽人掌管按时向山泽地区的农民征收羽毛而用以算作上缴国家赋税的政令。凡接受所征收的羽毛，十根羽毛为一审，百根羽毛为一抟，十抟为一缚。

六四、掌　葛

掌葛掌以时征絺绤之材于山农[1]、凡葛征[2]、征草贡之材于泽农以当邦赋之政令[3]，以权度受之。

【注释】

〔1〕絺绤之材：絺，音 chī，细葛布。绤，音 xì，粗葛布。絺绤之材，即指葛。

〔2〕凡葛征：江永曰："盖草类之如葛者亦征之。"征，税也。

〔3〕草贡之材：郑《注》曰："萌纻之属可缉绩者。"案纻谓纻麻，萌也是一种麻类植物(参见《天官·典枲》第1节注①)。

【译文】

掌葛掌管按时向山农征收葛草和凡属如葛的草类、向泽农征收萌纻等麻类而用以算作上缴国家赋税的政令，称量轻重长短而接受征收物。

六五、掌染草

掌染草掌以春秋敛染草之物，以权量受之，以待时而人颁之。

【译文】

掌染草掌管春秋季节征收可用作染料的草类，用秤称量轻重而后收纳，以待用时颁授〔给染人〕。

六六、掌　　炭

掌炭掌灰物、炭物之征令[1]，以时入之，以权量受之，以共邦之用。凡炭灰之事。

【注释】

〔1〕灰物：郑《注》曰："灰给浣练。"案布缕加灰捶洗，可使之洁白柔软，即所谓浣练。

【译文】

掌炭掌管执行征收草木灰、木炭等物的命令，按时征收，用秤称轻重而后收纳，以供王国之用。凡有关炭、灰的事〔都负责掌管〕。

六七、掌　　荼

掌荼掌以时聚荼，以共丧事[1]。征野疏材之物，以待邦事[2]，凡畜聚之物[3]。

【注释】

〔1〕荼：指茅秀，可供丧时填充衣被等用。

〔2〕以待邦事：孙诒让曰："以共祭祀、宾客及王以下之庶羞也。"

〔3〕凡畜聚之物：谓瓜瓠葵芋等。

【译文】

掌荼掌管按时收聚荼，以供办丧事时用。征收野生的草木果实，以待王国有事时用。凡〔瓜瓠葵芋等〕可蓄聚之物〔都加以收聚以备用〕。

六八、掌　蜃

掌蜃掌敛互物蜃物[1]，以共闉圹之蜃[2]，祭祀共蜃器之蜃[3]，共白盛之蜃[4]。

【注释】

〔1〕互物蜃物：互物，蚌蛤之属。蜃，大蛤，在此泛指蛤类。

〔2〕闉圹之蜃：闉，音 yīn，通“堙”。郑《注》曰：“闉，犹塞也。”谓填塞圹底以防潮湿。

〔3〕蜃器：用蜃装饰的祭器。

〔4〕白盛之蜃：郑《注》曰：“盛，犹成也。”案蛤灰可涂物、墙使白。

【译文】

掌蜃掌管征收蚌蛤中的蛤类，以供填塞墓坑底部所需的蛤。举行祭祀供给装饰祭器所需的蛤。供给〔研粉〕涂饰器物或墙壁使成白色所需的蛤。

六九、囿　人

囿人掌囿游之兽禁[1]，牧百兽，祭祀、丧纪、宾客，共其生兽、死兽之物。

【注释】

〔1〕囿游之兽禁：囿，汉时称苑，即园林。禁，郑《注》曰：“囿游，囿之离宫小苑游观处也。养兽以宴乐视之。禁者，其藩卫也。”

【译文】

囿人掌管囿中离宫小苑游观处野兽的蕃卫防禁，牧养〔苑中的〕各种野兽，有祭祀、丧事、宾客时，供给所需的〔从囿中猎获的〕活兽与杀死的兽。

七〇、场　　人

场人掌国之场圃[1]，而树之果蓏珍异之物[2]，以时敛而藏之。凡祭祀、宾客共其果蓏。享亦如之[3]。

【注释】

〔1〕场圃：即园圃。

〔2〕果蓏珍异：蓏，音 luǒ，瓜类植物的果实。郑《注》曰：“蒲桃（葡萄）、枇杷之属。”

〔3〕享：据孙诒让说，指宗庙荐新礼：瓜果珍异新出，献之于宗庙，谓之荐新。

【译文】

场人掌管王国的场圃，而种植瓜果和珍异的果树，按时收取果实而加以收藏。凡祭祀或接待宾客，供给所需的瓜果。行宗庙荐新礼也照样做。

七一、廪　人

1. 廪人掌九谷之数[1]，以待国之匪颁、赒赐、稍食[2]。

【注释】

〔1〕九谷：参见《天官·大宰》第6节注②。

〔2〕匪颁、赒赐、稍食：匪颁，谓分颁给群臣的俸禄。赒赐，赒即《乡师》所谓“赒万民之艰阨”，赐谓好赐。孙诒让曰：“经凡云赐者，并谓好赐。”稍食，是指发给庶人在官者的食粮(参见《天官·宫正》第3节注③)。

【译文】

廪人掌管谷米数，以备国家分颁群臣俸禄、救济民众或恩赐、发给〔庶人在官者〕食粮。

2. 以岁之上下数邦用[1]，以知足否，以诏谷用，以治年之凶丰。

【注释】

〔1〕岁之上下数邦用：数，郑《注》曰：“犹计也。”上下，贾《疏》曰：“即丰凶。”

【译文】

依据年成的好坏计算王国的开支，以知道够用不够用，以报告上级用谷〔的原则〕，据以制定适于丰年或荒年的不同用谷标准。

3. 凡万民之食食者，人四鬴，上也；人三鬴，中也；人二鬴，下也[1]。若食不能人二鬴，则令邦移民就谷，诏王杀邦用。

【注释】

〔1〕“人四”至“下也”：郑《注》曰：“此皆谓一月食米也。六斗四升曰鬴。”案鬴，音 fǔ，同“釜”，古代的量器（参见《考工记·㮚氏》第2节注①）。

【译文】

凡民众吃粮，每人〔每月〕四鬴，是上等年成；每人〔每月〕三鬴，是中等年成；每人〔每月〕二鬴，是下等年成。如果每人〔每月〕吃不够二鬴，就命令国中饥民迁移到产粮多的地方，并告诉王减省国家开支。

4. 凡邦有会同、师、役之事，则治其粮与其食[1]。大祭祀[2]，则共其接盛[3]。

【注释】

〔1〕治其粮与其食：郑《注》曰：“行道曰粮，谓糒（干粮）也。止居曰食，谓米也。”

〔2〕大祭祀：谓祭祀天地、宗庙等。

〔3〕共其接盛：阮校说，“共其”二字衍。郑《注》曰：“‘接’读为‘一扱再祭’之‘扱’。”案扱，音吸 xī，取也。盛，谓祭祀所用粮。

【译文】

凡国家有会同、征伐、劳役的事，就置备所需的粮食。有大祭祀，就供所取用的祭粮。

七二、舍 人

1. 舍人掌平宫中之政[1]，分其财守[2]，以法掌其出入[3]。

【注释】

〔1〕平宫中之政：贾《疏》曰：“谓平其给米多少，不得特多特少也。”

〔2〕分其财守：贾《疏》曰：“财即米也。……颁与所使守之人。”案所使守之人，谓在宫中办公的官吏。

〔3〕掌其出入：据郑《注》，谓从廪人那里支取所需的米，如有多余则退还给廪人。

【译文】

舍人掌管有关合理分发宫中〔用米的〕事务，分颁米给在宫中各官府的办公人员，按制度掌管米的支出与退还。

2. 凡祭祀，共簠簋[1]，实之，陈之。宾客亦如之，共其礼车米、筥米、刍、禾[2]。丧纪，共饭米、熬谷[3]。

【注释】

〔1〕簠簋：皆盛饭器，青铜制。郑《注》曰：“方曰簠，圆曰簋，盛黍稷稻粱器。”

〔2〕共其礼车米、筥米、刍、禾：郑《注》曰：“礼，致饔饩之礼。”致饔饩，参见《天官·外饔》第1节注②。此处的车米、筥米、刍、禾，亦行致饔饩之礼所馈。筥米，筥，音举jǔ，竹制圆形盛物器；

米即指黍稷稻粱。据《仪礼·聘礼》，筥米设于中庭，车米陈于门外，刍、禾亦盛于车而陈于门外。

〔3〕饭米、熬谷：饭米，是为死者行饭含礼(即向死者口中填米)所用的米。熬谷，炒熟的谷。案古人在殡棺时，将熬谷置于筐中，放在棺旁，引诱蚁类，以免蚁类毁坏棺尸。李调元曰："熬黍稷置棺旁，惑蚍蜉也。"

【译文】

凡祭祀，供给簠簋，盛上饭，加以陈列。接待宾客也这样做，并供给行致饔饩之礼所需的用车载的米、用筥盛的米、饲草和禾。有丧事，供给行饭含礼所需的米，并供给炒熟的谷。

3. 以岁时县穜稑之种〔1〕，以共王后之春献种〔2〕。

【注释】

〔1〕县穜稑之种：据郑《注》，县(悬)之者，是为风干种子。穜稑，参见《天官·内宰》第10节注②。

〔2〕王后之春献种：谓上春献种于王(参见同上)。

【译文】

按一年的四季悬挂各类谷种〔而风干〕，以供王后孟春向王献种。

4. 掌米粟之出入〔1〕，辨其物〔2〕。岁终则会计其政〔3〕。

【注释】

〔1〕米粟：在此泛指各种谷物。

〔2〕辨其物：郑《注》曰："九谷六米别为书。"

〔3〕政：郑《注》曰："用谷之多少。"

【译文】

掌管米谷的支出和收入，辨明它们的种类和名称〔而分别记账〕。〔夏历〕年终就总计用谷的多少。

七三、仓　　人

1. 仓人掌粟入之藏，辨九谷之物，以待邦用。若谷不足，则止余法用[1]，有余则藏之，以待凶而颁之。

【注释】

〔1〕止余法用：郑《注》曰："止，犹杀也。杀余法用，谓道路之委积，所以丰优宾客之属。"案余，谓足国用所余。所余储藏起来以备用，即所谓委积。

【译文】

仓人掌管所收入谷物的储藏，分辨九谷的名称种类，以备王国所用。如果谷物不足，就减省委积的支用；谷物有余，就把它储藏起来，以备灾荒年而颁用。

2. 凡国之大事[1]，共道路之谷积[2]、食饮之具。

【注释】

〔1〕大事：据郑《注》，指丧事或战争。

〔2〕共道路之谷积：谷积，即委积之谷物。案此官与遗人为官联，遗人所掌委积之谷，即由此官及廪人计九谷足国用而以其余供之。

【译文】

凡国家有大事，供道路委积所需的谷物和饮食。

七四、司　禄(阙)

七五、司　　稼

1. 司稼掌巡邦野之稼，而辨穜稑之种，周知其名，与其所宜地以为法[1]，而县于邑闾[2]。

【注释】

〔1〕以为法：郑《注》曰："后年种谷用为法也。"

〔2〕闾：在此指里门，《秋官·叙官·修闾氏》郑《注》曰："闾谓里门。"

【译文】

司稼掌管巡视王国野地的庄稼，辨别各种谷物的种类，全面了解它们的名称，以及它们所适宜种植的土地，作为下年种植的法则，悬挂在邑中里门上。

2. 巡野观稼，以年之上下出敛法[1]。

【注释】

〔1〕以年之上下出敛法：秦蕙田《通考·凶礼一》曰："《周礼》田税之制，虽有常式，而又命司稼一官，巡视稼之美恶，以知年之上下，小耗则减之，大耗则除之。"

【译文】

巡视野地的庄稼，根据年成的好坏制定出征收赋税的法则。

3. 掌均万民之食[1]，而赒其急，而平其兴[2]。

【注释】

〔1〕均：郑《注》曰："谓度其多少。"

〔2〕平其兴：江永曰："兴，起也，发也。谓赒急之时，平其所兴发之廪食。"

【译文】

掌管调度民众粮食的多少，而救济人们的急困，公平地颁授所征收储积的粮食〔给急困之民〕。

七六、舂　　人

舂人掌共米物[1]。祭祀共其粢盛之米[2]。宾客共其牢礼之米[3]。凡飨食共其食米[4]。掌凡米事[5]。

【注释】

〔1〕米物：郑《注》曰："言非一米。"

〔2〕粢盛：谓盛于器而用于祭祀的谷米。

〔3〕牢礼：即致饔饩之礼。致饔饩有米，据郑《注》，此处主要指供给"可以实筐筥"者，亦即《舍人》所谓"筥米"（参见彼第2节）。

〔4〕飨食：谓飨礼和食礼(参见《牛人》第2节注⑤)。案"食"字原脱，孙诒让《校记》曰："'飨'下夺'食'字，各本并有。"故据补。

〔5〕凡米事：孙诒让曰："谓凡舂抗(舀)之事，舂人悉掌之。"（参

见本篇《叙官》第59节注③)

【译文】

舂人掌管供给各种米。祭祀供给盛在〔簠簋等〕器中的米。款待宾客供给行致饔饩之礼时〔盛在筥中的〕米。凡举行飨礼和食礼供给饭食所用的米。掌管凡属舂米舀米的事。

七七、饎　人

饎人掌凡祭祀共盛[1]。共王及后之六食[2]。凡宾客共其簠簋之食。飨、食亦如之。

【注释】

〔1〕饎人掌凡共盛：饎，同“饎”（参见本篇《叙官》第60节）。共盛，郑《注》曰：“炊而共之。”

〔2〕六食：郑《注》曰：“六谷之饭。”（参见《天官·膳夫》第2节注①）

【译文】

饎人掌管凡属祭祀所当供给的炊熟的米。供给王和王后用六谷做的饭食。凡接待宾客，供给用簠簋盛的饭食。举行飨礼和食礼也这样做。

七八、槁　人

1. 槁人掌共外、内朝冗食者之食[1]。若飨耆老、

孤子、士、庶子〔2〕，共其食。

【注释】

〔1〕外、内朝冗食者：外朝，在皋门内、库门外，即在王宫五门的第一与第二门之间。内朝，即治朝，在路门外、应门内，即在王宫五门的第四与第五门之间，相对于外朝则为内朝。冗食者，贾《疏》曰："谓以次当直，留在朝直宿不还，须以食供之。"

〔2〕耆老、孤子、士、庶子：耆老、孤子(参见《天官·外饔》第2节注①)。士、庶子，皆贵族子弟(参见《天官·宫伯》第1节注①)。

【译文】

槁人掌管供应在外朝和内朝当值官吏的饭食。如果用飨礼款待老人、孤子、士、庶子，供给所需的饭食。

2. 掌豢祭祀之犬。

【译文】

掌管豢养供祭祀用的狗。

春官宗伯第三

【题解】

春官系统共有七十职官，大宗伯是其长，小宗伯是大宗伯的副手。按照《叙官》的说法，春官是“礼官”，即掌礼事的官，此说大体不误，如大、小宗伯的职责主要就是掌礼(包括吉、凶、宾、军、嘉五礼)。其下六十八属官，则大体可以分为以下几类。第一类是掌礼事的官，有肆师、郁人、鬯人、鸡人、司尊彝、司几筵、典瑞、典命、司服、典祀、守祧、世妇、内宗、外宗、冢人、墓大夫、职丧、都宗人、家宗人、神仕等，凡二十职。第二类是掌乐事的官，有大司乐、乐师、大胥、小胥、大师、小师、瞽矇、视瞭、典同、磬师、钟师、笙师、镈师、靺师、旄人、籥师、籥章、鞮鞻氏、典庸器、司干等，凡二十职。第三类是掌卜筮的官，有大卜、卜师、龟人、菙氏、占人、筮人、占梦、视祲等，凡八职。第四类是祝巫之官，有大祝、小祝、丧祝、甸祝、诅祝、司巫、男巫、女巫等，凡八职。第五类是掌史及星历的官，有大史、小史、冯相氏、保章氏、内史、外史、御史等，凡七职。第六类是掌车旗的官，有巾车、典路、车仆、司常等，凡四职。还有天府一职，其主要职责则是掌宗庙宝器以及吏治文书的收藏，可自成一类。从以上分类看，春官的职责虽不尽掌礼事，但主要还是掌礼。如第二类掌乐事的官，就是直接为礼事服务的，且礼、乐二官的数量占了春官系统的大半。第三、第四、第七三类职官，也主要是为礼事服务的，而天府一官，也有为祭礼服务的职责。然而第二类即掌乐事的官，又有掌学校教育的职责，如《大司乐》“掌成均(大学)之法”，《乐师》“掌国之学(小学)政”，《大胥》“掌学士之版”，《小胥》“掌学士之徵令”等等，此种职责似当属之地官而不当在春官，盖亦因作者对职官的分工尚不够严密所致。

叙　官

1. 惟王建国，辨方正位，体国经野，设官分职，以为民极。乃立春官宗伯，使帅其属，而掌邦礼，以佐王和邦国[1]。

【注释】

〔1〕使帅其属，而掌邦礼，以佐王和邦国：案此即《天官·大宰》所掌六典之三，所谓“三曰礼典，以和邦国，以统百官，以谐万民”之义。

【译文】

王建立国都，辨别方向并确定〔宗庙和朝廷的〕位置，划分都城与郊野的界限，分设官职，用做民众的榜样。于是设立春官宗伯，让他率领下属，而掌管天下的礼事，以辅佐王使天下各国和谐。

2. 礼官之属[1]：大宗伯，卿一人；小宗伯，中大夫二人；肆师[2]，下大夫四人，上士八人，中士十有六人，旅下士三十有二人，府六人，史十有二人，胥十有二人，徒百有二十人。

【注释】

〔1〕礼官：因上节云春官宗伯“掌邦礼”，故称春官系统的官为“礼官”。

〔2〕肆师：据贾疏，是佐小宗伯掌礼事的官。

【译文】

礼官的属官有：大宗伯，由卿一人担任；小宗伯，由中大夫二人担任；肆师，由下大夫四人担任；〔还配有〕上士八人，中士十六人，众下士三十二人，府六人，史十二人，胥十二人，徒一百二十人。

3. 郁人[1]，下士二人，府二人，史一人[2]，徒八人。

【注释】

〔1〕郁人：是主以郁金香和鬯为香酒(即郁鬯)以供行礼事用的官。

〔2〕府二人，史一人：据王引之说，当作“府一人，史二人”（参见《天官·叙官》第32节注①）。

【译文】

郁人，由下士二人担任，〔还配有〕府二人，史一人，徒八人。

4. 鬯人[1]，下士二人，府一人，史一人，徒八人。

【注释】

〔1〕鬯人：是掌供秬鬯的官。案秬，音巨jù，黑黍。鬯即是用黑黍酿的酒。

【译文】

鬯人，由下士二人担任，〔还配有〕府一人，史一人，徒八人。

5. 鸡人[1]，下士一人，史一人，徒四人。

【注释】

〔1〕鸡人：掌供鸡牲的官。

【译文】

鸡人，由下士一人担任，〔还配有〕史一人，徒四人。

6. 司尊彝[1]，下士二人，府四人，史二人[2]，胥二人，徒二十人。

【注释】

〔1〕司尊彝：是掌行礼所需尊彝之器的官。郑《注》曰："彝亦尊也，有罍曰彝。"

〔2〕府四人，史二人：据王引之说，当为"府二人，史四人"。

【译文】

司尊彝，由下士二人担任，〔还配有〕府二人，史四人，胥二人，徒二十人。

7. 司几筵[1]，下士二人，府二人，史一人[2]，徒八人。

【注释】

〔1〕司几筵：是负责行礼时陈设几筵等事的官。郑《注》曰："筵亦席也。铺陈之曰筵，藉之曰席。"

〔2〕府二人，史一人：据王引之说，当作"府一人，史二人"。

【译文】

司几筵，由下士二人担任，〔还配有〕府一人，史二人，徒八人。

8. 天府[1]，上士一人，中士二人，府四人，史二人[2]，胥二人，徒二十人。

【注释】

〔1〕天府：是掌宗庙宝器收藏等事的官。

〔2〕府四人，史二人：据王引之说，当作“府二人，史四人”。

【译文】

天府，由上士一人担任，中士二人为副手，〔还配有〕府二人，史四人，胥二人，徒二十人。

9. 典瑞[1]，中士二人，府二人，史二人，胥一人，徒十人。

【注释】

〔1〕典瑞：是掌收藏玉瑞、玉器并辨别其用途的官。郑《注》曰：“瑞，节信也。”

【译文】

典瑞，由中士二人担任，〔还配有〕府二人，史二人，胥一人，徒十人。

10. 典命[1]，中士二人，府二人，史二人，胥一人，徒十人。

【注释】

〔1〕典命：是掌诸侯、王臣及诸侯之臣的命数（即等级）以及所当遵循的礼数的官。

【译文】

典命，由中士二人担任，〔还配有〕府二人，史二人，胥一人，徒十人。

11. 司服[1]，中士二人，府二人，史一人[2]，胥一人，徒十人。

【注释】

〔1〕司服：是掌王吉凶衣服之官。

〔2〕府二人，史一人：据王引之说，当作“府一人，史二人”。

【译文】

司服，由中士二人担任，〔还配有〕府一人，史二人，胥一人，徒十人。

12. 典祀[1]，中士二人，下士四人，府二人，史二人，胥四人，徒四十人。

【注释】

〔1〕典祀：是掌外祀之兆域的官。案外祀指在国都四郊举行的祭祀，兆域即划分出的举行祭祀活动的区域或范围。

【译文】

典祀，由中士二人担任，下士四人为副手，〔还配有〕府二人，史二人，胥四人，徒四十人。

13. 守祧[1]，奄八人[2]，女祧每庙二人，奚四人。

【注释】

〔1〕守祧：是掌守庙祧的官。案祧本指远祖庙，然此处之祧则泛指宗庙。金鹗曰："守祧职兼庙祧，而冠以祧名，是庙祧通称为祧也。"

〔2〕奄：及下文女祧、奚，参见《天官·叙官》第21节注②、③、④。

【译文】

守祧，由奄八人担任，每庙〔还配有〕女祧二人，奚四人。

14. 世妇[1]，每宫卿二人[2]，下大夫四人，中士八人，女府二人，女史二人，奚十有六人。

【注释】

〔1〕世妇：后宫之官，主要掌佐王后行礼事。案此世妇及下所列诸属官，据孙诒让说，皆为外命妇(即卿大夫之妻)。

〔2〕每宫卿二人：据郑《注》，王后六宫，则十二人，余类推。

【译文】

世妇，每宫由卿二人担任，下大夫四人为副手，〔还配有〕中士八人，女府二人，女史二人，奚十六人。

15. 内宗[1]，凡内女之有爵者[2]。

【注释】

〔1〕内宗：是宗庙祭祀时负责荐、彻加笾、加豆等事的官，由内女充任。郑《注》曰："内女，王同姓之女，谓之内宗，有爵，其嫁于大夫及士者。"案嫁于大夫、士，即从其夫之爵，故有爵。

〔2〕凡：郑《注》曰："无常数之言。"

【译文】

内宗，由凡内女中〔出嫁而〕有爵位者担任。

16. 外宗[1]，凡外女之有爵者[2]。

【注释】

〔1〕外宗：是宗庙祭祀时佐王后荐、彻笾以及进献黍稷、酒等事的官，由外女充任。

〔2〕外女：郑《注》曰："王诸姑姊妹之女，谓之外宗。"

【译文】

外宗，由凡外女中〔出嫁而〕有爵位者担任。

17. 冢人[1]，下大夫二人，中士四人，府二人，史四人，胥十有二人，徒百有二十人。

【注释】

〔1〕冢人：是掌王族以及王的同姓和异姓贵族墓葬兆域的官。

【译文】

冢人，由下大夫二人担任，中士四人为副手，〔还配有〕府二人，史四人，胥十二人，徒一百二十人。

18. 墓大夫[1]，下大夫二人，中士八人，府二人，史四人，胥二十人，徒二百人。

【注释】

〔1〕墓大夫：是掌王国中万民墓地的官。

【译文】

墓大夫，由下大夫二人担任，中士八人为副手，〔还配有〕府二人，史四人，胥二十人，徒二百人。

19. 职丧[1]，上士二人，中士四人，下士八人，府二人，史四人，胥四人，徒四十人。

【注释】

〔1〕职丧：是掌诸侯及凡有爵者之丧事的官。

【译文】

职丧，由上士二人担任，中士四人为副手，〔还配有〕下士八人，府二人，史四人，胥四人，徒四十人。

20. 大司乐[1]，中大夫二人。乐师[2]，下大夫四人，上士八人，下士十有六人。府四人，史八人，胥八人，徒八十人[3]。

【注释】

〔1〕大司乐：郑《注》曰："乐官之长。"

〔2〕乐师：是掌少年国子舞蹈的官。

〔3〕"府四人"至"徒八十人"：此府、史、胥、徒，统属于大司乐和乐师二官。

【译文】

大司乐，由中大夫二人担任。乐师，由下大夫四人担任，上士八人为副手。〔还配有〕下士十六人，府四人，史八人，胥八人，徒八十人。

21. 大胥〔1〕，中士四人。小胥〔2〕，下士八人，府二人，史四人，徒四十人。

【注释】

〔1〕大胥：是掌学士（卿大夫之子学舞者）的名籍及正舞位的官。

〔2〕小胥：是掌对学士进行纠察考核以及正乐悬（乐器的悬挂）的官。

【译文】

大胥，由中士四人担任。小胥，由下士八人担任，〔还配有〕府二人，史四人，徒四十人。

22. 大师〔1〕，下大夫二人。小师〔2〕，上士四人。瞽矇〔3〕：上瞽四十人，中瞽百人，下瞽百有六十人。视瞭三百人〔4〕。府四人，史八人，胥十有二人，徒百有二十人〔5〕。

【注释】

〔1〕大师：掌声歌者（即歌唱者）的官，是瞽矇（盲人）中的贤智者。

〔2〕小师：亦称之少师，是掌教演奏鼓乐和歌唱的官。

〔3〕瞽矇：即众乐工，皆盲人。瞽矇依其才艺高下分为三等：上瞽、中瞽、下瞽。

〔4〕视瞭三百人：视瞭，皆目明者，是瞽矇的相者（即搀扶者），故其人数与瞽矇总数相等。

〔5〕“府四人”至“徒百有二十人”：阮校曰：“此府、史、胥、徒，统属于四官（指大师、小师、瞽矇、视瞭），故经文合并为一条，如《大司乐》、《乐师》合为一条之例。”

【译文】

大师，由下大夫二人担任。小师，由上士四人担任。瞽矇：

上瞽四十人，中瞽一百人，下瞽一百六十人。视瞭三百人。〔还配有〕府四人，史八人，胥十二人，徒一百二十人。

23. 典同[1]，中士二人，府一人，史一人，胥二人，徒二十人。

【注释】

〔1〕典同：是掌协调音律的官。

【译文】

典同，由中士二人担任，〔还配有〕府一人，史一人，胥二人，徒二十人。

24. 磬师[1]，中士四人，下士八人，府四人，史二人，胥四人，徒四十人。

【注释】

〔1〕磬师：是掌教击编钟、编磬的官。

【译文】

磬师，由中士四人担任，下士八人为副手，〔还配有〕府四人，史二人，胥四人，徒四十人。

25. 钟师[1]，中士四人，下士八人，府二人，史二人，胥六人，徒六十人。

【注释】

〔1〕钟师：是掌敲击钟、镈的官。

【译文】

钟师，由中士四人担任，下士八人为副手，〔还配有〕府二人，史二人，胥六人，徒六十人。

26. 笙师〔1〕，中士二人，下士四人，府二人，史二人，胥一人，徒十人。

【注释】

〔1〕笙师：是掌教吹竽、笙等乐器的官。

【译文】

笙师，由中士二人担任，下士四人为副手，〔还配有〕府二人，史二人，胥一人，徒十人。

27. 镈师〔1〕，中士二人，下士四人，府二人，史二人，胥二人，徒二十人。

【注释】

〔1〕镈师：是主击鼓以配合演奏钟、镈的官。

【译文】

镈师，由中士二人担任，下士四人为副手，〔还配有〕府二人，史二人，胥二人，徒二十人。

28. 韎师〔1〕，下士二人，府一人，史一人，舞者十有六人，徒四十人。

【注释】

〔1〕韎师：韎，音 mèi。韎师是掌教东夷舞乐的官。

【译文】

韎师，由下士二人担任，〔还配有〕府一人，史一人，舞者十六人，徒四十人。

29. 旄人[1]，下士四人，舞者众寡无数，府二人，史二人，胥二人，徒二十人。

【注释】

〔1〕旄人：是掌教民间以及四夷舞乐的官。

【译文】

旄人，由下士四人担任，舞者的多少无定数，〔还配有〕府二人，史二人，胥二人，徒二十人。

30. 籥师[1]，中士四人，府二人，史二人，胥二人，徒二十人。

【注释】

〔1〕籥师：籥，音 yuè。籥师，是掌教籥舞(即文舞)的官。

【译文】

籥师，由中士四人担任，〔还配有〕府二人，史二人，胥二人，徒二十人。

31. 籥章[1]，中士二人，下士四人，府一人，史一人，胥二人，徒二十人。

【注释】

〔1〕籥章：掌击土鼓和吹奏豳地诗乐的官。

【译文】

籥章，由中士二人担任，下士四人为副手，〔还配有〕府一人，史一人，胥二人，徒二十人。

32. 鞮鞻氏〔1〕，下士四人，府一人，史一人，胥二人，徒二十人。

【注释】

〔1〕鞮鞻氏：是掌四夷乐歌的官。鞮，音 dī。鞻，郑《注》曰："读为'屦'。"案"读为"，《注疏》本原误作"读如"，据阮校改。

【译文】

鞮鞻氏，由下士四人担任，〔还配有〕府一人，史一人，胥二人，徒二十人。

33. 典庸器〔1〕，下士四人，府四人，史二人，胥八人，徒八十人。

【注释】

〔1〕典庸器：是掌收藏乐器和庸器（伐国所获重器）的官。

【译文】

典庸器，由下士四人担任，〔还配有〕府四人，史二人，胥八人，徒八十人。

34. 司干[1]，下士二人，府二人，史二人，徒二十人。

【注释】

〔1〕司干：掌舞器（舞者所执道具）的官。

【译文】

司干，由下士二人担任，〔还配有〕府二人，史二人，徒二十人。

35. 大卜[1]，下大夫二人。卜师[2]，上士四人。卜人[3]，中士八人，下士十有六人，府二人，史二人，胥四人，徒四十人。

【注释】

〔1〕大卜：郑《注》曰："卜筮官之长。"

〔2〕卜师：是掌开取兆书及辨龟、授龟的官。

〔3〕卜人：是大卜和卜师的助手。贾《疏》曰："卜人无别职（即分官述职无其职文），以其助大卜、卜师行事故也。"

【译文】

大卜，由下大夫二人担任。卜师，由上士四人担任。卜人，由中士八人担任，下士十六人为副手，〔还配有〕府二人，史二人，胥四人，徒四十人。

36. 龟人[1]，中士二人，府二人，史二人，工四人[2]，胥四人，徒四十人。

【注释】

〔1〕龟人：是掌藏龟以待卜时用的官。

〔2〕工：据郑《注》，是掌取龟、攻(治)龟者。

【译文】

龟人，由中士二人担任，〔还配有〕府二人，史二人，工四人，胥四人，徒四十人。

37. 華氏[1]，下士二人，史一人，徒八人。

【注释】

〔1〕華氏：華，音 chuí，据阮校说，是“棰”字之误。棰氏，是掌供焳、契的官。

【译文】

棰氏，由下士二人担任，〔还配有〕史一人，徒八人。

38. 占人[1]，下士八人，府一人，史二人，徒八人。

【注释】

〔1〕占人：是掌占卜和占筮的官。

【译文】

占人，由下士八人担任，〔还配有〕府一人，史二人，徒八人。

39. 筮人[1]，中士二人，府一人，史二人，徒四人。

【注释】

〔1〕筮人：是掌占筮的官。

【译文】

筮人，由中士二人担任，〔还配有〕府一人，史二人，徒四人。

40. 占梦，中士二人，史二人，徒四人。

【译文】

占梦，由中士二人担任，〔还配有〕史二人，徒四人。

41. 视祲[1]，中士二人，史二人，徒四人。

【注释】

〔1〕视祲：是掌测日旁气晕以辨吉凶以及安定居宅等事的官。祲，音 jīn。

【译文】

视祲，由中士二人担任，〔还配有〕史二人，徒四人。

42. 大祝[1]，下大夫二人，上士四人。小祝[2]，中士八人，下士十有六人，府二人，史四人，胥四人，徒四十人。

【注释】

〔1〕大祝：郑《注》曰："祝官之长。"

〔2〕小祝：是掌小祭祀时祝号祈福等事的官。贾《疏》曰："大祝与小祝别职而同官，故共府、史、胥、徒。"

【译文】

大祝，由下大夫二人担任，上士四人为副手。小祝，由中士八人担任，下士十六人为副手。〔还配有〕府二人，史四人，胥四人，徒四十人。

43. 丧祝[1]，上士二人，中士四人，下士八人，府二人，史二人，胥四人，徒四十人。

【注释】

〔1〕丧祝：是掌丧事劝防及饰棺、御棺等事的官。

【译文】

丧祝，由上士二人担任，中士四人为副手，〔还配有〕下士八人，府二人，史二人，胥四人，徒四十人。

44. 甸祝[1]，下士二人，府一人，史一人，徒四人。

【注释】

〔1〕甸祝：是掌田猎祝号的官。郑《注》曰："甸之言田也，田狩之祝。"

【译文】

甸祝，由下士二人担任，〔还配有〕府一人，史一人，徒四人。

45. 诅祝[1]，下士二人，府一人，史一人，徒四人。

【注释】

〔1〕诅祝：是掌盟、诅等祝号的官。

【译文】

诅祝，由下士二人担任，〔还配有〕府一人，史一人，徒四人。

46. 司巫[1]，中士二人，府一人，史一人，胥一人，徒十人。

【注释】

〔1〕司巫：郑《注》曰："巫官之长。"

【译文】

司巫，由中士二人担任，〔还配有〕府一人，史一人，胥一人，徒十人。

47. 男巫[1]，无数。女巫[2]，无数。其师[3]，中士四人，府二人，史四人，胥四人，徒四十人。

【注释】

〔1〕男巫：是掌望祀、望延(详其职文第1节)及以茅招神等事的官。

〔2〕女巫：是掌旱灾时舞雩的官。

〔3〕其师：即巫师，孙诒让曰："为男女巫之长，以男巫之有才智者为之。"

【译文】

男巫，无定数。女巫，无定数。男女巫之长，由中士四人担任，〔还配有〕府二人，史四人，胥四人，徒四十人。

48. 大史[1]，下大夫二人，上士四人。小史[2]，中士八人，下士十有六人。府四人，史八人，胥四人，徒四十人。

【注释】

〔1〕大史：郑《注》曰："史官之长。"

〔2〕小史：是掌邦国之志(记)以及定世系、辨昭穆等事的官，是大史的副手。贾《疏》曰："小史与大史别职而官同，故共府史也。"

【译文】

大史，由下大夫二人担任，上士四人为副手。小史，由中士八人担任，下士十六人为副手。〔还配有〕府四人，史八人，胥四人，徒四十人。

49. 冯相氏[1]，中士二人，下士四人，府二人，史四人，徒八人。

【注释】

〔1〕冯相氏：是掌星历的官。

【译文】

冯相氏，由中士二人担任，下士四人为副手，〔还配有〕府二人，史四人，徒八人。

50. 保章氏[1]，中士二人，下士四人，府二人，史四人，徒八人。

【注释】

〔1〕保章氏：是掌观星象、分野、岁星、云物、风角等事的官。

【译文】

保章氏，由中士二人担任，下士四人为副手，〔还配有〕府二人，史四人，徒八人。

51. 内史[1]，中大夫一人，下大夫二人，上士四人，中士八人，下士十有六人，府四人，史八人，胥四人，徒四十人。

【注释】

〔1〕内史：是掌八柄之法以诏王治及为王负责文书事宜的官。孙诒让曰："《宫正·注》谓其官府在宫中，故曰内史。又与大史相左右，亦曰右史，而与外史、御史为长。"

【译文】

内史，由中大夫一人担任，下大夫二人为副手，〔还配有〕上士四人，中士八人，下士十六人，府四人，史八人，胥四人，徒四十人。

52. 外史[1]，上士四人，中士八人，下士十有六人，胥二人，徒二十人。

【注释】

〔1〕外史：是掌书外令及四方之志（记）等事的官。

【译文】

外史，由上士四人担任，中士八人为副手，〔还配有〕下士十六人，胥二人，徒二十人。

53. 御史[1]，中士八人，下士十有六人，其史百有二十人，府四人，胥四人，徒四十人。

【注释】

〔1〕御史：是掌有关天下治令的文书以及为王起草命令等事的官。

【译文】

御史，由中士八人担任，下士十六人为副手，其下〔还配有〕史一百二十人，府四人，胥四人，徒四十人。

54. 巾车[1]，下大夫二人，上士四人，中士八人，下士十有六人，府四人，史八人，工百人，胥五人，徒五十人。

【注释】

〔1〕巾车：是掌有关公(官)车之政令的官。

【译文】

巾车，由下大夫二人担任，上士四人为副手，〔还配有〕中士八人，下士十六人，府四人，史八人，工一百人，胥五人，徒五十人。

55. 典路[1]，中士二人，下士四人，府二人，史二人，胥二人，徒二十人。

【注释】

〔1〕典路：是掌王和王后之五路(车)的官。

【译文】

典路，由中士二人担任，下士四人为副手，〔还配有〕府二人，史二人，胥二人，徒二十人。

56. 车仆[1]，中士二人，下士四人，府二人，史二人，胥二人，徒二十人。

【注释】

〔1〕车仆：是掌五种兵车之副车的官。

【译文】

车仆，由中士二人担任，下士四人为副手，〔还配有〕府二人，史二人，胥二人，徒二十人。

57. 司常[1]，中士二人，下士四人，府二人，史二人，胥四人，徒四十人。

【注释】

〔1〕司常：是为王掌旌旗的官。

【译文】

司常，由中士二人担任，下士四人为副手，〔还配有〕府二人，史二人，胥四人，徒四十人。

58. 都宗人[1]，上士二人，中士四人，府二人，史四人，胥四人，徒四十人。

【注释】

〔1〕都宗人：是掌王子弟及公卿所封采邑（即所谓大都、小都）之祭祀的官。案宗人之官性质同于宗伯，但因级别较低，故名宗人以别之。胡匡衷曰："宗伯，诸侯以下通谓之宗人。"

【译文】

都宗人，〔每都〕由上士二人担任，中士四人为副手，〔还配有〕府二人，史四人，胥四人，徒四十人。

59. 家宗人[1]，如都宗人之数。

【注释】

〔1〕家宗人：是掌大夫采邑之祭祀的官。郑《注》曰："家，谓大夫所食采地。"

【译文】

家宗人，如同都宗人的编制。

60. 凡以神士者[1]，无数，以其艺为之贵贱之等[2]。

【注释】

〔1〕神士：士，通"仕"，其职文即作"仕"。神士由男巫中有才智者担任，主要掌管确定天上的神位。

〔2〕以其艺为之贵贱之等：郑《注》曰："艺，谓礼乐射御书数。高者为上士，次之为中士，又次之为下士。"

【译文】

凡以神士为职业的，无固定的员数，按照他们才艺的高低来区分地位的贵贱。

一、大宗伯

1. 大宗伯之职，掌建邦之天神、人鬼、地示之礼〔1〕，以佐王建保邦国。

【注释】

〔1〕人鬼、地示：人鬼，谓宗庙之神。示，是“祇”的本字，谓地神。

【译文】

大宗伯的职责，是掌管建立王国对于天神、人鬼、地神的祭祀之礼，以辅佐王建立和安定天下各国。

2. 以吉礼事邦国之鬼神示〔1〕。以禋祀祀昊天上帝〔2〕，以实柴祀日、月、星、辰〔3〕，以槱燎祀司中、司命、风师、雨师〔4〕。

【注释】

〔1〕吉礼：五礼之一。案《大宗伯》将古礼分为吉、凶、宾、军、嘉五大类，称为“五礼”，吉礼是有关祭祀之礼。

〔2〕禋祀祀昊天上帝：禋，音 yīn。禋祀，谓升烟以祭。案禋祀及下文实柴、槱燎（槱，音 yǒu，积也），名虽不同，其实都是同一种祭法：先积柴，再在柴上加牲体、玉帛等，然后燔烧而使之生烟，天神闻到了烟气，就算享用了。昊天上帝，是天上的至上神。

〔3〕星、辰：郑《注》曰：“星，谓五纬。辰，谓日月所会十二次。”案五纬，据贾《疏》，指五星：东方岁星（即木星），南方荧惑（即火星），西方太白（即金星），北方辰星（即水星），中央镇星（即土星）。十二次，参见《地官·大司徒》第5节注①。

〔4〕司中、司命、风师、雨师：郑《注》曰：“司中、司命，文昌第五、第四星。”案文昌，星官名，属紫微垣，有星六颗，第四颗为司命，据说主赏功进贤；第五星为司中，据说主司过诘咎。风师、雨师，据郑司农说，分别指箕星、毕星，能兴风、雨。

【译文】

用吉礼祭祀天下各国的人鬼、天神和地神。用禋祀来祭祀昊天上帝，用实柴来祭祀日、月、星、辰，用槱燎来祭祀司中、司命、风师、雨师。

3. 以血祭祭社稷、五祀、五岳〔1〕，以狸沉祭山林〔2〕、川泽，以疈辜祭四方〔3〕、百物。

【注释】

〔1〕“以血”至“五岳”：血祭，即用牲血祭祀，其祭法，据孙诒让说，是先荐而后灌，即先进献而后灌地，使血气达于地下，以供神享之。社稷，即土谷之神。五祀，据郑《注》，在此谓祭祀“五官之神”。五官，谓五行之官。《左传》昭公二十九年记蔡墨曰：“有五行之官，是谓五官，实列受氏姓，封为上公，祀为贵神，社稷五祀，是尊是奉。”五岳，郑《注》曰：“东曰岱宗，南曰衡山，西曰华山，北曰恒山，中曰嵩山。”

〔2〕狸沉：狸，“埋”的假借字。狸沉，是指用牲体、玉帛等，或埋于山，或沉于河以祭。郑《注》曰：“祭山林曰埋，川泽曰沉。”

〔3〕疈辜：疈，音pì。郑司农曰：“披磔牲以祭。”即毁折牲体以祭。

【译文】

用血祭来祭祀社稷、五祀、五岳，用埋沉来祭祀山林、川泽，用毁折牲体来祭祀四方和各种小神。

4. 以肆、献、祼享先王，以馈食享先王[1]，以祠春享先王[2]，以禴夏享先王，以尝秋享先王，以烝冬享先王。

【注释】

〔1〕以肆、献、祼享先王，以馈食享先王：这两句是记宗庙四时祭的礼节。郑《注》曰："肆者，进所解牲体，谓荐熟时也。献，献醴，谓荐血腥也。祼之言灌，灌以郁鬯，谓始献尸求神时也。"馈食，谓进献黍稷做的饭。案祭祀的顺序，当先祼，再荐血腥、献醴（即醴齐），再荐熟（此处"肆、献、祼"，是逆其序而言），最后馈食（参见《天官·笾人》第1节注②、④），此处四事分为二句，义当互见，是说四时祭皆当备此四事。

〔2〕祠：及下文禴（yuè）、尝、烝（zhēng），是宗庙四时的祭名。钱玄说："四时祭于宗庙祭祀中为最隆重的祭祀。天子、诸侯之四时祭，包括：祼、荐血腥、荐熟、馈食诸节。"（《通论》页468）

【译文】

用经解割〔而煮熟的〕牲肉、牲血和生的牲肉、向地下灌郁鬯来祭祀先王，用黍稷做的饭祭祀先王，〔以这样的礼节〕用祠祭在春季祭祀先王，用禴祭在夏季祭祀先王，用尝祭在秋季祭祀先王，用烝祭在冬季祭祀先王。

5. 以凶礼哀邦国之忧[1]：以丧礼哀死亡，以荒礼哀凶札[2]，以吊礼哀祸灾[3]，以襘礼哀围败[4]，以恤礼哀寇乱[5]。

【注释】

〔1〕凶礼：五礼之二，包括以下所述五个方面的礼。

〔2〕荒礼：是指遭遇"凶札"所当行之礼，如王与群臣皆减膳、彻乐等。

〔3〕以吊礼哀祸灾：吊，慰问。祸灾，郑《注》曰："谓遭水火。"

〔4〕禬礼：禬，音 guì。禬礼，是指某国战败，其同盟国会合而筹集资财，以对其进行救助之礼。

〔5〕恤礼：是指某国遭受寇乱，其邻国遣使慰问之礼。

【译文】

用凶礼哀悼天下各国所遭遇的忧伤：用丧礼哀悼死亡，用荒礼哀悼饥馑和疫病，用吊礼哀悼水遭和火灾，用禬礼哀悼被敌国战败的国家，用恤礼哀悼遭受侵犯或有内乱的邻国。

6. 以宾礼亲邦国〔1〕，春见曰朝〔2〕，夏见曰宗，秋见曰觐，冬见曰遇，时见曰会〔3〕，殷见曰同〔4〕，时聘曰问〔5〕，殷覜曰视〔6〕。

【注释】

〔1〕宾礼：五礼之三，包括以下所述八个方面的礼。

〔2〕朝：及下文宗、觐、遇，是诸侯四时朝见王之礼名。案朝、宗、遇三礼皆亡，唯觐礼尚存于《仪礼》之《觐礼》篇中，可参看。

〔3〕时见：据郑《注》，如果某方诸侯不顺服，王就在国外筑坛，会合当方诸侯国，兴师征讨。因见无常期，故称"时见"。

〔4〕殷见：据郑《注》，殷是众的意思。王本有巡守天下的制度（《大行人》曰"十二岁王乃巡守殷国"），如果王十二年不巡守，则天下诸侯就同来朝见王，王要筑坛，把来朝诸侯集合起来命以政事，这就是所谓殷见之礼。

〔5〕时聘：郑《注》曰："亦无常期，天子有事乃聘之焉。"案这是指诸侯遣卿前往聘问天子。

〔6〕殷覜：覜，音 tiào，《说文》曰"视也"，即来看望王。郑《注》曰："殷覜，谓一服（即侯服）朝之岁，以朝者少，诸侯乃使卿以大礼重聘焉。一服朝在元年、七年、十一年。"案周王畿以外的土地，自内向外，每五百里为一服，划分为侯、甸、男、采、卫、蛮、夷、镇、藩九服（见《夏官·职方氏》第11节），其中蛮服，《大行人》名之为要服。自要服以内六服的诸侯，都当定期朝王：侯服一年一朝，甸服二年

一朝，男服三年一朝，采服四年一朝，卫服五年一朝，要服六年一朝。这样安排的结果，在位之王的元年、七年、十一年这三年，就只有侯服的诸侯来朝，故郑《注》曰“朝者少”，而其他五服的诸侯则皆使卿来看望，故郑《注》曰“诸侯乃使卿以大礼重聘焉”。故所谓殷覜者，是指每十二年内，当只有侯服诸侯来朝的三年，其他诸侯遣卿来看望。故《说文》曰：“诸侯三年大相聘曰覜。”此“三年”即谓元年、七年、十一年。

【译文】

用宾礼使天下各国相亲附：春季朝王叫做朝，夏季朝王叫做宗，秋季朝王叫做觐，冬季朝王叫做遇，无定期地会合诸侯叫做会，天下众诸侯国都来朝王叫做同，无定期地〔派卿〕慰问王叫做问，〔每十二年中有三年〕众诸侯〔派卿〕看望王叫做视。

7. 以军礼同邦国〔1〕：大师之礼〔2〕，用众也；大均之礼〔3〕，恤众也；大田之礼〔4〕，简众也；大役之礼〔5〕，任众也；大封之礼〔6〕，合众也。

【注释】

〔1〕军礼：五礼之四，包括下文所述五个方面的礼。

〔2〕大师之礼：沈文倬说：“大师之礼是天子或诸侯的征伐行动，究竟要举行多少典礼，经传亡佚，已无法稽考。但宗庙谋议，命将出师，载(木)主远征，凯旋献俘，凡《诗》、《书》、《国语》、《左传》等所涉及的，处处都有典礼的痕迹。可见军礼的内容是丰富的。”（见《中国文化史百题·古代的“五礼”包括哪些主要内容》，上海古籍出版社1987年版）

〔3〕大均之礼：孙诒让曰：“校比户口，以平均征赋之事。事止于邦畿内。”

〔4〕大田之礼：据《注》《疏》，是天子、诸侯四时田猎之礼，田猎的目的，是借以“习兵”，即演习军事。

〔5〕大役之礼：沈文倬说：“是国家兴办的筑城邑、建宫殿，以及开河、造堤等大规模的土木工程，无价征发的民工，如不用军法部勒，自

难迅速完成。”（同上）

〔6〕大封之礼：据《注》《疏》，是以武力勘定疆界之礼。

【译文】

用军礼协同天下各国：大军出征之礼，是利用民众〔的义勇〕；大校比以平均赋税之礼，是忧虑民众〔的赋税不均〕；举行大田猎之礼，是为了检阅徒众〔和战车〕；大兴劳役之礼，是为了任用民众〔的劳动力〕；大规模勘定疆界之礼，是为了聚合民众。

8. 以嘉礼亲万民〔1〕：以饮、食之礼〔2〕，亲宗族兄弟；以昏、冠之礼〔3〕，亲成男女；以宾射之礼〔4〕，亲故旧朋友〔5〕；以飨、燕之礼〔6〕，亲四方之宾客；以脤、膰之礼〔7〕，亲兄弟之国；以贺庆之礼〔8〕，亲异姓之国〔9〕。

【注释】

〔1〕嘉礼：五礼之五，包括下文所述六个方面的礼。

〔2〕饮、食之礼：饮，谓饮酒礼。案天子、诸侯饮酒礼已亡，《仪礼》有《乡饮酒礼》，记士的饮酒礼，可参看。食，谓食礼。案天子食礼亦亡，《仪礼》有《公食大夫礼》，记诸侯用食礼招待来聘的大夫，可参看。

〔3〕昏、冠之礼：案《仪礼》有《士昏礼》和《士冠礼》，《大戴礼记》有《公冠礼》，可参看。

〔4〕宾射之礼：是王与来朝诸侯（即宾）在朝举行的射礼。

〔5〕故旧朋友：据郑《注》，王为太子时的同学是其故旧；做王以后则与诸侯为友，是其朋友。

〔6〕飨、燕之礼：案飨礼已亡。《仪礼》有《燕礼》，记诸侯燕礼，可参看。

〔7〕脤、膰之礼：脤，音 shèn，社稷祭肉。膰，音 fán，宗庙祭肉。案王祭祀后，有把祭肉分赐给同姓或异姓诸侯之礼，以示同受福祥。

〔8〕贺庆之礼：贾《疏》曰：“谓诸侯之国有喜可贺可庆之事，王使

人往，以物贺庆之。”

〔9〕亲异姓之国：此句与上句当为互文：祭肉亦赐予异姓，同姓之国亦行贺庆之礼以亲之。

【译文】

用嘉礼使民众相亲和：用饮酒礼和食礼，使宗族兄弟相亲和；用婚礼和冠礼，使男女相亲爱并使〔行冠礼的男子〕具有成人的德行；用宾射礼，使故旧和朋友相亲和；用飨礼和燕礼，使四方〔前来朝聘的〕宾客相亲和；用赏赐祭祀社稷和宗庙祭肉之礼，使同姓兄弟〔及异姓〕之国相亲和；用庆贺之礼，使异姓〔及同姓〕之国相亲和。

9. 以九仪之命〔1〕，正邦国之位。壹命受职〔2〕，再命受服〔3〕，三命受位〔4〕，四命受器〔5〕，五命赐则〔6〕，六命赐官〔7〕，七命赐国〔8〕，八命作牧〔9〕，九命作伯〔10〕。

【注释】

〔1〕九仪之命：即九等仪命。命谓贵族等级，一命、再命，犹言一等、二等。等级不同，其仪制也不同，故称仪命。

〔2〕壹命受职：壹命，是最低的贵族等级。受职，受职于其君。

〔3〕受服：杜佑《通典》卷三六曰：“受服于君，不自为也。然则一命者，其服自为也。”

〔4〕受位：郑《注》曰：“此列国之卿，始有列位于王，为王之臣也。”

〔5〕四命受器：据郑《注》，四命，于公国为孤卿，于王为下大夫。器，谓祭器。杜佑曰：“四命始受器，三命以下皆自为之也。”（同上）

〔6〕则：据郑《注》，受地不及三百里而未成国，实即子、男一类的小国，封地方百里或二百里，谓之则。

〔7〕六命赐官：据郑《注》，六命为王之卿，卿有采邑，并特赐有“自置其臣”的权力，故曰“六命赐官”。

〔8〕赐国：据郑司农说，是出封为侯伯之国。

〔9〕牧：为一州诸侯之长。

〔10〕伯：即方伯，谓分陕(今河南陕县)而治之二伯，即东西两方诸侯之长。如周初之周、召二公，即所谓二伯。

【译文】

用九等仪命，规正诸侯国的地位。一命可接受〔国君分派的〕职务，再命可接受〔国君所赐的〕命服，三命可接受〔王朝的〕臣位，四命可接受〔公所赐的〕祭器，五命可〔由王〕赐予一则之地，六命可赐予〔在采邑中〕自设官吏的权力，七命可出封为侯伯之国，八命可被任命为州牧，九命可担任方伯。

10. 以玉作六瑞〔1〕，以等邦国〔2〕。王执镇圭〔3〕，公执桓圭〔4〕，侯执信圭〔5〕，伯执躬圭〔6〕，子执谷璧〔7〕，男执蒲璧〔8〕。

【注释】

〔1〕六瑞：瑞，玉制的信物，《典瑞》郑《注》释之为“符信”。六瑞，即下文所记镇圭、桓圭、信圭、躬圭、谷璧、蒲璧六者。

〔2〕等：谓区分公、侯、伯、子、男的不同等级。

〔3〕镇圭：据《考工记·玉人》说，长一尺二寸，是圭中最长者。案圭的形制，据《礼记·杂记下》引《赞大行》说，宽三寸，厚半寸，顶端一寸半削成三角形，然依爵等的不同，长度则不同：公圭九寸，侯伯七寸，子男五寸。

〔4〕桓圭：长九寸的圭。

〔5〕信圭：长七寸的圭。

〔6〕躬圭：也是长七寸的圭，其与信圭的区别，据段玉裁《汉读考》说，二圭皆刻饰有人的形象，但信圭的人形直，躬圭的人形微曲。

〔7〕谷璧：璧，是一种正圆形的玉，中间有孔，谓之好，好之外谓之肉。据郑《注》说，璧径五寸。谷璧，是一种刻饰有粟文的璧。

〔8〕蒲璧：大小与谷璧同，唯刻饰以蒲文与谷璧异。

【译文】

用玉制作六种玉瑞，以区别诸侯的等级。王执镇圭，公执桓圭，侯执信圭，伯执躬圭，子执谷璧，男执蒲璧。

11. 以禽作六挚[1]，以等诸臣。孤执皮帛[2]，卿执羔，大夫执雁，士执雉，庶人执鹜，工商执鸡。

【注释】

〔1〕以禽作六挚：禽，鸟兽的总名。挚，是执以拜访别人的见面礼。

〔2〕孤执皮帛：孤，此处泛指天子之孤与公国之孤。《通典》卷七十五引魏博士高堂隆曰："孤，谓天子七命之孤及大国四命之孤。"皮帛，郑《注》曰："束帛而表(包裹)以皮为饰。皮，虎豹皮。"

【译文】

用禽兽作六种见面礼，以区别臣的等级。孤拿兽皮裹饰的束帛，卿拿羔羊，大夫拿鹅，士拿野鸡，庶人拿鸭，工商之人拿鸡。

12. 以玉作六器，以礼天地四方[1]。以苍璧礼天，以黄琮礼地[2]，以青圭礼东方，以赤璋礼南方[3]，以白琥礼西方[4]，以玄璜礼北方[5]。皆有牲币[6]，各放其器之色。

【注释】

〔1〕礼：郑《注》曰："谓(祭祀)始告神时，荐于神坐。"

〔2〕琮：音 cóng，外方内圆，圆中空如筒形，出土所见玉琮均如此。郑《注》说琮为八角形，不确。

〔3〕璋：《说文》曰："半圭为璋。"是谓如将圭从中剖开为两半，其一半即为璋形。

〔4〕琥：据贾《疏》，是玉雕作虎形。

〔5〕璜：《说文》曰：“半璧也。”是谓如将璧从中剖开，其一半即为璜之形。

〔6〕币：即束帛(参见《天官·大宰》第8节注④)。

【译文】

用玉制作六种玉器，〔祭祀时〕用以进献天地四方。用苍璧进献天，用黄琮进献地，用青圭进献东方，用赤璋进献南方，用白琥进献西方，用玄璜进献北方。都有牺牲和束帛，〔牲、帛之色〕各依照所用玉器的颜色。

13. 以天产作阴德[1]，以中礼防之[2]。以地产作阳德[3]，以和乐防之[4]。以礼乐合天地之化，百物之产[5]，以事鬼神，以谐万民，以致百物。

【注释】

〔1〕以天产作阴德：据郑《注》，天产指动物，如六牲之类，属阳。阴德指人所具有的阴气。案古人的观念，人赋有阴阳二气，阴气主虚、主静，须阳物来调剂，故需吃动物性食物，“作之使动”。

〔2〕以中礼防之：据郑《注》，“作之使动”，动得过分就会伤害人的正性(阴阳调和之性)，因此就要用礼来调节，使其适中。

〔3〕以地产作阳德：据郑《注》，地产指植物，九谷之类，属阴。阳德指人所具有的阳气。阳气主盈、主躁，须阴物来调剂，故需吃植物性食物，“作之使静”。

〔4〕以和乐防之：据郑《注》，“作之使静”，静得过分亦会伤害人的正性，因此要用乐来调节，使阴阳二气保持和谐。

〔5〕天地之化，百物之产：据孙诒让说，前者谓无机物，如金玉锡石等等；后者谓生物，包括各种动植物。

【译文】

用动物性食物促使〔人体的〕阴气动起来，用教人适中的礼来防止〔动得过分〕；用谷类食物促使〔人体的〕阳气静下来，用教人和谐的乐来防止〔静得过分〕。用礼乐配合天地间化生的无生物，以及各种动植物，来祭祀鬼神，和谐万民。

14. 凡祀大神，享大鬼，祭大示，帅执事而卜日，宿[1]，视涤濯，莅玉鬯，省牲镬，奉玉粢[2]，诏大号[3]，治其大礼[4]，诏相王之大礼。若王不与祭祀，则摄位。凡大祭祀，王后不与，则摄而荐豆、笾彻[5]。

【注释】

〔1〕宿：申诫也。孙诒让曰："凡王礼，大祭祀，祭前十日则戒，……祭前三日申戒也。"

〔2〕"莅玉"至"玉粢"：王引之说，这三句"专谓享大鬼"，即专就宗庙祭祀言。又说，玉鬯，是指圭瓒(行祼礼时用以舀酒灌地之器：瓒是玉勺，而以圭为柄)；玉粢，与《天官·九嫔》之玉粢同，指玉敦(盛黍稷器)。

〔3〕诏大号：郑《注》曰："大号，六号之大者，以诏大祝，以为祝辞。"案号谓名号，大祝有"辨六号"的职责(参见《大祝》第4节)。大号指六号中的大者，如天神之号以皇天上帝为大，地神之号以后土为大，等等。又大祝有"掌六祝之辞"的职责(参见同上第1节)，故诏之"以为祝辞"。

〔4〕治其大礼：大礼，王所行的祭祀之礼，对群臣礼为小礼言。郑《注》曰："治，犹简习也。豫简习大礼，至祭，当以诏相王。群臣礼为小礼。"

〔5〕荐豆、笾彻：郑《注》曰："荐、彻豆笾，王后之事。"参见《九嫔》第2节。

【译文】

凡祭祀大天神，大人鬼，大地神，〔事先〕率领有关官吏占卜祭祀的日期，〔祭前三日〕重申对百官的告诫，〔祭祀的前夕〕视察祭器是否洗涤干净，临视〔行祼礼用的〕圭瓒，察看煮牲体用的镬，奉上〔盛黍稷用的〕玉敦，告诉〔大祝祭祀对象的〕大名号〔以便作祝祷辞〕，预习王所当行的祭祀礼仪，〔到祭礼时〕教王并协助王行礼。如果王〔因故〕不参加祭祀，就代王行祭礼。凡大祭祀，王后〔因故〕不参加，就代王后进献和彻除豆、笾。

15. 大宾客[1]，则摄而载果[2]。朝觐、会同，则为上相[3]。大丧亦如之。王哭诸侯亦如之[4]。王命诸侯，则傧[5]。

【注释】

〔1〕大宾客：谓来朝诸侯。

〔2〕摄而载果：郑《注》曰："载，为也。果，读为'祼'，代王祼宾客以鬯。君无酌臣之礼。"案祼宾客以鬯，即向宾客进献郁鬯，亦即所谓行祼礼(参见《秋官·大行人》第5节注⑭)。

〔3〕上相：赞礼者，犹今所谓司仪。据郑《注》，在内诏王礼称相，出接宾客则称摈。相者非一人，因大宗伯为卿，级别高，故称上相或上摈。

〔4〕王哭诸侯亦如之：贾《疏》曰："谓诸侯薨于本国，赴告天子，天子为位哭之，大宗伯亦为上相。"

〔5〕傧：郑《注》曰："进之也。"

【译文】

招待大宾客，就代王向宾客行祼礼。诸侯朝觐王或王外出会同，就担任上相。有王、王后或太子的丧事，也担任上相。王哭吊死去的诸侯时也担任上相。王策命诸侯，就导引〔被策命者〕进前受命。

16. 国有大故[1]，则旅上帝及四望[2]。王大封，则先告后土[3]。

【注释】

〔1〕故：郑《注》曰："谓凶灾。"

〔2〕旅上帝及四望：旅，祭名(参见《天官·掌次》第2节注①)。上帝，据《注》《疏》，此处谓五方帝。四望，谓望祀四方名山大川及海(参见《舞师》第1节注②)。据贾《疏》，望祀当筑坛，四向望而遥祭之，故云四望。

〔3〕告后土：告，祭名，亦用牲币而祭。郑《注》曰："后土，社神也。"

【译文】

国家有凶灾，就旅祭上帝和望祀四方名山大川。王大封诸侯，就先告祭后土。

17. 乃颁祀于邦国、都家、乡邑[1]。

【注释】

〔1〕颁祀于邦国、都家：颁祀，郑《注》曰："班其所当祀及其礼。"都家，泛指大都、小都和家邑三等采邑(参见《地官·载师》第2节注⑥)。

【译文】

向各诸侯国、各采邑、各乡遂和公邑颁布〔所当遵循的〕祀典。

二、小宗伯

1. 小宗伯之职，掌建国之神位：右社稷，左宗庙[1]。兆五帝于四郊[2]。四望、四类亦如之[3]。兆山川丘陵坟衍[4]，各因其方[5]。

【注释】

〔1〕右社稷，左宗庙：孙诒让以为是在路门外、应门内之左右，中间夹王之治朝。

〔2〕兆五帝于四郊：兆，郑《注》曰："为坛之营域。"五帝，即五方帝。郑《注》说，中方之帝亦兆于南郊。

〔3〕四类：郑《注》曰："日、月、星、辰，运行无常，以气类为之位：兆日于东郊，兆月与风师于西郊，兆司中、司命于南郊，兆雨师于北郊。"

〔4〕山川丘陵坟衍：参见《地官·大司徒》第2节注②。案此皆地神而小于四望者。

〔5〕各因其方：郑《注》曰："顺其所在。"谓如某山川丘陵坟衍在东方，则兆之于东方。

【译文】

小宗伯的职责，掌管建立王国祭祀的神位：右边建社稷坛，左边建宗庙。在四郊确定五帝〔祭祀坛场的〕范围。望祀四方名山大川、类祭日、月、星、辰也这样做。为山川丘陵坟衍确定〔祭祀坛场的〕范围，各依它们所在的方位。

2. 掌五礼之禁令[1]，与其用等[2]。

【注释】

〔1〕五礼：郑司农曰："吉、凶、宾、军、嘉。"

〔2〕用等：郑《注》曰："牲器尊卑之差。"案行礼者尊卑不同，所用牲和器物的数量、规格也不同，不得僭越。

【译文】

掌管有关五礼的禁令，以及所用牲和礼器的等差。

3. 辨庙祧之昭穆[1]。

【注释】

〔1〕辨庙祧之昭穆：郑《注》曰："祧，迁主所藏之庙。自始祖之后，父曰昭，子曰穆。"案据说周有七庙，后稷之庙为始祖庙，其下有文、武二祧庙，文、武二祧之下，则为四亲庙：父庙、祖庙、曾祖庙、高祖庙。始祖庙居中，文、武二祧分居左右，左为昭，右为穆。以下父子递为昭穆。如有新死者，则入父庙，而父庙中原来的父、现在的祖的牌位则上迁于祖庙，这样依次往上递迁，原来的高祖的牌位就要迁出高祖庙(即所谓"迁主")，而藏之于祧庙：当昭者藏之于文王庙，当穆者藏之于武王庙，即所谓"辨庙祧之昭穆"。

【译文】

辨别四亲庙和祧庙神位的昭穆次序。

4. 辨吉凶之五服〔1〕，车旗宫室之禁〔2〕。

【注释】

〔1〕五服：郑《注》曰："王及公、卿、大夫、士之服。"

〔2〕禁：据贾《疏》，谓车旗宫室皆严守等差，禁止僭越。

【译文】

辨别〔王和公、卿、大夫、士〕五等吉凶服装，掌管有关〔五等服装和〕车旗宫室的禁令。

5. 掌三族之别〔1〕，以辨亲疏〔2〕，其正室皆谓之门子〔3〕，掌其政令。

【注释】

〔1〕三族：郑《注》："谓父、子、孙。"

〔2〕辨亲疏：贾《疏》曰："据己上至高祖，下至玄孙，傍至缌麻，重服者则亲，轻服者则疏也。"

〔3〕正室：郑《注》曰："适子也。"

【译文】

掌管区别三族，辨别他们的亲疏，其中嫡子都称门子，掌管有关门子的政令。

6. 毛六牲[1]，辨其名物，而颁之于五官，使共奉之[2]。辨六粢之名物与其用[3]，使六宫之人共奉之[4]。辨六彝之名物[5]，以待果将[6]。辨六尊之名物[7]，以待祭祀、宾客。

【注释】

〔1〕毛：据郑《注》，谓选择牲体的毛色。

〔2〕颁之于五官，使共奉之：郑司农曰："司徒主牛，宗伯主鸡，司马主马及羊，司寇主犬，司空主豕。"据贾《疏》，所择之牲皆先交充人饲养，至祭日之旦，再颁与五官。

〔3〕辨六粢之名物与其用：郑《注》曰："六粢，谓六谷：黍、稷、稻、粱、麦、苽。"李光坡曰："用者，祭有大小，则用有多寡。"

〔4〕六宫之人：孙诒让说，谓女御以下。

〔5〕六彝：郑《注》曰："鸡彝、鸟彝、斝彝、黄彝、虎彝、蜼彝。"（参见《司尊彝》第2节）

〔6〕果将：郑《注》曰："果，读为'祼'。"祼将，参见《天官·小宰》第10节注②。

〔7〕六尊：郑司农曰："献尊、象尊、壶尊、著尊、大尊、山尊。"（参见《司尊彝》第2节）。

【译文】

选择六牲的毛色，辨别牲的名称和种类，而分颁给五官，使供奉于祭祀。辨别六谷的名称种类及其用量，使六宫之人供奉于祭祀。辨别六彝的名称形制，以待行祼将礼时用。辨别六尊的名称和形制，以待祭祀和招待宾客用。

7. 掌衣服、车旗、宫室之赏赐[1]。

【注释】

〔1〕掌衣服、车旗、宫室之赏赐：郑《注》曰："王以赏赐有功者。"孙诒让曰："此亦谓辨其名物、等差，令有司共具之，以待赏赐。"又曰："宫室之赏赐，谓赐宅里也。"

【译文】

掌管衣服、车旗、宫室等的赏赐的事。

8. 掌四时祭祀之序事与其礼。

【译文】

掌管四时祭祀之事的前后顺序及其礼仪。

9. 若国大贞[1]，则奉玉帛以诏号[2]。

【注释】

〔1〕大贞：即大卜。郑司农曰："大贞，谓卜立君，卜大封（封诸侯）。"

〔2〕奉玉帛以诏号：玉帛，用以礼神。号，郑《注》曰："神号、币号。"案币即玉帛，亦各有号，如"嘉玉"、"量币（帛）"等（参见《大祝》第4节注⑦）。

【译文】

如果国有大事而占卜，就供奉玉帛并告诉〔卜人神和玉帛的〕名号。

10. 大祭祀，省牲，视涤濯。祭之日，逆粢，省镬[1]，告时于王[2]，告备于王。凡祭祀、宾客，以时将瓒果[3]。诏相祭祀之小礼[4]。凡大礼，佐大宗伯。

【注释】

〔1〕“大祭”至“省镬”：贾《疏》曰：“与《大宗伯》文同，谓佐大宗伯。……其逆粢，即《大宗伯》莅玉粢者是也。大宗伯莅之，小宗伯迎之，是相佐也。”据郑《注》，逆粢，是受之于饎人(案饎人有“掌凡祭祀共盛”的职责)；省镬，是“视烹腥熟”。

〔2〕时：郑《注》曰：“荐陈之早晚。”

〔3〕将瓒果：郑《注》曰：“将，送也，犹奉也。”瓒，据郑《注》，谓天子圭瓒，诸侯璋瓒。案瓒是勺，以圭为柄则谓之圭瓒；以璋为柄则谓之璋瓒。果，亦读为“祼”。

〔4〕小礼：郑《注》曰：“群臣之礼。”谓王不参加，王若参加则为大礼。

【译文】

大祭祀，〔祭祀的前夕〕省视祭牲，察看祭器是否洗涤干净。祭祀那天，要迎受祭祀用的谷，省视镬中的牲肉〔是否煮熟〕，向王报告〔进献和陈列祭品〕时间的早晚，并报告馔具都已齐备。凡祭祀或招待宾客，按时奉送行祼礼用的玉勺。告教〔群臣〕行祭祀小礼。凡〔祭祀〕大礼，就佐助大宗伯〔告教王行礼〕。

11. 赐卿、大夫、士爵，则傧[1]。

【注释】

〔1〕“赐卿”至“则傧”：郑《注》曰：“赐，犹命也。傧之，如命诸侯之仪。”案《大宗伯》曰：“王命诸侯，则傧。”(见彼第15节)与此义同。

【译文】

策命卿、大夫、士，就导引〔被策命者〕进前受命。

12. 小祭祀，掌事如大宗伯之礼[1]。大宾客，受其将币之赍[2]。

【注释】

〔1〕“小祭”至“之礼”：贾《疏》曰：“谓王玄冕所祭(案小祭祀王著玄冕，见《司服》第2节)，则小宗伯专掌其事，其法如大宗伯也。”

〔2〕将币之赍：币，在此泛指贡献之物。赍，《说文》曰：“持遗(送)也。”郑《注》曰：“谓所赍来贡献之财物。”

【译文】

小祭祀，所掌管的礼事如同大宗伯〔掌管祭祀〕的礼法。有诸侯来朝，接受他们所带来贡献〔给王〕的财物。

13. 若大师，则帅有司而立军社，奉主车[1]。若军将有事[2]，则与祭有司将事于四望[3]。若大甸[4]，则帅有司而馌兽于郊[5]，遂颁禽。

【注释】

〔1〕帅有司而立军社，奉主车：郑《注》曰：“有司，大祝也。王出军，必先有事于社及迁庙，而以其主行。社主曰军社，迁主曰祖。”案有事于社及迁庙，谓出军前先要告祭社神和迁庙之神，告祭之后，就用斋车(据《礼记·曾子问》郑注说，斋车指金路)载着社主和迁主而行，社主就叫做军社，迁主就叫做祖。又所谓迁主，是指最新迁入祧庙的神主(参见第2节注①)，即高祖之父的木牌位。《礼记·曾子问》孙希旦《集解》释迁庙主曰：“迁庙主多，莫适载焉，宜奉其近者而载之，故知为新迁庙之主也。”又郑《注》曰：“社之主，盖用石为之。”案社主本为树(参见《地官·大司徒》第2节注⑤)，此言石者，秦蕙田《通考·

吉礼四十二》引丘濬曰："意者当时坛壝之上则树以木，而又以石为主，……遇有征行，则奉之以车而行乎。"

〔2〕有事：郑《注》曰："将与敌合战也。"

〔3〕祭有司：郑《注》曰："谓大祝之属。"

〔4〕甸：通田猎之"田"。

〔5〕帅有司而馌兽于郊：郑《注》曰："有司，大司马之属。馌(yè)，馈也。以禽馌四方之神于郊，郊有群神之兆。"

【译文】

如果王率军亲征，就率领大祝设立军社，护奉载有迁主的斋车。如果军队将交战，就同掌管祭祀的官吏祭祀四方名山大川。如果王亲自田猎，〔田猎完毕〕就率领大司马的属官在国郊用猎获的禽兽馈祭群神，接着就把猎物颁赐给群臣。

14. 大灾，及执事祷祠于上下神示〔1〕。

【注释】

〔1〕执事：郑《注》曰："大祝及男巫、女巫也。"

【译文】

发生大灾荒，就同大祝以及男、女巫向天地诸神祈祷祭祀〔以求免灾〕。

15. 王崩，大肆以秬鬯渳〔1〕。及执事莅大敛、小敛〔2〕，帅异族而佐〔3〕。县衰冠之式于路门之外〔4〕。及执事视葬献器〔5〕，遂哭之〔6〕。卜葬兆〔7〕，甫窆〔8〕，亦如之。既葬，诏相丧祭之礼〔9〕。成葬而祭墓，为位〔10〕。

【注释】

〔1〕大肆以秬鬯浉：大肆，郑《注》曰："始陈尸，伸之。"案伸之，谓将王的尸体伸直、放正。秬鬯，即郁鬯。浉，音 mǐ，李调元曰："谓浴尸。"据孙诒让说，小宗伯于浉尸只是起督察作用。

〔2〕大敛、小敛：为死人包裹衣衾曰敛。据《公羊传》定公元年何《注》说，王死第五天小敛，第七天大敛。大敛所用衣衾多，礼仪隆重，且当殡棺。

〔3〕佐：据郑《注》，谓佐助敛事。

〔4〕衰冠之式：衰，丧服。冠，丧冠。式，法式，包括衰冠所用布的尺寸、颜色等等。

〔5〕及执事视葬献器：执事，郑《注》曰："盖梓匠(木工之长)之属。"葬献器，谓明器。

〔6〕哭之：谓代嗣王而哭。据《仪礼·士丧礼》，自小敛之后，就需有人代哭，据彼郑《注》说，为防孝子悲哀太甚而伤身，而哭声又不可断绝，故制定出代哭之礼。

〔7〕兆：郑《注》曰："墓茔域。"

〔8〕甫窜：甫，始也。窜，音 cuì，挖地造墓穴。

〔9〕丧祭：郑《注》曰："虞、祔也。"即谓虞祭、祔祭。虞，安也。人死葬后，孝子于当天中午迎死者之神于殡宫而祭之，以安死者之神，叫做虞祭。祔，付也，即为将死者的牌位付于宗庙所举行的祭祀。案虞祭与祔祭之间还有卒哭祭，郑《注》略而未言。

〔10〕成葬而祭墓，为位：郑《注》曰："成葬，丘已封也。天子之冢盖不一日而毕。位，坛位也。先祖形体托于此地，祀其神以安之。"神，据贾《疏》，谓地神后土，故祭墓实为祭地神。

【译文】

王死，〔负责督察〕伸陈王尸和用郁鬯为王尸沐浴。同大祝等官临视大敛、小敛，并率领异姓的人帮助行敛事。在路门外悬挂丧服和丧冠的标准样式。〔到将葬时〕同梓匠等官吏视察随葬明器，接着便〔代嗣王〕而哭。占卜墓地，开始挖墓穴时，也这样代哭。葬后，告教王行丧祭之礼。坟丘筑好后祭祀地神，设置祭位。

16. 凡王之会同、军旅、甸、役之祷祠，肄仪[1]，为位。国有祸灾，则亦如之。凡天地之大灾[2]，类社稷[3]、宗庙，则为位。

【注释】

〔1〕肄：习也。

〔2〕天地之大灾：谓如水灾、火灾、日食、月食、地震等。

〔3〕类：祭名，亦属祈祷之祭。其礼，孙诒让曰："盖依放祭社稷、宗庙之正礼而略杀。"

【译文】

凡因王会同、征伐、田猎或兴起劳役而祭祀求福，就预习礼仪，设置祭位。国家有灾祸〔而祭祀祈祷〕，也这样做。凡天地有大灾祸，用类祭祭祀社稷、宗庙，就设置祭位。

17. 凡国之大礼，佐大宗伯。凡小礼，掌事如大宗伯之仪。

【译文】

凡王国的大礼，就协助大宗伯〔行礼事〕。凡小礼，就掌管礼事如同大宗伯〔掌管礼事时的〕仪法。

三、肆　　师

1. 肆师之职，掌立国祀之礼[1]，以佐大宗伯。立大祀[2]，用玉、帛、牲牷[3]。立次祀，用牲币。立小祀，用牲。以岁时序其祭祀，及其祈珥[4]。

【注释】

〔1〕立国祀之礼：案《大宗伯》曰："建邦之天神、人鬼、地示之礼。"即此所谓国祀之礼。

〔2〕大祀：及下文次祀、小祀，据郑司农及郑玄《注》说，大祀，指祭祀天地和宗庙；次祀，指日月星辰及五祀、五岳；小祀，指司命、司中、风师、雨师，以及山川、百物（诸小神）。

〔3〕牲牷：牲体完好而纯色的牲。

〔4〕祈珥：郑《注》读为"机衈"（jī ěr），曰："衅礼之事。"案衅礼，谓衅庙礼。据郑《注》，当新庙落成，用羊血涂屋，又用鸡血涂门和夹室，即所谓"机衈"。

【译文】

肆师的职责是，掌管建立王国的祭祀之礼，而协助大宗伯。建立大祭祀之礼，〔规定〕用玉、束帛和纯色而完好的牲；建立次一等祭祀之礼，〔规定〕用牲和束帛；建立小祭祀之礼，〔规定〕用牲。按照一年的四季安排祭祀的次序，以及〔对新落成的庙〕行衅礼。

2. 大祭祀，展牺牲，系于牢，颁于职人[1]。凡祭祀之卜日、宿、为期[2]，诏相其礼。视涤濯亦如之[3]。祭之日，表粢盛[4]，告絜；展器陈，告备；及果，筑煮[5]。相治小礼[6]，诛其慢怠者。掌兆中[7]、庙中之禁令。凡祭祀礼成，则告事毕。

【注释】

〔1〕"大祭"至"职人"：贾《疏》曰："肆师以将有天地、宗庙之大祭祀，牧人以牲与充人之时，肆师省阅其牲，看完否及色，堪为祭牲，乃系于牢（栏圈），颁付于职人也。"据郑《注》，职人，"职"当读为

"枳"，职人指充人及监门(参见《地官·司门》第3节)。

〔2〕卜日、宿、为期：卜日，在祭前十日；宿，即申戒，在祭前三日。为期，是指在祭祀的前夕，确定明日开始祭祀的具体时间。

〔3〕亦如之：谓亦诏相其礼。

〔4〕表粢盛：表，标明之。祭祀用的谷物。盛，谓盛之于器，如簠簋等。王志长曰："簠以盛稻粱，簋以盛黍稷，有盖，不知其实，故有徽识以表其名。"

〔5〕及果，筑煮：果，通"祼"。筑，捣也。谓筑捣郁金香而煮之，用以和鬯酒为郁鬯。

〔6〕相治小礼：相治，孙诒让曰："亦佐小宗伯。"小礼，谓臣礼。

〔7〕兆：郑《注》曰："坛茔域。"

【译文】

举行大祭祀时，负责察看牺牲，〔将符合要求的牲〕拴系在栏圈中，交付给充人和监门〔负责喂养〕。凡祭祀占卜日期、〔祭前三日〕重申对百官的告诫，以及〔祭祀前夕〕确定明日开始祭祀的时间，都告教并协助〔大宗伯〕行礼事。视察祭器是否洗涤干净时也这样做。祭祀那天，〔用标签〕标明器物中所盛的谷物，报告谷物洁净；察看所陈列的馔具，报告陈列齐备；到将行祼礼时，筑捣郁金香草并煮〔而用以调和鬯酒〕。告教并协助〔群臣〕行祭祀的小礼，责罚怠慢礼事的人。掌管各祭坛兆域中以及庙中的禁令。凡祭祀的礼仪完成，就报告礼事完毕。

3. 大宾客，莅筵几〔1〕，筑煮，赞果将〔2〕。大朝觐，佐傧〔3〕，共设匪瓮之礼〔4〕。飨、食授祭〔5〕。

【注释】

〔1〕莅筵几：筵，席也。几，似今小炕桌，置于席左端，供人坐于席上时凭依。贾《疏》曰："司几筵设之，肆师莅之也。"

〔2〕果将：即祼送，也就是献郁鬯以行祼礼。

〔3〕大朝觐，佐傧：郑《注》曰："为承傧。"孙诒让曰："大朝觐大宗伯为上傧，此肆师佐之，是为承傧。"又曰："傧，依郑义当作'摈'。"

〔4〕共设匪瓮之礼：郑《注》曰："设于宾客之馆。"又以为"匪"盖"篚"字之误。案诸侯来朝，王当以飨礼和食礼款待之，如王因故不能亲临其礼，就派人把酒食送到宾客馆舍去，即此所谓"共设匪瓮之礼"。匪(篚)瓮，在此指代酒食。

〔5〕飨、食授祭：飨、食，谓王亲自为宾客举行飨礼、食礼。祭，谓行食前祭礼。授祭，谓由肆师拿起当祭的食物授给宾，由宾行食前祭礼，这是优宾的表示。

【译文】

招待来朝诸侯，临视布设的席和几，筑捣郁金香草并煮〔而调和鬯酒〕，协助〔大宗伯向宾客〕行祼礼。诸侯大朝觐，〔担任承摈而〕协助上摈。〔王如因故不能参加飨礼或食礼〕，就供给所当设的酒食，〔派人送到宾客的馆舍去〕；〔王亲自为宾客〕举行飨礼或食礼，就把当祭的食物授给宾〔以供宾行食前祭礼〕。

4. 与祝侯、禳于畺及郊[1]。

【注释】

〔1〕与祝侯、禳于畺及郊：祝，谓小祝。侯、禳，都是祈福消灾的小祭名(参见《小祝》第1节)。郑《注》曰："畺五百里，远郊百里，近郊五十里。"

【译文】

同小祝一起在畿疆及国郊举行侯祭和禳祭。

5. 大丧，大渳以鬯，则筑煮。令外、内命妇序哭。禁外、内命男女之衰不中法者[1]，且授之杖[2]。

【注释】

〔1〕外、内命男女：命男女，即命夫、命妇。郑《注》曰："外命

男，六乡以出也。内命男，朝廷卿大夫士也。其妻为外命女。”即凡内外命男之妻皆为外命女，这是对宫中九嫔以下为内命女而言的。

〔2〕授之杖：杖，谓丧杖。据贾《疏》，外、内命男和内命女都为王服斩衰丧，当授杖，而外命女则为王服齐衰丧，不授杖。

【译文】

有大丧，将用郁鬯洗沐尸体，就筑捣郁金香草并煮〔而调和鬯酒〕。令外命妇和内命妇依次而哭。禁止外内命夫、命妇的丧服不合定制者，并授给他们丧杖。

6. 凡师、甸，用牲于社、宗〔1〕，则为位。类造上帝〔2〕，封于大神〔3〕。祭兵于山川，亦如之。凡师不功，则助牵主车〔4〕。凡四时之大甸猎，祭表貉〔5〕，则为位〔6〕。

【注释】

〔1〕社、宗：郑《注》曰：“社，军社也。宗，迁主也。”（参见《小宗伯》第13节）

〔2〕类造上帝：类，祭名。郑《注》曰：“类礼，依郊祀（祭天礼）而为之者。”又曰：“造，犹即也。”贾《疏》谓与造门之造同。

〔3〕封于大神：郑《注》曰：“封，谓坛也。”大神，亦即上帝。

〔4〕助牵主车：郑《注》曰：“助大司马也。”案《夏官·大司马》曰：“若师不功，则厌而奉主车。”故曰助大司马。

〔5〕祭表貉：貉，音mà，通“祃”，据郑《注》，是师祭名。祭祀地点在立表处；祭祀对象是“造军法者”，其神盖为蚩尤或黄帝。案所谓立表，是指为教阵战而在田猎场从南到北所立的四表（参见《夏官·大司马》第9节注③）。表貉之祭，当在最南第一表处。

〔6〕为位：谓设几筵以为神位。

【译文】

凡征伐或田猎，用牲祭祀军社和迁主，就设置祭位。用类祭祭及上帝，就封土筑坛以向上帝行祭礼。为军事而告祭山川，也负责设置祭位。凡军队战败，就协助〔大司马〕牵载有迁庙主的斋车。凡四季大田猎，在立表处举行貉祭，就设立神位。

7. 尝之日〔1〕，莅卜来岁之芟〔2〕。狝之日〔3〕，莅卜来岁之戒〔4〕。社之日，莅卜来岁之稼。

【注释】

〔1〕尝：秋祭名。《大宗伯》曰：“以尝秋享先王。”

〔2〕卜来岁之芟：郑《注》曰：“芟草，除田也。……卜者，问后岁宜芟不。”案问宜芟不，犹问杂草多不。

〔3〕狝：音 xiǎn，郑《注》曰：“秋田曰狝。”

〔4〕卜来岁之戒：郑《注》曰：“卜者，问后岁兵寇之备。”案问兵寇之备，犹问是否有兵寇。

【译文】

用尝祭祭先王那天，临视占卜明年是否需要芟除杂草。开始田猎那天，临视占卜明年是否有外敌入侵、是否有盗贼。祭社神那天，临视占卜明年庄稼好坏。

8. 若国有大故〔1〕，则令国人祭〔2〕。岁时之祭祀亦如之。

【注释】

〔1〕大故：郑《注》曰：“水旱凶荒。”

〔2〕祭：郑《注》曰：“社及禜、酺。”

【译文】

如果国家遭受大的灾害，就命令国人祭祀。一年四季的常祀也命令国人进行。

9. 凡卿大夫之丧，相其礼[1]。

【注释】

〔1〕相：郑《注》曰："相其适子。"案嫡子主丧，有拜宾、送宾等事，肆师相其礼。

【译文】

凡卿大夫的丧事，相赞他们的嫡长子行礼事。

10. 凡国之大事，治其礼仪[1]，以佐宗伯。凡国之小事，治其礼仪，而掌其事，如宗伯之礼。

【注释】

〔1〕治其礼仪：贾《疏》曰："谓佐大、小宗伯治之，谨习其事也。"

【译文】

凡国家的大事，演习有关的礼仪，而协助大宗伯。凡国家的小事，演习有关的礼仪，而掌管礼事，如同大、小宗伯的礼法。

四、郁　　人

1. 郁人掌祼器[1]。凡祭祀、宾客之祼事，和郁鬯以实彝而陈之[2]。凡祼玉[3]，濯之，陈之，以赞祼事，诏祼将之仪与其节[4]。凡祼事沃盥。

【注释】

〔1〕祼器：郑《注》曰：“谓彝及舟与瓒。”案尊盛郁鬯则曰彝。舟，尊彝的托盘。瓒，舀郁鬯器。

〔2〕和郁鬯：郑《注》曰：“筑(捣)郁金，煮之以和鬯酒。”

〔3〕祼玉：郑《注》曰：“谓圭瓒、璋瓒。”（参见《小宗伯》第10节注③）

〔4〕节：郑《注》曰：“谓王奉玉送祼早晏之时。”

【译文】

郁人掌管行祼礼的器具。凡祭祀或招待宾客有行祼礼的事，就调和郁鬯盛在彝中而加以陈设。凡行祼礼用的圭瓒、璋瓒，要洗涤干净，加以陈设，而佐助行祼礼，告教〔王〕献祼的礼仪和时间。凡行祼礼都要洗手。

2. 大丧之渳，共其肆器[1]。及葬，共其祼器[2]，遂狸之[3]。

【注释】

〔1〕肆器：浴尸器。郑《注》曰：“天子用夷盘。”

〔2〕共其祼器：郑《注》曰：“遣奠之彝与瓒也。”即供彝与瓒，设遣奠时陈设之。遣奠，是出葬前所举行的奠祭礼。

〔3〕遂狸之：郑《注》曰：“狸(埋)之于祖庙阶间。”案遣奠设于祖庙，阶间谓堂前东西阶之间。

【译文】

有大丧将洗沐尸体，供给洗沐所用的器具。到将出葬时，供给〔设遣奠〕所需的祼器，用毕随即埋掉。

3. 大祭祀〔1〕，与量人受举斝之卒爵而饮之〔2〕。

【注释】

〔1〕大祭祀：此谓宗庙之祭。

〔2〕与量人受举斝之卒爵而饮之：斝，音假 jiǎ，酒器，其形制多为大口，圆腹，下有三空足。受，谓受之于主人（在此指王）。卒爵，即最后一斝酒。孙诒让说其礼曰：当向尸九献以及献加爵之后（参见《天官·笾人》第1节注⑥），太子入室，尸便举起原先放在席前而未饮的一斝酒给太子，太子饮干斝中酒，又斟满而献给尸，尸接过来饮干，又斟酒回敬太子，这时太子接过酒来只尝一尝，就放下不饮了，而到祭祀结束，尸将出室的时候，王就把太子未饮的斝赐给郁人和量人而饮之，即此所谓"与量人受举斝之卒爵而饮之"。但礼无二人同饮一爵（斝）之事，盖先受者饮之，后者则更酌而饮之。

【译文】

大祭祀〔的礼仪完毕后〕，同量人一起接受〔王〕所赐最后一斝酒而饮之。

五、鬯　　人

1. 鬯人掌共秬鬯而饰之〔1〕。

【注释】

〔1〕共秬鬯而饰之：秬鬯，用黑黍酿的酒。（参见本篇《叙官》第4节注①）饰之，谓设巾。

【译文】

鬯人掌管供应秬鬯并用布巾覆盖。

2. 凡祭祀社壝用大罍[1]，禜门用瓢赍[2]，庙用脩[3]，凡山川、四方用蜃[4]，凡祼事用概[5]，凡疈事用散[6]。

【注释】

〔1〕祭祀社壝用大罍：社壝，即社稷。罍，盛酒器，圆形或方形，小口，广肩，深腹，下有圈足，上有盖，肩部有两耳或两环耳。

〔2〕禜门用瓢赍：禜，是为禳除风雨水旱等灾害而举行的祭祀。门，谓国都城门。瓢，谓瓠瓢。赍，杜子春读为"粢"，训为盛。是瓢赍即以瓢盛酒之义。

〔3〕脩：及下文蜃、概、散，郑《注》以为"皆漆尊"。又说"脩"读为"卣"，是一种"中尊，谓献、象(皆尊名，详《司尊彝》)之属"。所谓"中尊"，是就其尊贵程度而言的：次于彝，而尊于罍，故曰"中"。案今所谓卣，乃定名于宋人，与郑《注》之卣不同，不可相比况。

〔4〕蜃：据《注》《疏》，是一种在器体上有漆画的蜃形的尊。

〔5〕凡祼事用概：祼，郑《注》曰："当作'埋'，字之误也。"贾《疏》曰："若祼，当用彝尊，此用概尊，故郑破从'埋'。埋谓祭山林。"所谓概尊，据《注》《疏》，是一种黑漆的尊，尊腹处有漆画的朱带。

〔6〕凡疈事用散：疈事，贾《疏》曰："即《大宗伯》云'疈辜祭四方百物'是也。"(参见彼第3节)散，郑《注》曰："无饰曰散。"即是一种单色的漆尊。

【译文】

〔祭祀盛酒的器具〕，凡祭祀社稷用大罍，在国都城门举行禜祭用瓢盛酒，宗庙祭祀用卣尊，凡祭祀山川和四方用蜃尊，凡行埋祭用概尊，凡毁折牲体〔祭祀四方小神〕用散尊。

3. 大丧之大渳，设斗[1]，共其衅鬯[2]。凡王之齐事，共其秬鬯[3]。凡王吊临，共介鬯[4]。

【注释】

〔1〕斗：郑《注》曰："所以沃尸也。"沃，浇也。斗，形似勺，是舀水浇尸体供沐洗器。

〔2〕衅鬯：郑《注》曰："衅尸以鬯酒。"案衅谓以鬯涂尸，犹涂血以衅钟鼓。衅鬯的目的，孙诒让说，在于"去其臭恶，使之香美也。"

〔3〕共其秬鬯：贾《疏》曰："给王洗浴，使之香美也。"

〔4〕介鬯：郑司农曰："王行吊丧被之，故曰介。"案介有被义。孙诒让曰："殆即以鬯酒洒被王身，以辟(避)秽浊。"

【译文】

大丧将为尸体沐洗，就设置斗，供给涂抹尸体用的秬鬯。凡王斋戒，供给〔沐洗用的〕秬鬯。凡王临吊臣下，供给洒被王身用的秬鬯。

六、鸡　　人

1. 鸡人掌共鸡牲，辨其物〔1〕。

【注释】

〔1〕辨其物：郑《注》曰："物，谓毛色也。辨之者，阳祀用骍，阴祀用黝。"

【译文】

鸡人掌管供给〔祭祀用的〕鸡牲，辨别鸡牲的毛色。

2. 大祭祀，夜呼旦以叫百官〔1〕。凡国之大宾客、会同、军旅、丧纪，亦如之。

【注释】

〔1〕夜呼旦以叫百官：郑《注》曰："夜，夜漏未尽，鸡鸣时也。呼旦，以警起百官，使夙兴(早起)。"夜漏未尽，谓夜将尽而天将明时。

【译文】

举行大祭祀，夜将尽时就呼喊天亮了以叫起百官。凡王国有招待来朝诸侯、会同、征伐、丧事等，也这样做。

3. 凡国事为期，则告之时。

【译文】

凡王国有事确定了行事的时间，就把时间报告主事官吏。

4. 凡祭祀，面禳[1]，衅，共其鸡牲。

【注释】

〔1〕面禳：郑司农曰："四面禳也。"禳，参见《肆师》第4节注①。

【译文】

凡祭祀，或四面禳祭〔以消灾〕，或举行衅礼，供给所需的鸡牲。

七、司尊彝

1. 司尊彝掌六尊、六彝之位[1]，诏其酌[2]，辨其用，与其实。

【注释】

〔1〕六尊、六彝之位：详下节。

〔2〕诏其酌：酌，斟也，斟酒于尊彝。案酒有两种，一种清，一种浊，清者可径酌之，浊者则当先泲而后酌。故郑《注》曰：“酌、泲之使可酌，各异也。”因此哪种可酌，哪种当泲而后酌，则当诏告之。

【译文】

司尊彝掌管六尊、六彝的陈列位置，告教执事者酌酒，辨别各种尊彝的用途以及所当盛的酒。

2. 春祠，夏禴，祼用鸡彝、鸟彝[1]，皆有舟[2]；其朝践用两献尊[3]，其再献用两象尊[4]，皆有罍，诸臣之所昨也[5]。秋尝，冬烝，祼用斝彝、黄彝[6]，皆有舟；其朝献用两著尊[7]，其馈献用两壶尊[8]，皆有罍，诸臣之所昨也。凡四时之间祀，追享，朝享[9]，祼用虎彝、蜼彝[10]，皆有舟；其朝践用两大尊[11]，其再献用两山尊[12]，皆有罍，诸臣之所昨也。

【注释】

〔1〕祼用鸡彝、鸟彝：祼，谓酌郁鬯献尸，王先献，后继献（礼文中称亚献）。鸡彝、鸟彝，郑《注》曰：“谓刻而画之为鸡、凤凰之形者。”据贾《疏》，盛郁鬯用鸟彝；鸡彝则用以盛明水，以与郁鬯相配，以示反本尚朴，而并不用以献尸。下文彝、尊各用二者，义皆放此。

〔2〕舟：托盘。

〔3〕朝践用两献尊：朝践，即朝事，其主要仪节是向神荐血腥（牲血和生的牲肉），然后王和王后要先后从献尊中酌醴齐（参见《天官·酒正》第2节）献尸，这是三献和四献（即第三、第四次向尸献酒，参见《笾人》第1节注②）。献尊，郑司农读“献”为“牺”，牺尊，今就出土所见，是尊体作犀形或牛形的尊。

〔4〕再献用两象尊：再献，郑《注》曰：“王酳尸之后，后酌亚

献。”酳尸，谓尸食饭毕献酒供尸饮以洁口。酳尸亦王先献，后亚献，是为七献和八献，接着宾长(众宾中的尊者)一献，为九献，至此祭祀的正礼完毕。据贾《疏》，王酳尸用醴齐，后用盎齐。又据孙诒让说，宾长亦用盎齐。案朝践荐血腥之后当荐熟，即行馈食礼，王与后亦当各一献，为五献、六献，此经略而未言。象尊，今就出土所见，是尊体为象形的尊。

〔5〕皆有罍，诸臣之所昨：郑《注》曰：“昨，读为‘酢’，字之误也。诸臣献者，酌罍自酢，不敢与王之神灵共尊。”案诸臣献尸，在宾长九献之后，叫做加爵。凡王、后、宾长、诸臣向尸献酒，尸都要回敬酒，叫做酢。诸臣位卑，献尸不敢用醴齐、盎齐，即所谓“不敢与王之神灵共尊”，而用三酒(盖用其中的清酒，参见《天官·酒正》第2节)，三酒盛于罍；又不敢劳尸亲酢，故自酌自酢，以象尸之酢己也。

〔6〕斝彝、黄彝：郑司农曰：“斝，读为‘稼’，画禾稼也。”黄彝，又称黄目，《礼记·郊特牲》孔《疏》释“黄目”曰：“以黄金镂其外以为目。”

〔7〕朝献用两著尊：朝献，郑《注》曰：“谓尸卒食，王酳之。”是此朝献即指王酳尸之礼，即七献之礼。案朝献既为王酳尸，当在馈献(五献、六献)之后，而述之于馈献之前者，据孙诒让说，是因为朝献是沿用朝践献尸所用的著尊与泛齐的缘故。著尊，据郑司农引“或曰”说，是一种著地无足之尊。泛济，参见《天官·酒正》第2节。

〔8〕壶尊：郑司农曰：“以壶为尊。”

〔9〕追享，朝享：郑《注》曰：“追享，谓追祭迁庙之主，以事有所请祷。朝享，谓朝受政于庙。”案迁庙主，谓高祖以上迁入祧庙的祖先。朝受政于庙，即所谓行告朔礼，谓每月初一朝庙祭祖，而后回朝廷听政，若受政于庙然。

〔10〕虎彝、蜼彝：虎彝，以鸡彝、鸟彝例之，盖器体刻画有虎形。蜼，郑司农曰：“读为蛇虺之‘虺’(音毁 huǐ，毒蛇)，或读为‘公用射隼’之‘隼’(音 sǔn，一种凶猛的鸟)。”是蜼彝盖器体刻画有蛇形或隼形。

〔11〕大尊：郑司农曰：“大古之瓦尊。”《礼记·礼器》孔《疏》曰：“按《礼图》，瓦大受五斗，口径尺，颈高二寸，径尺，大中，身锐，下平。”即此所谓瓦尊。

〔12〕山尊：据贾《疏》，是一种器体刻画有山云之形的尊。

【译文】

〔宗庙〕春季举行祠祭，夏季举行禴祭，行祼礼用鸡彝、鸟彝，都有托盘；行朝践礼用两牺尊，行酳礼用两象尊，〔春祠和夏禴〕都设有罍，供诸臣酌酒行自酢礼。秋季举行尝祭，冬季举行烝祭，行祼礼用稼彝、黄彝，都有托盘；行酳礼用两著尊，行馈食礼用两壶尊，〔秋尝和冬烝〕都设有罍，供诸臣酌酒行自酢礼。凡四季之间的祭祀，如追享、朝享，行祼礼用虎彝、蜼彝，都有托盘；行朝践礼用两大尊，行酳礼用两山尊，〔追享和朝享〕都设有罍，供诸臣酌酒行自酢礼。

3. 凡六彝、六尊之酌〔1〕，郁齐献酌〔2〕，醴齐缩酌〔3〕，盎齐涚酌〔4〕，凡酒修酌〔5〕。

【注释】

〔1〕酌：贾《疏》曰："凡言酌者，皆是泲之使可酌。"泲，谓过滤。

〔2〕郁齐献酌：郑《注》曰："献，读为摩莎之'莎'，齐语声之误也。煮郁和秬鬯，以醆酒摩莎泲之，出其香也。"案郁齐即郁鬯，郁鬯是筑捣郁金香草煮之，然后调和于秬鬯而成，即《注》所谓"煮郁和秬鬯"。但这样调和出来的郁鬯浊不可酌，所以要掺和醆酒(即盎齐)，使之稍清。同时为了使郁金香草的香气能较充分地调和于秬鬯中，又用手在里面摩莎(搓拌)，以出其香气，然后过滤，再酌以献神，即郑《注》所谓"以醆酒摩莎泲之"之义。

〔3〕醴齐缩酌：郑《注》曰："醴齐尤浊，和以明酌，泲之以茅，缩去滓也。"明酌，据郑《注》，即三酒中的事酒(参见《天官·酒正》第2节)。因醴齐浊，和以事酒使之稍清，再用茅草滤去渣滓。缩，即泲。孙诒让曰："凡泲用茅谓之缩，不用茅者谓之泲。"

〔4〕盎齐涚酌：涚，亦泲。郑《注》曰："盎齐差清，和以清酒，泲之而已。"案盎齐清于醴齐，故曰"差清"，但仍浊而有渣滓，故需和以清酒，而后泲之。

〔5〕凡酒修酌：郑《注》曰："凡酒，谓三酒也。修，读如(段玉裁《汉读考》说当作"读为")涤濯之'涤'。涤酌，以水和而泲之。"案三

酒，谓事酒、昔酒、清酒，水即明水，亦即所谓玄酒，江永曰：“凡酒涤酌，谓以所酌之玄酒涤之，非谓别取水也。”又案三酒亦当先滤去渣滓。

【译文】

凡六彝、六尊中之酒的酌用，郁鬯要经过搓拌〔再过滤而后〕酌用，醴齐〔用茅草〕过滤而后酌用，盎齐〔用清酒掺和〕经过滤而后酌用，三酒要掺和明水〔再过滤而后〕酌用。

4. 大丧，存奠彝[1]。大旅亦如之[2]。

【注释】

〔1〕存奠彝：郑《注》曰：“存，省也。”又据郑《注》，奠彝是出葬前为大遣奠而设。大遣奠是丧奠中最隆重者，故设有彝尊，以盛郁鬯。

〔2〕大旅：即《大宗伯》所谓“旅上帝”。

【译文】

王、王后或太子的丧事，省视举行大遣奠时所设的彝尊。举行大旅祭也负责省视彝尊。

八、司几筵

1. 司几筵掌五几、五席之名物[1]，辨其用，与其位。

【注释】

〔1〕五几、五席：据郑《注》，五几指左右玉几、雕几、彤几、漆几、素几；五席指莞席、藻席、次席、蒲席、熊席(参见2、3、4节)。

【译文】

司几筵掌管五几、五席的名称种类，辨别它们的用途和所当布设的位置。

2. 凡大朝觐、大飨、射[1]，凡封国、命诸侯，王位设黼依[2]，依前南乡设莞筵纷纯[3]，加缫席画纯[4]，加次席黼纯[5]，左右玉几[6]。祀先王昨席亦如之[7]。

【注释】

〔1〕大朝觐、大飨、射：据贾《疏》，大朝觐，是因会同而在庙中行朝觐礼；大飨，是王为诸侯在庙中行飨礼；大射，是王为选择助祭者举行的射礼。

〔2〕黼依：据郑《注》，其形制如屏风，用绛（大红）色的帛制成，上面绣有黑白两色的斧形图案。

〔3〕莞筵纷纯：莞筵，莞草编的席。纷，郑《注》曰："如绶，有文而狭者。"案《书·顾命》曰："筍席玄纷纯。"则此纷盖亦玄（黑）色。纯，即镶边。

〔4〕缫席画纯：缫席，据郑《注》，是用蒲蒻（一种较细弱的蒲草）编的席，上有五彩图案，故名缫席。缫，同"藻"。画，是画有云气图案。

〔5〕次席：郑《注》曰："桃枝席，有次列成文。"案桃枝，竹名。次列成文，即依次编列而成花纹，故名次席。

〔6〕左右玉几：谓席左右皆设玉几，以优至尊。玉几，饰有玉的几。

〔7〕祀先王昨席：郑《注》曰："昨，读曰'酢'，谓祭祀及王受酢之席。"受酢，谓王献尸后接受尸的酢酒。

【译文】

凡大朝觐、大飨礼、大射礼，凡封建国家、策命诸侯，在王位设置黼依，黼依的前边面向南布设有黑丝带镶边的莞席，莞席上加放边缘画有云气图案的五彩蒲席，蒲席上再加绣有黑白花纹镶边的竹席，席左右两端设玉几。〔为王〕祭祀先王和接受酢酒所布的席也是这样。

3. 诸侯祭祀，席蒲筵缋纯[1]，加莞席纷纯，右雕几[2]；昨席莞筵纷纯，加缫席画纯。筵国宾于牖前[3]，亦如之，左彤几[4]。

【注释】

〔1〕缋：同“绘”，郑《注》曰：“画文也。”

〔2〕雕几：雕琢有花纹的几。

〔3〕筵国宾于牖前：国宾，据郑《注》，指来朝的诸侯和来聘的孤卿大夫。牖，指庙堂后的室窗。

〔4〕左彤几：《说文》：“彤，丹饰也。”是彤几即漆成红色的几。据郑《注》，这是为来聘的孤卿大夫设的几，为诸侯则当设雕几。又上文曰“右雕几”，而此言“左彤几”者，前为神设，而此为人设故也。

【译文】

诸侯祭祀宗庙，〔为神〕布设边缘绘有花纹的蒲席，蒲席上加用黑色丝带镶边的莞席，席右端设雕几。为诸侯接受酢酒设带有黑色镶边的莞席，莞席上加放边缘绘有花纹的五彩蒲席。〔在王的宗庙里〕为国宾在室窗前布席也是这样，〔为国宾中的孤卿大夫〕在席的左端设红漆几。

4. 甸役，则设熊席[1]，右漆几[2]。凡丧事[3]，设苇席，右素几[4]，其柏席用萑黼纯[5]，诸侯则纷纯，每敦一几。

【注释】

〔1〕设熊席：郑《注》曰：“谓王甸(田猎)，有司祭表貉所设席。”(参见《肆师》第6节注⑤)熊席，即以熊皮为席。

〔2〕漆几：段玉裁《汉读考》以为是黑漆之几。

〔3〕丧事：据郑《注》，此指为死者设奠祭祀。

〔4〕素几：无漆饰的木几。

〔5〕柏席用萑：柏席，据郑司农引或说是载黍稷之席。黍稷盛于敦，置于几上，几置柏席上。萑，郑《注》曰："如苇而细者。"

【译文】

〔王〕发徒役田猎，〔在立表处举行貉祭时〕就设熊席，席右端设黑漆几。凡丧奠，设苇席，席的右端设素几；〔奠祭时〕放置黍稷的席是边缘绘有黑白两色花纹的萑席，诸侯〔设奠放黍稷的席〕就用黑色丝带镶边，每只敦放在一张几上。

5. 凡吉事变几[1]，凶事仍几[2]。

【注释】

〔1〕吉事变几：据郑《注》，吉事指宗庙祭祀，祭祀每进行一个仪节就变换一次几，因神事尚文，通过变几以"示新"。

〔2〕凶事仍几：据郑《注》，丧事尚质，仍沿用一几。

【译文】

凡吉礼〔随着仪节的进行〕要变换几，凶礼则仍沿用一几。

九、天　　府

1. 天府掌祖庙之守藏[1]，与其禁令。凡国之玉镇、大宝器藏焉[2]。若有大祭、大丧，则出而陈之，既事藏之。

【注释】

〔1〕祖庙：据郑《注》，此指始祖后稷之庙。

〔2〕玉镇、大宝器：贾《疏》曰："此云玉镇，即《大宗伯》'以玉作六瑞'，镇圭之属即此宝镇也。彼又云'以玉作六器'，苍璧礼天之属即此宝器也。"是玉镇指六瑞，大宝器指六器(参见《大宗伯》第10、12节)。

【译文】

天府掌管始祖庙中〔宝物〕的收藏，以及有关的禁令。凡王国的玉镇和大宝器都收藏在祖庙中，如果有大祭祀或大丧事，就拿出来陈设，事毕再收藏起来。

2. 凡官府、乡、州及都鄙之治中[1]，受而藏之，以诏王察群吏之治。

【注释】

〔1〕凡官府、乡、州及都鄙之治中：贾《疏》曰："不言六遂及四等公邑之官者，于文略，其实皆有也。"治中，江永曰："凡官府簿书谓之中，……犹今之案卷也。此中字之本义。"

【译文】

凡〔王国〕各官府、各乡、州以及各采邑治理政事的文书，都接受而加以保存，以诏告王考察官吏们的政绩。

3. 上春，衅宝镇及宝器[1]。

【注释】

〔1〕衅宝镇及宝器：以牲血涂器而祭之曰衅。宝镇、宝器，即玉镇、大宝器(见第1节)。

【译文】

春正月，用牲血涂抹宝镇和宝器而祭之。

4. 凡吉凶之事[1]，祖庙之中，沃盥执烛[2]。

【注释】

〔1〕吉凶之事：据郑《注》，吉事，指四时宗庙祭祀；凶事指为王或王后之丧行奠祭礼。

〔2〕沃盥执烛：案吉凶之礼皆尚洁净，故事前当沃盥。又吉凶之礼皆天未明即行事，故需执烛。

【译文】

凡祭祀或丧事，在祖庙中举行，〔有关官吏〕洗手时就为他们持火把照明。

5. 季冬，陈玉以贞来岁之美恶[1]。

【注释】

〔1〕陈玉以贞来岁之美恶：陈玉，据贾《疏》，是贞卜前礼神。贞来岁之美恶，孙诒让曰："与肆师卜来岁之芟、戒、稼三事略同。"（参见《肆师》第7节）

【译文】

冬十二月，陈设玉器而占卜明年年成的好坏。

6. 若迁宝则奉之[1]。

【注释】

〔1〕迁宝：贾《疏》曰："谓若王者迁都，若平王东迁，则宝

亦迁。”

【译文】

如果迁移〔祖庙的〕宝器就负责奉送。

7. 若祭天之司民、司禄[1]，而献民数、谷数[2]，则受而藏之。

【注释】

〔1〕司民、司禄：郑《注》曰：“司民，轩辕角也。司禄，文昌第六星。”案轩辕，星官名，有星十七颗，呈龙形，有两星似角，即所谓轩辕角。文昌，参见《大宗伯》第2节注④。

〔2〕献民数、谷数：李光坡说孟冬司寇献民数、司徒献谷数于王，天府从王那里受而藏之。

【译文】

如果是在〔冬十月〕祭祀司民、司禄的时候，〔有关官吏向王〕呈报人民数和谷物数，就〔从王那里〕接受薄书加以保存。

一〇、典　　瑞

1. 典瑞掌玉瑞、玉器之藏[1]，辨其名物与其用事，设其服饰[2]。

【注释】

〔1〕玉瑞、玉器：即《大宗伯》所谓六瑞、六器（参见彼第10、12节）。

〔2〕服饰：郑《注》曰："服玉之饰，谓缫借。"（详下节注③）

【译文】

掌管玉瑞、玉器的收藏，辨别它们的名称和种类以及运用它们的事项，为它们设置装饰物。

2. 王晋大圭[1]，执镇圭[2]，缫借五采五就[3]，以朝日[4]。公执桓圭，侯执信圭，伯执躬圭，缫皆三采三就[5]；子执谷璧，男执蒲璧，缫皆二采再就[6]：以朝、觐、宗、遇[7]、会同于王。诸侯相见，亦如之。瑑圭、璋、璧、琮[8]，缫皆二采一就[9]，以頫聘[B10]。

【注释】

〔1〕晋大圭：晋，通"搢"，插也。郑司农曰："谓插于绅带之间。"大圭，钱玄说："这是特大的圭，长三尺，上略向内削，其上端如椎，方形。大圭亦谓之珽，或谓之玉笏，天子插在腰间的。"（《通论》页249）

〔2〕镇圭：及下桓圭、信圭、躬圭、谷璧、蒲璧，参见本篇《大宗伯》第10节。

〔3〕缫借五采、五就：缫借，是圭垫，亦为圭饰。据郑《注》，圭垫以木制，外包皮革，皮革画五彩，故谓之缫(藻)，因用于衬垫玉器故谓之借。五采，孙诒让说是玄、黄、朱、白、苍五色。五就，即五匝，一就为一匝。用五种颜色依次绕缫借而画之，画五圈，备五彩，是为一就，即一匝，如此五匝，是为五就。

〔4〕朝日：行拜日礼。

〔5〕三采：据郑《注》，谓朱、白、苍。

〔6〕二采：据郑《注》，谓朱、绿。

〔7〕朝、觐、宗、遇：四季朝见天子之礼名。

〔8〕瑑圭、璋、璧、琮：瑑，音 zhuàn，玉器上隆起的刻纹。璋、璧、琮，参见《大宗伯》第12节。

〔9〕二采：据贾《疏》，亦朱、绿二色。

〔10〕覜聘：参见《大宗伯》第6节注⑤、⑥。

【译文】

王腰插大圭，手执镇圭，圭垫上用五种色彩绘饰五匝，这样行拜日礼。公执桓圭，侯执信圭，伯执躬圭，圭垫都用三种色彩绘饰三匝；子执谷璧，男执蒲璧，璧垫都用两种色彩绘饰两匝：这样来向王行春朝、秋覲、夏宗、冬遇和会同之礼。诸侯相见也执同样的瑞玉。有刻纹隆起的圭、璋、璧、琮，它们的衬垫都用两种颜色绘饰一匝，用以看望或慰问王。

3. 四圭有邸以祀天〔1〕，旅上帝〔2〕。两圭有邸以祀地〔3〕，旅四望。祼圭有瓒〔4〕，以肆先王〔5〕，以祼宾客〔6〕。圭璧以祀日月星辰〔7〕。璋邸射以祀山川〔8〕，以造赠宾客〔9〕。

【注释】

〔1〕四圭有邸以祀天：四圭，圭名。据郑司农说，这是一种特殊的器形：其中央为一圆璧，璧的上下左右各伸出一圭，故称四圭，是用一整块玉刻成的。邸，本也。因四圭共著于一璧，如从同一根本生出四圭，故称“四圭有邸”。天，据秦蕙田《通考·吉礼一》说，与下文上帝同，皆谓至上帝。

〔2〕旅上帝：参见《大宗伯》第16节。案上文祀天为正祭，旅祭礼简于正祭。

〔3〕两圭有邸：也是一种特殊形制的玉器，是从一琮的两边各伸出一圭，也是用一整块玉刻成。

〔4〕祼圭有瓒：祼圭，即圭瓒之柄。柄的前端有供舀取郁鬯用的勺状的瓒，故曰“祼圭有瓒”。

〔5〕肆：本指解割牲体，此处作祭名。郑《注》曰：“肆解牲体以祭，因以为名。”

〔6〕祼宾客：即向宾客献酒。孙诒让曰：“此据朝覲诸侯言之，凡五等诸侯来朝，礼及飨并有祼。”

〔7〕圭璧：也是一种特殊的玉器，其形如一圭而根端著于璧，故名圭璧。

〔8〕璋邸射：郑《注》曰："璋有邸而射剡出也。"案邸谓琮。剡，锐也。其器形如从琮上伸出一璋。言射剡者，因璋之形如圭之半，顶端甚尖似箭之射，故名。

〔9〕造赠宾客：造与赠都是馈赠宾客之礼。孙诒让曰："凡造，至宾馆而致礼皆是也。"例如王派人到宾馆致食、飧之礼，就叫做造。孙氏又曰："赠则为宾行至近郊劳送之礼。"这是指来聘的宾客（即使者）回国，出了主国（被聘问之国）的都城而下榻在近郊的馆舍时，主国之君派人来向宾客馈送礼物，就叫做赠（参见《仪礼·聘礼》）。造赠宾客都要拿着玉器致辞，即此璋邸射是也。

【译文】

用以璧为本的四圭祭祀天，并用以旅祭上帝。用以琮为本的两圭祭祀地，并用以旅祭四方名山大川。用有勺的祼圭肆祭先王，并用以向宾客行祼礼。用圭璧祭祀日月星辰。用以琮为本而锐出一璋的玉器祭祀山川，并用在造赠宾客时〔拿着它致辞〕。

4. 土圭以致四时日月〔1〕，封国则以土地〔2〕。珍圭以征守〔3〕，以恤凶荒。牙璋以起军旅〔4〕，以治兵守。璧羡以起度〔5〕。驵圭、璋、璧、琮、琥、璜之渠眉〔6〕，疏璧、琮以敛尸〔7〕。谷圭以和难，以聘女〔8〕。琬圭以治德，以结好〔9〕。琰圭以易行，以除慝〔10〕。

【注释】

〔1〕土圭以致四时日月：郑《注》曰："以致四时日月者，度其景至不至，以知其行得失也。冬夏以致日，春秋以致月。"（参见《地官·大司徒》第7节注①）

〔2〕封国以土地：郑《注》曰："土地，犹度地也。封建诸侯，以土圭度日景，观分寸长短，以制其域所封也。"

〔3〕珍圭以征守：据郑《注》，珍圭的形制类似琬圭、琰圭。案据

《考工记·玉人》，琬、琰皆长九寸，琬圭顶端不作三角形而呈弧形，琰圭则两侧向里坳作弧形(参见彼第3节注⑦、⑧)。杜子春曰："以征守者，以征召守国诸侯。"

〔4〕牙璋：钱玄说："属于璋的一种。旧说，璋之上削部分有不平如锯齿者，谓之牙璋。"(《通论》页253)

〔5〕璧羡以起度：郑司农曰："羡，长也。此璧径长尺，以起度量也。"即谓其径长正好可以用作一尺的标准。

〔6〕驵圭、璋、璧、琮、琥、璜之渠眉：驵，郑《注》以为当读为"组"，声之误也。组为丝带，用以贯穿以下六玉以为敛尸所用，故贾《疏》以为六玉两头皆有孔，以便穿系丝带。渠眉，即沟纹：凹下的部分为渠，渠之两侧则为眉。郑《注》曰："渠眉，玉饰之沟瑑也。"案穿丝带的孔盖凿于玉器两头的沟纹中，故曰"驵圭、璋、璧、琮、琥、璜之渠眉"。

〔7〕疏璧、琮以敛尸：疏，通也。据郑《注》，谓璧、琮上的沟纹上下贯通，象征通于天地。敛尸，据郑《注》，指大敛，其法：璋在头部，圭在左边，琥在右边，璜在足部，璧在背部，琮在腹部。

〔8〕谷圭以和难，以聘女：谷圭，据郑《注》，是一种刻饰有粟纹的圭。据《玉人》说，谷圭长七寸。难，郑《注》曰："仇雠。"易祓曰："若天子遣人和诸侯之难，及遣人聘女于诸侯，皆以谷圭行之。"即拿着谷圭以致辞。

〔9〕琬圭以治德，以结好：琬圭，参见注③。治德，郑《注》曰："诸侯有德，王命赐之。"结好，据郑《注》，诸侯派大夫来聘，王即使大夫执此圭回国向其君"命事"，即命以结友好之事。

〔10〕琰圭以易行，以除慝：琰圭，参见注③。易行，郑司农曰："易行除慝，易恶行令为善者，以此圭责让喻告之也。"

【译文】

土圭用以测度四季的日影、月影，封建诸侯国就用以测度地域。珍圭用以征召诸侯，抚恤灾荒。牙璋用以发兵，用以调动驻守的部队。璧的径长可用作度量的标准。用丝带贯穿圭、璋、璧、琮、琥、璜沟纹〔中的孔眼〕，使璧、琮上面的沟纹上下贯通，这样用来敛尸。谷圭用以调和仇怨，用以行聘女礼。琬圭用以表彰有德的诸侯，用以缔结〔诸侯间的〕友好。琰圭用以〔告喻诸侯〕改变行为，消除恶行。

5. 大祭祀、大旅[1]，凡宾客之事[2]，共其玉器而奉之。大丧，共饭玉、含玉、赠玉[3]。凡玉器出，则共奉之[4]。

【注释】

〔1〕大祭祀、大旅：孙诒让曰："即上经祀天地，肆先王，亦兼有祀日月星辰山川等。"（见第3节）

〔2〕宾客之事：孙诒让曰："即祼及造赠等是也。"（亦见第3节）

〔3〕饭玉、含玉、赠玉：郑《注》曰："饭玉，碎玉以杂米也。"案这是王、诸侯、大夫之礼，如果是士，则只用米。《注》又曰："含玉，柱左右䪼及在口中者。"是含玉即以玉填入死者口中，所填的位置，即郑《注》所谓左右䪼及口的中部。䪼，音 diān，指最里边的臼牙，亦称智牙。赠玉，郑《注》曰："盖璧也。"

〔4〕玉器出，则共奉之：郑《注》曰："玉器出，谓王所好赐。奉之，送以往；远，则送于使者。"

【译文】

举行大祭祀、大旅祭，以及凡招待宾客的事，供给所需的玉器并奉送〔到行礼之处〕。有大丧，供给所需的饭玉、含玉和赠玉。凡有玉器赐出，就供给并奉送〔到被赐者之处〕。

一一、典　命

1. 典命掌诸侯之五仪[1]，诸臣之五等之命。上公九命为伯[2]，其国家、宫室、车旗、衣服、礼仪皆以九为节[3]；侯伯七命，其国家、宫室、车旗、衣服、礼仪皆以七为节；子男五命，其国家、宫室、车旗、衣服、礼仪皆以五为节。王之三公八命，其卿六命，其大夫四命，及其出封，皆加一等，其国家、宫室、车旗、衣服、礼仪亦如之。

【注释】

〔1〕五仪：及下文“五等”，郑《注》曰：“五仪，公、侯、伯、子、男之仪。五等，谓孤以下四命、三命、再命、一命、不命也。或言仪，或言命，互文也。”

〔2〕上公九命为伯：郑《注》曰：“上公，谓王之三公有德者，加命为二伯。”案王之三公八命，加一命则为九命，称上公，出任为方伯。

〔3〕“国家”至“为节”：郑《注》曰：“国家，国之所居，谓城方也。公之城盖方九里，宫方九百步。”案下文侯伯七命以七为节，子男五命以五为节，其国家、宫室皆放此。又车旗、衣服、礼仪之数，详可参见《秋官·大行人》第5节。

【译文】

典命掌管诸侯的五等礼仪，以及〔王的〕诸臣的五等礼仪。上公九命担任伯，其都城、宫室、车旗、衣服、礼仪的规格都以九为节度；侯伯七命，其都城、宫室、车旗、衣服、礼仪的规格都以七为节度；子男五命，其都城、宫室、车旗、衣服、礼仪的规格都以五为节度。王的三公为八命，王的卿为六命，王的大夫为四命，到他们出封王畿之外，都加一等，其都城、宫室、车旗、衣服、礼仪的规格也依命数为节度。

2. 凡诸侯之适子誓于天子〔1〕，摄其君，则下其君之礼一等；未誓，则以皮帛继子男〔2〕。

【注释】

〔1〕誓：郑《注》曰：“犹命也。”

〔2〕以皮帛继子男：这是指朝聘天子时。据郑《注》，已命者，“公之子如侯伯而执圭，侯伯之子如子男而执璧”，皆下其所当执一等。此

未命者，则不得执圭璧，而执皮帛。皮帛，参见《大宗伯》第11节注②。

【译文】

凡诸侯的嫡长子被天子命为太子，代理他的国君〔朝聘天子时〕，就比国君的礼仪降一等；未被天子所命，〔朝聘天子时〕就拿着用皮裹饰的束帛继子男之后行礼。

3. 公之孤四命[1]，以皮帛视小国之君[2]；其卿三命，其大夫再命，其士一命。其宫室、车旗、衣服、礼仪各视其命之数。侯伯之卿、大夫、士亦如之。子男之卿再命，其大夫一命，其士不命[3]。其宫室、车旗、衣服、礼仪各视其命之数。

【注释】

〔1〕公之孤：据郑司农说，九命上公得置孤一人。

〔2〕视小国之君：郑《注》曰："列于卿、大夫之位而礼如子男也。"

〔3〕不命：非正式任命的士，地位低于命士一等。

【译文】

公的孤卿的等级是四命，〔朝聘天子时〕手拿用皮裹饰的束帛而比照小国之君的礼仪；公的卿三命，公的大夫再命，公的士一命；他们的宫室、车旗、衣服、礼仪的规格，各依他们的命数为节度。侯伯的卿、大夫、士也一样。子男的卿的等级是再命，子男的大夫一命，子男的士不命，他们的宫室、车旗、衣服、礼仪的规格，各依他们的命数为节度。

一二、司　服

1. 司服掌王之吉凶衣服，辨其名物，与其用事。

【译文】

司服掌管王行吉礼或凶礼所当穿的衣服，辨别这些衣服的名称和种类，以及所适用的礼事。

2. 王之吉服〔1〕：祀昊天上帝则服大裘而冕〔2〕，祀五帝亦如之；享先王则衮冕〔3〕；享先公、飨、射则鷩冕〔4〕；祀四望、山川则毳冕〔5〕；祭社稷、五祀则希冕〔6〕；祭群小祀则玄冕〔7〕；凡兵事韦弁服〔8〕；视朝则皮弁服〔9〕；凡甸冠弁服〔10〕。

【注释】

〔1〕吉服：即祭服。

〔2〕服大裘而冕：大裘，郑司农说，即黑羔裘。据金榜说，大裘外还有玄衣，玄衣外还有十二章之衮服（详注③）。冕，首服之最尊者，其形制，上有一块长方形的木板叫做延，延下有一冠圈叫做武，延的前沿垂有一串串的小玉珠叫做旒。天子之冕有十二旒（详《夏官·弁师》第1节）。然陈祥道《礼书》卷一曰："大裘之冕盖无旒。"

〔3〕衮冕：礼服名，即穿衮服而戴冕。案下文凡曰"某冕"，皆谓穿某服而戴冕。衮服，是绘刺有卷曲的龙形之服。衮服有两种：一种十二章；一种九章。所谓十二章，是指在衣裳上绘刺有日、月、星、龙、华虫（有五色文采的虫类）、宗彝（虎蜼。蜼，音 wèi，一种长尾猿）、藻（水藻）、火、粉米（白米）、黼（黑白相间）、黻（黑青相间）等十二种花纹图案。所谓九章，是指十二章去掉日、月、星。据金榜说，王祭天服

十二章之衮，祭先王则服九章之衮。

〔4〕鷩冕：鷩，音 bì。据郑《注》，是七章之服，即九章之衮服去掉龙、山，并将华虫改为雉(野鸡)，但仍叫华虫。

〔5〕毳冕：毳，音 cuì。据郑《注》，是五章之服，即鷩服之七章去掉华虫、火。

〔6〕希冕：希，通“黹”。黹，音纸 zhǐ。黹冕，据郑《注》，是三章之服，即毳服之五章去掉宗彝、藻。

〔7〕玄冕：据郑《注》，只有一章，即在裳上刺黻纹。又据郑《注》说，凡冕服，从衮冕以至玄冕，都是“玄衣纁裳”，即上衣为玄色，下裳为纁色。

〔8〕韦弁服：穿韦服而戴韦弁。韦是熟牛皮。据郑《注》，此弁与服都是用韎韦制成。韎，音 mèi，赤黄色。弁，首服之次者，其形略似后世瓜皮帽。

〔9〕皮弁服：皮弁，据《仪礼·士冠礼》郑《注》说，是白鹿皮制成的弁。其服，据《士冠礼》，是一种白色而腰间有褶皱的裳，外束缁带，系白色蔽膝，但未言其衣。据胡培翚《正义》说，衣与冠同色，亦白色。

〔10〕冠弁服：据郑《注》，冠弁即玄冠，即用黑缯做的冠。其服为缁布衣，裳则与上皮弁服同。

【译文】

王行吉礼穿的服装：祭祀昊天上帝就穿大裘而戴冕，祭祀五帝的穿戴也一样；祭祀先公、举行飨礼、射礼就穿鷩服而戴冕；祭祀四方名山大川和一般的山川就穿毳服而戴冕；祭祀社稷和五行之神就穿希服而戴冕；祭祀各种小神就穿玄服而戴冕；凡军事穿韦服而戴韦弁；处理朝政就穿白布衣裳而戴皮弁；凡田猎穿缁衣白裳而戴玄冠。

3. 凡凶事服弁、服〔1〕。凡吊事弁绖、服〔2〕。凡丧，为天王斩衰〔3〕，为王后齐衰；王为三公六卿锡衰〔4〕，为诸侯缌衰〔5〕，为大夫、士疑衰〔6〕，其首服皆弁绖。大札、大荒、大灾素服〔7〕。

【注释】

〔1〕凡凶事服弁、服：凶事，此指丧事。郑《注》曰："服弁，丧冠也。其服，斩衰、齐衰。"案丧服分五等，最重的是斩衰，其次是齐衰，以下还有大功、小功、缌麻，详《仪礼·丧服》。

〔2〕凡吊事弁绖、服：吊事，谓王吊诸侯、诸臣。弁绖，郑《注》曰："如爵弁而素，加环绖。"案爵弁，是赤而微黑的布制成，其形略似冕而无旒。但吊丧的爵弁却是白色的，故云"爵弁而素"。环绖，即首绖，是麻做的孝带，加在爵弁上如环，故名。服，谓吊服，郑《注》曰："其服锡衰、缌衰、疑衰。"（详下注④、⑤、⑥）

〔3〕天王：王死告丧于诸侯称天王。

〔4〕锡衰：锡，是"緆"的假借字，经典习假"锡"为"緆"。郑《注》曰："锡，麻之滑易者，十五升去其半，有事其布，无事其缕。"这是说，锡衰是用麻布做成，布的粗细程度是"十五升去其半"。案古代布的精粗，以升数计算，布八十缕为升。古布幅宽二尺二寸，就丧服言，用布最粗的是斩衰，三升，二百四十缕；最细的是缌麻，十五升（同于朝服的用布）。此处曰"十五升去其半"，是为七升半，即六百缕，其缕细如朝服，而升数则减半，可谓细而疏。又所用的布还当加灰捶洗，使之洁白光滑，而织布前麻缕则不捶洗，即郑《注》所谓"有事其布，无事其缕"。

〔5〕缌衰：郑《注》曰："缌亦十五升去其半，有事其缕，无事其布。"可见缌衰与锡衰的区别在于，先将麻缕加灰捶洗再织布，而织成的布则不再捶洗。

〔6〕疑衰：郑《注》曰："疑之言拟也，拟于吉。"据贾《疏》，吉服用布十五升，疑衰则十四升，只比吉服少一升，故云"拟于吉"。

〔7〕大札、大荒、大灾素服：郑《注》曰："大札，疫病也。大荒，饥馑也。大灾，水火为害。"

【译文】

凡丧事戴丧冠、穿丧服。凡吊唁的事戴爵弁加环绖，穿吊服。凡服丧，为天王服斩衰丧，为王后服齐衰丧；王为三公、六卿服丧穿锡衰，为诸侯穿缌衰，为大夫、士穿疑衰，头上戴的都是爵弁加环绖。发生大瘟疫、大饥荒、大灾害，〔君臣〕都穿戴白色的衣帽。

4. 公之服，自衮冕而下如王之服[1]；侯伯之服，自鷩冕而下如公之服；子男之服，自毳冕而下如侯伯之服；孤之服，自希冕而下如子男之服；卿大夫之服，自玄冕而下如孤之服，其凶服加以大功、小功[2]；士之服，自皮弁而下如大夫之服[3]，其凶服亦如之[4]，其齐服有玄端、素端[5]。

【注释】

〔1〕自衮冕而下如王之服：是谓除王之大裘及其十二章之衮冕外，自九章之衮冕，以至七章之鷩冕、五章之毳冕、三章之希冕、一章之玄冕，公皆可服，皆同于王。下文义放此。郑《注》曰："自公之衮冕，至卿大夫之玄冕，皆其朝聘天子及助祭之服。"

〔2〕其凶服加以大功、小功：据《注》《疏》，天子、诸侯服丧，其正服只服斩衰、齐衰，至卿大夫，则还要加上大功、小功。

〔3〕自皮弁而下：谓士可服皮弁服、冠弁服。

〔4〕其凶服亦如之：郑《注》曰："士亦如之，又加缌焉。"谓亦如卿大夫之加大功、小功，此外还要加上缌麻之服。

〔5〕齐服有玄端、素端：齐，斋戒。玄端，服名，其衣为玄色；其裳，《仪礼·士冠礼》曰："玄裳、黄裳、杂裳(前玄后黄的裳)可也。"因其袖正直瑞方，故名。素端，如玄端而素(白)。据孙诒让说，为吉事斋戒服玄端，为凶事斋戒服素端。

【译文】

公的服装，从衮冕以下如同王的服装；侯伯的服装，从鷩冕以下如同公的服装；子男的服装，从毳冕以下如同侯伯的服装；孤的服装，从希冕以下如同子男的服装；卿大夫的服装，从玄冕以下如同孤的服装，他们的丧服，还要加上大功服和小功服；士的服装，从皮弁服以下如同大夫的服装，他们的丧服还要加上大功服、小功服〔以及缌麻服〕，他们斋戒的服装有玄端和素端。

5. 凡大祭祀、大宾客〔1〕，共其衣服而奉之。大丧，共其复衣服，敛衣服，奠衣服，厞衣服〔2〕，皆掌其陈序。

【注释】

〔1〕大祭祀、大宾客：贾《疏》曰："大祭祀，则中兼有小祭祀，以其皆是王亲祭，故举大而言。宾客言大者，据诸侯来朝也。"

〔2〕厞衣服：厞，陈也，谓陈明衣。据孙诒让说，葬前一日陈明衣于祖庙之庭，葬日至圹，则陈于墓道。

【译文】

王亲自参加祭祀或招待来朝诸侯，供给所需的礼服并奉送〔到王那里〕。有大丧，供给招魂所用的衣服，大敛、小敛所用的衣服，奠祭死者所用的衣服，以及用于陈列的明衣，掌管所有这些衣服陈列的次序。

一三、典　祀

1. 典祀掌外祀之兆守〔1〕，皆有域，掌其政令。

【注释】

〔1〕外祀之兆守：外祀，参见《外饔》第1节注①。郝敬曰："皆有坛位曰兆。"

【译文】

典祀掌管外祭祀坛位的守护，都有一定的范围，掌管此范围内的禁令。

2. 若以时祭祀，则帅其属而修除，征役于司隶而役之。及祭，帅其属而守其厉禁而跸之[1]。

【注释】

〔1〕厉禁而跸之：郑司农曰："遮列禁人，不得令入。"

【译文】

如果是按季举行的祭祀，就率领属下〔对祭祀坛场进行〕扫除，并从司隶那里征调徒役以供役使。到祭祀那天，率领属下守护警戒而禁止闲人通行。

一四、守　祧

1. 守祧掌守先王、先公之庙祧[1]，其遗衣服藏焉[2]。

【注释】

〔1〕庙祧：在此泛指宗庙。

〔2〕遗衣服：郑《注》曰："大敛之余也。"据说王者大敛用衣一百二十称(套)，此外所余尚多，即所谓"遗衣服"也。

【译文】

守祧掌管守护先王、先公之庙，并负责把先王、先公遗留的衣服收藏在庙中。

2. 若将祭祀，则各以其服授尸[1]。其庙则有司修除之，其祧则守祧黝垩之[2]。既祭，则藏其隋[3]，与其服。

【注释】

〔1〕各以其服授尸：郑《注》曰："尸当服卒者之上服，以象生时也。"案上服，谓生前服之最尊者。如先王之尸则服衮服，先公之尸则服鷩服。

〔2〕"其庙"至"黝垩之"：郑《注》曰："庙，祭此庙也。祧，祭迁主。有司，宗伯也。"据郑司农说，涂墙使白谓之垩，涂地使黑谓之黝。

〔3〕隋：郑《注》曰："尸所祭肺脊黍稷之属。"即尸用以行食前祭礼的食物。隋，字亦作"堕"。案尸行食前祭礼，有人帮他把当祭的食物一一取下少许，由尸用以祭之，叫做堕祭。堕，下也。《仪礼·士虞礼》郑《注》曰："下祭曰堕，堕之言犹堕下也。"

【译文】

如果将举行祭祀，就把各庙所藏的衣服授给各庙的尸。将举行祭祀的宗庙就由宗伯负责扫除，由守祧负责把墙涂白、把地涂黑。祭祀结束，就把尸用以行食前祭礼的食物收藏起来，并把尸穿的衣服收藏起来。

一五、世　　妇

1. 世妇掌女宫之宿戒〔1〕，及祭祀，比其具〔2〕。

【注释】

〔1〕女宫之宿戒：女宫，郑《注》曰："刑女给宫中之事者。"是女宫即女奴。宿戒，贾《疏》曰："祭前十日，戒之使齐(斋戒)，祭前三日又宿(申)之，故宿戒并言。"

〔2〕比其具：郑《注》曰："比，次也。具，所濯溉及粢盛之爨。"爨，谓灶具。

【译文】

世妇掌〔祭祀前三日〕重申对女宫的告诫，到祭祀那天，依次具备祭祀器物。

2. 诏王后之礼事。帅六宫之人共粢盛[1]。相外、内宗之礼事[2]。大宾客之飨、食亦如之。

【注释】

〔1〕六宫之人：孙诒让曰："谓女御以下。"

〔2〕相外、内宗：据郑《注》，外宗谓异姓之女有爵者，内宗谓同姓之女有爵者，她们是被选出佐王后行祭礼者，而世妇则相助之。

【译文】

告教王后行祭礼的事。率领六宫的人供奉祭祀所用的谷物。协助外宗和内宗行祭礼的事。为招待来朝诸侯而举行飨礼和食礼时也这样做。

3. 大丧，比外、内命妇之朝莫哭[1]，不敬者而苛罚之。凡王后有拜事于妇人[2]，则诏相。

【注释】

〔1〕比外、内命妇之朝莫哭：比，贾《疏》曰："以尊卑为位而哭。"外、内命妇，参见《天官·内宰》第5节注①。朝莫(暮)哭，即朝夕哭。案人死殡后，每天的早晨和傍晚都要入殡宫(殡棺之寝)而哭，叫朝夕哭。

〔2〕有拜事于妇人：据贾《疏》，这是指拜谢二王后之夫人于堂上。案周分封夏、殷二王后裔为杞、宋二国，有大丧则此二国君与其夫人前来吊丧，而由王太子(即嗣王)拜谢二君于堂下，由王后拜其夫人于堂上。

【译文】

有大丧，依〔尊卑〕次序排列外、内命妇的朝夕哭位，有不恭敬的就加以责罚。凡王后拜谢〔前来吊丧的夏殷二王后代国君〕夫人，就告教并协助行拜礼事。

4. 凡内事有达于外官者，世妇掌之。

【译文】

凡内宫的事有需要通知宫外官府的，就由世妇负责。

一六、内　宗

1. 内宗掌宗庙之祭祀荐加豆、笾[1]，及以乐彻，则佐传豆、笾。宾客之飨、食亦如之。

【注释】

〔1〕荐加豆、笾：即加爵之豆、笾（参见《天官·笾人》第1节注⑥）。

【译文】

内宗掌管宗庙祭祀时〔向尸〕进献加豆、加笾，到依照音乐的节奏彻除祭品时，就协助传递彻下的豆、笾。招待宾客举行飨礼、食礼时也这样做。

2. 王后有事则从。

【译文】

王后有事就随从前往。

3. 大丧，序哭者。哭诸侯亦如之[1]。凡卿大夫之丧，掌其吊临[2]。

【注释】

〔1〕哭诸侯：据贾《疏》，这是指有诸侯来朝而死于王国，因而哭之。

〔2〕掌其吊临：据贾《疏》，卿大夫为王臣，位较诸侯轻，王后不亲吊，故使内宗代掌吊事。

【译文】

有大丧，依尊卑次序排列〔妇人〕的哭位。哭诸侯也这样做。凡〔王的〕卿大夫的丧事，就〔代王后〕掌吊唁临哭的事。

一七、外　　宗

1. 外宗掌宗庙之祭祀佐王后荐玉豆[1]，视豆笾[2]，及以乐彻，亦如之。

【注释】

〔1〕王后荐玉豆：玉豆，玉饰的豆。案此处言荐玉豆而不言荐笾，文略。王后荐玉豆，是在行朝事礼和馈食礼时（参见《天官·笾人》第1节）。

〔2〕视豆笾：贾《疏》曰："谓在堂东未设之时，视其实也。"案豆笾未设时放置在堂东。

【译文】

外宗掌管宗庙祭祀时协助王后〔向尸〕进献玉豆、〔玉笾〕，〔进献前〕要察看豆笾〔所盛的食物〕，到依照音乐的节奏彻除祭品的时候，也协助王后彻豆笾。

2. 王后以乐羞粢则赞[1]。凡王后之献，亦如之。王后不与，则赞宗伯[2]。

【注释】

〔1〕粢：贾《疏》曰："粢，黍稷也。"

〔2〕王后不与，则赞宗伯：郑《注》曰："后因故不与祭，宗伯摄其事。"

【译文】

王后依照音乐节奏〔向尸〕进黍稷时就协助王后。凡王后〔向尸〕献酒，也协助王后。王后〔因故〕不参加宗庙祭祀，就协助〔代理王后的〕宗伯行祭礼。

3. 小祭祀[1]，掌事。宾客之事，亦如之。

【注释】

〔1〕小祭祀：亦即《天官·女祝》所谓"王后之内祭祀"（见彼第1节）。

【译文】

〔王后举行〕小祭祀，〔就为王后〕掌管祭事。接待宾客，也掌管须由王后参与的有关事宜。

4. 大丧，则叙外内朝莫哭者[1]。哭诸侯亦如之[2]。

【注释】

〔1〕叙外内朝莫哭者：外内，郑《注》曰："内外宗及外命妇。"朝

莫哭，参见《世妇》第3节注①。

〔2〕哭诸侯：亦谓哭来朝而死于王国的诸侯。

【译文】

有大丧，就〔依照尊卑次序〕排列外内宗和外内命妇朝夕哭的哭位。哭诸侯也这样做。

一八、冢　　人

1. 冢人掌公墓之地〔1〕，辨其兆域而为之图，先王之葬居中，以昭穆为左右〔2〕。凡诸侯居左右以前，卿、大夫、士居后〔3〕，各以其族〔4〕。

【注释】

〔1〕公墓：郑《注》训公为君，贾《疏》以为君通王与诸侯言，此处实指“王之墓域”，即王族墓地。

〔2〕昭穆：参见《小宗伯》第3节注①。昭穆不仅是宗庙的排列次序，也是墓葬的排列次序，故曰“以昭穆为左右”。

〔3〕“凡诸侯”至“居后”：这是说，把整个墓地划分为中、前、后三部分：先王及其子孙王者的墓葬居中，其庶子为诸侯者的墓葬居前，而庶子之为卿大夫士者的墓葬居后，不论居前居后，皆依昭穆分列左右（参见下注）。又据孙诒让说，这里是指王的庶子分封在畿内为诸侯及卿大夫士者。

〔4〕各以其族：族，谓所出之王。郑《注》曰：“子孙各就其所出，以尊卑处其前后。”贾《疏》曰：“尊谓诸侯，卑谓卿大夫。”案如某王之子为诸侯，子为昭，就葬在该王墓左之前，为卿大夫士则葬在墓左之后；其孙为诸侯，孙为穆，则葬在该王墓右之前，为卿大夫士，则葬在墓右之后：即所谓“各以其族”也。

【译文】

冢人掌管王的墓地，辨别墓地的范围而绘制地图，先王的墓葬处在中间，〔子孙们〕按照昭穆的次序分葬左右。凡做诸侯的子孙葬在王墓的左右前方，做卿、大夫、士的子孙葬在王墓的左右后方，各依他们所出之王〔安排前后左右〕。

2. 凡死于兵者，不入兆域〔1〕。凡有功者居前〔2〕，以爵等为丘封之度，与其树数〔3〕。

【注释】

〔1〕死于兵者，不入兆域：姜兆锡说，王族无斩刑，死于兵，犹受斩刑，遗体不全，故不得居兆域之内。

〔2〕凡有功者居前：郑《注》曰："居王墓之前，处昭穆之中央。"

〔3〕丘封：方苞《集注》曰："王公曰丘，诸臣曰封。"案统言之，丘封皆指所起之坟。

【译文】

凡死于战争的人，不葬入王族墓地。凡有功者葬在王墓的前边，按照他们爵位的等级来决定所起坟的高度和种树的多少。

3. 大丧，既有日，请度甫竁〔1〕，遂为之尸〔2〕。及竁，以度为丘隧〔3〕，共丧之窆器〔4〕。及葬，言鸾车、象人〔5〕。及窆，执斧以莅，遂入藏凶器〔6〕，正墓位，跸墓域，守墓禁〔7〕。凡祭墓为尸。

【注释】

〔1〕请度甫竁：甫，始也。竁，挖地造墓穴。贾《疏》曰："谓冢人请于冢宰，量度始穿地之处也。"

〔2〕为之尸：郑《注》曰："为祭墓地之尸也。"即为墓地地神

之尸。

〔3〕度为丘隧：郑《注》曰："隧，羡道(即墓道)也。度丘与羡道广袤所至。"

〔4〕窆器：郑《注》曰："下棺丰碑之属。"案丰碑是为天子下棺所设(参见《地官·乡师》第7节注③)。

〔5〕言鸾车、象人：据郑《注》，鸾车又叫遣车，是木制的明器，巾车(官名)在上面装饰有鸾、和(皆车铃)，故名鸾车。象人，谓随葬的人偶，用桐木制成。言犹语，谓告以当行。案鸾车是载魂车，象王的神灵居于车上，故告之以当行。于是巾车使人举鸾车以行，前往墓地。

〔6〕凶器：谓明器。

〔7〕禁：郑《注》曰："所为茔限。"

【译文】

有大丧，已经确定了葬期，就请求开始度量挖墓穴的地方，葬毕祭墓地就充当尸。到挖墓穴时，度量建造坟丘和墓道的规模，供给丧事下葬所需的器物。到出葬那天，告诉随葬的鸾车和人偶〔上路〕。到下葬的时候，手执斧在旁督察，接着便将明器藏入〔椁中〕，然后规正墓位，禁止闲人进入墓区，守护好墓区的地界。凡祭墓地之神就充当尸。

4. 凡诸侯及诸臣葬于墓者[1]，授之兆，为之跸，均其禁。

【注释】

〔1〕诸侯及诸臣：据贾《疏》，此处是总说同姓、异姓诸侯及诸臣(谓卿大夫士)的墓地。

【译文】

凡〔王的同姓或异姓〕诸侯及诸臣要葬入墓地的，就划给墓葬区域，为之禁止闲人通行，并使守护墓地界域的人劳逸均等。

一九、墓 大 夫

1. 墓大夫掌凡邦墓之地域[1]，为之图。令国民族葬而掌其禁令，正其位[2]，掌其度数[3]，使皆有私地域。

【注释】

〔1〕邦墓：郝敬曰："民间族葬之地。"

〔2〕位：谓昭穆。

〔3〕度数：郑《注》曰："爵等之大小。"据孙诒让说，庶民亦有上升为士大夫者。

【译文】

墓大夫掌管王国中民间墓地的地域，绘制成图。令国中民众聚族而葬而掌管有关的禁令。〔指导民众〕排正昭穆位置，掌管其中〔依爵位所定〕墓葬规模的大小，并使各族都有本族私有的墓葬地域。

2. 凡争墓地者，听其狱讼。帅其属而巡墓厉[1]，居其中之室以守之[2]。

【注释】

〔1〕厉：据郑《注》，谓茔域之界限。

〔2〕居其中：郑司农曰："有官寺在墓中。"

【译文】

凡有争夺墓地的，评断他们的争讼。率领下属巡视各墓地的地界，在墓地中央的办公处〔指挥下属〕分守各处墓地。

二〇、职　丧

1. 职丧掌诸侯之丧，及卿、大夫、士凡有爵者之丧，以国之丧礼，莅其禁令，序其事。

【译文】

职丧掌管〔王畿内〕诸侯的丧事，以及卿、大夫、士等凡有爵位者的丧事，依照国家规定的丧礼，亲临督察他们执行禁令，安排丧事的先后次序。

2. 凡国有司以王命有事焉〔1〕，则诏赞主人。凡其丧祭〔2〕，诏其号〔3〕，治其礼〔4〕。

【注释】

〔1〕有事：郑《注》曰："谓含、襚、赠、赗之属。"案含谓饭含，襚谓向死者赠送衣被，赠谓赠送随葬物，赗谓赠丧家车马等助送葬之物。

〔2〕丧祭：谓虞祭、祔祭等(参见《小宗伯》第15节注⑨)。

〔3〕号：谓祭神时给牺牲、谷物等所取的名号，如豕称"刚鬣"，黍称"合香"等。

〔4〕治其礼：谓预习其礼。

【译文】

凡王国的官吏依照王的命令前来行吊丧礼事，就告教并协助主人〔接受赠物〕。凡主人举行丧祭，就告教所用牲、谷等的名号，预习有关的礼仪。

3. 凡公有司之所共，职丧令之，趣其事。

【译文】

凡王国官吏〔按规定当对丧家〕有所赠送的，由职丧告令他们，并催促办理。

二一、大 司 乐

1. 大司乐掌成均之法〔1〕，以治建国之学政，而合国之子弟焉〔2〕。凡有道者、有德者，使教焉，死则以为乐祖〔3〕，祭于瞽宗〔4〕。

【注释】

〔1〕成均：黄以周《通故·学礼通故一》说是“周大学之通称”。

〔2〕国之子弟：即贵族子弟。

〔3〕乐祖：郑《注》曰：“死则以为乐之祖，神而祭之。”

〔4〕瞽宗：据郑司农说，泛指学校。

【译文】

大司乐掌管大学的教学法，建立并掌理王国有关学校的政令，聚集国子到学校里学习。凡有道艺、有德行的人，让他们在学校任教，死了就奉之为乐祖，在学校祭祀他们。

2. 以乐德教国子中、和、祗、庸、孝、友〔1〕，以乐语教国子兴〔2〕、道、讽、诵、言、语〔3〕，以乐舞教国子舞《云门》、《大卷》、《大咸》、《大韶》、《大夏》、

《大濩》、《大武》[4]。

【注释】

〔1〕以乐德教国子中、和、祗、庸：乐德，据柯尚迁说，是“以乐涵养而成”之德，即指下文所说的中、和、祗、庸、孝、友六者。郑《注》曰：“中，犹忠也。和，刚柔适也。祗，敬。庸，有常也。”

〔2〕以乐语教国子兴：乐语，即指下文兴、道、讽、诵、言、语六种说话应答的技巧。兴，郑《注》曰：“以善物喻善事。”是犹比喻。

〔3〕道、讽、诵、言、语：郑《注》曰：“道，读曰‘导’。导者，言古以剀(音 kǎi，摩也)今也。”孙诒让释之曰：“导引远古之言语，以摩切今所行之事。”郑《注》又曰：“倍(背诵)文曰讽。以声节之曰诵。”据孙诒让说，讽是直言之，诵则是吟咏而有声调。郑《注》又曰：“发端曰言。答述曰语。”

〔4〕“以乐舞”至“《大武》”：乐舞，即下文所说的七种舞，郑《注》说，是周所存六代之舞：《云门》、《大卷》是黄帝之舞，《大咸》是唐尧之舞，《大韶》是虞舜之舞，《大夏》是夏禹之舞，《大濩》是商汤之舞，《大武》是周武王之舞。

【译文】

用乐德教育国子具备忠诚、刚柔得当、恭敬、有原则、孝顺父母、友爱兄弟的德行，用乐语教国子掌握比喻、称引古语、背诵诗文、吟咏诗文、提起话头、回答叙述的语言技巧，用乐舞教国子学会《云门》、《大卷》、《大咸》、《大韶》、《大夏》、《大濩》、《大武》等舞蹈。

3. 以六律、六同[1]、五声[2]、八音[3]、六舞大合乐[4]，以致鬼、神、示，以和邦国，以谐万民，以安宾客，以说远人，以作动物[5]。

【注释】

〔1〕六律、六同：合起来就是所谓十二律，也就是十二个声高不同

的标准音。它们各有特定的名称，分别是：1. 黄钟，2. 大吕，3. 大蔟，4. 夹钟，5. 姑洗，6. 中吕，7. 蕤宾，8. 林钟，9. 夷则，10. 南吕，11. 无射，12. 应钟。十二律分为阴阳两类：奇数六律为阳律，叫做六律；偶数六律为阴律，叫做六吕或六同，故郑《注》曰“六同，合阴声者也”。

〔2〕五声：宫、商、角、徵、羽。

〔3〕八音：指金、石、土、革、丝、木、匏、竹八类乐器。据《大师》郑《注》说，金指钟镈，石指磬，土指埙，革指鼓鼗，丝指琴瑟，木指柷敔，匏指笙，竹指箫。

〔4〕六舞大合乐：六舞即六代之舞(见上节)。大合乐，谓乐器演奏与歌唱相配合一起进行，合乐时还当兴舞(跳舞)。

〔5〕动物：郑《注》曰：“羽、蠃之属。”详见第5节。

【译文】

用六律、六同、五声、八音和六代的舞一起配合演奏，以招致人鬼、天神和地神〔而祭祀〕，以使各国亲睦，民众和谐，宾客安定，远人悦服，动物繁生。

4. 乃分乐而序之〔1〕，以祭，以享，以祀。乃奏黄钟，歌大吕〔2〕，舞《云门》，以祀天神；乃奏大蔟，歌应钟，舞《咸池》〔3〕，以祭地示；乃奏姑洗，歌南吕，舞《大韶》，以祀四望；乃奏蕤宾，歌函钟〔4〕，舞《大夏》，以祭山川；乃奏夷则，歌小吕〔5〕，舞《大濩》，以享先妣〔6〕；乃奏无射，歌夹钟，舞《大武》，以享先祖〔7〕。凡六乐者，文之以五声，播之以八音〔8〕。

【注释】

〔1〕分乐而序之：贾《疏》曰：“上总云六舞，今分此六代之舞，尊者用前代，卑者用后代，使尊卑有序，故云序。”

〔2〕奏黄钟，歌大吕：崔灵恩曰：“奏黄钟者，用黄钟为调；歌大吕

者，用大吕为调。奏者谓堂下四悬，歌者谓堂上所歌。”徐养原曰：“六歌六奏，盖皆宫调也。”这是说，所谓奏，谓演奏堂下庭中四面所悬的钟磬等，其调式则是黄钟宫(即用黄钟律来定宫音的音高)；所谓歌，即升歌，也就是乐人升堂而歌，歌的调式则是大吕宫(即用大吕律来定宫音的音高)。下文奏某、歌某，义皆放此。

〔3〕《咸池》：即《大咸》。

〔4〕函钟：即林钟。

〔5〕小吕：即中吕。

〔6〕先妣：郑《注》曰：“姜嫄也。”案姜嫄是周人的祖先后稷之母，见《诗·大雅·生民》。

〔7〕先祖：郑《注》曰：“先王、先公。”

〔8〕“凡六”至“八音”：郑《注》曰：“六者，言其均，皆待五声、八音乃成也。播之言被也。”案均谓调式。文、播(被)，皆犹言配合。

【译文】

于是分别演奏六代的乐舞而〔依尊卑〕排列先后，用以祭祀地神、人鬼、天神。用黄钟宫的调式演奏〔钟磬〕，用大吕宫的调式歌唱，跳《云门》舞，以祭祀天神；用大蔟宫的调式演奏〔钟磬〕，用应钟宫的调式歌唱，跳《咸池》舞，以祭祀地神；用姑洗宫的调式演奏〔钟磬〕，用南吕宫的调式歌唱，跳《大韶》舞，以祭祀四方名山大川；用蕤宾宫的调式演奏〔钟磬〕，用函钟宫的调式歌唱，跳《大夏》舞，以祭祀山川；用夷则宫的调式演奏〔钟磬〕，用小吕宫的调式歌唱，跳《大濩》舞，以祭祀姜嫄；用无射宫的调式演奏〔钟磬〕，用夹钟宫的调式歌唱，跳《大武》舞，以祭祀先王、先公。所有六种调式的舞乐，都要用五声、八音相配合。

5. 凡六乐者，一变而致羽物〔1〕，及川泽之示；再变而致赢物，及山林之示；三变而致鳞物〔2〕，及丘陵之示；四变而致毛物，及坟衍之示〔3〕；五变而致介物，及土示；六变而致象物〔4〕，及天神。

【注释】

〔1〕一变而致羽物：变，郑《注》曰：“犹更也，乐成则更奏也。”是一变犹言一遍。致，谓感召而使之来。羽物，及下文蠃物、鳞物、毛物、介物等五类动物，参见《地官·大司徒》第3节。

〔2〕致：《注疏》本误刻作“示”。

〔3〕坟衍：参见同上第2节注②。

〔4〕象物：据郑《注》，指所谓四灵：龙、凤、龟、麟；这四种动物“有象在天”，故名象物。所谓有象在天，是说龙、凤、龟分别像二十八宿中的青龙、朱雀、玄武；孙诒让曰：“惟麟无所属。”

【译文】

六种舞乐，演奏一遍而招致有羽毛的动物，以及川泽之神；演奏两遍而招致毛短浅的动物，以及山林之神；演奏三遍而招致有鳞甲的动物，以及丘陵之神；演奏四遍而招致毛细密的动物，以及坟衍之神；演奏五遍而招致有甲壳的动物，以及土神；演奏六遍而招致龙凤龟麟，以及天神。

6. 凡乐，圜钟为宫〔1〕，黄钟为角，大蔟为徵，姑洗为羽，靁鼓、靁鼗〔2〕，孤竹之管〔3〕，云和之琴瑟〔4〕，《云门》之舞，冬日至，于地上之圜丘奏之〔5〕，若乐六变，则天神皆降，可得而礼矣〔6〕。凡乐，函钟为宫，大蔟为角，姑洗为徵，南宫为羽，灵鼓、灵鼗〔7〕，孙竹之管〔8〕，空桑之琴瑟，《咸池》之舞，夏日至，于泽中之方丘奏之〔9〕，若乐八变，则地示皆出，可得而礼矣。凡乐，黄钟为宫，大吕为角，大蔟为徵，应钟为羽，路鼓、路鼗〔10〕，阴竹之管〔11〕，龙门之琴瑟〔12〕，《九德》之歌〔13〕，《九韶》之舞〔14〕，于宗庙之中奏之，若乐九变，则人鬼可得而礼矣。

【注释】

〔1〕圜钟为宫：圜钟，即夹钟也。此句谓以圜钟律来定宫音的音高。下三句义放此。

〔2〕靁鼓、靁鼗：靁，是“雷”的古字。雷鼓，是一种八面鼓。鼗，音 táo，一种长柄手摇的小鼓，颇类后世的拨浪鼓。

〔3〕孤竹之管：孤竹，据郑《注》，是一种独生的竹。管，古乐器名，像笛，六孔，双管并吹。

〔4〕云和：郑《注》说是山名。

〔5〕圜丘：圆形的山丘。

〔6〕礼：谓向神进献玉。郑《注》曰：“先奏是乐以致其神，礼之以玉而祼焉。”

〔7〕灵鼓、灵鼗：据郑《注》，都是六面鼓。

〔8〕孙竹：据段玉裁说，是横生的竹根所生出的小竹。

〔9〕泽中之方丘：贾《疏》曰：“言泽中方丘者，……因下以事地，故于泽中。……不可于水中设祭，故亦取自然之方丘，象地方故也。”

〔10〕路鼓、路鼗：据郑《注》，都是四面鼓。

〔11〕阴竹：郑《注》曰：“生于山北者。”

〔12〕龙门：郑《注》说是山名。

〔13〕《九德》之歌：是歌颂六府三事之功德的歌。郑司农曰：“《春秋传》所谓火、水、金、木、土、谷谓之六府，正德、利用、厚生谓之三事。六府三事谓之九功，九功之德皆可歌也，谓之九歌也。”

〔14〕《九韶》：郑《注》曰：“当读为‘大韶’，字之误也。”

【译文】

凡舞乐，用圜钟律定宫音的音高，用黄钟律定角音的音高，用大蔟律定徵音的音高，用姑洗律定羽音的音高，敲响雷鼓、雷鼗，吹奏孤竹做的管，弹奏云和山的木材做的琴瑟，表演《云门》舞，冬至那天，在地上的圜丘上进行演奏，如果舞乐演奏六遍，天神就都会下降，就可以向神进献玉〔继而进行祭祀了〕。凡舞乐，用函钟律定宫音的音高，用大蔟律定角音的音高，用姑洗律定徵音的音高，用南宫律定羽音的音高，敲响灵鼓、灵鼗，吹奏孙竹做的管，弹奏空桑山的木材做的琴瑟，表演《咸池》舞，夏至那天，在泽中的方丘上进行演奏，如果舞乐演奏八遍，地神就都会出来，可以向神进献玉，〔继而进行祭祀了〕。凡舞乐，用黄钟律定宫音的音高，用大吕律定角音的音高，用大蔟律定徵音的音高，用应钟律定羽音的音高，敲响路鼓、路鼗，吹奏阴竹做的管，弹奏龙门山的木材做的琴瑟，唱《九德》歌，表演《大韶》舞，在宗庙中进行演奏，如果舞乐演奏九遍，就可以向祖先的神灵进献玉，〔继而进行祭祀了〕。

7. 凡乐事大祭祀宿县〔1〕，遂以声展之〔2〕。王出入则令奏《王夏》〔3〕；尸出入则令奏《肆夏》；牲出入则令奏《昭夏》。帅国子而舞。大飨不入牲，其他皆如祭祀〔4〕。大射〔5〕，王出入令奏《王夏》〔6〕，及射，令奏《驺虞》〔7〕；诏诸侯以弓矢舞〔8〕。王大食，三宥〔9〕，皆令奏钟鼓。王师大献〔10〕，则令奏恺乐〔11〕。

【注释】

〔1〕宿：谓祭之前夕。

〔2〕以声展之：郑《注》曰：“叩听其声，具陈次之，以知完不。”

〔3〕王出入则令奏《王夏》：王出入，以及下言尸、牲出入，据贾《疏》，皆谓出入庙门。《王夏》，及下《肆夏》、《昭夏》，郑《注》曰：“三《夏》皆乐章名。”

〔4〕其他：郑《注》曰：“谓王出入、宾客出入，亦奏《王夏》、《肆夏》。”

〔5〕大射：王为选择助祭者而举行的射礼。

〔6〕出入：据孙诒让说，此大射是在辟雍(即大学)中举行的，故亦出入于此。

〔7〕《驺虞》：《诗经·召南》中的一篇。

〔8〕诸侯：谓参加大射者。

〔9〕王大食，三宥：郑《注》曰：“大食，朔月、月半以乐宥食时也。宥犹劝也。”谓王每月的初一、十五加牲盛馔，此时要奏乐以劝食。

〔10〕大献：郑《注》曰：“献捷于祖。”

〔11〕恺乐：郑《注》曰：“献功之乐。”案恺，通“凯”。

【译文】

凡演奏音乐，如果是大祭祀，就在祭祀前夕悬挂乐器，将乐器依次陈列并试奏检查。〔祭祀时〕王出入就令演奏《王夏》；尸出入就令演奏《肆夏》；牲出入就令演奏《昭夏》。率领国子表演舞蹈。〔招待宾客〕举行大飨礼不牵牲入庙，其他都同祭祀时一样。举行大射礼，王出入就令演奏《王夏》，到王射箭的时候，就令演奏《驺虞》；告教诸侯拿着弓矢舞蹈。王大食时，要三次奏乐以劝王饱食，都命令演奏钟鼓。王出征凯旋〔向宗庙祖先〕大献战功，就令演奏凯乐。

8. 凡日月食，四镇、五岳崩〔1〕，大傀异灾〔2〕，诸侯薨，令去乐。

【注释】

〔1〕四镇、五岳：郑《注》曰："四镇，山之重大者，谓扬州之会稽，青州之沂山，幽州之医无闾，冀州之霍山。五岳，岱在兖州，衡在荆州，华在豫州，岳在雍州，恒在并州。"案此《注》并据《夏官·职方氏》为文，可参看。

〔2〕大傀异灾：郑《注》曰："傀犹怪也。大怪异灾，谓天地奇变，若星晨奔贳(陨)及震裂为害者。"

【译文】

凡出现日食、月食，四镇、五岳崩裂，以及大怪异的灾害，或有诸侯死，就命令彻去舞乐。

9. 大札、大凶、大灾、大臣死，凡国之大忧，令弛县。

【译文】

大瘟疫、大饥馑、大水灾或火灾、大臣死，凡遇国家的大忧患，就命令解下悬挂的乐器。

10. 凡建国，禁其淫声、过声[1]、凶声、慢声。

【注释】

〔1〕过声：郑《注》曰："失哀乐之节。"案当哀不哀，当乐不乐，或哀乐过度，皆谓失哀乐节。

【译文】

凡封建诸侯国，要禁止该国制作淫乱的音乐、哀乐失节的音乐、亡国的音乐、惰慢不恭的音乐。

11. 大丧，莅廞乐器。及葬，藏乐器，亦如之。

【译文】

遇有大丧，要亲临督察陈放随葬的乐器。

二二、乐　师

1. 乐师掌国学之政[1]，以教国子小舞[2]。凡舞，有帗舞[3]，有羽舞[4]，有皇舞[5]，有旄舞[6]，有干舞[7]，有人舞[8]。

【注释】

〔1〕国学：孙诒让说此指小学。

〔2〕小舞：郑《注》曰："谓以年幼少时教之舞。"案下文帗舞以至

人舞，凡六舞，即所谓小舞。据贾《疏》，此所谓小舞，是对《云门》等六代之舞为大舞而言。

〔3〕帗舞：参见《地官·鼓人》第3节注②。

〔4〕羽舞：参见《舞师》第1节注①。

〔5〕皇舞：参见同上注③。

〔6〕旄舞：郑司农曰："旄舞者，氂(旄)牛之尾。"盖谓手执旄牛尾而舞。

〔7〕干舞：郑司农曰："兵舞。"案干是盾牌，属兵器。又《礼记·文王世子》孔《疏》曰："若其小舞，以干配戈，则《乐师》教小舞干舞是也。"是此干舞乃手执干戈而舞。

〔8〕人舞：郑《注》曰："人舞无所执，以手袖为威仪。"

【译文】

乐师掌管有关小学的政令，而教国子小舞。凡小舞，有帗舞，有羽舞，有皇舞，有旄舞，有干舞，有人舞。

2. 教乐仪：行以《肆夏》[1]，趋以《采荠》，车亦如之。环拜以钟鼓为节。

【注释】

〔1〕《肆夏》：及下《采荠》，郑司农曰："皆乐名。或曰皆逸诗。"

【译文】

教〔王〕依音乐节奏行礼仪：行走的时候依《肆夏》的节奏，小步快走的时候依《采荠》的节奏，乘车的时候也这样。转身行拜礼就依钟鼓的节奏。

3. 凡射，王以《驺虞》为节，诸侯以《狸首》为节[1]，大夫以《采蘋》为节[2]，士以《采蘩》为节。

【注释】

〔1〕《狸首》：逸诗名。

〔2〕《采蘋》：及下《采蘩》，皆《诗经·召南》篇名。

【译文】

凡举行射礼，王〔射箭的时候〕演奏《驺虞》为节奏，诸侯〔射箭的时候〕演奏《狸首》为节奏，大夫〔射箭的时候〕演奏《采蘋》为节奏，士〔射箭的时候〕演奏《采蘩》为节奏。

4. 凡乐掌其序事，治其乐政〔1〕。凡国之小事用乐者〔2〕，令奏钟鼓。凡乐成则告备。诏来瞽〔3〕，皋舞〔4〕。诏及彻，帅学士而歌彻〔5〕，令相〔6〕。

【注释】

〔1〕掌其序事，治其乐政：序，谓乐器陈列的次序。乐政，孙诒让曰："谓若正乐县(即端正悬挂的乐器)、舞位及诸戒令，皆是也。"

〔2〕小事：据郑《注》，谓小祭祀。

〔3〕诏来瞽：郑《注》曰："诏视瞭扶瞽者来入也。"

〔4〕皋舞：郑司农曰："皋，当为'告'。"郑《注》曰："告国子当舞者舞。"

〔5〕诏及彻，帅学士而歌彻：句首"诏"字盖涉上文而衍。据郑《注》，学士谓国子，歌谓歌《雍》(《诗经·周颂》篇名)。案歌者本为瞽者，舞者本为学士，曾钊曰"学士非专为舞而不歌"，故当彻时亦歌而为彻祭器之节。

〔6〕令相：郑《注》曰："令视瞭扶工。"工谓乐工，即瞽者。

【译文】

凡演奏音乐掌管有关〔乐器陈列和演奏〕先后次序的事，治理有关音乐的事务。凡国家举行小祭祀需用乐的，就命令演奏钟鼓。凡音乐演奏终了就〔向王〕报告演奏完毕。告诉〔视瞭〕扶瞽者进来〔表演歌唱〕，告诉〔当舞的国子〕表演舞蹈。到〔祭祀完毕〕彻祭器的时候，就率领学士而歌唱并彻去祭器，命令〔视瞭〕搀扶〔瞽者离去〕。

5. 飨、食诸侯，序其乐事，令奏钟鼓，令相，如祭之仪。燕射[1]，帅射夫以弓矢舞[2]。乐出入[3]，令奏钟鼓。凡军大献[4]，教恺歌，遂倡之[5]。凡丧，陈乐器，则帅乐官[6]。及序哭[7]，亦如之。

【注释】

〔1〕燕射：是天子在与诸侯举行燕礼后举行的射礼。

〔2〕射夫：郑《注》曰："众耦也。"案众耦谓参加燕射的诸侯，此时已匹配成射耦。

〔3〕乐出入：据郑《注》，是指吹笙、歌唱、舞蹈者及其乐器的出入。

〔4〕大献：贾《疏》曰："谓师克胜献捷于祖庙也。"

〔5〕教恺歌，遂倡之：贾《疏》曰："师还未至之时，预教瞽矇，入祖庙，遂使乐师倡导为之。"案倡导为之，盖如今领唱。

〔6〕乐官：贾《疏》曰："谓笙师、镈师之属。"

〔7〕序哭：贾《疏》曰："谓使人持此乐器向圹(墓穴)，及入圹之时序哭也。"

【译文】

用飨礼或食礼招待诸侯的时候，安排有关〔乐器陈列和演奏〕先后次序的事，命令演奏钟鼓，命令〔视瞭〕搀扶〔瞽者〕，都如同祭祀的礼仪。举行燕射时，率领射夫手持弓矢而舞。乐人出入的时候，就命令演奏钟鼓。凡征伐而〔向祖庙〕大献战功，〔事前〕教〔瞽者〕唱凯歌，〔到时候〕就担任领唱。凡〔王家的〕丧事，陈设随葬的乐器时，就率领乐官〔前往陈设〕。到〔随葬乐器填入墓穴〕排列哭位而哭的时候，也率领乐官而哭。

6. 凡乐官掌其政令，听其治讼[1]。

【注释】

〔1〕治讼：孙诒让曰："治谓陈请，讼谓争讼。"

【译文】

掌管所有乐官的事务和戒令，听断他们的请求和争讼。

二三、大　胥

1. 大胥掌学士之版[1]，以待致诸子[2]。

【注释】

〔1〕学士之版：郝敬曰："学士，谓卿大夫诸子之入国学者。版，名借也。"

〔2〕待致诸子：郝敬曰："谓有事则按名籍招致。"

【译文】

大胥掌管学士的名册，以待〔有事时〕召集他们。

2. 春入学，舍采[1]，合舞[2]。秋颁学，合声[3]。以六乐之会正舞位，以序出入舞者[4]。

【注释】

〔1〕舍采：郑《注》曰："采，读为'菜'。始入学必释菜，礼先师也。"案礼先师，即进献菜于先师的神位前以祭之。

〔2〕合舞：郑司农曰："等其进退，使应节奏。"

〔3〕秋颁学，合声：郑《注》曰："春使之学，秋颁其才艺所为。合声，亦等其曲折，使应节奏。"

〔4〕以序出入舞者：郑《注》曰："以长幼次序之，使出入不纰错。"

【译文】

〔学士〕春季入学，用菜祭先师〔教他们舞蹈〕，使他们动作整齐而又符合音乐节奏。秋季颁布他们的学习成绩，并使他们的歌声整齐而符合音乐节奏。用六代的音乐与舞蹈相配合并端正舞者的位置，依〔年龄长幼〕排列舞者出入的次序。

3. 比乐官，展乐器。

【译文】

考核乐官，检查乐器。

4. 凡祭祀之用乐者，以鼓征学士。

【译文】

凡祭祀需要用乐的，就击鼓召集学士。

5. 序宫中之事。

【译文】

依次安排学宫中〔有关教授舞乐〕的事。

二四、小胥

1. 小胥掌学士之征令而比之[1]，觵其不敬者[2]；

巡舞列，而挞其怠慢者。

【注释】

〔1〕小胥掌学士之征令而比之：贾《疏》曰："大胥掌学士之版，以待招聚舞者，小胥赞大胥为征令校比之，知其在不也。"

〔2〕觥其不敬者：觥，参见《地官·闾胥》第3节注①。不敬，郑《注》曰："谓慢期不时至也。"

【译文】

小胥负责〔协助大胥〕发布征召学士的命令而考核人数，迟到的就罚他饮酒；巡视舞蹈的队列，而挞罚怠慢的人。

2. 正乐县之位。王宫县[1]，诸侯轩县，卿大夫判县，士特县。辨其声。凡县钟磬，半为堵，全为肆[2]。

【注释】

〔1〕宫县：及下文轩县、判县、特悬，郑司农曰："宫县四面县，轩县去其一面，判县又去其一面，特县又去其一面。"据郑《注》，轩县是去南面，判县去南北两面，特县则县于东面。

〔2〕凡县钟磬，半为堵，全为肆：郑《注》曰："钟磬者，编悬之，二八十六枚，而在一虡(音据jù，悬钟磬的木架)谓之堵。钟一堵，磬一堵，谓之肆。"

【译文】

端正所悬挂的乐器的位置。王的乐器悬挂四面，诸侯悬挂三面，卿大夫悬挂两面，士悬挂一面。辨别所悬挂乐器的声音〔是否符合音律〕。凡悬挂钟磬，仅悬挂十六枚钟或十六枚磬叫做堵，钟磬全都悬挂叫做肆。

二五、大　师

1. 大师掌六律、六同，以合阴阳之声。阳声：黄钟、大蔟、姑洗、蕤宾、夷则、无射；阴声：大吕、应钟、南吕、函钟、小吕、夹钟〔1〕。皆文之以五声：宫、商、角、徵、羽；皆播之以八音：金、石、土、革、丝、木、匏、竹〔2〕。

【注释】

〔1〕“大师”至“夹钟”：参见《大司乐》第3节注①。

〔2〕“皆文”至“匏、竹”：参见《大司乐》第3节注③及第4节注⑧。

【译文】

大师掌理六律、六同，以使阴声与阳声相配合。阳声是指：黄钟、大蔟、姑洗、蕤宾、夷则、无射〔这六律〕；阴声是指：大吕、应钟、南吕、函钟、小吕、夹钟〔这六同〕。〔阳声和阴声〕都用宫、商、角、徵、羽五声和金、石、土、革、丝、木、匏、竹八音相配合。

2. 教六诗〔1〕：曰风，曰赋，曰比，曰兴，曰雅，曰颂〔2〕。以六德为之本〔3〕，以六律为之音。

【注释】

〔1〕教：郑《注》曰：“教瞽蒙也。”

〔2〕“曰风”至“曰颂”：郑《注》曰：“风，言圣贤治道之遗化也。

赋之言铺，直铺陈今之政教善恶。比，见今之失，不敢斥言，取比类以言之。兴，见今之美，嫌于媚谀，取善事以喻劝之。雅，正也，言今之正者，以为后世法。颂之言诵也，容也，诵今之德，广以美之。”

〔3〕六德：据郑《注》，谓知仁圣义忠和。

【译文】

教〔瞽蒙〕六种诗的表现手法：叫做风，叫做赋，叫做比，叫做兴，叫做雅，叫做颂。〔学诗的人〕要以六德作为根本，用六律来确定歌唱的音调。

3. 大祭祀，帅瞽登歌〔1〕，令奏击拊〔2〕；下管播乐器，令奏鼓朄〔3〕。大飨亦如之。大射，帅瞽而歌射节〔4〕。大师，执同律以听军声〔5〕，而诏吉凶。大丧，帅瞽而廞〔6〕；作柩，谥〔7〕。

【注释】

〔1〕登歌：谓登堂而歌。

〔2〕令奏击拊：拊，乐器名。郑《注》曰：“拊形如鼓，以韦为之，著之以糠。”又曰：“击拊，瞽乃歌。”

〔3〕鼓朄：郑司农曰：“小鼓也。先击小鼓，乃击大鼓，小鼓为大鼓先引，故曰朄。朄读为引导之‘引’。”

〔4〕歌射节：郑《注》曰：“射节王歌《驺虞》。”

〔5〕执同律以听军声：同律，谓铜制的律管，共十二支，可以发出十二个高度不同的标准音，即所谓十二律。同，通“铜”，《典同》郑《注》曰：“律(管)……皆以铜为。”听军声，据郑《注》所引《兵书》说，王者率军出征，将出发时，授给军将弓矢，军将张弓大呼，大师则吹律与之和，以辨别属于哪一种声音，是吉是凶：“商则战胜，军士强；角则军扰多变，失士心；宫则和，士卒同心；徵则将急数怒，军士劳；羽则兵弱，少威明。”

〔6〕帅瞽而廞：据王引之说，是帅瞽陈乐器(作为明器的乐器)，陈之者实为视瞭，而曰瞽者，“以视瞭相瞽故也”。

〔7〕作柩，谥：王引之曰："作柩，盖谓将载时也。作，起也，动也。……言当作柩之时，大师则进而谥焉。"

【译文】

举行大祭祀，就率瞽矇登堂歌唱，敲击拊作为开始歌唱的命令。〔歌毕〕堂下演奏管及其他乐器时，敲击鼙作为开始演奏的命令。举行大飨礼〔招待来朝诸侯〕时也这样做。举行大射礼时，率领瞽矇歌唱以作为射箭的节奏。大征伐时，手持铜制的律管以辨别军将发出的呼声，而告诉〔王〕吉凶。有大丧时，率领瞽矇陈设〔随葬的乐器〕；将把棺柩装载到柩车上的时候，〔为死者〕作谥号。

4. 凡国之瞽矇正焉〔1〕。

【注释】

〔1〕正焉：郑《注》曰："从大师之政教。"

【译文】

凡王国的瞽矇都听从大师的政教。

二六、小　师

1. 小师掌教鼓、鼗、柷、敔、埙〔1〕、箫、管、弦、歌。

【注释】

〔1〕柷、敔、埙：柷，音祝 zhú，打击乐器名，《尔雅·释乐》郭

《注》曰:“柷如漆桶,方二尺四寸,深一尺八寸,中有椎柄,连底挏之,令左右击。”敔,音 yǔ,打击乐器名,《释乐》郭《注》曰:“敔如伏虎,背上有二十七鉏铻,刻以木,长尺,栎之籈者,其名。”案籈(zhēn)是击敔的木棒,鉏铻是齿状的突起物,栎是刮击的意思。埙,即陶埙,大如鹅卵,锐上平底,上有吹孔,旁有按音孔。

【译文】

小师掌管教授演奏鼓、鼗、柷、敔、埙、箫、管、琴瑟和歌唱。

2. 大祭祀,登歌,击拊〔1〕;下管,击应鼓〔2〕;彻,歌〔3〕。大飨亦如之。大丧,与厥〔4〕。凡小祭祀小乐事,鼓朄。

【注释】

〔1〕击拊:案击拊令奏本是大师的职责(见《大师》第3节),此小师亦曰击拊者,据郑《注》,这是佐大师令奏,而小师“亦自有拊击之”。

〔2〕应鼓:据郑《注》,又叫应鼙,是一种小鼓。案当下管(即堂下演奏管笙等乐器)之时,大师先令击朄,随之而小师击应鼓以应和之,众鼓则随应鼓而奏之。

〔3〕歌:郑《注》曰:“于有司彻而歌《雍》。”

〔4〕与厥:郑《注》曰:“从大师。”

【译文】

举行大祭祀,〔瞽蒙〕登堂歌唱的时候,就敲击拊;〔歌毕〕堂下演奏管笙等乐器时,就敲击应鼓;彻祭器的时候,就歌唱。举行大飨礼〔招待来朝诸侯〕时也这样做。有大丧的时候,参与陈放〔随葬的乐器〕。凡举行小祭祀而小规模地演奏音乐,就敲击朄〔以为管笙等的演奏发令〕。

3. 掌六乐声音之节与其和。

【译文】

掌管六代舞乐声音的节奏及其相互应和。

二七、瞽　　矇

1. 瞽矇掌播鼗、柷、敔、埙、箫、管、弦、歌，讽诵诗[1]、世奠系[2]，鼓琴瑟。

【注释】

〔1〕讽诵诗：郑司农曰：“主诵诗以刺君过。”

〔2〕世奠系：奠，杜子春云：“读为‘定’。”案此经“世”字与“奠系”误倒，当依《小史》作“奠系世”（见彼第1节），彼郑司农曰：“系世，谓帝系、世本之属诸是也。小史主定之，瞽矇讽诵之。”此经杜子春云：“瞽矇主诵诗，并诵世系，以戒劝人君也。”

【译文】

瞽矇负责演奏鼗、柷、敔、埙、箫、管、弦等乐器和歌唱，讽诵诗以及〔小史〕撰定的帝系和世本等，弹奏琴瑟。

2. 掌《九德》、六诗之歌[1]，以役大师[2]。

【注释】

〔1〕《九德》、六诗：《九德》，参见《大司乐》第6节注⑬。六诗，指《诗经》中的六首诗。金鹗曰：“其诗或《雅》或《南》。”案《雅》盖指《小雅》中的《鹿鸣》、《四牡》、《皇皇者华》，或《鱼丽》、《南有嘉鱼》、《南山有台》；《南》盖指《周南》中的《关雎》、《葛覃》、

《卷耳》，或《召南》中的《鹊巢》、《采蘩》、《采蘋》（见于《仪礼·乡饮酒礼》），不知此处确指哪六首诗。

〔2〕役：郑《注》曰："为之使。"

【译文】

掌管《九德》和六诗的歌唱，以听从大师的指挥。

二八、视　瞭

1. 视瞭掌凡乐事播鼗，击颂磬、笙磬[1]。掌大师之县。凡乐事相瞽。

【注释】

〔1〕颂磬、笙磬：据郑《注》，磬悬在东方叫做笙磬，悬在西方叫做颂磬。

【译文】

视瞭掌管凡演奏音乐时就敲击鼗，敲击颂磬、笙磬。负责为大师悬挂乐器。凡演奏音乐就搀扶瞽蒙。

2. 大丧，廞乐器。大旅亦如之[1]。宾射，皆奏其钟鼓[2]。鼜[3]、恺献，亦如之。

【注释】

〔1〕大旅亦如之：大旅，参见《天官·掌次》第2节注①。亦如之，谓亦陈乐器。

〔2〕奏其钟鼓：郑《注》曰："击鼙以奏之。"

〔3〕鼜：参见《地官·鼓人》第3节注③。

【译文】

有大丧时，陈设随葬的乐器。举行大旅祭时也陈设乐器。凡举行宾射礼，都〔击𣙜以令〕奏钟鼓。巡夜的鼜鼓和军队凯旋献功〔的钟鼓〕，也负责敲击。

二九、典　同

1. 典同掌六律、六同之和[1]，以辨天地、四方、阴阳之声，以为乐器。

【注释】

〔1〕六律、六同：六律属阳声，六同属阴声。郑《注》曰："阳声属天，阴声属地，天地之声布于四方。"故下文曰"辨天地、四方、阴阳之声"。

【译文】

典同掌管六律、六同的和谐，以辨别天地、四方、阴阳的声音，以调整各种乐器的声音。

2. 凡声：高声碮[1]，正声缓[2]，下声肆[3]，陂声散[4]，险声敛[5]，达声赢[6]，微声韽[7]，回声衍[8]，侈声筰[9]，弇声郁[10]，薄声甀[11]，厚声石[12]。

【注释】

〔1〕高声碮：碮，音gǔn。郑《注》曰："高，钟形大上，上大也。高则声上藏，衮然旋如裹(阮校曰"盖作'裹'是")。"

〔2〕正声缓：郑《注》曰："正，谓上下直正，则声缓无所动。"

〔3〕下声肆：郑《注》曰："下，谓钟形大下，下大也。下则声出去放肆。"

〔4〕陂声散：郑《注》曰："陂，读为险陂之'陂'，陂谓偏侈，陂则声离散也。"

〔5〕险声敛：郑《注》曰："险，谓偏弇也，险则声敛不越也。"

〔6〕达声赢：郑《注》曰："达，谓其形微大，达则声有余若大放也。"即声音宏大有余。

〔7〕微声韽：郑《注》曰："微，谓其形微小也。"又曰："韽(àn)，声小不成也。"

〔8〕回声衍：郑《注》曰："回谓其声微圜也，回则其声淫衍无鸿杀也。"

〔9〕侈声筰：郑《注》曰："侈，谓中央约也，侈则声迫筰(zuó)，出去疾也。"案中央过约必然钟口大，故云侈。

〔10〕弇声郁：郑《注》曰："弇，谓中央宽也，弇则声郁勃不出也。"案中央过宽必然钟口过小，故云弇。

〔11〕薄声甄：郑《注》曰："甄犹掉也。钟微薄则声掉。"

〔12〕厚声石：郑《注》曰："钟大厚则如石，叩之无声。"

【译文】

凡〔钟所发出的〕声音：钟体上部过大，发出的声音就盘旋在钟内难扩散；钟体上下过直，发出的声音就迟重缓慢；钟体下部过大，发出的声音就会放肆而去不稍容留；钟体一边偏大，发出的声音就离散而不稍内敛；钟体一边偏窄，发出的声音就内敛而不外扬；钟体过大，发出的声音就过于宏大；钟体过小，发出的声音就过小；钟体过圆，发出的声音就过于宛转回旋；钟体中央过小，发出的声音就过于迫促；钟体中央过宽，发出的声音就抑郁回旋而难出；钟体过薄，发出的声音就像震掉出来的一样；钟体过厚，就难以叩击发声。

3. 凡为乐器，以十有二律为之数度〔1〕，以十有二声为之齐量〔2〕。凡和乐亦如之〔3〕。

【注释】

〔1〕以十二律为之数度：数度即度数。案琴弦的粗细长短，钟磬的大小厚薄，以及各种乐器的大小尺寸，一皆以发出的声音能够符合十二律为准，以确定其度数，故曰“以十二律为之数度”。

〔2〕以十有二声为之齐量：十二声，即上节所举十二种有毛病的钟声。齐量，即容量。案钟是有容量的乐器，要依十二病钟来查找并纠正其毛病。如钟声“硍”，就是因为钟体上部过大，余类推。

〔3〕和：郑《注》曰：“谓调其故器。”

【译文】

凡制造乐器，都以〔发出的声音能够符合〕十二律来确定它们的度数，对照十二种病钟的声音来纠正大小容量。凡调整旧乐器也依照上述标准。

三〇、磬　　师

1. 磬师掌教击磬、击编钟，教缦乐、燕乐之钟磬[1]。

【注释】

〔1〕缦乐、燕乐：据郑《注》，缦乐是一种“杂声之和乐”。据孙诒让说，杂声非雅乐，但却可以同雅乐相和，故曰“杂声之和乐”。燕乐，郑《注》曰：“房中之乐，所谓阴声也。”案房中之乐，是指后夫人在房中演唱以讽劝其君的乐歌。

【译文】

磬师掌管教授敲击编磬、编钟，教授配合缦乐、燕乐演奏的钟磬。

2. 凡祭祀，奏缦乐。

【译文】

凡举行祭祀，演奏缦乐。

三一、钟　师

1. 钟师掌金奏[1]。

【注释】

〔1〕金奏：郑《注》曰："击金以为奏乐之节。金，谓钟及镈。"

【译文】

钟师掌管敲击钟镈。

2. 凡乐事，以钟鼓奏九《夏》[1]：《王夏》、《肆夏》、《昭夏》、《纳夏》、《章夏》、《齐夏》、《族夏》、《祴夏》、《骜夏》[2]。

【注释】

〔1〕以钟鼓奏九《夏》：郑《注》曰："以钟鼓者，先击钟，次击鼓，以奏九《夏》。"

〔2〕《王夏》至《骜夏》：杜子春曰："祴，读为陔鼓之'陔'。王出入奏《王夏》，尸出入奏《肆夏》，牲出入奏《昭夏》，四方宾来奏《纳夏》，臣有功奏《章夏》，夫人祭奏《齐夏》，族人侍奏《族夏》，客醉而出奏《陔夏》，公出入奏《骜夏》。"据郑《注》，九《夏》皆诗篇名，属颂类，载在乐章，因乐崩而亡。

【译文】

凡演奏音乐，击钟鼓演奏九《夏》:《王夏》、《肆夏》、《昭夏》、《纳夏》、《章夏》、《齐夏》、《族夏》、《祴夏》、《骜夏》。

3. 凡祭祀、飨、食，奏燕乐[1]。凡射，王奏《驺虞》，诸侯奏《狸首》，卿大夫奏《采蘋》，士奏《采蘩》。

【注释】

〔1〕奏燕乐：郑《注》曰："以钟鼓奏之。"

【译文】

凡举行祭祀、飨礼或食礼，就演奏燕乐。凡举行射礼，王射时奏《驺虞》，诸侯射时奏《狸首》，卿大夫射时奏《采蘋》，士射时奏《采蘩》。

4. 掌鼙[1]，鼓缦乐[2]。

【注释】

〔1〕鼙：即应鼙，参见《小师》第2节注②。
〔2〕鼓缦乐：据郑《注》，谓击鼙以和之。

【译文】

掌管敲击应鼙，〔磬师〕演奏缦乐时〔就敲击应鼙以相和〕。

三二、笙　师

1. 笙师掌教吹竽[1]、笙、埙、籥[2]、箫、篪[3]、篴[4]、管，舂牍、应、雅[5]，以教《祴》乐[6]。

【注释】

〔1〕竽:《广雅·释乐》云:“竽象笙，三十六管。”

〔2〕箫:《尔雅·释乐》郭《注》曰:“箫如笛，三孔而短小。”

〔3〕篪:原文作“篪”，据阮校改。篪，音 chí，亦似笛。

〔4〕篴:同“笛”。

〔5〕舂牍、应、雅:郑《注》以为“舂”字统“牍、应、雅”三字言。牍，据郑司农说，是一种用直径五六寸的大竹做成而用以撞地为节奏的乐器。郑司农又曰:“应，长六尺五寸，其中有椎。雅，状如漆筩而弇口，大二围，长五尺六寸，以羊韦鞔之，有两纽，疏画。”可见应、雅也是撞击以为节奏的乐器。

〔6〕《祴》乐:郑《注》曰:“《祴夏》之乐。”案《祴夏》即《陔夏》，是宾醉而出时演奏的音乐，据郑《注》说，奏《陔夏》时，撞击牍、应、雅以为宾出之行节。

【译文】

笙师掌管教授吹奏竽、笙、埙、籥、箫、篪、篴、管，撞击牍、应、雅，以教授〔配合演奏〕《陔夏》之乐〔的节奏〕。

2. 凡祭祀、飨、射，共其钟笙之乐[1]。燕乐亦如之。大丧，廞其乐器，及葬奉而藏之。大旅，则陈之。

【注释】

〔1〕钟笙:郑《注》曰:“与钟声相应之笙。”

【译文】

凡举行祭祀、飨礼或食礼，供给所需的与钟声相应和的笙乐。演奏燕乐时也这样做。有大丧时，陈设所掌管〔而用以随葬〕的乐器，到下葬的时候奉送这些乐器到墓穴而藏入椁中。举行大旅祭时，就陈设所掌管的乐器。

三三、镈　师

镈师掌金奏之鼓[1]。凡祭祀，鼓其金奏之乐。飨、食、宾射亦如之[2]。军大献，则鼓其恺乐。凡军之夜，三鼜皆鼓之，守鼜亦如之[3]。大丧，廞其乐器，奉而藏之。

【注释】

〔1〕掌金奏之鼓：郑《注》曰："谓主击晋鼓，以奏其钟镈也。"案《地官·鼓人》曰："以晋鼓鼓金奏。"是此职与彼为官联。

〔2〕亦如之：贾《疏》曰："皆鼓其金奏之鼓。"

〔3〕守鼜：孙诒让曰："谓王宫中常时戒守之鼓。"

【译文】

镈师掌管演奏钟镈时敲击晋鼓。凡举行祭祀，击晋鼓配合钟镈演奏。举行飨礼、食礼和宾射礼也这样做。出征凯旋而大献战功时，击鼓配合演奏凯旋之乐。凡军营中巡夜，三次鼜鼓都由镈师负责敲击，〔王宫日常〕守备的鼜鼓也负责敲击。有大丧时，陈设所掌管〔而用以随葬〕的乐器，并奉送到墓地而藏入椁中。

三四、韎　师

韎师掌教韎乐[1]，祭祀则帅其属而舞之。大飨亦如之。

【注释】

〔1〕韎乐：据郑《注》，为东夷之舞乐。

【译文】

韎师掌管教授东夷舞乐，祭祀时就率领属下跳东夷舞。举行大飨礼时也这样。

三五、旄　　人

1. 旄人掌教舞散乐[1]，舞夷乐[2]。凡四方之以舞仕者属焉[3]。

【注释】

〔1〕散乐：郑《注》曰："野人为乐之善者。"即民间舞乐之优秀者。

〔2〕夷乐：郑《注》曰："四夷之乐，亦皆有声歌及舞。"

〔3〕四方之以舞仕者：贾《疏》曰："此即野人能舞者。"亦即从民间选出的善舞者。

【译文】

旄人掌管教授从民间选拔出来的善于舞乐的人，教授四夷舞乐。凡从四方选出从事舞乐的人都隶属于旄人。

2. 凡祭祀、宾客，舞其燕乐[1]。

【注释】

〔1〕舞其燕乐：贾《疏》曰："谓作燕乐时，使四方舞士舞之以夷乐。"

【译文】

凡举行祭祀或招待宾客，在演奏燕乐时〔使所统领的四方从事舞蹈者〕表演四夷舞乐。

三六、籥　师

籥师掌教国子舞羽吹籥[1]。祭祀则鼓羽籥之舞。宾客飨、食，则亦如之。大丧，廞其乐器，奉而藏之。

【注释】

〔1〕舞羽吹籥：即文舞。郑《注》曰："文舞有持羽、吹籥者。"

【译文】

籥师掌管教国子持羽吹籥而舞。举行祭祀时就击鼓作为舞羽籥之舞的节奏。招待宾客举行飨礼或食礼时也这样做。有大丧时，陈设所掌管〔而用以随葬〕的乐器，并奉送到墓地而藏入椁中。

三七、籥　章

籥章掌土鼓、豳籥[1]。中春，昼击土鼓，吹豳诗[2]，以逆暑。中秋，夜迎寒亦如之。凡国祈年于田祖[3]，吹豳雅[4]，击土鼓，以乐田畯[5]。国祭蜡[6]，则吹豳颂[7]，击土鼓，以息老物[8]。

【注释】

〔1〕土鼓、豳籥：土鼓，杜子春曰："以瓦为匡，以革为两面，可击也。"豳籥，郑《注》曰："豳人吹籥之声章。"孙诒让说，豳籥是豳地（在今陕西旬邑县西南）人所习吹的一种苇制的籥，所吹之乐章，为《诗经》之《雅》、《颂》，而不必为豳地的音乐。

〔2〕吹豳诗：郑《注》曰："《豳风·七月》也。"

〔3〕田祖：郑《注》曰："谓神农也。"

〔4〕豳雅：据郑《注》，亦指《七月》。

〔5〕以乐田畯：田畯，在此指田神。郑司农曰："田畯，古之先教田者。"贾《疏》曰："此田祖与田畯，所祈当同日，但位别礼殊，乐则同，故连言之也。"

〔6〕祭蜡：即大蜡八祭（参见《地官·党正》第3节注①）。

〔7〕豳颂：据郑《注》，亦《七月》。

〔8〕息老物：郑《注》曰："（蜡祭）求万物而祭之者，万物助天成岁事，至此为其老而劳，乃祀而老息之，于是国亦养老焉。"

【译文】

籥章掌管击土鼓和吹豳籥。春二月，白天敲击土鼓，吹奏豳诗，以迎接暑气的到来。秋八月，夜间迎接寒气的到来也这样做。凡国中向田祖祈求丰年，就吹奏豳雅，敲击土鼓，以使田畯快乐。国中举行蜡祭，就吹奏豳颂，敲击土鼓，以祈使老而疲劳的万物得到休息。

三八、鞮鞻氏

鞮鞻氏掌四夷之乐与其声歌，祭祀则吹而歌之〔1〕，燕亦如之〔2〕。

【注释】

〔1〕吹而歌之：据郑《注》，是吹管、籥。

〔2〕燕：盖谓燕礼。

【译文】

鞮鞻氏掌管四夷的舞乐及其歌唱，举行祭祀时就吹〔管、籥〕伴奏歌唱，举行燕礼时也这样做。

三九、典庸器

典庸器掌藏乐器、庸器[1]。及祭祀，帅其属而设筍虡[2]，陈庸器[3]。飨、食、宾射亦如之。大丧，廞筍虡。

【注释】

〔1〕庸器：据郑《注》，谓伐国所获之重器，如钟鼎等。庸，功也。
〔2〕筍虡：音 sǔn jù，悬钟磬的木架，横梁叫做筍，立柱叫做虡。
〔3〕陈庸器：郑《注》曰："陈功器，以华国也。"

【译文】

典庸器掌管收藏乐器和庸器。到祭祀的时候，率领属吏陈设筍虡，陈列庸器。举行飨礼、食礼和宾射礼时也这样做。有大丧时，陈设〔用以随葬的〕笋虡。

四〇、司干

司干掌舞器[1]。祭祀，舞者既陈，则授舞器，既舞则受之。宾飨亦如之。大丧，廞舞器，及葬奉而藏之。

【注释】

〔1〕舞器：据《注》《疏》，谓羽籥、干戚等舞者所执道具。

【译文】

司干掌管〔授予和收藏〕舞蹈器具。举行祭祀时，舞蹈者排列好之后，就授予他们舞器，舞蹈完毕后再接受舞器〔而收藏〕。招待宾客举行大飨礼时也这样做。有大丧时，陈列〔用以随葬的〕舞器，到下葬时奉送到墓地并藏入椁中。

四一、大　卜

1. 大卜掌三兆之法〔1〕：一曰玉兆，二曰瓦兆，三曰原兆。其经兆之体皆百有二十，其颂皆千有二百〔2〕。

【注释】

〔1〕三兆：兆，是龟甲经火灼烤后的裂纹，卜者可据以推测吉凶。三兆，即下文所谓玉兆、瓦兆、原兆。据郑《注》说，因兆纹分别像玉、瓦或原田的裂纹，故分此三类。

〔2〕颂：据郑《注》，谓繇辞。繇，音 zhòu。繇辞即占辞，亦即推断兆象吉凶的文辞。

【译文】

大卜掌管对于三类兆象的占卜法：一是玉兆，二是瓦兆，三是原兆。它们基本的兆象之体，都有一百二十种，它们的繇辞都有一千二百条。

2. 掌三《易》之法：一曰《连山》[1]，二曰《归藏》，三曰《周易》。其经卦皆八[2]，其别皆六十有四[3]。

【注释】

〔1〕《连山》：及下《归藏》、《周易》，据贾《疏》引《郑志》及《易赞》说，分别为夏、商、周三代的《易》书，即三代的占筮书。案《连山》、《归藏》二书久佚，其具体内容已不可考。

〔2〕经卦皆八：案经卦即单卦，是由三爻（爻分阴阳二种）构成，共有八种卦形。

〔3〕其别皆六十有四：案八经卦两两相重，可组成六十四卦，即所谓别卦，或谓重卦。

【译文】

掌管三种《易》书的占筮法：一是《连山》，二是《归藏》，三是《周易》。它们的经卦都有八卦，它们的重卦都有六十四卦。

3. 掌三梦之法[1]：一曰《致梦》，二曰《觭梦》，三曰《咸陟》。其经运十[2]，其别九十[3]。

【注释】

〔1〕三梦：即下《致梦》、《觭梦》、《咸陟》，据郑《注》，这是夏、商、周三代的占梦书。觭，音 qí，通“奇”。

〔2〕其经运十：毛应龙引郑锷曰：“占梦之正法有十也。”

〔3〕九十：毛应龙引郑锷曰：“一运而九变，十运而九十变，故云‘经运十，其别九十也’。”

【译文】

掌管三种梦书的占梦法：一是《致梦》，二是《觭梦》，三是《咸陟》。它们〔所记载的〕基本占法有十种，又变化出九十种占法。

4. 以邦事作龟之八命[1]：一曰征，二曰象，三曰与，四曰谋，五曰果，六曰至，七曰雨，八曰瘳。以八命者，赞三兆、三《易》、三梦之占，以观国家之吉凶，以诏救政。

【注释】

〔1〕作龟之八命：即作命龟辞，也就是告以所要卜问的事项。郑《注》曰："定作其辞，于将卜以命龟也。"案以下所述八个方面的命辞，虽为龟卜而作，其实占筮和占梦亦用之。

【译文】

根据国家大事制作八个方面的命龟辞：一是有关征伐，二是有关天象，三是有关赐予，四是有关谋议，五是有关事情果能成功与否，六是有关到达与否，七是有关下雨与否，八是有关病好与否。借用这八个方面的命辞，帮助〔推演〕三类兆象、三种《易》书和三种梦书之占，以观察国家的吉凶，〔如果不吉〕就告诉王采取挽救国政的措施。

5. 凡国大贞，卜立君，卜大封，则视高作龟[1]；大祭祀，则视高命龟；凡小事，莅卜[2]。

【注释】

〔1〕视高作龟：郑《注》曰："视高，以龟骨高者可灼处示宗伯也。大事宗伯莅卜，卜用龟之腹骨，骨近足者其部高。"郑司农曰："作龟，谓凿龟令可爇也。"案所谓作龟，是取龟的腹甲，于其高处背面凿眼（但不凿透），以便用火灼烤，凿处因较薄便裂开兆纹。

〔2〕莅卜：郑《注》曰："代宗伯。"

【译文】

凡国家有大事要贞问，如占卜立新君，占卜大分封，就指示龟甲高起的部位〔给大宗伯看〕并在此处凿眼以便灼烤。〔占卜〕举行大祭祀，就指示龟甲高起的部位〔给大宗伯看〕并发布命龟辞。凡占问小事，就〔代大宗伯〕临视卜事。

6. 国大迁，大师，则贞龟[1]。凡旅，陈龟。凡丧事，命龟。

【注释】

〔1〕贞龟：郑《注》释“贞”为正，曰：“正龟于卜位也。”

【译文】

〔占卜〕国都大迁移，或进行大征伐，就端正地把龟甲放置在卜位上。凡〔占卜〕举行旅祭，就把龟甲陈放出来。凡〔占卜〕丧事，就发布命龟辞。

四二、卜　师

1. 卜师掌开龟之四兆[1]：一曰《方兆》，二曰《功兆》，三曰《义兆》，四曰《弓兆》。

【注释】

〔1〕开龟之四兆：郑《注》曰：“开出其占书也。经兆百二十体，言此四兆者，分之为四部，若《易》之二篇。……其云方、功、义、弓之名，未闻。”据《注》说，则“四兆”谓兆书的四篇。案经兆百二十体，盖三十种兆体（亦即兆象）编为一篇。

【译文】

卜师掌管〔占卜时〕拿出龟卜的四篇兆书：一是《方兆》，二是《功兆》，三是《义兆》，四是《弓兆》。

2. 凡卜事视高[1]，扬火以作龟，致其墨[2]。

【注释】

〔1〕视高：王与之引郑锷曰："凡卜必以龟骨可灼之高处视于莅卜之人。"

〔2〕墨：孙诒让曰："即兆也。谓之墨者，如墨画之分明。"

【译文】

凡占卜就指示龟甲高起的部位〔给临视卜事的官员看〕，举火灼烤龟甲，直到出现兆纹。

3. 凡卜，辨龟之上、下、左、右、阴、阳[1]，以授命龟者，而诏相之[2]。

【注释】

〔1〕上、下、左、右、阴、阳：上谓龟行走仰头，下谓龟行走低头，左谓龟甲左侧稍斜，右谓龟甲右侧稍斜，阴谓甲的后部稍长而下掩，阳谓甲的前部稍长而下掩(参见下《龟人》第1节注②)。

〔2〕诏相之：郑《注》曰："告以其辞及威仪。"

【译文】

凡占卜，辨别龟的仰头、低头、左斜、右斜、后长、前长，以授给发布命龟辞的人，并告教和协助发布命龟辞。

四三、龟　人

1. 龟人掌六龟之属〔1〕，各有名物：天龟曰灵属，地龟曰绎属，东龟曰果属，西龟曰雷属，南龟曰猎属，北龟曰若属〔2〕，各以其方之色与其体辨之〔3〕。

【注释】

〔1〕属：类也。

〔2〕“天龟”至“若属”：郑《注》曰：“龟俯者灵，仰者绎，前弇果，后弇猎，左倪雷，右倪若，是其体也。……天龟俯，地龟仰，东龟前，南龟却，西龟左，北龟右。”所谓天龟俯、俯者灵，惠士奇曰：“谓行低头。”就是说凡行走低头的龟，取名天龟，而名之为灵属。所谓地龟仰、仰者绎，惠士奇曰：“谓行前头仰。”就是说凡行走仰头的龟，取名地龟，而名之为绎属。所谓东龟前、前弇果，谓龟甲前长，前长则弇(掩)覆其前体，这一类的龟，取名东龟，而名之为果属。所谓南龟却、后弇猎，则谓龟甲后长，后长则掩覆其后体，这一类的龟，取名南龟，而名之为猎属。所谓西龟左、左倪雷，是说龟甲左侧稍斜，这一类的龟，取名西龟，而名之为雷属。所谓北龟右、右倪若，是说龟甲右侧稍斜，这一类的龟，取名北龟，而名之为若属。之所以要取这些复杂的名字，无非为了神化龟。

〔3〕各以其方之色与其体辨之：郑《注》曰：“谓天龟玄，地龟黄，东龟青，西龟白，南龟赤，北龟黑。”所谓体，即所谓俯、仰、前弇、后弇、左倪、右倪，这些就是六类龟体的特征。

【译文】

龟人掌管六类龟，各有各的名称与特征：〔行走低头的〕天龟之类叫做灵属，〔行走仰头的〕地龟之类叫做绎属，〔前甲稍长的〕东龟之类叫做果属，〔龟甲左侧稍斜的〕西龟之类叫做雷属，〔后甲稍长的〕南龟之类叫做猎属，〔龟甲右侧稍斜的〕北龟之类叫做若属，各依照这些龟的方色及其龟体特征来辨别它们。

2. 凡取龟用秋时，攻龟用春时，各以其物，入于龟室。

【译文】

凡捕龟用秋季，治龟甲用春季，各依照它们的名称种类，收入藏龟室。

3. 上春衅龟〔1〕，祭祀先卜〔2〕。若有祭祀，则奉龟以往。旅亦如之。丧亦如之。

【注释】

〔1〕衅龟：谓杀牲而以血涂龟。

〔2〕先卜：郑《注》曰："始用卜筮者。"

【译文】

春正月用牲血涂龟，祭祀卜筮的发明者。如果有祭祀，就捧龟而往。举行旅祭也这样。有丧事也这样。

四四、菙　　氏

菙氏掌共燋、契〔1〕，以待卜事。凡卜，以明火爇燋，遂吹其焌契〔2〕，以授卜师，遂役之。

【注释】

〔1〕燋、契：郑《注》释燋为炬，是"存火"用的；释契为楚焞，曰"所用灼龟"。案炬，《说文》作"苣"，曰"束苇烧也"。是燋以束苇为之，燃着后可以存火。楚焞，楚是木名，即荆；焞，音 tūn，《说

文》段注以为明火。燋与契(楚焞)皆为卜时灼龟用。

〔2〕焌：音 jùn，《说文》曰：“然火也。”即点火。

【译文】

菙氏掌管供给燋和契，以待占卜用。凡占卜，先用明火点燃燋，接着吹燋火点燃契，以授给卜师，然后听从卜师的吩咐〔以协助卜师〕。

四五、占　人

1. 占人掌占龟[1]，以八筮占八颂[2]，以八卦占筮之八故[3]，以视吉凶。

【注释】

〔1〕占人掌占龟：郑《注》说，亦掌占筮，因“筮短龟长”，此处是主其长者言。

〔2〕以八筮占八颂：郑《注》曰：“将卜八事，先以筮筮之。言颂者，同于龟占也。”案所谓八事，即《大卜》所载八个方面命龟辞所包括的大事。因是大事，故卜前当先筮。颂，本指龟占的繇辞，在此借指筮辞。因龟占的繇辞为韵语，筮辞亦为韵语，都可名之为颂，故云“言颂者，同于龟占也”。

〔3〕以八卦占筮之八故：故，事也。郑《注》曰：“谓八事不卜而徒筮之也。”孙诒让说，占八事若王不参与，就可以“徒筮”，即只用筮。

【译文】

占人掌管用龟甲占卜〔和用蓍草占筮〕。〔占卜之前〕先据筮辞占筮八事，〔如果只筮而不卜〕，就依八卦占筮的八事，来观察吉凶。

2. 凡卜筮[1]，君占体[2]，大夫占色[3]，史占墨[4]，卜人占坼[5]。

【注释】

〔1〕卜筮：用龟甲曰卜，用蓍草曰筮，此处言卜筮，实主卜言。

〔2〕体：指兆象。

〔3〕色：据郑《注》，谓兆气。案《史记·宋世家·集解》引郑玄《书注》曰："卜五占之用，谓雨、济、圛、雾、克也。……雨者，兆之体，气如雨然也。济者，如雨止之云气在上者也。圛者，色泽而光明也。雾者，气不泽，郁冥冥也。克者，如祲气之色相犯也。"盖即所谓兆气。

〔4〕墨：郑《注》曰："兆广也。"即较粗而显的兆纹，如树干者。

〔5〕坼：郑《注》曰："兆璺(xìn)也。"即兆之细纹，如干所发枝者。

【译文】

凡卜筮，君观察兆象，大夫观察兆气，史官观察兆的粗纹，卜人观察兆的细纹。

3. 凡卜筮既事，则系币以比其命[1]。岁终，则计其占之中否。

【注释】

〔1〕系币以比其命：郑《注》曰："谓既卜筮，史必书其命龟之事及兆于册，系其礼神之币，而合藏焉。"案币，帛也，荐神所用，故谓之"礼神之币"。比，并也。命，谓命龟辞。

【译文】

凡卜筮完毕，就把〔进献神的〕帛和〔记录下来的〕命辞〔及兆〕系在一起〔收藏起来〕。年终，就总计全年卜筮的结果应验或未应验的各有多少。

四六、筮　　人

1. 筮人掌三《易》，以辨九筮之名：一曰《连山》，二曰《归藏》，三曰《周易》；九筮之名，一曰巫更，二曰巫咸，三曰巫式，四曰巫目，五曰巫易，六曰巫比，七曰巫祠，八曰巫参，九曰巫环〔1〕：以辨吉凶。

【注释】

〔1〕“一曰巫更”至“九曰巫环”：郑《注》曰：“此九‘巫’读皆当为‘筮’。更，谓筮迁（迁都）者也。咸，犹佥也，谓筮众心欢不也（即民众是否喜欢）。式，谓筮制作法式也（即采用某种制作法式之当否）。目，谓事众筮其要所当也（即有关民众的事关键是什么）。易，谓民众不说（悦），筮所改易也（即民众所不高兴的事当如何改易）。比，谓筮与民和比也（即怎样与民众协调一致）。祠，谓筮牲与日也（谓祭祀之牲与日期）。参，谓筮御（驾车人）与右（车右）也。环，谓筮可致师（挑战）不也。”是谓占筮不同的事项，有不同的名称，以上凡九事，故有九名。如筮迁都就叫“筮更”，筮“众心欢不”就叫“筮咸”，等等。

【译文】

筮人掌管三种《易》书，以辨别九筮的名称：一是《连山》，二是《归藏》，三是《周易》；九筮的名称，一是筮更，二是筮咸，三是筮式，四是筮目，五是筮易，六是筮比，七是筮祠，八是筮参，九是筮环：以辨别吉凶。

2. 凡国之大事，先筮而后卜。

【译文】

凡国家大事，先占筮而后占卜。

3. 上春相筮[1]。凡国事共筮。

【注释】

〔1〕相筮：筮，在此指占筮所用蓍草。郑《注》释“相”为择，曰：“谓更选择其蓍也。”

【译文】

春正月选择蓍草。凡占筮国事负责供给蓍草。

四七、占　梦

1. 占梦掌其岁时观天地之会[1]，辨阴阳之气。以日月星辰占六梦之吉凶[2]：一曰正梦[3]，二曰噩梦[4]，三曰思梦[5]，四曰寤梦[6]，五曰喜梦[7]，六曰惧梦[8]。

【注释】

〔1〕天地之会：吕飞鹏曰：“当指日月所会之次而言。”案次谓十二次，日依次而行，行至某次，即意味着某季某月；月与日每月交会一次，交会之日即朔日（初一）。

〔2〕日月星辰：郑《注》曰：“谓日月之行及合辰所在。”即日月运行的度数和交会的位置，如在十二次的某次、二十八宿的某宿。

〔3〕正梦：郑《注》曰：“无所感动，平安自梦。”

〔4〕噩梦：杜子春曰：“‘噩’当为惊愕之‘愕’，谓惊愕而梦。”

〔5〕思梦：郑《注》曰：“觉时（白天）所思念之而梦。”

〔6〕寤梦：郑《注》曰：“觉时道之而梦。”孙诒让曰：“盖觉时有

所见而道其事，神思偶涉，亦能成梦。”

〔7〕喜梦：郑《注》曰：“喜悦而梦。”

〔8〕惧梦：郑《注》曰：“恐惧而梦。”

【译文】

占梦掌管每年四季观察日月的交会，辨别阴阳之气。依据〔得梦时〕日月运行的度数和交会的位置来占测六类梦的吉凶：一是正梦，二是噩梦，三是思梦，四是寤梦，五是喜梦，六是惧梦。

2. 季冬，聘王梦[1]，献吉梦于王[2]，王拜而受之。乃舍萌于四方[3]，以赠恶梦[4]。遂令始难欧疫[5]。

【注释】

〔1〕聘：问也。

〔2〕献吉梦：是将全年所占吉梦的记录献于王。

〔3〕舍萌：郑《注》曰：“犹释采(菜)也。古书释采、释奠多作‘舍’字。萌，菜始生也。”

〔4〕赠：郑《注》曰：“送也。”

〔5〕令始难欧疫：郑《注》曰：“令，令方相氏也。……(方相氏)帅百隶为之欧疫疠鬼也。”难，通‘傩’，音 nuó，驱逐疫鬼的仪式。欧，是“敺”的假借字，驱也。

【译文】

冬十二月，问王所梦〔以占来年吉凶〕，〔将全年所占王的〕吉梦献给王，王先拜而后接受。于是用菜祭四方，以送走恶梦，接着令〔方相氏〕开始驱逐疫鬼。

四八、视　祲

1. 视祲掌十煇之法[1]，以观妖祥[2]，辨吉凶：一曰祲[3]，二曰象[4]，三曰镌[5]，四曰监[6]，五曰暗[7]，六曰瞢[8]，七曰弥[9]，八曰叙[10]，九曰隮[11]，十曰想[12]。

【注释】

〔1〕煇：据郑司农说，指太阳周围的气晕。

〔2〕妖祥：妖，恶也。祥，善也。

〔3〕祲：郑司农曰："阴阳气相侵也。"

〔4〕象：据郑司农说，谓有云如众赤鸟在日旁。

〔5〕镌：音 xī，郑司农曰："谓日旁气四面反乡(向)，如煇状也。"

〔6〕监：郑司农曰："云气临日也。"

〔7〕暗：郑司农曰："日月食也。"

〔8〕瞢：音 méng，郑司农曰："日月瞢瞢无光也。"

〔9〕弥：郑司农曰："白虹弥天也。"

〔10〕叙：郑司农曰："云有次序，如山在日上也。"

〔11〕隮：音 jī，郑司农曰："升气也。"

〔12〕想：郑司农曰："煇光也。"孙诒让曰："亦谓光气可想象也。"

【译文】

视祲掌管观察十种日旁气晕之法，以观察善恶，辨别吉凶：一是祲，二是象，三是镌，四是监，五是暗，六是瞢，七是弥，八是叙，九是隮，十是想。

2. 掌安宅叙降[1]。正岁则行事，岁终则弊其事[2]。

【注释】

〔1〕叙降：郑《注》曰："次序其凶祸所下，谓禳移之。"

〔2〕弊：郑《注》曰："断也，谓计其吉凶然否、多少。"

【译文】

掌管安定居宅、依次占测凶祸所降之地〔而进行禳除或迁移〕。〔夏历〕正月开始进行安定居宅的事，年终总计全年安定居宅的情况。

四九、大　祝

1. 大祝掌六祝之辞，以事鬼神示，祈福祥，求永贞[1]：一曰顺祝[2]，二曰年祝[3]，三曰吉祝[4]，四曰化祝[5]，五曰瑞祝[6]，六曰策祝[7]。

【注释】

〔1〕永贞：郑《注》曰：“永，长也。贞，正也。……历年得正命也。”

〔2〕顺祝：郑司农曰：“顺丰年也。”

〔3〕年祝：郑司农曰：“求永贞也。”

〔4〕吉祝：郑司农曰：“祈福祥也。”

〔5〕化祝：郑司农曰：“弭灾兵也。”

〔6〕瑞祝：郑司农曰：“逆(迎)时雨、宁风旱也。”

〔7〕策祝：郑司农曰：“远罪疾也。”

【译文】

大祝掌握六种祝告辞，用于祭祀人鬼、天神和地神，祈求福祥，祈求永得正命〔而无邪〕：一是顺祝，二是年祝，三是吉祝，四是化祝，五是瑞祝，六是策祝。

2. 掌六祈以同鬼神示[1]：一曰类[2]，二曰造，三曰禬，四曰禜，五曰攻，六曰说。

【注释】

〔1〕同鬼神示：郑《注》曰：“天神、人鬼、地祇不和，则六疠作

见，故以祈礼同之。”

〔2〕类：及下造、禬、禜、攻、说，皆祭名。类、造二祭之礼亡，今已不可详考。禬，是为除去当前的灾害举行的祭祀。禜，是为攘除水旱等灾害举行的祭祀。攻、说，郑《注》曰：“以辞责之。”盖亦为攘灾而责疠鬼，然其辞及二祭的区别今皆不可考。

【译文】

掌握六种祭祀祈祷法以使人鬼、天神和地神和协一致：一是类祭，二是造祭，三是禬祭，四是禜祭，五是攻祭，六是说祭。

3. 作六辞，以通上下、亲疏、远近：一曰祠[1]，二曰命[2]，三曰诰[3]，四曰会[4]，五曰祷[5]，六曰诔[6]。

【注释】

〔1〕祠：郑司农曰：“当为辞，谓辞令也。”孙诒让曰：“谓朝聘往来交接之辞令。”

〔2〕命：亦辞，谓外交辞令。

〔3〕诰：是上对下发布的一种训诫、勉励之辞。

〔4〕会：郑《注》曰：“谓会同盟誓之辞。”

〔5〕祷：郑《注》曰：“贺庆言福祚之辞。”

〔6〕诔：是表彰死者生前德行并致哀悼之辞。

【译文】

撰作六类文辞，以沟通上下、亲疏、远近的人：一是朝聘往来交接之辞，二是外交辞令，三是上对下的训诫、劝励之辞，四是会同盟誓之辞，五是祝福庆贺之辞，六是对死者的诔辞。

4. 辨六号[1]：一曰神号[2]，二曰鬼号[3]，三曰示号[4]，四曰牲号[5]，五曰粢号[6]，六曰币号[7]。

【注释】

〔1〕号：祭祀时所用美称。

〔2〕神号：据郑《注》，如称至上神为“皇天上帝”。

〔3〕鬼号：据郑《注》，如称某祖为“皇祖伯某”。

〔4〕示号：据郑《注》，如称地神为“后土地祇”。

〔5〕牲号：如《礼记·曲礼》称牛曰一元大武，豕曰刚鬣，羊曰柔毛，鸡曰翰音等。

〔6〕粢号：谓祭祀用谷。如《曲礼》称黍曰香合，粱曰香萁，稻曰嘉疏等。

〔7〕币号：币谓玉帛。郑《注》曰：“若玉云嘉玉，币(帛)云量币。”

【译文】

辨别六种〔祭祀时所用的尊美的〕称号：一是神的美号，二是祖先的美号，三是地神的美号，四是牺牲的美号，五是谷物的美号，六是玉帛的美号。

5. 辨九祭〔1〕：一曰命祭〔2〕，二曰衍祭〔3〕，三曰炮祭〔4〕，四曰周祭〔5〕，五曰振祭〔6〕，六曰擩祭〔7〕，七曰绝祭〔8〕，八曰缭祭〔9〕，九曰共祭〔10〕。

【注释】

〔1〕九祭：皆谓食前祭。

〔2〕命祭：据凌廷堪《释例》卷五《周官九祭解》说，即堕祭。案堕祭是由佐食(即佐尸食者)负责为尸一一取下所当祭的食物授给尸，再由尸祭之(参见《守祧》第2节注③)。但佐食须待祝命之而后助尸祭，故称之为命祭。命祭是九祭中礼最重的一种。

〔3〕衍祭：凌廷堪说，即祭酒，也就是用酒行食前祭礼。凡接受献酒皆当祭，其法，以左手执爵，右手舀取酒少许倒在豆间地下，即所谓祭酒。

〔4〕炮祭：郑《注》曰：“炮，字当为‘包’。……包犹兼也。”案兼祭，谓先已有祭物在豆间，又以他物置豆间，与彼兼而祭之，故称。

〔5〕周祭：郑《注》曰："周，犹遍也。"案遍祭，即席前所设食物依次一一祭之。

〔6〕振祭：据《注》《疏》，即将所当祭的食物先擩(音儒 rú，即醮一醮)醢或盐，然后在手中振动几下，尝一尝，再放在豆间以示祭。

〔7〕擩祭：郑《注》曰："振祭、擩祭本同，不食者擩则祭之，将食者既擩必振乃祭也。"案所谓食与不食，即尝与不尝。如不尝，则不振，擩毕即置于豆间，即所谓擩祭。

〔8〕绝祭：据郑司农说，谓掐取肺的末端用于祭。

〔9〕缭祭：郑司农曰："以手从肺本循之至于末，乃绝之以祭也。"所谓循本至末，即用手从肺的根端抚摸而下以至其末端，再掐取其末端以祭。缭祭与绝祭的区别，仅在于是否循本。

〔10〕共祭：郑《注》曰："共犹授也。王祭食，宰夫(孙诒让以为当作膳夫)即授祭。"授祭，即取所当祭的食物授王以祭。

【译文】

辨别九种食前祭礼：一是命祭，二是衍祭，三是包祭，四是周祭，五是振祭，六是擩祭，七是绝祭，八是缭祭，九是供祭。

6. 辨九拜：一曰稽首〔1〕，二曰顿首〔2〕，三曰空首〔3〕，四曰振动〔4〕，五曰吉拜〔5〕，六曰凶拜〔6〕，七曰奇拜〔7〕，八曰褒拜〔8〕，九曰肃拜〔9〕，以享、右祭祀〔10〕。

【注释】

〔1〕稽首：秦蕙田《通考·吉礼六十二》引郑锷曰："稽之为言久也，拜头至地，其留甚久，此拜之最重者也。"

〔2〕顿首：秦蕙田引郑锷曰："顿之为言暂也，头虽叩地，顿而便起，不久留焉，此稍重者也。"

〔3〕空首：郑《注》曰："拜头至于手，所谓拜手也。"段玉裁《经韵楼集·释拜》曰："何以谓之头至手也？……既跪而拱手，头俯至于手，与心平，是之谓头至手。头不至于地，是以《周礼》谓之空首。"

〔4〕振动：郑《注》曰："战栗变动之拜。"即谓有所感动悚栗而拜，如文王得赤雀丹书之瑞时，或武王得火乌之瑞时，皆感动悚栗变色

而行稽首拜礼。

〔5〕吉拜：谓尚左手之拜。孙诒让说，凡常时之拜皆尚左手，即左手放在右手上而拜。

〔6〕凶拜：谓尚右手之拜。孙诒让说，居丧时之拜，皆尚右手。

〔7〕奇拜：奇，读为奇偶之“奇”。段玉裁《释拜》曰：“谓一拜也。奇者，不耦也。凡经言拜，不言再拜者，皆谓一拜也。”

〔8〕褒拜：段玉裁《释拜》曰：“谓再拜以上也。褒者，大也，有所多大之辞也。”

〔9〕肃拜：段玉裁《释拜》曰：“妇人之拜也。”其拜法，孙诒让曰：“盖跪而微俯其首，下其手，则首虽俯不至于手，手虽下不至地也。”案以上对九拜的解释，几乎每一拜都有多种说法，本注仅各举一说以备参。

〔10〕以享、右祭祀：郑《注》曰：“享，献也，谓朝献、馈献也。右，读为‘侑’，侑劝尸食而拜。”案献，谓向尸献酒。王祭礼当九献，此处唯举朝献(即朝事之献)、馈献(馈食之献)为例。所谓劝侑尸食，王祭礼，尸食十五饭(即一共要吃十五口饭)，当吃毕十一饭之后，尸要“告饱”，这时祝要行拜礼侑食，即劝尸继续吃饭，直至尸食足十五饭而止。贾《疏》曰：“此九拜不专为祭祀，而以祭祀结之者，祭祀事重，故举而言之。”

【译文】

辨别九种拜礼：一是稽首，二是顿首，三是空首，四是振动，五是吉拜，六是凶拜，七是奇拜，八是褒拜，九是肃拜，用于祭祀时向尸献酒和劝侑尸吃饭。

7. 凡大禋祀〔1〕、肆享〔2〕、祭示，则执明水、火而号祝〔3〕。

【注释】

〔1〕禋祀：郑《注》曰：“祭天神也。”(参见《大宗伯》第2节注②)

〔2〕肆享：肆谓剔解牲体，享是庙祭的通名。

〔3〕明水、火:《秋官·司烜氏》曰:“掌以夫遂取明火于日,以鉴取明水于月。”(见彼第1节注①、②)即此所谓明水、火。

【译文】

凡用大禋祀〔祭祀天神〕、肆解牲体祭祀宗庙、祭祀地神,就拿着明水和明火而告教各种祭祀的名号并发布祝辞。

8. 隋衅〔1〕、逆牲、逆尸,令钟鼓。右亦如之〔2〕。

【注释】

〔1〕隋衅:郑《注》曰:“凡血祭曰衅。”孙诒让曰:“《说文·肉部》云:‘隋,裂肉也。’血祭必先杀牲,故取割裂之义。”

〔2〕右:通“侑”,参见第6节注⑩。

【译文】

向祖先进献牲血、迎取祭祀用牲、迎接尸的时候,就命令演奏钟鼓。劝侑尸吃饭时也命令演奏钟鼓。

9. 来瞽,令皋舞〔1〕,相尸礼〔2〕。既祭,令彻。

【注释】

〔1〕来瞽,令皋舞:据郑《注》,来、皋皆呼人进入之声。

〔2〕相尸礼:郑《注》曰:“延(请)其出入,诏其坐作(起)。”

【译文】

呼瞽者进来〔歌唱奏乐〕,并命令呼舞者进来〔表演舞蹈〕,相赞尸行礼。祭祀完毕,命令彻除祭器。

10. 大丧,始崩,以肆鬯渳尸〔1〕,相饭〔2〕,赞敛,

彻奠[3]；言甸人读祷[4]，付、练、祥[5]，掌国事[6]。

【注释】

〔1〕以肆鬯渳尸：肆，陈也，谓陈尸。鬯，郁鬯。郑《注》曰："肆鬯，所为陈尸设鬯也。"渳，浴尸。

〔2〕饭：谓饭含。

〔3〕彻奠：据贾《疏》，谓彻始死奠、小敛奠和大敛奠。

〔4〕言甸人读祷：郑《注》曰："言，犹语也。……甸人丧事代王受眚灾，大祝为祷辞语之，使以祷于借田之神也。"案甸人即甸师，甸师有王丧代王受眚灾的职责，参见《甸师》第3节及其注②。

〔5〕付、练、祥：付，郑《注》曰："当为'祔'。"祔祭，参见《小宗伯》第15节注⑨。练，即小祥祭，人死一周年举行的祭名。祥，谓大祥祭，人死两周年举行的祭名。

〔6〕掌国事：郑《注》曰："辨护之。"所谓辨护之，据贾《疏》，谓大祝于祔、练、祥之时，供其祭物，相其礼仪。案祔、练、祥皆国事，而大祝辨护之，故曰"掌国事"。

【译文】

大丧，王始死，为陈尸设郁鬯并用以浴尸，协助行饭含礼，协助大敛、小敛，负责彻除奠祭物；〔撰作并〕告诉甸师读〔代王受灾祸的〕祷辞；在举行祔祭、小祥祭和大祥祭时，掌管〔供给祭物和相赞礼仪等〕国事。

11. 国有大故、天灾[1]，弥祀社稷[2]，祷，祠[3]。

【注释】

〔1〕大故、天灾：郑《注》曰："大故，兵寇也。天灾，疫疠、水旱也。"

〔2〕弥：郑《注》曰："犹遍也。"

〔3〕祷，祠：祷，祈祷。祠，郑《注》曰："既则祠之以报焉。"贾《疏》曰："以其始曰祷，得求曰祠，故以报赛（赛亦报）解祠。"

【译文】

国家有大的变故或天灾，就遍祀社稷，〔并向诸神〕祈祷消灾，〔事后〕举行祭祀〔以报答诸神〕。

12. 大师，宜于社[1]，造于祖[2]，设军社[3]，类上帝，国将有事于四望，及军归献于社，则前祝[4]。

【注释】

〔1〕宜：祭名。《尔雅·释天》曰："起大军，动大众，必先有事乎社而后出，谓之宜。"案其礼亡，今不可考。

〔2〕造：及下文类，皆祭名(参见第2节注②)。

〔3〕设军社：参见《小宗伯》第13节注①。

〔4〕前祝：郑《注》曰："大祝居前，先以祝辞告之。"

【译文】

王亲征，用宜祭祭祀社神，用造祭祭祀祖先，在军中设立军社，并用类祭祭祀上帝，国家的军将们还要祭祀四方名山大川。到军队出征回来向社神献捷时，就在前先致祝告辞。

13. 大会同，造于庙，宜于社。过大山川，则用事焉。反行舍奠[1]。

【注释】

〔1〕舍奠：即释奠，祭名，是一种不定时、不立尸之祭。据贾《疏》，此释奠礼仅用于宗庙。

【译文】

有大会同，就用造祭祭祀宗庙，用宜祭祭祀社神。〔前往会同途中〕经过大山川，就对它们进行祭祀。返回后就在宗庙行释奠礼。

14. 建邦国，先告后土，用牲币。

【译文】

封建诸侯国，就先告祭〔社神〕后土，用牲和玉帛做祭品。

15. 禁督逆祀命者[1]。颁祭号于邦国[2]、都鄙。

【注释】

〔1〕逆祀命：郑《注》曰："王之所命，诸侯之所祀，有逆者，则刑罚焉。"

〔2〕祭号：郑《注》曰："六号。"（参见第4节）

【译文】

禁止和督察〔诸侯是否有〕违背有关祭祀命令的。颁布有关祭祀的各种名号给各诸侯国和王畿各采邑。

五〇、小　　祝

1. 小祝掌小祭祀[1]，将事侯、禳、祷、祠之祝号[2]，以祈福祥，顺丰年，逆时雨，宁风旱，弥灾兵[3]，远罪疾。

【注释】

〔1〕小祭祀：即指下文侯、禳、祷、祠等祭。

〔2〕侯、禳、祷、祠：侯，据郑《注》，是为候望嘉庆福祥而祭。下文“祈福祥，顺丰年，逆时雨”，都是侯的内容。禳，是为消灾而祭。下文“宁风旱，弥灾兵，远罪疾”，都是禳的内容。祷、祠，参见《大祝》第11节注③。

〔3〕弥：郑《注》曰：“读曰‘敉’（音mǐ），敉，安也。”

【译文】

小祝负责在举行小祭祀时，为之撰作侯祭、禳祭、祈祷和报福之祭的祝辞及有关的名号，以祈求福祥，祝祷风调雨顺年成丰收，迎接时雨，宁息风旱，消弭灾兵，远离罪咎和疾病。

2. 大祭祀，逆粢盛，送逆尸，沃尸盥，赞隋，赞彻，赞奠。

【译文】

举行大祭祀时，负责迎取盛在祭器中的谷物，迎送尸，浇水为尸盥手，协助尸行食前祭礼，协助彻除祭器，协助酌酒放置在尸席前。

3. 凡事佐大祝。

【译文】

凡事协助大祝。

4. 大丧，赞渳，设熬[1]，置铭[2]。及葬设道赍之奠[3]，分祷五祀[4]。

【注释】

〔1〕设熬：参见《地官·舍人》第2节注③。

〔2〕铭：郑司农曰："书死者名于旌。"案旌即死者生前的旗，死后书名其上，以作为棺柩的标志。

〔3〕设道赍之奠：郑《注》曰："赍犹送也。送道之奠，谓遣奠也。"案遣奠，又称大遣奠，谓临出葬前为死者所设奠祭礼，有送亲人上路的意思。

〔4〕分祷五祀：郑《注》曰："分其牲体以祭五祀，告王去此宫(指殡宫)中，不复反，故兴祭祀也。王七祀，祀五者，司命、大厉，平生出入不以告。"案据《礼记·祭法》，王七祀指祭祀司命(宫中小神)、中霤(主堂室之神)、国门(主城门之神)、国行(主行路之神)、泰厉(古代帝王无后者之鬼)、户(门神)、灶(灶神)等七神，除去司命、泰(大)厉，即此所谓五祀。这里是说分出设遣奠的牲体，以祭五祀。

【译文】

有大丧，协助沐浴尸体，〔殡棺时在棺柩周围〕放置炒熟的谷物，设置铭旌。到将出葬时置遣奠，并分出牲体祭祀五祀。

5. 大师，掌衅[1]、祈、号、祝。有寇戎之事，则保郊祀于社[2]。

【注释】

〔1〕衅：郑司农曰："谓衅鼓也。"即以牲血涂鼓。

〔2〕保郊祀于社：贾《疏》曰："保、祀互文，郊社皆守而祀之，弥灾兵。"孙诒让曰："于社，犹言及社。"

【译文】

王亲征，掌管衅鼓、祈祷、祭祀的各种名号和祝告辞。有寇贼或外敌入侵的事，就负责祭祀和守护国郊诸祀坛及社坛。

6. 凡外内小祭祀、小丧纪、小会同、小军旅[1]，掌事焉。

【注释】

〔1〕“凡外内”至“小军旅”：据贾《疏》，外小祭祀，谓祭祀林泽及四方百物；内小祭祀，谓祭祀七祀等(参见第4节注④)；小丧纪，孙诒让说，谓夫人以下及卿大夫之丧；小会同，谓王不亲往，而使卿大夫与诸侯会同；小军旅，谓王不亲征而遣卿大夫出征。

【译文】

凡外内小祭祀、小丧祭、小会同、小征伐，掌管有关〔祈祷祝号〕的事。

五一、丧　　祝

1. 丧祝掌大丧劝防之事〔1〕。及辟，令启〔2〕。及朝，御柩，乃奠〔3〕。及祖〔4〕，饰棺，乃载〔5〕，遂御〔6〕。及葬，御柩出宫〔7〕，乃代〔8〕。及圹，说载，除饰。小丧亦如之。掌丧祭祝号。王吊，则与巫前〔9〕。

【注释】

〔1〕劝防之事：郑《注》曰：“劝，犹倡帅前引者。防，谓执披备倾戏(亏)。”案倡帅犹言指挥。前引谓在前拉柩车者。披，指拴系在柩车上棺柩两侧的帛带，柩车行路时，有人在两旁执披，以防道路颠簸致使棺柩倾侧。

〔2〕及辟，令启：郑司农曰：“辟，谓除菆涂椁也。令启，谓丧祝主命役人开之也。”案天子殡棺时，要在棺周围丛集树枝，然后用泥涂封起来，算作是椁，即所谓菆涂椁(菆，音zōu，丛也)，到葬前启殡时，则令人除去菆涂，即所谓辟。

〔3〕及朝，御柩，乃奠：朝，谓行朝庙礼，即在葬前，将棺柩运到祖庙，犹如死者生前出门远行，到祖庙行告庙礼一样。御，谓将载棺柩的蜃车拉至庙，而丧祝执纛居前指挥其事。奠，谓设朝庙奠(即因朝庙

而设奠祭礼)。

〔4〕祖:谓设祖奠。贾《疏》曰:“祖,始也,为始行。”案行罢朝庙礼,棺柩开始做出葬的准备,为始行出葬而设奠,叫祖奠。

〔5〕饰棺,乃载:贾《疏》曰:“既载乃饰。……此先云‘饰棺’,后言‘乃载’者,直取便文,非行事之次第。”饰棺,参见《天官·缝人》第2节。

〔6〕遂御:这是为出葬做准备而御。案饰棺后,将把原来车辕朝内的柩车调转车头朝外,而由丧祝指挥这一行动。

〔7〕出宫:谓柩车出祖庙。据贾《疏》,柩车出庙,丧祝在车前却(退)行指挥拉柩车。

〔8〕乃代:郑《注》曰:“丧祝二人相与更也。”

〔9〕与巫前:参见《男巫》第3节。

【译文】

丧祝掌管大丧时指挥〔拉柩车者和执披者以〕防护柩车的事。到需要除去殡棺的涂封物时,下令开启棺殡。到行朝庙礼时,指挥运载棺柩〔前往祖庙〕,于是设置朝庙奠。到设祖奠时,装饰棺柩,载上柩车,接着指挥柩车调头。到出葬时,指挥拉柩车出庙,于是由另一丧祝接替〔指挥〕。到达墓穴处,把棺柩从柩车上卸下,除去棺饰。遇有小丧也这样做。负责有关丧祭的祝告辞和各种名号。王外出吊唁臣丧,就与男巫走在王前〔为王驱除凶邪之气〕。

2. 掌胜国邑之社稷之祝号〔1〕,以祭祀、祷、祠焉〔2〕。

【注释】

〔1〕胜国邑之社稷:参见《媒氏》第4节注②。

〔2〕祭祀、祷、祠:贾《疏》曰:“祭祀谓春秋正祭,祷、祠谓有故(而祭)。祈请求福曰祷,得福报赛曰祠。”

【译文】

掌管对被灭之国的社稷的祝告和各种名号，以对它进行祭祀、祈祷和事后的报祭。

3. 凡卿大夫之丧，掌事而敛、饰棺焉。

【译文】

凡卿大夫的丧事，掌管有关的事项并负责尸体入殓和装饰棺柩。

五二、甸　祝

1. 甸祝掌四时之田表貉之祝号〔1〕，舍奠于祖庙〔2〕、祢亦如之〔3〕。

【注释】

〔1〕表貉：兵祭名(参见《肆师》第6节注⑤)。

〔2〕舍奠：即行释奠礼(参见《大祝》第13节注①)。

〔3〕祢：父庙。

【译文】

甸祝掌管四季田猎在立表处举行貉祭时的祝告辞和各种名号，〔出发前〕在祖庙和祢庙行释奠礼时也这样做。

2. 师甸〔1〕，致禽于虞中〔2〕，乃属禽〔3〕。及郊，馌兽〔4〕，舍奠于祖祢〔5〕，乃敛禽〔6〕。禂牲、禂马〔7〕，皆掌其祝号。

【注释】

〔1〕师甸：师，众也。郑《注》曰："师田，谓起大众以田也。"

〔2〕虞中：树有虞旗的田猎处的中央(参见《天官·兽人》第1节注④)。

〔3〕属禽：郑《注》曰："别其种类。"

〔4〕及郊，馌兽：郑《注》曰："馌，馈也。以所获兽馈于郊，荐于四方群兆。"（参见《小宗伯》第13节注⑤）

〔5〕舍奠于祖祢：据《注》《疏》，是以所获禽牲荐庙，并报告田猎返回。

〔6〕敛禽：郑《注》曰："谓取三十入腊人也。"案入于腊人，以便制成脯腊，供祭祀用。其余的猎获物，贾《疏》曰："入宾客庖厨。"

〔7〕禂牲、禂马：禂，祭名。郑《注》曰："禂，读如伏诛之'诛'，今'侏大'字也。为牲祭，求肥充；为马祭，求肥健。"案《集韵·虞韵》曰："侏，大也。"在此义为肥大。

【译文】

举行大田猎，当把猎物集中到树有虞旗的田猎处的中央时，便给猎物分类。〔返回时〕到达国郊，就用所猎获的禽兽馈祭国郊四方群神，〔回到国都又用所猎获的兽〕在祖庙和祢庙行舍奠礼，〔然后挑选三十头禽牲〕缴纳给腊人。用禂祭祭所猎获的禽牲，用禂祭祭马，都负责祝告辞和各种名号。

五三、诅　祝

1. 诅祝掌盟、诅[1]、类、造、攻、说、禬、禜之祝号。

【注释】

〔1〕盟、诅：郑《注》曰："盟、诅主于要誓，大事曰盟，小事曰诅。"又说自盟、诅以至禬、禜八者，皆祝告神明之辞。案类、造以下

六者，参见《大祝》第2节。

【译文】

诅祝负责盟、诅、类、造、攻、说、禬、禜的祝告辞和各种名号。

2. 作盟、诅之载辞[1]，以叙国之信用，以质邦国之剂信[2]。

【注释】

〔1〕载辞：郑《注》曰："为辞而载之于策。"

〔2〕质邦国之剂信：质，成也。剂，贾《疏》曰："谓要券。"案要券即券书，是确定买卖信用关系的凭证，在此泛指各种券书。

【译文】

撰作盟、诅的誓辞而记载于策，以申叙王国的信用，以成就诸侯国券书〔的信用〕。

五四、司　巫

1. 司巫掌群巫之政令。

【译文】

司巫掌管有关群巫的政令。

2. 若国大旱，则帅巫而舞雩[1]。国有大灾，则帅巫而造巫恒[2]。

【注释】

〔1〕舞雩:《公羊传》桓公五年何《注》曰:“雩,旱请雨祭名。使童男女各八人,舞而呼‘雩’,故谓之雩。”

〔2〕造巫恒:郑《注》曰:“恒,久也。巫久者,先巫之故事。”案先巫之故事盖皆记录在册,故可造往而视之。

【译文】

如果国家发生大旱,就率领群巫起舞而进行雩祭。国有大灾,就率领巫官察视先世之巫〔攘除同类灾情〕的旧例〔以便仿行〕。

3. 祭祀,则共匰主及道布[1],及蒩馆[2]。凡祭事,守瘗[3]。凡丧事,掌巫降之礼。

【注释】

〔1〕匰主及道布:匰,音dān,《说文》曰:“宗庙盛木主器也。”匰盖以竹制,故《广雅·释器》云:“匰,笥也。”案木主即死者的木牌位。据孙诒让说,宗庙木主盛在石匣(即所谓石室)中,当祭祀时从石匣中取出,而盛于匰中,以授大祝,祭毕还当藏之于石匣中。道布,郑《注》曰:“为神所设巾。”孙诒让曰:“生人有巾以自洁清,故祭时亦得为神共之。”

〔2〕蒩馆:蒩,藉也(参见《地官·乡师》第5节注①)。馆,郑《注》曰:“所以承藉,谓若今筐也。”

〔3〕瘗:音yì,谓埋牲币以祭。

【译文】

举行祭祀时,就供给盛木主的匰和神所用的布巾,以及盛藉草用的筐。凡祭祀,负责守护瘗埋的牲币。凡丧事,掌管巫下神之礼。

五五、男　　巫

1. 男巫掌望祀、望衍授号〔1〕，旁招以茅〔2〕。

【注释】

〔1〕望祀、望衍授号：望祀，谓祭祀四方名山大川，据郑《注》，其祭有牲、有粢盛。望衍，郑《注》曰："衍，读为'延'，声之误也。"又曰："延，进也，谓但用币致其神。"孙诒让曰："望衍与望祀神同，唯礼有详略耳。"授号，方苞《集注》曰："授奉祭者以神之号。"

〔2〕招：郑《注》曰："招四方之所望祭者。"

【译文】

男巫负责在举行望祀、望延时授给所祭神的名号，用茅向四方招请所祭之神。

2. 冬堂赠〔1〕，无方无筭〔2〕。春招弭〔3〕，以除疾病。

【注释】

〔1〕冬堂赠：据郑《注》，冬谓岁终；赠，谓以礼送不祥及恶梦；送必由自堂始，故曰堂赠。

〔2〕无方无筭：筭，"算"的借字。郑《注》曰："当东则东，当西则西，可近则近，可远则远，无常数。"

〔3〕招弭：据郑《注》，招谓招福；弭亦读为"敉"，安也，谓安凶祸。

【译文】

岁终举行堂赠之祭〔以送走不祥和恶梦〕，所送的方向和远近没有一定。春季招求福祥，安息灾祸，以除去疾病。

3. 王吊，则与祝前。

【译文】

王外出吊唁臣丧，就与丧祝走在王前〔为王除去凶邪之气〕。

五六、女　　巫

1. 女巫掌岁时祓除、衅浴[1]。

【注释】

〔1〕岁时祓除、衅浴：祓除，祭名，谓通过祓祭以除去邪疾。《说文》曰："祓，除恶祭也。"郑《注》曰："岁时祓除，如今三月上巳如水上之类。"衅浴，"衅"是"薰"的借字，薰谓香草。郑《注》曰："衅浴，谓以香薰草药沐浴。"

【译文】

女巫掌管每年在一定时节举行祓祭以除去邪疾，以及用香草煮水沐浴的事。

2. 旱暵，则舞雩。

【译文】

发生旱灾，就为雩祭而舞。

3. 若王后吊[1]，则与祝前[2]。

【注释】

〔1〕王后吊：据孙诒让说，是吊唁诸侯夫人或公卿之妻。

〔2〕祝：据贾《疏》，谓女祝。

【译文】

如果王后外出吊唁，就与女祝走在王后前面〔为王后除去凶邪之气〕。

4. 凡邦之大灾，歌哭而请。

【译文】

凡王国遇有大灾，就或歌或哭而请求〔神灵消灾〕。

五七、大　史

1. 大史掌建邦之六典，以逆邦国之治；掌法以逆官府之治；掌则以逆都鄙之治[1]。凡辨法者考焉[2]，不信者刑之。

【注释】

〔1〕“大史”至“之治”：此处的典、法、则，即大宰所掌建者（参见《天官·大宰》第1、2、3节），据《注》《疏》，大史是从大宰那里“迎受其治职文书”而掌之。

〔2〕辨法者考焉：郑《注》释“辨法者”为争讼者。贾《疏》曰：“案上文，大史既受邦国、官府、都鄙治职文书，其三者之内，有争讼

来正之者，大史观其辨法，得理考之。”

【译文】

大史掌握〔大宰〕所建王国的六种法典，以迎受天下各国〔上报的〕治理情况的文书；掌握八种法则以迎受各官府〔上报的〕治理情况的文书；掌握八种法则以迎受各采邑〔上报的〕治理情况的文书。凡〔邦国、官府、采邑〕有争讼的就据法考其是非，不合法的就加以惩罚。

2. 凡邦国、都鄙及万民之有约剂者藏焉〔1〕，以贰六官，六官之所登〔2〕。若约剂乱，则辟法〔3〕，不信者刑之。

【注释】

〔1〕约剂：郑《注》曰：“要盟之载辞及券书也。”

〔2〕六官之所登：郑《注》曰：“其有后事，六官又登焉。”孙诒让说，后事谓约剂有所更改，又登谓更改后抄写副本登之大史。

〔3〕辟法：辟，开也。贾《疏》曰：“为之开府库考按其然否。”

【译文】

凡邦国、采邑和民众订有盟约券书的就负责收藏，用作六官所藏正文的副本，〔如果盟约券书有所更改〕又收藏六官所上报的副本。如果盟约券书被违背，就打开盟约券书〔加以考察〕，不守约的就加以惩罚。

3. 正岁年以序事〔1〕，颁之于官府及都鄙。颁告朔于邦国。闰月，诏王居门终月〔2〕。

【注释】

〔1〕正岁年以序事：正岁年，郑《注》曰：“中数曰岁，朔数曰年。

中、朔大小不齐，正之以闰。”案中谓中气，即阴历每月的第二个节气，如立春为正月的节气，惊蛰即为正月中气；雨水为二月的节气(案汉以前二十四节气的顺序，惊蛰在雨水前，参见《考工记·韗人》第4节注①)，春分即为二月的中气，等等。所谓中数，即指今年某中气到明年该中气的天数，如今年冬至(是十一月的中气)到明年冬至，是365.25天，实即一个太阳年，这就是所谓岁。朔，谓阴历每月初一，是日月交会之日。朔数即十二次日月交会的天数，也即阴历的十二个月，这就是所谓年，其天数为354天，比一个太阳年少11.25天，于是就要靠置闰来调整阴阳历之间的误差，即所谓“中、朔大小不齐，正之以闰”也。序事，郑《注》曰：“定四时，以次序授民时之事。”

〔2〕门：郑《注》曰：“谓路寝门也。”

【译文】

调整岁和年的误差以便按季节安排民众应做的事，把这种安排颁布给各官府和采邑。〔年终〕颁布明年十二个月的朔日给各诸侯国。逢闰月，就告诉王居住到路寝门中〔处理政事而〕过完这个月。

4. 大祭祀，与执事卜日[1]。戒及宿之日[2]，与群执事读礼书而协事[3]。祭之日，执书以次位常。辨事者考焉[4]，不信者诛之。

【注释】

〔1〕与执事卜日：郑《注》曰：“执事，大卜之属。与之者，当视墨。”视墨，参见《占人》第2节注④。

〔2〕戒及宿之日：戒，谓祭前十日告诫百官，宿谓祭前三日申诫之。

〔3〕协事：郑《注》曰：“协，合也。合谓习录所当共之事。”

〔4〕辨事者：孙诒让说，与前“辨法”义同，亦谓以事争讼者(参见第1节注②)。

【译文】

举行大祭祀，与掌卜事的官吏一起占卜祭日。告诫百官那天和申诫那天，都要同所有参与祭事的官吏一起阅读礼书而预习并记录下所当办的事。祭祀那天，手执礼书以安排助祭诸臣按常礼所当在的位次。有因礼事争讼的就据礼书以察断，违礼者就要受到惩罚。

5. 大会同朝觐[1]，以书协礼事。及将币之日[2]，执书以诏王。大师，抱天时与大师同车[3]。大迁国，抱法以前[4]。大丧，执法以莅劝防[5]，遣之日读诔[6]。凡丧事考焉[7]。小丧赐谥[8]。凡射事，饰中，舍筭[9]，执其礼事。

【注释】

〔1〕大会同朝觐：参见《天官·大宰》第15节注①。

〔2〕将币：将，送也。孙诒让说，将币即授玉。

〔3〕抱天时与大师同车：天时，是观测天象的仪器，孙诒让曰："盖以观台占侯仪器自随。"大师，瞽官之长。案《大师》曰："大师，执同律以听军声，而诏吉凶。"是亦主占事，故大史与之同车。

〔4〕法：郑《注》曰："司空营国之法也。"

〔5〕劝防：参见《丧祝》第1节注①。

〔6〕遣：谓大遣奠(参见《小祝》第4节注③)。

〔7〕凡丧事考焉：郑《注》曰："为有得失。"

〔8〕小丧：据郑《注》，谓卿大夫之丧。

〔9〕饰中，舍筭：中，是盛筭器(筭是计算射中次数的筹码)。中的形制，《礼记·投壶》孔《疏》曰："刻木为之，状兕、鹿而伏，背上立圜圈以盛筭。"饰，谓洗刷之。舍，通"释"，释中，即将中里的筭释之于地，以计射中的次数。

【译文】

诸侯大会同而来朝觐王，〔事先〕依照礼书预习并记录所当行的礼事。到诸侯向王进献玉那天，拿着礼书以告教王行礼事。王亲征，就抱持观测天象的仪器与大师同乘一车。国都大迁徙，就抱持〔司空营建国都之〕法前往。有大丧时，执掌丧葬之法而临视指挥〔拉柩车者和执披者〕防护柩车的事，设大遣奠那天宣读诔辞。凡丧事考察行礼的得失。有小丧负责赐给死者谥号。凡举行射箭比赛，洗刷〔盛筭的〕中，从中里取筭放在地上〔计算射中的多少〕，并执掌有关的礼事。

五八、小　史

1. 小史掌邦国之志〔1〕，奠系世〔2〕，辨诏穆。若有事，则诏王之忌讳〔3〕。

【注释】

〔1〕邦国之志：郑司农曰："志，谓记也。"孙诒让曰："谓掌王国及畿内侯国之史记。"

〔2〕奠系世：参见《瞽蒙》第1节注②。郑司农曰："小史主定之，瞽蒙讽诵之。"

〔3〕忌讳：郑司农曰："先王之死日为忌，名为讳。"

【译文】

小史掌管王国和王畿内侯国的史记，撰定帝系和世本，辨别诏穆的次序。如果〔王〕有事〔要到宗庙祈祷祭祀〕，就告诉王先王的忌日和名讳。

2. 大祭祀，读礼法，史以书叙昭穆之俎簋〔1〕。

【注释】

〔1〕俎簋：郑《注》曰："牲与黍稷。"案俎是盛牲器，簋以盛黍稷。

【译文】

举行大祭祀，〔大史与有关官吏〕读礼法书，小史依据礼法书排定诏穆和俎簋的位次。

3. 大丧、大宾客、大会同、大军旅〔1〕，佐大史。凡国事之用礼法者，掌其小事〔2〕。

【注释】

〔1〕大宾客、大会同、大军旅：大宾客指来朝诸侯，大会同指王亲自参加会同，大军旅指王亲征。

〔2〕小事：王应电曰："若小祭祀、小丧纪、小宾客、小军旅及燕射。"

【译文】

在有大丧、大宾客、大会同、大征伐时，协助大史行事。凡王国的事要用礼法的，掌管其中小事所当用的礼法。

4. 卿大夫之丧，赐谥、读诔。

【译文】

卿大夫的丧事，负责赐予谥号、宣读诔辞。

五九、冯 相 氏

冯相氏掌十有二岁〔1〕，十有二月〔2〕，十有二辰〔3〕，十日〔4〕，二十有八星之位〔5〕，辨其叙事，以会天位。冬夏致日，春秋致月〔6〕，以辨四时之叙。

【注释】

〔1〕十有二岁：郑《注》曰："岁，谓大(太)岁。"案太岁是古代天文占星家虚构的岁星(即行星中的木星)。岁星由西向东，绕天而行，十二年一周(实际是 11.86 年)，每年行经十二次的一次，古人便以此纪年，如某年岁星运行到星纪之次，这一年就记作"岁在星纪"。但古人又把一周天由东向西按子丑寅卯等所谓十二辰分为十二个等分，而岁星由西向东运行虽与十二次的方向相同，却同人们熟悉的十二辰的方向相反，这样岁星纪年法实际运用起来人们便觉得不方便，因此人们就虚构了一个岁星，名之为太岁，让它取代真岁星承担纪年的任务，而运行的方向则正好同真岁星相反。如某年岁星在星纪之次，太岁便在析木之次，当十二辰的寅，这一年便记作"太岁在寅"；第二年岁星运行到玄枵之次，太岁便运行到大火之次，当十二辰的卯，这一年便记作"太岁在卯"，等等，这就是太岁纪年法。这里的"十有二岁"，便是指太岁十二年绕天一周。

〔2〕十有二月：指十二个朔望月，即月球绕地球十二周的时间，也就是阴历的一年，345.37 天。

〔3〕十有二辰：辰，郑《注》曰："斗所建之辰。"案古人依照子、丑、寅、卯、辰、巳、午、未、申、酉、戌、亥等十二辰把天空分为十二个方位，北斗星绕北极星旋转，其斗柄正好一年旋转一周，分别指向十二辰之位，如夏历一月斗柄指向寅位，这个月就叫做建寅之月；二月斗柄指向卯，这个月就叫做建卯之月，等等。

〔4〕十日：即一旬的十天，分别用甲、乙、丙、丁、戊、己、庚、辛、壬、癸命名。

〔5〕二十有八星之位：二十有八星，即指角、亢、氐、房、心、尾、箕等二十八宿，二十八宿分布于黄道附近，由西向东，把一周天分成二十八个不等分，古人即以之为坐标，来观测日月五星运行的位置。如所谓"月离于毕"(月亮附丽于毕宿，即运行到了毕宿的位置)，"荧惑(火星)守心"(荧惑星居于星宿的位置)，"太白(金星)食昴"(太白星遮蔽了昴宿)，等等。

〔6〕冬夏致日，春秋致月：冬夏春秋，分指冬至、夏至、春分、秋分。孙诒让说，此处所说，"即《典瑞》土圭以致四时日月之法"，也就是测度日、月影的长短，以判定时节的至不(参见本篇《典瑞》第 4 节注①)。

【译文】

冯相氏负责观测十二年绕天一周的太岁、〔一年〕十二次盈亏的月亮、斗柄所指的十二辰、一旬的十天、〔日月五星所在〕二十八宿的位置，辨别和排列〔年月时节朔望等〕历法的事，以与〔日月五星等〕天体运行的位置相对照。冬至、夏至测度日影的短长，春分、秋分测度月影的短长，据以辨别四季的代序。

六〇、保 章 氏

1. 保章氏掌天星，以志星、辰、日、月之变动，以观天下之迁，辨其吉凶。

【译文】

保章氏掌管观测天上的星象，以记录星、辰、日、月的变动，据以观测天下的变化，辨别这种变化的吉凶。

2. 以星土辨九州之地〔1〕，所封封域皆有分星，以观妖祥。

【注释】

〔1〕星土：郑《注》曰："星所主土也。"星所主土，即星宿的分野。案古人根据地上的区域来划分天上的星宿，把天上的星宿分别指配于地上的州国，说某星是某国的分星，或某某星宿是某某州国的分星；反之，某某州国也即是某某星宿所主，或某某星宿的分野。如《史记·天官书》将二十八宿分配于地上的九州，曰"角、亢、氐，兖州。房、心，豫州。尾、箕，幽州"，等等，即其例也。又如《淮南子·天文训》将二十八宿分指地上的列国，曰："角、亢，郑。房、氐、心，宋。尾、箕，燕"，等等。

【译文】

根据星宿的分野来辨别九州的地域，所分封国家的界域都有自己的分星，〔通过观察分星〕以观测各国的妖祸吉祥。

3. 以十有二岁之相[1]，观天下之妖祥。

【注释】

〔1〕十有二岁之相：十有二，谓十二次。岁，谓岁星。相，视也，孙诒让曰："谓可视而占者，即前《注》云'赢缩圜角'。"案赢缩谓运行的快慢，圜角谓光芒的明暗。

【译文】

根据岁星历经十二次时的星象，来观测天下的妖祸吉祥。

4. 以五云之物[1]，辨吉凶、水旱降丰荒之祲象[2]。

【注释】

〔1〕物：郑《注》曰："色也。视日旁云气之色。"

〔2〕水旱降丰荒之祲象：郑《注》曰："降，下也，知水旱所下之国。"祲，阴阳相侵之气。

【译文】

根据〔日旁〕五种云色，来辨别能够预兆吉凶和水旱所降以及年成丰欠的阴阳相犯的气象。

5. 以十有二风[1]，察天地之和命、乖别之妖祥[2]。

【注释】

〔1〕十有二风：郑《注》曰："十有二辰皆有风。"十二辰，在此实

指十二月。

〔2〕察天地之和命、乖别：和命，“命”字在此甚费解，历来注家亦避而不释，就上下文义揣之，和命在此盖即和谐、和顺之义，与“乖别”对举，乖别则为不和，故郑《注》曰：“吹其律以知和不。”案古人把乐律和历法联系起来，以十二乐律分配于十二月。其分配法，即如《礼记·月令》所说，孟春之月律中大蔟，仲春之月律中夹钟，季春之月律中姑洗等等。到某月，即吹某月之律管，察风声与律声是否和谐，据以判断天地之气是否和谐。

【译文】

根据十二个月的风，来观测天地之气的和与不和所预示的妖祸吉祥。

6. 凡此五物者，以诏救政，访序事[1]。

【注释】

〔1〕访序事：郑《注》曰：“访，谋也。……谋今岁天时占相所宜，次序其事。”

【译文】

凡以上所述五种占验方法，用以告教王补救政治失误，谋议并依次安排好所应做的事。

六一、内　　史

1. 内史掌王之八枋之法[1]，以诏王治：一曰爵，二曰禄，三曰废，四曰置，五曰杀，六曰生，七曰予，八曰夺。

【注释】

〔1〕内史掌王之八枋之法：枋，通“柄”。八柄本是大宰所建(参见《天官·大宰》第4节)，内史居宫中协助大宰诏王，故郑《注》说“大宰据以诏王，内史又居中贰之”。

【译文】

内史〔协助大宰〕掌管王的八种权柄的运用之法，以告教王治驭群臣：一是授予爵位，二是授予俸禄，三是废黜官职，四是安置官职，五是诛杀，六是赦免死罪，七是赐予，八是剥夺。

2. 执国法及国令之贰〔1〕，以考政事，以逆会计。

【注释】

〔1〕国法：据郑《注》，谓六典、八法、八则。案国法的正本掌于大宰，内史则掌其副本。

【译文】

执掌国法和国家政令的副本，据以考察〔各诸侯国、官府和采邑〕的政事，据以受纳并考察他们的会计文书。

3. 掌叙事之法〔1〕，受纳访以诏王听治〔2〕。

【注释】

〔1〕叙事之法：郑《注》曰：“叙，六叙也。……六叙六曰‘以叙听其情’。”(参见《天官·小宰》第3节)据郑《注》，此所谓“叙事之法”，是由内史协助小宰掌之。

〔2〕纳访：访，谋也。郑《注》曰：“纳访，纳谋于王也。”

【译文】

掌管依尊卑次序〔安排群臣向王〕奏事之法，接受群臣的谋议转告给王〔而由王〕听断处置。

4. 凡命诸侯及孤卿大夫，则策命之。凡四方之事书，内史读之。王制禄，则赞为之，以方出之。赏赐亦如之。内史掌书王命，遂贰之。

【译文】

凡策命诸侯以及孤卿大夫，就〔受王命〕作策书加以任命。凡四方奏事的文书，由内史读给王听。王制定俸禄，就帮助王撰定文辞，用方版宣示出去。当王有所赏赐时也这样做。内史负责书写王的命令，接着便抄写命令的副本加以保存。

六二、外　史

1. 外史掌书外令。

【译文】

外史负责书写王下达给畿外的命令。

2. 掌四方之志[1]，掌三皇五帝之书[2]。

【注释】

〔1〕四方之志：据郑《注》，如鲁之《春秋》，晋之《乘》，楚之《梼杌》，等等。

〔2〕三皇五帝之书：郑《注》曰："楚灵王所谓《三坟》、《五典》。"

【译文】

掌管四方诸侯国的史记，掌管三皇五帝的典籍。

3. 掌达书名于四方[1]。

【注释】

〔1〕书名：郑《注》引或说曰："古曰名，今曰字，使四方知书之文字，得能读之。"

【译文】

负责把〔统一的〕文字传达到四方各国。

4. 若以书使于四方[1]，则书其令。

【注释】

〔1〕书：与下文"令"乃互文，皆谓写于书面的王的命令。

【译文】

如果〔使者〕拿着王的命令出使四方，就负责书写命令〔授给使者〕。

六三、御　史

御史掌邦国、都鄙及万民之治令，以赞冢宰[1]。凡治者受法令焉。掌赞书。凡数从政者[2]。

【注释】

〔1〕“御史”至“冢宰”：谓掌治其文书，以赞冢宰。冢宰即大宰。

〔2〕凡数从政者：数，读上声。郑《注》曰：“自公卿以下至胥吏凡数，及其见在空缺者。”

【译文】

御史掌管有关各诸侯国、采邑以及民众治理方面命令〔的文书〕，以协助冢宰进行治理。凡从事治理的官吏都从御史那里受取〔书写成文的〕法令。负责帮助王撰写命令。凡统计从政者人数的事〔都由御史负责〕。

六四、巾　　车

1. 巾车掌公车之政令〔1〕，辨其用与其旗物，而等叙之，以治其出入〔2〕。

【注释】

〔1〕公：郑《注》曰：“犹言官也。”

〔2〕出入：贾《疏》曰：“冬官造车讫，来入巾车，又当出封同姓之等亦是也。”

【译文】

巾车掌管有关官车的政令，分辨它们的用途和所当建树的旌旗，区别等级和尊卑次序，管理它们的接收和分配。

2. 王之五路：一曰玉路〔1〕，锡〔2〕，樊缨十有再就〔3〕，建大常〔4〕，十有二斿〔5〕，以祀；金路，钩〔6〕，樊缨九就，建大旂[7]，以宾，同姓以封[8]；象路，朱[9]，樊缨七就，建大赤[10]，以朝，异姓以封[11]；革路[12]，龙勒[13]，条缨五就[14]，建大白[15]，以即戎，以封四卫；木路[16]，前樊鹄缨[17]，建大麾[18]，以田，以封蕃国。

【注释】

〔1〕玉路：郑《注》曰："以玉饰诸末。"贾《疏》曰："凡车上之材，于末头皆饰之。"案以下金路、象路二车放此。

〔2〕锡：即当卢，马额上的饰物，形如半月，以韦(熟牛皮)为之而镂饰之以金。郑《注》曰："锡，马面当卢刻金为之，所谓镂锡也。"

〔3〕樊缨十有再就：樊，是"緐"（今作"繁"）的借字。《说文》曰："緐，马髦饰也。"马髦即马鬣(马颈上的长毛)。缨，系于马胸的革带。十有再就，郑《注》曰："玉路之樊及缨，皆以五彩罽饰之十二就。"案罽(音jì)，一种毛织品。就，匝也。

〔4〕大常：是一种画有日月徽号的旗。

〔5〕斿：同"旒"，旗正幅旁的饰物，如小飘带然。

〔6〕钩：郑《注》曰："娄颔之钩也。"孙诒让释之曰："盖即句曲维娄马颐颔之鞁具。"案句曲谓弯曲如钩状，维娄即拴系，颐颔即马的颔部，鞁具是马首及马身装备之总称。郑《注》又曰："金路无锡有钩，亦以金为之。"

〔7〕大旂：是一种画有交龙徽号的旗。

〔8〕同姓：据郑《注》，谓王子或王的同母弟因有功德而出封者。

〔9〕朱：郑《注》曰："象路无钩，以朱饰勒而已。"案勒即马络头，朱饰盖画为朱色。

〔10〕大赤：金榜曰："大赤即鸟隼(音sǔn)。"即是一种画有隼鸟徽号的旗，又名旟(音于yú)。

〔11〕异姓：郑《注》曰："王甥舅。"

〔12〕革路：郑《注》曰："鞔之以革而漆之，无他饰。"案鞔，音蛮mán，覆也。是革路即覆之以漆饰之革的车。

〔13〕龙勒：谓用杂饰以白黑二色的韦做的马勒(络头)。郑《注》曰："龙，駹也。以白黑饰韦杂色为勒。"案駹，音máng，杂色。

〔14〕条缨：郑《注》曰："条，读为'绦'。其樊及缨以绦丝饰之而五就。不言'樊'字，盖脱尔。"案绦，音tāo，是用丝编织的带子或绳子。

〔15〕大白：金榜曰："大白即熊虎。"即是一种画有熊虎徽号的旗。

〔16〕木路：郑《注》曰："不鞔以革，漆之而已。"

〔17〕前樊鹄缨：郑《注》曰："前，读为缁翦之'翦'。翦，浅黑也。木路无龙勒，以浅黑饰韦为樊，鹄色饰韦为缨。不言就数，饰与革路同。"案鹄，《释文》曰："白也。"

〔18〕大麾：金榜曰："大麾即龟蛇。"即是一种画有龟蛇徽号的旗，又名旐(zhào)。

【译文】

王的五种车：一是玉路，〔驾车的马〕有用金镂饰的当卢，繁和缨〔都用五彩的罽缠绕〕十二匝，车上树大常旗，大常旁饰有十二斿，用于祭祀；〔二是〕金路，〔驾车的马〕有金饰的钩，樊和缨〔都用五彩的罽缠绕〕九匝，车上树大旂旗，用于会宾客，封赐同姓；〔三是〕象路，〔驾车的马〕配有朱饰的络头，樊和缨〔都用五彩的罽缠绕〕七匝，车上树大赤旗，用于上朝，封赐异姓；〔四是〕革路，〔驾车的马〕配有白黑二色杂饰的韦做的络头，樊和缨都用丝绦缠绕五匝，车上树大白旗，用于军事，用于封赐守卫四方的诸侯；〔五是〕木路，〔驾车的马〕饰有浅黑色的樊和白色的缨，车上树有大麾旗，用于田猎，用于封赐〔九州外的〕蕃国。

3. 王后之五路：重翟〔1〕，锡面，朱总〔2〕；厌翟〔3〕，勒面，缋总〔4〕；安车〔5〕，雕面，鹥总〔6〕，皆有容盖〔7〕；翟车〔8〕，贝面，组总〔9〕，有握〔10〕；辇车〔11〕，组挽〔12〕，有翣〔13〕，羽盖〔14〕。

【注释】

〔1〕重翟：翟，雉(野鸡)也，在此指雉羽。贾《疏》曰："凡言翟

者，皆谓翟鸟之羽，以为两旁之蔽。言重翟者，皆二重为之。”即谓车两旁用两层翟羽做遮罩，故名重翟。

〔2〕锡面，朱总：锡，参见上节注②。总，以缯为之(参见注⑥)。郑司农曰：“总著马勒直两耳与两镳。”案马勒即马络头，束于马首，下连马衔(马口中所横铁，或以铜为之)，马衔两端有镳(铁或铜制，长条形如棒状)，总的上端系于马勒两侧当马耳处，其下则垂于马口两边当镳处。

〔3〕厌翟：贾《疏》曰：“谓相次以厌其本。”案厌，通“压”，谓车两旁用作遮罩的雉羽，上一排的羽稍压着下一排的羽根，下一排的羽稍又压着再下一排的羽根，即所谓“相次压其本”。

〔4〕勒面，缋总：勒面，郑《注》曰：“谓以如王龙勒之韦，为当面饰也。”案当面，孙诒让说即当卢。龙(駹)勒之韦，参见上节注⑬。缋，郑《注》曰：“画文也。”

〔5〕安车：妇人坐乘的小车。

〔6〕雕面，鷖总：郑《注》曰：“雕者，画之。”面，即当面，亦即当卢。鷖，音医 yī，鸥鸟名，其羽青黑色，在此用以指代缯色。郑司农曰：“鷖总者，青黑色，以缯为之。”

〔7〕容盖：容，据郑《注》，即车帏裳。案帏裳之上有盖，帏裳自盖之四旁垂而下，故曰容盖。

〔8〕翟车：车旁饰以翟羽的车。郑《注》曰：“不重不厌，以羽饰车之侧耳。”

〔9〕贝面，组总：贝面，郑《注》曰：“贝饰勒之当面也。”组总，贾《疏》曰：“以组绦为之。”案组绦即丝带。

〔10〕握：是“幄”的借字。《释名·释牀帐》曰：“幄，屋也，以帛衣板，施之形如屋。”

〔11〕辇车：是一种无装饰的小车。郑《注》曰：“辇车不言饰，后居宫中从容(无事时)所乘，但漆之而已。”

〔12〕组挽：据郑《注》，辇车是人拉的车，组挽即供人执以拉车所用。

〔13〕有翣：郑《注》曰：“所以蔽风尘。”案翣如大扇，孙诒让曰：“盖亦为大羽扇，树车两旁，故可以御风尘与?”

〔14〕羽盖：郑《注》曰：“以羽作小盖，为翳(遮蔽)日也。”

【译文】

王后的五种车：〔一是〕重翟，〔驾车的马〕面上有用金镂饰的当卢，〔马勒两侧缀饰着〕红色的缯带；〔二是〕厌翟，〔驾车的马〕面上有杂饰黑白二色的韦做的当卢，〔马勒两侧缀饰着〕画有花纹的缯带；〔三是〕安车，〔驾车的马〕面上有画饰的当卢，〔马勒两侧缀饰着〕青黑色的缯带，〔以上三种车上〕都设有容盖；〔四是〕翟车，〔驾车的马〕面上有用贝壳装饰的当卢，〔马勒两侧缀饰着〕丝带，车上设有幄；〔五是〕辇车，有供人牵引用的丝带，〔车两旁〕设有翣扇，〔车上〕设有羽盖。

4. 王之丧车五乘：木车〔1〕，蒲蔽〔2〕，犬䄈〔3〕，尾櫜〔4〕，疏饰〔5〕，小服皆疏〔6〕；素车〔7〕，棼蔽〔8〕，犬䄈，素饰〔9〕，小服皆素；藻车〔10〕，藻蔽，鹿浅䄈，革饰〔11〕；駹车〔12〕，萑蔽〔13〕，然䄈〔14〕，髹饰〔15〕；漆车〔16〕，藩蔽〔17〕，豻䄈〔18〕，雀饰〔19〕。

【注释】

〔1〕木车：郑《注》曰："不漆者。"案即素木之车，据贾《疏》，这是因为"丧中无饰"的缘故。

〔2〕蔽：郑《注》曰："车旁御风尘者。"

〔3〕犬䄈：䄈，音 mì，同"幦"。郑司农曰："犬皮为覆笭。"案覆笭，即车轼上的覆盖物，郑《注》说是用的白犬皮。

〔4〕尾櫜：櫜，音 gāo，盛兵器的袋子，是用白犬皮的尾部做的。郑《注》曰："既以皮(指白犬皮)为覆笭，又以其尾为戈戟之弢。"

〔5〕疏饰：疏，粗也。郑《注》曰："粗布饰二物(指䄈与櫜)之侧缘。"

〔6〕小服皆疏：服，是"箙"的借字。郑《注》曰："小箙，刀剑短兵之衣。"孙诒让曰："亦以犬皮为之，而缘以疏布也。"

〔7〕素车：据郑《注》，是用白垩土涂为白色的车。

〔8〕棼蔽：郑《注》曰："棼，读为'蕡'，蕡麻以为蔽。"据孙诒让说，蕡麻即苴麻(结子的麻)。

〔9〕素：及下文"皆素"的"素"，据郑《注》，皆指白缯。

〔10〕藻：音 zǎo，据郑《注》，是一种苍色的水草，在此指代苍色。

〔11〕革：郑《注》曰："以治去其(鹿皮)毛者缘之。"

〔12〕駹车：駹，黑白相杂之色。郑《注》曰："駹车，边侧有漆饰也。"盖侧边漆为黑色，而与未漆处木的白色相杂。

〔13〕藿：音 guàn，郑《注》曰："细苇席也。"

〔14〕然：郑《注》曰："果然也。"案果然，兽名，据丁晏说，是一种似猿的兽。

〔15〕髹：音 xiū，据郑《注》，是一种赤而微黑的韦。

〔16〕漆车：郑《注》曰："黑车也。"贾《疏》曰："凡漆不言色者，皆黑。"

〔17〕藩蔽：藩亦蔽。据孙诒让说，是以漆成黑色的细苇席为藩蔽。

〔18〕犴：音 àn，古代北方的一种野犬。

〔19〕雀：据郑《注》，是一种黑而微赤的韦。

【译文】

王的丧车有五种：〔一是〕木车，用蒲草做车上的藩蔽，〔车轼上覆盖〕用白狗皮做的䄓，设有用白狗皮尾做的〔盛兵器的〕橐，〔䄓和橐〕都用粗布饰边，小兵器袋也都用粗布饰边；〔二是〕素车，用荻麻做车上的藩蔽，〔车轼上覆盖〕用白狗皮做的䄓，䄓用白缯饰边，小兵器袋也都用白缯饰边；〔三是〕藻车，用苍色的缯做车上的藩蔽，〔车轼上覆盖〕用浅毛的鹿皮做的䄓，䄓用去毛的鹿皮革饰边；〔四是〕駹车，用细苇席做车上的藩蔽，〔车轼上覆盖〕用果然皮做的䄓，䄓用赤而微黑的韦饰边；〔五是〕漆车，用黑漆的细苇席做车上的藩蔽，〔车轼上覆盖〕用犴皮做的䄓，䄓用黑而微赤的韦饰边。

5. 服车五乘〔1〕：孤乘夏篆〔2〕，卿乘夏缦〔3〕，大夫乘墨车〔4〕，士乘栈车〔5〕，庶人乘役车〔6〕。

【注释】

〔1〕服车：郑《注》曰："服事者之车。"

〔2〕夏篆：及下夏缦、墨车、栈车、役车，皆服车名。之所以叫做夏篆，郑《注》曰："五彩画毂约也。"案郑《注》释"夏"为五彩，

参见《天官·染人》第1节注③。毂，在车轮的正中，中空贯轴，周围为车辐所凑。在毂上绕毂的圆周刻成如竹节般凸起的道道，就叫做篆。因为这一道道的篆像绳子拴束着毂一样，因此又称之为毂约。在毂上缠裹皮革，叫做革帱(dào)。因皮革缠裹得紧，故显露出毂上一道道的篆印，再在这篆印上饰画五彩，故曰“五彩画毂约”。

〔3〕夏缦：郑《注》曰：“亦五彩画，无瑑尔。”即谓毂上不刻篆，因此革帱上亦无篆印，但仍画以五彩。

〔4〕墨车：孙诒让曰：“谓车舆(车厢)黑漆之，毂则徒漆，无刻文，又无画文也。”

〔5〕栈车：郑《注》曰：“不革鞔而漆之。”案大夫以上所乘车，车厢皆鞔以革，士所乘车则不鞔而只漆以黑漆。

〔6〕役车：据郑《注》，是一种车厢为方形的车，可载工具以供役事。

【译文】

执行公务的车有五种：孤乘用夏篆，卿乘用夏缦，大夫乘用墨车，士乘用栈车，庶人乘用役车。

6. 凡良车、散车不在等者[1]，其用无常[2]。

【注释】

〔1〕良车、散车不在等者：良车，指工艺精良的车。散车，指工艺较粗的车。不在等，孙诒让：“谓贵贱通用之车，不在五路及服车五者之等者也。”

〔2〕其用无常：案前所举王及后之五路，王之丧车，以及服车五乘，其用途皆有一定，而良车和散车，据郑《注》说，是供王外出燕游或有恩惠之赐时所用，既不在等，其用亦无常。

【译文】

凡良车或散车，不在分等级的车之中，它们的用途也没有一定。

7. 凡车之出入，岁终则会之[1]，凡赐阙之[2]。毁折入赍于职币[3]。

【注释】

〔1〕会之：郑《注》曰："计其完败多少。"

〔2〕凡赐阙之：郑《注》曰："完败不计。"

〔3〕赍：赍，通"资"，财也。杜子春曰："乘官车毁折者，入财以偿缮治之直。"

【译文】

凡车辆的派出收回，年终就要〔对车辆的完损情况〕做一次统计。凡赏赐出去的车〔不论完损〕不在统计之内。损毁官车的要交赔偿金到职币那里。

8. 大丧，饰遣车[1]，遂廞之，行之[2]。及葬，执盖从车，持旌[3]。及墓，呼启关，陈车[4]。小丧[5]，共柩路，与其饰[6]。

【注释】

〔1〕饰遣车：遣车，载大遣奠所设牲体以送葬之车。遣车先要装饰，贾《疏》曰："言饰者，还以金、象、革饰之，如生存之车，但麤(粗)小为之耳。"

〔2〕遂廞之，行之：郑《注》曰："廞，……谓陈驾之。行之，使人以次举之以如墓也。"案遣车属明器，特小，可人举而行。

〔3〕执盖从车，持旌：据郑《注》，执盖，像死者生前乘车外出所建，可用以防雨；旌，谓铭旌，即生前的旗而死后书名其上者。

〔4〕呼启关，陈车：关，在此指墓道之门。陈车，孙诒让曰："谓陈祥车也。"案祥车指死者生前所乘车，此时用作载魂车，随柩车而行，称作祥车。王生前所乘车即五路(参见第2节)，五路各有副车，叫做贰车，此时皆于墓地陈之。其陈法，据郑《注》所引《士丧礼》，是陈于

墓道的东(左)边，车面朝北，由东向西排列，以东边为上位。

〔5〕小丧：谓王的夫人以下之丧。

〔6〕饰：谓柩车之饰，参见《缝人》第2节。

【译文】

有大丧，装饰遣车，接着加以陈列，〔而后由人举着〕前往墓地。到出葬的时候，拿着盖跟从柩车，并拿着写有死者名字的旌旗。到达墓前，呼令打开墓道的门，陈列祥车。有小丧，供给载棺柩的车，以及柩车上的装饰物。

9. 岁时更续，共其弊车〔1〕。

【注释】

〔1〕共其弊车：弊，《注疏》本原误刻作“币”。郑《注》曰：“巾车既更续之，取其弊车，共于车人，材或有中用之。”

【译文】

每年按季节更换新车以续用，〔把换下来的〕坏车供给〔车人取材〕。

10. 大祭祀，鸣铃以应鸡人〔1〕。

【注释】

〔1〕鸣铃以应鸡人：郑《注》曰：“鸡人主呼旦，鸣铃以和之。”案鸡人呼旦，详其职文。

【译文】

举行大祭祀的〔清晨〕，摇铃以与鸡人〔呼喊天亮的声音〕相应和。

六五、典　　路

1. 典路掌王及后之五路[1]，辨其名物，与其用说[2]。

【注释】

〔1〕王及后之五路：案分别见《巾车》第2、3节。

〔2〕用说：用，谓驾车以行事。说，通“税”，舍也，止息也。

【译文】

典路掌管王和王后的五路，辨别它们的名称种类，以及套马驾车和解马卸车的事。

2. 若有大祭祀，则出路[1]，赞驾说[2]。大丧、大宾客亦如之[3]。凡会同、军旅、吊于四方，以路从[4]。

【注释】

〔1〕出路：据《巾车》，祭祀当出玉路。

〔2〕赞驾说：郑《注》曰：“赞仆与趣马也。”驾说，同上节“用说”。

〔3〕大丧、大宾客亦如之：据《巾车》，大丧用丧车，大宾客用金路。

〔4〕以路从：郑《注》曰：“王乘一路，典路以其余路(即五路之其余四路)从行，亦以华国。”

【译文】

如果有大祭祀，就出车，帮助给车套马和解马卸车。有大丧、大宾客，也这样做。凡〔王〕会同、征伐、吊唁四方诸侯，就驾着〔王所乘以外的〕车随行。

六六、车　仆

1. 车仆掌戎路之萃〔1〕，广车之萃〔2〕，阙车之萃〔3〕，苹车之萃〔4〕，轻车之萃〔5〕。

【注释】

〔1〕戎路之萃：郑《注》曰："萃，犹副也。"又曰："戎路，王在军所乘也。"

〔2〕广车：郑《注》曰："横陈之车也。"案谓陈于阵前以自固之车。

〔3〕阙车：郑《注》曰："所用补阙之车也。"

〔4〕苹车：郑《注》曰："苹，犹平也。所用对敌自蔽之车。"据孙诒让说，盖以皮革蒙车，人在车后，可蔽敌之矢石。

〔5〕轻车：郑《注》曰："所用驰敌致师之车也。"

【译文】

车仆掌管戎路的副车，广车的副车，阙车的副车，苹车的副车，轻车的副车。

2. 凡师共革车〔1〕，各以其萃〔2〕。会同亦如之。大丧廞革车〔3〕。

【注释】

〔1〕共革车：即供王戎车。王之五戎车皆革车(见《巾车》)，王乘其一，其余四车则从行。

〔2〕各以其萃：郑《注》曰：“萃各从其元焉。”元即正车。

〔3〕大丧廞革车：孙诒让曰：“谓葬前一日，则陈于祖庙之庭；葬日至圹，则陈于墓道也。”

【译文】

凡征伐供〔王〕革车，又以〔其余〕各革车的副车〔随行〕。〔王外出〕会同时也这样做。有大丧就陈列〔王的〕革车。

3. 大射，共三乏[1]。

【注释】

〔1〕共三乏：乏，亦名容，亦名防，是唱获者(犹今射击比赛的报靶人)的防身处。据聂氏《三礼图》卷八引《旧图》说，乏的形状似屏风，长、宽皆七尺，用牛皮制成。案大射要设三侯，每侯设一唱获者，每一唱获者皆需设一乏，故当供三乏。

【译文】

举行大射礼，供给所需的三乏。

六七、司　常

1. 司常掌九旗之物名[1]，各有属[2]，以待国事。日月为常[3]，交龙为旂，通帛为旜[4]，杂帛为物，熊虎为旗，鸟隼为旟，龟蛇为旐，全羽为旞，析羽为旌[5]。

【注释】

〔1〕物名：郑《注》曰：“所画异物则异名也。”是物名即根据旗上

的不同徽号所取的不同名称。

〔2〕属：孙诒让曰："诸旗大者为正，又各依其章物为小徽识，与大者为属。"是属即与正旗同徽号之小旗。

〔3〕日月为常：日月，即所画徽号，亦即所谓章物。常，旗名。下放此。

〔4〕通帛为旃：通帛，谓旗的縿(旗的正幅)与斿(正幅旁的饰物)为同一色的帛制成。而下文"杂帛为物"则反是，谓縿与斿不同色。据孙诒让说，旃与物二者，仅指旗的縿与斿的颜色相同或不同，并非各自别为一旗。如大常之制即为旃，通帛为纁色(参见下注)。

〔5〕全羽为旞，析羽为旌：旞，音 suì。孙诒让曰："旞、旌皆用染羽，全羽盖谓一羽备五彩，析羽则众羽杂五彩。"案全羽、析羽即所谓旄，是旗杆上端的饰物。所注之羽有两种：一种是每根羽毛都染作五彩，这叫全羽；一种是每根羽毛只染一色，而由众羽相杂兼备五彩，即所谓析羽。由于装饰旗杆有全羽、析羽之异，故名其制为旞或旌。孙诒让说，所谓九旗，正旗只有五种，即常、旂、旗、旟、旐。而旃、物、旞、旌则是讲旗物的通制，并非于五旗之外别有其旗。

【译文】

司常掌管九种旗的名称，各种旗都有同类属的小旗，以待国家有事时用。画有日月的叫做常，画有交龙的叫做旂，〔縿和斿〕同色叫做旃，〔縿和斿〕不同色叫做物，画有熊虎的叫做旗，画有鸟隼的叫做旟，画有龟蛇的叫做旐，用全羽〔饰旗杆〕叫做旞，用析羽〔饰旗杆〕叫做旌。

2. 及国之大阅[1]，赞司马颁旗物：王建大常，诸侯建旂，孤卿建旃，大夫士建物[2]，师都建旗[3]，州里建旟[4]，县鄙建旐[5]，道车载旞，斿车载旌[6]。皆画其象焉[7]，官府各象其事，州里各象其名，家各象其号[8]。

【注释】

〔1〕大阅：贾《疏》曰："谓仲冬无事，大简阅军礼。"

〔2〕孤卿建旜，大夫士建物：据孙诒让说，孤卿与大夫士所建皆画鸟隼之旟，其所异者，孤卿所建为旜之旟，大夫士所建为物之旟，以异尊卑。

〔3〕师都建旗：师，据王引之说当作“帅”。孙诒让说，帅即军帅，指六乡、六遂大夫；都指大、小都之长，采邑之主。旗，画有熊虎者，旗之制为旜(通帛)。

〔4〕州里建旟：州里，据孙诒让说，指六乡之吏。六乡之吏有乡大夫、州长、党正、族师、闾胥、比长，虽皆建旟，然斿数则异，最尊者乡大夫六斿；最卑者比长，仅一斿。

〔5〕县鄙建旐：县鄙，郑《注》说指“遂之官”，则当包括遂人、遂大夫、遂师、县正、鄙师、酂长、里宰、邻长。旐，画有龟蛇者。据孙诒让说，自县正以上旐并四斿，鄙师三斿，酂长二斿，里宰一斿，邻长不在命士中，无旗。

〔6〕道车载旞，斿车载旌：据郑《注》，道车即象路，是王早晚无事时在国都内所乘；斿车即木路，是在国都外行游所乘。案象路当建大赤(即旟)，木路当建大麾(即旐，参见《巾车》第2节)；大赤的杆饰为全羽，故曰“道车载旞”；大麾的杆饰为析羽，故曰“斿车载旌”。

〔7〕皆画其象：杜子春曰：“画，当为‘书’。”象，指所书之官事(所为之官，所掌之事)、姓名。

〔8〕“官府”至“其号”：郑《注》曰：“或谓之事，或谓之名，或谓之号，异内外也。”案官府是王之官府，在国都中，为内；州里及家(谓都家，即采邑主)则皆在国都外。据孙诒让说，经为异内外而殊其名，或曰事，或曰名，或曰号，其实所书皆同，即皆书其官事、姓名。

【译文】

到国家大阅兵的时候，协助司马颁发旗帜：王树大常，诸侯树旂，孤卿树縿和斿同色〔的旟〕，大夫士树縿和斿异色〔的旟〕，军帅和大都、小都之长树縿和斿同色的旗，乡吏树〔縿和斿异色的〕旟，县鄙官吏树旐，道车所载〔旟〕杆饰为全羽，斿车上所载〔旐〕杆饰为析羽。〔旗的縿上〕都书写各自的官事、姓名：官府各书写官事、姓名，州里官吏各书写官事、姓名，采邑主各书写官事、姓名。

3. 凡祭祀，各建其旗[1]。会同、宾客，亦如之，置旌门[2]。大丧，共铭旌[3]，建廞车之旌[4]；及葬，亦如之[5]。凡军事，建旌旗[6]，及致民置旗，弊之。甸亦如之[7]。凡射，共获旌[8]。

【注释】

〔1〕各建其旗：谓参加祭祀者，自王至诸侯、卿大夫，皆各建其旗：王建大常，诸侯建旂，孤卿建旃旜，大夫建物旜。

〔2〕置旌门：此与掌舍为官联。《天官·掌舍》曰："掌王之会同之舍，……为帷宫，设旌门。"（参见彼第1节）

〔3〕铭旌：郑《注》曰："王则大常也。"即在大常上书写王名以为棺柩的标志。

〔4〕建廞车之旌：孙诒让说，廞车即廞（陈）遣车，王遣车备五路，则所建亦五路之旗，即大常、旂、旗、旜、旐，只不过做功较粗、较小罢了。

〔5〕及葬，亦如之：据《注》《疏》，遣车在祖庙陈列时要建旗，出葬上路则去之而由人执以行，到墓地下葬时则又当建之，故曰"及葬，亦如之"。

〔6〕凡军事，建旌旗：孙诒让曰："谓凡大师戎车所建，若前大阅王建大常之等。"

〔7〕甸亦如之：谓亦为田猎之车和为致民而置旗。

〔8〕获旌：唱获者所执的旌旗。

【译文】

凡举行祭祀，〔为参加祭祀者〕各树其旌旗。参加会同、接待宾客也这样，〔并为王在外的住处〕设置旌旗以象宫门。有大丧，供给铭旌，为所陈列的遣车树旌旗，到下葬时也要为遣车树旗。凡有军事行动，〔为兵车〕树旌旗，到召集民众时也设置旌旗，〔待民众到齐后〕就把旗放倒。田猎时也这样设置旌旗。凡举行射箭比赛，供给唱获者所需的旌旗。

4. 岁时共更旌。

【译文】

每年按季供给新旗以更换旧旗。

六八、都 宗 人

1. 都宗人掌都祭祀之礼[1]，凡都祭祀，致福于国[2]。

【注释】

〔1〕掌都祭祀之礼：案“祭”，《注疏》本原误刻作“宗”，据阮校改。都，谓大都(公及王子弟的采邑)、小都(卿的采邑)。郑《注》曰：“主其礼者，警戒之，纠其戒具。”

〔2〕致福于国：谓致祭肉于王。案臣祭祀必致祭肉于君，即所谓归胙，也就是致福的意思。

【译文】

都宗人掌管都中的祭祀之礼。凡都中举行祭祀，〔祭毕〕把祭肉送给王。

2. 正都礼与其服。

【译文】

规正都中的各种礼仪和服饰。

3. 若有寇戎之事，则保群神之壝。国有大故，则令祷、祠[1]；既祭，反命于国[2]。

【注释】

〔1〕令祷、祠：令，是以王的名义命令之。祷、祠，参见《大祝》第11节注③。

〔2〕既祭，反命于国：郑《注》曰："祭，谓报塞(赛)也。反命，还白王。"

【译文】

如果有贼寇或外敌侵犯，就保护群神的祭坛。国家有大的变故，就命令〔都中官吏〕祈祷并于事后报神；报神祭后，就向王报告。

六九、家 宗 人

1. 家宗人掌家祭祀之礼[1]，凡祭祀致福。

【注释】

〔1〕家：谓大夫采邑。

【译文】

家宗人掌管家邑的祭祀之礼。凡举行祭祀〔祭毕〕都要送祭肉给王。

2. 国有大故，则令祷[1]、祠，反命。祭亦如之[2]。

【注释】

〔1〕令：据郑《注》，谓以王命令之。

〔2〕祭亦如之：祭，此谓祈祷获福后的报神之祭。亦如之，谓亦以王命令祭之。

【译文】

国家有大的变故，就命令〔家邑官吏〕祈祷、〔事后〕报神，〔然后〕向王报告。〔获福后命令举行〕报神祭，〔祭后〕也向王报告。

3. 掌家礼与其衣服、宫室、车旗之禁令。

【译文】

掌管有关家邑的礼仪及其衣服、宫室、车旗等的禁令。

七〇、神　仕

1. 凡以神仕者，掌三辰之法[1]，以犹鬼、神、示之居[2]，辨其名物。

【注释】

〔1〕三辰之法：此处的三辰，指日、月、星。案神仕是掌天地众神神位的官，天地众神皆在天上有其位，但天空广大无边，神位难以描述，因此就以日、月、星所在二十八宿及十二次的位置，来说明众神之位，即孙诒让所谓“以日、月、星辰之宿、次为识别”，这就是所谓“三辰之法”。

〔2〕以犹鬼、神、示之居：郑《注》曰：“犹，图也。居，坐也。”案图即绘制其图，坐即位。

【译文】

凡担任神仕的，掌管根据日、月、星三辰〔以确定众神神位〕之法，以绘制人鬼、天神和地神在天位置〔的图形〕，辨别它们的名称和类别。

2. 以冬日至，致天神、人鬼；以夏日至，致地示、物魅〔1〕，以桧国之凶荒，民之札丧〔2〕。

【注释】

〔1〕魅：郑《注》曰："百物之神曰魅。"

〔2〕以桧国之凶荒，民之札丧：桧，杜子春曰："桧，除也。"凶荒，札丧，参见《地官·司市》第8节注①。

【译文】

在冬至那天招致天神和人鬼〔加以祭祀〕，在夏至那天招致地神和百物之神〔加以祭祀〕，以除去国家和民众的灾荒、瘟疫。

夏官司马第四

【题解】

夏官系统共有六十九职官，大司马是其长，小司马是大司马的副手。按照《叙官》的说法，夏官是“政官”，即掌理军政之官，此说大体不误。如大司马所掌九伐之法，征收军赋，教民习战，救无辜而伐有罪，以及王亲征时掌其戒令等，皆属军政，而所掌“佐王平邦国”的“九法”，亦当以军事力量为后盾，其中的“制军诘禁”一项则纯属军事性质。本篇的《小司马》职文佚缺，仅残存数语，其详虽不可考，而由其“掌其事，如大司马之法”一语，可推知其职掌的性质亦属军政无疑。大、小司马之下的六十七属官，其中军司马、舆司马、行司马、掌疆、司甲五官职文佚缺，其他六十二官的职掌，则较复杂，虽多属掌军政者，然亦有许多与军政无关的职事，大体可以分为以下几类。第一类是掌军事或与军事有关者，有司勋、环人、挈壶氏、诸子、司右、司兵、司戈盾、司弓矢、槁人、戎右、戎仆、掌固、司险、候人、都司马、虎贲氏、旅贲氏等，凡十七职。第二类是掌天下邦国者，包括邦国的封建，疆域的划分，协调各国的关系，通财利，一度量，徕远民，致方贡等，有职方氏、量人、土方氏、怀方氏、合方氏、训方氏、形方氏、山师、川师、邍师、匡人、撢人等，凡十二职。盖对邦国的管理需依靠军事实力，故将此类职官属之司马。以上两类职官数量最多，其所掌也是夏官的最主要职责。第三类是掌养马及马政者，有校人、趣马、巫马、牧师、廋人、圉师、圉人、马质等，凡八职。盖马为军事所需，故将此类官属之司马。第四类是为王掌车者，其中戎右、戎仆掌王军车，已属之第一类中，此外还有齐右、道右、大驭、齐仆、道仆、田仆、驭夫等，凡七职，分掌王其他诸事所乘车。盖王车安全保卫第一，故将此类职官属之司马。此外还有一部分职官，则与军政无关，依《周礼》对于六官性质的划分，本当属之他官，而亦属之司马。如掌吏治及朝仪的司士，掌出纳王命的大仆、小臣，掌吏民向王的上书和奏事的御仆，掌王冕服的节服氏、弁师，以及掌寝庙杂役的隶仆，似当属之天官；掌射礼之事的缮人、射人，掌视察祭祀准备情况的祭仆，掌羊牲以供祭祀和宾客的小子、羊人，掌驯养猛兽以供祭祀的服不氏，掌射鸟、捕鸟、养鸟以供祭祀和膳羞的射鸟氏、罗氏、掌畜，掌驱疫鬼和魍魉的方相氏等等，则似当属之春官。还有掌行火之政令的司爟，则可自成一类。《周礼》之六官，要数夏官属官的职掌最为复杂错综，盖皆因作者思之未密，或尚未及修改定稿所致。《夏官》的《叙官》详载军事建置，这是《夏官》写法的一个特点。又《职方氏》详载天下九州的划分，以及各州的山川、泽薮、人民和物产，与其他职文的写法不同而颇类《禹贡》之体，这是《夏官》的又一特点。

叙　官

1. 惟王建国，辨方正位，体国经野，设官分职，以为民极。乃立夏官司马，使帅其属而掌邦政，以佐王平邦国[1]。

【注释】

〔1〕使帅其属而掌邦政，以佐王平邦国：此即《天官·大宰》所掌六典之四，所谓“四曰政典，以平邦国，以正百官，以均万民”之义。

【译文】

王建立国都，辨别方向并确定〔宗庙和朝廷的〕位置，划分都城与郊野的界限，分设官职，用作民众的榜样。于是设立夏官司马，让他率领下属而掌管天下的政典，以辅佐王使天下各国政治公平。

2. 政官之属[1]：大司马，卿一人；小司马，中大夫二人；军司马[2]，下大夫四人；舆司马[3]，上士八人；行司马，中士十有六人；旅下士三十有二人，府六人，史十有六人，胥三十有二人，徒三百有二十人。

【注释】

〔1〕政官：案因上节云夏官司马的职责是“掌邦政”，故称夏官系统的官为“政官”。

〔2〕军司马：主司对夏官系统官吏的考核。

〔3〕舆司马：及下文行司马，黄度曰：“舆司马掌车，行司马掌卒。”

【译文】

政官的属官有：大司马，由卿一人担任；小司马，由中大夫二人担任；军司马，由下大夫四人担任；舆司马，由上士八人担任；行司马，由中士十六人担任；〔还配有〕众下士三十二人，府六人，史十六人，胥三十二人，徒三百二十人。

3. 凡制军，万有二千五百人为军，王六军，大国三军，次国二军，小国一军，军将皆命卿；二千有五百人为师，师帅皆中大夫；五百人为旅，旅帅皆下大夫；百人为卒，卒长皆上士；二十五人为两，两司马皆中士；五人为伍，伍皆有长。一军则二府，六史，胥十人，徒百人。

【译文】

凡军队编制，一万二千五百人为一军，王拥有六军，大国拥有三军，次国拥有二军，小国拥有一军，军的将领都是命卿；二千五百人为一师，师帅都是中大夫；五百人为一旅，旅帅都是下大夫；一百人为一卒，卒长都是上士；二十五人为一两，两的司马都是中士；五人为一伍，每伍都有伍长。每一军配有府二人，史六人，胥十人，徒一百人。

4. 司勋[1]，上士二人，下士四人，府二人，史四人，胥二人，徒二十人。

【注释】

〔1〕司勋：郑《注》曰："勋，功也。此官主功赏。"

【译文】

司勋，由上士二人担任，下士四人为副手，〔还配有〕府二人，史四人，胥二人，徒二十人。

5. 马质[1]，中士二人，府一人，史二人，贾四人，徒八人。

【注释】

〔1〕马质：郑《注》曰："质，平也。主买马，平其大小之贾直(价值)。"

【译文】

马质，由中士二人担任，〔还配有〕府一人，史二人，贾四人，徒八人。

6. 量人[1]，下士二人，府一人，史四人，徒八人。

【注释】

〔1〕量人：是掌都城建设的规划之法以及土地度量的官。

【译文】

量人，由下士二人担任，〔还配有〕府一人，史四人，徒八人。

7. 小子[1]，下士二人，史一人，徒八人。

【注释】

〔1〕小子：郑《注》曰："主祭祀之小事。"所谓小事，谓如荐羞、饰(洗刷)牲等。

【译文】

小子，由下士二人担任，〔还配有〕史一人，徒八人。

8. 羊人[1]，下士二人，史一人，贾二人，徒八人。

【注释】

〔1〕羊人：是掌管羊牲和祭祀时杀羊等事的官。

【译文】

羊人，由下士二人担任，〔还配有〕史一人，贾二人，徒八人。

9. 司爟[1]，下士二人，徒六人。

【注释】

〔1〕司爟：爟，音 guàn。司爟是掌管有关火的政令的官。

【译文】

司爟，由下士二人担任，〔还配有〕徒六人。

10. 掌固[1]，上士二人，下士八人，府二人，史四人，胥四人，徒四十人。

【注释】

〔1〕掌固：是掌畿疆守固之事的官。

【译文】

掌固，由上士二人担任，下士八人为副手，〔还配有〕府二人，史四人，胥四人，徒四十人。

11. 司险[1]，中士二人，下士四人，史二人，徒四十人。

【注释】

〔1〕司险：掌守险阻的官。

【译文】

司险，由中士二人担任，下士四人为副手，〔还配有〕史二人，徒四十人。

12. 掌疆[1]，中士八人，史四人，胥十有六人，徒百有六十人。

【注释】

〔1〕掌疆：贾《疏》曰："其职文缺，未知其事，盖掌守疆界，亦是禁戒之事。"

【译文】

掌疆，由中士八人担任，〔还配有〕史四人，胥十六人，徒一百六十人。

13. 候人[1]，上士六人，下士十有二人，史六人，徒百有二十人。

【注释】

〔1〕候人：郑《注》曰："候迎宾客之来者。"

【译文】

候人，由上士六人担任，下士十二人为副手，〔还配有〕史六人，徒一百二十人。

14. 环人[1]，下士六人，史二人，徒十有二人。

【注释】

〔1〕环人：是掌致师（对敌挑战）和查察军中奸慝等事的官。

【译文】

环人，由下士六人担任，〔还配有〕史二人，徒十二人。

15. 挈壶氏[1]，下士六人，史二人，徒十有二人。

【注释】

〔1〕挈壶氏：是掌悬壶滴漏以记时刻的官。

【译文】

挈壶氏，由下士六人担任，〔还配有〕史二人，徒十二人。

16. 射人[1]，下大夫二人，上士四人，下士八人，府二人，史四人，胥二人，徒二十人。

【注释】

〔1〕射人：是掌朝位及射礼等事的官。

【译文】

射人，由下大夫二人担任，上士四人为副手，〔还配有〕下士八人，府二人，史四人，胥二人，徒二十人。

17. 服不氏[1]，下士一人，徒四人。

【注释】

〔1〕服不氏：掌驯兽及射箭比赛时充任唱获者的官。

【译文】

服不氏，由下士一人担任，〔还配有〕徒四人。

18. 射鸟氏[1]，下士一人，徒四人。

【注释】

〔1〕射鸟氏：是掌射鸟及射箭比赛时取矢的官。

【译文】

射鸟氏，由下士一人担任，〔还配有〕徒四人。

19. 罗氏[1]，下士一人，徒八人。

【注释】

〔1〕罗氏：郑《注》曰：“掌以罗网捕鸟者。”

【译文】

罗氏，由下士一人担任，〔还配有〕徒八人。

20. 掌畜[1]，下士二人，史二人，胥二人，徒二十人。

【注释】

〔1〕掌畜：是掌畜养鸟的官。

【译文】

掌畜，由下士二人担任，〔还配有〕史二人，胥二人，徒二十人。

21. 司士[1]，下大夫二人，中士六人，下士十有二人，府二人，史四人，胥四人，徒四十人。

【注释】

〔1〕司士：是掌朝位以及掌管有关士的政令的官。

【译文】

司士，由下大夫二人担任，中士六人为副手，〔还配有〕下士十二人，府二人，史四人，胥四人，徒四十人。

22. 诸子〔1〕，下大夫二人，中士四人，府二人，史二人，胥二人，徒二十人。

【注释】

〔1〕诸子：亦称庶子，郑《注》曰：“主公卿大夫士之子者。”

【译文】

诸子，由下大夫二人担任，中士四人为副手，〔还配有〕府二人，史二人，胥二人，徒二十人。

23. 司右〔1〕，上士二人，下士四人，府四人，史四人，胥八人，徒八十人。

【注释】

〔1〕司右：是掌管车右的官。贾《疏》曰：“王车之右，执干戈以卫王。”

【译文】

司右，由上士二人担任，下士四人为副手，〔还配有〕府四人，史四人，胥八人，徒八十人。

24. 虎贲氏〔1〕，下大夫二人，中士十有二人，府二人，史八人，胥八十人，虎士八百人〔2〕。

【注释】

〔1〕虎贲氏：是掌王出入时充任仪卫之事的官。

〔2〕虎士：即徒。郑《注》曰：“不言徒，曰虎士，则虎士徒之选有勇力者。”

【译文】

虎贲氏，由下大夫二人担任，中士十二人为副手，〔还配有〕府二人，史八人，胥八十人，虎士八百人。

25. 旅贲氏[1]，中士二人，下士十有六人，史二人，徒八人。

【注释】

〔1〕旅贲氏：是执戈盾在王车左右护卫王的官。贾《疏》曰："言旅见其众，言贲见其勇。"

【译文】

旅贲氏，由中士二人担任，下士十六人为副手，〔还配有〕史二人，徒八人。

26. 节服氏[1]，下士八人，徒四人。

【注释】

〔1〕节服氏：是掌王冕服的官。

【译文】

节服氏，由下士八人担任，〔还配有〕徒四人。

27. 方相氏[1]，狂夫四人[2]。

【注释】

〔1〕方相氏：是掌扮作恐怖之貌执戈举盾以惊驱疫疠之鬼者。

〔2〕狂夫：孙诒让曰："亦武士之类。……狂夫无爵，盖与虎贲氏虎

士同。”

【译文】

方相氏，由狂夫四人担任。

28. 大仆〔1〕，下大夫二人；小臣〔2〕，上士四人；祭仆〔3〕，中士六人；御仆〔4〕，下士十有二人。府二人，史四人，胥二人，徒二十人。

【注释】

〔1〕大仆：郑《注》曰：“仆，侍御于尊者之名，大仆其长也。”

〔2〕小臣：是掌传达王的小命令及诏相王小仪法等事的官。

〔3〕祭仆：是掌祭祀时警戒和纠察百官等事的官。

〔4〕御仆：是掌为王接受群吏及民众奏书等事的官。

【译文】

大仆，由下大夫二人担任；小臣，由上士四人担任；祭仆，由中士六人担任；御仆，由下士十二人担任。〔还配有〕府二人，史四人，胥二人，徒二十人。

29. 隶仆〔1〕，下士二人，府一人，史二人，胥四人，徒四十人。

【注释】

〔1〕隶仆：是为王掌扫除洗刷等劳作之事的官。

【译文】

隶仆，由下士二人担任，〔还配有〕府一人，史二人，胥四人，徒四十人。

30. 弁师[1]，下士二人，工四人[2]，史二人，徒四人。

【注释】

〔1〕弁师：是为王掌弁冕等首服的官。

〔2〕工：孙诒让曰："为弁冠及治弁饰等之工。"

【译文】

弁师，由下士二人担任，〔还配有〕工四人，史二人，徒四人。

31. 司甲[1]，下大夫二人，中士八人，府四人，史八人，胥八人，徒八十人。

【注释】

〔1〕司甲：郑《注》曰："司甲兵戈盾官之长。"

【译文】

司甲，由下大夫二人担任，中士八人为副手，〔还配有〕府四人，史八人，胥八人，徒八十人。

32. 司兵[1]，中士四人，府二人，史四人，胥二人，徒二十人。

【注释】

〔1〕司兵：是掌五兵、五盾的官。

【译文】

司兵，由中士四人担任，〔还配有〕府二人，史四人，胥二人，徒二十人。

33. 司戈盾[1]，下士二人，府一人，史二人，徒四人。

【注释】

〔1〕司戈盾：是掌戈盾之物的官。

【译文】

司戈盾，由下士二人担任，〔还配有〕府一人，史二人，徒四人。

34. 司弓矢[1]，下大夫二人，中士八人，府四人，史八人，胥八人，徒八十人。

【注释】

〔1〕司弓矢：郑《注》曰："弓弩矢箙官之长。"

【译文】

司弓矢，由下大夫二人担任，中士八人为副手，〔还配有〕府四人，史八人，胥八人，徒八十人。

35. 缮人[1]，上士二人，下士四人，府一人，史二人，胥二人，徒二十人。

【注释】

〔1〕缮人：是掌王所用弓弩矢箙等射具的官。郑《注》曰："缮之言

劲也，善也。”

【译文】

缮人，由上士二人担任，下士四人为副手，〔还配有〕府一人，史二人，胥二人，徒二十人。

36. 槁人〔1〕，中士四人，府二人，史四人，胥二人，徒二十人。

【注释】

〔1〕槁人：是掌弓弩箭矢的官。孙诒让说，“槁”当作“稿”。

【译文】

稿人，由中士四人担任，〔还配有〕府二人，史四人，胥二人，徒二十人。

37. 戎右〔1〕，中大夫二人，上士二人。

【注释】

〔1〕戎右：是王的军车(戎路)的车右，亦称参乘。

【译文】

戎右，由中大夫二人担任，上士二人为副手。

38. 齐右〔1〕，下大夫二人。

【注释】

〔1〕齐右：齐，音 zhāi。下齐仆之“齐”音同。齐右，是王的玉路、

金路的车右。

【译文】

齐右，由下大夫二人担任。

39. 道右[1]，上士二人。

【注释】

〔1〕道右：是王的象路的车右。

【译文】

道右，由上士二人担任。

40. 大驭[1]，中大夫二人。

【注释】

〔1〕大驭：是为王掌驭玉路者，郑《注》说，是驭者中最尊者。

【译文】

大驭，由中大夫二人担任。

41. 戎仆[1]，中大夫二人。

【注释】

〔1〕戎仆：是为王掌驭戎路者。

【译文】

戎仆，由中大夫二人担任。

42. 齐仆[1]，下大夫二人。

【注释】

〔1〕齐仆：是为王掌驭金路者。

【译文】

齐仆，由下大夫二人担任。

43. 道仆[1]，上士十有二人。

【注释】

〔1〕道仆：是为王掌驭象路者。

【译文】

道仆，由上士十二人担任。

44. 田仆[1]，上士十有二人。

【注释】

〔1〕田仆：是为王掌驭田路(即木路)者。

【译文】

田仆，由上士十二人担任。

45. 驭夫[1]，中士二十人，下士四十人。

【注释】

〔1〕驭夫：是为王掌驭贰车、从车、使车者。

【译文】

驭夫，由中士二十人担任，下士四十人为副手。

46. 校人〔1〕，中大夫二人，上士四人，下士十有六人，府四人，史八人，胥八人，徒八十人。

【注释】

〔1〕校人：郑《注》曰："马官之长。"

【译文】

校人，由中大夫二人担任，上士四人为副手，〔还配有〕下士十六人，府四人，史八人，胥八人，徒八十人。

47. 趣马〔1〕，下士皂一人〔2〕，徒四人。

【注释】

〔1〕趣马：郑《注》曰："趣(督促)养马者也。"

〔2〕皂：《校人》曰："三乘为皂。"案每乘四马，是十二匹马为一皂，设一趣马。

【译文】

趣马，每皂由下士一人担任，〔还配有〕徒四人。

48. 巫马〔1〕，下士二人，医四人，府一人，史二人，贾二人，徒二十人。

【注释】

〔1〕巫马：是掌疗养马疾的官。

【译文】

巫马，由下士二人担任，〔还配有〕马医四人，府一人，史二人，贾二人，徒二十人。

49. 牧师[1]，下士四人，胥四人，徒四十人。

【注释】

〔1〕牧师：郑《注》曰："主牧放马而养之。"

【译文】

牧师，由下士四人担任，〔还配有〕胥四人，徒四十人。

50. 廋人[1]，下士闲二人，史二人，徒二十人。

【注释】

〔1〕廋人：廋(音 sōu)人，是为王掌十二闲之马政的官。闲，养马的木栏。

【译文】

廋人，每闲下士二人，史二人，徒二十人。

51. 圉师[1]，乘一人[2]，徒二人。圉人[3]，良马匹一人，驽马丽一人[4]。

【注释】

〔1〕圉师：是掌教圉人养马等事的官。

〔2〕乘：郑《注》曰："四马为乘。"

〔3〕圉人：是掌养马的官。

〔4〕丽：郑《注》曰："耦也。"

【译文】

圉师，每四匹马一人，〔还配有〕徒二人。圉人，好马每匹一人，低能的马每二匹一人。

52. 职方氏[1]，中大夫四人，下大夫八人，中士十有六人，府四人，史十有六人，胥十有六人，徒百有六十人。

【注释】

〔1〕职方氏：郑《注》曰："职，主也，主四方之职贡者。职方氏，主四方官之长。"

【译文】

职方氏，由中大夫四人担任，下大夫八人为副手，〔还配有〕中士十六人，府四人，史十六人，胥十六人，徒一百六十人。

53. 土方氏[1]，上士五人，下士十人，府二人，史五人，胥五人，徒五十人。

【注释】

〔1〕土方氏：郑《注》曰："主四方邦国之土地。"

【译文】

土方氏，由上士五人担任，下士十人为副手，〔还配有〕府二人，史五人，胥五人，徒五十人。

54. 怀方氏[1]，中士八人，府四人，史四人，胥四人，徒四十人。

【注释】

〔1〕怀方氏：郑《注》曰："怀，来也。主来四方之民及其物。"

【译文】

怀方氏，由中士八人担任，〔还配有〕府四人，史四人，胥四人，徒四十人。

55. 合方氏[1]，中士八人，府四人，史四人，胥四人，徒四十人。

【注释】

〔1〕合方氏：是掌统一天下的器具、度量和好恶等事的官。

【译文】

合方氏，由中士八人担任，〔还配有〕府四人，史四人，胥四人，徒四十人。

56. 训方氏[1]，中士四人，府四人，史四人，胥四人，徒四十人。

【注释】

〔1〕训方氏：郑《注》曰："训，导也，主教四方之民。"

【译文】

训方氏，由中士四人担任，〔还配有〕府四人，史四人，胥四人，徒四十人。

57. 形方氏[1]，中士四人，府四人，史四人，胥四人，徒四十人。

【注释】

〔1〕形方氏：是负责正定四方邦国封疆的官。

【译文】

形方氏，由中士四人担任，〔还配有〕府四人，史四人，胥四人，徒四十人。

58. 山师[1]，中士二人，下士四人，府二人，史四人，胥四人，徒四十人。

【注释】

〔1〕山师：是掌辨山林之名物及其利害的官。

【译文】

山师，由中士二人担任，下士四人为副手，〔还配有〕府二人，史四人，胥四人，徒四十人。

59. 川师[1]，中士二人，下士四人，府二人，史四人，胥四人，徒四十人。

【注释】

〔1〕川师：是掌辨川泽之名物及其利害的官。

【译文】

川师，由中士二人担任，下士四人为副手，〔还配有〕府二人，史四人，胥四人，徒四十人。

60. 原师[1]，中士四人，下士八人，府四人，史八人，胥八人，徒八十人。

【注释】

〔1〕原师：原师，是掌辨四方地形以察其可建封邑处的官。

【译文】

原师，由中士四担任，下士八人为副手，〔还配有〕府四人，史八人，胥八人，徒八十人。

61. 匡人[1]，中士四人，史四人，徒八人。

【注释】

〔1〕匡人：是掌以法则匡正诸侯的官。

【译文】

匡人，由中士四人担任，〔还配有〕史四人，徒八人。

62. 撢人[1]，中士四人，史四人，徒八人。

【注释】

〔1〕撢人：撢，音 tàn，同“探”。撢人，郑《注》曰：“主探序王意(案‘王’《注疏》本原误作‘主’，据阮校改)，以语天下。”是为宣达王旨之官。

【译文】

撢人，由中士四人担任，〔还配有〕史四人，徒八人。

63. 都司马[1]，每都上士二人，中士四人，下士八人，府二人，史八人，胥八人，徒八十人。

【注释】

〔1〕都司马：都，即采邑中的大都、小都。都司马，郑《注》曰："主其军赋。"

【译文】

都司马，每都由上士二人担任，中士四人为副手，〔还配有〕下士八人，府二人，史八人，胥八人，徒八十人。

64. 家司马[1]，各使其臣[2]，以正于公司马[3]。

【注释】

〔1〕家司马：家，谓卿大夫之采邑。家司马主其军赋。

〔2〕各使其臣：郑《注》曰："各自使其家臣为司马。"

〔3〕正于公司马：郑《注》曰："正，犹听也。公司马，国司马也。"又曰："往听政于王之司马。王之司马其以王命来有事，则曰国司马。"

【译文】

家司马，各使自己的家臣担任，而听命于公司马。

一、大司马

1. 大司马之职，掌建邦国之九法[1]，以佐王平邦国[2]。制畿封国，以正邦国；设仪辨位，以等邦国；进贤兴功，以作邦国[3]；建牧立监[4]，以维邦国；制军诘禁[5]，以纠邦国；施贡分职[6]，以任邦国；简稽乡民，以用邦国；均守平则[7]，以安邦国；比小事大[8]，以和邦国。

【注释】

〔1〕九法：即下文所说自“制畿封国”至“比小事大”九项。

〔2〕平：郑《注》曰：“成也，正也。”孙诒让曰：“谓成其政治，正其违僭。”

〔3〕作：郑《注》曰：“起也，起其劝善乐业之心，使不堕废。”

〔4〕建牧立监：郑《注》曰：“牧，州牧也。监，监一国，谓君也。”

〔5〕制军诘禁：制军，贾《疏》说，即上文所谓大国三军，次国二军，小国一军（参见本篇《叙官》第3节）。诘，郑《注》曰：“犹穷治也。”

〔6〕职：郑《注》曰：“谓赋税也。”

〔7〕均守平则：郑《注》曰：“诸侯有土地者均之，尊者守大，卑者守小。则，法也。”孙诒让曰：“均之者，谓若大司徒建五等爵土之差，爵尊则地大，爵卑则地小，均平之使各守其境土也。”

〔8〕比：郑《注》曰：“犹亲。”

【译文】

大司马的职责，负责建立有关诸侯国的九项法则，以辅佐王成就诸侯国的政治。制定诸侯国的封域，以正定它们的疆界；为诸侯国设立仪法、辨别〔君臣的〕尊卑之位，以明确诸侯国〔君臣的〕等级；进用和荐举贤能有功的人，以激发诸侯国〔臣民的进取心〕；设立州牧和国君，以维系邦国的臣民；建立军队、惩治和严禁违法者，以纠正邦国的失误；分配诸侯国应缴的贡赋，以确定诸侯国的合理负担；查核诸侯国的乡民数，以便诸侯国任用民力；〔根据诸侯国爵位的尊卑和拥有土地的大小〕，建立合理的守卫土地之法，以安定诸侯国。〔使大国〕亲小国、〔小国〕服事大国，以使各诸侯国和睦相处。

2. 以九伐之法正邦国[1]。冯弱犯寡，则眚之[2]；贼贤害民，则伐之；暴内陵外，则坛之[3]；野荒民散，则削之；负固不服，则侵之[4]；贼杀其亲，则正之[5]；放弑其君，则残之[6]；犯令陵政，则杜之[7]；外内乱，鸟兽行，则灭之。

【注释】

〔1〕以九伐之法正邦国：郑《注》曰："诸侯有违王命，则出兵以征伐之，所以正之也。"案下文所述九项，皆属违王命而当伐者。

〔2〕冯弱犯寡，则眚之：郑《注》曰："冯，犹乘陵也。言不字（亲）小而侵侮之。眚，犹人眚瘦也。《王霸记》曰：'四面削其地。'"

〔3〕坛之：坛，是"墠"的假借字。墠，音 shàn。墠之，郑《注》曰："谓置之空墠，以出其君，更立其次贤者。"惠士奇曰："置之空墠之地，幽之也。"

〔4〕侵之：郑《注》曰："加兵其境而已，用兵浅者也。"

〔5〕贼杀其亲，则正之：亲，孙诒让曰："凡五服之内为亲。"正之，郑《注》曰："执而治其罪。"

〔6〕残：郑《注》曰："杀也。"

〔7〕犯令陵政，则杜之：郑《注》曰："陵政者，轻政法，不循也。杜之者，杜塞使不得与邻国交通。"

【译文】

用九伐之法规正诸侯国。〔诸侯有〕以强陵弱、以大侵小的，就削弱他；有杀害贤良和民众的，就讨伐他；有对内暴虐、对外欺陵邻国的，就幽禁他〔而更立新君〕；有土地荒芜、人民离散的，就削减他的封地；有依仗险固地形而不服从的，就派兵进入他的国境〔以示惩罚〕；有无辜杀害亲族的，就抓起来治罪；有放逐或弑杀他的国君的，就杀死他；有违犯王的命令、轻视国家政法的，就杜塞他同邻国交通的途径；有外内悖乱人伦，行为如同禽兽的，就诛灭他。

3. 正月之吉，始和布政于邦国都鄙，乃悬政象之法于象魏，使万民观政象，挟日而敛之[1]。

【注释】

〔1〕“正月”至“敛之”：参见《天官·大宰》第11节。“布政”的政即政法，亦即《大宰》所谓“政典”（见彼第1节）。

【译文】

〔周历〕正月初一，开始向各诸侯国和王畿内的采邑宣布政法，把形成文字的政法悬挂在象魏上，让万民观看政法，过十天而后收藏起来。

4. 乃以九畿之籍[1]，施邦国之政职。方千里曰国畿，其外方五百里曰侯畿，又其外方五百里曰甸畿，又其外方五百里曰男畿，又其外方五百里曰采畿，又其外方五百里曰卫畿，又其外方五百里曰蛮畿，又其外方五百里曰夷畿，又其外方五百里曰镇畿，又其外方五百里曰蕃畿。

【注释】

〔1〕九畿之籍：郑《注》曰：“畿，犹限也。”又曰：“籍，其礼差之书也。”

【译文】

依照划分九畿的簿籍，分施各诸侯国所当奉行的政治和职责。地方千里是国畿，国畿之外地方五百里是侯畿，侯畿之外地方五百里是甸畿，甸畿之外地方五百里是男畿，男畿之外地方五百里是采畿，采畿之外地方五百里是卫畿，卫畿之外地方五百里是蛮畿，蛮畿之外地方五百里是夷畿，夷畿之外地方五百里是镇畿，镇畿之外地方五百里是蕃畿。

5. 凡令赋〔1〕，以地与民制之。上地食者参之二〔2〕，其民可用者家三人；中地食者半，其民可用者二家五人；下地食者参之一，其民可用者家二人。

【注释】

〔1〕赋：刘沅曰："兵也。以地之美恶，人之众寡而制兵。"

〔2〕上地食者三之二：郑司农曰："假令一家有三顷，岁种二顷，休其一顷。"下放此。

【译文】

凡征兵，依据土地的好坏和人口的多少来制定服役人数的标准。上等土地每年可耕种的占三分之二，〔休耕三分之一〕，耕种上等土地的农民可用以服役的每家三人；中等土地每年可耕种的占一半，〔休耕一半〕，耕种中等土地的农民可用以服役的每二家五人；下等土地每年可耕种的占三分之一，〔休耕三分之二〕，耕种下等土地的农民可用以服役的每家二人。

6. 中春，教振旅〔1〕，司马以旗致民，平列陈，如战之陈。辨鼓、铎、镯、铙之用：王执路鼓，诸侯执贲鼓，军将执晋鼓〔2〕，师帅执提〔3〕，旅帅执鼙〔4〕，卒长执铙，两司马执铎，公司马执镯〔5〕。以教坐〔6〕、作、进、退、疾、徐、疏数之节。遂以蒐田〔7〕。有司表貉，誓民〔8〕，鼓，遂围禁。火弊〔9〕，献禽以祭社〔10〕。

【注释】

〔1〕振旅：本指战罢回师，此处指借春田以习战。郑《注》曰：“凡师，出曰治兵，入曰振旅，皆习战也。”

〔2〕“辨鼓”至“晋鼓”：参见《地官·鼓人》第2节。

〔3〕师帅执提：师帅，即下文所述旅帅、卒长、两司马。提，即提鼓，据孙诒让说，是一种有柄可提持以击的鼓，较鼙鼓稍大。

〔4〕鼙：即应鼙(参见《春官·小师》第2节注②)。

〔5〕公司马：郑《注》曰：“伍长谓之公司马，虽卑，同其号。”

〔6〕坐：江永曰：“古人之坐，两膝着席而坐于足，与跪相似。但跪者直身，臀不着地，又谓之跽。跪危而坐安。《曲礼·疏》云‘坐亦跪也’。坐通名跪，跪名不通坐，此跪坐之别也。”孙诒让曰：“此坐陈即跪地也。”

〔7〕蒐：音 sōu，郑《注》曰：“春田为蒐。”

〔8〕有司表貉：有司，谓肆师、甸祝。黄以周《通故·田礼通故》曰：“肆师为表貉之位，甸祝掌表貉之祝号。”郑《注》曰：“立表而貉祭也。”（参见《春官·肆师》第6节注⑤）

〔9〕誓民：誓，诫也。郑《注》曰：“誓以犯田法之罚也。”

〔10〕火弊：火，是焚烧荒草所燃之火，其作用有二：一为驱兽，即所谓火田；二为烧除陈草以利生新草。将要围猎时放火，田猎停止则止火，即此所谓火弊。郑《注》曰：“春田主用火，因焚莱除陈草，皆杀(谓猎杀)而火止。”

【译文】

仲春，教〔民众〕习战。大司马用旗召集民众，整编队列阵形，如同实战时那样列阵。〔教民众〕辨别鼓、铎、镯、铙的用途。王执掌路鼓，诸侯执掌贲鼓，军将执掌晋鼓，师帅执掌提鼓，旅帅执掌鼙鼓，卒长执掌铙，两司马执掌铎，公司马执掌镯。教〔民众〕坐下、起立、前进、后退、快速、慢速，以及距离疏密的节度。接着便用他们进行春季田猎，有关官吏在立表处举行貉祭，警诫民众〔不要违犯有关田猎之法〕，然后击鼓，于是开始围猎。〔焚烧野草的〕火停止燃烧，然后进献所猎获的兽以祭祀社神。

7. 中夏，教茇舍〔1〕，如振旅之陈。群吏撰车徒〔2〕，读书契〔3〕。辨号名之用〔4〕：帅以门名〔5〕，县鄙各以其名〔6〕，家以号名〔7〕，乡以州名〔8〕，野以邑名〔9〕，百官各象其事〔10〕，以辨军之夜事。其他皆如振旅。遂以苗田〔11〕，如蒐之法〔12〕。车弊，献禽以享礿〔13〕。

【注释】

〔1〕茇舍：茇，音 pèi。郑《注》曰："茇舍，草止之也。"案草谓草野；止，息也。

〔2〕撰车徒：郑《注》曰："撰，读曰'算'。算车徒，谓数择之也。"贾《疏》曰："皆选择其在车甲士三人，步徒七十二人之等。"

〔3〕读书契：郑《注》曰："以簿书校录军实之凡要。"孙诒让曰："军实，谓兵甲器械。"

〔4〕号名：郑《注》曰："徽识，所以相别也。"案此所谓号名，实指属，即正旗的副旗(参见《春官·司常》第 1 节注②)。

〔5〕帅以门名：郑《注》曰："帅，谓军将及师帅、旅帅，至伍长也。以门名者，所被徽识如其在门所树者也。"案此处"名"即"号名"之省，谓徽识，亦即属。以下诸"名"义同。郑《注》又曰："凡此言'以'也，'象'也，皆谓其制同耳。"又自此至县鄙、家、乡、野、百官六者，据郑《注》，其徽识"皆书其官与名氏焉"，亦即《司常》所谓"皆画(书)其象(指官事、姓名)焉"之义。

〔6〕县鄙：是六遂的行政组织，在此指代六遂。《司常》曰："县鄙建旐。"(见彼第 2 节)

〔7〕家以号名：家，谓都家，即采邑主。《司常》曰："家各象其号。"(同上)谓于旗的正幅上书写其官事、姓名。

〔8〕乡以州名：乡谓六乡，州谓州里，实指六乡之吏。《司常》曰"州里建旟"，又曰"州里各象其名"(同上)，即于其旟的正幅上书写各自的官事、姓名。

〔9〕野：谓郊外之地，包括甸、稍、县、都，野中设有公邑，公邑之长谓公邑大夫，而此处之野即指代公邑大夫，故郑《注》曰："野谓公邑大夫。"

〔10〕百官各象其事：案《司常》曰"官府各象其事"(见彼第 2

节)，与此义同。

〔11〕苗田：郑《注》曰："夏田为苗。"

〔12〕如蒐之法：贾《疏》曰："如上蒐时有司表貉、誓民、令鼓，遂围禁之等。"

〔13〕礿：郑《注》曰："宗庙之夏祭也。"

【译文】

仲夏，教〔民众〕在草野之地宿营，如同仲春教民习战那样布阵。选择车辆和兵众〔加以配合〕，阅读簿册〔校核兵甲器械〕。〔教民众〕辨别各种徽识的用途：各级军帅的徽识都与他们军营门前所树旌旗书写同样的官事、姓名，六遂的徽识各与本遂的旌旗书写同样的官事、姓名，采邑主的徽识各与本采邑的旌旗书写同样的官事、姓名，六乡官吏的徽识各与本官的旌旗书写同样的官事、姓名，公邑大夫的徽识都与各邑的旌旗书写同样的官事、姓名，各官府的徽识都与它们的旌旗书写同样的官事、姓名，以便夜间军事行动好辨别。其他方面都同仲春教民习战那样。接着进行夏季田猎，如同春季田猎之法。车停止追逐野兽，〔田猎结束〕，便进献所猎获的野兽祭祀宗庙。

8. 中秋，教治兵，如振旅之陈。辨旗物之用。王载大常〔1〕，诸侯载旂，军吏载旗，师都载旜〔2〕，乡家载物〔3〕，郊野载旐〔4〕，百官载旟，各书其事与其号焉。其他皆如振旅。遂以狝田〔5〕，如蒐田之法。罗弊，致禽以祀祊〔6〕。

【注释】

〔1〕大常：及下旂、旗、旜、物、旐、旟，皆旌旗名(参见《春官·司常》第2节)。

〔2〕师都载旜：师，当作"帅"(参见《司常》第2节注③)。据《司常》，帅都建旗(画有熊虎者)，而此处说"载旜"，当互见(参见

同上)。

〔3〕乡家载物：乡，谓乡吏，与《司常》“州里”同(参见彼第2节注④)。家，《注疏》本原误作“遂”，据阮校改，谓家邑(即大夫的采邑)之长。案《司常》曰“州里建旟”，当与此互见。旟，画有鸟隼者。

〔4〕郊野载旐：郊野，指郊野的公邑大夫。孙诒让曰：“郊遂公邑地相连比，故同载旐。”案旐，画有龟蛇者(参见《司常》第1节)。

〔5〕狝：音 xiǎn，郑《注》曰：“秋田为狝。”

〔6〕祊：郑《注》曰：“当为‘方’，声之误也。秋田主祭四方，报成万物。”

【译文】

仲秋，教〔民众〕演习作战，如同仲春教民习战那样布阵。教民辨别各种旌旗的用途。王树大常，诸侯树旂，军吏树旗，军帅和大都、小都之长树缕和斿同色的〔旗〕，乡吏和家邑之长树缕和斿不同色的〔旟〕，郊野〔的公邑大夫〕树旐，王的百官树旟，各旗的缕上都书写各自的官事、姓名。其他方面都同仲春教民习战那样。接着进行秋季田猎，如同春季田猎之法。停止用网捕兽，〔田猎结束〕，集中所猎获的兽并用以祭祀四方之神。

9. 中冬，教大阅。前期，群吏戒众庶[1]，修战法。虞人莱所田之野为表[2]，百步则一，为三表，又五十步为一表[3]。田之日，司马建旗于后表之中，群吏以旗物、鼓、铎、镯、铙各帅其民而致。质明弊旗，诛后至者，乃陈车徒，如战之陈，皆坐。群吏听誓于陈前[4]，斩牲以左右徇陈，曰：“不用命者，斩之!”中军以鼙令鼓[5]，鼓人皆三鼓。司马振铎[6]，群吏作旗，车徒皆作，鼓行，鸣镯，车徒皆行，及表乃止。三鼓，摝铎[7]，群吏弊旗，车徒皆坐。又三鼓，振铎，作旗，车徒皆作。鼓进，鸣镯，车骤，徒趋，及表乃止，坐、作如初。乃鼓，车驰，徒走，及表乃止。鼓戒三阕[8]，车三发，徒三刺，乃鼓退[9]，鸣铙[10]，且却，及表乃止[11]，坐、作如初[12]。遂以狩田[13]。以旌为左右和之门[14]，君吏各帅其车徒以叙和出，左右陈车徒，有司平之[15]。旗居卒闲以分地[16]，前后有屯百步[17]，有司巡其前后。险野人为主，易野车为主[18]。既陈，乃设驱逆之车[19]，有司表貉于陈前[20]。中军以鼙令鼓。鼓人皆三鼓，群司马振铎，车徒皆作，遂鼓行，徒衔枚而进。大兽公之，小禽私之，获者取左耳。及所弊[21]，鼓皆骇，车徒皆噪[22]。徒乃弊，致禽馌兽于郊[23]，入献禽以享烝[24]。

【注释】

〔1〕群吏：郑《注》曰："乡师以下。"案乡师以下，还有州长、党正、族师等，但不包括乡大夫，因为乡大夫不掌田役致众之事。

〔2〕莱所田之野为表：莱，方苞《集注》曰："芟除其草莱，令车徒可陈列也。"表，标志。孙诒让说是"树木为表"。

〔3〕"百步"至"一表"：据孙诒让说，表是从南向北而设，第一表叫做前表(或称四表)，往北间隔百步为三表，再往北间隔百步为二表，再往北间隔五十步为后表(最北一表)，四表间隔总计二百五十步。又据《注》《疏》说，表立于可列阵之空地(即虞人所芟之地)的中央，表的左右两边各容三军之众。

〔4〕群吏听誓于陈前：郑《注》曰："群吏，诸军帅也。"案即前之乡吏，此时则为军帅。又据《注》《疏》，士卒是面朝北坐以听誓，群吏则出列到后表之北，面朝南面向后表、与士卒相向而立以听誓。孙诒让曰："誓以军法。"

〔5〕中军：郑《注》曰："中军之将也。天子六军，三三而居一偏。"即谓表的左右各三军。江永曰："中军，元帅也。……如王在军，则王为中军。"

〔6〕司马振铎：郑《注》曰："司马，两司马也。振铎以作众。"两

司马，参见本篇《叙官》第3节。

〔7〕掩铎：掩，音lù。掩铎，盖以手捂住铎口，使其声闷哑，以示停止前进。

〔8〕鼓戒三阕：郑《注》曰："鼓戒，戒攻敌。"案这里的戒，有警众之义，实际就是命令兵众向敌进攻。阕，止也。三阕，犹言三次。

〔9〕乃鼓退：贾《疏》曰："谓至南表，军吏及士卒回身向北，更从南为始也。"是此所谓退，实际是调转方向再由南向北进攻。

〔10〕鸣铙：郑《注》曰："军退，卒长鸣铙以和众，鼓人为之止也。"案百人为卒，卒长执铙，由卒长鸣铙。和众者，协调兵众后退的步伐，以免发生紊乱。铙鸣则鼓止。

〔11〕及表乃止：郑《注》曰："自前表至后表。"

〔12〕坐、作如初：案退兵先后退三次：第一次退至三表，第二次退至二表，第三次才退至后表。每退一表都要坐，然后起立，再退一表，其动作同当初前进时一样。

〔13〕狩：郑《注》曰："冬田为狩。"

〔14〕以旌为左右和之门：和门即军门，军门两边树旌旗以为标志。郑《注》曰："军门曰和，今谓之垒门，立两旌以为之。"

〔15〕有司平之：有司，谓乡师。郑《注》曰："乡师居门，正其出入之行列也。"

〔16〕旗居卒闲：旗，郑《注》曰："军吏所载。"孙诒让引吴廷华曰："卒百人，卒长统之，旗居卒间，则一卒长一旗以分部也。"

〔17〕前后有屯百步：郑《注》曰："车徒异群相去之数也。"

〔18〕险野人为主，易野车为主：郑司农曰："险野人为主，人居前；易野车为主，车居前。"

〔19〕驱逆之车：即驱车和逆车，前者为驱赶野兽入围，后者为拦击野兽不使逃窜。

〔20〕有司表貉于陈前：孙诒让说，有司亦谓肆师、甸祝之属。贾《疏》曰："设车讫，即为表貉之祭于阵前也。"

〔21〕及所弊：孙诒让曰："田有界限，至其所则止。"

〔22〕鼓皆駴，车徒皆噪：郑《注》曰："疾雷击鼓曰駴（xiè）。噪，讙也。"

〔23〕致禽馌兽于郊：参见《春官·小宗伯》第13节注⑤。

〔24〕烝：冬祭宗庙曰烝。

【译文】

仲冬，教〔民众〕大检阅之礼。大检阅之前，乡吏们要告诫民众，演习战法。虞人芟除将要举行田猎的野地的荒草而设表，每百步设一表，设三表，又间隔五十步设一表。到举行田猎那天，司马在后表〔与二表的〕中间树立旗帜，乡吏们打着旗，敲着鼓、铎、镯、铙等各率领乡民到来。天亮时〔司马〕把旗帜放倒，惩罚后到的人。于是用车辆和徒众布阵，如同实战时的阵形，全体坐下。军帅们站在阵前听取〔有关军法的〕誓诫，斩杀牲给左右军阵看，说："不服从命令的，斩！"中军元帅敲击鼙鼓命令击鼓，鼓人都击鼓三通。两司马摇响金铎，军帅们举起旗帜，车辆和步兵都起立。〔鼓人〕击鼓命令前进，〔公司马〕敲响镯〔作为行进的节度〕，车辆和步兵都前进，〔从后表〕前进到二表而后停止。〔鼓人〕击鼓三通，〔两司马〕用手捂住铎口而摇铎，军帅们放下旗帜，车辆〔停止前进〕、步兵都坐下。〔鼓人〕又击鼓三通，〔两司马〕摇响金铎，〔军帅们〕举起旗帜，车辆和步兵都起立。〔鼓人〕击鼓命令前进，〔公司马〕敲响镯，车辆快速奔跑，步兵快步前进，〔从二表〕前进到三表才停止，坐下和起立都和前次一样。于是〔鼓人又〕击鼓，车辆迅猛奔驰，步兵快速奔跑，〔从三表〕前进到四表才停止。三次〔连续不断地〕击鼓命令进攻，车上〔的射手〕先后射出三发箭，步兵三次击刺。于是击鼓命令〔从南向北〕退兵，〔卒长〕敲响铙，〔兵众〕向北退，退到后表处才停止，坐下和起立都如同当初一样。接着进行冬季田猎。用旌旗分立左右作为军门，军帅们各率领车辆和步兵依次出军门，分左右用车辆和步兵布阵，乡师规正兵众出入军门的队列。旗树在卒与卒之间以划分地段，〔车和步兵〕前后分别屯驻而相距百步，乡师巡视军阵前后。〔凡布阵〕，险阻的地方步兵在前，平坦的地方车辆在前。布阵完毕，于是设置驱赶野兽的车和拦击野兽的车，肆师、甸祝等在阵前立表处举行貉祭。中军元帅敲击鼙鼓命令击鼓，鼓人击鼓三通，两司马们摇响金铎，车辆和步兵都起立，接着〔鼓人〕击鼓命令前进，步兵都口中衔枚而行。猎获大兽交给公家，小兽留给自己，猎获野兽的人割取兽的左耳〔以便计功〕。到达田猎场的边界处就停下来，鼓声震响如雷，车辆和步兵齐声欢呼。徒众于是停止田猎，就集中所猎获的禽兽并在国郊馈祭四方之神，进入国都又进献所猎获的兽以祭祀宗庙。

10. 及师〔1〕，大合军，以行禁令，以救无辜，伐有罪。

【注释】

〔1〕师：据郑《注》，谓王有事（如巡守、会同等）外出，则率军随行。

【译文】

到需要率军队〔随王出行〕时，就集合六军，执行有关的禁令，以救援无辜被侵之国，讨伐有罪的人。

11. 若大师，则掌其戒令，莅大卜〔1〕，帅执事莅衅主及军器〔2〕。及致，建大常，比军众，诛后至者。及战，巡陈视事而赏罚〔3〕。若师有功，则左执律〔4〕，右秉钺以先〔5〕，恺乐献于社。若师不功，则厌而奉主车〔6〕。王吊劳士、庶子〔7〕，则相。

【注释】

〔1〕莅大卜：郑《注》曰："卜出兵吉凶也。"案《春官·大卜》有云"大师，则贞龟"（见彼第6节），大司马则莅其贞也。

〔2〕衅主：主，郑《注》曰："谓迁庙之主及社主在军者。"据贾《疏》，负责衅主者是小子(见《小子》第4节)，而大司马莅之。

〔3〕事：郑《注》曰："谓战功也。"

〔4〕律：谓律管，郑《注》曰："律所以听军声。"（参见《春官·大师》第3节注⑤）

〔5〕钺：壮军威的大斧。

〔6〕厌而奉主车：厌，谓厌冠，即丧冠，郑《注》谓之“伏冠”，孙诒让曰：“谓冠梁低伏，不隆起也。”郑《注》又曰：“奉，犹送也。送主归于庙与社。”

〔7〕士、庶子：士，为卿大夫士之士。庶子，郑《注》曰：“卿大夫之子从军者，或谓之庶士。”

【译文】

如果王亲征，就执掌有关的戒令。〔出发前〕临视大卜占卜吉凶，率领有关官吏临视衅祭〔将随军而行的〕迁庙主和社主以及军事器械。到召集军众时，就树起〔王的〕大常旗，校核所到的军众人数，惩罚后到的人。到作战时，巡视军阵，看有无战功以施行赏罚。如果军队打了胜仗，就左手拿着律管，右手拿着钺，在军前做先导，奏凯旋之乐而向社神献功。如果军队战败，就头戴厌冠而护送载有迁庙主和社主的车〔回来〕。王吊唁、慰问〔死伤的〕士、庶子，就协助王行礼。

12. 大役[1]，与虑事，属其植[2]，受其要[3]，以待考而赏诛。大会同，则帅士、庶子，而掌其政令。若大射，则合诸侯之六耦[4]。大祭祀、飨、食，羞牲、鱼[5]，授其祭[6]。大丧，平士大夫[7]；丧祭[8]，奉诏马牲[9]。

【注释】

〔1〕大役：郑《注》曰：“筑城邑也。”

〔2〕属其植：郑《注》曰：“属，谓聚会之。”植，郑司农曰：“谓部曲将吏。”孙诒让曰：“大役人徒众多，略依军法部署，故亦有将吏。”

〔3〕要：郑《注》曰：“簿书也。”即各乡上报的役徒名册。

〔4〕合诸侯之六耦：郑《注》曰：“王射三侯，以诸侯为六耦。”王射三侯，参见《天官·司裘》第3节。耦，即射耦，参见《天官·掌次》第5节注④。

〔5〕牲、鱼：孔广林《肊测》曰：“牲，羊牲、马牲，与鱼为三。故

先言牲，后言鱼。不正言羊、马者，文省。”

〔6〕授其祭：郑《注》曰：“祭，谓宾、尸所以祭也。”案此处祭谓食前祭，谓取所当祭之物授给宾、尸行食前祭礼。

〔7〕平士大夫：郑《注》曰：“平者，正其职与其位。”

〔8〕丧祭：据郑《注》，此处指大遣奠(参见《春官·小祝》第4节注③)。孙诒让曰：“礼例，凡有尸谓之祭，无尸谓之奠。散文祭、奠亦通称，故遣奠谓之丧祭。”

〔9〕奉诏马牲：据郑《注》，奉，送也；诏，告也；谓送马牲至墓，“告而藏之”。孙诒让曰：“告谓告于柩。藏之，谓藏于棺旁椁内也。”

【译文】

兴建大的工程，参与工程的谋画，聚集役徒，接受役徒的名册，以待考核他们的成绩而决定对他们的赏罚。大会同，就率领士和庶子〔跟从王〕而掌管有关他们的政令。如果举行大射礼，就匹配诸侯为六耦。举行大祭祀、飨礼、食礼，负责进献羊牲、马牲和鱼牲，〔取当祭之物〕授给尸或宾客以行食前祭礼。有大丧，负责规正士大夫的职责与尊卑位次；举行丧祭时，奉送马牲〔到墓地〕并向死者报告。

二、小司马

小司马之职掌〔1〕……凡小祭祀〔2〕、会同、飨、射、师、田、丧纪，掌其事，如大司马之法。

【注释】

〔1〕小司马之职掌：郑《注》曰：“此下脱灭，札烂，又阙。汉兴，求之不得，遂无识其数者。”

〔2〕凡小祭祀：贾《疏》曰：“‘小祭祀’以下至‘丧纪’，皆蒙‘小’字，对大司马大祭祀之等。”案凡言小者，皆谓王不参加，其中小丧纪，据贾《疏》，谓王的三夫人以下之丧纪。

【译文】

小司马的职责掌管……凡小祭祀、小会同、小飨礼、小射礼、小征伐、小田猎、小丧事，都负责掌管其事，如同大司马〔掌管有关事项〕之法。

三、军司马(阙)

四、舆司马(阙)

五、行司马(阙)

六、司　勋

1. 司勋掌六乡赏地之法，以等其功。王功曰勋，国功曰功，民功曰庸〔1〕，事功曰劳〔2〕，治功曰力〔3〕，战功曰多。凡有功者，铭书于王之大常，祭于大烝〔4〕，司勋诏之。大功，司勋藏其贰。

【注释】

〔1〕民功：郑《注》曰："法施于民，若后稷。"案传说后稷曾教民稼穑，使民学会了播殖百谷。

〔2〕事功：郑《注》曰："以劳定国，若禹。"案传说禹平治水土，使天下国家安定。

〔3〕治功：郑《注》曰："制法成治，若咎繇。"案传说咎繇为舜制定刑法，使国家得到治理。

〔4〕祭于大烝：郑《注》曰："死则于烝先王祭之。"案烝，冬祭宗庙名。孙诒让曰："谓配享孟冬之时祭。"即烝祭宗庙时，以有功者配祭。

【译文】

司勋掌管六乡赏赐土地的法则，以〔赏赐的多少〕体现功劳的大小。辅成王业之功叫做勋，保全国家之功叫做功，有利民生之功叫做庸，勤劳定国之功叫做劳，为国制法之功叫做力，战功叫做多。凡有功劳的人，就书写他的名字和功劳在王的大常旗上，〔死后〕就在冬季祭祀宗庙时让他配食，司勋向神报告他的功劳。大功劳，由司勋收藏功劳簿的副本。

2. 掌赏地之政令[1]。凡赏无常，轻重视功，凡颁赏地，参之一食[2]。惟加田无国正[3]。

【注释】

〔1〕政令：郑《注》曰："谓役赋。"

〔2〕参之一食：郑《注》曰："赏地之税，参分计税，王食其一也，二全入于臣。"

〔3〕加田无国正：加田，郑《注》曰："既赏之，又加赐以田，所以厚恩也。"正，亦通"征"，郑司农曰："谓税也。"

【译文】

掌管有关征收所赏赐田地的赋役的政令。凡赏赐田地的多少没有一定，赏赐的轻重依据功劳的大小。凡所颁赐的赏地，〔国家收取〕三分之一的租税。只有加赐的田地国家不征税。

七、马　　质

1. 马质掌质马[1]，马量三物：一曰戎马[2]，二曰田马，三曰驽马，皆有物贾。

【注释】

〔1〕质马：王应电曰：“质者，平成之义，谓平其马价而成其交易。”

〔2〕戎马：及下田马、驽马，郑《注》曰：“此三马，买以给官府之使。”

【译文】

马质掌管评估马的价值以成交，衡量〔和购买〕三种马：一是戎马，二是田马，三是驽马，都有一定的毛色和价格。

2. 纲恶马[1]。凡受马于有司者，书其齿毛与其贾。马死，则旬之内更[2]，旬之外入马耳，以其物更，其外否[3]。

【注释】

〔1〕纲：郑《注》曰：“以縻索维纲狎习之。”

〔2〕旬之内更：更，偿也。郑《注》曰：“旬之内死者，偿以齿毛与价，受之日浅，养之恶也。”

〔3〕其外否：郑《注》曰：“旬之外逾二十日而死，不任用，非用者罪。”

【译文】

用大绳拴系悍劣的马〔加以驯养〕。凡从马质那里领受马的，记录马的年齿、毛色与马价。如果马死了，是在十天之内死的就要原价赔偿，十天之外死的就要将马耳上缴〔以便验证死马的毛色〕，依照死马的皮肉骨骼的价格加以偿还，二十天以上死的就不赔偿了。

3. 马及行[1]，则以任齐其行[2]。若有马讼，则听之。禁原蚕者[3]。

【注释】

〔1〕马及行：江永曰："此谓将远行之马，亦谓受马于有司(马质)者。"

〔2〕以任齐其行：任，是指马的负载能力以及可行里程的远近。齐，调剂。行，指马的行程，包括马的负担。这是说，马质要把马的任载能力告诉领取马而将用以远行的人，以便"齐其行"。

〔3〕禁原蚕者：原，郑《注》曰："再也。"是原蚕即一年两次养蚕，两次收获蚕茧。之所以禁原蚕，据郑《注》，因为"蚕与马同气"，而"物莫能两大"，再蚕将会伤马，故禁之。

【译文】

马将远行，就要〔告诉领取马的人〕根据马的任载能力调剂马的负担和行程。如果有〔因买卖马而〕而争讼的，就受理听断。禁止〔一年〕两次养蚕，〔以免伤马〕。

八、量　人

1. 量人掌建国之法[1]，以分国为九州，营国城郭[2]，营后宫[3]，量市、朝[4]、道、巷、门、渠。造都邑亦如之[5]。

【注释】

〔1〕建国之法：据贾《疏》，此所谓法，是指建国的“远近、广长之数”等。

〔2〕营国城郭：营，《考工记·匠人》郑《注》曰：“谓丈尺其大小。”

〔3〕后：郑《注》曰：“君也。”

〔4〕市、朝：市在宫后，朝在宫前。

〔5〕造都邑亦如之：贾《疏》曰：“谓造三等采邑，亦有城、郭、宫室、市、朝之等，故云‘如之’。”

【译文】

量人掌管营建国家的法则，划分天下的国家为九州，丈量〔将营建之国的〕国都的城郭，丈量国君的宫室，丈量市、朝、道路、里巷、宫门和沟渠。营建采邑也这样做。

2. 营军之垒、舍，量其市、朝、州涂、军社之所里〔1〕。

【注释】

〔1〕市、朝、州涂、军社之所里：州涂，郑司农曰：“还市、朝而为道里也。”是郑司农读“州”为“周”，故释之为还(环)。又所谓朝，盖军帅召集军吏处理军务处；市，参见《地官·司市》第12节注②；军社，郑《注》曰：“社主在军者。”里，郑《注》曰：“居也。”

【译文】

丈量驻军处的壁垒、营房，丈量军中的市、朝、〔市、朝〕周围的道路和军社所在之处。

3. 邦国之地与天下之涂数，皆书而藏之。

【译文】

各诸侯国的土地和天下的道路数，都记载而加以收藏。

4. 凡祭祀、飨宾，制其从献脯、燔之数量[1]。掌丧祭、奠竁之俎实[2]。

【注释】

〔1〕从献脯、燔之数量：郑《注》曰："从于献酒之肉、炙也。"案祭祀或飨宾，都设有牲俎殽馔，但在向尸或宾客献酒的时候，还有肉殽随从酒献上，这肉殽就叫做从献。脯是干肉，燔是烤肉，故郑《注》谓之肉、炙。数量，郑《注》曰："数，多少也。量，长短也。"

〔2〕丧祭、奠竁之俎实：丧祭，据贾《疏》，此谓大遣奠。竁，本谓穿圹(墓穴)，此处即指代圹。郑《注》曰："竁亦有俎实，所谓包遣奠。"案大遣奠时设有牲俎，到出葬时则包取牲肉从葬于墓穴，即所谓奠竁。俎实，即牲肉，因牲肉皆盛于俎，故称。

【译文】

凡祭祀或用飨礼招待宾客，确定随同献酒时献上的干肉或烤肉的多少和长短。掌管设大遣奠的牲肉和从葬于墓的牲肉。

5. 凡宰祭，与郁人受斝历而皆饮之[1]。

【注释】

〔1〕与郁人受斝历而皆饮之：历，据俞樾说，是"沥"的假借字，《广雅·释器》曰："沥，酒也。"余详《郁人》第3节注②。

【译文】

凡举行祭祀，同郁人一起接受〔王举以授给的〕最后一斝酒而都饮下。

九、小　子

1. 小子掌祭祀羞羊肆[1]、羊殽[2]、肉豆[3]。

【注释】

〔1〕羊肆：郑《注》曰：“‘肆’读为‘鬄’。羊鬄者，所谓豚解也。”鬄音 tì，通“剔”。羊鬄，即剔解羊，如豚解然。豚解，参见《地官·大司徒》第21节注②。

〔2〕羊殽：郑司农曰：“体解节折也。”据孙诒让说，体解亦为解割牲体的方法之一，即将牲体解割为二十一个部分，其解法，即在豚解之七体的基础上，又各解之为三，是为二十一体。

〔3〕肉豆：宋无名氏《集说》引刘氏曰：“谓切肉而以豆羞者也。”

【译文】

小子掌管祭祀时进献豚解的羊牲、体解的羊牲、盛于豆的切肉。

2. 而掌珥于社稷，祈于五祀[1]。

【注释】

〔1〕珥于社稷，祈于五祀：郑《注》曰：“‘珥’读为‘衈’。‘祈’或为‘刉’（音 jī）。刉、衈者，衅礼之事也。用毛牲曰刉，羽牲曰衈。衈、刉社稷五祀，谓始成其宫兆时也。”这是说，珥(衈)、祈(刉)都是衅礼，是在社稷坛刚修成，或宫室刚落成时进行的，前者用羽牲(鸡)，后者用毛牲(羊、犬、豕等)，取其血以涂之。五祀，据《礼记·月令》，是指宫室中的户、灶、中霤、门、行五者。

【译文】

掌管对〔新建成的〕社稷坛的衅礼，对〔新建成的宫室的〕五祀的衅礼。

3. 凡沈、辜、侯禳[1]，饰其牲[2]。

【注释】

〔1〕沈、辜、侯禳：郑司农曰："沈，谓祭川。……辜，谓磔牲以祭也。……侯禳者，候四时恶气，禳去之也。"侯禳，《春官·小祝》郑《注》释侯、禳为二事，以为侯为候嘉庆、祈福祥，禳则为禳却凶咎（参见彼第1节注②），与此郑司农说异，而郑《注》不破其说，则侯禳或得连文而为一义也。

〔2〕饰其牲：饰谓洗刷牲体以致洁。易祓说，此谓羊牲。

【译文】

凡举行埋沈、疈辜、侯禳之祭，负责洗刷所用的牲。

4. 衅邦器及军器[1]。

【注释】

〔1〕邦器：郑《注》曰："谓礼乐之器及祭器之属。"

【译文】

用牲血涂〔新制成的〕邦器和军事器械。

5. 凡师、田，斩牲以左右徇陈[1]。祭祀，赞羞，受彻焉。

【注释】

〔1〕徇陈：郑《注》曰："示犯誓必杀之。"

【译文】

凡出征或田猎，斩杀牲以巡示左右军阵。祭祀时，协助进献祭品，〔祭祀完毕〕接受所彻下的祭品。

一〇、羊　人

1. 羊人掌羊牲。凡祭祀，饰羔。祭祀，割羊牲，登其首〔1〕。凡祈珥〔2〕，共其羊牲。宾客，共其法羊。凡沈、辜、侯禳、衅、积〔3〕，共其羊牲。

【注释】

〔1〕登其首：郑《注》曰："升首于室。"

〔2〕祈珥：亦当读为"刉衈"（参见《小子》注），此处指衅庙礼。

〔3〕沈、辜、侯禳、衅、积：沈、辜、侯禳，参见《小子》注。积，据郑《注》，谓积柴，实指代禋祀、槱燎、实柴之祭。（参见《春官·大宗伯》第2节注②）

【译文】

羊人掌管羊牲。凡举行祭祀，就洗刷羔羊。祭祀时，宰杀羊牲，将羊头拿上堂〔献入室中〕。凡举行衅庙礼，供给所需的羊牲。接待宾客，供给按礼法所当供给的羊。凡举行沈埋、疈辜、侯禳、衅祭和积柴燔烟之祭，供给所需的羊牲。

2. 若牧人无牲，则受布于司马，使其贾买牲而共之。

【译文】

如果牧人那里没有〔符合要求的〕羊牲，就从司马那里领取钱，派手下的贾人去购买羊牲而供给所需。

一一、司　爟

1. 司爟掌行火之政令，四时变国火，以救时疾[1]。季春出火[2]，民咸从之。季秋内火，民亦如之。时则施火令[3]。

【注释】

〔1〕四时变国火，以救时疾：案古代钻木取火，用以取火之木，当随季节而改变，即所谓“四时变国火”。之所以要变国火，是因为时气太盛，将使人致病，故通过变更国火，来调节时气，以防救其病，故曰“以救时疾”。

〔2〕出火：郑《注》曰：“火，所以用陶冶。”孙诒让曰：“此经出、内(纳)之火，专主陶冶。”

〔3〕时则施火令：时，郑《注》曰：“焚莱之时。”孙诒让曰：“谓中春大搜及十月以后，凡田猎焚莱之时。”即指从冬十月至春二月，可以放火烧野草。施火令，据贾《疏》，谓“不掌火禁”，即令民可以放火烧荒而不禁。

【译文】

司爟掌管用火的政令，四季变更国中用以取火的木材，来防救时气造成的疾病。春三月开始用火烧陶冶炼，民众都跟着烧陶冶炼；秋九月熄灭陶冶的火，民众也这样做。到时候就施行可以放火烧荒的命令。

2. 凡祭祀，则祭爟[1]。

【注释】

〔1〕祭爟：方苞《集注》曰："祭先代出火者。"即祭祀先代发明火的人。

【译文】

凡祭祀，〔在祭祀结束时〕就行祭爟礼。

3. 凡国失火，野焚莱，则有刑罚焉。

【译文】

凡国中有失火的，或有擅自放火烧野草的，就有刑罚加以惩处。

一二、掌　固

1. 掌固掌修城郭、沟池、树渠之固[1]，颁其士庶子[2]，及其众庶之守[3]。设其饰器[4]，分其财用，均其稍食[5]，任其万民，用其材器[6]。

【注释】

〔1〕沟池、树渠：郑《注》曰："沟谓五沟及城郭外之池。"案五沟，详下《司险》；城郭外之池，即护城河。树渠，据王引之说，谓借

树木以为篱落，古曰树渠，可加强对城郭的守卫。

〔2〕士、庶子：孙诒让曰："谓县鄙公邑贵族子弟来助守御者。……已命者为士，未命而在官者为庶子。"

〔3〕众庶：郑《注》曰："民递(轮流)守固者也。"

〔4〕饰器：据郑《注》，谓兵甲。兵甲多有英饰，故称饰器。

〔5〕稍食：参见《天官·宫正》第3节注③。

〔6〕材器：据郑《注》，谓构筑防御设施所需的木材、版筑以及掘沟挖堑所需的工具等等。

【译文】

掌固掌管修筑城郭、沟池和篱落等阻固，分派士、庶子和役徒守卫任务，设置兵甲等防守器械，分拨守卫所需的财物，合理发给守卫者食粮，〔可以根据需要〕役使民众，征用他们的材物器械。

2. 凡守者受法焉，以通守政[1]，有移甲与其役财用，唯是得通，与国有司帅之，以赞其不足者。昼三巡之，夜亦如之。夜三鼜以号戒。

【注释】

〔1〕守政：据郑《注》，指有关"兵甲役财"的调度，使之合理配置。

【译文】

凡守卫者〔都从掌固那里〕接受约束的法纪，而使守卫所需财物器械得以调度流通，〔但必须是〕有必要调动的兵甲、役徒和财物，只有这一部分才能够流通，并与有关官吏率领着，以帮助守备薄弱的地方。白天要三次巡视守卫处，夜里也这样做；夜里还要三次敲击鼜鼓并发出注意警戒的呼号。

3. 若造都邑，则治其固，与其守法。凡国、都之竟，有沟树之固。郊亦如之。民皆有职焉。若有山川，则因之。

【译文】

凡建造都邑，就为之修筑阻固，并颁授守卫之法。凡王国和都邑的边境处，都开有沟渠和沿沟栽种的树木作为阻固，都城的四郊也是这样。民众都有守卫和修筑阻固的职责。如果境内有山河，就借以修筑为阻固。

一三、司　险

1. 司险掌九州之图，以周知其山林、川泽之阻，而达其道路。设国之五沟、五涂〔1〕，而树之林，以为阻固，皆有守禁，而达其道路。

【注释】

〔1〕五沟、五涂：郑《注》曰："五沟，遂、沟、洫、浍、川也。五涂，径、畛、涂、道、路也。"（参见《地官·遂人》第4节及《考工记·匠人》第10节）

【译文】

司险掌管九州的地图，以遍知各州的山林、川泽的险阻，而开通其间的道路。在国都〔郊野之地〕设置五沟、五途，而种植林木，作为阻固，〔阻固处〕都设有守禁，而使道路通达。

2. 国有故，则藩塞阻路而止行者，以其属守之，唯有节者达之。

【译文】

国家有变故，就设藩篱阻塞道路而禁止行人，用下属守卫要害处，只有持旌节的人才可通行。

一四、掌　疆(阙)

一五、候　　人

候人各掌其方之道治与其禁令，以设候人〔1〕。若有方治〔2〕，则帅而致于朝；及归，送之于竟。

【注释】

〔1〕候人：据孙诒让说，此处指候人的徒属（参见本篇《叙官》第13节）。

〔2〕方治：郑《注》曰："其方来治国事者也。"

【译文】

候人各自掌管所分管的那一方的道路的治安和有关的禁令，而分设下属〔掌管各条道路〕。如果某方〔诸侯派使者〕为治理国事而来，就引导他们而把他们送到王朝；到回国时，又把他们送到国境。

一六、环　　人

环人掌致师〔1〕。察军慝〔2〕。环四方之故〔3〕。巡邦国[4]。搏谍贼。讼敌国[5]。扬军旅。降围邑。

【注释】

〔1〕致师：犹言挑战。郑《注》曰："致师者，致其必战之志。古者将战，必使勇力之士犯敌焉。"

〔2〕军慝：郑《注》曰："慝，阴奸也。"即谓军中阴谋叛变或造谣惑众者。

〔3〕环四方之故：环，通"还"，却也。故，事也。郑《注》曰："却其以事谋来侵伐者。"

〔4〕邦国：此指王国。

〔5〕讼敌国：郑《注》曰："敌国兵来，则往之与讼曲直。"

【译文】

环人负责对敌挑战。查察军中的奸慝。〔预先〕挫败敌人的侵略阴谋。巡视王国。抓捕间谍。〔有敌国来犯，出使敌营〕与敌争辩是非曲直。宣扬军威。负责接受被包围城邑的投降。

一七、挈壶氏

1. 挈壶氏掌挈壶以令军井[1]，挈辔以令舍，挈畚以令粮[2]。

【注释】

〔1〕挈：《说文》曰："县持也。"即悬挂标志物。

〔2〕畚：用草绳编的盛粮器。

【译文】

挈壶氏掌管〔在打成的水井上〕悬挂水壶做标志以使军士们

前来汲水，〔在当宿营处〕悬挂马辔做标志以使军士们前来宿营，〔在存放军粮处〕悬挂畚做标志以使军士们前来领取粮食。

2. 凡军事，县壶以序聚柝[1]。凡丧，县壶以代哭者[2]。皆以水火守之[3]，分以日夜[4]。及冬，则以火爨鼎水而沸之，而沃之[5]。

【注释】

〔1〕县壶以序聚柝：郑司农曰："县壶以为漏。以序聚柝，以次更聚击柝备守也。"案县壶以为漏，谓悬壶以记时刻。古代以滴漏法记时，其法，据《注》、《疏》说，悬一漏壶，壶下设一器以承接壶中所漏之水，器中有刻度，依器中水所没刻度以记时，一昼夜凡百刻。是巡夜人所敲击的木梆名柝。聚柝，即两柝相聚而击之义。

〔2〕代哭：谓小敛后、大敛前，由人轮替代孝子而哭（参见《春官·小宗伯》第 15 节注⑥）。

〔3〕皆以水火守之：案漏壶中的水当常添以保持其水常满，否则就不能保持滴漏的匀速准确，故需设专人"沃漏"。以火守壶，则为照明，以便夜间随时可以观察刻数。

〔4〕分以日夜：据贾《疏》，四季昼夜长短不同，须区分之，故云"异昼夜漏"。

〔5〕"及冬"至"沃之"：郑司农曰："冬水冻，漏不下，故以火炊水，沸以沃之，谓沃漏也。"

【译文】

凡有军事行动，悬挂漏壶计时以轮流更换击柝巡夜的人。凡有丧事，悬挂漏壶计时以轮流更换代哭的人。〔所设的漏壶〕都设有专人用水火在一旁守候，并负责区分昼漏和夜漏的长短。到冬天，就用火烧沸鼎中的水，而用以注入漏壶。

一八、射　人

1. 射人掌国之三公、孤、卿、大夫之位[1]：三公北面，孤东面，卿大夫西面。其挚：三公执璧，孤执皮帛，卿执羔，大夫雁。

【注释】

〔1〕位：据孙诒让说，此指治朝的朝位。治朝在应门内、路门外。据黄度说，此处射人所掌，是初受命之公卿大夫朝见王之位，因而有挚。

【译文】

射人掌管王国的三公、孤、卿、大夫的朝位：三公面朝北而立，孤面朝东而立，卿、大夫面朝西而立。他们所拿的见面礼：三公拿玉璧，孤拿兽皮裹饰的束帛，卿拿羔羊，大夫拿鹅。

2. 诸侯在朝，则皆北面，诏相其法。若有国事[1]，则掌其戒令，诏相其事。掌其治达[2]。

【注释】

〔1〕国事：此谓祭祀。

〔2〕治达：宋本《释文》“达”作“逆”，孙诒让以为于义作“治逆”为长。“治逆”犹“复逆”（参见《天官·宰夫》第2节注③、④）。

【译文】

诸侯在王朝，都面朝北而立，告教并帮助他们履行有关的仪法。如果王有祭祀的事，就掌管有关诸侯的戒令，告教并帮助他们行助祭的事。掌管〔转达〕诸侯们对王的报告或奏书。

3. 以射法治射仪〔1〕。王以六耦〔2〕，射三侯〔3〕，三获，三容〔4〕，乐以《驺虞》〔5〕，九节，五正〔6〕。诸侯以四耦射二侯〔7〕，二获，二容，乐以《狸首》，七节，三正。孤、卿、大夫以三耦射一侯〔8〕，一获，一容，乐以《采蘋》，五节，二正。士以三耦，射豻侯〔9〕，一获，一容，乐以《采蘩》，五节，二正。

【注释】

〔1〕以射法治射仪：郑《注》曰："射法，王射之礼。治射仪，谓肄之也。"案肆，通肄，习也。此处指习大射礼。

〔2〕六耦：谓正耦数，《大司马》曰："若大射，合诸侯之六耦。"

〔3〕三侯：参见《天官·司裘》第3节。

〔4〕三获，三容：获，谓唱获者。容，即乏（参见《春官·车仆》第3节注①）。

〔5〕乐以《驺虞》：案大射礼的射箭比赛要进行三次，到第三次时要用音乐伴奏，参赛者的动作必须符合音乐的节奏。

〔6〕九节，五正：及下文七节、三正，五节、二正，据金鹗说，这里的节，犹遍，谓音乐演奏的遍数，几节即几遍。正，谓射前先奏以听的遍数，几正即先听几遍，以便熟悉乐曲的节奏。又射箭比赛每次都是射耦二人交替射四矢，因此用于射的音乐有四节就够了，故王大射"九节，五正"，诸侯"七节，三正"。然则孤、卿、大夫、士当"五节，一正"，而此经云"五节，二正"，金鹗曰："窃疑经文'二正'，'二'字当为'一'字之误。五正、三正、一正，皆降杀以两，尊卑之差也。"

〔7〕二侯：据郑司农说，为熊侯、豹侯。

〔8〕一侯：谓豹侯。

〔9〕豻侯：用豻皮饰侯中的侧边，是为豻侯（参见《天官·司裘》第3节注②）。

【译文】

依据王的射礼演习射箭的礼仪。王的射礼用六耦为正耦，设三处射侯，设三名唱获者，设三容，用《驺虞》作为伴奏的音乐，音乐演奏九遍，射前先听五遍。诸侯的射礼用四耦为正耦，设二处射侯，设二名唱获者，设二容，用《狸首》作为伴奏的音乐，音乐演奏七遍，射前先听三遍。孤、卿、大夫的射礼用三耦为正耦，设一处射侯，设一名唱获者，设一容，用《采蘋》作为伴奏的音乐，音乐演奏五遍，射前先听二遍(案当为一遍)。士的射礼用三耦为正耦，射豻侯，设一名唱获者，设一容，用《采蘩》作为伴奏的音乐，音乐演奏五遍，射前先听二遍(案当为一遍)。

4. 若王大射〔1〕，则以狸步〔2〕，张三侯。王射，则令去侯〔3〕，立于后，以矢行告〔4〕，卒，令取矢〔5〕。祭侯，则为位〔6〕。与大史数射中〔7〕。佐司马治射正〔8〕。

【注释】

〔1〕若：据孙诒让引朱大韶说，其义在此犹及也。

〔2〕以狸步：狸步为量器名，长六尺，上面刻有狸(俗所谓野猫)之形，故名。这里是指用狸步量侯道之长。

〔3〕令去侯：郑《注》曰："命负侯者去侯也。"案负侯者即获者(亦即唱获者)，射箭比赛开始前，获者当执旌背靠射侯而立，故称为负侯者。现在王将射，故令之离去，隐蔽到乏后，以防为矢所伤。

〔4〕以矢行告：郑司农引《仪礼·大射》曰："射人以矢行高下左右告于王也。曰：'大射正立于公后，以矢行告于公：下曰留，上曰扬，左右曰方。'"这是说当王射箭射得不准的时候，射人就把王射箭的毛病告诉王，以帮助王纠正：如果偏下就说"留"，偏上就说"扬"，偏左或偏右就说"方"。

〔5〕令取矢：取矢，谓拾取已射出在射侯处的矢。令者，令射鸟氏也，彼职文曰："射则取矢。"(见彼第2节)

〔6〕祭侯，则为位：案据《仪礼·大射》，射毕要祭射侯，祭侯是先把酒、脯醢和折俎献给服不氏，然后服不氏用以祭侯，祭毕再饮下所献

的酒。服不氏受献的位置，是在大侯的西北边三步远的地方。彼为诸侯射礼，王之服不氏盖亦然，唯易大侯为熊侯为异。

〔7〕数射中：郑《注》曰："数射者中侯之筭也。"案筭犹今所谓筹码，是记射中次数用的。

〔8〕射正：郑《注》曰："射之法仪也。"贾《疏》曰："射之威仪，乃是礼之正，故名射仪为射正也。"

【译文】

到王举行大射礼的时候，就用狸步测量侯道，张设三侯。王开始射箭时，就命令〔背靠射侯而立的获者〕离开射侯，然后站到王的身后，把王所射出的箭飞行的毛病告诉王，〔以帮助王纠正〕。射毕，命令〔射鸟氏〕拾取射出的矢。将要祭射侯的时候，就为〔服不氏〕确定接受献酒的位置。与大史一起数筭以计算射中的次数。协助大司马治理有关射礼的仪法。

5. 祭祀，则赞射牲，相孤、卿、大夫之法仪。会同、朝觐，作大夫介〔1〕。凡有爵者〔2〕。大师，令有爵者乘王之倅车〔3〕。有大宾客〔4〕，则作卿、大夫从〔5〕，戒大史及大夫介〔6〕。大丧，与仆人迁尸〔7〕，作卿、大夫掌事，比其庐〔8〕，不敬者，苛罚之〔9〕。

【注释】

〔1〕作大夫介：郑《注》曰："诸侯来至，王使公、卿有事焉，则作大夫使之介。"贾《疏》曰："作，使也。"案有事，据孙诒让说，谓对诸侯进行慰劳、礼赐、赠送等，王使公卿往，而由射人使大夫为介。介，即副手。

〔2〕凡有爵者：孙诒让曰："明介之外，凡使卿、大夫将事者，并此官作之。"

〔3〕倅车：倅，音 cuì，副也。倅车，郑《注》曰："戎车之副。"戎车即革路。据贾《疏》，王戎车的副车有十二乘，出征时皆从王行。

〔4〕大宾客：指来朝的诸侯。

〔5〕作卿、大夫从：郑《注》曰："作者，选使从王见诸侯。"

〔6〕戒大史及大夫介：据贾《疏》，这是指王派三公前往诸侯之馆舍传达对诸侯的命令，就由大史和大夫介随同前往，而由射人对大史和大夫介进行告诫。

〔7〕与仆人迁尸：郑《注》曰："仆人，大仆也。"又曰："王崩，小敛、大敛，迁尸于室、堂。"案王死在室内床上，小敛时要将尸从床上迁于地下，是迁尸于室也。大敛在堂上进行，要将尸从室内迁出，是迁尸于堂也。

〔8〕比其庐：孙诒让曰："谓校比其居庐之人数，并纠察其礼仪也。"案庐，谓倚庐(参见《天官·宫正》第7节注①)。

〔9〕苛：郑《注》曰："谓诘问之。"

【译文】

举行祭祀，就协助〔王〕射杀牲，协助孤、卿、大夫行祭祀的礼仪。王外出与诸侯会同，或诸侯前来朝觐，就使大夫做〔公、卿的〕副手〔前往对诸侯进行慰劳或赠赐〕。凡使卿、大夫〔与诸侯接洽，都由射人派出〕。王出征，就使卿、大夫乘坐王的军车的副车。有诸侯来朝时，就选派卿、大夫随从王〔接见〕，告诫〔随同三公前往诸侯馆舍传达王命的〕大史和做副手的大夫。有大丧，就同大仆负责迁移尸体，使卿、大夫分掌职事，查核居庐〔的人数及其是否遵守丧礼〕，有不严肃的，就加以责问和惩罚。

一九、服不氏

1. 服不氏掌养猛兽而教扰之[1]。凡祭祀共猛兽。宾客之事，则抗皮[2]。

【注释】

〔1〕掌养猛兽而教扰之：郑《注》曰："猛兽，虎豹熊罴之属。扰，

驯也。教习使之驯服。”

〔2〕抗皮：抗，举也。皮，朝聘者所献的兽皮，郑司农曰：“服不氏举藏之。”

【译文】

服不氏掌管饲养猛兽而加以教习使之驯服。凡祭祀供给猛兽〔做牺牲〕。有宾客来朝聘的事，就举起他们所进献的兽皮〔进内收藏〕。

2. 射则赞张侯[1]，以旌居乏而待获[2]。

【注释】

〔1〕赞张侯：案张侯是射人的职责(见《射人》第4节)，而服不氏赞之。

〔2〕待获：获谓唱获，据《仪礼·大射》，获者在乏后，若有射中者，即举旌唱获，报告射中。

【译文】

举行射箭比赛就协助〔射人〕张设射侯。〔射箭比赛开始后〕，拿着旌旗在乏后等待有人射中而唱获。

二〇、射鸟氏

1. 射鸟氏掌射鸟[1]。祭祀，以弓矢驱乌鸢[2]。凡宾客、会同、军旅，亦如之。

【注释】

〔1〕鸟：据郑《注》，是指“中膳羞”的鸟。

〔2〕驱乌鸢：鸢，音 yuān。郑《注》说，乌和鸢都是“善钞盗”的鸟，而且粪便污人，所以要加以驱逐。

【译文】

射鸟氏掌管射鸟。举行祭祀，就用弓箭驱逐乌鸦和鸢。凡有接待宾客、会同、出征等事，也这样做。

2. 射则取矢。矢在侯高，则以并夹取之[1]。

【注释】

〔1〕并夹：是一种长柄的钳，以便钳取高处的矢。

【译文】

举行射箭比赛就负责收取射在侯处的矢。矢在侯上过高，就用并夹夹取。

二一、罗　氏

罗氏掌罗乌鸟。蜡[1]，则作罗襦[2]。中春罗春鸟[3]，献鸠以养国老[4]，行羽物[5]。

【注释】

〔1〕蜡：谓大蜡八之祭(参见《地官·党正》第3节注①)。

〔2〕作罗襦：郑《注》曰：“作，犹用也。”郑司农曰：“襦，细密之罗。”

〔3〕春鸟：郑《注》曰：“蛰而始出者。”

〔4〕养国老：即行养老礼，举行这种礼的目的在于诱导人们尊重和孝敬老人。国老，指大夫以上退休者。

〔5〕行羽物：郑《注》曰："行，谓赋赐。"羽物，即飞鸟。

【译文】

罗氏掌管用罗捕获乌鸦。举行蜡祭后，就用细密的罗〔捕鸟〕。春二月，用罗捕获春季始出的鸟，进献鸠鸟以供行养国老礼，用鸟赏赐官吏们。

二二、掌　　畜

掌畜掌养鸟，而阜蕃教扰之。祭祀共卵鸟[1]。岁时共鸟物[2]。共膳献之鸟。

【注释】

〔1〕卵鸟：郑《注》曰："其卵可荐之鸟。"案即雌性家禽，如母鹅、母鸭之类，但不包括鸡。孙诒让曰："其鸡牲则鸡人掌之。"

〔2〕鸟物：据郑《注》，指候鸟，如大雁之类。

【译文】

掌畜掌管喂养鸟，使鸟繁殖并调教而使之驯服。举行祭祀供给会生蛋的家禽。每年按季节供给候鸟。供给〔王〕用膳所当进献的鸟类。

二三、司　　士

1. 司士掌群臣之版，以治其政令，岁登下其损益之数[1]，辨其年岁，与其贵贱，周知邦国、都家、县鄙之数卿〔2〕、大夫、士、庶子之数。

【注释】

〔1〕下：犹今言注销。

〔2〕县鄙之数卿：县鄙，孙诒让曰："经凡言'县鄙'者，皆当从姜兆锡说为公邑。"又王引之校以为"数"字衍。

【译文】

司士掌管群臣的名籍，以施行有关的政令。每年登记或注销群臣增加或减少的员数，辨明他们的年龄和级别的高低，遍知各诸侯国、畿内各采邑、各公邑的卿、大夫、士和庶子的员数。

2. 以诏王治〔1〕：以德诏爵，以功诏禄，以能诏事，以久奠食〔2〕。

【注释】

〔1〕诏王治：郑《注》曰："告王所当进退。"

〔2〕食：郑《注》曰："稍食也。"

【译文】

报请王所当黜陟的臣：根据德行报请黜陟爵位，根据功劳报请黜陟俸禄，根据能力报请黜陟职事，根据长期任职的表现确定所当给予的食粮数。

3. 正朝仪之位〔1〕，辨其贵贱之等。王南向；三公北面，东上；孤东面，北上；卿、大夫西面，北上；王族故士、虎士在路门之右〔2〕，南面，东上；大仆、大右、大仆从者〔3〕，在路门之左，南面，西上。司士

摈[4]：孤、卿特揖[5]，大夫以其等旅揖[6]，士旁三揖[7]，王还揖门左，揖门右。大仆前[8]。王入，内朝皆退[9]。

【注释】

〔1〕朝仪之位：孙诒让曰："此亦天子治朝之朝位也，与射人所掌朝位同。"

〔2〕王族故士、虎士：王族故士，据郑《注》，是指王族中过去为士、现已退休、而留在宫中担任宿卫者。虎士，参见本篇《叙官》第24节。

〔3〕大右、大仆从者：据郑《注》，大右即司右；大仆从者，指小臣、祭仆、御仆、隶仆，皆详其职文。

〔4〕摈：即担任摈者，导王行礼仪。

〔5〕特揖：特，一也。揖，拱手为礼。

〔6〕大夫以其等旅揖：郑《注》曰："旅，众也。大夫爵同者，众揖之。"案大夫有上、中、下之分。其揖数，孙诒让说，当各三揖。

〔7〕士旁三揖：案经不言士的朝位，据贾《疏》说是在"西方，东面"，盖在孤之南而稍后，自为一列，故曰"旁"。

〔8〕大仆前：案即《大仆》"王视朝，则前正位而退"之义(参见彼第2节)。

〔9〕王入，内朝皆退：郑《注》曰："王入，入路门也。王入路门，内朝朝者皆退，反其官府治处也。"案此处内朝即指治朝，是相对库门外之外朝而言。

【译文】

规正朝仪的位置，分辨贵贱的等级。王面朝南而立；三公面朝北而立，以东边为上位；孤面朝东而立，以北边为上位；卿、大夫面朝西而立，以北边为上位；王族故士、虎士在路门的右边，面朝南而立，以东边为上位；大仆、大右、大仆从者，在路门的左边，面朝南而立，以西边为上位。司士担任摈者，〔引导王揖请群臣就位〕：对孤、卿每人一揖，对大夫依照等级、分别向同级者三揖，对一旁的士总行三揖，王又转身向门左、门右的人行揖礼。大仆在王前〔引导王就朝位〕。王进入〔路门〕，内朝的群臣都退去。

4. 掌国中之士治[1]，凡其戒令。掌摈士者[2]，膳其挚[3]。凡祭祀，掌士之戒令，诏相其法事。及赐爵[4]，呼昭穆而进之[5]；帅其属而割牲[6]，羞俎豆[7]。凡会同，作士从。宾客亦如之。作士适四方使，为介[8]。大丧，作士掌事，作六军之士执披[9]。凡士之有守者，令哭无去守。国有故，则致士而颁其守。

【注释】

〔1〕士治：士，谓命士。治，贾《疏》曰："所有治功善恶皆掌之，以拟黜陟。"

〔2〕摈士：郑《注》曰："告见初为士者于王也。"

〔3〕膳其挚：郑《注》曰："膳者，入于王之膳人。"案膳人即膳夫，士之挚为雉。

〔4〕锡爵：即赐酒，指行旅酬礼。案凡祭祀，到向尸九献并进加爵（参见《天官·笾人》第1节注⑥）之后，就要开始行旅酬礼。旅，序也。凡参加祭祀的人，依尊卑次序递相酬酒，叫做旅酬。

〔5〕呼昭穆而进之：这是指向王的同姓之士赐酒时，士依昭穆之次进受酬酒。《礼记·祭统》云："凡赐爵，昭为一，穆为一，昭与昭齿，穆与穆齿。"

〔6〕割牲：郑《注》曰："制体也。"案制体，谓根据需要将牲体解割成七体或二十一体。

〔7〕俎豆：俎盛牲体，豆盛酱类，皆以享神。

〔8〕作士适四方使，为介：郑《注》曰："士使，谓自以王命使也。介，大夫之介也。"

〔9〕作六军之士执披：士，《注疏》本原误作"事"，据孙诒让校改。披，参见《春官·丧祝》第1节注①。

【译文】

掌管王都中士的任职情况，以及凡有关士的戒令。掌管引导初命为士的人〔入见王〕，把士所拿的挚交给膳夫。凡举行祭祀，掌管有关士的戒令，告教并协助他们行礼仪的事；到〔行旅酬礼〕向众人赐酒的时候，依照昭穆的次序呼唤士进前接受赐酒；率领下属而解割牲体，进献俎和豆。凡〔王前往与诸侯〕会同，就选派士做随从。〔王〕接见宾客时也这样做。〔以王命〕使士为使者出使四方，或做〔大夫使者的〕副手。有大丧，分派士掌理有关事项，并选派六军中的士执披。凡士有职守的，令他们哭而不离开职守。国家有变故，就召集士而分派他们职守。

5. 凡邦国三岁则稽士任[1]，而进退其爵禄[2]。

【注释】

〔1〕士：据贾《疏》，此处实总邦国之卿、大夫、士而言。

〔2〕进退其爵禄：贾《疏》曰："司士作法与之，使诸侯自黜陟耳，非谓司士自黜陟也。"

【译文】

凡诸侯国每三年考核一次他们的卿、大夫、士的任职情况，而升降他们的爵位和俸禄。

二四、诸　　子

1. 诸子掌国子之倅[1]，掌其戒令，与其教治，辨其等，正其位。

【注释】

〔1〕国子之倅：国子，即庶子，《礼记·燕义》的开头一段引此文即作"庶子"，是指公、卿、大夫、士之子而未仕者。倅，副也。因凡子

皆其父之副贰，故郝敬曰“子贰父曰倅”。

【译文】

诸子掌管国子这些做〔父亲〕副手的人，掌管有关他们的戒令，以及对他们的教育和管理，区别他们的尊卑等级，规正他们的朝位。

2. 国有大事，则帅国子而致于大子，惟所用之。若有兵甲之事，则授之车甲，合其卒伍〔1〕，置其有司，以军法治之，司马弗正〔2〕。凡国正弗及〔3〕。

【注释】

〔1〕卒伍：在此泛指军事编制。

〔2〕司马弗正：郑《注》曰：“国子属大子，司马虽有军事，不赋之。”

〔3〕凡国正弗及：据贾《疏》，谓凡乡遂中之征役皆不及之。孙诒让曰：“此读‘正’为‘征’也。凡此经‘征’字，或作‘正’。”

【译文】

国家有大事，就率领国子到太子那里，听从差遣使用。如果有战争，就授给他们战车和铠甲，按军事编制集合他们，为他们设置军官，依照军法对他们进行管理。司马不征发他们的赋役。凡国家征发役徒都不涉及他们。

3. 大祭祀，正六牲之体〔1〕。凡乐事，正舞位，授舞器〔2〕。大丧，正群子之服位。会同、宾客，作群子从。

【注释】

〔1〕正六牲之体：郑《注》曰：“正，谓朼载之。”案朼是一种木制

的长柄勺，用以从鼎中捞出煮熟的牲肉载之于俎，故曰“杝载之”。

〔2〕舞器：据贾《疏》，谓羽籥、干鏚等。

【译文】

举行大祭祀，负责用杝捞出鼎中的牲体放置在俎上。凡举行舞乐的事，规正舞蹈者的行列，授给舞蹈者道具。有大丧，规正群国子的丧服和哭位。〔王〕有会同或接待宾客的事，选派国子随从。

4. 凡国之政事[1]，国子存游倅[2]，使之修德学道：春合诸学，秋合诸射[3]，以考其艺而进退之。

【注释】

〔1〕政事：据贾《疏》，此处指徭役之事。

〔2〕游倅：郑《注》曰：“倅之未仕者。”案未事则无职事，故贾《疏》释“游”曰“游暇无事”。

〔3〕射：郑《注》曰：“射宫也。”案射宫即举行射礼的场所，如大学、小学、治朝等，于其处行射礼，即为射宫，而无定称。

【译文】

凡国家有徭役的事，国子就列入游暇无事的国子之中〔而不参加〕，让他们修养德行、学习道艺：春季把他们集合在大学里，秋季把他们集合在射宫里，以考察他们的道艺，而决定对他们的进用或黜退。

二五、司　右

司右掌群右之政令[1]。凡军旅、会同，合其车之卒伍[2]，而比其乘，属其右[3]。凡国之勇力之士能用五兵者属焉[4]，掌其政令。

【注释】

〔1〕右：即车右。

〔2〕合：及下文比、属，在此皆谓编次、安排。

〔3〕属其右：孙诒让曰："六军之车凡三千乘，有右三千人，并此官属聚教令之也。"

〔4〕五兵：据郑《注》引《司马法》，指弓矢、殳、矛、戈、戟五者。

【译文】

司右掌管有关众车右的政令。凡出征、会同，就负责组合车队，编排车乘，安排车右。凡国中勇力之士能使用五种兵器的就选为属员，掌管有关他们的政令。

二六、虎贲氏

虎贲氏掌先后王而趋以卒伍。军旅、会同亦如之。舍则守王闲[1]。王在国，则守王宫。国有大故，则守王门。大丧亦如之；及葬，从遣车而哭[2]。适四方使，则从士、大夫。若道路不通有征事[3]，则奉书以使于四方。

【注释】

〔1〕舍则守王闲：郑《注》曰："舍，王出所止宿处。闲，梐枑。"（参见《天官·掌舍》第1节注②）

〔2〕遣车：贾《疏》曰："将葬，盛所苞奠遣送者之车。"（参见《春官·巾车》第8节注①）

〔3〕若道路不通有征事：郑《注》曰："不通，逢兵寇若泥水。"征事，贾《疏》曰："若兵寇则征师，若泥水则征役。"

【译文】

虎贲氏掌管〔王外出时率领虎士〕按照军事编制列队在王前后行进，〔以护卫王〕。〔王〕出征、会同时也这样做。留宿时就守卫王〔行宫周围的〕梐枑。王在国都，就守卫王宫。国家有大变故，就守卫王的宫门。有大丧也这样做；到出葬时，跟从遣车而哭。出使四方，就护从〔担任使者的〕士或大夫。如遇〔兵寇或泥水致使〕道路不通而有征调〔军队或役徒〕的事，就奉持〔王的〕征令简书出使四方之国。

二七、旅 贲 氏

旅贲氏掌执戈盾夹王车而趋，左八人，右八人，车止则持轮〔1〕。凡祭祀、会同、宾客，则服而趋〔2〕。丧纪，则衰葛〔3〕、执戈盾。军旅，则介而趋。

【注释】

〔1〕持轮：孙诒让曰："谓立轮旁，若扶翼维持之也。"

〔2〕服而趋：郑《注》曰："夹王车趋也。"又以为其所服为士之齐（斋）服，即玄端服（参见《司服》第4节注⑤）。

〔3〕衰葛：衰谓斩衰服，是丧服中最重的一种。葛谓葛麻做的绖带：系在头上的叫首绖，系在腰间的叫腰绖。

【译文】

旅贲氏负责手持戈盾夹在王车的两边而行，左边八人，右边八人，车停下来就站在车轮两旁。凡举行祭祀、会同或接待宾客，就穿玄端服〔夹在王车两边〕而行。有丧事，就身穿斩衰服、系葛首绖和葛腰绖、手持戈盾〔夹在嗣王的车两边而行〕。出征，就身穿甲衣〔夹在王车的两边〕而行。

二八、节 服 氏

节服氏掌祭祀、朝覲衮冕〔1〕，六人维王之大常〔2〕。诸侯则四人，其服亦如之。郊祀裘冕〔3〕，二人执戈，送逆尸从车。

【注释】

〔1〕衮冕：参见《春官·司服》第2节。

〔2〕六人维王之大常：郑《注》曰："维，维之以缕。王旌十二旒，两两以缕缀连，旁三人持之。"

〔3〕郊祀裘冕：郊祀，谓冬治郊祭天。裘冕，谓服大裘而冕（参见同上）。

【译文】

节服氏掌管〔王〕祭祀、朝覲时的衮冕，〔当王祭祀或朝覲时〕由六人执持王的大常旗〔的旒〕。诸侯就由四人持旒，诸侯〔祭祀、朝覲的〕服装也由节服氏掌管。〔王〕郊祭天服大裘而戴冕，就由二人持戈盾，迎送尸的时候跟从在尸车的后边。

二九、方 相 氏

1. 方相氏掌蒙熊皮，黄金四目〔1〕，玄衣朱裳，执戈扬盾，帅百隶而时难[2]，以索室驱疫。

【注释】

〔1〕黄金四目：孙诒让曰："铸黄金为目者四，缀之面间，若后世假面具也。"

〔2〕帅百隶而时难：百隶，孙诒让曰："即《司隶》所掌五隶之民。"（详《秋官·司隶》）时难，郑《注》曰："四时作方相氏以难(傩)却凶恶也。"（参见《春官·占梦》第2节注⑤）

【译文】

方相氏负责蒙着熊皮，戴着黄金铸造的有四只眼的面具，上身穿玄衣而下著朱裳，拿着戈举着盾，率领群隶四季行傩法，以搜索室中的疫鬼而加以驱逐。

2. 大丧，先柩。及墓，入圹，以戈击四隅，驱方良[1]。

【注释】

〔1〕方良：郑《注》曰："罔两。"案方良、罔两、魍魉，皆叠韵字通，是传说中的精怪名。

【译文】

有大丧，〔出葬时〕走在柩车前边。到达墓地，将把棺柩下入墓穴时，用戈击刺墓穴的四角，驱逐魍魉。

三〇、大　仆

1. 大仆掌正王之服位，出入王之大命[1]，掌诸侯之复逆。

【注释】

〔1〕出入王之大命：郑《注》曰："出大命，王之教也。入大命，群臣所奏行。"

【译文】

大仆负责规正王〔行礼时〕的服装和所在的位置，对外发布王有关国家大事的命令并转奏群臣执行王命的报告，掌管〔转达〕诸侯的奏事和上书。

2. 王视朝，则前正位而退。入亦如之。

【译文】

王上朝，就在前引导王就朝位而后退回己位。王〔退朝〕入路门时也这样做。

3. 建路鼓于大寝之门外〔1〕，而掌其政，以待达穷者与遽令〔2〕，闻鼓声，则速逆御仆与御庶子〔3〕。

【注释】

〔1〕建路鼓于大寝之门外：路鼓，据贾《疏》，是一种"击之以声冤枉"的鼓。其形制，据孙诒让说，是以一木贯鼓身，木下有跗(鼓足)，可将鼓树立起来。大寝，据郑《注》，即路寝。案路寝，是王处理政事的宫室(参见《天官·宫人》第1节注①)。

〔2〕以待达穷者与遽令：达穷者，据郑《注》，即指大司寇的属官朝士，朝士"掌以肺石达穷民"，故称。案肺石是设在外朝门外(即库门外)的赤石，百姓有冤者，可立于石上以诉告其冤，因石色赤如肺，故名。诉冤者先由朝士听其辞，然后朝士率此民至路门，使击路鼓，再通过大仆，而使冤情得闻达于王。遽令，遽，传也，即传遽者，也就是古

代的邮驿者，是负责为朝廷和官府传达公文和情报的人，遽令则是掌管传遽者的官。

〔3〕以速逆御仆与御庶子：郑《注》曰："御仆、御庶子，直事鼓所者(即在路鼓处当值者)。大仆闻鼓声，则速逆此二官，当受其事以闻。"

【译文】

在大寝门外树路鼓，而掌管有关击鼓的事，以等待达穷者〔引导冤民前来击鼓〕或遽令〔前来击鼓〕，听到鼓声，就迅速迎接〔在路鼓处当值的〕御仆和御庶子，〔听他们报告情况而转达王〕。

4. 祭祀、宾客、丧纪，正王之服位，诏法仪，赞王牲事〔1〕。

【注释】

〔1〕牲事：郑《注》曰："杀、割、匕载之属。"匕载即朼载，参见《诸子》第3节注①。

【译文】

有祭祀、接待宾客或丧事，规正王所应穿的服装和应在的位置，告教王应行的礼仪，协助王做杀牲、解割牲体和用匕捞取牲体放在俎上等事。

5. 王出入，则自左驭而前驱〔1〕。

【注释】

〔1〕自左驭而前驱：郑《注》曰："前驱，如今道引也。"据黄以周《通故·御礼通故》说，大仆自左驭的车，是王车的副车；副车从王车在后，此则在前，以为王车导引。

【译文】

王出入〔宫门、国门〕，就亲自在副车的左边驾驭副车而为王车做前导。

6. 凡军旅、田役，赞王鼓[1]。救日月亦如之。

【注释】

〔1〕赞王鼓：据贾《疏》，军旅、田役，王皆亲自击鼓。所鼓为路鼓，路鼓四面，王鼓其一面，大仆赞鼓一面，戎右赞鼓一面，共鼓三面。

【译文】

凡征伐、田猎，协助王击鼓。解救日食、月食也协助王击鼓。

7. 大丧，始崩，戒鼓传达于四方。窆亦如之。县丧首服之法于宫门[1]。

【注释】

〔1〕县丧首服之法于宫门：首服，头上的丧饰。宫门，据贾《疏》，谓路门。

【译文】

有大丧，〔王〕始死，击鼓警众，鼓声传达到四方。把棺柩下入墓穴时也这样击鼓。悬挂丧服的首服的法式在宫门前，〔使人们依此而服〕。

8. 掌三公、孤、卿之吊劳。

【译文】

负责〔奉王命〕前往吊唁或慰劳三公、孤、卿。

9. 王燕饮，则相其法。王射，则赞弓矢[1]。王视燕朝[2]，则正位，掌摈相[3]。王不视朝，则辞于三公及孤、卿。

【注释】

〔1〕赞弓矢：据贾《疏》，谓负责授受弓矢。

〔2〕燕朝：郑《注》曰："朝于路寝之庭。"案燕朝又叫内朝，在路门内。

〔3〕掌摈相：孙诒让曰："其法如治朝司士摈也。"（参见《司士》第3节注④）

【译文】

王行燕饮酒礼，就协助王行礼。王行大射礼，就协助王拿弓矢。王在燕朝处理政事，就引导王就朝位，并负责引导和协助王行礼。王〔因故〕不能上朝处理朝政，就通告三公和孤、卿。

三一、小　臣

1. 小臣掌王之小命[1]，诏相王之小法仪[2]。

【注释】

〔1〕小命：据郑《注》，谓随时有所敕问。

〔2〕小法仪：郑《注》曰："趋行拱揖之容。"

【译文】

小臣负责传达王〔随时有事要敕问臣下的〕小命令，告教和协助王〔有关行走、拱手行揖礼等〕小礼仪。

2. 掌三公及孤、卿之复逆。正王之燕服位，王之燕出入，则前驱。

【译文】

掌管〔转达〕三公及孤、卿的奏事和上书。规正王闲暇时的服装和所处的位置。王闲暇时出入〔宫门、国门〕，就为王做前导。

3. 大祭祀、朝觐，沃王盥〔1〕。小祭祀、宾客飨、食、宾射〔2〕，掌事如大仆之法〔3〕。

【注释】

〔1〕沃王盥：盥谓盥手。盥手时由一人自上浇水，即所谓沃，而一人在下就而盥之。

〔2〕宾客飨、食、宾射：宾客，亦谓小宾客，是指诸侯所遣聘问天子之臣。宾射，郑《注》曰："与诸侯来朝者射。"

〔3〕如大仆之法：案《大仆》曰："祭祀、宾客、丧纪，正王之服位，诏法仪。"（见彼第4节）此小臣亦如之。

【译文】

举行大祭祀、大朝觐时，浇水供王盥手。举行小祭祀、用飨礼和食礼招待小宾客、举行宾射礼，所掌管的事如同大仆掌事之法。

4. 掌士、大夫之吊劳。

【译文】

负责〔奉王命〕前往吊唁或慰劳士、大夫。

5. 凡大事，佐大仆。

【译文】

凡有大事，协助大仆。

三二、祭　　仆

1. 祭仆掌受命于王以视祭祀，而警戒祭祀有司，纠百官之戒具[1]。既祭，帅群有司而反命，以王命劳之，诛其不敬者[2]。

【注释】

〔1〕纠：郑《注》曰："谓校录所当共之牲物。"

〔2〕敬：《说文》曰："肃也。"

【译文】

祭仆负责奉王命视察祭祀〔的准备情况〕，而警诫负有祭祀职责的官吏，检查和记录各官依〔事前的〕告诫所当具备的牲物。祭祀之后，率领负有祭祀职责的官吏们向王汇报，奉王命慰劳负有祭祀职责的官吏，责罚那些不严肃认真的人。

2. 大丧，复于小庙[1]。

【注释】

〔1〕小庙：郑《注》曰："高祖以下也。始祖曰大庙。"

【译文】

有大丧，就在诸小庙为死者招魂。

3. 凡祭祀，王之所不与，则赐之禽[1]。都家亦如之。凡祭祀致福者[2]，展而受之[3]。

【注释】

〔1〕赐之禽：官献瑶曰："以王命赐之，虽不与犹与也。"案禽，此处指牺牲。

〔2〕致福：致祭肉于君。

〔3〕展而受之：郑《注》曰："谓录视其牲体数。"

【译文】

凡〔畿外同姓诸侯〕祭祀，王不参加的，就〔以王的名义〕赐给牺牲。对于〔畿内同姓采邑主〕也这样。凡〔臣下〕祭祀毕而向王馈送祭肉的，就记录〔所送的牲体数〕而接受下来。

三三、御　仆

1. 御仆掌群吏之逆，及庶民之复，与其吊劳。

【译文】

御仆负责〔向王转达〕群臣的上书，以及百姓的奏事，和〔王〕对他们的吊唁、慰劳。

2. 大祭祀，相盥而登[1]。大丧，持翣。

【注释】

〔1〕相盥而登：郑《注》曰："相盥者，谓捧槃授巾与？登，谓为王登牲于俎。"

【译文】

举行大祭祀时，帮助王盥手并将牲体载于俎上。有大丧时，负责持翣。

3. 掌王之燕令。以序守路鼓[1]。

【注释】

〔1〕以序守路鼓：郑《注》："序，更也。"路鼓，在大寝门外（参见《大仆》第3节注①）。

【译文】

负责传达王闲暇时〔对外发布的〕命令。轮流守候在路鼓旁。

三四、隶　　仆

隶仆掌五寝之埽除粪洒之事[1]。祭祀，修寝[2]。王行，洗乘石[3]。掌跸宫中之事。大丧，复于小寝、大寝[4]。

【注释】

〔1〕五寝之埽除粪洒：五寝，郑《注》曰："五庙之寝也。周天子七

庙，唯祧无寝。……前曰庙，后曰寝。”案五庙，谓始祖(后稷)庙及四亲庙。《注》又曰：“氾埽曰埽，埽席前曰拚。”案“拚”与“粪”音义同。

〔2〕修寝：孙诒让曰：“亦即五寝埽除粪洒之事。”

〔3〕乘石：王登以上车之石。

〔4〕小寝、大寝：曾钊曰：“小寝，君所常燕居；大寝，君所常听朝政，故复之。大寝，路寝也，亦名適室。”(参见《宫人》第1节注①)

【译文】

隶仆掌管五寝打扫卫生的事。将举行祭祀，打扫五寝。王将〔乘车〕出行，为王洗登车石。宫中有事负责禁止通行。有大丧，负责在小寝、大寝招魂。

三五、弁　　师

1. 弁师掌王之五冕[1]，皆玄冕、朱里延[2]，纽[3]，五采缫十有二就[4]，皆五采玉十有二，玉笄，朱纮[5]。

【注释】

〔1〕五冕：五服之冕，即衮冕、鷩冕、毳冕、希冕、玄冕(详《春官·司服》第2节)。

〔2〕玄冕、朱里延：案延是覆于冕上的长方形的木板，延外裹以布，延上面的布是玄色，下面是朱色，即所谓玄冕、朱里。

〔3〕纽：是延下武的两侧留以贯笄的孔。

〔4〕五采缫十有二就：五采，据贾《疏》，谓青赤、黄、白、黑。缫，同“藻”，在此指五彩的丝线合成的绳，用以贯玉珠以为旒。就，在此指旒，孙诒让曰：“一就即是一斿。”旒悬垂于延的前沿。

〔5〕朱纮：是固冕的朱色丝带，其一头系于笄的左端，另一头绕颐下再上曲而系于笄的右端。

【译文】

弁师掌管王的五冕，五冕的延都是玄表、朱里，〔武的两侧〕都有贯笄的纽，〔冕的前沿都悬有〕五彩丝绳〔贯穿玉珠〕做成的十二旒，〔每旒〕都有五彩玉珠十二颗，〔纽中都贯〕玉笄，〔笄两端都系〕朱纮。

2. 诸侯之缫斿九就〔1〕，瑉玉三采〔2〕，其余如王之事〔3〕。缫斿皆就〔4〕，玉瑱〔5〕，玉笄。

【注释】

〔1〕斿：阮校以为衍文。

〔2〕瑉玉三采：瑉，音民 mín，似玉的美石。三采，郑《注》曰："朱白苍也。"据孙诒让说，瑉玉数同旒，亦九。

〔3〕其余如王事：郑《注》曰："其余，谓延纽皆玄覆朱里，与王同也。出此则异。"

〔4〕就：据郑《注》，在此谓三彩皆备。

〔5〕玉瑱：瑱，音 tiàn，缀于冕两侧用以塞耳的玉。郑《注》曰："玉瑱，塞耳者。"

【译文】

诸侯的冕上有彩色丝绳做的九旒，每旒都有三彩的瑉玉珠〔九颗〕，其他方面〔如延纽等〕与王冕相同。丝线绳做的旒都具备三彩，〔冕两侧缀有〕玉瑱，〔纽中贯有〕玉笄。

3. 王之皮弁〔1〕，会五采玉璂〔2〕，象邸〔3〕，玉笄。王之弁绖〔4〕，弁而加环绖。

【注释】

〔1〕皮弁：其尊仅次于冕，是王的朝服，以白鹿皮制成，其形制颇似后世瓜皮帽。

〔2〕会五采玉璂：郑《注》曰："会，缝中也。……皮弁之缝中，每贯结五采玉十二以为饰，谓之綦（璂，音 qí）。"案皮弁以十二块白鹿皮拼合而成，每两块皮结合处的缝叫作会，缝中嵌以丝线贯结五彩玉十二以为饰，即所谓璂。

〔3〕象邸：郑《注》曰："邸，下根也，以象骨为之。"案邸是弁下的周缘，犹冠冕之武（冠圈）。

〔4〕王之弁绖：弁绖是王的吊服，即在弁上加一圈麻绖带，故下文说"弁而加环绖"。这是王吊诸侯、卿大夫所服。

【译文】

王的皮弁，缝中饰有用五彩的玉珠贯结的璂，弁下有象骨做的周缘，〔弁中贯有〕玉笄。王吊丧戴的弁绖，是在弁上面加环绖。

4. 诸侯及孤、卿、大夫之冕、韦弁[1]、皮弁、弁绖，各以其等为之[2]，而掌其禁令[3]。

【注释】

〔1〕韦弁：染成赤黄色的熟牛皮做的弁（参见《春官·司服》第2节注⑧）。

〔2〕各以其等为之：郑《注》曰："缫斿、玉璂如其命数也。"案如果是冕，侯伯七命的就饰以七旒，每旒上的玉珠也是七颗，余放此。韦弁、皮弁上的玉璂，亦如其命数。

〔3〕禁令：郑《注》曰："禁令者，不得相僭逾也。"

【译文】

诸侯及孤、卿、大夫的冕、韦弁、皮弁和弁绖，各依他们的爵等来装饰缫旒和玉璂，而掌管有关的禁令，〔严禁僭越〕。

三六、司　甲(阙)

三七、司　　兵

1. 司兵掌五兵、五盾[1]，各辨其物与其等，以待军事。及授兵，从司马之法以颁之。及其受兵输[2]，亦如之。及其用兵[3]，亦如之。

【注释】

〔1〕五兵、五盾：五兵，郑司农曰："戈、殳、戟、酋矛、夷矛。"(参见《考工记·庐人》第1节)贾《疏》说，这里是指"车之五兵"。五盾的名目，郑《注》曰："未尽闻也。"

〔2〕兵输：据郑《注》，谓战罢送还兵器。

〔3〕用兵：郑《注》曰："谓出给卫守。"

【译文】

司兵掌管五种兵器、五种盾牌，辨别它们的种类和质量等级，以供军事所需。到〔出兵打仗〕发授兵器时，遵从司马的法令而颁授。到〔打完仗〕接受送还的兵器时，也遵从司马的法令。授给守卫所需的兵器时，也遵从司马的法令颁授。

2. 祭祀，授舞者兵。大丧，廞五兵。军事，建车之五兵；会同亦如之。

【译文】

举行祭祀时，授给舞蹈者〔用作舞具的〕兵器。有大丧时，陈列〔用作明器的〕五种兵器。有军事行动，装备战车上的五种兵器；会同时也这样做。

三八、司 戈 盾

司戈盾掌戈盾之物而颁之。祭祀授旅贲殳〔1〕、故士戈盾〔2〕，授舞者兵亦如之。军旅、会同，授贰车戈盾〔3〕，建乘车之戈盾〔4〕，授旅贲及虎士戈盾〔5〕。及舍〔6〕，设藩盾，行则敛之。

【注释】

〔1〕授旅贲殳：旅贲，详《旅贲氏》。殳，形如杖，长一丈二尺。

〔2〕故士：参见《司士》第3节注②。

〔3〕授贰车戈盾：据贾《疏》，贰车“皆有车右，故授之以戈盾。”

〔4〕乘车：郑《注》曰：“王所乘车也。军旅则革路，会同则金路。”

〔5〕虎士：参见本篇《叙官》第24节。

〔6〕舍：止也，谓王止宿于外。

【译文】

司戈盾掌管戈盾之类的兵器而负责颁授。举行祭祀就授给旅贲氏殳和王族故士戈盾〔以保卫王〕，并同样授给舞蹈者兵器〔用作舞具〕。〔王〕出征、会同，就授给副车〔的车右〕戈盾，给王所乘坐的车装备戈盾，并授给〔担任保卫的〕旅贲氏和虎士戈盾。到〔王在外〕停宿时，就设置盾作为屏藩，起行时就收起来。

三九、司 弓 矢

1. 司弓矢掌六弓、四弩、八矢之法[1]，辨其名物，而掌其守藏，与其出入。中春献弓弩，中秋献矢箙[2]。

【注释】

〔1〕六弓、四弩、八矢之法：六弓，指王弓、弧弓、夹弓、庾弓、唐弓、大弓。弩，是一种用机括发射的弓。四弩，是指夹弩、庾弩、唐弩、大弩。八矢，是指枉矢、絜矢、杀矢、鍭矢、矰矢、茀矢、恒矢、庳矢。皆详下文。法，郑《注》曰："曲直长短之数。"

〔2〕箙：郑《注》曰："盛矢器，以兽皮为之。"

【译文】

司弓矢掌管六种弓、四种弩、八种矢的〔制作的〕法式，辨别它们的名称和种类，负责它们的保管，以及它们的颁授和收回。仲春献弓和弩，仲秋献矢和箙。

2. 及其颁之，王弓、弧弓以授射甲革、椹质者[1]，夹弓、庾弓以授射豻侯、鸟兽者[2]，唐弓、大弓以授学射者、使者、劳者[3]。其矢箙皆从其弓[4]。

【注释】

〔1〕王弓、弧弓以授射甲革、椹质者：王弓、弧弓，是两种弓体相类似的弓，郑《注》曰："往体寡、来体多，曰王、弧。"孙诒让曰："往体，谓弓体外挠(曲)；来体，谓弓体内向。凡弓……但以往来之多少为强弱之差。"案王弓、弧弓是六弓中最强的两种。甲革，即革甲，此处是指以皮革为甲，用作射箭的靶子。椹质，椹，音 zhēn，即砧板；

质，案射侯之中谓之侯中，侯中之中谓之鹄，鹄之中谓之正，正之内谓之质，是质为靶心。此处是指以椹板做射箭的靶子，故曰椹质。之所以用甲革和椹质做射箭的靶子，郑《注》曰："试弓习武也。"可见平时习武并不张射侯。

〔2〕夹弓、庾弓以授射豻侯、鸟兽者：夹弓、庾弓，也是两种弓体类似的弓，郑《注》曰："往体多，来体寡，曰夹、庾。"案这是六弓中较弱的两种弓，据郑《注》，主要用于近射。豻侯，参见《射人》第3节注⑨。

〔3〕唐弓、大弓：也是两种弓体类似的弓，郑《注》曰："往体、来体若一，曰唐、大。"又据郑《注》，这是两种强度适中的弓。

〔4〕矢箙皆从其弓：郑《注》曰："从弓数也。每弓者一箙、百矢。"

【译文】

到颁授弓的时候，王弓和弧弓颁授给射革甲、椹板〔以习武〕的人，夹弓和庾弓授给射豻侯、鸟兽的人，唐弓和大弓授给学射的人、出使之臣以及慰问远方之臣用。所颁授的矢和箙的数量，都依照弓数配给。

3. 凡弩，夹、庾利攻守，唐、大利车战、野战。

【译文】

凡弩，夹弩、庾弩利于进攻和防守，唐弩、大弩利于车战和野战。

4. 凡矢，枉矢、絜矢利火射〔1〕，用诸守城、车战。杀矢、镞矢用诸近射〔2〕、田猎。矰矢、茀矢用诸弋射〔3〕。恒矢、庳矢用诸散射〔4〕。

【注释】

〔1〕枉矢、絜矢：据郑《注》，枉矢用于弓，絜矢用于弩。案下文杀

矢和𫓧矢、矰矢和茀矢、恒矢和痺矢，亦分别为弓、弩所用，是八矢而弓、弩所用各四。据郑《注》，枉矢与絜矢相似，都是可以结火以射敌的矢，其镞(箭头)稍轻。

〔2〕杀矢、𫓧矢：据郑《注》，这也是两种类似的矢，其镞较重，故可用于近射、深中，而不可用于远射。

〔3〕矰矢、茀矢用诸弋射：矰，音 zèng。茀，音 fú。据郑《注》，这是两种可以结绳而射飞鸟的矢，结绳而射即所谓弋射。这两种矢之镞比枉矢、絜矢则稍轻。

〔4〕恒矢、庳矢用诸散射：案庳，音 bēi，《注疏》本原误作“痺”，据阮校改。据郑《注》，恒矢与庳矢类似，是八矢中镞最轻的两种。这两种矢是平日安居习礼之射或参加礼射所用，即所谓散射。故郑《注》曰“散射，谓礼射及习射”。案礼射，谓大射、宾射、燕射等。

【译文】

凡矢，枉矢、絜矢利于结火而射，用于守城或车战。杀矢、𫓧矢用于近射或田猎。矰矢、茀矢用于弋射飞鸟。恒矢、庳矢用于〔礼射或习射等〕散射。

5. 天子之弓合九而成规〔1〕，诸侯合七而成规，大夫合五而成规，士合三而成规。句者谓之弊弓〔2〕。

【注释】

〔1〕合九而成规：案凡言合几而成规，都是说弓的弧度的深浅，从而表示弓的强弱。规即圆周，360 度。合几而成规，即谓连接几张弓可构成一圆周。合弓愈多，则弓的弧度愈小，弓的强度也愈大。此处合九而成规，是弓弧为 40 度，是最强的弓，天子所用。下文合七而成规，则弓弧为 51 度强；合五而成规为 72 度；合三而成规为 120 度，弓最弱。

〔2〕句者谓之弊弓：句，同“勾”。弊，郑《注》曰：“犹恶也。”

【译文】

天子的弓连接九张弓而成一圆周，诸侯连接七张弓而成一圆周，大夫连接五张弓而成一圆周，士连接三张弓而成一圆周。弯曲弧度过大的弓是劣弓。

6. 凡祭祀，共射牲之弓矢〔1〕。泽〔2〕，共射椹质之弓矢〔3〕。大射、燕射共弓矢如数〔4〕、并夹〔5〕。大丧，共明弓矢。凡师役〔6〕、会同，颁弓弩各以其物〔7〕，从授兵甲之仪〔8〕。田弋，充笼箙矢〔9〕，共矰矢〔10〕。凡亡矢者，弗用则更〔11〕。

【注释】

〔1〕凡祭祀，共射牲之弓矢：凡祭祀，谓凡内外大祭祀，天子都要亲自射牲，故需供弓矢。

〔2〕泽：郑司农曰："泽宫也，所以习射选士之处也。"《礼记·射义》孔《疏》曰："泽是宫名，于此宫中射而择士，故谓此宫为泽(择)。"

〔3〕椹质：参见第2节注①。

〔4〕如数：郑《注》曰："如当射者之数也。每人一弓、乘(四)矢。"

〔5〕并夹：是钳射侯上的矢所用的一种长柄的夹(参见《射鸟氏》第2节注①)。

〔6〕师役：据贾《疏》，谓巡守、征伐。

〔7〕各以其物：谓各依其所需之物颁授之。物，指弓弩矢箙。

〔8〕甲：《注疏》本原误作"至"，据阮校改。

〔9〕笼箙：是一种竹编的盛矢的箙。

〔10〕矰矢：是一种结绳而用以弋射的矢(参见第4节注③)。

〔11〕弗用则更：郑《注》曰："更，偿也。用而弃之则不偿。"

【译文】

凡举行祭祀，就供给〔王〕射牲所用的弓矢。在泽宫习射，就供给射椹板所用的弓矢。举行大射或燕射，就按参加人数供给弓矢、并供给并夹。有大丧，就供给用作明器的弓矢。凡有巡狩、征伐、会同的事，各依所需颁授弓弩矢箙等，颁授时依从颁授其他兵器和铠甲的仪法。田猎弋射，供给盛有矢的箙箙，并供给矰矢。凡丢失矢的，如果不是用掉的就要赔偿。

四〇、缮　　人

1. 缮人掌王之用弓、弩、矢、箙、矰、弋、抉、拾[1]。掌诏王射，赞王弓矢之事[2]。

【注释】

〔1〕弋、抉、拾：弋，指系矰矢的绳。抉，是射箭时套在右手大拇指上的象骨套，是钩弦时保护手指用的。拾，是皮制的臂衣，射箭时套在左臂上，以防发射时左臂衣袖碍弦。

〔2〕赞王弓矢之事：郑《注》曰："授之，受之。"即王射时授给王弓矢，射毕又接过王的弓矢。

【译文】

缮人掌管王所用的弓、弩、矢、箙、矰、弋、抉、拾等射具。负责告教王行射礼，并协助王拿弓矢的事。

2. 凡乘车，充其箙箙，载其弓弩，既射则敛之。无会计。

【译文】

凡〔王〕乘车，就给箙箙盛满矢，为车装备弓弩，射毕〔车还〕就收藏起来。不计算〔用矢的多少〕。

四一、槁　人

1. 槁人掌受财于职金[1]，以赍其工[2]。

【注释】

〔1〕槁人：孙诒让曰："槁，亦当作'稿'。"（参见本篇《叙官》第36节注①）

〔2〕以赍其工：赍，付与、送给。郑《注》曰："给市财用之直(值)。"

【译文】

槁人负责从职金那里领取财货，以授给工匠。

2. 弓六物为三等[1]，弩四物亦如之[2]。矢八物皆三等[3]，箙亦如之。春献素，秋献成[4]，书其等以飨工[5]。乘其事[6]，试其弓弩，以下上其食而诛赏[7]。乃入功于司弓矢及缮人。

【注释】

〔1〕弓六物为三等：弓六物，即弓六种，详《司弓矢》。三等，是依尺寸的大小不同而分为上中下。据《考工记·弓人》，弓的长度有六尺六寸、六尺三寸和六尺三等。

〔2〕弩四物亦如之：弩四物，亦详《司弓矢》。亦如之，亦为三等也。郑《注》曰："弩及矢箙长短之制未闻。"

〔3〕矢八物：亦详《司弓矢》。

〔4〕春献素，秋献成：案此专据矢箙言。郑《注》曰："矢箙春作秋成。"

〔5〕书其等以飨工：郑司农曰："书工功拙高下之等，以制其飨食也。"飨，郑《注》曰："酒肴劳之也。"

〔6〕乘：郑司农曰："计也。"

〔7〕食：谓稍食。

【译文】

弓六种分为三等，弩四种也分为三等。矢八种都分为三等，箙也分为三等。春季呈献未经漆饰的〔矢箙〕，秋季呈献制作成功的〔矢箙〕，记载所献矢箙质量的等级以决定酬劳工匠所备酒肴的厚薄。计算工匠的事功，试验他们所制作的弓弩的好坏，以作为增减发给他们的食粮和进行赏罚的依据。把匠人制造的弓弩矢箙交到司弓矢和缮人那里。

3. 凡赍财与其出入，皆在槁人[1]，以待会而考之，亡者阙之[2]。

【注释】

〔1〕皆在槁人：郑《注》曰："其簿书槁人藏之。"

〔2〕亡者阙之：郑《注》曰："阙，犹除也。弓弩矢箙弃亡者除之，计今见在者。"

【译文】

凡颁授财货〔给匠人〕以及弓弩矢箙的颁发和收进，〔账册〕都在槁人那里收藏，以待核计考察，〔弓弩矢箙〕消耗丢失的就除去不计。

四二、戎　　右

1. 戎右掌戎车之兵革使[1]，诏赞王鼓[2]，传王命于陈中。

【注释】

〔1〕戎右掌戎车之兵革使：戎右，王的车右。戎车，王的军车，即革路。兵革使，据《注》《疏》，是一种执兵器穿甲衣之使，主要为王执行军中的诛杀任务。

〔2〕诏赞王鼓：朱申曰："诏谓告王以当鼓之节，赞谓助击之。"

【译文】

戎右负责在戎车中担任〔王的〕兵革使，告教并协助王击鼓，向军阵中传达王的命令。

2. 会同，充革车〔1〕。盟，则以玉敦辟盟〔2〕，遂役之〔3〕。赞牛耳、桃茢〔4〕。

【注释】

〔1〕会同，充革车：据郑《注》，王会同当乘金路，而以革路从行，戎右则充(居)革路之左。戎右之所以居左，是因为只有当王丧，王的载魂车才旷左(空出左边的位子)，平时则不敢旷左故也。

〔2〕以玉敦辟盟：玉敦，盛牲血，以供歃血。歃血即以牲血涂口而盟誓，以示诚信。辟，开也，谓揭开敦盖。

〔3〕遂役之：郑《注》曰："传敦血，授当歃者。"

〔4〕赞牛耳、桃茢：据郑《注》，与诸侯会盟，王为主盟者，割牛耳盛于珠盘，戎右协助王进行；牲血盛于敦中，又协助王用桃茢拂之，以扫除不祥。桃即桃枝，是鬼所害怕的；茢即笤帚。

【译文】

〔王外出〕会同，就居处革车〔左边的位置跟从王车〕。盟誓时，就用玉敦盛牲血，打开敦盖以供歃血盟誓，传授玉敦给所有当盟誓的人。协助王割牛耳、执牛耳〔和取牲血〕，并协助王用桃枝和笤帚拂除不祥。

四三、齐　　右

齐右掌祭祀[1]、会同、宾客前齐车[2]，王乘则持马，行则陪乘[3]。凡有牲事[4]，则前马[5]。

【注释】

〔1〕齐：音义皆同“斋”，下同。

〔2〕齐车：指王五路的金路。

〔3〕陪乘：即参乘，亦即车右。

〔4〕牲事：牲，谓牺牲。郑《注》曰：“王见牲则拱而式。”式，通“轼”，行轼礼。

〔5〕前马：据郑《注》，是说齐右下车来到马前，面向马而退行，以防马惊奔。

【译文】

齐右负责在有祭祀、会同、接待宾客等事时站在齐车前〔等候王乘车〕，王上车时就扶持驾车的马，车子行进时就担任参乘。凡遇有〔王在车上〕向牲行轼礼的事，就下车到马的前边〔退行而监视马〕。

四四、道　　右

道右掌前道车[1]，王出入，则持马、陪乘，如齐车之仪。自车上谕命于从车[2]。诏王之车仪。王式则下[3]，前马。王下，则以盖从[4]。

【注释】

〔1〕道车：指王五路的象路。

〔2〕从车：跟从王的诸臣之车。

〔3〕王式：据孙诒让说，如进入里巷，或遇牺牲，王皆当轼。

〔4〕盖：即车盖，可蔽雨、蔽日。

【译文】

道右负责站在道车前〔等候王上车〕，王出入〔宫门〕，就为王扶持驾车的马，并担任参乘，如同〔齐右侍候王〕乘齐车的仪法。从车上把王的命令告诉从车。告教王在车上的威仪。王行轼礼时就下车，到马前边〔监视马〕。王下车，就取下车盖跟从王。

四五、大　驭

1. 大驭掌驭玉路以祀。及犯軷[1]，王自左驭[2]，驭下祝，登，受辔，犯軷，遂驱之。及祭，酌仆[3]，仆左执辔，右祭两轵，祭軓[4]，乃饮。

【注释】

〔1〕犯軷：軷，音 bá，行神之名，亦为祭名。其法，据郑《注》及《说文》“軷”下《注》说，当王乘车出了国都城门，便筑一土堆以象山，或束菩草，或束茅草，或用棘树，或用柏树，植于山上作为神主，即所谓軷。杀牲（盖用犬牲）祭之，祭毕车碾土山和牲而过，即所谓犯軷，这样行神就会保佑人一路平安。

〔2〕王自左驭：案玉路本由大驭居中而驭，王的位置在车左，因为行軷祭而大驭下车祝告（见下文），故暂由王在车左的位置控驭车马。

〔3〕酌仆：贾《疏》曰：“使人酌酒与仆，仆即大驭也。”

〔4〕祭两轵，祭軓：轵，音 zhǐ，车毂的末端。軓，音 fàn。案车箱

底之四边有木方框，木方框后边那根横木叫做轸，其他三边则叫做轵（参见《考工记·辀人》第2节注①）。祭轵、祭轨，祭法不详。

【译文】

大驭负责驾驭王的玉路而前往祭祀。到行軷祭时，王由车左边的位置控驭着车马〔不使行进〕，由大驭下车向軷神祝告，〔祝告完毕而后〕登车，〔从王手中〕接过马缰绳，驾车碾过祭軷神的土山，于是驱车前进。祭祀軷神时，〔王使人〕酌酒献给大驭，大驭左手握马缰，右手用酒祭车的两轵，又祭车轨，〔祭毕〕才饮酒。

2. 凡驭路[1]，行以《肆夏》，趋以《采荠》[2]。凡驭路仪，以鸾和为节[3]。

【注释】

〔1〕路：据郑《注》，泛指王的五路。

〔2〕行以《肆夏》，趋以《采荠》：郑《注》曰："《肆夏》、《采荠》，乐章也。行，谓大寝（即路寝）至路门。趋，谓路门至应门。"

〔3〕鸾和：皆铃。郑《注》曰："鸾在衡，和在轼，皆以金（铜）为铃。"

【译文】

凡驾驭〔王的〕五路，〔从路寝到路门〕缓行时以《肆夏》为节奏，〔从路门到应门〕疾行时以《采荠》为节奏。凡驾五路的仪法，以鸾和二铃的鸣声为节奏。

四六、戎　仆

1. 戎仆掌驭戎车[1]。掌王倅车之政[2]，正其服[3]。

【注释】

〔1〕戎车：即革路。

〔2〕倅车：即副车(参见《射人》第5节注③)。

〔3〕服：郑《注》曰："谓众乘戎车者之衣服。"案此戎车指王的戎车的副车。据贾《疏》，众乘戎车者与王同服，皆穿韦弁服(参见《春官·司服》第2节注⑨)。

【译文】

戎仆负责〔为王〕驾驭戎车。掌管有关〔王的戎车的〕副车的政令，规正乘副车者的服装。

2. 犯軷，如玉路之仪。凡巡守及兵车之会[1]，亦如之。

【注释】

〔1〕兵车之会：孙诒让曰："谓有征讨之事而合诸侯。"

【译文】

〔为王驾驭戎车〕举行軷祭碾土山而过，如同〔大驭驾〕玉路的礼仪。如果〔王外出〕巡守或参加兵车之会，也这样行軷祭。

3. 掌凡戎车之仪。

【译文】

负责规正所有兵车的仪法。

四七、齐　　仆

齐仆掌驭金路以宾。朝、觐、宗、遇飨、食，皆乘金路，其法仪，各以其等，为车送逆之节[1]。

【注释】

〔1〕各以其等，为车送逆之节：郑《注》曰："节，谓王乘车迎宾客及送相去远近之数：上公九十步，侯伯七十步，子男五十步。"（详《秋官·大行人》第5节）

【译文】

齐仆负责〔为王〕驾驭金路以接待宾客。〔诸侯〕春朝、秋觐、夏宗、冬遇〔而王〕用飨礼和食礼款待诸侯时，都乘金路〔迎送诸侯〕，迎送的仪法是，各依诸侯等级的高低，作为迎送远近的节度。

四八、道　仆

道仆掌驭象路以朝夕[1]，燕出入，其法仪如齐车[2]。掌贰车之政令[3]。

【注释】

〔1〕朝夕：朝，谓早朝；夕，谓傍晚接见有事来朝之臣。

〔2〕其法仪如齐车：齐车，即王的金路。其仪法参见《道右》、《齐右》及《齐仆》。

〔3〕贰车：谓象路的副车，亦十二乘。凡王五路的副车皆各十二乘。

【译文】

道仆负责〔为王〕驾驭象路而早晚上朝，或燕游时进出，其仪法同齐车一样。掌管有关象路的副车的政令。

四九、田　　仆

田仆掌驭田路[1]，以田，以鄙[2]。掌佐车之政[3]。设驱逆之车[4]。令获者植旌[5]。及献，比禽[6]。凡田，王提马而走[7]，诸侯晋[8]，大夫驰。

【注释】

〔1〕田路：即王五路之木路。

〔2〕以鄙：据郑《注》，谓循行鄙地。鄙即野，也就是国都郊外、畿疆以内之地。

〔3〕佐车：田路的副车。

〔4〕驱逆之车：参见《大司马》第9节注⑲。

〔5〕令获者植旌：即植旌令获者，此与山虞、泽虞为官联(参见《地官·山虞》第4节及《泽虞》第3节)。

〔6〕比：郑《注》曰："种物相从次数之。"

〔7〕提马而走：孙诒让说，提犹控也。即控制马使缓行。

〔8〕晋：郑《注》曰："犹抑也。"谓抑制马不使疾奔，但比"提马"则稍疾。

【译文】

田仆负责〔为王〕驾驭田路，用以田猎，用以巡视野地。掌管有关田路的副车的政令。设置驱赶野兽的车和拦击野兽的车。树立旌旗令猎获禽兽的人〔献兽〕。到献禽兽的时候，将禽兽分类清点。凡田猎，为王驾车就控制着马而缓慢地跑，为诸侯驾车就抑制着马〔不使快跑〕，为大夫驾车就放马奔驰。

五〇、驭　　夫

驭夫掌驭贰车、从车、使车[1]。分公马而驾治之[2]。

【注释】

〔1〕掌驭贰车、从车、使车：掌，《注疏》本原文误刻作“尝”。贰车即王所乘五路的副车。从车，诸臣所乘以从王之车。使车，王安石曰：“使者所乘之车。”

〔2〕分公马而驾治之：公马，即王马，亦即官马，别于民马。驾治，贾《疏》曰：“调习之也。”

【译文】

驭夫负责驾驭〔王车的〕副车、群臣的从车和使者之车。分类调习公马。

五一、校　　人

1. 校人掌王马之政[1]。辨六马之属：种马一物[2]，戎马一物，齐马一物，道马一物，田马一物，驽马一物。

【注释】

〔1〕王马：即公马、官马。

〔2〕种马：据郑《注》，是最好的马，驾王的玉路。以下戎马、齐马、道马、田马则差次，分别驾戎路、金路、象路、田路。驽马最次，用以服杂役。

【译文】

校人掌管有关王马的事务。辨别六种马的类别：种马为一类，戎马为一类，齐马为一类，道马为一类，田马为一类，驽马为一类。

2. 凡颁良马而养乘之〔1〕：乘马一师〔2〕，四圉；三乘为皂，皂一趣马；三皂为系，系一驭夫；六系为厩，厩一仆夫；六厩成校，校有左右。驽马三良马之数〔3〕，丽马一圉〔4〕，八丽一师，八师一趣马，八趣马一驭夫〔5〕。

【注释】

〔1〕颁良马而养乘之：据郑《注》，良马即善马，即驾王五路的五种马(参见上节)。又此处“养乘”连文，乃偏正关系，实即喂养之义。

〔2〕乘马一师：郑司农曰：“四匹为乘。”案此乘，及下文皂、系、厩、校，皆马的数量单位名，详下文。师，即圉师。案师及下文圉、趣马、驭夫、仆夫，皆养马官之名。孙诒让曰：“圉师帅圉，趣马帅圉师，驭夫帅趣马，仆夫帅驭夫，皆转相帅领。”

〔3〕“六厩”至“之数”：案六厩，六种马每种各一厩，其中良马五厩，驽马一厩，是为一校。但因校有左右，故每种马实为二厩，其中良马每厩216匹，二厩则为432匹，五种十厩合计2 160匹；驽马二厩，每厩的匹数是良马的三倍(即所谓“三良马之数”)，即每厩有驽马648匹，二厩合计1 296匹。良马与驽马总计3 456匹。故郑《注》曰：“五良一驽，凡三千四百五十六匹，然后王马大备。”

〔4〕丽：郑《注》曰：“耦也。”即二匹马。

〔5〕“八丽”至“驭夫”：郑《注》曰：“驽马自圉至驭夫，凡马千二十四匹，与三良马之数不相应，‘八’皆宜为‘六’，字之误也。师十

二匹，趣马七十二匹，则驭夫四百三十二匹矣，然后而三之。”案郑说诚是，然以经文传习既久，不敢辄改，故仍沿其旧。

【译文】

凡把良马分配〔给养马官〕喂养：每乘〔四匹马〕设一名圉师，设四名圉；每三乘〔十二匹马〕为一皂，每皂设一趣马；每三皂〔三十六匹马〕为一系，每系设一驭夫；每六系〔二百一十六匹马〕为一厩，每厩设一仆夫；六厩为一校，有左右二校。〔每厩〕驽马数是〔每厩〕良马数的三倍，每丽〔两匹驽马〕设一圉，八丽〔十六匹驽马〕设一圉师，八圉师〔一百二十八匹驽马〕设一趣马，八趣马〔一千零二十四匹驽马〕设一驭夫。

3. 天子十有二闲〔1〕，马六种。邦国六闲，马四种。家四闲，马二种。凡马，特居四之一〔2〕。

【注释】

〔1〕闲：郑《注》曰：“每厩为一闲。”

〔2〕特：谓牡马，即雄性的马。

【译文】

天子有马十二闲，马有六种。诸侯每国有马六闲，马有四种。卿大夫每家邑有马四闲，马有二种。凡养马，雄性的马居四分之一。

4. 春祭马祖〔1〕，执驹〔2〕。夏祭先牧〔3〕，颁马〔4〕，攻特〔5〕。秋祭马社〔6〕，臧仆〔7〕。冬祭马步〔8〕，献马，讲驭夫〔9〕。

【注释】

〔1〕马祖：郑《注》曰：“天驷也。”天驷，星名，即二十八宿的

房宿。

〔2〕执驹：执，通“絷”。沈文倬说，絷驹是中国古代的一项重要的典礼，典礼的目的有二：一是使驹断乳离开母马，二是献马于王闲。王亲自参加典礼，接受马官所献之马。（《执驹补释》，见《考古》1961 年第 4 期）

〔3〕先牧：郑《注》曰：“始养马者，其人未闻。”

〔4〕颁马：颁，分也。李钟伦曰：“颁马者，通淫之后，即分牝牡，使异处而养之。”

〔5〕攻特：即扇马，又叫去势。据郑《注》，攻特在夏季公马与母马交配之后，因公马性悍，去势则易于驾驭、乘用。

〔6〕马社：郑《注》曰：“始乘马者。”又以为即传说中黄帝之臣相土，相土始作乘马。

〔7〕臧仆：《尔雅·释诂》曰：“臧，善也。”仆，郑《注》以为指驾驭王的五路的大驭、戎仆、齐仆、道仆、田仆。

〔8〕马步：郑《注》说，是一种为害马的神，祭之欲求其无害。

〔9〕讲：郑《注》曰：“犹简习。”

【译文】

春季祭祀马祖，举行执驹礼。夏季祭祀先牧，将公马与母马分开〔饲养〕，阉割公马。秋季祭祀马社，〔挑选〕优秀的驾车人。冬季祭祀马步，献马〔给王〕，挑选和训练驭夫。

5. 凡大祭祀、朝觐、会同，毛马而颁之〔1〕。饰币马〔2〕，执扑而从之。凡宾客，受其币马〔3〕。大丧，饰遣车之马〔4〕；及葬，埋之〔5〕。田猎，则帅驱逆之车。凡将事于四海山川〔6〕，则饰黄驹。凡国之使者，共其币马。凡军事，物马而颁之〔7〕。

【注释】

〔1〕毛马：据郑《注》，谓挑选毛色一样的马。

〔2〕币马：此指王赐宾客之马。

〔3〕币马：此指宾客献王之马。
〔4〕饰遣：参见《春官·巾车》第8节注①。
〔5〕埋之：郑《注》曰："言埋之，则是涂(泥)车、刍灵(草扎的人马)。"
〔6〕四海：郑《注》曰："犹四方也。"
〔7〕物马：郑《注》曰："齐其力。"即挑选同样有力的马。

【译文】

凡举行大祭祀、大朝觐、大会同，选择毛色相同的马〔以供驾王车〕，并分授给乘马的人。洗刷币马〔以备王赠赐〕，〔赠赐时〕拿着马鞭跟在马后。凡〔前来朝聘的〕宾客，接受他们〔献给王〕的币马。有大丧，洗刷驾遣车的马；葬后，埋掉〔草扎的〕马。举行田猎，就率领驱赶和拦击野兽的车。凡〔王巡守途中〕将祭祀四方山川，就洗刷〔用于祭祀的〕黄马。凡王国派出的使者，供给〔将赠赐诸侯的〕币马。凡有军事行动，挑选毛色〔和力量〕符合要求的马而加以分配。

6. 等驭夫之禄[1]，宫中之稍食[2]。

【注释】

〔1〕等驭夫之禄：等，犹差也。据《注》《疏》，养马官驭夫之上有仆夫，驭夫之下有趣马，驭夫居其中，这里是举中以见上下。
〔2〕宫：孙诒让以为乃"官"字之误。贾《疏》以为上文所说驭夫等皆士以上的官，此官是指士以下的府、史、胥、徒等。

【译文】

区别驭夫等养马官俸禄的等差，以及他们的属吏的食粮。

五二、趣　　马

1. 趣马掌赞正良马[1]，而齐其饮食，简其六节[2]。

【注释】

〔1〕良马：参见《校人》第2节注①。

〔2〕简其六节：简，阅也。六节，王应电曰："凡马驱之而进，旋之而反，此进退之节；提之而走，控之而止，此行止之节；骤之而趋，驰之而奔，此驰骤之节。"是所谓六节，谓进、退、行、止、驰、骤。

【译文】

趣马负责协助〔校人〕正确地喂养调教良马，调剂它们的饮食，观察它们的〔进、退、行、止、驰、骤〕六个方面。

2. 掌驾说之颁[1]，辨四时之居、治[2]，以听驭夫。

【注释】

〔1〕驾说之颁：驾说，犹"用说"（参见《春官·典路》第1节注②）。颁，犹"班"，次也，谓用马之次第。

〔2〕辨四时之居、治：贾《疏》曰："谓二月已前、八月已后在厩，二月已后、八月已前在牧（牧场）。"治，郑《注》曰："谓执驹、攻特之属。"

【译文】

负责安排〔王马〕驾车和卸车的次序，辨别四季〔王马〕所应居处的地方和治马的事，而听从驭夫的指挥。

五三、巫　　马

巫马掌养疾马而乘治之[1]，相医而药攻马疾[2]，受财于校人。马死，则使其贾粥之[3]，入其布于校人。

【注释】

〔1〕乘治之：郑《注》曰："乘谓驱步以发其疾，知所疾处乃治之。"是乘犹今所谓遛马。

〔2〕医：本篇《叙官》载巫马的属员有"医四人"。

〔3〕贾：本篇《叙官》载巫马的属员有"贾二人"。

【译文】

巫马负责疗养病马，通过遛马〔观察马的疾病所在〕而加以治疗，协助医者用药治疗马的疾病，从校人那里领取财物〔以供治疗的开支〕。马死了，就让贾人〔把死马的皮、骨〕卖掉，而把所卖的钱上交校人。

五四、牧　师

1. 牧师掌牧地[1]，皆有厉禁而颁之[2]。孟春焚牧，中春通淫。掌其政令。

【注释】

〔1〕牧地：在远郊，即《地官·载师》所谓牧田(见彼第2节)。

〔2〕厉禁而颁之：厉禁，谓划分牧马的区域范围，设置藩篱，而禁止其他的人和畜进入其中。

【译文】

牧师掌管牧地，都设有藩篱和禁令而颁授给养马官。春正月焚烧牧地〔的陈草〕，春二月使马交配，掌管有关的政令。

2. 凡田事，赞焚莱[1]。

【注释】

〔1〕赞焚莱：案焚莱是山虞、泽虞的职责(分见其职文)，而牧师助之。

【译文】

凡举行田猎，协助〔山虞和泽虞〕焚烧荒草，〔以开辟田猎场地〕。

五五、廋　人

1. 廋人掌十有二闲之政教〔1〕，以阜马，佚特〔2〕，教駣〔3〕，攻驹及祭马祖〔4〕，祭闲之先牧及执驹〔5〕，散马耳〔6〕，圉马〔7〕。

【注释】

〔1〕政教：指下文所说九事之政教。

〔2〕佚特：佚，通“逸”，郑《注》曰：“逸者，用之不使其劳，安其血气也。”

〔3〕教駣：駣，音 táo，郑司农曰：“马三岁曰駣。”郑《注》曰：“教駣，始乘习之也。”

〔4〕攻驹及祭马祖：攻驹，同《校人》“攻特”（见彼第 4 节注⑤）。祭马祖，参见同上注①。

〔5〕先牧：郑《注》曰：“制闲者。”

〔6〕散马耳：据郑《注》，是一种训练马习惯声音的刺激、听到声音不致惊吓的方法。

〔7〕圉马：孙诒让：“《圉师》云‘掌教圉人养马’，即圉马之政教也。”

【译文】

廋人掌管有关十二闲〔王马〕的政教，以使马盛壮，使马用之而不过于劳累，教习駣马，阉割公马以及〔春季〕祭祀马祖，〔夏季〕祭祀发明用闲养马的先牧以及举行执驹礼，使马习惯声音的刺激，教圉人养马。

2. 正校人员选[1]。

【注释】

〔1〕正校人员选：郑《注》曰："校人，谓师、圉也。正员选者，选择可备员者平之。"

【译文】

选择可任圉师、圉人的人员〔而对他们的才能加以评定〕。

3. 马八尺以上为龙，七尺以上为騋，六尺以上为马。

【译文】

马高八尺以上称作龙，高七尺以上称作騋，高六尺以上称作马。

五六、圉　　师

1. 圉师掌教圉人养马。春除蓐[1]，衅厩[2]，始牧。夏庌马[3]。冬献马。

【注释】

〔1〕春除蓐：郑《注》曰："蓐，马兹也。"案马兹即厩中铺垫的草，春天马出牧于野，故除之。

〔2〕衅厩：郑《注》曰："新(谓新建的马厩)，衅焉，神之也。"
〔3〕庌：音 yǎ，郑《注》曰："庑也，庑所以庇马者也。"

【译文】

圉师负责教圉人养马。春天除去马厩中铺垫的草，〔为新建的马厩〕行衅礼，开始放牧马。夏天把马系到庑下。冬天〔向王〕献马。

2. 射则充椹质[1]。茨墙则剪阖[2]。

【注释】

〔1〕椹质：参见《司弓矢》第2节注①。
〔2〕茨墙则剪阖：茨墙，谓以草覆盖墙，实即盖草屋。《释名·释宫室》云："屋以草盖曰茨。"阖，孙诒让以为是"盖"的借字。

【译文】

习射就供给椹板〔做靶子〕。建草屋就修剪所覆盖的草。

五七、圉　　人

圉人掌养马刍牧之事，以役圉师。凡宾客、丧纪，牵马而入陈[1]。廞马亦如之[2]。

【注释】

〔1〕宾客、丧纪，牵马而入陈：据《注》《疏》，宾客入陈之马，是王赐宾客之马，牵而陈于宾客馆舍；丧纪之陈马，是指启殡后、出葬前，行朝庙礼时所陈准备用以驾乘车之马，陈于祖庙。
〔2〕廞马：案这是指用作明器的驾车的车马(参见《校人》第5节

注⑤）。

【译文】

圉人掌管饲养和放牧马的事，而听从圉师指使。凡接待宾客，或有丧事，就牵马进来陈列。陈列〔用作明器的驾遣车的〕马也一样。

五八、职 方 氏

1. 职方氏掌天下之图，以掌天下之地，辨其邦国、都鄙、四夷、八蛮、七闽、九貉、五戎、六狄之人民〔1〕，与其财用、九谷、六畜之数要〔2〕，周知其利害。

【注释】

〔1〕四夷、八蛮、七闽、九貉、五戎、六狄：郑司农曰："东方曰夷，南方曰蛮，西方曰戎，北方曰貉（音 mò）、狄。"郑《注》曰："闽，蛮之别也。"（即蛮族的别种）又曰："四、八、七、九、五、六，周之所服国数也。"

〔2〕财用：郑《注》曰："泉（钱）谷货贿也。"

【译文】

职方氏掌管天下的地图，以掌握天下的土地，辨别各诸侯国、王畿内的采邑、四夷国、八蛮国、七闽国、九貉国、五戎国、六狄国的人民，以及他们的财物、九谷、六畜的数目，遍知他们的有利和不利条件所在。

2. 乃辨九州之国，使同贯利〔1〕。东南曰扬州，其山镇曰会稽[2]，其泽薮曰具区[3]，其川三江[4]，其浸五湖[5]，其利金、锡、竹箭[6]，其民二男五女，其畜宜鸟兽[7]，其谷宜稻。

【注释】

〔1〕贯：郑《注》曰："事也。"

〔2〕山镇曰会稽：山镇，谓山之重大而可为一州之镇者。会稽，山名，在今浙江省中部。

〔3〕泽薮曰具区：泽薮，即大泽。具区，古泽薮名，亦名震泽，即今江苏太湖。

〔4〕三江：有多种解释，据《汉书·地理志》，则是指今吴淞江和芜湖、宜兴间由长江通太湖一水，并长江下游，为南江、中江、北江三江。

〔5〕其浸五湖：浸，泛指可资灌溉的川泽。郑《注》曰："可以为陂灌溉者。"五湖，非确指某五湖，而是泛指太湖流域一带的湖泊。

〔6〕金、锡、竹箭：金，指铜。竹箭，可用作箭杆的小竹。

〔7〕其畜宜鸟兽：指其自然条件所宜畜养者，据郑《注》，指孔雀、鸾、鸡鹊、犀、象之属。

【译文】

辨别九州内的国家，使各国都有他们共同的事业和利益。东南是扬州，它的山镇是会稽，它的大泽是具区，它的河流有三江，它的可资灌溉的浸有五湖，它的特产有金、锡、竹箭，它的人民的男女比例是二比五，那里宜于畜养鸟兽，宜于种植稻谷。

3. 正南曰荆州，其山镇曰衡山[1]，其泽薮曰云曹[2]，其川江、汉[3]，其浸颍、湛[4]，其利丹、银、齿、革，其民一男二女，其畜宜鸟兽，其谷宜稻。

【注释】

〔1〕衡山：在今湖南省衡山县西。

〔2〕云瞢：即云梦，古泽薮名，在今湖北省潜江县西南。

〔3〕江、汉：江，谓长江。汉，谓汉水，是长江最长的支流。

〔4〕颍、湛：颍，即颍水，淮河最大的支流，当属豫州，《说文》“颍”下即云“豫州浸”，故郑《注》曰：“宜属豫州，在此非也。”湛，水名，亦属豫州，故《说文》曰“湛水，豫州浸”。案荆州之浸“颍、湛”盖与“豫州”之“波、溠”互讹(见下节)，《逸周书·职方》所记可证。

【译文】

正南是荆州，它的山镇是衡山，它的大泽是云梦，它的河流有长江、汉水，它的可资灌溉的浸有颍水、湛水，它的特产有丹砂、银、象牙、皮革，它的人民的男女比例是一比二，那里宜于畜养鸟兽，宜于种植稻谷。

4. 河南曰豫州，其山镇曰华山〔1〕，其泽薮曰圃田〔2〕，其川荧、雒〔3〕，其浸波、溠〔4〕，其利林〔5〕、漆、丝、枲，其民二男三女，其畜宜六扰〔6〕，其谷宜五种〔7〕。

【注释】

〔1〕华山：在今陕西省东部，其同名主峰在华阴县南。

〔2〕圃田：古泽薮名，故址在今河南省中牟县西。

〔3〕荧、雒：荧，原指荧泽(后世改“荧”为“荥”，据段玉裁、阮元、黄丕烈、孙诒让等说，属误改)，故址在今河南郑州市西北古荥北，西汉以后已渐淤为平地。但此处的“荧”实指兖(音 yǎn)水。兖水是济水的别名，据郑《注》，荧泽是由兖水溢出而成，因此即以兖水释“荧”。雒，即今洛河(作“洛”亦后人误改，据段玉裁《汉读考》说，其误起于魏时)，是黄河下游南岸的大支流。

〔4〕波、溠：波，即波水，源出今河南鲁山西北，入于汝水。孙诒让曰：“实则波亦当属荆州。”溠，音 zhà，水名，源出湖北随县西北鸡鸣山，东南流入涢水。郑《注》曰：“溠宜属荆州，在此非也。”（参见第 3 节注④）

〔5〕林：郑《注》曰：“竹木也。”

〔6〕六扰：郑《注》曰："马、牛、羊、豕、犬、鸡。"《逸周书·职方》孔晁《注》曰："家所畜曰扰。"

〔7〕五种：郑《注》曰："黍、稷、菽、麦、稻。"

【译文】

河南是豫州，它的山镇是华山，它的大泽是圃田，它的河流有济水、雒水，它的可资灌溉的浸有波水、溠水，它的特产有竹木、漆、丝、麻，它的人民的男女比例是二比三，那里宜于畜养马、牛、羊、猪、狗、鸡，宜于种植黍、稷、豆、麦、稻。

5. 正东曰青州，其山镇曰沂山[1]，其泽薮曰望诸[2]，其川淮、泗[3]，其浸沂、沭[4]，其利蒲、鱼[5]，其民二男二女[6]，其畜宜鸡、狗，其谷宜稻、麦。

【注释】

〔1〕沂山：又名东泰山，在山东省中部。

〔2〕望诸：即孟诸，古泽薮名，在今河南商丘东北、虞城西北。金、元以后，因屡被黄河冲决，遂埋废。

〔3〕淮、泗：即淮河、泗水。泗水在山东省中部，源出山东泗水县东蒙山麓，四源并发，故名。

〔4〕沂、沭：即沂水、沭(shù)河，都在山东省南部、江苏省北部。

〔5〕蒲、鱼：蒲，即蒲柳，其枝条可做箭杆。鱼，孙诒让以为指海鱼。

〔6〕二男二女：郑《注》曰："数等，似误也。盖当与兖州同，二男三女。"案郑说是也，《逸周书·职方》及《汉书·地理志》皆作"二男三女。"

【译文】

正东是青州，它的山镇是沂山，它的大泽是望诸，它的河流有淮水、泗水，它的可资灌溉的浸有沂水、沭河，它的特产有蒲柳、海鱼，它的人民的男女比例是二比三，那里宜于畜养鸡、狗，宜于种植稻、麦。

6. 河东曰兖州，其山镇曰岱山〔1〕，其泽薮曰大野〔2〕，其川河、泲〔3〕，其浸卢、维〔4〕，其利蒲、鱼，其民二男三女，其畜宜六扰，其谷宜四种〔5〕。

【注释】

〔1〕岱山：泰山的别名。

〔2〕大野：古泽薮名，又称巨野泽，故址在今山东巨野县北，五代后南部涸为平地，北部成为梁山泊的一部分。

〔3〕河、泲：河，即黄河，古称河水，亦单称河。泲，即济水，孙诒让曰："泲，俗通作'济'。"

〔4〕卢、维：卢，水名，源出山东省东南、潍河上游诸城县东北三十里之卢山，故名。维，水名，即潍水，今名潍河，在山东省东部。

〔5〕四种：郑《注》曰："黍、稷、稻、麦。"

【译文】

河东是兖州，它的山镇是泰山，它的大泽是大野，它的河流有河水、泲水，它的可资灌溉的浸有卢水、潍水，它的特产有蒲柳、海鱼，它的人民的男女比例是二比三，那里宜于畜养马、牛、羊、猪、狗、鸡，宜于种植黍、稷、稻、麦。

7. 正西曰雍州，其山镇曰岳山〔1〕，其泽薮曰弦蒲〔2〕，其川泾、汭〔3〕，其浸渭、洛〔4〕，其利玉石，其民三男二女，其畜宜牛、马，其谷宜黍、稷。

【注释】

〔1〕岳山：据王引之校，"山"字衍。岳，山名，一名吴岳，在陕西省陇县西南。

〔2〕弦蒲：古泽薮名，在今陕西省陇县西。

〔3〕泾、汭：泾，水名，是渭水的支流。汭，水名，是泾水的支流。

〔4〕渭、洛：渭，即渭水，是黄河最大的支流。洛，水名，是渭水的支流。

【译文】

正西是雍州，它的山镇是岳山，它的大泽是弦蒲，它的河流有泾水、汭水，它的可资灌溉的浸有渭水、洛水，它的特产有玉石，它的人民的男女比例是三比二，那里宜于畜养牛、马，宜于种植黍、稷。

8. 东北曰幽州，其山镇曰医无闾[1]，其泽薮曰貕养[2]，其川河、泲[3]，其浸菑、时[4]，其利鱼、盐，其民一男三女，其畜宜四扰[5]，其谷宜三种[6]。

【注释】

〔1〕医无闾：山名，在今辽宁省北镇县西。

〔2〕貕养：貕，音 xī。貕养，古泽薮名，在今山东省莱阳县东，久已埋废。

〔3〕河、泲：参见第 6 节注③。

〔4〕菑、时：菑，水名，即淄水，亦作甾水，源出山东省莱芜县的原山，东北流至寿光县，入清水泊，由泊东北入海。时，水名，源出今淄博市西，北流至博兴县南向东折入海。

〔5〕四扰：郑《注》曰："马、牛、羊、豕。"

〔6〕三种：郑《注》曰："黍、稷、稻。"

【译文】

东北是幽州，它的山镇是医无闾山，它的大泽是貕养，它的河流有河水、泲水，它的可资灌溉的浸有淄水、时水，它的特产有海鱼、盐，它的人民的男女比例是一比三，那里宜于畜养马、牛、羊、猪，宜于种植黍、稷、稻。

9. 河内曰冀州[1]，其山镇曰霍山[2]，其泽薮曰杨纡[3]，其川漳[4]，其浸汾、潞[5]，其利松、柏，其民五男三女，其畜宜牛、羊，其谷宜黍、稷。

【注释】

〔1〕河内：案古黄河自今山西省芮城县的风陵渡向东至河南淇县的一段，称为南河；自风陵渡以上南北走向的一段称为西河；自淇县折向北而稍偏东至入海的一段称为东河；东、西、南三河环抱之间的地方，即所谓河内。

〔2〕霍山：在今山西霍县东南。

〔3〕杨纡：古泽薮名，郑《注》曰："所在未闻。"

〔4〕漳：水名，即今漳河，是卫河的支流，在今河北、河南两省边境。

〔5〕汾、潞：汾，水名，即今汾河，黄河第二大支流，在山西省中部。潞，水名，即今山西省东南部的浊漳河。

【译文】

河内是冀州，它的山镇是霍山，它的大泽是杨纡，它的河流有漳水，它的可资灌溉的浸有汾水、潞水，它的特产有松、柏，它的人民的男女比例是五比三，那里宜于畜养牛、羊，宜于种植黍、稷。

10. 正北曰并州，其山镇曰恒山[1]，其泽薮曰昭余祁[2]，其川虖池、呕夷[3]，其浸涞、易[4]，其利布、帛，其民二男三女，其畜宜五扰[5]，其谷宜五种[6]。

【注释】

〔1〕恒山：在今河北省曲阳县西北与山西省接壤处。

〔2〕昭余祁：古泽薮名，在今山西祁县西南、介休县东北。唐宋以来已日见涸塞。

〔3〕虖池、呕夷：虖池，古水名，即今滹沱河，是子牙河的北源，在今河北省西部。呕夷，古水名，一作沤夷，即滱水，亦即今大清河的支流唐河，在河北省西部。

〔4〕涞、易：涞，水名，即今拒马河，是大清河的支流，在河北省西部。易，水名，在河北省西部，也是大清河的支流。

〔5〕五扰：郑《注》曰："马、牛、羊、犬、豕。"

〔6〕五种：郑《注》曰："黍、稷、菽、麦、稻。"

【译文】

正北是并州，它的山镇是恒山，它的大泽是昭余祁，它的河流有虖池水、呕夷水，它可资灌溉的浸有涞水、易水，它的特产有布、丝织品，它的人民的男女比例是二比三，那里宜于畜养马、牛、羊、狗、猪，宜于种植黍、稷、豆、麦、稻。

11. 乃辨九服之邦国[1]。方千里曰王畿，其外方五百里曰侯服，又其外方五百里曰甸服，又其外方五百里曰男服，又其外方五百里曰采服，又其外方五百里曰卫服，又其外方五百里曰蛮服，又其外方五百里曰夷服，又其外方五百里曰镇服，又其外方五百里曰藩服[2]。

【注释】

〔1〕服：据《注》《疏》，取义于服事周天子。案此节下文同于《大司马》，唯彼称"九畿"（参见彼第4节），而此称"九服"为异。

〔2〕藩：案《大司马》作"蕃"。

【译文】

辨别九服的诸侯国。地方千里的是王畿，王畿之外方五百里是侯服，侯服之外方五百里是甸服，甸服之外方五百里是男服，男服之外方五百里是采服，采服之外方五百里是卫服，卫服之外方五百里是蛮服，蛮服之外方五百里是夷服，夷服之外方五百里是镇服，镇服之外方五百里是藩服。

12. 凡邦国，千里，封公以方五百里，则四公；方四百里，则六侯；方三百里，则七伯[1]；方二百里，则二十五子；方百里，则百男：以周知天下。

【注释】

〔1〕方三百里，则七伯：郑《注》曰："方千里者，……以(伯)方三百里之积，以九约之(即以九做除数除之)，得十一有奇，云'七伯'者，字之误也。"案方千里，即千里见方，1 000 × 1 000 = 1 000 000 平方里；伯国方三百里，300 × 300 = 90 000 平方里；1 000 000 ÷ 90 000 ≈ 11.1，即郑《注》所谓"十一有奇"。"十一"二字竖写而上下靠近则颇似"七"字，盖传抄者误读以致讹。

【译文】

凡〔分封〕诸侯国，地方千里，分封方五百里的公国，可以分封四个公；分封方四百里的侯国，可以分封六个侯；分封方三百里的伯国，可以分封七(当为十一)个伯；分封方二百里的子国，可以分封二十五个子；分封方百里的男国，可以分封一百个男：根据这个比例就可遍知天下〔的诸侯国数〕。

13. 凡邦国，小大相维，王设其牧[1]，制其职[2]，各以其所能[3]；制其贡，各以其所有。

【注释】

〔1〕设其牧：即设州牧，此即《天官·大宰》所谓"建其牧"之义(参见彼第 12 节)。

〔2〕制其职：职，谓君臣，此即《大宰》所谓"立其监，设其参，傅其伍，陈其殷，置其辅"之义(参见同上)。

〔3〕各以其所能：谓所规定的职责都是依照诸侯国君臣的能力所能

够做到的，与下文据邦国所有以制贡意思相类。案历来注家于此句皆不得其解，兹姑以己意释之。

【译文】

凡诸侯国，小国与大国相互维系，王为他们设置州牧，制定诸侯国君臣应行的职责，各依照他们的所能；制定诸侯国应缴纳的贡赋，各依照他们国家之所有。

14. 王将巡守，则戒于四方〔1〕，曰："各修平乃守〔2〕，考乃职事〔3〕，无敢不敬戒，国有大刑。"及王之所行，先道，帅其属而巡戒令。王殷国亦如之〔4〕。

【注释】

〔1〕戒于四方：贾《疏》曰："先以文书戒敕于四方。"

〔2〕修平乃守：平，安也。守，郑《注》曰："谓国境之内。"

〔3〕职事：郑《注》曰："所当共具。"孙诒让释"共具"曰："若饔饩、委积之属。"

〔4〕王殷国：郑《注》曰："殷，犹众也。"金鹗曰："殷国与巡守同年，其与巡守异者，盖王有故不能远巡，故止于近于王畿之地巡行，大约在侯、甸二服中，则令四方诸侯毕来朝也。"

【译文】

王将巡守〔天下〕，就〔预先发文书〕告诫四方，说："各自搞好你们境内的治安，检察你们〔迎接王〕的准备情况，有敢不严肃认真的，王国有重刑。"到王〔启程前往〕所巡视之国时，就做先导，率领下属而巡视该国执行戒令的情况。王在附近的诸侯国接见众来朝的诸侯时，也这样做。

五九、土 方 氏

1. 土方氏掌土圭之法〔1〕，以致日景，以土地相宅[2]，而建邦国都鄙，以辨土宜、土化之法[3]，而授任地者[4]。

【注释】

〔1〕土圭：参见《地官·大司徒》第7节注①。

〔2〕以土地相宅：郑《注》曰："土地，犹度地，知东西南北之深，而相(察)其可居者。宅，居也。"

〔3〕土化：参见《地官·草人》第1节注①。

〔4〕授任地者：授，贾《疏》曰："谓以书作法授之。"任地者，郑《注》曰："载师之属。"案《地官·载师》曰："掌任土之法。"彼郑《注》曰："任其地势所能生育，且以制贡赋也。"(见彼第1节注①)

【译文】

土方氏掌管运用土圭的方法，通过测度日影，以度量土地〔的方位和远近〕而观测可居住的地方，建立诸侯国和采邑，辨别土地所宜种植的作物和所宜采取的改良方法，授给掌管使用土地之法的官吏。

2. 王巡守，则树王舍[1]。

【注释】

〔1〕树王舍：郑《注》曰："为之藩罗。"

【译文】

王外出巡守，就在王的行宫周围树立藩篱。

六〇、怀方氏

怀方氏掌来远方之民，致方贡[1]，致远物[2]，则送逆之，达之以节〔3〕。治其委积、馆舍、饮食。

【注释】

〔1〕致方贡：据贾《疏》，谓致六服之内的贡物。六服，即九服中的侯、甸、男、采、卫、蛮六服。孙诒让曰："致，谓以政令招致之。"

〔2〕致远物：郑《注》曰："远物，九州之外无贡法而致者。"九州之外，据《秋官·大行人》郑《注》说，是指九服的夷、镇、蕃三服。

〔3〕达之以节：达，谓通达，即通行。郑《注》曰："达民以旌旗，达贡物以玺节。"

【译文】

怀方氏负责使远方的人民前来归附，命令〔六服之内的〕方国进献贡赋，命令远方国家进献土特产，而对他们负责迎送，发给他们旌旗或玺节以便通行，办理他们途中所需的粮草、馆舍和饮食。

六一、合 方 氏

合方氏掌达天下之道路，通其财利，同其数器〔1〕，壹其度量，除其怨恶，同其好善〔2〕。

【注释】

〔1〕器：据郑《注》，是指秤，计重量的器具。

〔2〕好善：郑《注》曰："所好所善，谓风俗所高尚。"

【译文】

合方氏负责使天下道路通达，使天下财物流通，使天下计数方法和称量轻重的器具统一，长度和容量的标准一致，消除〔国家间的〕仇怨，使天下的好尚相同。

六二、训 方 氏

训方氏掌道四方之政事，与其上下之志，诵四方之传道[1]。正岁，则布而训四方，而观新物[2]。

【注释】

〔1〕诵四方之传道：郑《注》曰："传道，世世所传说往古之事，为王诵之，若今论圣德尧、舜之道矣。"

〔2〕观新物：郑《注》曰："四时新物出则观之，以知民志所好恶。志淫行辟，则当以政教化正之。"孙诒让曰："新物，谓物产珍异及器械便利者。"

【译文】

训方氏负责〔向王〕叙说四方诸侯国的政事，和他们君臣的心志，〔向王〕诵说四方诸侯国世代传说的往古圣贤事迹。〔夏历〕正月初一，就布告天下而训导四方人民，注意观察新出现的物产器械。

六三、形 方 氏

形方氏掌制邦国之地域，而正其封疆，无有华离之地[1]。使小国事大国，大国比小国。

【注释】

〔1〕华离：郑《注》曰："华，读为'呱哨'之'呱'（kuā），正

之使不佩邪离绝。”段玉裁《汉读考》曰：“离绝，谓若间以他国之地，逾境而治之。”

【译文】

形方氏掌管制定诸侯国的地域，规正它们的疆界，不要有不正或相互绝离的土地。使小国服事大国，大国亲睦小国。

六四、山　师

山师掌山林之名，辨其物，与其利害，而颁之于邦国，使致其珍异之物。

【译文】

山师掌管山林的名号，辨别山中的物产，以及有利或有害于人的动、植物，而划分给诸侯国，使他们进贡珍异的物产。

六五、川　师

川师掌川泽之名，辨其物，与其利害，而颁之于邦国，使致其珍异之物。

【译文】

川师掌管河流和湖泊的名号，辨别其中的物产，以及有利或有害于人的动、植物，而划分给诸侯国，使他们进贡珍异的物产。

六六、原　师

原师掌四方之地名，辨其丘、陵、坟、衍、原、隰之名物、之可以封邑者[1]。

【注释】

〔1〕丘、陵、坟、衍、原、隰：参见《地官·大司徒》第2节注②。封邑：孙诒让曰："谓立邑而为之畺界。封，即《大司徒》'沟封'之'封'。"

【译文】

原师掌管四方的地形之名，辨别丘、陵、坟、衍、原、隰的名称和物产、辨别其中可以划分出来建造居邑的地方。

六七、匡　人

匡人掌达法则[1]，匡邦国，而观其慝[2]，使无敢反侧，以听王命。

【注释】

〔1〕法则：郑《注》曰："八法、八则，邦国之官府、都鄙亦用焉。"案八法、八则，见《天官·大宰》第2、3节。

〔2〕慝：郑《注》曰："奸伪之恶也。"

【译文】

匡人负责宣达八法、八则，用以匡正诸侯国，而观察是否有为奸作恶的，使他们不敢违背法度，而听从王的命令。

六八、撢　　人

撢人掌诵王志，道国之政事，以巡天下之邦国而语之，使万民和说而正王面〔1〕。

【注释】

〔1〕面：郑《注》曰："犹乡(向)也。"

【译文】

撢人掌管〔向诸侯国〕诵说王的心志，讲述王国的政事，通过巡行天下的诸侯国而告诉他们，使万民和睦高兴而心向王。

六九、都司马(附家司马)

都司马掌都之士、庶子及其众庶〔1〕、车马、兵甲之戒令，以国法掌其政学〔2〕，以听国司马〔3〕。家司马亦如之〔4〕。

【注释】

〔1〕都司马掌都之士、庶子及其众庶：都，兼采邑中的大、小都言。士、庶子，皆卿大夫之子弟，其中尚未命士者称庶子。据孙诒让说，此

处的士、庶子及下文的众庶，皆谓从军者。

〔2〕政学：王引之曰："即政教也。"

〔3〕国司马：郑《注》曰："大司马之属皆是。"所谓大司马之属，贾《疏》以为即小司马、军司马、舆司马等。

〔4〕家司马亦如之：家，大夫的采邑。司马，其家臣。孙诒让曰："此《叙官》之文误移于此，其《家司马》职文又误入《叙官》，二简互错。"（参见本篇《叙官》第64节之"小结"）

【译文】

都司马掌管有关都中〔从军的〕士、庶子和兵众、车马、兵甲的戒令，依照国法掌管有关他们的政教，而听命于大司马的属官。家司马的职掌也是这样。

秋官司寇第五

【题解】

秋官系统共有六十六职官，大司寇是其长，小司寇是大司寇的副手。按照《叙官》的说法，秋官是“刑官”，即掌刑法之官，此说大体不误。如大司寇的主要职责就是掌刑法，其中包括惩治违法诸侯的三典，惩治违法之民的五刑，用圜土(狱城)聚教不良之民，用“两造”之法防禁诉讼不实之辞，用罚坐“嘉石”和服劳役之法惩罚不良之民，用立“肺石”之法使穷民的冤情得以上达，定期宣布刑法，掌评断诸侯以至庶民狱讼的邦典、邦法和邦成，监视对违令将士行刑，等等，皆属掌刑法之职。小司寇协助大司寇工作，其主要职责也是掌刑法。但此外小司寇还掌询万民和群臣，又掌大校比时登记民数以上报天府，以及孟冬献民数于王等职，则似与秋官的性质不类。大、小司寇之下的六十四属官，其中掌察、掌货贿、都则、都士、家士等五官职文佚缺，其他五十九官，职掌则较复杂，大体可以分为以下几类。第一类是掌刑法狱讼的官，有士师、乡士、遂士、县士、方士、讶士、朝士、司刑、司刺、司厉、司圜、掌囚、掌戮、布宪、禁杀戮、禁暴氏等，凡十六职。第二类是掌各种禁令的官，有雍氏(掌沟渎之禁)、萍氏(掌水禁)、司寤氏(掌宵禁)、司烜氏(掌火禁)、野庐氏(掌路禁)、修闾氏(掌国中路禁)、衔枚氏(禁喧哗)等，凡七职。盖禁令近于刑法，故属之司寇。第三类是掌隶民的官，有司隶、罪隶、蛮隶、闽隶、夷隶、貉隶等，凡六职。案隶民罪犯(罪隶)和少数民族战俘，把他们当作奴隶加以监管役使，有执法性质，故此类职官亦属之司寇。第四类是掌司盟约的官，有司约、司盟二职。盟约有类似法律的约束力，故此二官亦属之司寇。第五类是掌接待四方宾客以及与诸侯和蛮夷交往的官，有大行人、小行人、司仪、行夫、环人(与夏官之环人官名同而职异)、象胥、掌客、掌讶、掌交等，凡九职。第六类是掌辟除的官，包括除去腐尸以及攻捕鸟兽虫怪等，有蜡氏、冥氏、庶氏、穴氏、翨氏、硩蔟氏、翦氏、赤犮氏、蝈氏、壶涿氏、庭氏等，凡十一职。还有负责统计民数的司民，掌为王和公侯伯子男出巡时“执鞭以趋辟”的条狼氏，掌有关矿物开采戒令的职金，掌除草木造田的柞氏、薙氏，掌供祭祀之杖和杖函的伊耆氏，掌供犬牲的犬人，等等，皆可自成一类。可见司寇的属官除掌刑法外，还有许多与刑法无关的职事，其中有些似当属之他官而杂入此官。如第五类官主要职责是掌宾礼，当属之春官；掌统计民数的司民，掌除草木造田的柞氏、薙氏，以及掌矿物的职金等，则当属之地官。又第六类诸职以及伊耆氏所掌，皆属杂事，不知缘何属之司寇。又第六类职官的职掌至微，而分工至细，如同样是掌捕兽，既有攻捕猛兽的冥氏，又有掌捕蛰兽的穴氏；同样是掌除虫，既有掌除毒蛊的庶氏，又有掌除蠹虫的翦氏，还有掌除墙中虫豸的赤犮氏，以及掌除水虫的壶涿氏；同样掌除鸟，既有掌攻猛鸟的翨氏，又有掌覆妖鸟巢的硩蔟氏，还有掌射妖鸟的庭氏。又仅因蛙类的叫声吵人而亦特设蝈氏一职，专掌除蛙类，真可谓不厌其烦，故亦颇为后世学者所讥。

叙　　官

1. 惟王建国，辨方正位，体国经野。设官分职，以为民极。乃立秋官司寇，使帅其属，而掌邦禁，以佐王刑邦国。

【译文】

王建立国都，辨别方向并确定〔宗庙和朝廷的〕位置，划分都城与郊野的界限。分设官职，用作民众的榜样。于是设立秋官司寇，让他率领下属，掌管天下的禁令，以辅佐王惩罚违法的诸侯国。

2. 刑官之属[1]：大司寇，卿一人；小司寇，中大夫二人；士师[2]，下大夫四人；乡士[3]，上士八人；中士十有六人，旅下士三十有二人，府六人，史十有二人，胥十有二人，徒百有二十人。

【注释】

〔1〕刑官：因上节云秋官司寇的职责是“掌邦禁”，“佐王刑邦国”，故称秋官系统的官为刑官。

〔2〕士师：郑《注》曰：“士，察也，主察狱讼之事者。”

〔3〕乡士：是负责审理六乡中诉讼的官。

【译文】

刑官的属官有：大司寇，由卿一人担任；小司寇，由中大夫二人担任；士师，由下大夫四人担任；乡师，由上士八人担任；〔还配有〕中士十六人，众下士三十二人，府六人，史十二人，胥十二人，徒一百二十人。

3. 遂士[1]，中士十有二人，府六人，史十有二人，胥十有二人，徒百有二十人。

【注释】

〔1〕遂士：是负责审理六遂中诉讼的官。

【译文】

遂士，由中士十二人担任，〔还配有〕府六人，史十二人，胥十二人，徒一百二十人。

4. 县士[1]，中士三十有二人，府八人，史十有六人，胥十有六人，徒百有六十人。

【注释】

〔1〕县士：是掌郊外野地公邑狱讼的官。

【译文】

县士，由中士三十二人担任，〔还配有〕府八人，史十六人，胥十六人，徒一百六十人。

5. 方士〔1〕，中士十有六人，府八人，史十有六人，胥十有六人，徒百有六十人。

【注释】

〔1〕方士：是主王畿内采邑之狱讼的官。

【译文】

方士，由中士十六人担任，〔还配有〕府八人，史十六人，胥十六人，徒一百六十人。

6. 讶士〔1〕，中士八人，府四人，史八人，胥八人，徒八十人。

【注释】

〔1〕讶士：是掌四方诸侯狱讼及负责迎送四方宾客的官。

【译文】

讶士，由中士八人担任，〔还配有〕府四人，史八人，胥八人，徒八十人。

7. 朝士[1]，中士六人，府三人，史六人，胥六人，徒六十人。

【注释】

〔1〕朝士：郑《注》曰：“主外朝之法。”案外朝在皋门内、库门外。

【译文】

朝士，由中士六人担任，〔还配有〕府三人，史六人，胥六人，徒六十人。

8. 司民[1]，中士六人，府三人，史六人，胥三人，徒三十人。

【注释】

〔1〕司民：郑《注》曰：“主民数。”即主管统计、掌握人民之数，上报于王。

【译文】

司民，由中士六人担任，〔还配有〕府三人，史六人，胥三人，徒三十人。

9. 司刑[1]，中士二人，府一人，史二人，胥二人，徒二十人。

【注释】

〔1〕司刑：是掌五刑之法的官。

【译文】

司刑，由中士二人担任，〔还配有〕府一人，史二人，胥二人，徒二十人。

10. 司刺[1]，下士二人，府一人，史二人，徒四人。

【注释】

〔1〕司刺：是掌三刺、三宥、三赦之法的官（详其职文）。

【译文】

司刺，由下士二人担任，〔还配有〕府一人，史二人，徒四人。

11. 司约[1]，下士二人，府一人，史二人，徒四人。

【注释】

〔1〕司约：是掌邦国及万民约剂的官。

【译文】

司约，由下士二人担任，〔还配有〕府一人，史二人，徒四人。

12. 司盟[1]，下士二人，府一人，史二人，徒四人。

【注释】

〔1〕司盟：据郑《注》，是掌盟载与盟诅的官。

【译文】

司盟，由下士二人担任，〔还配有〕府一人，史二人，徒四人。

13. 职金[1]，上士二人，下士四人，府二人，史四人，胥八人，徒八十人。

【注释】

〔1〕职金：是掌管有关金玉锡石等矿产的戒令以及所征矿产税的官。

【译文】

职金，由上士二人担任，下士四人为副手，〔还配有〕府二人，史四人，胥八人，徒八十人。

14. 司厉[1]，下士二人，史一人，徒十有二人。

【注释】

〔1〕司厉：是掌管罚没盗贼的兵器、财物以及罚没盗贼为奴的官。

【译文】

司厉，由下士二人担任，〔还配有〕史一人，徒十有二人。

15. 犬人[1]，下士二人，府一人，史二人，贾四人，徒十六人[2]。

【注释】

〔1〕犬人：是掌祭祀时供犬牲的官。

〔2〕徒十六人：阮校说，“十”下当补“有”字。

【译文】

犬人，由下士二人担任，〔还配有〕府一人，史二人，贾四人，徒十六人。

16. 司圜〔1〕，中士六人，下士十有二人，府三人，史六人，胥十有六人，徒百有六十人。

【注释】

〔1〕司圜：圜，即圜土，即狱城（参见《地官·比长》第2节注④），司圜即掌狱城之官。

【译文】

司圜，由中士六人担任，下士十二人为副手，〔还配有〕府三人，史六人，胥十六人，徒一百六十人。

17. 掌囚〔1〕，下士十有二人，府六人，史十有二人，徒百有二十人。

【注释】

〔1〕掌囚：郑《注》曰：“囚，拘也。主拘系当刑杀之者。”

【译文】

掌囚，由下士十二人担任，〔还配有〕府六人，史十有二人，徒百有二十人。

18. 掌戮〔1〕，下士二人，史一人，徒十有二人。

【注释】

〔1〕掌戮：是掌斩杀罪犯的官。据郑《注》，戮犹辱，杀后还当陈尸示众以辱之。

【译文】

掌戮，由下士二人担任，〔还配有〕史一人，徒十二人。

19. 司隶[1]，中士二人，下士十有二人，府五人，史十人，胥二十人，徒二百人。

【注释】

〔1〕司隶：五隶官之长。五隶官，即下罪隶、蛮隶、闽隶、夷隶、貉隶五者。

【译文】

司隶，由中士二人担任，下士十二人为副手，〔还配有〕府五人，史十人，胥二十人，徒二百人。

20. 罪隶[1]，百有二十人。

【注释】

〔1〕罪隶：凡犯罪没为官奴者，皆谓之罪隶。此处罪隶则是指掌管罪隶之官。

【译文】

罪隶，一百二十人。

21. 蛮隶[1]，百有二十人。

【注释】

〔1〕蛮隶：郑《注》曰："征南夷所获。"案此处蛮隶则是指掌管征伐南方少数民族所获俘虏而为奴者之官。下闽隶、夷隶、貉隶，义放此。

【译文】

蛮隶，一百二十人。

22. 闽隶[1]，百有二十人。

【注释】

〔1〕闽隶：郑《注》曰："闽，南蛮之别(种)。"

【译文】

闽隶，一百二十人。

23. 夷隶[1]，百有二十人。

【注释】

〔1〕夷隶：郑《注》曰："征东夷所获。"

【译文】

夷隶，一百二十人。

24. 貉隶[1]，百有二十人。

【注释】

〔1〕貉隶：郑《注》曰："征东北夷所获。"

【译文】

貉隶，一百二十人。

25. 布宪[1]，中士二人，下士四人，府二人，史四人，胥四人，徒四十人。

【注释】

〔1〕布宪：是负责宣布刑法禁令的官，郑《注》曰："宪，表也。主表刑禁者。"

【译文】

布宪，由中士二人担任，下士四人为副手，〔还配有〕府二人，史四人，胥四人，徒四十人。

26. 禁杀戮[1]，下士二人，史一人，徒十有二人。

【注释】

〔1〕禁杀戮：是负责侦察罪犯的官。

【译文】

禁杀戮，由下士二人担任，〔还配有〕史一人，徒十二人。

27. 禁暴氏[1]，下士六人，史三人，胥六人，徒六十人。

【注释】

〔1〕禁暴氏：是负责纠禁庶民违法乱暴的官。

【译文】

禁暴氏，由下士六人担任，〔还配有〕史三人，胥六人，徒六十人。

28. 野庐氏[1]，下士六人，胥十有二人，徒百有二十人。

【注释】

〔1〕野庐氏：是掌管野外道路之馆舍，以接待过往宾客的官。

【译文】

野庐氏，由下士六人担任，〔还配有〕胥十二人，徒一百二十人。

29. 蜡氏[1]，下士四人，徒四十人。

【注释】

〔1〕蜡氏：蜡，音 qù，是“蛆”的古字。蜡氏，则是掌除腐尸的官。

【译文】

蜡氏，由下士四人担任，〔还配有〕徒四十人。

30. 雍氏[1]，下士二人，徒八人。

【注释】

〔1〕雍氏：是掌防禁沟渎水潦以及禽兽等危害庄稼的官。

【译文】

雍氏，由下士二人担任，〔还配有〕徒八人。

31．萍氏〔1〕，下士二人，徒八人。

【注释】

〔1〕萍氏：是掌水禁的官。所谓水禁，谓如禁捕鱼鳖不时等。

【译文】

萍氏，由下士二人担任，〔还配有〕徒八人。

32．司寤氏〔1〕，下士二人，徒八人。

【注释】

〔1〕司寤氏：是掌夜间报时和宵禁的官。

【译文】

司寤氏，由下士二人担任，〔还配有〕徒八人。

33．司烜氏〔1〕，下士六人，徒十有六人。

【注释】

〔1〕司烜氏：是掌取明火、施火禁、设庭燎等事的官。

【译文】

司烜氏，由下士六人担任，〔还配有〕徒十六人。

34．条狼氏〔1〕，下士六人〔2〕，胥六人，徒六十人。

【注释】

〔1〕条狼氏：是掌清除道和监誓的官。

〔2〕下士六人：案沈彤以为“六”当为“八”字之误，由其职文“王出入则八人夹道”可证。

【译文】

条狼氏，由下士六(八)人担任，〔还配有〕胥六人，徒六十人。

35. 修闾氏〔1〕，下士二人，史一人，徒十有二人。

【注释】

〔1〕修闾氏：是掌管考核都城守卫者及有关都城禁戒的官。

【译文】

修闾氏，由下士二人担任，〔还配有〕史一人，徒十二人。

36. 冥氏〔1〕，下士二人，徒八人。

【注释】

〔1〕冥氏：是掌捕兽的官。

【译文】

冥氏，由下士二人担任，〔还配有〕徒八人。

37. 庶氏〔1〕，下士一人，徒四人。

【注释】

〔1〕庶氏：是负责驱除毒虫的官。

【译文】

庶氏，由下士一人担任，〔还配有〕徒四人。

38. 穴氏[1]，下士一人，徒四人。

【注释】

〔1〕穴氏：是掌攻蛰兽的官。

【译文】

穴氏，由下士一人担任，〔还配有〕徒四人。

39. 翨氏[1]，下士二人，徒八人。

【注释】

〔1〕翨氏：郑司农曰："翨，读为'翅翼'之'翅'。"翨氏是掌攻猛鸟的官。

【译文】

翨氏，由下士二人担任，〔还配有〕徒八人。

40. 柞氏[1]，下士八人，徒二十人。

【注释】

〔1〕柞氏：柞，音 zé。柞氏是掌清除林木的官。

【译文】

柞氏，由下士八人担任，〔还配有〕徒二十人。

41. 薙氏[1]，下士二人，徒二十人。

【注释】

〔1〕薙氏：薙，音 tì。薙氏，是掌除草的官。

【译文】

薙氏，由下士二人担任，〔还配有〕徒二十人。

42. 硩蔟氏[1]，下士二人，徒二人。

【注释】

〔1〕硩蔟氏：硩，音 chè。硩蔟氏，是掌捣毁妖鸟（叫声怪异的鸟）巢的官。

【译文】

硩蔟氏，由下士二人担任，〔还配有〕徒二人。

43. 翦氏[1]，下士一人，徒二人。

【注释】

〔1〕翦氏：郑《注》曰："主除虫蠹者。"案蠹，音 dù，蛀虫。

【译文】

翦氏，由下士一人担任，〔还配有〕徒二人。

44. 赤犮氏[1]，下士一人，徒二人。

【注释】

〔1〕赤发氏：犮，音 bá。赤犮氏，是主除埋藏于墙屋中的虫豸的官。

【译文】

赤犮氏，由下士一人担任，〔还配有〕徒二人。

45. 蝈氏[1]，下士一人，徒二人。

【注释】

〔1〕蝈氏：蝈，音 guó。蝈氏，是掌除蛤蟆的官。

【译文】

蝈氏，由下士一人担任，〔还配有〕徒二人。

46. 壶涿氏[1]，下士一人，徒二人。

【注释】

〔1〕壶涿氏：是掌除水虫的官。

【译文】

壶涿氏，由下士一人担任，〔还配有〕徒二人。

47. 庭氏[1]，下士一人，徒二人。

【注释】

〔1〕庭氏：郑《注》曰："主射妖鸟，令国中絜(洁)清如庭者也。"

【译文】

庭氏，由下士一人担任，〔还配有〕徒二人。

48. 衔枚氏[1]，下士二人，徒八人。

【注释】

〔1〕衔枚氏：是掌祭祀或行军时禁止人说话、喧哗的官。

【译文】

衔枚氏，由下士二人担任，〔还配有〕徒八人。

49. 伊耆氏[1]，下士一人，徒二人。

【注释】

〔1〕伊耆氏：是掌供函、杖的官。

【译文】

伊耆氏，由下士一人担任，〔还配有〕徒二人。

50. 大行人[1]，中大夫二人；小行人[2]，下大夫四人；司仪[3]，上士八人，中士十有六人；行夫[4]，下士三十有二人；府四人，史八人，胥八人，徒八十人。

【注释】

〔1〕大行人：是掌管接待来朝诸侯之礼仪等事的官。

〔2〕小行人：是掌接待诸侯国使者等事的官。

〔3〕司仪：是协助王行礼仪的官。

〔4〕行夫：是掌接待诸侯国派来报告消息的使者的官。

【译文】

大行人，由中大夫二人担任；小行人，由下大夫四人担任；司仪，由上士八人担任，中士十六人为副手；行夫，由下士三十二人担任；〔还配有〕府四人，史八人，胥八人，徒八十人。

51. 环人〔1〕，中士四人，史四人，胥四人，徒四十人。

【注释】

〔1〕环人：是负责迎送宾客的官。

【译文】

环人，由中士四人担任，〔还配有〕史四人，胥四人，徒四十人。

52. 象胥〔1〕，每翟上士一人〔2〕，中士二人，下士八人，徒二十人。

【注释】

〔1〕象胥：翻译官。

〔2〕翟：同“狄”，在此作少数民族的泛称。

【译文】

象胥，每一少数民族设上士一人担任，中士二人为副手，〔还配有〕下士八人，徒二十人。

53. 掌客〔1〕，上士二人，下士四人，府一人，史二人，胥二人，徒三十人〔2〕。

【注释】

〔1〕掌客：是掌供宾客牲牢、饮食的官。

〔2〕三十人：据阮校，"三"当作"二"。

【译文】

掌客，由上士二人担任，下士四人为副手，〔还配有〕府一人，史二人，胥二人，徒三(二)十人。

54. 掌讶[1]，中士八人，府二人，史四人，胥四人，徒四十人。

【注释】

〔1〕掌讶：郑《注》曰："讶，迎也。宾客来，主迎之。"

【译文】

掌讶，由中士八人担任，〔还配有〕府二人，史四人，胥四人，徒四十人。

55. 掌交[1]，中士八人，府二人，史四人，徒三十有二人。

【注释】

〔1〕掌交：郑《注》曰："主交通结诸侯之好。"

【译文】

掌交，由中士八人担任，〔还配有〕府二人，史四人，徒三十二人。

56. 掌察[1]，四方中士八人[2]，史四人，徒十有六人。

【注释】

〔1〕掌察：其职文阙，贾《疏》说掌督察邦国之事。

〔2〕四方中士八人：是每方二人。

【译文】

掌察，四方共由中士八人担任，〔还配有〕史四人，徒十六人。

57. 掌货贿[1]，下士十有六人，史四人，徒三十有二人。

【注释】

〔1〕掌货贿：其职文阙，孙诒让说掌四方所进献的财货，与外府、内府为官联。

【译文】

掌货贿，由下士十六人担任，〔还配有〕史四人，徒三十二人。

58. 朝大夫[1]，每国上士二人，下士四人，府一人，史二人，庶子八人[2]，徒二十人。

【注释】

〔1〕朝大夫：治理采邑的官。

〔2〕庶子：在官当差而尚未得爵命的采邑贵族子弟。

【译文】

朝大夫，每采邑〔由王派〕上士二人担任，下士四人为副手，〔还配有〕府一人，史二人，庶子八人，徒二十人。

59. 都则[1]，中士一人，下士二人，府一人，史二人，庶子四人，徒八十人。

【注释】

〔1〕都则：郑《注》曰：“主都家之八则者也。”案即《天官·大宰》所谓“八则”。

【译文】

都则，〔每采邑〕由中士一人担任，下士二人为副手，〔还配有〕府一人，史二人，庶子四人，徒八十人。

60. 都士[1]，中士二人，下士四人，府二人，史四人，胥四人，徒四十人。家士亦如之。

【注释】

〔1〕都士：郑《注》曰：“主治都家吏民之狱讼，以告方士者也。”案由下文“家士亦如之”可知，此都士是指采邑中的大、小都之都士，大夫的采邑(即家)则称家士。

【译文】

都士，〔每都〕由中士二人担任，下士四人为副手，〔还配有〕府二人，史四人，胥四人，徒四十人。家士的编制也是这样。

一、大 司 寇

1. 大司寇之职，掌建邦之三典[1]，以佐王刑邦国，诘四方[2]：一曰刑新国用轻典[3]，二曰刑平国用中典[4]，三曰刑乱国用重典[5]。

【注释】

〔1〕建邦之三典：建，亦兼建立和颁行二义。典，法也。

〔2〕诘：犹禁。

〔3〕新国用轻典：郑《注》曰："为其民未习于教。"

〔4〕平国用中典：平国，孙诒让曰："谓立国日久，承平无事者也。"中典，据郑《注》，谓常法。

〔5〕乱国：谓篡弑叛逆之国。

【译文】

大司寇的职责，负责建立和颁行治理天下的三法，以辅佐王惩罚〔违法的〕诸侯国，禁止四方各国〔的叛逆〕：一是惩罚〔违法的〕新建立之国用轻法，二是惩罚〔违法的〕旧国用中法，三是惩罚乱国用重法。

2. 以五刑纠万民[1]：一曰野刑[2]，上功纠力[3]；二曰军刑，上命纠守[4]；三曰乡刑，上德纠孝；四曰官刑，上能纠职；五曰国刑，上愿纠暴[5]。

【注释】

〔1〕以五刑纠万民：刑，亦法。纠，郑《注》曰："犹察异之。"孙

诒让曰："察异之，谓察其善恶而别异之。"

〔2〕野：郊外曰野。

〔3〕上功纠力：郑《注》曰："功，农功。力，勤力。"

〔4〕上命纠守：郑《注》曰："命，将命也。守，不失部伍。"

〔5〕上愿纠暴：郑《注》曰："愿，悫慎也。暴，当为'恭'，字之误也。"

【译文】

用五种刑法纠察民众：一是针对野地之民的刑法，以鼓励务农而纠察是否勤劳；二是针对军队的刑法，以鼓励服从军令而纠察是否有离队的；三是针对六乡之民的刑法，以鼓励德行而纠察是否有不孝的；四是针对官府的刑法，以鼓励贤能而纠察是否失职；五是针对国都之民的刑法，以鼓励谨慎而纠察是否恭敬。

3. 以圜土聚教罢民〔1〕。凡害人者〔2〕，寘之圜土而施职事焉，以明刑耻之〔3〕。其能改过，反于中国〔4〕，不齿三年〔5〕。其不能改而出圜土者，杀。

【注释】

〔1〕罢民：毛应龙曰："民之游惰不能自强于为善，谓之罢民。"

〔2〕害人者：据郑《注》，此种人已触犯刑律，但属过失犯法，因此不判刑而"寘(置)之圜土系教之"。

〔3〕明刑：郑《注》曰："书其罪恶于大方版，著其背。"

〔4〕中国：方苞《集注》曰："谓故乡里也。"

〔5〕不齿：郑《注》曰："不得以年次列于平民。"

【译文】

用狱城聚教那些游手好闲的不良之民。凡危害人的，把他关入狱城而罚做工，写明他的罪行让他背在背上以羞辱他。那些能改过的，就释放回故里，但三年不得按年龄大小与一般乡民排列尊卑位次。那些不能改过而逃出狱城的，处死。

4. 以两造禁民讼[1]，入束矢于朝[2]，然后听之。以两剂禁民狱[3]，入钧金[4]，三日乃致于朝[5]，然后听之。

【注释】

〔1〕以两造禁民讼：造，至也。两造，谓使诉讼双方都到场。讼，对下文“狱”，谓因小事而诉讼。黄度曰：“小曰讼，大曰狱。”禁民讼，贾《疏》曰：“禁民狱不使虚诬。”

〔2〕入束矢：郑《注》以为古时一弓备百矢，束矢盖即百矢。案此束矢，犹今所谓诉讼费，双方都入束矢，然后受理诉讼，如一方不入，就是自认理曲。诉讼审理完毕，败诉的一方就没收其所入矢，胜方则还之。

〔3〕剂：郑《注》曰：“今券书也。”

〔4〕入钧金：此亦犹诉讼费。钧，三十斤曰钧。金指铜。孙诒让曰：“既断之后，则不直者没入金以示罚。”

〔5〕三日乃致于朝：郑《注》曰：“又三日乃治之，重刑也。”重刑，即表示慎重大案的受理。

【译文】

用使诉讼双方都到场的办法来防禁诉讼不实之辞，先交一束矢给朝廷，然后受理诉讼。通过诉讼双方都携带有关文字证明材料的办法来防禁人们对于大案的诉讼有不实之辞，先交三十斤铜，过三天才让诉讼双方来朝，然后受理诉讼。

5. 以嘉石平罢民[1]。凡万民之有罪过而未丽于法[2]，而害于州里者，桎梏而坐诸嘉石，役诸司空。重罪，旬有三日坐[3]，期役；其次九日坐，九月役；其次七日坐，七月役；其次五日坐，五月役；其下罪三日坐，三月役。使州里任之[4]，则宥而舍之。

【注释】

〔1〕以嘉石平罢民：据郑《注》，嘉石即文石（有纹理的石头），置于外朝门左；平，成也，成之使善。贾《疏》曰："使罢民思其文理，以改悔自修。"罢，音 pí。

〔2〕未丽于法：郑《注》曰："丽，附也。未附于法，未著于法也。"

〔3〕三日：王引之说，"三"当为"二"，因涉下文"三日坐"而误。

〔4〕任之：据孙诒让说，谓使州里之人担保其不再犯。

【译文】

用嘉石来使不良之民改过向善。凡民众有罪过而尚未犯法，却危害乡里的，就给他们戴上手镣脚铐罚坐嘉石，然后交给司空〔罚服劳役〕。罪重的罚坐嘉石十三(二)天，服役一年；其次罚坐九天，服役九个月；又其次罚坐七天，服役七个月；又其次罚坐五天，服役五个月；又轻一等的罪罚坐三天，服役三个月。〔罚毕〕由同州里的人担保〔他不再犯〕，就宽宥而释放他。

6. 以肺石达穷民〔1〕。凡远近惸独老幼之欲有复于上〔2〕，而其长弗达者，立于肺石三日，士听其辞，以告于上，而罪其长。

【注释】

〔1〕以肺石达穷民：肺石，即赤石（参见《夏官·大仆》第 3 节注②）。达，通也，谓使穷民之冤辞得通达于上。案"达"字《注疏》本原误刻作"远"，盖涉下"凡远近"之文而讹。《朝士》即作"达穷民"。穷民，郑《注》曰："天民之穷而无告者。"案即下文所说"惸独老幼"之民。

〔2〕惸独老幼之欲有复于上：惸，音 qióng，亦作"茕"。郑《注》曰："无兄弟曰惸，无子孙曰独。复犹报也。上，谓王与六卿也。长，谓诸侯若（或）乡遂大夫。"

【译文】

用肺石使穷苦无告之民的冤辞能够上达。凡远近孤独无靠或年老、幼弱之民想要向上申诉冤屈，而他们的长官不予转达的，就来到肺石上站三天，然后由朝士听他诉说冤屈，以报告朝廷，而惩罚他们的长官。

7. 正月之吉，始和布刑于邦国都鄙，乃县刑象之法于象魏，使万民观刑象，挟日而敛之〔1〕。

【注释】

〔1〕“正月”至“敛之”：参见《天官·大宰》第11节。

【译文】

〔周历〕正月初一，开始向各诸侯国和王畿内的采邑宣布刑法，把形成文字的刑法悬挂在象魏上，让万民观看刑法，过十天而后收藏起来。

8. 凡邦之大盟约〔1〕，涖其盟书，而登之于天府〔2〕，大史、内史、司会及六官〔3〕，皆受其贰而藏之。

【注释】

〔1〕凡邦之大盟约：贾《疏》曰：“谓王与诸侯，因大会同而与盟所有约誓之辞。”

〔2〕登之于天府：案《春官·天府》曰“掌祖庙之守藏”，故登之。

〔3〕六官：郑《注》曰：“六卿之官也。”案即指天、地、春、夏、秋、冬六官之长。

【译文】

凡王与诸侯因会同而订立盟约，就亲临监视盟约的书写，然后上交天府〔而藏于祖庙〕，大史、内史、司会及六卿，都接受盟约的副本加以收藏。

9. 凡诸侯之狱讼，以邦典定之〔1〕。凡卿大夫之狱讼，以邦法断之〔2〕。凡庶民之狱讼，以邦成弊之〔3〕。

【注释】

〔1〕邦典：郑《注》曰："六典也，以六典待邦国之治。"（参见《天官·大宰》第1节）

〔2〕邦法：郑《注》曰："八法也，以八法待官府之治。"（参见同上第2节）

〔3〕以邦成弊之：郑《注》曰："邦成，八成也，以官成待万民之治。"（参见同上第7节）郑司农曰："弊之，断其狱也。"

【译文】

凡诸侯之间的诉讼，用王国的六典来审定。凡卿大夫之间的诉讼，用王国的八法来评断。凡庶民之间的诉讼，用王国的八成来判断。

10. 大祭祀，奉犬牲。若禋祀五帝〔1〕，则戒之日〔2〕，涖誓百官〔3〕，戒于百族〔4〕。及纳亨〔5〕，前王。祭之日亦如之〔6〕。奉其明水火〔7〕。

【注释】

〔1〕禋祀五帝：禋祀，参见《春官·大宗伯》第2节注②。五帝，五方帝。

〔2〕戒之日：戒，告也。据郑《注》，谓告以占卜所定祭祀日期。

〔3〕涖誓百官：誓，谓誓诫，即告诫百官勿失礼。孙诒让说，是由大宰誓诫百官，而大司寇涖其事。

〔4〕戒于百族：戒，亦誓诫。百族，郑《注》曰："谓府史以下。"

〔5〕纳亨：参见《天官·大宰》第14节注⑦。

〔6〕祭之日亦如之：是指纳亨当天天亮之后，故《大宰》郑《注》曰："日，旦也。"亦如之，谓亦前王。

〔7〕明水火：参见《司烜氏》第1节及其注①、②。据贾《疏》，明水，是调配郁鬯和五齐用的（案五齐，参见《天官·酒正》）；明火是给烹牲的灶生火用的。

【译文】

举行大祭祀，负责奉进犬牲。用禋祀来祭祀五帝，就宣告祭祀的日期，临视〔大宰〕对百官的告诫，又对服务于官府的府史胥徒们进行告诫。到〔祭祀那天黎明〕行纳亨礼的时候，为王做前导。到天大亮以后〔正式进行祭祀时〕也这样做。负责奉进明水和明火。

11. 凡朝觐、会同，前王。大丧亦如之。大军旅[1]，涖戮于社[2]。凡邦之大事[3]，使其属跸。

【注释】

〔1〕大军旅：王亲在军，故称"大"。

〔2〕戮于社：戮，谓戮不用命者。社，谓军社（参见《春官·小宗伯》第13节注①）。

〔3〕邦之大事：谓大祭祀、大丧纪、大军旅、大宾客等，凡有王参加者。

【译文】

凡举行朝觐、会同，为王前导。有大丧也这样做。有重大军事行动，亲临监视在军社前〔对犯令将士〕行刑。凡王国有大事，就派属吏禁止闲人通行。

二、小 司 寇

1. 小司寇之职，掌外朝之政[1]，以致万民而询焉：一曰询国危，二曰询国迁，三曰询立君[2]。

【注释】

〔1〕外朝：在皋门与库门之间。

〔2〕询立君：郑《注》曰："谓无冢适，选于庶也。"案冢适谓嫡长子。庶，谓庶子，在此泛指嫡长子以下诸子。

【译文】

小司寇的职责，掌管有关外朝的事务，召集民众而征询他们的意见：一是当国家有危难的时候征询他们的意见，二是当国家要迁都的时候征询他们的意见，三是当国家需选立嗣君的时候征询他们的意见。

2. 其位：王南乡，三公及州长、百姓北面[1]，群臣西面[2]，群吏东面[3]。小司寇摈以叙进而问焉[4]，以众辅志而弊谋[5]。

【注释】

〔1〕百姓：据金鹗说，同上节"万民"。

〔2〕群臣：郑《注》曰："卿大夫士也。"

〔3〕群吏：金鹗曰："乡遂都鄙之官也。"即指地方官。

〔4〕摈：郑《注》曰："谓揖之使前也。"

〔5〕志：李钟伦曰："王之志也。"

【译文】

外朝的朝位：王面朝南而立，三公和州长、百姓面朝北而立，群臣面朝西而立，群吏面朝东而立。小司寇揖请他们依次进前而〔接受王的〕征询，用众人的智慧辅助王的思虑而进行谋断。

3. 以五刑听万民之狱讼[1]，附于刑，用情询之，至于旬乃弊之，读书则用法[2]。

【注释】

〔1〕五刑：是指墨（在面额上刺字）、劓（音 yì，割鼻）、刖（音 yuè，断足）、宫（残害男子生殖器，或破坏女性生殖机能，一说将女子禁闭于宫中）、杀（又称大辟，即死刑）等五刑，此处指有关五刑的法律条文。

〔2〕读书则用法：贾《疏》曰："谓行刑之时，当读刑书罪状，则用法刑之。"

【译文】

用五刑审断民众的诉讼，对于那些触犯刑律的案件，又用情理加以审断，到十天后才判决，〔行刑时〕宣读罪状之后就施用刑罚。

4. 凡命夫、命妇[1]，不躬坐狱讼[2]。凡王之同族有罪，不即市[3]。

【注释】

〔1〕命夫、命妇：参见《地官·司市》第11节注②、③。

〔2〕不躬坐：据郑《注》，即不亲自到场受审，而由其家属子弟代之，这是为了避免治狱之吏亵渎尊者的身份。坐，谓诉讼双方对坐于地以受审。

〔3〕不即市：王的同族人有罪，是到甸师那里行刑。因为甸师在郊野，较隐避，可避免国人聚观而议论王的族人的罪过（参见《甸师》第4

节注①)。

【译文】

凡命夫、命妇，审判时不亲自到场对坐受审。凡是王的同族人有罪，不到市朝行刑。

5. 以五声听狱讼，求民情：一曰辞听，二曰色听，三曰气听〔1〕，四曰耳听〔2〕，五曰目听。

【注释】

〔1〕气听：毛应龙说，如理亏心虚，吐气则喘。

〔2〕耳听：即依据受审者的听觉反应来判断曲直。毛应龙引郑锷曰："心有不直，则耳所听者，必疑而不审。"

【译文】

依据五个方面来听断诉讼，求得诉讼人的实情：一是依据言辞听断，二是依据神色听断，三是依据气息听断，四是依据听觉听断，五是依据眼神听断。

6. 以八辟丽邦法〔1〕，附刑罚：一曰议亲之辟〔2〕，二曰议故之辟〔3〕，三曰议贤之辟〔4〕，四曰议能之辟，五曰议功之辟，六曰议贵之辟〔5〕，七曰议勤之辟〔6〕，八曰议宾之辟。

【注释】

〔1〕以八辟丽邦法：辟，法也。八辟，八种议罪法，也就是从八个方面来议人之罪，看是否可从宽处理，因被议者或亲或贵，享有减免罪的特权。又被议者多是为官者，因此将"八辟"附"邦法"来议罪。丽，附也。邦法，即大司寇听断卿大夫狱讼所用的"邦法"（见《大司

寇》第9节）。

〔2〕亲：指王的亲族。

〔3〕故：指王的故旧。

〔4〕贤：指廉吏。

〔5〕贵：指大夫以上。

〔6〕勤：孙诒让说，这是特为命士以下不在议贵之科者所设。

【译文】

用八种议罪法附以王国的八法〔来议论减罪〕，〔而后再〕附诸刑罚：一是对王的亲族的议罪法，二是对王的故旧的议罪法，三是对廉吏的议罪法，四是对有道艺者的议罪法，五是对有大功勋者的议罪法，六是对地位尊贵者的议罪法，七是对勤劳国事者的议罪法，八是对宾客的议罪法。

7. 以三刺断庶民狱讼之中〔1〕：一曰讯群臣，二曰讯群吏〔2〕，三曰讯万民。听民之所刺宥〔3〕，以施上服、下服之刑〔4〕。

【注释】

〔1〕以三刺断庶民狱讼之中：刺，探也，讯也。中，郑《注》曰："谓罪正所定。"孙诒让说，当遇到疑难案件时，才行此三刺之法，一般情况下则不必备此三刺。

〔2〕群吏：指地方官。

〔3〕听民之所刺宥：民，在此实包上群臣、群吏言，经为省文，仅举其多者。刺，与上"刺"义别，杀也。宥，宽也。郑《注》曰："民言杀，杀之；民言宽，宽之。"

〔4〕上服、下服：即上刑、下刑，亦即重刑、轻刑。据孙诒让说，上刑为五刑中的杀、宫、刖三者，劓、墨二者则为下刑(参见第3节注①)。

【译文】

通过三次讯问来使对平民诉讼的审断正确无误：一是讯问群

臣，二是讯问群吏，三是讯问民众。听从他们的意见来决定诛杀或从宽，决定施用重刑或轻刑。

8. 及大比[1]，登民数，自生齿以上[2]，登于天府。内史、司会、冢宰贰之，以制国用。

【注释】

〔1〕大比：即大校比，三年进行一次，清查民数及其财物（参见《地官·小司徒》第2节注①、⑤）。

〔2〕生齿：郑《注》曰："男八月而生齿，女七月而生齿。"

【译文】

到进行大校比的时候，登记人民〔及财产〕数，自生齿的婴儿以上〔都登记〕，上报给天府。内史、司会、冢宰收取副本，据以制定国家的财政计划。

9. 小祭祀，奉犬牲。凡禋祀五帝，实镬水[1]。纳亨亦如之[2]。

【注释】

〔1〕实镬水：镬，煮牲肉的大锅。据郑《注》，此时实镬水是为解割牲体时清洗牲体用的，到纳亨时实镬水才是为煮牲肉用的。

〔2〕纳亨：参见《天官·大宰》第14节注⑦。

【译文】

举行小祭祀，负责奉进犬牲。凡用禋祀祭祀五帝，负责给镬中添水。到〔祭祀那天黎明王牵牲〕行纳亨礼的时候，也负责给镬中添水。

10. 大宾客，前王而辟。后、世子之丧亦如之。小师涖戮[1]。凡国之大事[2]，使其属跸[3]。

【注释】

〔1〕小师涖戮：小师，郑《注》曰："王不自出之师。"涖戮，参见《大司寇》第11节。

〔2〕国之大事：参见同上注④。

〔3〕使其属跸：这是协助大司寇进行的（参见同上）。

【译文】

接待来朝的诸侯，为王做前导并清除行人。为王后或太子举办丧事时也这样做。举行小规模军事行动，就亲临监视〔在军社前对犯令的将士〕行刑。凡王国有大事，就派属吏禁止闲人通行。

11. 孟冬祀司民[1]，献民数于王[2]，王拜受之[3]，以图国用而进退之[4]。

【注释】

〔1〕司民：星名（参见《春官·天府》第7节注①）。

〔2〕献民数于王：据郑《注》，小司寇在祭祀司民时献民数，是为了表示重民。据贾《疏》，这是将每年清查的民数献于王。

〔3〕王拜受之：王拜而受，也是为了表示重民。

〔4〕进退：郑《注》曰："犹损益也。"

【译文】

冬十月祭祀司民的时候，把人民数呈献给王，王行拜礼而后接受，据以计划国家开支的增减。

12. 岁终，则令群士计狱弊讼[1]，登中于天府[2]。

【注释】

〔1〕狱弊讼：即弊狱讼。弊，断也，也就是已审结的案件。郑《注》曰："上其所断狱讼之数。"

〔2〕中：谓簿书(参见《春官·天府》第2节注①)。

【译文】

〔夏历〕年终，就命令司法官们统计已审结的案件数，把统计的簿书报送天府。

13. 正岁，帅其属而观刑象〔1〕，令以木铎曰："不用法者，国有常刑。"令群士〔2〕。乃宣布于四方，宪刑禁〔3〕。

【注释】

〔1〕刑象：悬于象魏的刑法(参见《大司寇》第7节)。

〔2〕群士：郑《注》曰："遂士以下。"据贾《疏》，遂士以下，是指县士、方士、讶士等。

〔3〕宪刑禁：郑《注》曰："宪，表也，谓县之也。刑禁，《士师》之五禁。"(详《士师》第1节)

【译文】

〔夏历〕正月初一，率领下属观看刑法，摇响木铎命令说："不遵守刑法的，国家有常设的刑罚在!"〔又把这话来〕命令遂士、县士、方士、讶士等。接着又向四方宣布刑法，并将五禁的条文悬挂公布。

14. 乃命其属入会〔1〕，乃致事〔2〕。

【注释】

〔1〕乃命其属入会：案学者皆以为此句实蒙上"岁终"(第12节)为文，因为遍考《周礼》，入会、致事皆在年终，而无在年初之例，此

当亦然。会，计也，此指记录所断狱讼的计簿，即簿书。

〔2〕致事：郑《注》曰："致之于王。"

【译文】

命令下属呈报〔记录所审理案件的〕簿书，上报给王。

三、士　　师

1. 士师之职，掌国之五禁之法，以左右刑罚[〔1〕]：一曰宫禁，二曰官禁，三曰国禁，四曰野禁，五曰军禁[〔2〕]。皆以木铎询之于朝，书而县于门闾。

【注释】

〔1〕左右刑罚：郑《注》曰："左右，助也。助刑罚者，助其禁民为非也。"

〔2〕"一曰"至"军禁"：据郑《注》，古禁书已亡，五禁的具体内容，今已不得而知。

【译文】

士师的职责，掌管有关五禁之法，以辅助刑罚〔禁止民众为非作歹〕：一是有关王宫的禁令，二是有关官府的禁令，三是有关都城中的禁令，四是有关〔都城外〕田野的禁令，五是有关军中的禁令。都摇响木铎宣示于外朝，并书写出来悬挂在各处的闾巷门前。

2. 以五戒先后刑罚[〔1〕]，毋使罪丽于民[〔2〕]：一曰誓[〔3〕]，用之于军旅；二曰诰[〔4〕]，用之于会同；三曰禁，用诸田役；四曰纠[5]，用诸国中；五曰宪，用诸都鄙。

【注释】

〔1〕先后：郑《注》曰："犹左右也。"

〔2〕丽：附也。

〔3〕誓：郑《注》说，谓如《尚书》的《甘誓》、《汤誓》等。

〔4〕诰：郑《注》说，谓如《尚书》的《大诰》、《康诰》等。

〔5〕纠：及下文宪，郑《注》曰："未有闻焉。"

【译文】

用五戒辅助刑罚〔而预先告诫民众〕，不要使民众〔因不知而〕犯罪：一是用誓的形式来告诫，用于军旅；二是用诰的形式来告诫，用于会同；三是用禁令的形式来告诫，用于田猎和劳役；四是用纠的形式来告诫，用于都城中；五是用宪的形式来告诫，用于采邑。

3. 掌乡合州、党、族、闾、比之联[1]，与其民人之什伍[2]，使之相安、相受，以比追胥之事[3]，以施刑罚庆赏[4]。

【注释】

〔1〕乡合州、党、族、闾、比之联：乡合，郑《注》曰："乡所合也。"案乡之下有州、党、族、闾、比，其隶属关系是：五家为比，五比为闾，四闾为族，五族为党，五党为州，五州为乡（见《地官·大司徒》第15节）。是比5家，闾25家，族100家，党500家，州2500家，乡则12500家。《地官·族师》曰"五家为比，十家为联"，是二比为联；又曰"四闾为族，八闾为联"，是二族为联。孙诒让据此以为"乡合之法，止于二族，二百家"，至于族以上之两党、两州之间，因"家数太多，里居较远，则皆不为联。凡此为联，皆以通其情志，而因以施政教"。

〔2〕与其民人之什伍：《族师》曰："五人为伍，十人为联。"是一

比之五家每家出一人组成一伍，二比十家共出十人为一什而相联。孙诒让曰："依彼二族八闾为联，则亦当以二百家二百人为联。其二党以上，人数较多，则不为联也。"案这是一种寓兵于民、"因内政寄军令"（贾《疏》语）的制度，这里说的是从军入伍的联合。

〔3〕追胥：参见《地官·小司徒》第3节注③。

〔4〕以施刑罚庆赏：案《地官·族师》曰"刑罚庆赏相及相共"（见彼第4节），与此义同。

【译文】

掌管六乡的州、党、族、闾、比的联合，以及民众从军组成什伍的联合，使他们相互亲和、相互托付，以相互配合进行追击外寇和抓捕盗贼的事，以共受刑罚、共享庆赏。

4. 掌官中之政令〔1〕，察狱讼之辞〔2〕，以诏司寇断狱弊讼〔3〕，致邦令〔4〕。

【注释】

〔1〕官中：郑《注》曰："大司寇之官府中也。"

〔2〕狱讼之辞：据孙诒让说，这是指那些疑难不决的案件的狱讼之辞。

〔3〕诏：告也，此处谓提供参考意见，以协助司寇对疑难案件进行判决。

〔4〕致邦令：郑《注》曰："以法报之。"案法，谓断案所依据的王国的有关法令。报之，谓报予司寇。

【译文】

掌管〔大司寇〕官府中的政令，研究〔疑难〕案件的讼辞，以向司寇提供断案的参考意见，并提供所依据的王国的有关法令。

5. 掌士之八成〔1〕：一曰邦汋〔2〕，二曰邦贼〔3〕，三曰邦谍，四曰犯邦令，五曰挢邦令[4]，六曰为邦盗，七曰为邦朋，八曰为邦诬。

【注释】

〔1〕士之八成：士，泛指士师以下的乡士、遂士、县士、方士等掌理诉讼的官。成，庄存与曰："若今现行例也，乃决狱之成案。"

〔2〕邦汋：郑司农曰："汋，读如'酌酒尊中'之'酌'。国汋者，斟汋盗取国家密事，若今时刺探尚书事。"

〔3〕邦贼：郑《注》曰："为逆乱者。"

〔4〕挢邦令：王志长曰："挢，与'矫'同，犹今矫诏书也。"

【译文】

掌管司法官断案的八个方面的成例：一是有关盗取国家机密案件的成例，二是有关叛国作乱案件的成例，三是有关为外国作间谍案件的成例，四是有关违犯王的教令案件的成例，五是有关诈称王命案件的成例，六是有关盗取国家宝藏案件的成例，七是有关结党营私案件的成例，八是有关诬蔑国君或大臣案件的成例。

6. 若邦凶荒，则以荒辩之法治之[1]：令移民，通财，纠守，缓刑。

【注释】

〔1〕辩：郑《注》说，是"贬"字之误，谓遭饥荒则刑罚、国事当有所贬损。

【译文】

如果国家发生大灾荒，就用荒年减损之法来处理有关事宜：命令灾区移民，运输财物救灾，加强纠察守备〔以防盗贼〕，减缓刑罚。

7. 凡以财狱讼者，正之以傅别、约剂[1]。

【注释】

〔1〕傅别、约剂：傅别，犹今所谓借贷契约。约剂，即质剂，犹今所谓买卖合同。

【译文】

凡因财物诉讼的，依据契约、合同来裁决。

8. 若祭胜国之社稷[1]，则为之尸。

【注释】

〔1〕胜国之社稷：参见《地官·媒氏》第4节注②。

【译文】

如果祭祀亡国的社稷，就充当尸〔以代神受祭〕。

9. 王燕出入，则前驱而辟。

【译文】

王闲暇时出入〔宫门或国都〕，就为王做前导并清除行人。

10. 祀五帝，则沃尸及王盥[1]，洎镬水[2]。凡刉珥[3]，则奉犬牲。

【注释】

〔1〕沃尸：沃，谓浇水以供盥。尸，谓五帝之尸。

〔2〕洎镬水：洎，谓灌水于镬。

〔3〕刉珥：参见《天官·小子》第2节注①。

【译文】

祭五帝时，就浇水供尸和王盥手，并负责给镬添水〔以便煮牲〕。凡举行衅礼，就奉进犬牲〔以便取其血〕。

11. 诸侯为宾，则帅其属而跸于王宫。大丧亦如之。大师，帅其属而禁逆军旅者[1]，与犯师禁者[2]，而戮之。

【注释】

〔1〕逆军旅：郑《注》曰："反将命也。"案将命即军令。

〔2〕犯师禁：郑《注》曰："干行陈也。"

【译文】

诸侯作为王的宾客〔而接受王的款待时〕，就率领下属在王宫中禁止闲人通行。有大丧时也这样做。有大规模军事行动时，率领下属严禁违反军令者，以及干扰行伍军阵者，而对这种人加以诛杀。

12. 岁终，则令正要会[1]。正岁，帅其属而宪禁令于国及郊野。

【注释】

〔1〕正要会：正，定也。要会，谓统计所审理狱讼的簿书。

【译文】

〔夏历〕年终，就命令下属统计整理所审理案件的簿书〔以备考核〕。

〔夏历〕正月，率领下属在国都及郊野悬挂禁令。

四、乡　　士

1. 乡士掌国中[1]，各掌其乡之民数而纠戒之[2]，听其狱讼，察其辞，辨其狱讼[3]，异其死、刑之罪而要之[4]，旬而职听于朝[5]。司寇听之，断其狱，弊其讼于朝[6]。群士、司刑皆在，各丽其法[7]，以议狱讼。狱讼成，士师受中。协日刑[8]、杀，肆之三日[9]。若欲免之，则王会其期。

【注释】

〔1〕掌国中：据郑《注》，掌，谓掌其狱讼；国中，实兼王城及四郊六乡言。案乡士主六乡狱讼，而言及国中者，据郑《注》说“六乡之狱在国中”，故曰“掌国中”。

〔2〕各掌其乡：案乡士上士八人，据郑《注》，是每四人而分主三乡。

〔3〕辨其狱讼：辨，《注疏》本原误作“辩”，据阮校改。王应电曰：“辨其辠(罪)状轻重。”

〔4〕要之：郑《注》曰：“为其罪状之要辞。”案要辞，即扼要写明其罪状、判罪所依据的法律条文，以及所拟判之刑等，上报大司寇，以待最后定罪。

〔5〕旬而职听于朝：职，谓审断案件的职事。听，即听断、审断。朝，谓外朝。之所以旬(十日)而听，据《注》《疏》，是容罪犯或有反复，以便重新审察判决意见，如无反复，再呈报大司寇，而后定罪。

〔6〕断其狱，弊其讼：贾《疏》曰：“此即朝众听之事。狱言断，讼言弊，弊亦断，异言耳。”

〔7〕各丽其法：郑《注》曰：“各附致其法以成议也。”

〔8〕协日：郑司农曰："协，合也，和也，和合干支善日。"
〔9〕肆：贾《疏》曰："陈也，杀讫陈尸也。"

【译文】

乡士掌理〔六乡以及〕国都中〔的诉讼〕，各掌所属乡的人民数并对乡民加以纠察和禁戒，受理他们的诉讼，审察他们的讼辞，辨别罪状的轻重，区别死罪或施刑之罪而写出判决意见，过十天再在外朝对案件加以审断。大司寇主持审断，在外朝对重案、轻案作出判决。掌诉讼和掌刑法的官员们都在场，各自提出法律依据，以参议判决。案件判决后，士师接受判决书〔加以保存〕。〔由乡士〕挑选合适的日期施刑或诛杀，〔杀后〕陈尸三日。如果〔王〕有想要赦免的罪犯，王就在大司寇主持外朝审断的日期前往参预议罪。

2. 大祭祀、大丧纪、大军旅、大宾客，则各掌其乡之禁令，帅其属夹道而跸。

【译文】

如果有大祭祀、大丧事、大的军事行动，以及迎送来朝诸侯等事，各自掌管所属乡的禁令，率领下属站在道路两边禁止闲人通行。

3. 三公若有邦事，则为之前驱而辟。其丧亦如之。

【译文】

三公如有国事〔外出〕，就为他们做前导并清除行人。三公有丧事时也这样做。

4. 凡国有大事，则戮其犯命者。

【译文】

凡王国有大事时，就负责诛杀违犯禁令的人。

五、遂　　士

1. 遂士掌四郊[1]，各掌其遂之民数[2]，而纠其戒令，听其狱讼，察其辞，辨其狱讼，异其死、刑之罪而要之，二旬而职听于朝[3]。司寇听之，断其狱，弊其讼于朝，群士、司刑皆在，各丽其法以议狱讼。狱讼成，士师受中，协日就郊而刑、杀，各于其遂肆之三日[4]。若欲免之，则王令三公会其期。

【注释】

〔1〕遂士掌四郊：遂，地在距王城百里至二百里之间。掌，亦谓掌其狱讼。案遂士主六遂狱讼，而亦兼四郊，据郑《注》说"六遂之狱在四郊"，故曰"掌四郊"。

〔2〕各掌其遂之民数：案遂士凡中士十二人，郑《注》说，是"二人而分主一遂"。

〔3〕二旬而职听于朝：贾《疏》曰："以其去王城较远，恐多枉滥，故至二旬，容其反复也。"案以下《县士》云"三旬"，《方士》言"三月"，义皆放此。

〔4〕"协日"至"三日"：孙诒让曰："六遂之狱在郊，刑、杀各于其狱所在之市也。肆各于其遂，既杀之后，则以尸各移向当遂之市肆之，不于郊市也。"

【译文】

遂士掌理〔六遂以及〕四郊〔的诉讼〕，各掌所属遂的人民数，并纠察他们遵守戒令的情况，受理他们的诉讼，审察他们的讼辞，辨别案情的轻重，区别死罪或施刑之罪而写出判决意见，过二十天再在外朝对案件加以审断。大司寇主持审断，在外朝对重案、轻案作出判决，掌诉讼和掌刑法的官员们都在场，各自提出法律依据以参议判决。案件判决后，士师接受判决书〔加以保存〕。〔由遂士〕挑选合适的日期就国郊施刑或诛杀，〔杀后〕各在本遂陈尸三日。如果〔王〕有想要赦免的罪犯，王就命三公在大司寇主持外朝审断的日期前往参预议罪。

2. 若邦有大事聚众庶，则各掌其遂之禁令，帅其属而跸。

【译文】

如果王国有大事要聚集〔六遂的〕民众，就各掌有关本遂民众的禁令，率领下属禁止闲人通行。

3. 六卿若有邦事，则为之前驱而辟。其丧亦如之。

【译文】

六卿如果有国事〔而来到遂地〕，就为他们做前导并清除路上的行人。六卿有丧事时也这样做。

4. 凡郊有大事[1]，则戮其犯命者。

【注释】

〔1〕大事：据贾《疏》，谓在郊地进行的征伐、田猎等事。

【译文】

凡郊地有大事，就诛杀那些违犯命令的人。

六、县　士

1. 县士掌野[1]，各掌其县之民数[2]，纠其戒令，而听其狱讼，察其辞，辨其狱讼，异其死、刑之罪而要之，三旬而职听于朝。司寇听之，断其狱，弊其讼于朝，群士、司刑皆在，各丽其法以议狱讼。狱讼成，士师受中，协日刑、杀，各就其县肆之三日。若欲免之，则王命六卿会其期。

【注释】

〔1〕县士掌野：野，泛指郊以外之地，包括二百里之甸，三百里之稍，四百里之县，以至五百里之都。案甸至都皆有公邑，县士就是掌公邑狱讼的官。县师的"县"，皆谓公邑。金榜说，此经"公邑谓之县"。

〔2〕各掌其县：案县士凡中士三十二人，而公邑有四等（甸、稍、县、都），盖每等八人；或据公邑之多少，县士各分掌其若干。

【译文】

县士掌理野地〔公邑的诉讼〕，各掌所属公邑的人民数，并纠察他们遵守戒令的情况，而受理他们的诉讼，审察他们的讼辞，辨别案情的轻重，区别死罪或施刑之罪而写出判决意见，过三十天再在外朝对案件加以审断。大司寇主持审断，在外朝对重案、轻案作出判决，掌诉讼和掌刑法的官员们都在场，各自提出法律依据以参议判决。案件判决后，士师接受判决书〔加以保存〕，〔由县士〕挑选合适的日期施刑或诛杀，各就本公邑行刑，〔杀后〕陈尸三日。如果〔王〕想要赦免某罪犯，王就命六卿在大司寇主持外朝审断的日期前往参预议罪。

2. 若邦有大役聚众庶，则各掌其县之禁令。

【译文】

如果王国有大规模劳役要聚集〔公邑〕民众，就各掌有关本公邑民众的禁令。

3. 若大夫有邦事，则为之前驱而辟。其丧亦如之。

【译文】

如果大夫有国事〔而来到公邑〕，就为他们做前导并清除路上的行人。大夫有丧事时也这样做。

4. 凡野有大事，则戮其犯命者。

【译文】

凡野地有大事，就诛杀违犯命令的人。

七、方　士

1. 方士掌都家[1]，听其狱讼之辞，辨其死、刑之罪而要之，三月而上狱讼于国。司寇听其成于朝[2]，群士、司刑皆在，各丽其法以议狱讼。狱讼成，士师受中，书其刑、杀之成与其听狱讼者。

【注释】

〔1〕都家：泛指家、小都、大都三等采邑。郑《注》曰：“大都在畺

地，小都在县地，家邑在稍地。”（参见《地官·载师》第2节注⑥）

〔2〕成：郑《注》曰：“平(评)也。”

【译文】

方士掌理采邑〔的诉讼〕，听察他们的讼辞，区别死罪或施刑之罪而写出判决意见，过三个月而后把案件上报王朝。大司寇在外朝审理方士的评断意见，掌诉讼和掌刑法的官员们都在场，各自提出法律依据以参议判决。案件判决后，士师接受判决书〔加以保存〕，〔而由方士〕记录所判的罪刑以及参与审判案件的官吏。

2. 凡都家之大事聚众庶，则各掌其方之禁令〔1〕。

【注释】

〔1〕各掌其方：案方士凡十六人，而主四方采邑，故郑《注》说“四人而主一方”。

【译文】

凡都家因有大事聚集民众，就各掌有关本方民众的禁令。

3. 以时修其县法〔1〕，若岁终则省之，而诛赏焉。

【注释】

〔1〕县法：据惠士奇说，县师受法于司马，而方士受法于县师，故县法即受之于县师之法。

【译文】

按四季贯彻施行县法，到了〔夏历〕年终就检查县法的执行情况，而〔对采邑的官吏〕进行奖惩。

4. 凡都家之士所上治[1]，则主之[2]。

【注释】

〔1〕都家之士所上治：郑《注》曰："都家之士，都士、家士也。"所上治，据孙诒让说，是指疑而难决之狱。

〔2〕主之：郑《注》曰："告于司寇，听平之。"案当是提出初审意见而后上告司寇，如第1节所说。

【译文】

凡都士、家士所上报的有疑难的案件，就负责初审〔而后上报大司寇〕。

八、讶　士

1. 讶士掌四方之狱讼[1]，谕罪刑于邦国[2]。凡四方之有治于士者，造焉[3]。四方有乱狱[4]，则往而成之。

【注释】

〔1〕狱讼：据郑司农说，谓诸侯之狱讼。

〔2〕谕罪刑：郑《注》曰："告晓以丽罪及制刑之本意。"

〔3〕凡四方之有治于士者，造焉：贾《疏》曰："谓四方诸侯国有疑狱不决，遣使上王府士师者，先造焉，乃通之士师也。"

〔4〕乱狱：郑《注》曰："谓君臣宣淫、上下相虐者也。"

【译文】

讶士掌理四方诸侯的诉讼，向诸侯国解释刑法条文以及制定刑法的本意。凡四方诸侯国有疑难案件或问题需向士师请示的，都先见讶士〔由讶士通报士师〕。四方诸侯如果发生君臣淫乱、上下相虐之类的案件，就前往审断。

2. 邦有宾客，则与行人送逆之。入于国，则为之前驱而辟。野亦如之。居馆，则帅其属而为之跸。诛戮暴客者。客出入则道之，有治则赞之[1]。

【注释】

〔1〕有治：孙诒让曰："谓咨问陈请之事。"

【译文】

王国有宾客，就与小行人一起迎送。宾客入王都，就为宾客做前导并清除行人。在野地也这样做。宾客居住馆舍，就率领下属〔在周围〕禁止行人通行。诛杀侵暴宾客的人。宾客出入〔王朝〕就做前导，有事询问或提出请求就帮助转达。

3. 凡邦之大事聚众庶，则读其誓禁。

【译文】

凡王国有大事聚集民众，就宣读誓辞和禁令。

九、朝　士

1. 朝士掌建邦外朝之法[1]。左九棘[2]，孤、卿、大夫位焉，群士在其后。右九棘，公、侯、伯、子、男位焉，群吏在其后[3]。面三槐[4]，三公位焉，州长、众庶在其后〔5〕。左嘉石，平罢民焉〔6〕。右肺石，达穷民焉〔7〕。

【注释】

〔1〕法：孙诒让曰："谓位次及刑禁之类。"

〔2〕左：案外朝位面朝南，以东为左。

〔3〕群吏：谓乡、遂、公邑、采邑等地方官吏。

〔4〕面：前也，指南边的位置，三公面朝北立于此。

〔5〕州长、众庶在其后：案州长本当与群吏为伍，亦在孤、卿、大夫之后，而在三公之后者，孙诒让曰："以其领众庶，殊异之。"

〔6〕左嘉石，平罢民焉：参见《大司寇》第5节。

〔7〕右肺石，达穷民焉：参见《大司寇》第6节。

【译文】

朝士负责建立王国的外朝之法。左边种有九棵棘树，是孤、卿、大夫的朝位，群士的朝位在他们后边。右边种有九棵棘树，是公、侯、伯、子、男的朝位，群吏的朝位在他们后边。前边种有三棵槐树，是三公的朝位，州长与民众〔代表〕的朝位在他们后边。〔朝门〕左边设置嘉石，用以使不良之民改过向善。〔朝门〕右边设置肺石，用以使穷苦无告之民的冤辞能够上达。

2. 帅其属而以鞭呼趋且辟〔1〕。禁慢朝、错立、族谈者〔2〕。

【注释】

〔1〕趋且辟：孙诒让释"趋"为巡行，又曰："库门外之外朝，平时庶民皆得往来，故朝士帅其属趋于朝，且辟行人，使无干犯也。"

〔2〕慢朝、错立、族谈：据《注》《疏》，慢谓不肃敬；错谓离开原位；族，聚也。

【译文】

率领下属在外朝巡行，拿着鞭子呼喊着清除行人。禁止〔在朝〕而不肃敬、擅离朝位，以及相聚交谈的人。

3. 凡得获货贿、人民、六畜者，委于朝，告于士，旬而举之：大者公之，小者庶民私之。

【译文】

凡拾得财物、〔捕获〕逃亡的奴婢和牲畜，送交外朝，报告朝士，过十天〔无人认领〕而加以没收：大物归公，小物归拾得的民众私人所有。

4. 凡士之治有期日〔1〕：国中一旬，郊二旬，野三旬，都三月，邦国期。期内之治听，期外不听。

【注释】

〔1〕凡士之治有期日：士，泛指司法官。治，讼也。孙诒让曰："凡治、讼，对文则异，散文亦通。"有期日，孙诒让曰："盖有二义：一则民以事来讼，士官为约期日以治之；二则狱在有司而断决不当者，许其于期内申诉。"

【译文】

凡司法官受理诉讼有日期规定：都城中十天，城郊二十天，野地三十天，诸侯国一年。在期限之内就受理，在期限之外就不受理。

5. 凡有责者〔1〕，有判书以治则听〔2〕。凡民同货财者，令以国法行之〔3〕，犯令者刑罚之。凡属责者，以其地傅，而听其辞[4]。

【注释】

〔1〕责：同“债”。

〔2〕判书：即傅别，犹今所谓借贷契约。

〔3〕凡民同货财者，令以国法行之：所谓同货财，据郑《注》，是指富人当市场上某种货物多时购进，到该货物紧缺时再售出以求利，与《地官·司市》“以泉府同货而敛赊”之义略同。但售出时必须按照国家的规定定价。

〔4〕“凡属”至“其辞”：曾钊曰：“属，托也。属责(债)者，谓远贾异方(到远方做买卖)而死者，属伴侣之人收取其责，负者(即债务人)或赖不偿，因讼于官，则官召其地相比近之民，问是果与亡者为侣伴否，然后听而负责者偿之。”

【译文】

凡有债务纠纷，有借贷契约而诉讼就受理。凡民众有收购或抛售货物的，命他们按照国家规定的赢利法经营，违反命令的处以刑罚。凡接受〔已故债主的〕嘱托而收债的，〔如果负债人拒不偿还而发生诉讼〕，通过与受委托人居处相近的人〔证明他确实接受过债主的委托〕，而后受理他们的诉讼。

6. 凡盗贼军乡[1]、邑及家人，杀之无罪。凡报仇雠者，书于士，杀之无罪。

【注释】

〔1〕军：江永曰：“犹攻杀。”

【译文】

凡盗贼攻略杀害乡遂、公邑以及平民人家，杀死这些盗贼无罪。凡报仇的人，〔事先〕书面报告司法官，杀死仇人无罪。

7. 若邦凶荒、札丧、寇戎之故，则令邦国、都家、县鄙虑刑贬[1]。

【注释】

〔1〕县鄙虑刑贬：据孙诒让说，县鄙指公邑。又曰："不及乡、遂者，举外以包内，文不具也。"贬，郑《注》曰："犹减也。谓当图谋缓刑，且减国用，为民困也。"

【译文】

如果国家有大灾荒、瘟疫或军事行动，就命令诸侯国、采邑、公邑考虑减缓刑罚〔和经费开支〕。

一〇、司　民

1. 司民掌登万民之数[1]，自生齿以上皆书于版，辨其国中与其都鄙及郊野，异其男女，岁登下其死生[2]。

【注释】

〔1〕登：郑《注》曰："上也。"

〔2〕登下：孙诒让曰："犹言增减。"

【译文】

司民负责呈报民数，自生齿的婴儿以上的人都载入户籍，辨明他们居住在都城、采邑或在郊野，区别男女性别，并载明每年出生、死亡所造成的人数增减。

2. 及三年大比[1]，以万民之数诏司寇。司寇及孟冬祀司民之日，献其数于王，王拜受之，登于天府。内史、司会、冢宰贰之，以赞王治。

【注释】

〔1〕及三年大比：案自此以下，可参看《小司寇》第8、11节。

【译文】

到三年大校比，把民数报告司寇。司寇到冬十月祭祀司民时，献民数给王，王行拜礼而后接受，收藏于天府。内史、司会和冢宰保存副本，以协助王施政。

一一、司　　刑

1. 司刑掌五刑之法，以丽万民之罪：墨罪五百[1]，劓罪五百，宫罪五百，刖罪五百，杀罪五百。

【注释】

〔1〕墨：及下文劓、宫、刖、杀，参见《小司寇》第3节注①。

【译文】

司刑掌管五刑之法，以施加于犯罪的民众：判墨刑的罪有五百条，判劓刑的罪有五百条，判宫刑的罪有五百条，判刖刑的罪有五百条，判死刑的罪有五百条。

2. 若司寇断狱弊讼，则以五刑之法诏刑罚，而以辨罪之轻重[1]。

【注释】

〔1〕以五刑之法诏刑罚，而以辨罪之轻重：这两句是倒文，当先辨罪之轻重，而后诏刑罚。

【译文】

如果大司寇〔在外朝〕审断诉讼，就依据五刑之法辨别罪行的轻重，而建议大司寇所宜施的刑罚。

一二、司　　刺

司刺掌三刺、三宥、三赦之法，以赞司寇听狱讼：一刺曰讯群臣，再刺曰讯群吏，三刺曰讯万民；一宥曰不识[1]，再宥曰过失[2]，三宥曰遗忘[3]；一赦曰幼弱，再赦曰老旄，三赦曰蠢愚。以此三法者求民情，断民中，而施上服、下服之罪，然后刑、杀。

【注释】

〔1〕不识：郑《注》曰："识，审也。不审，若今仇雠当报甲，见乙，诚以为甲而杀之者。"

〔2〕过失：郑《注》曰："若举刀欲斫伐，而轶中人者。"

〔3〕遗忘：郑《注》曰："若间(隔)帷薄，忘有(人)在焉，而以兵矢投射之。"

【译文】

司刑掌管三次讯问、三种宽宥、三项赦免之法，以协助大司寇审理诉讼:〔三讯〕一讯是讯问群臣的意见，二讯是讯问群吏的意见，三讯是讯问民众的意见;〔三宥〕一是宽宥看错人而杀人者，二是宽宥无心而误杀人者，三是宽宥忘了某处有人而误杀人者;〔三赦〕一是赦免年龄幼小而杀人者，二是赦免年老而杀人者，三是赦免痴呆而杀人者。用这三法求得人犯罪的实情，使对犯人的审断正确，而决定是应当施以重刑或轻刑的罪，然后施刑或处死。

一三、司　约

1. 司约掌邦国及万民之约剂〔1〕，治神之约为上〔2〕，治民之约次之〔3〕，治地之约次之〔4〕，治功之约次之〔5〕，治器之约次之〔6〕，治挚之约次之〔7〕。凡大约剂书于宗彝〔8〕，小约剂书于丹图〔9〕。

【注释】

〔1〕约剂:约，谓契约。剂，郑《注》曰:“谓券书也。”案此节所谓约剂，是泛指有关的制度、规定、文书档案等一切可作为判断是非依据的文字材料，非指狭义的契约券书。

〔2〕治神之约:郑《注》曰:“神约，谓命祀郊社、群望及所祖宗也。”是神约即所当遵循的祀典。凡祀典皆王所命而颁，皆有约。《春官·大宗伯》曰:“乃颁祀于邦国、都家、乡邑。”

〔3〕治民之约:郑《注》曰:“谓征税，迁移，仇雠既和。”案征收赋税的时间和税率，民众的迁移，以及仇家的和解，皆有约，以备检稽，是皆民约。其实民约所包甚广，郑《注》不过仅举其三例。

〔4〕治地之约:郑《注》曰:“地约，谓经界所至，田、莱之比(比例)也。”

〔5〕治功之约:郑《注》曰:“谓王功、国功之属，赏爵所及也。”

〔6〕治器之约:郑《注》曰:“谓礼乐吉凶车服所得用也。”即受朝

廷之赐而所得用之器，朝廷亦有存档，即其约也。

〔7〕治挚之约：郑《注》曰："谓玉帛禽鸟，相与往来也。"是挚约盖指对于不同身份的人所当持见面礼的规定。

〔8〕大约剂书于宗彝：郑《注》曰："大约剂，邦国约也。"即国与国之约。宗彝，谓如钟鼎等。

〔9〕小约剂书于丹图：小约剂，郑《注》曰："万民约也。"是民间之约谓之小约剂。丹图，盖即丹书，即以丹书于竹帛。

【译文】

司约掌管各诸侯国以及民众间的契约券书。治理有关神约的事最重要，治理有关民约的事次一等，治理有关地约的事又次一等，治理有关功约的事又次一等，治理有关器约的事又次一等，治理有关挚约的事又次一等。凡重大的契约券书记载在宗庙彝器上，小事的契约券书用红色书写〔在竹帛上〕。

2. 若有讼者，则珥而辟藏[1]，其不信者服墨刑[2]。若大乱[3]，则六官辟藏，其不信者杀。

【注释】

〔1〕珥而辟藏：郑《注》曰："珥，读曰'衈'，谓杀鸡取血衅其户。"即行衅礼，以鸡血涂门。辟，开也。

〔2〕不信：郑《注》曰："不如约也。"

〔3〕大乱：郑《注》曰："谓僭约。"即发生严重僭越违礼事件。

【译文】

如果有因契约而争讼的，就先行衅礼而后打开府库〔查阅契约原件〕，违约的服墨刑。如果有大乱事件，就〔会同〕六卿打开府库所藏契约，违约的处死。

一四、司　　盟

1. 司盟掌盟载之法[1]。凡邦国有疑会同[2]，则掌其盟约之载及其礼仪，北面诏明神。既盟则贰之[3]。盟万民之犯命者[4]，诅其不信者[5]，亦如之[6]。

【注释】

〔1〕盟载之法：载，即盟辞；其法，构盟者将盟辞书于策，杀牲取血，构盟者歃血申誓，然后挖坑，将盟书加于牲上而埋之。

〔2〕有疑：郑《注》曰："不协也。"

〔3〕贰之：郑《注》曰："写副以授六官。"

〔4〕盟万民之犯命者：盟，即盟诅，是一种诅咒坏人坏事的仪式：召集众人，宣布坏人坏事，让大家共同诅咒、恶绝之。犯命，郑《注》曰："犯君教令也。"

〔5〕不信：郑《注》曰："违约者。"

〔6〕亦如之：亦如盟载之法。

【译文】

司盟掌管订立盟辞之法。凡诸侯国之间因不和协而会同，就负责记载盟约之辞以及盟约的礼仪，面朝北宣读盟辞以报告神明。盟约订立后，就抄写副本〔交给六卿〕。盟诅民众中违犯国君教令的人，盟诅违犯誓约的人，也这样做。

2. 凡民之有约剂者，其贰在司盟。有狱讼者，则使之盟诅[1]。凡盟诅，各以其地域之众庶共其牲，而致焉。既盟，则为司盟共祈酒脯[2]。

【注释】

〔1〕有狱讼者，则使之盟诅：郑《注》曰：“不信则不敢听此盟诅，所以省狱讼。”这是说，在审理狱讼之前，先使双方盟诅，违约的一方心虚，怕遭受神的惩罚，就不敢听盟诅之辞，狱讼也就不断自明。

〔2〕祈：据郑《注》，谓祈神，目的在使神降灾于违约者。

【译文】

凡民众之间订有契约券书的，副本收藏在司盟那里。如果有〔因契约〕发生诉讼的，就先让他们盟诅。凡举行盟诅，各使当事人所在地的民众供给所需的牲，并把民众召集在一起。盟诅之后，又为司盟提供祈神所需的酒脯。

一五、职　　金

1. 职金掌凡金玉锡石丹青之戒令〔1〕。受其入征者，辨其物之美恶，与其数量，楬而玺之，入其金锡于为兵器之府，入其玉石丹青于守藏之府〔2〕。入其要〔3〕。

【注释】

〔1〕丹青：丹，即丹砂，可作染料。青，也是一种可作染料的矿物。

〔2〕守藏之府：据郑《注》，谓玉府、内府。

〔3〕入其要：贾《疏》曰：“职金既知量数，录要簿入大府。”

【译文】

职金掌管凡有关铜玉锡石丹青等的戒令。接受开采者缴纳的赋税，辨别所缴纳矿物的质量好坏及数量多少，书写标签并加盖印章，把铜锡交到制造兵器的府库，把玉石丹青等交到主管收藏的府库。上交记录的簿书〔给大府〕。

2. 掌受士之金罚、货罚，入于司兵。

【译文】

负责接受司法官所判罚的铜和货币，交给司兵。

3. 旅于上帝，则共其金版[1]。飨诸侯亦如之。

【注释】

〔1〕金版：郑《注》曰："饼金谓之版，此版所施未闻。"

【译文】

旅祭上帝，就供给所需的金版。用飨礼款待诸侯时也这样做。

4. 凡国有大故而用金石[1]，则掌其令[2]。

【注释】

〔1〕大故：贾《疏》曰："谓寇戎。"

〔2〕掌其令：郑《注》曰："主其取之令。"

【译文】

凡王国有军事行动而需用铜石，就掌管有关领取铜石的政令。

一六、司　　厉

司厉掌盗贼之任器、货贿，辨其物，皆有数量，贾而楬之，入于司兵。其奴，男子入于罪隶，女子入于舂、槁。凡有爵者与七十者，与未龀者[1]，皆不为奴。

【注释】

〔1〕龀：音 chèn，儿童换牙，郑《注》曰：“男八岁、女七岁而毁齿。”

【译文】

司厉掌管〔所收缴的〕盗贼的兵器、财物，辨别它们的种类，都记有数量，标明价格而加上标签，交到司兵那里。盗贼罚做奴隶，男子交到罪隶那里，女子交到舂人、槁人那里。凡〔盗贼中〕原来有爵位的和七十岁以上的，以及尚未换牙的小儿，都不罚做奴隶。

一七、犬　　人

犬人掌犬牲。凡祭祀共犬牲，用牷物[1]。伏、瘗亦如之[2]。凡几珥、沉、辜[3]，用駹可也。凡相犬[4]、牵犬者属焉，掌其政治。

【注释】

〔1〕牷物：参见《地官·牧人》第1节注②。

〔2〕伏、瘗：郑司农曰：“伏，谓伏犬，以王车轹之。瘗，谓埋祭。”(参见《夏官·大驭》第1节注①及《春官·司巫》第3节注③)

〔3〕几珥、沉、辜：几珥，同刉衈，参见《夏官·小子》第2节注①。沉、辜，参见《春官·大宗伯》第3节注②、③。

〔4〕相：郑司农曰：“谓视择，知其善恶。”

【译文】

犬人掌管犬牲。凡祭祀供给所需的犬牲，要用毛色纯一的犬。伏牲〔行軷祭〕、埋牲〔祭地神〕也供给犬牲。凡举行衅祭、沉祭、毁折牲体而祭，用杂色的犬也可以。凡挑选犬的人、牵犬的人都隶属犬人，由犬人掌管他们的事务和对他们的治理。

一八、司　圜

司圜掌收教罢民。凡害人者弗使冠饰〔1〕，而加明刑焉〔2〕，任之以事而收教之，能改者，上罪三年而舍，中罪二年而舍，下罪一年而舍。其不能改而出圜土者，杀。虽出，三年不齿。凡圜土之刑人也〔3〕，不亏体；其罚人也〔4〕，不亏财。

【注释】

〔1〕弗使冠饰：郑《注》曰："着墨幪。"案幪，音 méng，覆也，即以黑头巾裹头，以示有罪。

〔2〕明刑：参见《大司寇》第3节③。

〔3〕刑人：据郑《注》，谓加明刑者。

〔4〕罚人：郑《注》曰："但任之以事耳。"

【译文】

司圜负责拘禁不良之民而加以教育。凡危害人的人不让他们戴冠饰，而写明他们的罪状让他们背在背上，使他们服劳役而对他们加以拘禁教育。能改过的，重罪拘禁三年而后释放，次一等的罪拘禁两年而后释放，轻罪拘禁一年而后释放。不能改过而逃出狱城的，〔抓住了就〕处死。〔改过者〕即使放出来，三年内不得按年龄与乡民排列尊卑位次。凡拘禁在狱城中而身加明刑的人，不〔施加肉刑而〕亏损他们的身体；罚服劳役的人，不罚没他们的财产。

一九、掌　　囚

1. 掌囚掌守盗贼，凡囚者[1]。上罪梏、拲而桎[2]，中罪桎梏，下罪梏。王之同族拲，有爵者桎，以待弊罪。

【注释】

〔1〕凡囚者：郑《注》曰："谓非盗贼，自以他罪拘者也。"

〔2〕梏、拲而桎：梏、拲、桎，皆木制的刑具。刘敞曰："在颈曰梏。"拲，音 gǒng，手械，两手共一拲。桎，足械，两足各一桎。梏、拲、桎，即所谓三木。

【译文】

掌囚负责看守〔被抓捕在狱的〕盗贼，以及凡有罪被囚禁的人。重罪犯戴梏、拲、桎，次一等的戴桎、梏，轻罪犯只戴梏。王的同族人〔犯罪〕只戴拲，有爵位的人〔犯罪〕只戴桎，以等待判决。

2. 及刑杀，告刑于王[1]，奉而适朝士，加明梏[2]，以适市而刑、杀之。凡有爵者与王之同族，奉而适甸师氏以待刑、杀。

【注释】

〔1〕告刑于王：郑《注》曰："告王以今日当行刑及所刑姓名也。"

〔2〕加明梏：郑《注》曰："谓书其姓名及其罪于梏而著之也。"

【译文】

到施刑或处死罪犯那天，向王报告将行刑罪犯〔的姓名〕，〔把罪犯〕押送到朝士那里，〔朝士给罪犯〕加上写有姓名和罪状的梏，然后押送到市上施刑或处死。凡有爵位的人以及王的同族中人，就押送到甸师氏那里，以等待施刑或处死。

二〇、掌　戮

1. 掌戮掌斩杀贼谍而搏之[1]。凡杀其亲者焚之[2]，杀王之亲者辜之[3]。凡杀人者踣诸市[4]，肆之三日。刑盗于市。凡罪之丽于法者，亦如之。唯王之同族与有爵者，杀之于甸师氏。凡军旅、田、役斩杀刑戮，亦如之。

【注释】

〔1〕搏：郑《注》以为是"膊"字之误，膊，"谓去衣磔之"。磔，谓分裂尸体。

〔2〕亲：据《注》《疏》，指五服以内。

〔3〕辜：郑《注》曰："谓磔之。"

〔4〕踣：音bó，郑《注》曰："僵尸也。"孙诒让曰："人毙则尸僵，故曰踣也。"是踣在此犹言处死。

【译文】

掌戮负责斩杀盗贼和间谍，杀后剥去衣服并分裂尸体。凡杀害亲属的人〔处死后〕焚尸，杀害王的亲属的人〔处死后〕分裂尸体。凡杀人的人在市上处死，陈尸三日。对盗贼行刑也在市上。

凡有罪而犯法的，也在市上行刑。只有王的同族和有爵位的人，在甸师氏那里处死。凡出征、田猎、劳役，〔对犯罪的人〕斩杀行刑，也这样做。

2. 墨者使守门，劓者使守关，宫者使守内，刖者使守囿，髡者使守积[1]。

【注释】

〔1〕髡：音 kūn，古代的一种剃去头发的刑罚。髡刑不在五刑之内。

【译文】

受过墨刑的人使他守门，受过劓刑的人使他守关，受过宫刑的人使他守宫内，受过刖刑的人使他守苑囿，受过髡刑的人使他守粮草。

二一、司　　隶

司隶掌五隶之法[1]，辨其物[2]，而掌其政令。帅其民而搏盗贼[3]，役国中之辱事，为百官积任器[4]，凡囚执人之事。邦有祭祀、宾客、丧纪之事，则役其烦辱之事。掌帅四翟之隶，使之皆服其邦之服，执其邦之兵，守王宫与野舍之厉禁。

【注释】

〔1〕五隶之法：五隶，郑《注》曰："谓罪隶、四翟之隶也。"案四翟之隶，谓蛮隶、闽隶、夷隶、貉隶，各详其职文。法，孙诒让曰：

"谓简阅隶民、部署员数之法。"

〔2〕物：郑《注》曰："衣服、兵器之属。"

〔3〕民：隶民，即五隶官属下之民。

〔4〕任器：任，郑《注》曰："犹用也。"贾《疏》曰："用器，除兵器之外，所有家具之器皆是用器也。"

【译文】

司隶掌管有关五隶官之法，辨别他们的衣服、器物，掌管有关他们的政令。率领五隶官属下的隶民追捕盗贼，从事国都中低贱的事，为百官积聚所需用的器具，凡拘执罪人的事〔都用他们去干〕。王国有祭祀、接待宾客或丧事，役使隶民从事繁杂低贱的事。负责率领四翟隶官属下的隶民，使他们都穿本国的服装，持本国的兵器，守卫王宫和王在野外停宿处周围的屏藩。

二二、罪　隶

罪隶掌役百官府与凡有守者〔1〕，掌使令之小事。凡封国若家〔2〕，牛助为牵徬〔3〕。其守王宫与其厉禁者，如蛮隶之事〔4〕。

【注释】

〔1〕役百官府与凡有守者：役，郑《注》曰："给其小事。"案即《司隶》所谓"烦辱之事"。有守者，即守有一方土地之官。

〔2〕凡封国若家：据王引之校，此下当有"子则取隶焉"五字，此五字脱错于《闽隶》文中，当移补于此。案据王校，则此句当作"凡封国若家、子，则取隶焉。"且以为"子"上又有脱文。

〔3〕牛助为牵徬：王引之校以为此五字当在《夷隶》"掌役牧人养牛"下，而错出于此。

〔4〕其守王宫与其厉禁者如蛮隶之事：此十四字，王应电曰："案

《司隶职》止言'掌帅四翟之隶，守王宫与野舍之厉禁'，未及于罪隶者。……以文势推之，岂有未言蛮隶，而遽言'如蛮隶之事'乎？《闽隶》正脱此简(指此十四字)，故愚直以为误衍于此也。"王引之又以为此十四字之"其守王宫"下脱"者"字，"与其"下脱"守"字，并以为当如王应电说，移此十四字于《闽隶》，而补"者"字和"守"字。案据二王之校，则此《罪隶》之文当为："罪隶掌役百官府与凡有守者，掌使令之小事，凡封国若家、〔子，则取隶焉〕。"下面的译文即依此。

【译文】

罪隶掌管为百官府与凡有地守者服役的隶民，负责指使他们做杂役小事。凡封建诸侯国或采邑、〔或有王子出封，就从罪隶那里领取隶民以供役使〕。

二三、蛮　隶

蛮隶掌役校人养马〔1〕。其在王宫者，执其国之兵以守王宫，在野外则守厉禁。

【注释】

〔1〕掌役校人养马：贾《疏》以为《夏官·校人》养马不见隶者，是蛮隶盖充养马之杂役。

【译文】

蛮隶负责为校人所役使而养马。那些在王宫中的蛮隶，持本国的兵器而守卫王宫，在野外时就守卫〔王停宿处周围的〕屏藩。

二四、闽　隶

闽隶掌役畜养鸟〔1〕，而阜蕃教扰之，掌子则取隶焉[2]。

【注释】

〔1〕闽隶掌役畜养鸟：王安石曰："役，役于掌畜也。"王引之以为"畜"上脱"掌"字，曰："蛮隶役于校人，夷隶役于牧人，貉隶役于服不氏，不应闽隶无所役之官。"案掌畜在《夏官》。

〔2〕掌子则取隶焉："掌"下五字，王引之以为当在《罪隶》"凡封国若家"之下，而错出于此(参见《罪隶》注②)。"掌"字下则脱"与鸟言。其守王宫者，与其守厉禁者，如蛮隶之事"四句。其中"与鸟言"三字脱错在《夷隶》文中(参见《夷隶》注②)，"其守王宫者"以下三句则脱错在《罪隶》职文中(参见《罪隶》注④)。案据王校，则此《闽隶》之文当为："闽隶掌役掌畜养鸟，而阜蕃教扰之，掌〔与鸟言。其守王宫者，与守厉禁者，如蛮隶之事〕。"下面的译文即依此。

【译文】

闽隶负责为掌畜所役使而养鸟，使鸟繁殖并训练驯服鸟，负责〔同鸟沟通。他们守卫王宫的，与守卫王在野外停宿处周围屏藩的，都同蛮隶的事情一样〕。

二五、夷　　隶

夷隶掌役牧人养牛马[1]，与鸟言[2]。其守王宫者，与其守厉禁者，如蛮隶之事。

【注释】

〔1〕养牛马：王引之以为"马"字衍，曰："养马乃蛮隶之事，不得属之夷隶。"又以为"牛"字下脱"牛助为牵徬"五字，而错出在《罪隶》职文中(参见《罪隶》注③)。案牵徬谓牵牛，牵辕前之牛曰牵，牵辕两旁之牛曰徬(参见《地官·牛人》第2节注⑩)。

〔2〕与鸟言：王引之以为此三字当在《闽隶》“而阜蕃教扰之，掌”之下，而错出在此。据王氏校，则《夷隶》之文当为：“夷隶掌役牧人养牛，〔牛助为牵徬〕。其守王宫者，与其守厉禁者，如蛮隶之事。”下面的译文即依此。

【译文】

夷隶负责为牧人所役使而养牛，〔牛驾车时在辕外帮助牵牛〕。他们守卫王宫的，与守卫王在野外停宿处周围屏藩的，都同蛮隶的事情一样。

二六、貉　　隶

貉隶掌役服不氏而养兽[1]，而教扰之，掌与兽言。其守王宫者，与守厉禁者，如蛮隶之事。

【注释】

〔1〕掌役服不氏而养兽：王引之以为“而”字衍。案服不氏在《夏官》。

【译文】

貉隶负责为服不氏所役使而饲养猛兽，加以训练使之驯服，负责同兽沟通。他们负责守卫王宫的，与守卫王在野外停宿处周围屏藩的，都同蛮隶的事情一样。

二七、布　　宪

布宪掌宪邦之刑禁[1]。正月之吉，执旌节以宣布于四方[2]，而宪邦之刑禁，以诘四方邦国及其都鄙[3]，达于四海。凡邦之大事合众庶，则以刑禁号令[4]。

【注释】

〔1〕刑禁：郑《注》曰："刑禁者，国之五禁，所以左右刑罚者。"案国之五禁，详《士师》第1节。

〔2〕旌节：是奉命行使四方的信物。

〔3〕诘：郑《注》曰："谨也，使四方谨行之。"

〔4〕以刑禁号令：孙诒让说，虑众庶有犯禁者，故号令以使知之。

【译文】

布宪负责悬挂王国的刑法禁令。〔周历〕正月初一，持旌节到四方宣布，而悬挂王国的刑法禁令，以使四方诸侯国及其采邑谨慎遵行，使刑法禁令布达天下。凡王国有大事集合民众，就宣布刑法禁令以相约束。

二八、禁 杀 戮

禁杀戮掌司斩杀戮者[1]，凡伤人见血而不以告者，攘狱者，遏讼者[2]，以告而诛之。

【注释】

〔1〕司斩杀戮者：司，察也。斩杀戮者，皆谓杀人者。

〔2〕攘狱者，遏讼者：郑《注》曰："攘，犹却也。却狱者，不受也。"遏，止也。郑司农曰："遏止欲讼者。"

【译文】

禁杀戮负责侦察杀人凶手，以及凡伤害他人至于流血而〔被害者〕无法控告的罪犯，〔还有那些为袒护罪犯〕拒不受理诉讼的官吏，或阻止〔被害者〕诉讼的官吏，〔查明后〕报告司寇而加以惩罚。

二九、禁 暴 氏

禁暴氏掌禁庶民之乱暴力正者[1]，挢诬犯禁者，作言语而不信者，以告而诛之。凡国聚众庶，则戮其犯禁者以徇。凡奚、隶聚而出入者[2]，则司牧之，戮其犯禁者。

【注释】

〔1〕正：孙诒让曰："当读为'征'，言恃强力以相争取。"

〔2〕奚隶：郑《注》曰："女奴男奴也。"案奚为女奴，隶为男奴。

【译文】

禁暴氏负责禁止民众中的暴乱和以强力欺凌人的人，矫命欺诈和违犯禁令的人，以及造谣惑众的人，把这些人报告司寇而加以惩罚。凡国家聚集民众的时候，就诛杀违犯禁令的人以示众。凡男女奴隶集中出入，就对他们加以监控，诛杀其中违犯禁令的人。

三〇、野 庐 氏

1. 野庐氏掌达国道路至于四畿，比国郊及野之道路[1]、宿息[2]、井、树。若有宾客，则令守涂地之人聚柝之[3]，有相翔者[4]，则诛之[5]。

【注释】

〔1〕比：郑《注》曰："犹校也。"

〔2〕宿息：郑《注》曰："庐之属，宾客所宿及昼止者也。"

〔3〕守涂地之人聚柝之：守涂（途）地之人，郑《注》曰："道所出庐宿旁民也。"郑司农曰："聚柝之，聚击柝以宿卫之也。"

〔4〕相翔者：郑《注》曰："犹昌翔观伺者。"案相翔、昌翔、相佯，皆叠韵连语，皆徘徊观望之义。

〔5〕则诛之：案《注疏》本原脱"则"字，据阮校补。

【译文】

野庐氏负责使王国的道路畅达四境，巡视检查国郊和野地的道路、庐舍、井、树。如果有宾客，就命令宾客所经过的道路旁庐舍附近的居民聚集起来击柝守卫，发现徘徊观望〔想要伺机盗窃〕的人，就加以惩罚。

2. 凡道路之舟车擊互者[1]，叙而行之。

【注释】

〔1〕擊互：擊，音 jí，《说文》曰："车辖相击也。"在此意为舟车相撞击。

【译文】

凡水陆道路〔因狭窄可能导致〕船车相撞击的，〔加以疏导〕使船车依次行驶。

3. 凡有节者及有爵者至，则为之辟。禁野之横行径逾者[1]。

【注释】

〔1〕禁野之横行径逾者：郑《注》曰："横行，妄由田中。径逾，射邪趋疾，越堤渠也。"案射邪谓走小路斜径以图便捷，越堤渠谓不由桥梁。据王与之引郑锷说，走小路斜径可能毁人庄稼，越堤渠则可能坏人堤防，"此争端之所由起，不可以不禁"。

【译文】

凡持有符节的人以及有爵位的人到来，就为他们清除行人。禁止横穿田野走小道捷径和逾越沟渠堤防的人。

4. 凡国之大事，比修除道路者[1]，掌凡道禁[2]。邦之大师，则令埽道路，且以几禁行作不时者、不物者[3]。

【注释】

〔1〕比：校也，谓校比修除道路的长度以计功。

〔2〕道禁：郑《注》曰："若今绝(禁绝)蒙大巾、持兵杖之属。"

〔3〕不物：郑《注》曰："谓衣服、操持非比常人也。"

【译文】

凡王国有大事，考核修治道路者的成绩，掌管有关道路的禁令。王国有大的军事行动，就命令扫除道路，并稽察不在正常时间出行作息的人，以及所穿衣服和所持器物异常的人。

三一、蜡　氏

1. 蜡氏掌除骴[1]。

【注释】

〔1〕骴：音cī。王与之引刘执中曰："枯骨曰骼，肉腐曰骴，人兽皆同。"

【译文】

蜡氏负责掩埋〔人和禽兽的〕腐尸。

2. 凡国之大祭祀，令州里除不蠲[1]，禁刑者、任人及凶服者[2]。以及郊野大师、大宾客亦如之。

【注释】

〔1〕蠲：洁也。

〔2〕任人：郑《注》曰："司圜所收教罢民也。"

【译文】

凡王国有大祭祀，命令州里清除不洁之物，禁止受过刑的人、罚作劳役的不良之民和穿丧服者〔通过〕。都郊和野地有大军事行动或有诸侯来朝，也这样做。

3. 若有死于道路者，则令埋而置楬焉，书其日月焉，县其衣服任器于有地之官[1]，以待其人。

【注释】

〔1〕有地之官：郑《注》曰："主此地之吏也。"

【译文】

如果有死在道路上的人，就命令加以掩埋而〔在掩埋处〕设置标志，写明死的日期，把死者的衣服用具悬挂在当地官府处，以待死者的家人〔前来认领〕。

4. 掌凡国之骴禁。

【译文】

掌管王国凡属有关掩埋尸骨的禁令。

三二、雍　　氏

雍氏掌沟、渎、浍、池之禁[1]，凡害于国稼者[2]。春令为阱、擭[3]、沟、渎之利于民者，秋令塞阱杜擭[4]。禁山之为苑、泽之沉者[5]。

【注释】

〔1〕沟、渎、浍、池：沟、渎、浍皆田间水渠，池谓陂塘。

〔2〕害于国稼者：郑《注》曰："谓水潦及禽兽也。"

〔3〕擭：音 huò，据郑《注》，是一种设于陷阱中的捕兽装置，可系绊兽足，使不得腾跃而出。

〔4〕秋令塞阱杜擭：案阱、擭设于田野间，秋天是收获季节，防其害民，故令杜塞之。

〔5〕禁山之为苑、泽之沉者：郑司农曰："不得擅为苑囿于山也。泽之沉者，谓毒鱼及水虫之属。"

【译文】

雍氏掌管有关沟、渎、浍、池的禁令，凡可能造成危害王国庄稼的〔都加以禁止〕。春季命令设置陷阱，阱中设擭，修挖沟、渎等以利于民众，秋季命令填塞阱擭。禁止就山修建苑囿和在湖泽中投药。

三三、萍氏

萍氏掌国之水禁[1]。几酒[2]，谨酒[3]。禁川游者[4]。

【注释】

〔1〕水禁：郑《注》曰："谓水中害人之处，及入水捕鱼鳖不时。"案水中害人处，谓如深水处及有水兽处。

〔2〕几酒：朱申曰："司察非时饮酒者。"案古人饮酒有时，如祭祀、举行乡饮酒礼及婚娶等，非此则不得饮酒。

〔3〕谨酒：郑《注》曰："使民节用酒也。"

〔4〕禁川游者：据郑《注》，是为防人溺水。

【译文】

萍氏掌王国有关水的禁令。监察人们饮酒，节制人们用酒。禁止在河里游泳。

三四、司寤氏

司寤氏掌夜时，以星分夜，以诏夜士夜禁。御晨行者，禁宵行者，夜游者[1]。

【注释】

〔1〕"御晨"至"游者"：郑《注》曰："备遭寇害及谋非公事。"孙诒让说，夜指半夜。

【译文】

司寤氏负责夜间告时，依据星宿的位置来区分夜的早晚，以告诉巡夜的官吏实行宵禁。禁止晨行，禁止夜行，禁止半夜游荡。

三五、司烜氏

1. 司烜氏掌以夫遂取明火于日[1]，以鉴取明水于月[2]，以共祭祀之明粢[3]、明烛[4]，共明水[5]。

【注释】

〔1〕夫遂取明火：夫遂，郑《注》曰："阳遂也。"又名金燧，古人就日下取火的一种工具，是金属制的尖底杯，杯底置艾、绒之类的易燃物，置于日光下，光线聚于杯底，即可燃着艾、绒。一说是用铜制的凹镜，向日以取火。明火，即火。下文明水亦即水。

〔2〕以鉴取明水于月：郑《注》曰："鉴，镜属，取水者，世谓之方诸。"案鉴即铜镜，可置于月下以承接露水。一说用大蛤取明水。

〔3〕明粢：即粢盛，供祭祀用的谷物，用明水淘洗过。

〔4〕明烛：用明火点燃的火把。

〔5〕明水：郑《注》曰："明水以为玄酒。"案古代以水当酒，以示返本尚朴，谓之玄酒。

【译文】

司烜氏负责用阳燧向日取明火，用铜镜向月取明水，以便供〔淘洗〕祭祀用的谷物、供点燃火把，供〔用作玄酒的〕明水。

2. 凡邦之大事，共坟烛、庭燎[1]。

【注释】

〔1〕坟烛、庭燎：郑《注》曰：“坟，大也。树于门外曰大烛，于门内曰庭燎。”

【译文】

凡王国有大事，供给〔树在门外的〕大火把和〔门内〕庭中用的火把。

3. 中春，以木铎修火禁于国中〔1〕。军旅，修火禁。

【注释】

〔1〕修火禁：意在备火灾。郑《注》曰：“火禁，谓用火之处及备风燥。”

【译文】

春二月，在国都中摇动木铎〔告诫人们〕严格遵守有关用火的禁令。有军事行动，〔告诫军中〕严格遵守有关用火的禁令。

4. 邦若屋诛〔1〕，则为明竁焉〔2〕。

【注释】

〔1〕屋诛：郑《注》读“屋”为“剧”。剧诛，据《注》《疏》，谓就甸师之屋诛之。

〔2〕明竁：竁，谓穿圹。明竁有二义，一为在墓前树木牌，写明死者罪行及所受之刑；二为执火照明，因行刑在夜晚，故需照明竁处。

【译文】

如果王国中有在〔甸师的〕屋舍处诛杀的罪犯，就为挖墓穴者照明，〔并在墓前标明死者的罪行和所处的刑罚〕。

三六、条狼氏

1. 条狼氏掌执鞭以趋辟。王出入，则八人夹道，公则六人，侯、伯则四人，子、男则二人。

【译文】

条狼氏负责拿着鞭子走在前边清除行人。王出入〔宫门或国门〕，就由八人夹在道路两边〔清除行人〕，公出入就由六人夹在道路两边，侯、伯出入就由四人夹在道路两边，子、男出入就由二人夹在道路两边。

2. 凡誓，执鞭以趋于前，且命之[1]。誓仆、右[2]，曰“杀”；誓驭[3]，曰“车轘[4]”；誓大夫，曰“敢不关[5]，鞭五百”；誓师，曰“三百”；誓邦之大史[6]，曰“杀”；誓小史，曰“墨”。

【注释】

〔1〕且命之：孙诒让说，谓“大言其刑以警所誓也”。

〔2〕仆、右：仆，指王五路的驾车者，即大驭、戎仆、齐仆、道仆、田仆。右，指王的车右。

〔3〕驭：指驭夫，为王驭贰车、使车、从车者。

〔4〕车轘：轘，音 huán，郑《注》曰：“谓车裂。”

〔5〕关：白也，即请示报告。

〔6〕大史：及下“小史”，王引之以为二“史”字皆当为“事”。

【译文】

凡誓诫众人，拿着鞭子巡行在众人的行列前，并大声宣告违命者所当受的刑罚。誓诫大仆和车右，说“〔违命者〕处死”；誓诫驭夫，说“〔违命者〕车裂”；誓诫大夫，说“〔有事〕胆敢不向王请示报告，鞭打五百”；誓诫乐师，说“〔违命者〕鞭打三百”；王国有大事誓诫〔众人〕，说“〔违命者〕处死”；有小事誓诫〔众人〕，说“〔违命者〕处墨刑”。

三七、修闾氏

1. 修闾氏掌比国中宿、互、柝者〔1〕，与其国粥〔2〕，而比其追胥者〔3〕，而赏罚之。

【注释】

〔1〕宿、互：据郑司农说，宿，谓宿卫；互，谓行马(即梐枑)，可用以阻障行人。

〔2〕国粥：粥，音义皆同育。郑《注》曰：“粥，养也。国所游养，谓羡卒也。”羡卒，孙诒让说，此指从羡卒中选出的担任巡逻守卫者。

〔3〕追胥：参见《小司徒》第3节注③。

【译文】

修闾氏负责考核在都城中值班守卫、设置行马和击柝巡夜的〔羡卒〕，由国家给予他们食粮，考核他们追击外寇和伺捕国内盗贼的情况而加以赏罚。

2. 禁径逾者〔1〕，与以兵革趋行者〔2〕，与驰骋于国中者。

【注释】

〔1〕径逾：参见《野庐氏》第3节注①。

〔2〕兵革：孙诒让曰："此通人与车马言之。"

【译文】

禁止走小路捷径和逾越沟渠堤防的人，禁止武装的人和车马〔在都城中〕疾行，以及骑马在都城中快跑。

3. 邦有故，则令守其闾互，唯执节者不几。

【译文】

王国有变故时，就命令人们守卫闾里之门和所设置的行马，只有持符节过往的人不检查。

三八、冥　氏

冥氏掌设弧、张[1]，为阱、擭[2]，以攻猛兽，以灵鼓驱之[3]。若得其兽，则献其皮、革、齿、须备[4]。

【注释】

〔1〕弧、张：据孙诒让说，弧谓机弩之类，张谓网罗之属。

〔2〕阱、擭：参见《雍氏》注③。

〔3〕灵鼓驱之：郑《注》曰："灵鼓，六面鼓。驱之，使惊趋阱、擭。"

〔4〕须：郑司农曰："直谓颐(下巴)下须。"

【译文】

冥氏负责设置网罗、机弩，设置陷阱并在陷阱中设擭，用以捕获猛兽。敲击灵鼓驱赶野兽。如果捕得猛兽，就把猛兽的皮、革、牙、须全部献上。

三九、庶　氏

庶氏掌除毒蛊[1]，以攻、说禬之[2]，以嘉草攻之[3]。凡驱蛊，则令之、比之[4]。

【注释】

〔1〕毒蛊：郑《注》曰："虫物而病害人者。"

〔2〕以攻、说禬之：郑《注》曰："攻、说，祈名，祈其神求去之也。"禬，除殃灾也。

〔3〕以嘉草攻之：案《注疏》本原脱"以"字，据孙诒让校补。郑《注》曰："嘉草，药物，其状未闻。攻，谓熏之。"

〔4〕令之、比之：郑《注》曰："使为之，又校次之。"孙诒让释校次为"校次其人众"，是校次在此有部署、检查之意。

【译文】

庶氏负责驱除危害人的毒虫，用攻祭和说祭〔以祈求神〕除去毒虫，用嘉草熏毒虫。凡驱除毒虫，就下令并部署、检查。

四〇、穴　氏

穴氏掌攻蛰兽[1]，各以其物火之[2]，以时献其珍异、皮革。

【注释】

〔1〕蛰兽：郑《注》曰："熊罴之属冬藏者。"

〔2〕各以其物火之：郑《注》曰："将攻之，必先烧其所食之物于穴外以诱出之，乃可得。"

【译文】

穴氏负责攻捕冬季蛰伏的野兽，各用它们喜欢吃的食物〔在洞穴外〕用火烧，〔用香气引诱它们出来然后捕获〕。按季进献〔可供膳羞的〕珍异美味和皮革。

四一、翨　氏

翨氏掌攻猛鸟[1]，各以其物为媒而掎之[2]。以时献其羽翮。

【注释】

〔1〕猛鸟：郑《注》曰："鹰、隼之属。"

〔2〕各以其物为媒而掎之：郑《注》曰："置其所食之物于绢中，鸟下来则掎其脚。"案绢，孙诒让说是"罗"的借字。掎，音jǐ，拖住，在此意为捕获。

【译文】

翨氏负责攻捕猛鸟，各用它们喜欢的食物〔放在罗网中〕作为诱饵而加以捕获。按季进献羽毛。

四二、柞　氏

柞氏掌攻草木及林麓[1]。夏日至，令刊阳木而火之[2]；冬日至，令剥阴木而水之。若欲其化也，则春秋变其水火[3]。凡攻木者，掌其政令。

【注释】

〔1〕攻草木及林麓：据贾《疏》，这是为开垦田地而伐除草木。麓，生长在山足的林木。

〔2〕刊阳木：郑《注》曰："刊、剥互言耳，皆谓斫次地(近地)之皮。生山南为阳木，生山北为阴木。"

〔3〕春秋变其水火：孙诒让曰："变其水火，犹言以水火变之。"案其变之之法，据贾《疏》说，是夏至焚烧草木灰，到秋季再用水浸渍；冬至用水淹草木，到入春后再放火焚烧："如此则地和美也。"

【译文】

柞氏负责伐除草木及山脚的树林。夏至那天，命令剥去山南边树木〔接近根部〕的皮而后放火烧；冬至那天，命令剥去山北边树木〔接近根部〕的皮而后放水淹。如果想使〔伐除草木后的〕土质变化改良，就在春秋季节用水渍火烧的办法来进行。凡斫伐树木的人，〔都由柞氏〕掌管有关的政令。

四三、薙　　氏

薙氏掌杀草。春始生而萌之[1]，夏日至而夷之[2]，秋绳而芟之[3]，冬日至而耜之。若欲其化也，则以水火变之[4]。掌凡杀草之政令。

【注释】

〔1〕萌之：郑《注》曰："以兹其斫其生者。"案兹其，亦作"镃

镇”，或作“镃基”，《广雅·释器》曰：“镃镇，锄也。”

〔2〕夷之：郑《注》曰：“以钩镰迫地芟之也。”

〔3〕绳：通“腫”，“腫”即古“孕”字，此处指草结实。

〔4〕以水火变之：郑《注》曰：“谓以火烧其所芟萌之草，已而水之，则其土亦和美矣。”

【译文】

薙氏负责除草。春季草开始生长而用锄锄草，夏至用镰贴地割除草，秋季草结实而加以芟除，冬至用耒耜除草根。如果想使〔除草后的〕土质变化改良，就用水渍火烧的办法来进行。掌管有关除草的政令。

四四、硩蔟氏

硩蔟氏掌覆夭鸟之巢〔1〕。以方书十日之号〔2〕，十有二辰之号〔3〕，十有二月之号〔4〕，十有二岁之号〔5〕，二十有八星之号〔6〕，县其巢上，则去之。

【注释】

〔1〕覆夭鸟之巢：郑《注》曰：“覆，犹毁也。夭鸟，恶鸣（叫声怪异）之鸟。”

〔2〕以方书十日之号：郑《注》曰：“方，版也。日，谓从甲至癸。”

〔3〕十有二辰之号：郑《注》曰：“谓从子至亥。”案十二辰，谓斗所建之辰（参见《春官·冯相氏》注③）。

〔4〕十有二月之号：郑《注》曰：“谓从娵至荼。”案据《尔雅·释天》从一月至十二月之号分为：陬、如、寎（音柄）、余、皋、且（音觑）、相、壮、玄、阳、辜、涂。郑《注》即据此，不过将正月之“陬”改为“娵”，十二月之“涂”改为“荼”，皆用其假借字。

〔5〕十有二岁之号：岁，谓太岁（参见《冯相氏》注①）。郑《注》曰："谓从摄提格至赤奋若。"案《尔雅·释天》所记十二个太岁年的名称分别是：摄提格、单阏（音蝉烟）、执徐、大荒落、敦牂（音臧）、协洽（音峡）、涒（音吞）滩、作噩、阉茂、大渊献、困敦、赤奋若。

〔6〕二十有八星之号：郑《注》曰："谓从角至轸。"案角谓角宿，轸谓轸宿，是二十八宿的首、尾二宿名。

【译文】

硩蔟氏负责毁坏妖鸟巢。用方版写上十日的名号，十二辰的名号，十二月的名号，十二太岁年的名号，二十八宿的名号，悬挂在妖鸟巢上，妖鸟就飞走了。

四五、翦　　氏

翦氏掌除蠹物[1]，以攻、禜攻之[2]，以莽草熏之[3]。凡庶蛊之事[4]。

【注释】

〔1〕蠹物：即蛀虫。

〔2〕攻、禜：参见《春官·大祝》第2节。

〔3〕莽草：郑《注》曰："药物杀虫者，以熏之则死。"

〔4〕庶蛊：郑《注》曰："庶，除毒蛊者。蛊，蠹之类，或熏以莽草则去。"

【译文】

翦氏负责灭除蠹虫，用禜祭、攻祭〔祈求神帮助〕灭除蠹虫，用莽草熏杀蠹虫。凡灭除蛊虫的事〔都负责〕。

四六、赤 犮 氏

赤犮氏掌除墙屋，以蜃炭攻之，以灰洒毒之[1]。凡隙屋，除其貍虫。

【注释】

〔1〕以蜃炭攻之，以灰洒毒之：郑《注》曰："蜃，大蛤也。捣其炭以坋之则走。淳之以洒之则死。"案蜃炭，即大蛤所烧之炭。坋，音fèn，细末。淳，沃也。孙诒让曰："谓以所捣蜃炭之灰，沃水以洒墙屋，虫豸遇之则死也。"

【译文】

赤犮氏负责灭除藏在屋墙中的虫子，用蛤炭灰驱除虫，用〔水和的〕蛤炭火洒墙毒杀虫。凡有缝隙的房屋，都负责除去其中埋藏的虫。

四七、蝈　　氏

蝈氏掌去鼃黾[1]，焚牡蘜[2]，以灰洒之则死。以其烟被之，则凡水蛊无声。

【注释】

〔1〕掌去鼃黾：鼃，同"蛙"。黾，音měng，蛙的一种。因为蛙类的叫声吵人，故去之。

〔2〕牡蘜：蘜，同"菊"。牡蘜，郑《注》曰："蘜之不华(花)者。"

【译文】

蝈氏负责除去蛙类，焚烧牡菊，用焚烧后的灰洒蛙类，蛙类就会死。用焚烧牡菊的烟散布水面，凡水虫都不叫了。

四八、壶涿氏

壶涿氏掌除水虫〔1〕，以炮土之鼓驱之〔2〕，以焚石投之〔3〕。若欲杀其神〔4〕，则以牡橭午贯象齿而沉之〔5〕，则其神死，渊为陵。

【注释】

〔1〕水虫：郑《注》曰："狐蜮之属。"狐蜮，一种水中的毒虫。

〔2〕炮土之鼓：用土烧制的陶鼓。

〔3〕以焚石投之：案石经焚烧，投水作声，水虫即惊去。

〔4〕神：郑《注》曰："谓水神龙罔象。"龙罔象，水怪名，据说能吃人。

〔5〕以牡橭午贯象齿而沉之：橭，音 gū。牡橭，榆树的一种。午，谓十字形，《仪礼·大射》郑《注》曰："一纵一横曰午。"贾《疏》曰："以橭为干，穿孔，以象牙从橭贯之为十字，沉之水中，则其神死。"

【译文】

壶涿氏负责驱除水中的毒虫，用〔敲击〕陶鼓来驱赶它们，用烧热的石块投〔水惊走〕它们。如果想杀死水怪，就用一根榆木棍，用象牙十字交叉贯穿棍中，而沉入水中，水怪就会死，深渊也会变成山陵。

四九、庭氏

庭氏掌射国中之夭鸟。若不见其鸟兽〔1〕，则以救日之弓与救月之矢射之[2]。若神也[3]，则以大阴之弓与枉矢射之[4]。

【注释】

〔1〕不见其鸟兽：据郑《注》，是指那些在夜里恶声怪叫、但闻声而不见其形的鸟兽。

〔2〕救日之弓与救月之矢：日、月，指日食、月食。郑《注》说，之所以发生日食、月食，是因为“阴阳相胜”造成的，因此救日就要射大阴(月亮)，救月就要射大阳(太阳)，所用的弓矢，就分别叫做救日、救月之弓矢。

〔3〕神：据郑《注》，是指发出怪叫声的神怪。

〔4〕大阴之弓与枉矢：郑《注》曰：“大阴之弓，救月之弓。枉矢，救日之矢与?”案枉矢，矢名，参见《夏官·司弓矢》第4节注①。

【译文】

庭氏负责射杀都城中的妖鸟。如果有〔夜里怪叫〕而不见其形的鸟兽，就用〔日食时〕救日的弓箭和〔月食时〕救月的弓箭射杀它们。如果〔发出怪叫声的〕是神怪，就用救月用的大阴弓和救日用的枉矢射它。

五〇、衔 枚 氏

衔枚氏掌司嚣[1]。国之大祭祀，令禁无嚣。军旅、田役，令衔枚。禁叫呼叹鸣于国中者[2]，行歌、哭于国中之道者。

【注释】

〔1〕司嚣：郑《注》曰：“察嚣欢者，为其聒乱在朝者之言语。”

〔2〕叫呼叹鸣：鸣，郑《注》曰：“吟也。”

【译文】

衔枚氏负责禁止〔在朝廷〕喧哗吵闹。王国举行大祭祀，下令禁止喧哗。出征、田猎，命令军士衔枚。禁止在都城中呼叫、叹息、呻吟，禁止在都城中的道路上边走边唱或边走边哭的人。

五一、伊耆氏

伊耆氏掌国之大祭祀共其杖咸〔1〕。军旅，授有爵者杖〔2〕。共王之齿杖〔3〕。

【注释】

〔1〕杖咸：郑《注》曰：“咸，读为‘函’。老臣虽杖于朝，事鬼神尚敬，去之，有司以此函藏之，既事乃授之。”

〔2〕授有爵者杖：据《注》《疏》，有爵者，指士以上各级军官，授之杖，以使之与士兵相区别。如果是将军，则杖钺，又别于一般军官。

〔3〕齿杖：郑《注》曰：“王之所以赐老者之杖。”老者，此谓年七十以上者。

【译文】

伊耆氏负责在王国有大祭祀时供给〔收藏老臣们〕的杖所用的函。军队出征，授给有爵位者杖。供给王赐予老人所需的杖。

五二、大行人

1. 大行人掌大宾之礼及大客之仪〔1〕，以亲诸侯。

【注释】

〔1〕大宾之礼及大客之仪：郑《注》曰：“大宾，要服以内诸侯。大客，谓其孤、卿。”案要服，即《夏官·职方氏》所谓蛮服；要服以内，即九服的前六服。礼与仪，乃互文。

【译文】

大行人掌管有关大宾、大客的礼仪，用以与诸侯相亲睦。

2. 春朝诸侯而图天下之事〔1〕，秋觐以比邦国之功〔2〕，夏宗以陈天下之谟，冬遇以协诸侯之虑，时会以发四方之禁〔3〕，殷同以施天下之政〔4〕。

【注释】

〔1〕图天下之事：孙诒让说是“与诸侯图谋一岁行事之可否”。

〔2〕比：郑《注》曰：“比其功之高下。”

〔3〕时会以发四方之禁：时会，参见《春官·大宗伯》第6节注③。禁，郑《注》曰：“谓九伐之法。”（参见《夏官·大司马》第2节）

〔4〕殷同以施天下之政：郑《注》曰：“殷同，即殷见也。”（参见《大宗伯》第6节注④）又曰：“政，谓邦国之九法。”（参见《大司马》第1节）

【译文】

春季诸侯朝见王而共同谋划〔一年的〕天下大事，秋季诸侯觐见王而排列各国功绩的高下，夏季诸侯宗见王而陈述各自的谋议，冬季诸侯遇见王而协调相互的谋虑，通过时会〔征伐不顺服的诸侯〕而向四方发布禁令，通过殷同而施行治理天下的政法。

3. 时聘以结诸侯之好〔1〕，殷覜以除邦国之慝〔2〕。

【注释】

〔1〕时聘：聘，问也。郑《注》曰："时聘，亦无常期，天子有事，诸侯使大夫来聘，亲以礼见之，礼而遣之，所以结其恩好也。天子无事则已。"

〔2〕殷覜以除邦国之慝：郑《注》曰："殷覜，谓一服朝之岁也。慝，犹恶也。一服朝之岁，五服诸侯皆使卿以聘礼来覜(看望)天子，天子以礼见之，命以政禁之事，所以除其恶行。"(参见《春官·大宗伯》第6节注⑥)

【译文】

时聘的时候〔对来聘的卿以礼相待〕以结好诸侯，殷覜的时候〔通过命以政事和下达禁令〕以除去诸侯国的恶行。

4. 间问以谕诸侯之志[1]，归脤以交诸侯之福[2]，贺庆以赞诸侯之喜，致襘以补诸侯之灾[3]。

【注释】

〔1〕间问：郑《注》曰："间岁一问诸侯，谓存省之属。"

〔2〕归脤以交：脤，本指社稷祭肉，在此泛指用于社稷、宗庙的祭肉。归脤，谓赠送祭肉，以示同受福禄。交，俞樾以为当为"效"，其义则为致。

〔3〕致襘：郑《注》曰："凶礼之吊礼、襘礼也。"案襘礼，参见《春官·大宗伯》第5节注④。

【译文】

隔一年〔派使者〕慰问一次诸侯并把〔王的〕心志告诉诸侯，赠送祭肉给诸侯以向诸侯致福，〔诸侯有喜庆的事〕向他们表示庆贺以增添他们的喜悦，行襘礼〔赠送财物〕以弥补诸侯国受灾的损失。

5. 以九仪辨诸侯之命[1]，等诸臣之爵，以同邦国之礼，而待其宾客。上公之礼[2]：执桓圭九寸[3]，缫借九寸[4]，冕服九章[5]，建常九斿[6]，樊缨九就[7]，贰车九乘，介九人[8]，礼九牢[9]，其朝位宾主之间九十步[10]，立当车轵[11]，摈者五人[12]，庙中将币，三享[13]；王礼，再祼而酢[14]，飨礼九献[15]，食礼九举[16]，出入五积[17]，三问、三劳[18]。诸侯之礼：执信圭七寸，缫借七寸，冕服七章，建常七斿，樊缨七就，贰车七乘，介七人，礼七牢，朝位宾主之间七十步，立当前疾[19]，摈者四人，庙中将币，三享；王礼，壹祼而酢，飨礼七献，食礼七举，出入四积，再问，再劳。诸伯执躬圭，其他皆如诸侯之礼。诸子执谷璧五寸，缫借五寸，冕服五章，建常五斿，樊缨五就，贰车五乘，介五人，礼五牢，朝位宾主之间五十步，立当车衡[20]，摈者三人，庙中将币，三享；王礼，壹祼不酢，飨礼五献，食礼五举，出入三积，壹问，壹劳。诸男执蒲璧，其他皆如诸子之礼。

【注释】

〔1〕九仪：郑《注》曰："谓命者五：公、侯、伯、子、男也；爵者四：孤、卿、大夫、士也。"案爵、命实一义，皆谓等级，而此处分别言之者，不过为区别诸侯国的君臣罢了。

〔2〕上公：九命为伯者也(参见《春官·典命》第1节注②)。

〔3〕桓圭：及下文信圭、躬圭、谷璧、蒲璧，皆参见《春官·大宗伯》第10节。

〔4〕缫借：画有五彩的圭垫或璧垫(参见《春官·典瑞》第2节注③)。

〔5〕冕服九章：郑《注》曰："冕服，着冕所服之衣也。九章，自山龙以下。"(参见《春官·司服》第2节注③)

〔6〕建常九斿：常，即旌旗。斿，是缀于旗的正幅旁的饰物，如小飘带然。

〔7〕樊缨九就：参见《春官·巾车》第2节注③。

〔8〕介九人：介，宾的副手：公为正宾，介则为副宾。孙诒让曰："介九人者，上介，卿一人；次介，大夫一人，余七人皆士也。"

〔9〕礼九牢：郑《注》曰："大礼饔饩也。三牲(案指牛、羊、豕)备为一牢。"案大礼，又称牢礼，又称馈饔饩之礼，又简称饔礼，这是王馈送宾的最重的礼(参见《天官·宰夫》第7节注②及《外饔》第1节注②)。

〔10〕朝位：指主人迎宾时，宾所立之位，其位在大门(皋门)外。

〔11〕立当车轵：车轵，车轴端。案上公乘车来至大门外下车，车停在大门外偏西处，车辕朝北，公则立于车东(右)当轴端处。

〔12〕摈者五人：摈者，是为王迎宾相礼者。宾有介，主有摈，皆为辅礼、相礼而设。据孙诒让说，王的上摈由大宗伯担任，其地位与公的上介相当；其次为承摈，最下为末摈，依次与公的次介、末介(级别最低的介)相当。

〔13〕庙中将币，三享：庙，郑《注》谓周文王之庙，王在此接受诸侯的聘问。将币，姜兆锡、方苞、金鹗、孙诒让等并以为即指授玉。案所谓玉，即指公所执之桓圭(以下侯、伯、子、男，则分别指其信圭、躬圭、谷璧、蒲璧)，此玉有信物的作用，亦有挚(见面礼)的作用。王接受玉后，到宾返国时，当把此玉送还给宾，以示重礼轻财之义。三享，宾在向王授玉后，还要分三次向王进献方物，即所谓三享。

〔14〕王礼，再祼而酢：礼，谓向宾客行祼礼，即向宾客进献郁鬯。再祼，即两次向宾进献郁鬯。但因君无酌臣之礼，故两次祼礼都由大宗伯代行：先酌郁鬯代王献公，再酌而代王后献公。公接受祼礼后又要酌郁鬯回敬王，即所谓酢也。

〔15〕飨礼九献：飨礼，郑《注》曰："设盛礼以饮宾也。"案飨礼久佚，今已不得其详。九献，即先后九次向宾献酒，亦由大宗伯代王与王后献公。

〔16〕食礼九举：食礼，主于饭食而无酒。案《仪礼》有《公食大夫礼》，可参看。九举，郑《注》曰："举牲体九饭也。"案《公食大夫礼》无食礼举牲体之文，其详已不可知。据祭礼(如《仪礼·少牢馈食礼》)推之，盖有赞者助宾用饭，赞者先后九次举起牲肉以劝宾用饭，每次举一种，进献给宾，宾便尝一尝，然后用手抓一口饭吃。九举则九饭。黄以周《通故·食礼通故二》云："古代饭以手。凡食礼饭数，一手谓

之一饭，手三取饭谓之三饭，一饭三咽。”是则手九取饭谓之九饭。

〔17〕出入五积：出入，郑《注》曰：“谓从来讫去也。”积，谓供给宾道路所需的粮草牲牢。

〔18〕三问、三劳：郑《注》曰：“问，问不恙也。劳，谓苦倦之也。皆有礼(即皆赠送有礼物)，以币致之。”案问、劳之礼，都是派使者到宾客的馆舍进行的。

〔19〕前疾：据惠士奇校，“疾”当作“侯”。郑司农读之为“前胡”，“胡”通“侯”。前侯，指车辀(单臂的车辕)与车身相接处。立当前疾(侯)，亦在车下、车的右边。

〔20〕车衡：车辀前端的横木。

【译文】

用九种礼仪区别诸侯、诸臣的爵命等级，以统一各诸侯国的礼仪，而用以接待诸侯国的宾客。上公的礼仪：手执九寸长的桓圭，配有彩绘的九寸长的圭垫，冕服上绘刺九种花纹图案，所树的旗帜旁饰有九斿，装饰马的樊和缨〔都用五彩的罽〕绕饰九匝，副车有九乘，设九名介，款待公的大礼用九牢，公的朝位在〔大门外〕与主人之间距离九十步的地方，站在当车的右轴端旁，〔王迎接公〕设五名摈者，在庙中〔行聘礼〕把桓圭授给王，并三次进献方物；王向公行祼礼，两次向公进献郁鬯而后公酌郁鬯回敬王，王用飨礼款待公并向公行九次献酒礼，又用食礼款待公并向公行九次举牲肉劝饭礼，从来直到返国要五次供给粮草牲牢，〔王还要〕向公行三次问礼、三次劳礼。诸侯的礼仪：手执七寸长的信圭，配有彩绘的七寸长的圭垫，冕服上绘刺七种花纹图案，所树的旗帜旁饰有七斿，装饰马的樊和缨〔都用五彩的罽〕绕饰七匝，副车有七乘，设七名介，款待诸侯的大礼用七牢，朝位在〔大门外〕与主人之间距离七十步的地方，站在当车前侯处的右边，〔王迎接诸侯〕设四名摈者，在庙中〔行聘礼〕把信圭授给王，并三次进献方物；王向诸侯行祼礼，向诸侯进献一次郁鬯而后诸侯酌郁鬯回敬王，王用飨礼款待诸侯并向诸侯行七次献酒礼，又用食礼款待诸侯并向诸侯行七次举牲肉劝饭礼，从来直到返国要四次供给粮草牲牢，〔王还要〕向诸侯行两次问礼，两次劳礼。诸伯手执躬圭，其他礼仪都同诸侯一样。诸子手执直径五寸的谷璧，配有彩绘的直径五寸的璧垫，冕服上绘刺五种花纹图案，所树的旗帜旁饰有五斿，装饰马的樊和缨〔都用五彩的罽〕绕饰五匝，副车有五乘，设五名介，款待诸子的大礼用五牢，朝位在〔大门外〕与主人之间距离五十步的地方，站在当车衡处的右边，〔王迎接诸子〕设三名摈者，在庙中〔行聘礼〕把谷璧授给王，并三次进献方物；王向诸子行祼礼，向诸子进献一次郁鬯而诸子不回敬王，王用飨礼款待诸子并向诸子行五次献酒礼，又用食礼款待诸子并向诸子行五次举牲肉劝饭礼，从来直到返国要三次供给粮草牲牢，〔王还要〕向诸子行一次问礼，一次劳礼。诸男手执蒲璧，其他礼仪都同诸子之礼一样。

6. 凡大国之孤执皮帛〔1〕，以继小国之君，出入三积，不问，壹劳，朝位当车前，不交摈〔2〕，庙中无相〔3〕，以酒礼之〔4〕，其他皆视小国之君。凡诸侯之卿，其礼各下其君二等〔5〕，以下及其大夫、士皆如之〔6〕。

【注释】

〔1〕大国之孤执皮帛：大国之孤，据贾《疏》，大国指上公之国，唯上公之国立孤一人，侯伯以下则无。案此孤及下文卿、大夫、士，皆以其君命来聘者。执皮帛，参见《春官·大宗伯》第 11 节注②。据郑《注》，此皮为豹皮。孤的地位尊贵，在以君命行过聘享正礼之后，又得以个人名义特见王，此皮帛即见王所拿的挚。

〔2〕不交摈：即不交摈传辞。案诸侯将来意告诉自己的上介，上介传于次介，次介传至末介，末介再传之于王的末摈，由末摈再依次上传于承摈、上摈，最后由上摈传之于王，王的辞命则依相反的程序传之于诸侯，即所谓交摈传辞。孤卿以下则无交摈传辞之礼。

〔3〕庙中无相：庙中，谓在文王庙中行将币(即授玉)礼。无相，即无相礼者。

〔4〕以酒礼之：即向宾献酒。酒，据《注》《疏》，指醴齐。孙诒让曰："醴齐亦通称酒。"

〔5〕其礼各下其君二等：如上节记公的礼数皆九，则其孤的礼数皆

七，是所谓下其君二等。余放此。

〔6〕其大夫、士皆如之：贾《疏》曰：“大夫又各下卿二等。士无聘之介数而言如之者，士虽无介与步数（指朝位宾主之间距离的步数，见上节），至于牢礼之等，又降杀大夫。”

【译文】

凡大国的孤拿豹皮裹饰的束帛做见面礼，跟在小国之君的后面〔朝见王〕，从来直到返国要三次供给粮草牲牢，〔王对于孤〕不行问礼，行一次劳礼，朝位在〔大门外〕所乘车的前面，不行交摈传辞之礼，在庙中行授玉礼时不设相礼者，用醴礼敬孤，其他礼仪都比照小国之君。凡诸侯的卿〔受君命来向王行聘礼〕，礼数各比他们的君降低二等，卿以下的大夫、士又相应降低二等。

7. 邦畿方千里。其外方五百里谓之侯服，岁壹见，其贡祀物〔1〕。又其外方五百里谓之甸服，二岁壹见，其贡嫔物〔2〕。又其外方五百里谓之男服，三岁壹见，其贡器物〔3〕。又其外方五百里谓之采服，四岁壹见，其贡服物〔4〕。又其外方五百里谓之卫服，五岁壹见，其贡材物〔5〕。又其外方五百里谓之要服〔6〕，六岁壹见，其贡货物〔7〕。九州之外谓之蕃国〔8〕，世壹见，各以其所贵宝为挚。

【注释】

〔1〕其贡祀物：郑《注》曰：“牺牲之属也。”案此即《天官·大宰》九贡所谓“祀贡”（见彼第9节）。

〔2〕其贡嫔物：案此即《大宰》九贡所谓“嫔贡”（参见同上）。王引之曰：“‘嫔’亦当读为‘宾’，……宾物，宾客之事所用物也。”

〔3〕其贡器物：郑《注》曰：“尊彝之属。”案此即《大宰》九贡所谓“器贡”（参见同上）。

〔4〕其贡服物：谓制作祭服所需之材，即郑《注》所谓纁、絺、纻等。案此即《大宰》九贡所谓“服贡”（参见同上）。

〔5〕其贡材物：案此即《大宰》九贡所谓“材贡”，即各种竹、木材（参见同上）。

〔6〕要服：即《夏官·职方氏》所谓蛮服（见彼第11节）。

〔7〕其贡货物：案此即《大宰》九贡所谓“货贡”，谓珠贝金玉等自然之物（参见同上）。

〔8〕九州之外：郑《注》曰：“夷服、镇服、蕃服也。”案九州之外，即六服之外。

【译文】

王国的畿疆地方千里。王畿之外方五百里叫做侯服，一年朝见王一次，他们的贡品是祭祀用物。侯服之外方五百里叫做甸服，二年朝见王一次，他们的贡品是接待宾客用物。甸服之外方五百里叫做男服，三年朝见王一次，他们的贡品是宗庙器物。男服之外方五百里是采服，四年朝见王一次，他们的贡品是缝制祭服的材料。采服之外方五百里是卫服，五年朝见王一次，他们的贡品是竹、木材。卫服之外方五百里是要服，六年朝见王一次，他们的贡品是珠玉龟贝等自然之物。九州之外叫蕃国，一代新君即位来朝王一次，各用他们宝贵的物品作见面礼。

8. 王之所以抚邦国诸侯者：岁遍存；三岁遍覜；五岁遍省；七岁属象胥〔1〕，谕语言，协辞命；九岁属瞽、史〔2〕，谕书名〔3〕，听声音；十有一岁达瑞节〔4〕，同度量，成牢礼〔5〕，同数器〔6〕，修法则〔7〕；十有二岁王巡守，殷国〔8〕。

【注释】

〔1〕属象胥：郑《注》曰：“属，犹聚也。”象胥，翻译官。

〔2〕瞽、史：郑《注》曰：“瞽，乐师也。史，大史、小史也。”

〔3〕书名：郑《注》曰："书之字也，古曰名。"

〔4〕达瑞节：瑞节即符节，用作信物、凭证。此谓颁各种瑞节的样式予诸侯国。

〔5〕成牢礼：郑《注》曰："成，平也。平其僭逾者也。"牢礼，参见第5节注⑨。据贾《疏》，侯伯子男卿大夫士，牢礼多少皆有常，不得僭上，故云"平其僭逾也"。

〔6〕数器：郑《注》曰："铨衡也。"

〔7〕修法则：郑《注》曰："法，八法也。则，八则也。"（参见《天官·大宰》第2、3节）

〔8〕殷国：参见《夏官·职方氏》第14节注②。

【译文】

王用以安抚各国诸侯的办法：一年〔派使者〕普遍慰问一次；三年〔派使者〕普遍看望一次；五年〔派使者〕普遍探视一次；七年聚集〔诸侯国的〕译官，告诉他们语言，协调他们的辞令；九年聚集〔诸侯国的〕乐师和史官，告诉他们文字，让他们听习声音；十一年颁发瑞节〔的样式〕，同一度量单位，平抑牢礼的僭越，统一度量单位，修治法则；十二年王巡守天下，或在附近的诸侯国接见众来朝的诸侯。

9. 凡诸侯之王事〔1〕，辨其位，正其等，协其礼，宾而见之〔2〕。

【注释】

〔1〕王事：郑《注》曰："以王之事来也。"

〔2〕宾：在此是"摈"的借字。

【译文】

凡诸侯因王事而来朝，辨别他们的朝位，规正他们的尊卑等级，协调他们的礼仪，由摈者相礼而朝见王。

10. 若有大丧，则诏相诸侯之礼[1]。

【注释】

〔1〕诏相诸侯之礼：案《注疏》本原脱“诏”字，据阮校补。

【译文】

如果有大丧，就告教并协助诸侯行丧礼。

11. 若有四方之大事[1]，则受其币[2]，听其辞。

【注释】

〔1〕四方之大事：郑《注》曰：“谓国有兵寇，诸侯来告急者。”

〔2〕受其币：郑《注》说，诸侯来告急者亦需有挚（即此所谓币），大行人受其挚，而“以其事入告王”。

【译文】

如果有四方的〔诸侯国因遭兵寇而〕前来告急的事，就接受他们的见面礼，听他们叙述情况〔而向王报告〕。

12. 凡诸侯之邦交，岁相问也[1]，殷相聘也[2]，世相朝也[3]。

【注释】

〔1〕问：是一种相互慰问之礼。贾《疏》曰：“《聘礼》云‘小聘曰问，不享’是也。大聘使卿，小聘使大夫。”

〔2〕殷相聘：殷，郑《注》曰：“中也。”孙诒让曰：“中者，谓中闲闲阔（即间隔）。”又曰：“自闲岁（间隔一年）以上通得谓之殷，不论年数多少。”聘，郑玄《聘礼目录》云：“大问曰聘。诸侯相于久无事，使卿相问之礼。”

〔3〕世相朝也：郑《注》曰："父死子立曰世。凡君即位，大国朝焉，小国聘焉。"

【译文】

凡诸侯国之间的交往，每年〔使大夫〕相问一次，若干年〔使卿〕相聘一次，新君即位就相朝。

五三、小 行 人

1. 小行人掌邦国宾客之礼籍[1]，以待四方之使者。令诸侯春入贡[2]，秋献功，王亲受之，各以其国之籍礼之。

【注释】

〔1〕礼籍：郑《注》曰："名位尊卑之书。"即记载不同等级的宾客所当使用礼仪的簿书。

〔2〕贡：郑《注》曰："六服所贡也。"六服，谓侯、甸、男、采、卫、要，见《大行人》。

【译文】

小行人掌管有关接待诸侯国宾客的礼籍，以接待四方的使者。命令诸侯国春季进贡，秋季呈报政绩，王亲自接受，各依照有关该国的礼籍接待他们。

2. 凡诸侯入王，则逆劳于畿[1]。及郊劳、视馆[2]、将币[3]，为承而摈[4]。

【注释】

〔1〕劳：谓行劳礼(参见《大行人》第5节注⑱)。

〔2〕视馆：郑《注》曰："致馆也。"即派臣下为诸侯安排馆舍。

〔3〕将币：贾《疏》曰："谓至庙将币、三享。"(参见《大行人》第5节注⑬)

〔4〕为承而宾：即担任承摈，做上摈的副手。据郑《注》，郊劳、视馆、将币，皆使大行人为上摈，而小行人为承摈。

【译文】

凡诸侯来朝见王，就前往畿疆迎接并行劳礼。到行郊劳礼、为宾客安排馆舍以及〔诸侯在庙中向王〕授玉的时候，都担任承摈。

3. 凡四方之使者，大客则摈〔1〕，小客则受其币〔2〕，而听其辞。

【注释】

〔1〕大客则摈：大客，谓要服内诸侯之孤卿。摈，郑《注》曰："摈而见之(王)。"

〔2〕小客则受其币：小客，谓六服外蕃国的使臣。黄度曰："此以事特来者也，王有见有不见。"币，挚也。据孙诒让说，蕃国君臣皆无玉，则此臣之币"亦束帛之属"。

【译文】

凡四方诸侯国的使者来朝，是大客就担任摈者〔引导他们见王〕，是小客就接受他们的见面礼，并听取他们言辞〔而转告王〕。

4. 使适四方，协九仪〔1〕。宾客之礼：朝、覲、宗、遇、会同，君之礼也；存、覜、省、聘、问，臣之礼也〔2〕。

【注释】

〔1〕协九仪：协，合也。《春官·大史》郑《注》曰："合谓习录所当共之事也。"（见彼第4节注③）是此"协"字亦当兼习、录二义。九仪，详《大行人》第5节。

〔2〕存、規、省、聘、问，臣之礼也：贾《疏》曰："存、規、省三者，天子使臣抚邦国之礼。聘、问二者，是诸侯使臣行聘，时聘、殷規，问天子之礼。"

【译文】

奉使前往四方诸侯国，〔帮助他们〕演习并记录下九等礼仪〔中所当实行的礼仪〕。做宾客的礼包括：〔春季〕朝见王、〔秋季〕觐见王、〔夏季〕宗见王、〔冬季〕遇见王，以及参加王的会同，这是诸侯国君所行的礼；存问、看望、探视、大聘、小聘，这是〔王或诸侯派出的〕使臣所行的礼。

5. 达天下之六节[1]：山国用虎节[2]，土国用人节，泽国用龙节，皆以金为之；道路用旌节，门关用符节，都鄙用管节[3]，皆以竹为之。

【注释】

〔1〕达天下之六节：郑《注》曰："达之者，使之四方，亦皆赍法式以齐等之也。"

〔2〕虎节：及下人节、龙节、旌节、符节，皆参见《地官·掌节》第2节。

〔3〕管节：孙诒让曰："盖截竹为节，若乐器之管。"

【译文】

出使天下各国以颁给六种瑞节的样式：山区之国用虎节，平地之国用人节，泽地之国用龙节，都用铜铸造；通行道路用旌节，出入城门和关卡用符节，经过采邑用管节，都是用竹制造的。

6. 成六瑞[1]：王用瑱圭[2]，公用桓圭，侯用信圭，伯用躬圭，子用谷璧，男用蒲璧。

【注释】

〔1〕成六瑞：成，平也。孙诒让曰："谓平其文瑑及尺寸等。"瑞，即瑞玉，谓圭璧，是王执以祭祀天地宗庙，以及诸侯执以朝王的信物。

〔2〕瑱圭：据段玉裁《汉读考》说，即镇圭。案镇圭，及下文桓圭、信圭、躬圭、谷璧、蒲璧，皆见《春官·大宗伯》第10节。

【译文】

统一六种瑞玉的样式：王用的镇圭，公用的桓圭，侯用的信圭，伯用的躬圭，子用的谷璧，男用的蒲璧。

7. 合六币[1]：圭以马，璋以皮[2]；璧以帛，琮以锦[3]；琥以绣，璜以黼[4]。此六物者，以和诸侯之好故。

【注释】

〔1〕合六币：合，孙诒让曰："谓玉与币各相合同不得差舛也。"案玉即指下文圭、璋、璧、琮、琥、璜六者，参见《春官·大宗伯》第12节；币即指下文马、皮、帛、锦、绣、黼等六物，何玉配何币，都有一定，不得差错。郑《注》曰："六币，所以享也。"案此处六币，兼指六玉与六物。享，献也，谓行聘礼进献礼物。

〔2〕圭以马，璋以皮：郑《注》曰："用圭璋者，二王之后也。二王后尊，故享用圭璋而特之。"案二王后，谓夏、殷二王的后裔，周封以为公。二王后来朝行聘礼，则用圭配马、璋配皮（虎豹之皮）以享：前者享王，后者享王后。特，一也。二王后尊，故享王所用的圭可不衬以束帛而直接奉上，且仅配以马而没有其他礼物；享后所用的璋也直接奉上，且仅配以皮而没有其他礼物：即所谓"享用圭璋而特之"。

〔3〕璧以帛，琮以锦：这是诸侯分别向王和王后行聘礼所进献的礼物：璧以帛，是说把璧放在束帛上奉进于王；琮以锦则奉进于后。据郑

《注》，所献除璧、琮外还有庭实。所谓庭实，谓或马或皮，以及其他土特产，因进献时放置在堂前庭中，故称。

〔4〕琥以绣，璜以黼：绣，是刺绣有花纹的丝织品；黼，是刺绣有黼纹(黑白相间的花纹)的丝织品：亦用以将币，即作为进献玉的衬垫物。案这两种玉币，据贾《疏》说，是子、男二等诸侯相互行聘礼时所用，若二王后相享则用璧琮八寸，侯伯相享则用璧琮六寸。亦皆有庭实。

【译文】

六币的配合法：〔夏殷二王的后代进献给王的〕圭配以马，〔进献给王后的〕璋配以虎豹皮；〔五等诸侯进献给王的〕璧配以帛，〔进献给王后的〕琮配以锦；〔子男二等诸侯相互行聘礼进献给对方国君用〕琥配以绣，〔进献给国君夫人用〕璜配以黼。这六种币，用以和好诸侯。

8. 若国札丧，则令赙补之[1]；若国凶荒，则令赒委之；若国师役[2]，则令槁襘之[3]；若国有福事，则令庆贺之；若国有祸灾，则令哀吊之。凡此五物者，治其事故[4]。

【注释】

〔1〕赙：谓以财物助人办丧事。

〔2〕师役：郑《注》曰："国有兵寇以匮病者也。"

〔3〕槁襘：槁，孙诒让说，犒即槁之俗字。槁襘，郑《注》曰："使邻国合会财货以与之。"

〔4〕治其事故：故，亦事。孙诒让曰："此官皆以法令治之。"

【译文】

如果某国因瘟疫而造成国人丧亡，就命令〔其他国家〕补助他们财物；如果某国遭受大饥荒，就命令〔其他国家〕救济他们粮食；如果某国遭受兵寇之灾〔而致使国穷民贫〕，就命令〔其他国家〕救助他们资财；如果某国有福庆的事，就命令〔其他国家〕为他们庆贺；如果某国遭受灾祸，就命令〔其他国家〕对他们哀悼慰问。凡属以上五方面的事，〔依照有关法令〕加以治理。

9. 及其万民之利害为一书[1]，其礼俗、政事、教治、刑禁之逆顺为一书，其悖逆、暴乱、作慝、犹犯令者为一书[2]，其札丧、凶荒、厄贫为一书，其康乐、和亲、安平为一书。凡此五物者[3]，每国辨异之，以反命于王，以周知天下之故。

【注释】

〔1〕万民之利害：义同《夏官·职方氏》所谓“周知其利害”（见彼第1节）。

〔2〕慝、犹：郑《注》曰：“慝，恶也。犹，图也。”

〔3〕五物：原文脱“五”字，据阮校补。

【译文】

将天下各国〔的自然形势〕对于民众有利和不利的情况记载为一书，将天下各国的礼俗、政事、教化治理和刑法禁令能否遵守的情况记载为一书，将天下各国的反叛、暴乱、作恶和图谋违反禁令者的情况记载为一书，将天下各国的瘟疫丧亡、遭受大饥荒和民众困厄贫穷的情况记载为一书，将天下各国民众康乐、和睦相亲、安宁太平的情况记载为一书。凡此五方面情况，每国按条目分别记载，以向王报告，以〔使王〕遍知天下的事。

五四、司　仪

1. 司仪掌九仪之宾客摈相之礼[1]，以诏仪容、辞令、揖让之节。

【注释】

〔1〕九仪之宾客摈相：九仪，参见《大行人》第5节，而此处之义实即九等。摈相，郑《注》曰："出接宾曰摈，入赞礼曰相。"是摈相实即一人，因事而异名。

【译文】

司仪掌管迎接九等宾客的摈相之礼，以告王应有的仪容、辞令和揖让的节度。

2. 将合诸侯，则令为坛三成〔1〕，宫旁一门〔2〕。诏王仪。南乡见诸侯，土揖庶姓，时揖异姓，天揖同姓〔3〕。及其摈之〔4〕，各以其礼〔5〕，公于上等，侯伯于中等，子男于下等〔6〕。其将币亦如之〔7〕。其礼亦如之〔8〕。王燕，则诸侯毛〔9〕。

【注释】

〔1〕三成：郑司农曰："三重也。"

〔2〕宫：谓筑土为矮墙围坛以象宫。

〔3〕土揖庶姓，时揖异姓，天揖同姓：庶姓，谓无姻亲关系的众姓。郑《注》曰："庶姓，无亲者。"又曰："异姓，昏姻也。"土揖，郑《注》曰："推手小下之也。"又曰："时揖，平推手也"，"天揖，推手小举之。"江永曰："古人之揖，如今人之拱手而推之，高则谓之天揖，平则谓之时揖，低则谓之土揖也。"

〔4〕摈之：谓设摈者行交摈传辞之礼以引见诸侯于王。

〔5〕各以其礼：据金鹗说，即下文所谓"公于上等，侯伯于中等，子男于下等"。

〔6〕"公于"至"下等"：案此所谓上、中、下等，指宫坛的层次，亦即上摈（大宗伯）所在的位置。据孙诒让说，公见王，则上摈升坛之上

等以相礼，侯伯则中等，子男则下等。

〔7〕将币亦如之：将币，参见《大行人》第5节注⑬。亦如之，谓亦如上摈摈之之上、中、下等。

〔8〕礼：谓王向诸侯行裸礼，即向诸侯进献郁鬯。郑《注》曰：“礼，谓郁鬯裸之也。”

〔9〕毛：郑司农曰：“谓老者在上也。老者二毛，故曰毛。”案二毛，谓头发花白。

【译文】

王将与诸侯会同，就命令筑坛高三层，〔坛周围筑矮墙以象宫〕，宫〔的四边〕每边开一门。告诉王会同的礼仪。〔王〕面朝南接见诸侯，向庶姓诸侯行土揖礼，向〔有婚姻关系的〕异姓诸侯行时揖礼，向同姓诸侯行天揖礼。到设摈者召诸侯见王时，各依所应行的礼：摈上公时站在〔坛的〕上层，摈侯伯时站在〔坛的〕中层，摈子男时站在〔坛的〕下层。诸侯向王授玉和进献礼物时也这样。王向诸侯行裸礼〔进献郁鬯〕时也这样。王举行燕礼时，诸侯就依照年龄大小序尊卑排列座次。

3. 凡诸公相为宾，主国五积，三问〔1〕，皆三辞拜受〔2〕，皆旅摈〔3〕；再劳〔4〕，三辞，三揖，登〔5〕，拜受，拜送〔6〕。主君郊劳〔7〕，交摈〔8〕，三辞，车逆，拜辱〔9〕，三揖，三辞〔10〕，拜受〔11〕。车送，三还，再拜〔12〕。致馆亦如之〔13〕。致飧如致积之礼〔14〕。及将币，交摈，三辞，车逆，拜辱。宾车进答拜，三揖三让〔15〕。每门止一相，及庙，唯上相入〔16〕。宾三揖三让〔17〕，登。再拜授币〔18〕。宾拜送币。每事如初〔19〕。宾亦如之〔20〕。及出，车送，三请，三进〔21〕，再拜。宾三还三辞，告辟。致饔饩〔22〕，还圭〔23〕，飨、食，致赠〔24〕，郊送：皆如将币之仪〔25〕。宾之拜礼〔26〕：拜饔饩，拜飨、食。宾继主君[27]，皆如主国之礼。

【注释】

〔1〕五积，三问：分别参见《大行人》第5节注⑰、⑱。

〔2〕皆三辞拜受：谓主国行五积、三问之礼，每一次前来送积、行问礼，宾都要三辞拜受。拜受，谓行拜受礼：凡受人之物，先行拜礼而后受，叫做拜受，与拜送正相对(见注⑥)。

〔3〕皆旅摈：这是指朝君(即前往行朝礼的公)在宾馆迎接主君派来行礼的使者(即卿大夫)时之礼，朝君陈列其介九人为摈者以迎接使者，故曰"皆旅摈"。据郑《注》，旅，读为"胪"，陈也，谓陈列其介，但不行交摈传辞之礼。

〔4〕再劳：案公作为宾要受主国三次劳礼，第一次在进入国境时，第二次在远郊，第三次在近郊(参见《仪礼·聘礼》)。此处再劳，指前两次劳礼。

〔5〕三揖，登：郑《注》曰："谓庭中时也。"案宾(此时在宾馆中则为主人)对于主国派来行劳礼的使者，三辞(推辞三次)之后，便迎使者入馆。从进门到行至堂阶前，要先后互行三次揖礼，即所谓三揖。登阶升堂前，宾主要互相谦让三次(让由对方先升)，即所谓三让，而后宾主登阶升堂(参见下注⑩)。

〔6〕拜送：谓行拜送礼：凡以物授人，先授而后拜，叫做拜送，与拜受正相对。

〔7〕主君郊劳：这是第三次劳礼，郊谓近郊，由主君亲行。

〔8〕交摈：谓交摈传辞(参见《大行人》第6节注②)。

〔9〕车逆，拜辱：贾《疏》曰："传辞既讫，宾乘车出大门迎主君，至主君处下车，拜主君屈辱自至郊也。"

〔10〕三揖，三辞：三揖，参见上注⑤。三辞，谓宾主行至堂阶前，三辞对方之让升。

〔11〕拜受：谓宾拜受主君的劳礼。贾《疏》曰："主君亦当拜送，不言，省文也。"

〔12〕车送，三还，再拜：这是指劳礼毕，宾送主君之礼。贾《疏》曰："宾乘车出门就主君，若欲远送之。三还者，主君见宾送己，三还辞之。再拜者，宾见主辞，遂再拜送主君也。"

〔13〕致馆亦如之：据郑《注》，这是指宾初到主国国都，主国为之安排馆舍，谓之致馆。馆舍是由主国的大夫具体安排的，而主君则以礼

致之，以示亲自安排之意。贾《疏》曰：“亦如之者，上主君郊劳，此亲致馆，明亦如之也。”

〔14〕致飧如致积之礼：致飧，郑《注》曰：“飧，食也。小礼曰飧，大礼曰饔饩。”案这是在宾初至，尚未行朝礼时，主国为宾所致之食，《仪礼·聘礼》郑《注》曰：“食不备礼曰飧。”是致飧盖犹今所谓设便宴，故此《注》谓之小礼。如致积之礼，郑《注》曰：“俱使大夫，礼同也。”

〔15〕三揖三让：谓主君三次揖请宾入大门，而宾三次谦让，然后主君先入以导宾。

〔16〕每门止一相，及庙，唯上相入：案诸侯三门：库门、雉门、路门。宗庙在雉门内东边，有墙相隔，墙上开有一门曰阁门，过阁门即进入宗庙区。又诸侯五庙，太祖庙居中，其西并列二穆庙，其东并列二昭庙，庙与庙之间亦有墙相隔，墙上亦开有阁门。据孙诒让说，宗庙之五庙自为一区，周围有墙(其西墙即雉门内的东墙)，南墙正中开有一门，为正门，此门正与太祖庙门相应，入正门向东为两昭庙，向西为两穆庙。所谓每门，实则只谓雉门与宗庙正门。相，据郑《注》，即指主君之摈者与宾之介，入门相礼故变其名而称之为相。所谓每门止一相，是说宾主行至雉门和宗庙正门前时，宾只由其上介一人相礼，主君则只由其上摈一人相礼。上相，即主君的上摈、宾的上介。

〔17〕宾三揖三让：这是入庙门后宾主所行之礼。案三揖是宾主互行之礼，三让则是主君所行之礼而宾则当三辞，此句主语为宾，实亦兼主君言。

〔18〕授币：贾《疏》曰：“授，当为‘受’。……宾授玉，主人受之，故云‘再拜受币’也。”

〔19〕每事如初：郑《注》曰：“谓享及有言也。”案享，即《大行人》所谓三享，即三次向主君进献礼物(参见彼第5节注⑬)。有言，是指行过朝礼之后，宾有国事相告请，如告籴、乞师，或有其他外交事务需同主国相交涉。据《仪礼·聘礼》，在聘礼完毕后，宾将事先准备好的书信加放在束帛上奉进于主君，到宾将返国的时候，主君再将答复的话，亦以书面形式，派其大夫以束帛奉于宾的馆舍。此朝礼，宾有言盖亦如之。

〔20〕宾：郑《注》曰：“当为‘傧’，谓以郁鬯礼宾也。”

〔21〕三请，三进：郑《注》曰：“请宾就车也。主君每一请，车一进，欲远送之也。”

〔22〕致饔饩：参见《大行人》第5节注⑨。

〔23〕还圭：即还玉（参见同上注⑬）。

〔24〕致赠：郑《注》曰："送以财。"据《聘礼》，宾返国出了主国国都到达近郊时，主君还要派其卿前来赠送财物。

〔25〕皆如将币之仪：孙诒让曰："谓交摈及迎送、辞受、揖让之仪略同，其节次细别则异也。"

〔26〕宾之拜礼：据郑《注》，这是说宾将返国时，要去拜谢主君，所拜者即下文之三事。

〔27〕宾继主君：郑《注》曰："继主君者，傧主君也。"案主君到宾馆行郊劳、致馆、饔饩等礼，这时宾为主人，而主君则为宾，即用宾礼接待到馆舍来行礼的主君，是谓之"傧"，其礼亦如宾受主君接待之礼。

【译文】

凡诸公相互为宾〔而行朝礼〕，〔宾从来直到返国〕主国要五次供给粮草牲牢，〔要对宾〕行三次问礼，〔宾对于主国所致的礼〕每次都要推辞三次而后行拜受礼〔接受〕，每次都要陈列介迎接〔前来行礼的〕使者；主国对宾行前两次劳礼时，每次宾都要推辞三次，〔然后宾与前来行劳礼的使者进入馆舍〕，〔行进中〕互行三次揖礼，登阶升堂，宾行拜受礼〔接受劳礼〕，使者行拜送礼。〔第三次〕主君亲行郊劳礼，宾主交摈传辞，〔宾对主君亲行劳礼〕三次表达推辞之意，然后乘车〔出馆舍大门〕迎接主君，拜谢主君屈驾亲临，〔然后宾与主君进入馆舍〕，〔行进中宾主〕互行三次揖礼，〔来到堂阶前，宾要三次让由主君先升阶〕，〔主君〕推辞三次，〔然后登阶升堂〕，宾行拜受礼〔接受主君的劳礼〕。宾乘车送主君，主君三次转身推辞，宾于是行再拜礼以示相送。〔宾进入国都后〕为宾安排馆舍也如同郊劳一样〔由主君亲自进行〕。为宾设便宴的礼仪也如同向宾赠送粮草牲牢之礼一样，〔由主国的大夫前往进行〕。到〔第二天将正式行朝礼〕向主君授玉时，〔在大门前〕通过交摈传辞，〔主君〕三次表示推辞之意，然后乘车〔出大门〕迎接宾，〔下车〕拜谢宾屈驾亲临。宾乘车进前〔而后下车〕答拜。〔接着宾主进入大门，每进一门〕主君都三次揖请宾先入而宾三次推让。每经过一门都只由一名上相相礼，到了太祖庙门前，只有上相进入庙中。〔进庙后〕宾主行三揖三让之礼，登阶升堂。〔主君〕行再拜礼然后接受了玉圭。宾授玉后行拜送礼。〔向主君进献礼物，或有国事要同主国交涉〕，每件事的礼仪都同当初一样。主君向宾〔进献郁鬯〕行祼礼的礼仪也同当初一样。到宾退出时，主君乘车送宾，三次请宾登车，并三次驱车前进〔做出将要远送宾的姿态〕，〔宾将要登车时〕又向宾行再拜礼以相送。宾〔对于主君的三请〕三次转身推辞，〔对于主君的再拜礼〕告以不敢当并做出回避的样子，〔然后登车而去〕。〔行过朝礼之后〕，主国要向宾馈送饔饩，〔宾将返国时〕主君要把圭璋送还给宾，〔宾在主国居留期间〕主君要用飨礼、食礼款待宾，〔宾返国出了主国都城到达近郊时〕主君要赠送财物，并到近郊馆舍送行：以上几件事情的礼仪都同宾前去向主君授玉时的礼仪一样。宾〔返国前〕向主君行拜谢礼的〔有以下三件事〕：拜谢馈送饔饩，拜谢为己设飨礼、食礼。宾用宾礼接待〔到馆舍〕来的主君，礼仪都如同主国接待自己时一样。

4. 诸侯、诸伯、诸子、诸男之相为宾也，各以其礼，相待也如诸公之仪〔1〕。

【注释】

〔1〕各以其礼，相待也如诸公之仪：谓仪节如诸公，而礼数则不同，如诸公待以九牢而诸侯则七牢，诸公五积而诸侯则四积，等等(参见《大行人》第5节)。

【译文】

诸侯、诸伯、诸子、诸男相互〔朝见而〕为宾，各自依照相应等级的礼数，而相互接待的仪节则同诸公相朝一样。

5. 诸公之臣相为国客〔1〕，则三积，皆三辞拜受。及大夫郊劳〔2〕，旅摈〔3〕，三辞，拜辱。三让，登。听命，下拜，登受[4]。宾使者如初之仪[5]。及退，拜送。致馆如初之仪[6]。及将币[7]，旅摈[8]，三辞，拜逆，客辟，三揖，每门止一相，及庙，唯君相入。三让，客登。拜，客三辟。授币，下[9]，出。每事如初之仪[10]。及礼，私面，私献[11]，皆再拜稽首。君答拜。出及中门之外[12]，问君[13]，客再拜对。君拜。客辟而对[14]。君问大夫[15]，客对。君劳客[16]，客再拜稽首。君答拜，客趋辟[17]。致饔饩，如劳之礼。飨、食[18]、还圭，如将币之仪。君馆客，客辟，介受命[19]。遂送。客从拜辱于朝。明日，客拜礼赐[20]，遂行。如入之积。

【注释】

〔1〕相为国客：郑《注》曰："谓相聘也。"

〔2〕大夫郊劳：据孙诒让说，此大夫即卿，因为卿也是大夫，又以为"凡臣聘，盖皆一劳"，即此郊劳是也。

〔3〕旅摈：谓陈介为摈者以迎客(参见上节注③)。

〔4〕受：谓接受大夫之劳礼。郑《注》曰："劳用束帛。"

〔5〕宾使者如初之仪：宾，亦当为"傧"，谓客以馆舍主人的身份用宾礼款待大夫(参见第3节注⑳)。

〔6〕致馆如初之仪：如初之仪，据郑《注》，是指如郊劳礼，但不傧使者。贾《疏》说，前来致馆的也是主国的卿。

〔7〕将币：贾《疏》曰："亦谓圭璋也。"

〔8〕旅摈：贾《疏》曰："亦谓于主君大门外，主君陈五摈，客陈七介，不传辞。"

〔9〕"三揖"至"下"：参见第3节及其注⑮至⑱。唯"唯君相入"，与彼"唯上相入"之文稍异。贾《疏》曰："彼是两君，故云'唯上相入'。"

〔10〕每事：郑《注》曰："享及有言。"(参见第3节注⑲)

〔11〕及礼，私面，私献：郑《注》曰："礼，以醴礼客。私面，私

觌(dí)也。既觌则或有私献者。”案礼，谓以醴礼宾客，即向宾客献醴。孙诒让曰：“凡礼之通例，宾、主人行礼毕，主人待宾用醴，并谓之礼。”觌，见也。私觌，谓客行过正聘礼之后，又以个人名义见君。私觌的目的，《聘礼》郑《注》曰：“欲交其欢敬也。”

〔12〕中门：案诸侯三门，中门即雉门。

〔13〕问君：郑《注》曰：“问君曰：‘君不恙乎?’”

〔14〕客再拜对。君拜。客辟而对：这里客两次对，据方苞《析疑》说，第一次是对“不恙”之问，第二次是对“别问君之所为也”，即有关君的其他方面的情况。

〔15〕问大夫：郑《注》曰：“问大夫曰：‘二三子不恙乎?’”

〔16〕君劳客：郑《注》曰：“劳客曰：‘道路悠远，客甚劳。’”

〔17〕客趋辟：孙诒让曰：“客不敢当主君之拜，故趋出辟之，且见不敢劳主君之远送也。”

〔18〕飧、食：郑《注》曰：“亦谓主君不亲，而使大夫以币致之。”案币谓束帛，这是说主君派其大夫前往客馆，手捧束帛代主君向客致辞，以馈送飧礼和食礼所当有的牲牢酒食等。

〔19〕君馆客，客辟，介受命：郑《注》曰：“客将去，就(馆)省之，尽殷勤也。”客辟，义谓不敢当也。介受命，孙诒让曰：“使介于舍馆大门外听命也。”

〔20〕礼赐：郑《注》曰：“谓乘禽，君之加惠也。”案乘禽，是一种雌雄相伴而又成群地聚集在一起的鸟类(参见《掌客》第4节注㉓)。据《聘礼·记》，客到主国后，从第十天开始，宰夫要每天供给客和介乘禽，因为这是致飧和馈饔饩等正礼之外另又馈送的，故曰“君之加惠”。

【译文】

诸公的臣相互作为国客〔行聘礼〕，就三次供给粮草牲牢，客每次都要推辞三次然后行拜礼接受。到主国的大夫前来行郊劳礼时，客陈列介迎接，并要推辞三次，然后拜谢大夫屈尊前来。〔客与大夫进入馆舍来到堂阶前〕，客要三次让由大夫先登阶上堂，〔而大夫三次推辞〕，〔然后客先登而大夫随之〕登阶上堂，客听〔大夫代表主君致〕郊劳辞，听毕下堂行拜礼，再上堂接受劳礼。客用宾礼接待使者也如同当初行劳礼的礼仪。到大夫退去时，客行拜礼相送。为客安排馆舍的礼仪也如同郊劳一样。到将

〔行正聘礼向主国国君〕授玉时，主君陈列摈者〔迎接客〕，〔对于客来行聘礼〕三次表示推辞，然后拜迎客，客回避君的拜礼，〔接着客进入大门，以后每进一门〕主君都三次揖请客先入，〔而客三次推让〕，每经过一门都只由一名上相相礼，到了太祖庙门前，只有主君的相进入庙中。〔进庙后主君与客行三揖〕三让之礼，然后客〔随主君〕登阶上堂。〔主君〕拜谢客的到来，客三次退避〔君的拜礼〕。客把玉授给主君，然后下堂，出庙。〔向主君进献礼物，或有国事要同主国交涉〕，每件事的礼仪都同当初一样。到主君向客献醴，客以个人名义拜见主君，以及以个人名义向主君进献礼物时，都要向主君行再拜稽首礼，君回拜礼。客出庙走到中门外，主君询问〔客的〕国君的健康情况，客行再拜礼而后回答。主君回拜礼。客回避主君的拜礼而后又回答〔有关国君的其他方面问题〕。主君又问起卿大夫们的健康情况，客回答。主君劳问客〔旅途辛苦〕，客行再拜稽首礼〔表示感谢〕。主君回拜礼，客快步出大门避开主君的拜礼。〔主君派卿去向客〕馈送饔饩，如同郊劳时的礼仪。〔主君向客〕致送飧礼、食礼，以及〔客返国前〕向客奉还玉圭，都如同客向主君授玉时的礼仪。〔客返国前〕主君前往客馆看望客，客〔因不敢当而〕回避，使介听取主君的辞命。接着〔主君行拜礼表示〕送客。〔主君离去时〕客跟从主君，到朝〔的大门外〕拜谢主君屈尊亲来送行。第二天，客到朝〔的大门外〕拜谢主君礼赐的〔乘禽〕，接着启程上路。〔主国馈送的粮草牲牢〕如同客进入主国时所馈送之数。

6. 凡侯、伯、子、男之臣〔1〕，以其国之爵相为客而相礼〔2〕，其仪亦如之。

【注释】

〔1〕侯、伯、子、男之臣：侯，《注疏》本原误刻作“诸”。

〔2〕爵：据郑《注》，谓卿、大夫、士。

【译文】

凡侯、伯、子、男的臣，依照他们在本国的爵位〔出聘而〕相互为客、相互礼待，其礼仪也同诸公的臣一样。

7. 凡四方之宾客，礼仪、辞命、饩牢、赐献，以二等从其爵而上下之[1]。凡宾客，送逆同礼[2]。

【注释】

〔1〕以二等从其爵而上下之：谓爵尊者礼丰，爵卑者礼简，以二等为差。如诸侯的卿，所受礼遇就比其君降二等，大夫则比卿降二等，士又比大夫降二等；反之亦然。

〔2〕送逆同礼：郑《注》曰："谓郊劳、郊送也。"案凡客皆为之行此二礼，故曰同礼。

【译文】

凡来自四方诸侯国的宾客，接待他们所用的礼仪、辞命、向他们馈送的牲牢数，以及所礼赐和进献的物品，都依照他们的爵位，爵位上下差一级，就上下相差二等。凡宾客，都同样要行送迎之礼。

8. 凡诸侯之交，各称其邦而为之币，以其币为之礼。

【译文】

凡诸侯国之间的交往，各自依据自己国家的大小来决定进献礼物的多少，〔主国〕则依据来宾所进献礼物的多少来决定还报之礼的厚薄。

9. 凡行人之仪[1]，不朝，不夕[2]，不正其主面[3]，亦不背客。

【注释】

〔1〕凡行人之仪：郑《注》曰："谓摈相传辞时也。"孙诒让以为，这是司仪预习其仪，而以告大、小行人。

〔2〕不朝，不夕：郑《注》曰："不正东乡，不正西乡。"案朝即东，夕即西。依常礼皆宾居西边而面朝东，主居东边而面朝西，如果摈相正面向东或向西，则势必背向宾或主，这是不符合礼的。

〔3〕不正其主面：这是说，行人为摈相相礼，其面之所向，当兼顾宾主，如果正面对着主人，那就会背对宾客。

【译文】

凡行人〔担任摈相时〕的礼仪，不正面向东，不正面向西，不正面对着主人，也不背对着宾客。

五五、行　夫

行夫掌邦国传遽之小事，美恶而无礼者[1]。凡其使也，必以旌节，虽道有难而不时，必达。居于其国，则掌行人之劳辱事焉[2]。使则介之。

【注释】

〔1〕传遽之小事，美恶而无礼者：传遽，据孙诒让说，谓乘轻车传达王命或报告消息。小事，即指"美恶而无礼者"。据郑《注》，美指福庆的事，恶指丧荒的事。所谓无礼，贾《疏》曰："无摈介，单行。"孙诒让曰："亦谓无聘享玉帛之礼。"

〔2〕掌行人之劳辱事：孙诒让曰："与行人为役也。劳辱事，犹《司隶》云'烦辱之事'。"

【译文】

行夫负责乘轻车前往诸侯国传达小事，这是一些有关福庆或丧荒而〔出使传达者〕无须讲究礼的事。凡行夫出使，必须持有旌节，即使出使途中因故而不能按时到达，也一定要把王的命令传达到。〔如果随大行人出使而〕留居在出使国，就负责听从大行人指使干一些繁杂低贱的事，〔大行人〕为使臣就为他担任介。

五六、环　人

环人掌送逆邦国之通宾客[1]，以路节达诸四方[2]。舍则授馆，令聚柝[3]。有任器[4]，则令环之。凡门关无几[5]，送逆及疆。

【注释】

〔1〕通宾客：郑《注》曰："以常事往来者也。"

〔2〕以路节达诸四方：郑《注》曰："路节，旌节也。四方，圻(畿)上。"

〔3〕令聚柝：郑《注》曰："令野庐氏也。"(参见《野庐氏》第1节注③)

〔4〕任器：指除兵器以外的器物(参见《司隶》注④)。

〔5〕凡门关无几：刘青芝曰："言有环人送迎，则宾客出入不见几。"

【译文】

环人负责迎送诸侯国以常事往来的宾客，发给旌节使他们能通行〔王畿内〕四方。〔宾客〕住宿就负责安排馆舍，并命令〔野庐氏〕聚集民众击柝守卫。宾客带有器物的，就令人环绕巡视〔以备盗贼〕。〔有环人迎送的宾客〕凡经过门关都不检查，送客和迎客都抵达畿疆。

五七、象　胥

1. 象胥掌蛮、夷、闽、貉、戎、狄之国使[1]，掌传王之言而谕说焉，以和亲之。若以时入宾[2]，则协其礼，与其辞言传之。凡其出入送逆之礼节[3]、币帛、辞令，而宾相之。

【注释】

〔1〕蛮、夷、闽、貉、戎、狄之国使：郑《注》曰："谓蕃国之臣来覜聘者。"（参见《职方氏》第1节及《大行人》第3节注①、②）

〔2〕以时入宾：郑《注》曰："谓君其以一世见来朝为宾者。"

〔3〕出入：谓从来讫去。

【译文】

象胥掌管蛮、夷、闽、貉、戎、狄之国〔前来覜聘的〕使者，负责向他们传达王的话而使他们知晓，以同他们相亲和。如果〔蕃国新君即位〕按时来朝为宾，就协调他们的礼仪，传达他们〔告请王〕的言辞，〔并把王的〕话告诉他们。凡有关蕃君从来至离去的迎送礼节、献币帛、致辞令等，都担任摈相而协助他们行礼。

2. 凡国之大丧，诏相国客之礼仪[1]，而正其位。

【注释】

〔1〕国客：李光坡引郑刚中曰："谓四夷遣其臣来也。中国之客自有大、小行人掌正其位。"

【译文】

凡王国有大丧，告教并协助蕃国前来吊丧的使臣行丧礼，而规正他们的哭位。

3. 凡军旅、会同，受国客币〔1〕，而宾礼之。

【注释】

〔1〕币：贾《疏》曰："礼动不虚，以币致其君命（慰问辞），非谓别有币也。"

【译文】

凡〔王国〕有出征、会同的事，就接受蕃国前来慰问的使臣奉进的币帛，而以礼敬待他们。

4. 凡作事〔1〕，王之大事诸侯，次事卿，次事大夫，次事上士〔2〕，下事庶子〔3〕。

【注释】

〔1〕作：郑《注》曰："使也。"

〔2〕上士：据王引之校，"上"字衍。

〔3〕庶子：谓公卿大夫之子在官而尚未受有爵命者。

【译文】

凡使人去做某项事情，王的大事就使诸侯去做，次一等的事就使卿去做，再次一等的事就使大夫去做，再次一等的事就使士去做，小事就使庶子去做。

五八、掌　客

1. 掌客掌四方宾客之牢礼、饩、献〔1〕、饮食之等数，与其政治[2]。

【注释】

〔1〕牢礼、饩、献：据孙诒让说，此处牢礼，指凡当供给牲牢之礼，如下文所说之飧、积、殷膳等；饩，指饔饩（参见《天官·宰夫》第7节注②及《外饔》第1节注②）；献，指乘禽（参见下第4节注㉓）。

〔2〕政治：郑《注》曰："邦新杀礼之属。"（参见下第8节）

【译文】

掌客掌管招待四方宾客所当供给的牲牢、饔饩、乘禽和饮食的不同等级的不同礼数，以及有关行礼厚薄的原则。

2. 王合诸侯而飨礼，则具十有二牢，庶具百物备[1]。诸侯长[2]，十有再献。

【注释】

〔1〕庶具百物备：朱申曰："庶羞之具，百物之品，莫不咸具。"

〔2〕诸侯长：郑《注》曰："九命作伯者也。"又曰："献公以下，如其命数。"贾《疏》曰："《大行人》云'上公飨礼九献，侯伯七献，子男五献'是也。"（参见彼第5节）

【译文】

王与诸侯会同而举行飨礼，就具备十二太牢，并具备百种美味。〔在飨礼上〕对于诸侯之长，要行十二次献酒之礼。

3. 王巡守、殷国[1]，则国君膳以牲犊，令百官百牲皆具[2]。从者，三公视上公之礼，卿视侯伯之礼，大夫视子男之礼，士视诸侯之卿礼，庶子壹视其大夫之礼。

【注释】

〔1〕巡守、殷国：参见《大行人》彼第8节及其注⑧。

〔2〕令百官百牲皆具：郑《注》曰："令者，掌客令主国也。百牲皆具，言无有不备。"

【译文】

王巡守天下或在附近的诸侯国接见众来朝的诸侯，〔王所在国的〕国君〔要向王〕进膳而用牛犊，命令供给〔王的〕百官所用的众多的牲牢都要具备。〔对于王的〕随从官员，三公比照上公的礼来接待，卿比照侯伯的礼来接待，大夫比照子男的礼来接待，士比照诸侯之卿的礼来接待，庶子比照诸侯之大夫的礼来接待。

4. 凡诸侯之礼〔1〕：上公五积，皆视飧牵〔2〕。三问皆修〔3〕，群介行人宰史皆有牢〔4〕。飧五牢〔5〕，食四十〔6〕，簠十〔7〕，豆四十〔8〕，铏四十有二〔9〕，壶四十〔10〕，鼎、簋十有二〔11〕，牲三十有六〔12〕，皆陈。饔饩九牢〔13〕，其死牢如飧之陈〔14〕，牵四牢，米百有二十筥〔15〕，醯醢百有二十瓮，车皆陈〔16〕；车米视生牢，牢十车〔17〕，车秉有五籔〔18〕，车禾视死牢，牢十车〔19〕，车三秅〔20〕，刍薪倍禾〔21〕，皆陈〔22〕。乘禽日九十双〔23〕。殷膳大牢〔24〕。以及归，三飧、三食、三燕；若弗酌，则以币致之〔25〕。凡介、行人、宰、史，皆有飧、饔饩，以其爵等为之牢礼之陈数〔26〕，唯上介有禽献。夫人致礼〔27〕：八壶、八豆、八笾，膳大牢，致飧大牢，食大牢。卿皆见，以羔，膳大牢。

【注释】

〔1〕凡诸侯之礼：据贾《疏》，自本节至第6节，都是记诸侯自相朝，而主国(被朝之国)待之之礼。

〔2〕皆视飧牵：飧，参见《司仪》第3节注⑭。牵，活牲。郑《注》曰："谓所共如飧。"即谓所供活牲数如飧食所供牲牢数。下文云"飧五牢"，是每积供活牲五牢，五积则二十五牢。

〔3〕修：郑《注》曰："脯也。"

〔4〕群介行人宰史皆有牢：据《注》《疏》，此九字衍。

〔5〕飧五牢：郑《注》曰："公侯伯子男飧皆饪(煮熟的牲肉)一牢，其余牢则腥(已杀而未煮熟的牲)。"

〔6〕食：郑《注》曰："其庶羞美可食者。"

〔7〕簠：音fǔ，郑《注》曰："稻粱器也。"案此稻粱皆谓饭。

〔8〕豆：郑《注》曰："菹醢器也。"菹，参见《天官·醢人》第1节注③及第3节注③。醢，肉酱。

〔9〕铏四十有二：郑《注》曰："铏，羹器也。"案羹谓和有菜的肉羹。据王引之校，"四十有二"之"四"，乃"三"字之误。

〔10〕壶：郑《注》曰："酒器也。"

〔11〕鼎、簋：郑《注》曰："鼎，牲器也。簋，黍稷器也。"

〔12〕牲三十有六：郑《注》据下文记侯伯之礼曰"腥二十有七"，以为此处"牲"乃"腥"字之误。又以为腥指腥鼎，用以盛鲜牲肉。

〔13〕饔饩：参见《大行人》第5节注⑨。

〔14〕其死牢如飧之陈：死牢，谓已杀的牲，包括煮熟的(所谓饪)和未煮的(所谓腥)。据上文飧五牢，是饔饩之死牢亦五牢也。郑《注》曰："如飧之陈，亦饪一牢在西，余腥在东也。"案据《聘礼》，在西谓设于宾馆的西阶前；在东谓设于阼阶前：是死牢之陈法也。

〔15〕米百有二十筥：米，指黍稷稻粱。筥，竹制圆形盛物器，其容量，郑《注》说可容半斛。

〔16〕车皆陈：郑《注》说"车"字衍。又据郑《注》说，以上诸物都陈在宾馆门内。

〔17〕车米视生牢，牢十车：案上文"牵四牢"，是指饔饩之生牢四牢，每牢十车，则米四十车。

〔18〕车秉有五籔：秉，《注疏》本原误作"乘"，据阮校改。籔，音shǔ，秉、籔皆量器名。《聘礼·记》曰："十斗曰斛，十六斗曰籔，十籔曰秉。"案每车秉有五籔，则为二百四十斗，合二十四斛。

〔19〕车禾视死牢，牢十车：禾，据郑《注》，谓带穗的茎。案饔饩

死牢凡五牢(见注⑭)，每牢十车，则五十车。

〔20〕车三秅：秅，音chá，《聘礼·记》曰："四秉曰筥，十筥曰稯(zōng)，十稯曰秅，四百秉为一秅。"案此秉与上秉不同，在此是手握一把的意思。又郑《注》曰："每车三秅，则三十稯也。"

〔21〕刍薪倍禾：刍，饲草。薪，柴。倍禾，案禾五十车(参见注⑲)，倍禾则一百车。

〔22〕皆陈：据郑《注》，以上诸物皆陈列在宾馆门外。

〔23〕乘禽：郑《注》曰："乘行群处之禽，谓雉、雁之属。于礼以双为数。"孙诒让曰："乘行谓双双相并而行，群处谓成群而居，犹言乘居而匹处矣。"

〔24〕殷膳：郑《注》曰："殷，中也。中又致膳，示念宾也。"贾《疏》曰："此为牢礼(即馈饔饩)之外，见宾中间未去(即尚未返国)，恐宾虑主人有倦，更致此膳，所以示念宾之意无倦也。"

〔25〕若弗酌，则以币致之：若弗酌，谓主君不能亲酌酒献宾，实指主君不能亲自参加飨、食、燕礼。这时就要把飨、食、燕所需的酒食佳肴，派臣送到宾馆去。所谓以币致之，谓奉上束帛代君致辞以馈送之。

〔26〕以其爵等为之牢礼之陈数：郑《注》举例说，如果是卿，则飧二牢，饔饩五牢；大夫，则飧大牢，饔饩三牢；士，则飧少牢(只有羊豕二牲)，饔饩大牢。

〔27〕夫人致礼：据《聘礼》，在主君向宾馈饔饩之后，夫人也要派人去向宾"归(馈)礼"，以体现"助君养宾"之义，但其礼则大减于君。

【译文】

凡接待〔来朝〕诸侯之礼：上公〔从来直到返国〕要五次供给粮草牲牢，〔其中所供的〕活牲数都比照致飧食的牲数。三次问礼每次都进献有脯，(下"群介行人宰史皆有牢"九字衍，不译)。供给的飧食用五牢，还有各种美味食物四十〔豆〕，〔稻饭、粱饭〕十簋，〔各种菹菜和酱类〕四十豆，〔各种肉羹〕三十二铏，〔酒〕四十壶，〔盛牲肉的〕鼎和〔盛黍饭、稷饭的〕簋各十二，〔鲜牲肉〕三十六鼎，都加以陈列。馈送的饔饩有九牢，其中已杀的牲牢如同飧食所供牲牢的陈列法，还有活牲四牢，米一百二十筥，醋酱一百二十瓮，都加以陈列；载米的车数比照活牲的牢数，每牢十车，每车载米一秉零五籔，载禾的车数比照死牲的牢数，每牢十车，每车载禾三秅，饲草和薪柴比禾多一倍，都加以陈列。乘禽每天供给九十双。中间又赠送太牢为膳食。一直到宾返国，还要为宾举行三次飨礼，三次食礼，三次燕礼；如果主君不能亲自〔参加飨礼、食礼、燕礼而〕酌酒献宾，〔就派人〕奉上束帛代君致辞而把酒食馈送给宾。凡〔随从宾的〕介、行人、宰、史诸官，也都馈送得有飧食和饔饩，依照他们爵位的高低来决定所陈列的牢礼数的多少，其中只有上介供应乘禽。主君夫人〔向宾〕所馈赠的礼物有：八壶，八豆，八笾，膳食用太牢，馈送的飨礼用太牢，食礼用太牢。〔主国的〕卿都来见宾，用羔羊做见面礼，并馈送太牢用作膳食。

5. 侯伯四积，皆视飧牵。再问皆修。飧四牢，食三十有二，簠八，豆三十有二，铏二十有八[1]，壶三十有二，鼎簋十有二，腥二十有七，皆陈。饔饩七牢，其死牢如飧之陈，牵三牢，米百筥，醯醢百瓮，皆陈；米三十车，禾四十车，刍薪倍禾，皆陈。乘禽日七十双。殷膳大牢。三飨[2]、再食、再燕。凡介、行人、宰、史，皆有飧、饔饩，以其爵等为之礼，唯上介有禽献。夫人致礼：八壶、八豆、八笾，膳大牢，致饔大牢。卿皆见，以羔，膳特牛。

【注释】

〔1〕二十有八：据王引之校，当为“二十四”。

〔2〕三飨：据阮校，“三”当为“再”。

【译文】

侯伯〔从来直到返国〕要四次供给粮草牲牢，〔其中所供给的〕活牲数都比照致飧食的牲数。两次问礼每次都进献有脯。供给的飧食用四牢，还有各种美味食物四十〔豆〕，〔稻饭、粱饭〕

八簠，〔各种菹菜和酱类〕三十二豆，〔各种肉羹〕二十四铏，〔酒〕三十二壶，〔盛牲肉的〕鼎和〔盛黍饭、稷饭的〕簋各十二，〔鲜牲肉〕二十七鼎，都加以陈列。馈送的饔饩有七牢，其中已杀的牲牢如同飧食所供牲牢的陈列法，还有活牲三牢，米一百筥，醯酱一百瓮，都加以陈列；米三十车，禾四十车，饲草和薪柴比禾多一倍，都加以陈列。乘禽每天供给七十双。中间又馈送太牢为膳食。〔一直到宾返国〕，还要为宾举行两次飨礼，两次食礼，两次燕礼。凡〔随从宾的〕介、行人、宰、史诸官，也都馈送得有飧食和饔饩，依照他们爵位的高低来决定所陈列的牢礼数的多少，其中只有上介供应乘禽。主君夫人〔向宾〕所馈赠的礼物有：八壶，八豆，八笾，膳食用太牢，馈送的飨礼用太牢。〔主国的〕卿都来见宾，用羔羊做见面礼，并馈送一头牛用作膳食。

6. 子男三积，皆视飧牵。壹问以修。飧三牢，食二十有四，簠六，豆二十有四，铏十有八〔1〕，壶二十有四，鼎簋十有二，牲十有八〔2〕，皆陈。饔饩五牢，其死牢如飧之陈，牵二牢，米八十筥，醯醢八十瓮，皆陈；米二十车，禾三十车，刍薪倍禾，皆陈。乘禽日五十双。壹飨、壹食、壹燕。凡介、行人、宰、史，皆有飧、饔饩，以其爵等为之礼，唯上介有禽献。夫人致礼：六壶、六豆、六笾，膳视致飨〔3〕。亲见卿，皆膳特牛〔4〕。

【注释】

〔1〕铏十有八：据王引之校，当为“十有六”。

〔2〕牲：据郑《注》，亦当为腥(参见第4节注⑫)。

〔3〕膳视致飨：孙诒让曰：“谓子男则夫人不致飨，惟致膳礼特盛，有壶酒，与飨同。”案致膳原本是无酒的。

〔4〕亲见卿，皆膳特牛：郑《注》曰："言卿于小国之君，有不故造馆见者；故造馆见者，乃致膳。"

【译文】

子男〔从来直到返国〕要三次供给粮草牲牢等，〔其中所供给的〕活牲数都比照致飧食的牲数。行一次问礼进献有脯。供给的飧食用三牢，还有各种美味食物二十四〔豆〕，〔稻饭、粱饭〕六簠，〔各种菹菜和酱类〕二十四豆，〔各种肉羹〕十八铏，〔酒〕二十四壶，〔盛牲肉的〕鼎和〔盛黍饭、稷饭的〕簋各十二，〔鲜牲肉〕十八鼎，都加以陈列。馈送的饔饩有五牢，其中已杀的牲牢如同飧食所供牲牢的陈列法，还有活牲二牢，米八十筥，醯酱八十瓮，都加以陈列；米二十车，禾三十车，饲草和薪柴比禾多一倍，都加以陈列。乘禽每天供给五十双。〔一直到宾返国〕，还要为宾举行一次飨礼，一次食礼，一次燕礼。凡〔随从宾的〕介、行人、宰、史诸官，也都馈送得有飧食和饔饩，依照他们爵位的等级来决定馈送牢礼的多少，其中只有上介供应乘禽。主君夫人〔向宾〕所馈赠的礼物有：六壶，六豆，六笾，馈送的膳食与馈送的飨礼相同〔而不另馈送飨礼〕。〔主国的〕亲来见宾的卿，都要〔向宾〕馈送一头牛用作膳食。

7. 凡诸侯之卿、大夫、士为国客，则如其介之礼以待之。

【译文】

凡诸侯的卿、大夫、士〔来行聘礼而〕作为国客，就用如同他们为君做介时接待他们的礼数来接待他们。

8. 凡礼宾客，国新杀礼，凶荒杀礼，札丧杀礼，祸灾杀礼，在野、在外杀礼。

【译文】

凡以礼接待宾客，国家新建立礼就可以从简，有大灾荒礼从简，有大瘟疫礼从简，遭受兵寇侵犯或水火灾害礼从简，在野地、在畿外礼从简。

9. 凡宾客死，致礼以丧用。宾客有丧[1]，惟刍稍之受[2]。遭主国之丧[3]，不受飧、食，受牲礼[4]。

【注释】

〔1〕宾客有丧：据郑《注》，若君来朝为宾，则丧指其父母死；若臣来聘而为客，则丧还包括君死。

〔2〕惟刍稍之受：谓不接受主国的飧礼和食礼，而只接受刍稍，即饲草和粮食。

〔3〕遭主国之丧：孙诒让曰："谓朝聘既入竟，遭主国君或夫人、世子之丧。"

〔4〕受牲礼：郑《注》曰："牲，亦当为'腥'，声之误也。"案腥礼指飧和饔饩。飧、饔饩皆有熟牲肉，主国因丧，无心煎烹，故按正礼当致的熟牲，皆以腥致之。宾客体其情，则受之。

【译文】

凡宾客〔在主国期间〕死亡，〔主国就〕馈送礼物以供丧用。宾客〔进入主国后闻报〕有丧，就只接受〔主国供给的〕饲草和粮食。〔如果宾客进入主国后〕遭逢主国的丧事，就不接受主国的飧礼和食礼，而接受生牲肉。

五九、掌　　讶

1. 掌讶掌邦国之等籍[1]，以待宾客。若将有国宾客至，则戒官修委积，与士迎宾于疆，为前驱而入。及宿，则令聚柝[2]。及委，则致积[3]。至于国，宾入馆，次于舍门外，待事于客。及将币，为前驱。至于朝，诏其位，入复。及退亦如之[4]。

【注释】

〔1〕邦国之等：郑《注》曰："等，九仪之差数。"（参见《大行人》第5节及其注）

〔2〕令聚柝：参见《环人》注③。

〔3〕致积：郑《注》曰："以王命致于宾。"

〔4〕退亦如之：郑《注》曰："如其为前驱。"

【译文】

掌讶掌管有关诸侯国礼仪等级的簿籍，据以接待宾客。如果将有诸侯国的宾客到来，就告诫有关官吏准备好粮草，与讶士一起到畿疆迎接宾客，为宾客做前导而进入国境。到宾客住宿下来，就命令〔野庐氏〕聚集民众击柝守卫。到向宾客赠送粮草时，就〔以王的名义〕赠送给宾。到达国都，宾客住进馆舍，就在宾馆门外搭起帐篷，以待宾客有事时〔帮助处理〕。宾客将要上朝去向国君授玉〔行朝见礼〕，就为宾客做前导。〔宾客〕到朝，告诉他们应处的朝位，然后进去向王报告。到宾客退出时，也同样做前导。

2. 凡宾客之治[1]，令讶，讶治之[2]。凡从者出，则使人道之。及归，送亦如之[3]。

【注释】

〔1〕治：孙诒让曰："即复逆之事。"

〔2〕令讶，讶治之：郑《注》曰："以告讶，讶为如朝而理之。"

〔3〕送亦如之：郑《注》曰："如其前驱、聚柝、待事之属。"

【译文】

凡宾客有事要报告，就告诉掌讶，掌讶〔入朝报告而〕加以办理。凡宾客的随从官员出入，就派人做前导。到宾客回国时，送宾客的礼仪也同迎接时一样。

3. 凡宾客：诸侯有卿讶，卿有大夫讶，大夫有士讶，士皆有讶[1]。凡讶者，宾客至而往，诏相其事，而掌其治令。

【注释】

〔1〕“凡宾”至“有讶”：据郑《注》，此讶与掌讶不同，这是宾客行朝聘礼那天，王临时委派到宾馆去迎宾之讶，其身份则比所迎之宾客低一等。

【译文】

凡宾客，〔到行朝聘礼那天，王要派讶前往宾馆迎接〕：是诸侯就由卿充任讶，是卿就由大夫充任讶，是大夫就由士充任讶，是士也都有讶。凡充任讶的，宾客到来就前往〔宾馆〕，告教和协助宾客行礼事，并负责处理有关事宜。

六〇、掌　交

1. 掌交掌以节与币巡邦国之诸侯[1]，及其万民之所聚者，道王之德、意、志、虑，使咸知王之好恶，辟行之。

【注释】

〔1〕节与币：郑《注》曰：“节以行信，币以见诸侯。”案币指束

帛，是见诸侯所持的挚(见面礼)。

【译文】

掌交负责持旌节和币巡视诸侯国，以及各国民众聚居的大城邑，宣扬王的德行、意图、志向和思虑，使人们了解王的好恶，〔王所憎恶的事〕就避而不做。

2. 使和诸侯之好。达万民之说[1]。掌邦国之通事[2]，而结其交好。

【注释】

〔1〕达万民之说：郑《注》曰："说(读为"悦")，所喜也。达者，达之于王若其国君。"

〔2〕通事：郑《注》曰："谓朝觐、聘问也。"

【译文】

使诸侯之间和睦友好。把民众喜欢的事告诉〔王或诸侯国君〕。负责诸侯国的〔朝觐、聘问〕等以礼相交往的事，而缔结〔诸侯与王以及诸侯之间〕的友好。

3. 以谕九税之利[1]，九礼之亲[2]，九牧之维[3]，九禁之难[4]，九戎之威[5]。

【注释】

〔1〕九税：即《天官·大宰》之九赋(参见彼第7节)。

〔2〕九礼：郑《注》曰："九仪之礼。"(参见《大行人》第5节)

〔3〕九牧：郑《注》曰："九州之牧。"案牧即州长。

〔4〕九禁：郑《注》曰："九法之禁。"案即《夏官·大司马》所谓"九法"(参见彼第1节)。

〔5〕九戎:《说文》曰:“戎,兵也。”九戎,即九种用兵讨伐之法(参见《夏官·大司马》第2节)。

【译文】

〔向诸侯国〕宣传九税制度的好处,九礼制度〔对于诸侯国〕的亲睦作用,九牧制度〔对诸侯国〕的维系作用,九禁之法的难以触犯,九戎之法的威武。

六一、掌　察(阙)

六二、掌货贿(阙)

六三、朝 大 夫

朝大夫掌都家之国治〔1〕。日朝以听国事故,以告其君长。国有政令,则令其朝大夫。凡都家之治于国者,必因其朝大夫,然后听之,唯大事弗因〔2〕。凡都家之治有不及者,则诛其朝大夫;在军旅,则诛其有司〔3〕。

【注释】

〔1〕朝大夫掌都家之国治:都家,谓采邑。国治,孙诒让曰:“谓国有事施于都家,及都家以事请于国,通谓之治。”又曰:“此官为都家之臣,奉其君长之命居于王国者,故国治下达,都家治上达,通掌之也。此职凡言国,并指王朝言。”

〔2〕大事弗因：孙诒让曰："都家有大事，则当令专使来至王国咨问辩论。"

〔3〕有司：郑《注》曰："都司马、家司马。"

【译文】

朝大夫负责依照王国的政令和指示治理采邑。每天上朝听取有关王国的政事，以报告给本采邑的君和卿大夫。王国有〔专施于采邑的〕政令，就下达给采邑的朝大夫。凡采邑的政事要请示王国的，一定要通过朝大夫转达，然后王朝官吏受理，只有大事可以不通过朝大夫转达，〔而派专使来向王国请示〕。凡采邑的政事有拖延而不及时办理的，就惩罚朝大夫；如果在军中〔有类似的情况发生〕，就惩罚采邑的有关官吏。

六四、都　则(阙)

六五、都　士(阙)

六六、家　士(阙)

冬官考工记第六

【题解】

《周礼》是未完成的书，原缺《冬官》，汉人取《考工记》补之，以足六篇之数，而仍冠以《冬官》之名。冬官系统的官，按作者的构想，当为事官，掌“事典”（参见《天官·大宰》第1节），亦即《小宰》所谓“事职”，其职责在于“富邦国”，“养万民”，“生百物”。既为“事官”，则其属固不当限于“工”，故江永曰：“冬官掌事而不止工事，考工是工人之号，而工人非官。”据江永考证，依作者的构思，冬官之长曰大司空，其副曰小司空，其属可考见者，还有匠师、梓师、冢人、啬夫、司里、水师、玉人、雕氏、漆氏、陶正、坊人、舟牧、轮人、车人、刍人十五职。然此诸职，除玉人、轮人、车人三职外，其余十二职《记》文中皆不见。依《小宰》说，冬官“其属六十”，然《记》文仅列三十工(其中段氏、韦氏、裘氏、筐氏、柳人、雕人六工职文佚缺)。《考工记》为战国后期人所作，是战国时期手工业发展水平的一部总结性著作。《考工记》既别为一书，则自与《周礼》原书不同。其首为全篇之总叙，其中论百工的分工一节，则是《考工记》全篇的大纲，兹据以略述各类工种的职事。第一类攻木之工，凡七工：一曰轮人，制作车轮、车盖；二曰舆人，制作车箱；三曰弓人，制作弓；四曰庐人，制作庐器(戈、戟、殳、矛等长兵器)；五曰匠人，建造城郭、宫室、门墙、道路，以及开挖沟渠等；六曰车人，制作耒和大车；七曰梓人，制作悬挂钟磬的筍虡，制作饮器及射侯等。第二类攻金之工，凡六工：一曰筑氏，制作削(一种刊削简札的刀)；二曰冶氏，制作杀矢(一种田猎用的矢)、戈和戟；三曰凫氏，制作钟；四曰栗氏，制作豆、区、鬴等量器；五曰段氏(原文缺)；六曰桃氏，制作剑。第三类攻皮之工，凡五工：一曰函人，制作甲衣；二曰鲍人，揉制皮革；三曰韗人，制作鼓；四曰韦氏(原文缺)；五曰裘氏(原文缺)。第四类设色之工，凡五工：一曰画，二曰缋，《记》文合二为一，而总言“画缋之事”；三曰钟氏，掌染羽毛；四曰筐人（原文缺）；五曰㡛氏，掌湅丝、帛。第五类刮磨之工，凡五工：一曰玉人，制作圭、璧、琮、璋等玉器；二曰楖人（原文缺）；三曰雕人（原文缺）；四曰磬氏，制作磬；五曰矢人，制作矢。第六类抟埴之工，凡二工：一曰陶人，制作甗、盆、甑、鬲、庾（陶器，具体形制不详）等；二曰瓬人，制作簋、豆。以上六大类，总为三十工。从《记》文看，记车工之事尤详（分见《轮人》、《舆人》、《辀人》、《车人》诸文），盖因“周人尚舆”，而车又为乘载及战争所必须，且工艺又最复杂的缘故。其次则详于弓矢，尤详于弓的制作（分见《矢人》、《弓人》），盖因戎事为国之大事，而弓矢为战争所必需的缘故。又《考工记》所记诸制作，不仅详其尺度、要求和要领，且善于做经验总结以找出带规律性的东西，这是其一大特点。如《筑氏》总结铜锡合金因二者所占比例不同而区分为六等，记载各等的名称及其所适于制作的不同器物，反映了战国时期的冶金业和手工制作业已达到相当高的水平，具有极其珍贵的史料价值。《考工记》中也颇有一些附会阴阳五行的神秘说法，则反映了战国时人的观念。

总　叙

1. 国有六职[1]，百工与居一焉。

【注释】

〔1〕六职：指王公、士大夫、百工、商旅、农夫、妇功六者（详第2节）。

【译文】

国家有六类职业，百工是其中之一。

2. 或坐而论道；或作而行之；或审曲、面埶，以饬五材[1]，以辨民器[2]；或通四方之珍异以资之[3]；或饬力以长地财[4]；或治丝麻以成之。坐而论道，谓之王公[5]；作而行之，谓之士大夫；审曲、面埶，以饬五材，以辨民器，谓之百工；通四方之珍异以资之，谓之商旅[6]；饬力以长地财，谓之农夫；治丝麻以成之，谓之妇功。

【注释】

〔1〕审曲、面埶，以饬五材：林希逸曰："审曲者，审其文理曲直也。面埶者，视其方圆。"五材，郑《注》曰："金、木、皮、玉、土。"

〔2〕辨：郑《注》曰："犹具也。"

〔3〕资：郑《注》曰："取也，操也。"

〔4〕饬：贾《疏》曰："勤也。"

〔5〕王公：郑《注》曰："天子、诸侯。"

〔6〕商旅：郑《注》曰："贩卖之客也。"

【译文】

有的人安坐而谋虑治国之道；有的人起来执行治国之道；有的人审视〔五材的〕曲直、方圆，以〔加工〕整治五材，而具备民众所需的器物；有的人使四方珍异的物品流通以供人们购取；有的人勤力耕耘土地而使之生长财富；有的人纺绩丝麻而制成衣服。安坐而谋虑治国之道的，是王公；起来执行治国之道的，是士大夫；审视〔五材的〕曲直、方圆，以〔加工〕整治五材，而具备民众所需器物的，是百工；使四方珍异的物品流通以供人们购取的，是商旅；耕耘土地而使之生长财富的，是农夫；纺绩丝麻而制成衣服的，是妇功。

3. 粤无镈[1]，燕无函[2]，秦无庐[3]，胡无弓、车[4]。粤之无镈也，非无镈也，夫人而能为镈也。燕之无函也，非无函也，夫人而能为函也。秦之无庐也，非无庐也，夫人而能为庐也。胡之无弓、车也，非无弓、车也，夫人而能为弓、车也。

【注释】

〔1〕粤无镈：粤，贾《疏》曰："即今之'越'字也。"案越，古国名，国都在今浙江绍兴。镈，农具，犹锄。

〔2〕函：据郑《注》，即铠甲。

〔3〕庐：通"笸"。《说文》曰："笸，积竹矛、戟矜也。"案矜，柄也，指竹制的长兵器的柄，在此即指矛、戟等长兵器。

〔4〕胡：郑《注》曰："今匈奴。"

【译文】

越地没有制作镈的工匠，燕地没有制作铠甲的工匠，秦地没有制作〔矛、戟等〕长柄武器的工匠，匈奴没有制作弓、车的工匠。越地没有制作镈的工匠，不是说没有能够制作镈的人，而是说那里人人都能制作镈。燕地没有制作铠甲的工匠，不是说没有能够制作铠甲的人，而是说那里人人都能制作铠甲。秦地没有制作〔矛、戟等〕长柄武器的工匠，不是说没有能够制作长柄武器的人，而是说那里人人都能制作长柄武器。匈奴没有制作弓、车的工匠，不是说没有能够制作弓、车的人，而是说那里人人都能制作弓、车。

4. 知者创物，巧者述之，守之世，谓之工。百工之事，皆圣人之作也。烁金以为刃[1]，凝土以为器[2]，作车以行陆，作舟以行水：此皆圣人之所作也。

【注释】

〔1〕烁：通"铄"，《说文》曰："铄，销金也。"

〔2〕凝：郑《注》曰："坚也。"

【译文】

智慧的人创造器物，心灵手巧的人循其法式，守此职业世代相传，叫做工。百工制作的器物，都是圣人创造的。熔化金属而制作带利刃的器具，使土坚凝而制作陶器，制作车而在陆地上行进，制作船而在水上行驶：这些都是圣人的创造。

5. 天有时〔1〕，地有气〔2〕，材有美，工有巧：合此四者，然后可以为良。材美工巧，然而不良，则不时、不得地气也。橘逾淮而北为枳〔3〕，鸜鹆不逾济〔4〕，貉逾汶则死〔5〕：此地气然也。郑之刀，宋之斤，鲁之削〔6〕，吴、粤之剑，迁乎其地而弗能为良：地气然也。燕之角，荆之干〔7〕，妢胡之笴〔8〕，吴、粤之金、锡：此材之美者也。天有时以生，有时以杀；草木有时以生，有时以死；石有时以泐；水有时以凝，有时以泽〔9〕：此天时也。

【注释】

〔1〕时：郑《注》曰："寒温也。"

〔2〕气：郑《注》曰："刚柔也。"

〔3〕枳：音纸 zhǐ，一种似橘的树，其果实肉少而味酸，不堪食用。

〔4〕鸜鹆不逾济：鸜，孙诒让说，是"鸲"的俗字。鸲鹆，音 qú yù，即今所谓八哥。济，即《夏官·职方氏》之泲水（参见彼第6节注③）。

〔5〕貉逾汶则死：貉，是"貈"的借字，貈，音 hé，《说文》曰："貈，似狐，善睡兽。"汶，水名，在今山东省境内。

〔6〕削：是一种长刃有柄的小刀，又称书刀，用来刊削竹、木简上的文字。

〔7〕燕之角，荆之干：角，牛角；干，木干。并为造弓的材料。荆，指荆州。

〔8〕妢胡之笴：妢，音 fén。妢胡，古国名，郑《注》曰："在楚

旁。”是当属荆州。笴，矢干。

〔9〕泽：是“释”的借字。

【译文】

天有寒温之时，地有刚柔之气，材质有优良的，工艺有精巧的：把这四方面结合起来，然后可以制作精良的器物。材质优良、工艺精巧，然而制作的器物却不精良，就是因为不合天时、不得地气。橘迁种到淮北就变成枳，八哥鸟不〔向北〕飞越济水，貉〔向北〕越过汶水就会死：这些都是地气造成的。郑地的刀，宋地的斧，鲁地的削，吴、越的剑，离开当地而制作，就不能精良：这也是地气造成的。燕地的牛角，荆地的弓干，妢胡的箭杆，吴、越的金、锡：这些都是优良的材料。天有时使万物生长，有时使万物凋零；草木有时生长，有时枯死；石头有时会产生裂纹；水有时会凝固，有时〔冰冻〕会消解：这些都是天时造成的。

6. 凡攻木之工七，攻金之工六，攻皮之工五，设色之工五，刮摩之工五，搏埴之工二〔1〕。攻木之工〔2〕：轮、舆、弓、庐、匠、车、梓。攻金之工：筑、冶、凫、栗、段、桃。攻皮之工：函、鲍、韗〔3〕、韦、裘。设色之工：画、缋〔4〕、钟、筐、㡛〔5〕。刮摩之工：玉、楖〔6〕、雕、矢、磬。搏埴之工：陶、瓬〔7〕。

【注释】

〔1〕搏埴：搏，《注疏》本原误作“抟”，据阮校改，下文亦然。埴，音 zhí。郑《注》曰：“搏之言拍也。埴，黏土也。”

〔2〕攻木之工：案以下所列诸工种，以及攻金、攻皮、设色、刮摩、搏埴诸工种，皆详其职文。

〔3〕韗：音 yùn。

〔4〕画、缋：缋，通“绘”。案据上文“设色之工五”，则此画、缋当断为二工，然其职文则合二而为一，盖因二工职事相近而总言之。

〔5〕㡆：音 huāng。
〔6〕楖：音 jié。
〔7〕瓬：音 fàng。

【译文】

凡治理木材的工匠有七种，治理金属的工匠有六种，治理皮革的工匠有五种，染色的工匠有五种，刮摩的工匠有五种，用黏土制作器物的工匠有两种。治理木材的工匠有：轮人、舆人、弓人、庐人、匠人、车人、梓人。治理金属的工匠有：筑氏、冶氏、凫氏、栗氏、段氏、桃氏。治理皮革的工匠有：函人、鲍人、𩊄人、韦人、裘人。染色的工匠有：画人、缋人、钟氏、筐人、㡆氏。刮摩的工匠有：玉人、楖人、雕人、矢人、磬氏。用泥制作器物的工匠有：陶人、瓬人。

7. 有虞氏上陶，夏后氏上匠[1]，殷人上梓[2]，周人上舆。

【注释】

〔1〕匠：谓匠人，是建造城郭、宫室、道路及开挖沟洫之工（详《匠人》）。
〔2〕梓：谓梓人，是制作乐器、礼器之工（详《梓人》）。

【译文】

有虞氏尊尚制作陶器之工，夏后氏尊尚建造宫室、开挖沟渠之工，殷人尊尚制作礼乐器具之工，周人尊尚制造车舆之工。

8. 故一器而工聚焉者，车为多。车有六等之数：车轸四尺[1]，谓之一等；戈柲六尺有六寸[2]，既建而迤[3]，崇于轸四尺，谓之二等；人长八尺，崇于戈四尺，谓之三等；殳长寻有四尺[4]，崇于人四尺，谓之四等；车戟常[5]，崇于殳四尺，谓之五等；酋矛常有四尺[6]，崇于戟四尺，谓之六等。车谓之六等之数。

【注释】

〔1〕车轸四尺：轸，戴震曰："舆下四面材合而收舆谓之轸。"案舆指车箱，舆底四边有木框，轸本指木框后边的横木，故《说文》曰："轸，车后横木也。"然通言之，四边之木均可谓之轸，故戴氏作此解。因轸有"收舆"的作用，故亦名收，故阮元《图解》曰："轸谓之收。"四尺，指车轸距地面的高度。

〔2〕柲：音 bì，兵器的柄。

〔3〕建而迤：迤，音 yǐ，斜也。吕调阳曰："谓向后邪建于舆内之右也。"案邪建则高度降低，故戈长六尺二寸却只比轸高出四尺(见下文)。

〔4〕殳长寻有四尺：殳，音 shū，一种杖类兵器。寻，郑《注》曰："八尺曰寻。"是殳长一丈二尺。

〔5〕车戟常：郑《注》曰："倍寻曰常。"是车戟长一丈六尺。

〔6〕酋矛常有四尺：酋矛，长矛名，用于兵车。常有四尺，是酋矛长二丈。

【译文】

制作一种器物而需要聚集数个工种的，以制作车〔聚集的工种〕为最多。车有六等差数：车轸高四尺，这是第一等；戈连柄长六尺六寸，插在车上而让它斜倚着，比轸高出四尺，这是第二等；人长八尺，〔站在车上〕比戈高出四尺，这是第三等；殳长一寻零四尺，〔插在车上〕比人高出四尺，这是第四等；车戟长一常，〔插在车上〕比殳高出四尺，这是第五等；酋矛长一常零四尺，〔插在车上〕比戟高出四尺，这是第六等。〔因此〕说车有六等差数。

9. 凡察车之道，必自载于地者始也，是故察车自轮始。凡察车之道，欲其朴属而微至[1]。不朴属，无以为完久也；不微至，无以为戚速也[2]。轮已崇，则人不能登也；轮已庳，则于马终古登阤也[3]。故兵车之轮六尺有六寸[4]，田车之轮六尺有三寸，乘车之轮六尺有六寸。六尺有六寸之轮，轵崇三尺有三寸也[5]，加轸与轐焉四尺也[6]。人长八尺，登下以为节[7]。

【注释】

〔1〕欲其朴属而微至：其，承上文，指代车轮。朴属，郑《注》曰："犹附着坚固貌。"案附着，指车轮各部件的结合。微至，据郑司农说，谓车轮与地接触面小。案接触面小则车轮运转轻快。

〔2〕戚速：此二字同义，皆疾也。

〔3〕于马终古登阤：终古，据郑《注》，是齐地方言，常也。阤，音zhì，斜坡。王宗涑曰："轮庳则压马重，常若登阤然。"

〔4〕兵车：据郑《注》，指革路；下文田车，指木路；乘车则指玉路、金路、象路(参见《春官·巾车》第2节)。

〔5〕轵：据李惇说，车上有三物而同名为轵，此处的轵是指"车轴之末出毂外者"。案毂在车轮的中央，其中空，周围安车辐，中空的地方穿车轴，车轴长出于毂外的部分就叫做轵。

〔6〕加轸与轐焉四尺：轸，参见上节注①。轐，音bú，又叫伏兔。一车有两轐，安在车两边的轸木之下，其朝下的一面各开有一弧形缺口，用以辖制车轴。据郑《注》，车的轸木与轐共厚七寸，加上轵高三尺三寸，就是四尺，亦即第8节所谓"车轸四尺"。

〔7〕人长八尺，登下以为节：据孙诒让，八尺是中等身材人的身高，而车轸的高度是根据人的身高的一半来设计的，因此便于人上下车。

【译文】

凡观察车子的要领，必须从车子着地的部位开始，因此观察车子要从车轮开始。凡观察车子的要领，车轮要结构坚固而与地的接触面小。结构不坚固，就不能经久耐用；与地的接触面不小，就不能快速。车轮过高，就不便人登车；车轮过低，对于马来说就常常像爬坡一样吃力。因此兵车车轮高六尺六寸，田车车轮高六尺三寸，乘车车轮高六尺六寸。六尺六寸高的车轮，轵高三尺三寸，再加上轸木与车轐就是四尺。人高八尺，〔以此作为方便人〕上下的〔轸高的〕节度。

一、轮　人

1. 轮人为轮，斩三材必以其时[1]。三材既具，巧者和之[2]。毂也者，以为利转也；辐也者，以为直指也；牙也者，以为固抱也。轮敝，三材不失职[3]，谓之完。

【注释】

〔1〕三材：指制作毂、辐、牙(车轮的圆框)所用的木材。经中有时即以三材指代毂、辐、牙，如下文云“三材不失职”即是。

〔2〕三材既具，巧者和之：程瑶田《创物记》曰：“按下文，三材治之，各有度法，合之为轮，所谓和也。”

〔3〕轮敝，三材不失职：郑《注》曰：“敝尽而毂、辐、牙不动。”

【译文】

轮人制作车轮，砍伐〔用作毂、辐、牙的〕三种木材必须依照一定的季节。三种木材具备之后，心灵手巧的工匠将它们加工组合〔而成为车轮〕。毂，要使它利于车轮的转动；辐，要使它直指〔车牙〕；牙，要使它牢固紧抱。轮子即使磨损坏了，毂、辐、牙也不松动变形，称之为完美。

2. 望而视其轮[1]，欲其幎尔而下迤也[2]；进而视之，欲其微至也：无所取之，取诸圜也。望其辐，欲其掣尔而纤也[3]；进而视之，欲其肉称也[4]：无所取之，取诸易直也[5]。望其毂，欲其眼也[6]；进而视之，欲其帱之廉也[7]：无所取之，取诸急也。视其绠，欲其蚤之正也[8]。察其菑蚤不龋[9]，则轮虽敝不匡[10]。

【注释】

〔1〕轮：郑《注》曰："谓牙也。"案牙亦谓之辋，孙诒让以为是合三截弧形木为圆框而制成的。

〔2〕幎尔而下迆：幎，音 mì，郑《注》曰："均致貌。"迆，同"迤"，斜倚也。江永曰："凡圆形，远望，中半渐颓而下，幎尔而下迆，周遭皆均致也。"

〔3〕掣尔而纤：掣，音 xiāo，尖细貌。纤，小也。郑《注》曰："掣纤，杀小貌也。"据贾《疏》，谓辐指向牙的一端较细小。

〔4〕肉称：郑《注》曰："弘杀好也。"案弘杀好，即弘杀均匀之义。程瑶田《创物记》曰："弘谓股，杀谓骹（音 qiāo），好谓弘杀之间弘不肿、杀不陷也。"案辐近毂的一端（即粗大的一端）谓之股，股长为辐长的三分之二；近牙的一端（即较细小的一端）谓之骹，骹长为辐长的三分之一，比股亦细三分之一，即下文所谓"三分其股围，去一以为骹围"，但并不是在辐的周围削之以使骹比股细三分之一，而是将辐的外侧削去三分之一。每根车辐的股都一样粗，骹都一样细，十分均匀，不肿不陷，是谓肉称（即肉好）。

〔5〕易：平也，亦谓其均匀而不肿不陷。

〔6〕眼：郑《注》曰："出大貌也。"案《说文》"辊"下段《注》曰："郑本当是作'睍'（音 xiàn），睍者，目出貌也，毂之圜似之。"

〔7〕帱之廉：郑《注》曰："帱，幔毂之革也。革急则裹木廉隅见。"案毂长出在轮外，在长出的部分上面缠以皮革，就叫做帱。皮革如果缠得很紧，毂端的木棱就显现出来，故曰"革急则裹木廉隅见"。廉，棱也。

〔8〕视其绠，欲其蚤之正也：绠，音 gěn。蚤，郑《注》曰："当为'爪'，谓辐入牙中者也。"是蚤即辐骹下端的榫，插入牙上的榫眼中。案榫眼开在牙的当中，榫眼的外侧还留有三分之二寸的牙边，这紧靠榫眼的牙边，就叫做绠。因为绠紧靠在蚤侧，故由绠处即可观察蚤安得正不正。程瑶田《创物记》曰："蚤入牙凿（榫眼）必正直也。"

〔9〕菑蚤不龋：菑，音 zì，戴震曰："辐端之枘（榫）建入毂中者。"

这是指辐的大端，即股端，股端亦有榫，插入毂上的榫眼中，谓之菑。龋，音 yú，本指牙齿不正，以喻参差不齐。

〔10〕匡：戴震曰：“凡物刺起不平曰匡。”此处是指车轮变形，不得为正圆。孙诒让曰：“验其菑、蚤上下凿枘正相直，则可决其牙虽敝不至匡戾也。”

【译文】

远看车牙，要能够〔从中间向两旁〕均匀地下斜；走近来看，要着地面积小：这没有别的什么可取法，只有取法于圆〔才能做到〕。远看车辐，〔向牙的一端〕要削得较细小；走近来看，要〔每根车辐的〕粗细都很均匀：这没有别的什么可取法，只有取法于平直〔才能做到〕。远看车毂，要像凸出的大眼睛；走近来看，要缠革的地方显出毂端的木棱：这没有别的什么可取法，只有取法于紧固〔才能做到〕。看车牙的绠处，要绠内侧的蚤安得很正。观察辐的菑和蚤〔成直线相对而〕没有不齐，那么即使轮用坏了也不会变形。

3. 凡斩毂之道，必矩其阴阳〔1〕。阳也者稹理而坚〔2〕，阴也者疏理而柔，是故以火养其阴，而齐诸其阳，则毂虽敝不蔽〔3〕。毂小而长则柞〔4〕，大而短则摯〔5〕。是故六分其轮崇，以其一为之牙围〔6〕。参分其牙围而漆其二〔7〕。椁其漆内而中诎之，以为之毂长〔8〕，以其长为之围〔9〕。以其围之防捎其薮〔10〕。五分其毂之长，去一以为贤，去三以为轵〔11〕。容毂必直〔12〕，陈篆必正〔13〕，施胶必厚〔14〕，施筋必数〔15〕，帱必负干〔16〕。既摩，革色青白〔17〕，谓之毂之善。

【注释】

〔1〕矩：郑《注》曰：“谓刻识之也。”

〔2〕稹：通“缜”，密也。

〔3〕蔽：音 hào，通“耗”，缩耗也。据郑《注》，谓毂木缩耗而变细小，则裹在上面的皮革(即所谓帱革)必然空虚暴起。

〔4〕柞：通“窄”，谓辐间窄狭。

〔5〕大而短则挚：郑司农曰：“挚，读为‘槷’(niè)，谓辐危槷也。”案危槷，在此是不安稳的意思。王宗涑以为郑司农所谓“辐危”当作“轮危”，以为毂短则车轴穿在毂中的部分就短，因此“易于游移不定也，则危槷者是轮而非辐明甚”。

〔6〕六分其轮崇，以其一为之牙围：据郑《注》，轮高六尺六寸，其六分之一则为一尺一寸，此即牙围。

〔7〕参分其牙围而漆其二：郑《注》曰：“不漆践地者也。漆者七寸三分寸之一，不漆者三寸三分寸之二。”案这是据牙围一尺一寸计算出的漆与不漆之数。郑《注》又曰：“令牙厚一寸三分寸之二，则内外不漆者各一寸。”案据郑珍的解释，此处所谓牙厚，是指牙践地一边的厚度，此厚度要小于牙向辐的一边。牙向辐的一边的厚度同于辐的股宽。以小车(指兵车及乘车)为例，其辐股宽 3.5 寸，则牙厚亦 3.5 寸。但践地的一边，从距地一寸处，牙厚则向里杀，内外侧各杀去约 0.9133 寸，两侧共杀去约 1.8266 寸，以 3.5 寸减去所杀，则践地之牙厚正如郑《注》所说，为一又三分之二寸，也就是约为 1.6666 寸(实为1.6734寸)。

〔8〕椁其漆内而中诎之，以为之毂长：椁，郑司农曰：“度两漆之内相距之尺寸也。”是椁在此即度量之义。诎，曲也，折也，即度量两漆之内的长度而中折之，即为毂长。案据上文知，牙之不漆者为近地之一寸，是轮之上下两边不漆者共为二寸，以轮高六尺六寸减之，则为六尺四寸；中诎之，则为三尺二寸。故郑《注》曰：“六尺六寸之轮，漆内六尺四寸，是为毂长三尺二寸。”以圆周率3.1416除之，得出毂的直径为1.0186尺。

〔9〕以其长为之围：这是说毂的围长与毂长相等，皆为三尺二寸。

〔10〕以其围之阞捎其薮：阞，音 lè，郑《注》曰：“三分之一也。”又曰：“捎，除也。”薮，郑司农曰：“谓毂空壶中也。”案毂的中心挖空成圆孔，以便穿轴，这圆孔中当周围安辐的部分就叫做薮，又叫空壶。此薮的围长，为毂围的三分之一，故曰“以其围之阞捎其薮”。案毂围为三尺二寸，三分之一则为一又三分之二尺，即约为1.0666尺，以圆周率3.1416除之，则薮的直径约为0.3395尺。

〔11〕五分其毂之长，去一以为贤，去三以为轵：毂之长，同毂之围

（见注⑨）。去其一，据郑《注》，“一”乃“二”之误，当云“去其二”。郑司农曰：“贤，大穿也。轵，小穿也。”案车毂当中穿轴的孔，靠内侧的一头大，叫做贤，又叫大穿；靠外侧的一头较小，叫做轵，又叫小穿。这是因为车轴两端穿毂的部分的直径内大而外小的缘故。毂长三尺二寸，去其五分之二，还有五分之三，即1.92尺，是为大穿之围长，除以3.1416，得0.6112尺，是为大穿的直径，即所谓“五分其毂之长，去一（二）以为贤”也。又毂长去其五分之三，则为1.28尺，是为小穿的围长，除以3.1416，得0.4074尺，是为小穿的直径，即所谓“去三以为轵”也。前面说薮径只有0.3395尺（见上注），而此处大、小穿之径皆比薮径大，这是因为大、小穿中还要嵌入釭铁的缘故（案釭即车毂内外口中的铁圈）。故郑《注》曰：“凡大小穿皆谓金（即釭）也。今大、小穿金厚一寸，则大穿穿内径四寸五分寸之二，小穿二寸十五分寸之四，如是乃与薮相称也。”金厚为一寸，上下两边则为二寸（0.2尺），大穿径0.6112尺，减去0.2尺则为0.4112尺；小穿径0.4074尺，减去0.2尺则为0.2074尺。郑《注》的数字比我们的略大，是其计算的误差所致。因郑《注》凡由围长求直径，圆周率皆视为3。

〔12〕容毂：孙诒让曰：“犹言治毂也。”

〔13〕陈篆必正：陈，列也。篆，郑《注》曰：“毂约也。”案在毂上绕毂的圆周刻槽，槽与槽之间便显出一道道的突起，如竹节然，就叫做篆，这篆就像一条条的绳子拴束着毂，故称之为毂约。因为篆在毂上一道道地排列着，故曰陈篆。又篆必须为正圆，即篆的两侧面与毂面相交之角必处处皆为九十度，这就叫做正。篆正，篆的排列也就正，即每两篆之间各处的距离都均等。又案毂约非车之通制，只有孤以上所乘的车才有毂约，故《春官·巾车》曰：“孤乘夏篆。”（见彼第5节）

〔14〕施胶：案刻篆而后施胶。

〔15〕施筋必数：案施胶而后施筋。胶、筋皆为使毂坚牢，不至破裂或变形。必数，林希逸曰：“谓其束之多也。”

〔16〕帱必负干：帱，覆也。负，依也。孙诒让曰：“谓帱革与毂干密相依倚也。”

〔17〕既摩，革色青白：郑《注》曰：“谓丸漆之，干而以石摩平之，革色青白。”案据《说文》“垸”下段《注》说，以骨烧灰和漆，抟之而为丸状，在给物上漆之前，先用以涂物，谓之丸漆。据此说，则丸漆盖如今油漆之前先打腻子。丸漆干后，再用石块把表面打磨平，就叫做摩。摩之色青白，而后漆之。

【译文】

凡砍伐毂材的方法，必须刻记下树的背阳面和向阳面。向阳面的木材纹理较密而木质坚硬，背阳面的木材纹理较疏而木质柔软，因此要用火烘烤背阳的一面，而使木质变得与向阳面一样〔坚硬〕，那么毂即使用坏了木材也不会缩耗〔而致使裹在上面的皮革鼓起〕。毂小而长〔辐间的距离〕就狭窄，大而短〔车轮〕就不安稳。因此用轮高〔六尺六寸〕的六分之一做牙围。牙围的三分之二加油漆。度量轮两边自油漆以内的长度而从中折分，用以作为毂的长度，又用毂的长度作为毂的周长。依照毂的周长的三分之一挖除毂心而为薮。把毂的长度分为五等分，去掉二等分就是贤的周长，去掉三等分就是轵的周长。整治毂一定要它直，〔毂上所刻的〕篆的排列一定要正，毂上所涂的胶一定要厚，所缠的筋一定要稠密，所缠裹的皮革一定要紧紧地贴附着毂干。〔在此革上先涂丸漆，丸漆干后再用石块打磨〕，打磨之后，皮革显出青白色，这就叫做好车毂。

4. 参分其毂长，二在外，一在内〔1〕，以置其辐。凡辐，量其凿深以为辐广〔2〕。辐广而凿浅，则是以大扤〔3〕，虽有良工，莫之能固；凿深而辐小，则是固有余而强不足也。故竑其辐广以为之弱〔4〕，则虽有重任，毂不折。参分其辐之长而杀其一〔5〕，则虽有深泥，亦弗之溓也〔6〕。参分其股围，去一以为骹围〔7〕。揉辐必齐，平沉必均〔8〕。直以指牙〔9〕，牙得则无槷而固〔10〕。不得则有槷，必足见也〔11〕。六尺有六寸之轮，绠参分寸之二，谓之轮之固〔12〕。

【注释】

〔1〕参分其毂长，二在外，一在内：案这是指毂上安辐处。外，指向轵(即小穿)的一端；内，指向贤(即大穿)的一端。

〔2〕量其凿深以为辐广：凿，谓毂上的榫眼，用以安辐菑。郑《注》曰："辐广三寸半。"据此经，辐广既以凿深为度，则凿深亦为三寸半可知。

〔3〕抈：音 wù，郑《注》曰："摇动貌。"

〔4〕竑其辐广以为之弱：竑，音 hóng，郑司农曰："谓度之。"弱，郑《注》曰："菑也。"戴震曰："菑没凿谓之弱。"是弱（即菑）宽亦当为三寸半。据郑珍说，入毂凿之菑，是削成尖角形如笋状的。这是因为毂愈向中心其半径愈小，故凿端亦当细小，要是仍然宽大如初（三寸半），则必伤毂木。

〔5〕参分其辐之长而杀其一：据郑珍计算，辐长为二尺四寸七分五厘，即2.475尺（案郑珍的计算有误差，实际当为2.499尺）参分其辐长而杀其一，即杀其向牙一端的0.825尺。郑《注》曰："杀，衰小之也。"郑珍曰："止于广之向车箱一边杀，狭至爪（蚤）入牙际，其向外一边不杀。"所杀的这0.825尺，即为辐骹，不杀的一端则为辐股。

〔6〕溓：通"黏"。

〔7〕参分其股围，去一以为骹围：这是说，骹围是股围的三分之二。据郑珍计算，股围为8.4寸；则骹围为5.6寸。

〔8〕揉辐必齐，平沉必均：孙诒让引郑锷曰："木有曲直，不能皆易直，故以火矫揉其曲者，使与直者齐，则三十辐直必等矣。"平沉必均，郑司农曰："谓浮之水上无轻重也。"案木的轻重一样，沉入水中入水的深度就均平如一，这是用水验木轻重之法。林希逸曰："三十辐用水试之，必须均平，无复轻重也。"

〔9〕直以指牙：案辐的骹围虽比股小，但所杀只在内侧，且骹与股的厚度也一样（都厚七分），这样从辐的外侧来看，是呈一条直线而直指向牙。

〔10〕牙得则无槷而固：程瑶田《创物记》曰："谓蚤牙相称，齐密而无罅缝，故能无槷而固也。"案所谓蚤牙相称，当谓骹蚤与牙凿（牙上开的榫眼）密合而无罅缝，故无须加楔而固。

〔11〕必足见：郑珍曰："足，槷之末也。"案牙上的凿眼是穿透牙背的，故所加楔子的末端就会从牙背的一边（即牙践地的一边）露出来。

〔12〕绠参分寸之二，谓之轮之固：绠，谓蚤凿处的外侧所留出的牙边（参见第2节注⑧），此牙边宽三分之二寸，亦即0.6666寸。牙上留出牙绠的目的，就是为了使牙安在辐上略偏向外侧（偏出的尺度等于绠宽，亦0.6666寸）。这样设计车轮，可使之更加稳固，无左右摇摆之患。

【译文】

把毂长分成三等分，使二分在外，一分在内，〔在这两者之间的地方〕安置车辐。凡辐，度量〔毂上〕凿的深度来确定辐的宽度。辐宽而凿浅，辐就会因此而摇动，即使有好的工匠，也不能使之牢固；凿深而辐狭小，就会使辐牢固有余而强度不够。因此度量辐的宽度以作为菑宽的尺寸，〔而菑端则削成尖笋状〕，那么即使有重载，毂也不会折断。把辐长分成三等分而〔把靠近牙处的〕一等分〔的内侧〕削得细小些，即使遇有深泥，辐上也不会黏泥。把股围长分成三等分，去掉一等分就是骹的围长。用火烤煣做辐的木材必须使它们一律笔直，把辐材沉入水中，入水的深度要均平如一。辐要直指牙〔凿〕，使蚤与凿密合，无须加楔子就会牢固了。如果〔蚤与牙〕不能密合，就要加楔子，楔子的末端一定会〔从牙践地一边的凿眼中〕露出来。六尺六寸高的轮，留出三分之二寸宽的绠，这就可以称得上轮子牢固。

5. 凡为轮，行泽者欲杼〔1〕，行山者欲侔〔2〕。杼以行泽，则是刀以割涂也，是故涂不附；侔以行山，则是抟以行石也〔3〕，是故轮虽敝，不甐于凿〔4〕。凡揉牙，外不廉，而内不挫，旁不肿〔5〕，谓之用火之善。是故规之以视其圜也，萬之以视其匡也〔6〕，县之以视其辐之直也〔7〕，水之以视其平沉之均也〔8〕，量其薮以黍以视其同也〔9〕，权之以视其轻重之侔也。故可规，可万，可水，可悬，可量，可权也，谓之国工〔10〕。

【注释】

〔1〕杼：音 zhù，郑《注》曰："谓削薄其践地者。"

〔2〕侔：郑《注》曰："上下等也。"

〔3〕抟：原误作"搏"，据阮校改。郑《注》曰："抟，圜厚也。"

〔4〕不甐于凿：甐，音 lín，郑《注》曰："亦敝也。以轮之厚，石虽啮之，不能敝其凿旁使之动也。"

〔5〕外不廉，而内不挫，旁不肿：郑《注》曰：“廉，绝也。挫，折也。肿，瘣也。”案瘣，音 huì，《说文》曰：“病也。一曰肿旁出也。”王宗涑曰：“凡煣木使屈，火皆在内。火力不匀，则外或理伤而断绝，内或焦灼而挫损，旁或暴裂而壅肿，故煣牙必除此三者，始为善用火。”

〔6〕萬之以视其匡：孙诒让引郑锷曰：“萬，矩也。匡，方也。”矩即木匠所用曲尺，可用以测辐与牙相交处是否成直角。

〔7〕县之以视其辐之直：据郑《注》，谓悬绳以测之，上下辐相应而呈一直线。

〔8〕水之以视其平沉之均：据贾《疏》说，是将两只轮子同时放入水中，以“观视四畔入水均否”，从而知道所用木材的轻重是否均等。

〔9〕量其薮以黍以视其同：据孙诒让说，此处的薮泛指毂之中空受轴处，以黍置薮中，如果两毂容黍相同，则可证毂孔大小相同。

〔10〕国工：郑《注》曰：“国之名工。”

【译文】

凡制作车轮，行驶在泽地的〔轮牙践地的一边〕要削得较薄，行驶在山地的〔轮牙的上下〕要厚薄均等。〔轮牙践地的一边〕削薄而行驶在泽地，就像用刀切割涂泥一样，因此涂泥不会黏附车轮；〔轮牙上下〕厚薄均等而行驶在山地，就是用圆厚的轮牙行驶在山石上，因此轮子即使用坏了，也不会使凿孔两侧的牙磨损变薄而致使凿中的辐蚤松动。凡用火烤煣牙材，朝外的一边木材的纹理不断绝，而朝内的一边不挫损，两旁也不肿出，叫做善于用火。用规测量以观察轮子圆不圆，用矩测量以观察〔辐与牙相交处〕是否成直角，悬垂线以观察上下车辐是否成一条直线，用水来测量〔两只轮子〕沉入水中的深度是否相等，用黍来测量〔两毂的毂孔〕以观察它们的大小是否相同，称量两轮以观察它们的重量是否相等。因此〔所制作的轮子〕可以经得起圆规、曲尺、水、垂线、黍、称的检验，〔这样的工匠〕就可以称之为国工了。

6. 轮人为盖[1]，达常围三寸[2]，桯围倍之[3]，六寸。信其桯围以为部广[4]，部广六寸，部长二尺[5]。桯长倍之四尺者二[6]。十分寸之一谓之枚。部尊一枚[7]，弓凿广四枚[8]，凿上二枚，凿下四枚[9]，凿深二寸有半，下直二枚，凿端一枚[10]。弓长六尺，谓之庇轵[11]，五尺谓之庇轮，四尺谓之庇轸[12]。参分弓长而揉其一[13]。参分其股围，去一以为蚤围[14]。参分弓长，以其一为之尊[15]。上欲尊而宇欲卑[16]，上尊而宇卑，则吐水疾而霤远[17]。盖已崇则难为门也[18]，盖已卑是蔽目也[19]，是故盖崇十尺。良盖弗冒、弗纮，殷亩而驰不队[20]，谓之国工。

【注释】

〔1〕盖：形如伞，在车上。

〔2〕达常：是盖柄的上节之名，连接在盖斗下，长二尺，与盖斗为一体（参见注④）。

〔3〕桯：音 xíng，盖柄的下节，亦名杠。

〔4〕信其桯围以为部广：信，贾《疏》曰："古之'申'字，申上轵围六寸以为此部径。"部，郑司农曰："盖斗也。"广，谓直径。据王宗涑说，盖斗与达常是用一整块木材制成，其形制略似今之漏斗：上部曰盖斗，直径六寸（同于桯的围长），厚一寸一分，其四周有凿孔可安盖弓（如今伞骨）；盖斗下面即为达常，围长三寸，直径 0.9549 寸，长二尺。

〔5〕部长：郑《注》曰："谓斗柄达常也。"

〔6〕桯长倍之四尺者二：案"倍之四尺者二"，当理解为倍之为四尺而又二之，是为八尺，故郑《注》曰："杠长八尺，谓达常以下也。加达常二尺，则盖高一丈。"

〔7〕部尊一枚：郑《注》曰："尊，高也。盖斗上隆高，高一分也。"钱坫曰："部厚一寸，而上隆高十分寸之一。"是盖斗顶部为一抛物面，而中央部分高出一分（即一枚），故盖斗厚一寸一分，是就其最高处而言。

〔8〕弓凿广四枚：弓，是支撑车盖的木条，其一端安在盖斗边上，一端向外伸出，如今伞骨然。弓凿，是盖斗周围安弓的榫眼。

〔9〕凿上二枚，凿下四枚：这是指榫眼的上下所留出不凿的宽度。案盖斗边厚一寸，安弓的榫眼是开在偏上的部位：榫眼之上留出二分，榫眼之下留出四分，加上榫眼本身的四分，共为一寸。

〔10〕下直二枚，凿端一枚：案弓菑（榫）的长度，同于凿孔的深度，即都是二寸半，但菑的朝下的一面却是削成斜面，即由四分厚，渐削到菑端只剩下二分；菑的两侧也向里削，由四分宽渐削到菑端只剩下一分；菑的朝上的一面则不削，仍是平直的。盖斗四周所开的凿孔则与此相应而又相反：凿孔的下面保持平直，而上面则为斜面，两侧亦向里逐渐收小，至凿端只剩下一分。戴震曰："弓凿外大内小，外纵横皆四分，内纵二分，'下直二枚'是也；横一分，'凿端一枚'是也。"

〔11〕弓长六尺，谓之庇轵：轵，谓毂端。据郑《注》计算，车的两轵之间宽一丈一尺六寸，而车盖的直径则为一丈二尺六寸，即使有宇曲之减（即因弓向下斜而致使伸展的长度变短，参见注⑬），也大体可以覆盖两轵，故名庇轵。下文"庇轮"、"庇轸"义放此。

〔12〕轸：参见《总叙》第8节注①。

〔13〕参分弓长而揉其一：郑《注》曰："六尺之弓，近部（盖斗）二尺，四尺为宇曲。"三分而煣其一，是煣其近盖斗的二尺。因为弓菑下面为斜面，而凿孔则上面为斜面（参见注⑩），这样弓菑插入凿孔后，弓必上仰，因此需将弓近盖斗处的二尺煣而使之变得平直。弓近盖斗二尺以外的四尺，是向下斜伸的，至弓的末端要下斜到比近盖斗低二尺的程度，是谓宇曲。宇曲的四尺就像三角形的一条斜边。

〔14〕参分其股围，去一以为蚤围：股，指弓近盖斗的二尺长的部分。蚤，指弓的宇曲部分的末端。据郑《注》，股围为一寸六分，即1.6寸；蚤围为股围的三分之二，则为1.0666寸。

〔15〕参分弓长，以其一为之尊：郑《注》曰："尊，高也。六尺之弓，上近部（盖斗）平者二尺。"这二尺平伸的部分，就是所谓尊的部分。

〔16〕上欲尊而宇欲卑：郑《注》曰："上，近部（盖斗）平者也。隤下曰宇。"是"上"即所谓"尊"的部分，"宇"即所谓宇曲的部分。

〔17〕吐水疾而霤远：水，谓雨水。霤，《礼记·玉藻》"颐霤"下孔《疏》曰："屋檐。"此处用以比喻盖的宇曲部分。案霤远则雨水流远而不湿车。

〔18〕盖已崇则难为门：案盖高一丈（见下文），加上车轸距地四尺（参见《总叙》第8节），是为一丈四尺。而宫室之门高，据孙诒让说，有"不及丈五尺者，故（盖高）逾十尺则难为门也"。

〔19〕盖已卑是蔽目：案盖高十尺，而其宇曲斜下二尺，是宇曲末端

仅高八尺。郑《注》曰："人长八尺，卑于此，蔽人目。"

〔20〕良盖弗冒、弗纮，殷亩而驰不队：王宗涑曰："以幕蒙盖弓曰冒，以绳联缀盖弓之宇曰纮。"又曰："凡为车盖，既植弓于部凿(盖斗周围的榫眼)，乃以绳联缀其宇，而后衣之(谓蒙以幕)。"殷，郑《注》训为横。队，同"坠"。案这两句是说，盖弓安装得非常牢固，即使上面不蒙幕并用绳拴系，任车驰驱于垄亩间，也不会震动脱落。

【译文】

轮人制作车盖，盖柄的上节围长三寸，盖柄的下节围长增大一倍，为六寸。用盖柄下节的围长作为上面盖斗的直径，盖斗的直径为六寸，盖斗〔下的柄〕长二尺。盖柄的下节比上节长一倍为四尺而又加一倍〔而为八尺〕。一寸的十分之一叫做枚。盖斗的上部高出一枚，〔盖斗周围〕安弓的凿孔大四枚，凿孔的上边留出二枚，凿孔的下边留出四枚；凿孔深二寸半，〔凿孔内〕减于凿口处二枚，凿孔顶端宽一枚。盖弓长六尺，叫做庇轵，长五尺叫做庇轮，长四尺叫做庇轸。把弓长分成三等分，而把〔靠近盖斗的〕一等分用火烤煣〔而变得平直〕。把弓股的围长分成三等分，去掉一等分就是弓蚤的围长。把弓长分成三等分，以〔靠近盖斗的〕一等分作为高出〔而平伸的〕部分。近盖斗的部分要高而宇曲的部分要低。近盖斗的部分高而宇曲的部分低，雨水就流淌得快而且流得远。车盖过高就难以通过宫室的大门，车盖过低就会遮住人的视线，因此盖的高度设计为十尺。好的车盖上即使不蒙幕、不用绳栓系幕，〔车子〕横驰在垄亩间盖弓也不会脱落，〔有这种技艺的工匠〕就可以称之为国工了。

二、舆　　人

1. 舆人为车[1]，轮崇、车广、衡长[2]，参如一[3]，谓之参称。

【注释】

〔1〕车：郑《注》曰："舆也。"《说文》"舆"下段《注》曰："不言'为舆'，而言'为车'者，舆为人所居，可独得车名也。"案舆即车箱。

〔2〕衡：是辀前的横木，其下可并容两服马。

〔3〕参如一：贾《疏》曰："谓俱六尺六寸也。"

【译文】

舆人制作车箱，使车轮的高度、车箱的宽度、车衡的长度，三者如一，叫做三称。

2. 参分车广，去一以为隧[1]。参分其隧，一在前，二在后，以揉其式[2]。以其广之半为之式崇[3]。以其隧之半为之较崇[4]。六分其广，以一为之轸围[5]。参分轸围，去一以为式围[6]。参分式围，去一以为较围[7]。参分较围，去一以为轵围[8]。参分轵围，去一以为輢围[9]。圜者中规，方者中矩，立者中县，衡者中水，直者如生焉，继者如附焉。

【注释】

〔1〕参分车广，去一以为隧：隧，郑司农曰："谓车舆深也。"案深即舆的纵长。舆宽六尺六寸，三分去一则为四尺四寸，是车舆之宽大于纵深。据《注》《疏》，这是说的兵车和乘车(即小车)的纵长。

〔2〕参分其隧，一在前，二在后，以揉其式：式，通"轼"。案车轼的形制，如一长方框而去掉一个长边，即是以三边之木围成：其长边在车箱前沿处，同于车箱之宽，为六尺六寸；其两短边与长边的接合部则呈九十度圆角状，当煣木以为之，故曰"揉其式"；两短边的长度，则为隧(车箱纵长)的三分之一，即为1.4666尺，由此还可以计算出车轼的总长为9.5333尺。江永曰："式木不止横在车前，有曲而在两旁、左人可凭左手、右人可凭右手者，通谓之式。"车轼的高度则为三尺三寸(见

下文)。至于所谓“二在后”,则是指车輢处(参见注④),与轼无关。

〔3〕以其广之半为之式崇:案舆广六尺六寸,其半则为三尺三寸。

〔4〕以其隧之半为之较崇:较,郑《注》曰:“两輢上出式者。”輢,音 yǐ,指车箱的两旁。当輢处安装有纵横的木方格(参见注⑧),对乘车者起护栏的作用。輢接在车轼的后边而高出于轼,它上边所安装的较粗大之木,就叫做较,可作为左、右立乘者的扶手。又案隧四尺四寸,其半则为二尺二寸,这是指较比轼高出的尺寸,如果加上轼高,则为五尺五寸,故郑《注》曰:“兵车(案乘车亦然)自较而下凡五尺五寸。”

〔5〕六分其广,以一为之轸围:轸,据郑《注》,此处专指舆底方木框的后边那一根横木(参见《总叙》第 8 节注①)。因为其他三边之木都较粗,故此处特言舆底后之轸(其他三边木的围长参见《辀人》第 3 节注③)。案舆广六尺六寸,六分之一则为一尺一寸。

〔6〕参分轸围,去一以为式围:案轸围一尺一寸,三分去一,则为 0. 7333 尺。

〔7〕参分式围,去一以为较围:案轼围 0. 7333 尺,三分去一,则为 0. 4889 尺。

〔8〕参分较围,去一以为轵围:轵,郑《注》曰:“輢之植者、衡者也,与毂末同名。”案当輢处有纵、横之木构成的方格,即郑《注》所谓植(直)者、衡(横)者,就是所谓轵。较围0. 4889尺,三分去一,则为 0. 3259尺。

〔9〕参分轵围,去一以为轛围:轛,音 duì,车轼下面纵横交织的木栏,如窗格然。轵围 0. 3259 尺,三分去一则为 0. 2173 尺。

【译文】

把车箱的宽度分成三等分,去掉一等分就是车箱的纵长。把车箱的纵长分成三等分,一等分在前〔作为车轼短边的长度〕,二等分在后〔作为安置车輢和较木的长度〕,用火煣制车轼。用车箱宽度的一半作为轼高的尺度。用车箱纵长的一半作为较的高〔出于轼的尺寸〕。把车箱的宽度分成六等分,用一等分的长度作为轸木的围长。把轸木的围长分为三等分,去掉一等分就是轼木的围长。把轼木的围长分成三等分,去掉一等分就是较木的围长。把较木的围长分成三等分,去掉一等分就是轵木的围长。把轵木的围长分成三等分,去掉一等分就是轛木的围长。〔凡车箱上所用之木〕，圆木圆得符合规，方木方得符合矩，立木直得符合垂线，横木平得如同水平，直立之木如同〔从地里〕生长出来的，纵横相交之木如同附着为一体。

3. 凡居材，大与小无并；大倚小则摧，引之则绝。

【译文】

凡处置造车的木材，粗大的木材不要同细小的木材相并而用；粗大的木材倚附于细小的木材，细小的木材就会折断，用力拉时会把细小的木材拉断。

4. 栈车欲弇，饰车欲侈〔1〕。

【注释】

〔1〕栈车欲弇，饰车欲侈：栈车，是士乘的车，车箱不鞔皮革(参见《春官·巾车》第5节注⑤)。案不鞔革即无饰之车，与下文饰车相对。饰车，郑《注》曰："谓革鞔舆也。大夫以上革鞔舆。"弇、侈，皆指车箱而言。贾《疏》曰："弇，向内为之"，"向外侈也。"但车箱如何向内弇、向外侈，则不得其解，后儒亦众说纷纭，讫无定论，姑存疑，以待后贤。

【译文】

栈车的车箱要向里收，饰车的车箱要向外张。

三、辀　　人

1. 辀人为辀〔1〕。辀有三度〔2〕，轴有三理〔3〕。国马

之辀深四尺有七寸[4]，田马之辀深四尺[5]，驽马之辀深三尺有三寸[6]。轴有三理：一者以为美也[7]，二者以为久也，三者以为利也。

【注释】

〔1〕辀：音 zhōu，即独臂车辕。案就狭义而言，辕与辀有别：辕用于大车，即载货的牛车，一车两辕，为直杠，驾一牛；辀用于小车(兵车及乘车)，一车一辀，两侧驾两马，其形则穹隆而曲。

〔2〕三度：即下文所说国马之辀、田马之辀、驽马之辀的三种不同的高度。

〔3〕三理：犹言三项要求，即下文所谓“一者以为美也，二者以为久也，三者以为利也”。

〔4〕国马之辀深四尺有七寸：国马，郑《注》曰：“谓种马、戎马、齐马、道马，高八尺。”（参见《夏官·校人》第1节注②）又据郑《注》，深四尺七寸，是指辀的前端最高处与车轸的距离，轸距地四尺(参见《总叙》第8节)，故辀距地为八尺七寸。辀前端加有衡，故辀高亦即衡高。衡高除去马高(八尺)，余七寸，则为衡与马颈之间距。

〔5〕田马之辀深四尺：田马，及下文驽马，皆参见《夏官·校人》第1节注②。据郑《注》，田车之轸高三尺七寸，加上辀高四尺，是辀衡距地七尺七寸，而田马高七尺，除去马高，“衡、颈之间亦七寸”。

〔6〕驽马之辀深三尺有三寸：据郑《注》，驽马所驾车之轸高三尺四寸，加上辀高三尺三寸，是辀衡距地六尺七寸，而驽马高六尺，除去马高，“则衡、颈之间亦七寸”。

〔7〕美：据郑《注》，在此指无节疤而光洁的木材。

【译文】

辀人制作辀。辀有三种高度，轴有三项要求。国马的辀〔下距轸〕高四尺七寸，田马的辀〔下距轸〕高四尺，驽马的辀〔下距轸〕高三尺三寸。制作车轴有三项要求：一要光洁好看，二要经久耐用，三要利于旋转。

2. 轵前十尺[1]，而策半之[2]。

【注释】

〔1〕轵前十尺：轵，《注疏》本原误作“轨”，据阮校改。郑《注》曰：“轵，法也，谓舆下三面之材，輢、式之所尌(树)，持车正也。”徐养原曰：“郑君谓舆下三面之材皆名轵，一面在前，式所尌也；两面在旁，輢所尌也。在前者为前轵。……轵前者，前轵之前也。”又车轼前有揜板亦谓之轵，则别为一物，与此所谓轵异。

〔2〕策：马鞭。

【译文】

〔辀〕在前轵之前的长度为十尺，而马鞭的长度是它的一半。

3. 凡任木[1]，任正者[2]，十分其辀之长，以其一为之围[3]；衡任者[4]，五分其长，以其一为之围[5]。小于度，谓之无任。

【注释】

〔1〕任木：承重之木。

〔2〕任正者：郑《注》曰：“谓舆下三面材，持车正者也。”案舆下三面材，即指轵。正，指舆(车箱)。郑珍曰：“舆为车之正，轵持此正，故谓之任正者。”

〔3〕十分其辀之长，以其一为之围：郑《注》曰：“辀，轵前十尺，与隧四尺四寸，凡丈四尺四寸，则任正之围，尺四寸五分寸之二。”案辀长轵前十尺，轵后则同于舆的纵深，为四尺四寸，故辀之总长为1.44丈，十分之一则为1.44尺，是为轵木之围长。据郑珍说，轵木厚0.14尺，宽0.58尺。

〔4〕衡任者：郑《注》曰：“谓两轭之间也。”案衡是辀前端的横木，长六尺六寸，衡的左、右两侧设有轭，可用以叉扼两服马之颈以驾马，可见衡的任力处在两轭之间，故名之曰“衡任”。

〔5〕五分其长，以其一为之围：案衡长六尺六寸，五分之一，则得 1.32 尺，是为衡木的围长。

【译文】

凡承受重力的木材，承受车箱重力的〔轵木〕，把辀长分为十等分，用一等分作为轵木的围长；〔两轭之间〕受力处的衡木，把它的长度分为五等分，用一等分作为它的围长。如果〔围长〕小于这个长度，就叫做不胜任。

4. 五分其轸间，以其一为之轴围〔1〕。十分其辀之长，以其一为之当兔之围〔2〕。参分其兔围，去一以为颈围〔3〕。五分其颈围，去一以为踵围〔4〕。

【注释】

〔1〕五分其轸间，以其一为之轴围：案轸为舆底四边之木框，舆宽六尺六寸，轸间之宽度自亦如之。轸间宽度的五分之一，则为 1.32 尺，是为轴围，同于衡围，故郑《注》曰："与任衡相应。"

〔2〕十分其辀之长，以其一为之当兔之围：当兔，是指舆下之辀的正当中的一段。据郑珍及孙诒让说，舆下之辀长四尺四寸，三分之，其正当中一段长 1.46 尺强，即所谓当兔。当兔的前、后还各有 1.46 尺强。车轴即横于当兔之下。因为这一段辀的两边正当辖轴的伏兔(即所谓镤，参见《总叙》第 9 节及其注⑥)，故名当兔。案辀长一丈四尺四寸，十分之一，则为 1.44 尺，是为当兔之围长，同于轵围，故郑《注》曰："与任正(即轵)相应。"

〔3〕参分其兔围，去一以为颈围：王宗涑曰："兔，谓伏兔也。伏兔与辀当兔大小齐等。"是伏兔之围亦1.44尺。颈，指辀前端下置衡木处。伏兔之围三分去一，则为 0.96 尺。

〔4〕五分其颈围，去一以为踵围：踵，指舆下之辀的末端、上承轸木处。郑《注》曰："踵，后承轸者也。"此轸谓舆底木方框后边横木。颈围 0.96 尺，五分去一，则为 0.768 尺。

【译文】

把左、右两轸木间的宽度分为五等分，用一等分作为轴的围长。把辀长分为十等分，用一等分作为当兔的围长。把伏兔的围长分为三等分，去掉一等分就是辀颈的围长。把辀颈的围长分为五等分，去一等分就是辀踵的围长。

5. 凡揉辀〔1〕，欲其孙而无弧深〔2〕。

【注释】

〔1〕揉辀：案辀自车轵之前，即曲向上而呈弧形，故需煣之。

〔2〕孙：郑《注》曰："顺理也。"

【译文】

凡用火烤煣辀木，要顺着木材的纹理而弯曲的弧度不要太深。

6. 今夫大车之辕挚〔1〕，其登又难〔2〕；既克其登，其覆车也必易〔3〕。此无故，唯辕直且无桡也。是故大车平地，既节轩挚之任〔4〕，及其登阤，不伏其辕，必缢其牛〔5〕。此无故，唯辕直且无桡也。故登阤者，倍任者也，犹能以登；及其下阤也，不援其邸〔6〕，必緧其牛后〔7〕。此无故，唯辕直且无桡也。

【注释】

〔1〕大车之辕挚：郑《注》曰："大车，牛车也。挚，輖也。"輖，音 zhōu，《广雅・释诂》曰："低也。"案大车直辕，较之小车辀的向上曲仰则甚低。

〔2〕登：郑《注》曰："上阪也。"

〔3〕覆车也必易：案大车辕直，上坡时辕必上仰，则车上所载货物重心后移，车就容易向后倾覆。

〔4〕节轩挚之任：节，《弓人》郑《注》曰：“犹适也。”轩，本指车顶前高仰，引申为高起。轩挚，指车辕的高低。任，载重。这里意思是说，大车的载重，重心适中，前后轻重匀称，车辕保持平衡。

〔5〕及其登阤，不伏其辕，必缢其牛：案大车上坡时，重心后移，所以赶车人必须“伏其辕”，以保持车辕前后平衡，否则因为车辕上扬，就会悬缢牛颈。

〔6〕援其邸：援，《说文》曰：“引也。”邸，是“軧”的借字，《说文》曰：“大车后也。”

〔7〕緧：音 qiū，兜在牛马臀部的革带。王宗涑曰：“緧以生革缕，般牛尾之下，引而前至背上，与系轭之革缕相接续。”

【译文】

现在大车的辕低，上坡感到困难；就是能爬上去，也容易造成翻车。这没有别的原因，只是因为辕直而不弯曲的缘故。因此大车行走在平地上，车辕平衡适于任载，到上坡的时候，不向下伏压车辕，就一定会悬勒牛脖子。这没有别的原因，只是因为辕直而不弯曲的缘故。因此大车上坡，虽然要加倍用力，还是能够爬上去；到下坡的时候，不拉住大车的后边，牛后的革带一定会兜勒牛的臀部。这没有别的原因，只是因为辕直而不弯曲的缘故。

7. 是故辀欲颀典[1]。辀深则折，浅则负[2]。辀注则利准[3]，利准则久，和则安。

【注释】

〔1〕颀典：郑《注》曰：“坚韧貌。”

〔2〕浅则负：这是说如果辀当轨前向上弯曲的弧度过小（浅），则辀必低，辀就可能会磨压马的股部（即所谓负）。然辀本在两马之间，不当马背，但正如王宗涑所说，“路有高下险易，即马股有横侧退却”，因此马身如侧向内，辀就可能磨压马股。

〔3〕辀注则利准：注，江永曰：“不深不浅，行如水注。”案这是指辀当轨前向上弯曲处，自上视之，如水自然下注一般，呈一抛物线。利

准，江永曰："便利而安耳。"

【译文】

因此辀要很坚韧。辀弯曲的弧度过深就会折断，过浅就会倚负〔而磨压马的股部〕。辀〔的弯曲弧度适中〕如同水下注一般就会使车的行驶便利而又平稳，便利而又平稳就经久耐用，〔辀的曲直〕调和〔乘车人〕就安稳。

8. 辀欲弧而无折〔1〕，经而无绝〔2〕。进则与马谋，退则与人谋〔3〕，终日驰骋，左不楗〔4〕；行数千里，马不契需〔5〕；终岁御，衣衽不敝〔6〕：此唯辀之和也。劝登马力〔7〕，马力既竭，辀犹能一取焉〔8〕。良辀环灂〔9〕，自伏兔不至軓七寸〔10〕，軓中有灂，谓之国辀〔11〕。

【注释】

〔1〕无折：案《注疏》本原脱"无"字，据阮校补。

〔2〕经：郑《注》曰："亦谓顺理也。"

〔3〕进则与马谋，退则与人谋：马谋、人谋，犹言马意、人意。郑《注》曰："言进退之易，与人马之意相应。"

〔4〕左不楗：左，据郑《注》，指立于车左边的尊者。楗，通"券"。郑《注》曰："券，今'倦'字也。"

〔5〕契需：契，段玉裁《汉读考》引毛公曰："开也。"谓马蹄开裂、受伤。需，《说文》"偄"下段《注》以为是"耎"字之讹，而"耎"则是"偄"的假借字。偄，音 nuò，《说文》曰："弱也。"不耎，段玉裁《汉读考》曰："不怯偄道里悠远也。"

〔6〕衣衽不敝：郑《注》曰："衽，谓裳也。"孙诒让曰："凡御者立于舆内近前，行时，唯裳前幅下际，与横直材（案即所谓轵）相摩拂，易于破敝，故郑通以裳为释。"

〔7〕劝登马力：劝，《广雅·释诂》曰："助也。"戴震曰："登，犹进也，加也。"郑《注》曰："辀和劝马用力。"

〔8〕马力既竭，辀犹能一取焉：王宗涑曰："马行欲止，是其力竭

也。然以辀注之故，不得遽止，犹必能行数步，此之谓一取。”

〔9〕环灂：灂，音 jiào，程瑶田《创物记》曰：“谓纹理。有筋胶之被乃有灂。”环灂，则谓环形的纹理。案辀“自伏兔不至軓七寸”（详下注）的地方有筋胶之被，即缠以筋，涂以胶，再以漆饰，则漆自形成环形的纹理，是谓环灂。

〔10〕自伏兔不至軓七寸：軓，《注疏》本原误作“轨”，据阮校改，下文“軓”字亦然。这句是说明环灂所在的位置。案伏兔辖车轴，在舆下左右轸的正中，据郑《注》，伏兔长 1.46 尺强，同于当兔之长，是即隧深(舆纵深)的三分之一，则伏兔距前軓、后轸亦各 1.46 尺强，环灂即处在伏兔之前而不到前軓约七寸处。

〔11〕軓中有灂，谓之国辀：郑《注》曰：“辀有筋胶之被，用力均者则灂远。”灂远，谓环灂能长久保持而不至磨灭。据孙诒让说，辀如果曲直调和，就受力均匀，辀在舆下的部分就不会前后左右活动，环灂的部分就不会与舆的底板磨擦，因此环灂就不致磨损；反过来说，軓内能长久保持环灂而不磨灭，也就说明辀的曲直调和，因而称之为国辀。国辀，国之名辀。

【译文】

辀要有一定的弧度而不致折断，要顺着辀木的纹理〔煣曲〕而不〔使纹理〕断绝。想要使车前进的时候同马想前进的意思正相应，想要使车后退的时候又能符合人的意思而后退，〔前进和后退都能随心所欲，十分便利〕，整天奔跑不息，在车左边的尊者也不会感到疲倦；行驶几千里，马也不会因为马蹄开裂受伤而畏惧；成年驾车，衣下的裳也不会磨破：这只是因为辀的曲直调和的缘故。〔辀的曲直调和〕就能助马用力前进，即使马力已经用尽〔想停下来〕，辀还能促使马前进好几步。好的辀上漆饰的环形纹理，在伏兔的前边不到前軓约七寸的地方，前軓内能保持这漆饰的环形纹理〔长久不被车箱底板磨灭〕，就可称之为国辀。

9. 轸之方也，以象地也。盖之圜也，以象天也。轮之辐三十，以象日月也[1]。盖弓二十有八，以象星也[2]。龙旂九斿，以象大火也[3]。鸟旟七斿，以象鹑火也[4]。熊旗六斿，以象伐也[5]。龟蛇四斿，以象营室也[6]。弧旌枉矢，以象弧也[7]。

【注释】

〔1〕轮之辐三十，以象日月：郑《注》曰："日月三十日而合宿。"案每隔二十九日、三十日（现代测得为29.53日），月球运行到地球和太阳之间，和太阳同时出没，即所谓合宿。《注》云三十日者，举大数也。

〔2〕星：谓二十八宿。

〔3〕龙旂九斿，以象大火：龙旂，即《春官·巾车》所谓大旂，是一种画有交龙徽号的旗，为金路所建。斿，旗的正幅旁的饰物。大火，十二次的第十次之名（参见《地官·大司徒》第5节注①）。大火之次以二十八宿的氐、房、心、尾四宿为标志，其中尾宿有星九颗，与九斿之数相应，故此经所谓象大火，实指象大火之次的尾宿九星。

〔4〕鸟旟七斿，以象鹑火：鸟旟，即《巾车》所谓大赤，是一种画有隼鸟徽号的旗，为象路所建。鹑火，十二次的第八次之名。鹑火之次以二十八宿的柳、星、张三宿作为标志，其中星宿有星七颗，与七斿之数相应。

〔5〕熊旗六斿，以象伐：熊旗，即《巾车》所谓大白，是一种画有熊虎徽号的旗，为革路所建。以象伐，郑《注》曰："伐属白虎宿，与参连体而六星。"案这是说伐星属于西方白虎七宿中的参宿，参宿共有星七颗，古书中常说参宿是三星，是指当中最亮的三颗星说的，这三颗星的四角还有四颗星，共为七星。但在中间最亮的三颗星的下方，还有三颗紧挨着的小星，人们把它们合称伐星。如果参星四角的四星不算，而把伐星的三颗星同它上面最明亮的三颗星合在一起数之，就是六颗星，这六颗星亦通名之为伐，此即郑《注》所谓"（伐）与参连体而六星"也。

〔6〕龟蛇四斿，以象营室：龟蛇，据王引之校，当作"龟旐"。案龟旐即《巾车》所谓大麾，是一种画有龟蛇徽号的旗，为木路所建。营室，即北方玄武七宿中的室宿，有星二颗；它的东边是玄武七宿中的壁宿，亦有星二颗；将室与壁连体而数之，共有星四颗，与四斿之数相应。

〔7〕弧旌枉矢，以象弧：上"弧"字，指弧弓，竹制，形似弓，用

以张旗的正幅(即縿)，悬之于杆。枉矢，矢名(参见《夏官·司弓矢》第4节注①)。据《注》《疏》，谓画枉矢于縿上。下“弧”字指弧星，即弧矢星，又名天弓，简称弧，共有星九颗，在天狼星的东南，其八星的连线略似张开的弓形，外有一星像矢，正对着天狼星，如射天狼然。弧旌有弓有矢，故曰象弧。

【译文】

轸的方形，以象征地。盖的圆形，以象征天。轮辐三十根，以象征日月〔三十日合宿〕。盖弓二十八根，以象征二十八宿。龙旂饰有九斿，以象征大火之次〔的尾宿九星〕。鸟旟饰有七斿，以象征鹑火之次〔的星宿七星〕。熊旗饰有六斿，以象征〔参宿中〕伐星〔的六颗星〕。龟旐饰有四斿，以象征营室〔与东壁连体构成的四颗星〕。弧旌上画有枉矢，以象征〔形如张弓发矢的〕弧星。

四、筑　氏

1. 攻金之工〔1〕，筑氏执下齐〔2〕，冶氏执上齐，凫氏为声〔3〕，栗氏为量〔4〕，段氏为镈器〔5〕，桃氏为刃〔6〕。金有六齐：六分其金而锡居一，谓之钟鼎之齐〔7〕；五分其金而锡居一，谓之斧斤之齐；四分其金而锡居一，谓之戈戟之齐；参分其金而锡居一，谓之大刃之齐；五分其金而锡居二，谓之削杀矢之齐〔8〕；金锡半，谓之鉴燧之齐〔9〕。

【注释】

〔1〕金：在此经中含义并不确定，或指金属，或指合金，或指铜，

当随文解之。

〔2〕筑氏执下齐：筑氏，及下冶氏、凫氏、栗氏、段氏、桃氏，皆详其职文。齐，谓剂量、比例，指铜锡合金中二者的比例。根据合金中铜锡比例的不同，分为上齐和下齐两大类：锡少者为上齐，锡多者为下齐。据下文，锡有占六分之一、五分之一、四分之一、三分之一、五分之二、二分之一六种比例。据贾《疏》，占六分之一至四分之一为上齐，占三分之一至二分之一为下齐。

〔3〕凫氏为声：声，郑《注》曰："钟、镈于之属。"案镈于即金镈，属鼓人所掌四金之一(参见《地官·鼓人》第1节注②及第2节注⑦)。据《注》《疏》，凫氏所掌属上齐。

〔4〕栗氏为量：量，谓量器，郑《注》曰："豆、区、鬴也。"据《注》《疏》，栗氏所掌属上齐。

〔5〕段氏为镈器：镈器，郑《注》曰："田器钱、镈之属。"据《注》《疏》，段氏所掌亦属上齐。

〔6〕桃氏为刃：刃，郑《注》曰："大刃刀、剑之属。"据孙诒让说，因为刀、剑的锋刃"在兵中为最大，故谓之大刃"。据《注》《疏》，桃氏所掌属下齐。

〔7〕六分其金而锡居一，谓之钟鼎之齐：金，谓铜锡合金，其中铜占六分之五，锡占六分之一，这种比例的合金适于制造钟鼎，故称之为"钟鼎之齐"。下文义放此。

〔8〕削杀：削，详下节。杀，详下《冶氏》。

〔9〕鉴燧：郑《注》曰："取水火于日月之器也。鉴亦镜也。"案燧即金燧，用以取明火于日；鉴即铜镜，用以取明水于月(参见《夏官·司烜氏》第1节)。

【译文】

治理金属的工匠，筑氏掌治下齐，冶氏掌治上齐，凫氏制作乐器，栗氏制作量器，段氏制作农具，桃氏制作长刃的兵器。〔铜锡〕合金有六种比例：把合金分为六等分而锡占六分之一，叫做钟鼎之齐；把合金分为五等分而锡占五分之一，叫做斧斤之齐；把合金分为四等分而锡占四分之一，叫做戈戟之齐；把合金分为三等分而锡占三分之一，叫做大刃之齐；把合金分为五等分而锡占五分之二，叫做削杀矢之齐；铜锡各占一半，叫做鉴燧之齐。

2. 筑氏为削[1]，长尺，博寸，合六而成规[2]。欲新而无穷，敝尽而无恶。

【注释】

〔1〕削：郑《注》曰：“今之书刀。”即刊削简札所用的刀。

〔2〕合六而成规：案削是弧形的刀，据此文，其弧当为六十度，故“合六而成规”。

【译文】

筑氏制作削，长一尺，宽一寸，六把削可以合成一个圆。削要造得永远像新的一样锋利，即使刀刃磨损殆尽也没有缺损变形。

五、冶　　氏

1. 冶氏为杀矢[1]，刃长寸[2]，围寸，铤十之[3]，重三垸[4]。

【注释】

〔1〕杀矢：郑《注》曰：“用诸田猎之矢也。”

〔2〕刃长寸：刃，是镞前端用于射杀的部分，即今所谓箭头。案此文与《矢人》文同，彼郑《注》以为“寸”上脱“二”字，此处亦当然，郑玄盖偶疏而未校(参见《矢人》第3节注①)。

〔3〕围寸，铤十之：围，指刃下端阔大的部分。铤，是镞插入箭杆中的部分。

〔4〕三垸：垸，音 huán，戴震说通“锾”，重量单位，其重为“十一铢二十五分之十三”，即 11.52 铢。三垸则 34.56 铢。《小尔雅·广衡》说“二十四铢曰两”，则三垸为 1.44 两。

【译文】

冶氏制作杀矢，矢刃长二寸，〔矢最阔处〕围长一寸，铤长十寸，重三垸。

2. 戈广二寸[1]，内倍之[2]，胡三之[3]，援四之。已倨则不入[4]，已句则不决[5]，长内则折前[6]，短内则不疾，是故倨句外博[7]。重三锊[8]。

【注释】

〔1〕戈广二寸：戈，是一种可用以勾挽或啄刺的兵器，由内、胡、援三部分构成(参见下注)。二寸，是指内、胡、援三部分皆各宽二寸。

〔2〕内倍之：内，是戈穿入木柄中的部分。案戈略呈一“丁”字形，其横处一端为援，是横出之刃，用于勾啄；与援相背的一端即为内，可穿入木柄中，内上有孔，贯绳以拴系于木柄以固戈。倍之，谓内长倍于其宽，为四寸。下文“三之”、“四之”义放此。

〔3〕胡：是戈的直下的部分，其向援的一侧有刃，向内的一侧有孔，亦用以贯绳拴系于木柄。

〔4〕已倨则不入：已倨，谓援太向上仰，援与胡之间的角度太大。案援与胡之间当稍大于直角(参见注⑦)，如果大得太多，则为已倨。已倨则不便于啄击，故曰不入。

〔5〕已句则不决：已句，谓援与胡之间角度太小，虽能啄伤人，但援的锋刃则不能割断所击处，故曰不决。决，犹断。

〔6〕前：郑《注》曰：“谓援也。”

〔7〕倨句外博：程瑶田《创物记》曰：“外博者，不中矩之云也。”又曰：“倨句外博者，外博于矩也。”案倨句，犹言角度大小。孙诒让曰：“此经说制器曲折形势，凡侈者曰倨，敛者曰句。”故倨句外博，犹言大于直角。

〔8〕三锊：锊，音 lüè，郑《注》以为锊重六又三分之二两，三锊为二十两，即一斤四两。

【译文】

戈宽二寸，内〔的长度〕比宽加一倍，胡〔的长度〕是宽的三倍，援〔的长度〕是宽的四倍。援太向上仰就不便于啄击，援太向下勾就不能割断创处，内太长就容易折断援，内太短啄击就不迅捷，因此使〔援与胡之间的〕角度稍向外张。戈重三锊。

3. 戟广寸有半寸[1]，内三之，胡四之，援五之，倨句中矩，与刺重三锊。

【注释】

〔1〕戟：犹戈与矛两种兵器的合体，略似“十”字形。其上出部分名为刺，为直刃，即矛；其下则为援、胡、内，即戈。故戟既可刺杀，又可勾啄。

【译文】

戟宽一寸半，内〔的长度〕是宽的三倍，胡〔的长度〕是宽的四倍，援〔的长度〕是宽的五倍，〔刺、胡与援、内纵横相交〕呈直角，〔援、胡、内〕与刺共重三锊。

六、桃　　氏

1. 桃氏为剑。腊广二寸有半寸[1]，两从半之。以其腊广为之茎围[2]，长倍之。中其茎，设其后[3]。参分其腊广，去一以为首广[4]，而围之。

【注释】

〔1〕腊：是剑的脊与从的合称。案剑的中线突起者曰脊，脊两旁如坡者曰从，脊与两从合为一面，就叫做腊。

〔2〕茎：是剑柄中间手握处之名。

〔3〕中其茎，设其后：中其茎，据程瑶田《创物记》说，指剑茎的中间部分。又钱玄据《创物记》说以为："以木柄夹于茎外者，曰夹；夹上缠以绳，谓之后，'后'通'缑'。"（《通论》第216）

〔4〕参分其腊广，去一以为首广：首，指剑柄的末端，其围大于茎。首广，是指首的直径。案腊广二寸半，三分去一，则为1.6666寸。以圆周率3.1416乘之，则首的围长为5.2358寸。

【译文】

桃氏制作剑。剑的腊宽二寸半，两从的宽度各占一半。以腊的宽度作为茎的围长，茎的长度则比围长加一倍。在茎的中间部分，设置〔用绳缠的〕后。把腊的宽度分成三等分，去掉一等分作为剑首的直径，而据此制作剑首的围长。

2. 身长五其茎长[1]，重九锊[2]，谓之上制，上士服之[3]；身长四其茎长，重七锊，谓之中制，中士服之；身长三其茎长，重五锊，谓之下制，下士服之。

【注释】

〔1〕身长五其茎长：身长，即指剑的腊长。案据上文，茎长五寸，五倍之则为二尺五寸。下文中、下二制则分别长二尺、一尺五寸。

〔2〕九锊：案一锊为六又三分之二两（参见《冶氏》第2节注⑧），九锊则为六十两，合三斤十二两。下文中、下二制则分别重二斤十四又三分之二两、二斤一又三分之一两。

〔3〕士：郑《注》曰："谓国勇力之士，能用五兵者也。"

【译文】

剑的身长是茎长的五倍，重九锊，称为上制，上等身材的勇士佩用它；剑的身长是茎长的四倍，重七锊，称为中制，中等身材的勇士佩用它；剑的身长是茎长的三倍，重五锊，称为下制，下等身材的勇士佩用它。

七、凫　氏

1. 凫氏为钟。两栾谓之铣[1]，铣间谓之于[2]，于上谓之鼓[3]，鼓上谓之钲[4]，钲上谓之舞[5]，舞上谓之甬[6]，甬上谓之衡[7]。钟县谓之旋，旋虫谓之干[8]。钟带谓之篆[9]，篆间谓之枚，枚谓之景[10]。于上之攠谓之隧[11]。

【注释】

〔1〕两栾谓之铣：案钟非正圆，为瓦合形，合际有棱，这棱叫做栾，又叫做铣(xiǎn)。

〔2〕铣间谓之于：案铣的最下端即为钟口之两角，呈两锐角形，此处铣即指此两角言，故杜子春云："铣，钟口两角。"钟口两角之间，即为钟的下缘，叫做于。

〔3〕于上谓之鼓：程瑶田《创物记》曰："于上为钟体下段击处，故谓之鼓。"

〔4〕鼓上谓之钲：《创物记》曰："鼓上为钟体上段正面也，谓之钲。"

〔5〕钲上谓之舞：《创物记》曰："钲上为钟顶，覆之如庑，故谓之舞。"案钟顶为椭圆形。

〔6〕甬：是钟上的柄。

〔7〕衡：甬(柄)的末端呈平面，叫做衡。

〔8〕钟县谓之旋，旋虫谓之干：这都是甬上的附属物，是为悬挂钟而设置的。据王引之说，在甬的近下部分、约占甬长三分之一处有一半圆形的纽，上饰作兽形，名为干，亦名旋虫；纽中贯一圆环，可用以悬钟，名为旋(因环可在纽中旋转，故名)，亦名为钟悬。案因为旋在甬的下部且偏在一边，故悬钟时钟体是斜着的。

〔9〕钟带谓之篆：钟带在钲的部分，纵三条，横四条，十字交叉分成十二方格，这钟带即名为篆。

〔10〕篆间谓之枚，枚谓之景：篆间有突起的钟乳，名为枚，亦名为景，十二格每格三枚，共三十六枚。《创物记》曰："枚隆起有光，故又谓之景焉。"

〔11〕𢮏谓之隧：𢮏，音 mí，钟上的敲击处。郑《注》曰："所击之处𢮏弊也。隧在鼓中，窐而生光，有似夫隧。"案夫隧，取火用的铜凹镜，鼓上之𢮏似之，故名。又据俞樾校，经文"隧"当作"遂"。阮校曰："'遂'是古字，《说文》无'隧'字。隧，后世俗字耳。"

【译文】

凫氏制作钟。钟〔两旁〕的两栾叫做铣，两铣〔的末端〕之间叫做于，于上〔敲击〕的部分叫做鼓，鼓上面的部分叫做钲，钲上〔钟顶〕的部分叫做舞，舞上面〔的柄〕叫做甬，甬上端〔的平面〕叫做衡。〔设在甬下部的圆环形的〕钟悬叫做旋，〔贯旋的如纽状的〕旋虫叫做干。钟带叫做篆，篆间〔突起的钟乳〕叫做枚，枚又叫做景。于上面稍凹而生光〔以备敲击的地方〕叫做隧。

2. 十分其铣，去二以为钲〔1〕。以其钲为之铣间〔2〕，去二分以为之鼓间〔3〕。以其鼓间为之舞修，去二分以为舞广〔4〕。以其钲之长为之甬长〔5〕，以其甬长为之围〔6〕。参分其围，去一以为衡围〔7〕。参分其甬长，二在上，一在下，以设其旋〔8〕。

【注释】

〔1〕十分其铣，去二以为钲：铣，参见上节注①，铣长亦即钟体之长。程瑶田《创物记》曰："以十分之铣去二得八，为钟体上段之钲，所去之二在下段为鼓也。"

〔2〕以其钲为之铣间：铣间，参见上节注②，这是钟口的横径，亦即大径。因钟非正圆，故有大小径之分。钲长八分，故铣间亦为八分。

〔3〕去二分以为之鼓间：鼓间，即指钟口的小径。案铣间大径八分，

去二分，则鼓间小径为六分。

〔4〕以其鼓间为之舞修，去二分以为舞广：案舞为椭圆形，故有长(修)、宽(广)。鼓间为六分，是舞长亦六分。去二分为舞广，是为四分。

〔5〕以其钲之长为之甬长：甬为舞上的柄，甬长等于钲长。钲长八分，故甬长亦八分。

〔6〕以其甬长为之围：据《创物记》说，甬体上小下大，此处以甬长所为之围，是指甬体的大端(即下端甬、舞交际处)之围而言。甬长八分，是甬大端围长亦八分。

〔7〕参分其围，去一以为衡围：衡围，指甬体上端、即小端之围。大端围长八分，三分去一，则衡围为五又三分之一分。

〔8〕参分其甬长，二在上，一在下，以设其旋：旋，参见上节注⑧。案甬长八分，分为上下两段，上段长五又三分之一分，下段长二又三分之二分，旋所设处，即当上下段分际处。

【译文】

把铣的长度分为十等分，去掉二等分就是钲的长度。用钲的长度作为两铣之间的距离，再去掉二分就是两鼓之间的距离。用两鼓之间的距离作为舞的长度，再去掉二分就是舞的宽度。用钲的长度作为甬的长度，用甬的长度作为甬的〔大端的〕围长。把甬的〔大端的〕围长分为三等分，去掉一等分就是衡的围长。把甬长分为三等分，二等分在上，一等分在下，〔就在上下两段之际〕设置旋。

3. 薄厚之所震动，清浊之所由出，侈弇之所由兴，有说。钟已厚则石〔1〕，已薄则播，侈则柞〔2〕，弇则郁〔3〕，长甬则震〔4〕。是故大钟十分其鼓间，以其一为之厚。小钟十分其钲间，以其一为之厚。钟大而短，则其声疾而短闻。钟小而长，则其声舒而远闻。为遂〔5〕，六分其厚，以其一为之深而圜之。

【注释】

〔1〕钟已厚则石:《春官·典同》郑《注》曰:“钟大厚则如石,叩之无声。”

〔2〕侈则柞:柞,郑《注》曰:“声大外也。”

〔3〕弇则郁:郑《注》曰:“声不舒扬。”

〔4〕长甬则震:郑《注》曰:“钟掉则声不正。”案甬长有一定的比例(参见上节注⑤),超过这个比例则为过长。贾《疏》曰:“甬长,县之不得所,则钟掉,故声不正。”声不正,盖如今俗所谓跑调。

〔5〕遂:是“隧”的古字,即所谓“擵谓之隧”的“隧”,指鼓上备敲击处。

【译文】

钟体或厚或薄所产生的震动,钟声或清或浊所由产生的原因,钟口或宽或窄所由制定的根据,其中都有道理可说。钟体太厚就会像石头一样〔发不出声音〕,钟体太薄〔发出的声音〕就会播散,钟口太宽〔发出的声音〕就过于迫促,钟口太窄〔发出的声音〕就抑郁回旋难出,甬过长发出的声音就不正。因此大钟把两鼓之间的距离分成十等分,用它的一等分作为钟体的厚度。小钟把两钲之间的距离分成十等分,用它的一等分作为钟体的厚度。钟体大而短,发出的声音就急促而短暂。钟体小而长,发出的声音就舒缓而持久。制作〔备敲击的〕隧,把钟体的厚度分成六等分,用一等分作为隧凹下的深度而做成圆形。

八、栗　　氏

1. 栗氏为量,改煎金锡则不耗[1],不耗然后权之[2],权之然后准之[3],准之然后量之。

【注释】

〔1〕改煎金锡则不耗：改，更也，在此是更番、一次又一次之意。煎，在此谓冶炼。不耗，谓再无杂质可减耗。

〔2〕权之：郑《注》曰："权，谓称分之也。"案金锡需按一定比例搭配，故需称量之，即此所谓权之。

〔3〕准之：江永曰："'准'字古文作'水'。或是先以方器贮水令满，定其重，乃入金若锡于水，水溢，取出金锡，再权(称)其水，视其所灭之斤两与分寸，可得金锡大小之比例。"

【译文】

栗氏制作量器，先反复冶炼铜锡〔使之精纯而〕不再有杂质可损耗，不再有杂质可损耗然后称量，称量后浸入水中测知体积大小，体积确定后再铸造量器。

2. 量之以为鬴〔1〕，深尺，内方尺而圜其外〔2〕，其实一鬴。其臀一寸，其实一豆〔3〕。其耳三寸〔4〕，其实一升。重一钧〔5〕，其声中黄钟之宫〔6〕。槩而不税〔7〕。其铭曰："时文思索〔8〕，允臻其极〔9〕。嘉量既成，以观四国。永启厥后，兹器维则。"

【注释】

〔1〕鬴：音 fū，量器名。郑《注》曰："以其容为之名也：四升曰豆，四豆曰区，四区曰鬴。鬴，六斗四升也。"

〔2〕内方尺而圜其外：郑《注》曰："方尺，积千寸。……圜其外者，为之唇。"孙诒让曰："鬴为圆形，口大而底小。"

〔3〕其臀一寸，其实一豆：臀，同"臀"，指鬴的底部。案鬴为圈底，将鬴倒扣过来，其底之圈围内可容物一豆，合四升。

〔4〕其耳三寸：郑《注》曰："耳在旁，可举也。"三寸，亦指其深。耳中空，故亦可容物。

〔5〕一钧：郑《注》曰："三十斤。"

〔6〕黄钟之宫：黄钟为十二律之首，宫为五声之一，用黄钟律来定

宫声的音高曰黄钟宫。

〔7〕槩而不税：槩，同“概”，是用以刮平斗斛之木。税，通“脱”。

〔8〕时文思索：郑《注》曰：“时，是也。……言是文德之君，求思可以为民立法者，而作此量。”

〔9〕允臻：郑《注》曰：“允，信也。臻，至也。”

【译文】

所铸造的量器为鬴，深一尺，可容纳一立方尺而口缘为圆形，它的容积即为一鬴。鬴的臀部深一寸，臀部的容积为一豆。鬴〔两侧〕的耳子深三寸，耳子的容积为一升。鬴重一钧。〔敲击〕鬴所发出的声音符合黄钟宫。用概推平〔鬴中所盛的米粟〕而不让它脱落。鬴上的铭文说：“这位有文德的君王思求〔为民众确立度量的法则而制作了这鬴〕，达到了最高的信用。优良的量器已经制成，用以颁示四方各国。永远开导你的子孙后代，把这量器作为准则。”

3. 凡铸金之状，金与锡黑浊之气竭[1]，黄白次之；黄白之气竭，青白次之；青白之气竭，青气次之，然后可铸也。

【注释】

〔1〕黑浊之气：及下文黄白之气、青白之气、青气，为古人观察铜锡冶炼由粗渐至于精的征候。案铜锡初冶时杂质较多，故其色气黑浊，经过反复冶炼而渐纯，色气亦渐青。

【译文】

凡〔观察〕冶铸金属的状态，〔被冶炼的〕铜和锡黑浊的气体销尽了，接着会出现黄白的气体；黄白的气体销尽了，接着会出现青白的气体；青白的气体销尽了，接着会出现青色的气体，然后就可用以铸造器物了。

九、段　氏(阙)

一〇、函　　人

1. 函人为甲。犀甲七属[1]，兕甲六属，合甲五属[2]。犀甲寿百年，兕甲寿二百年，合甲寿三百年。

【注释】

〔1〕犀甲七属：犀，及下文兕，皆兽名。用它们的皮做的甲衣，分别名之为犀甲、兕甲。属，音 zhǔ。七属，郑《注》曰："谓上旅、下旅札续之数也。"案甲衣之制如常人之衣裳，亦分上下：在上者曰上旅，在下者曰下旅。甲衣是用甲片连缀而成，甲片是用皮革裁成，或为方形，或为三角形，甲片的一片谓之一札。其连缀之法，皆下札交压于上札之下，如鳞片然，经连缀后一片谓之一属。犀甲的上下旅皆由七札相续连而成，故曰七属。

〔2〕合甲五属：皮革叠合数层而为甲，是甲中最坚者。因合甲坚韧，甲片在连缀时可以不必重叠过多，这样甲片的间距就加长了，即郑《注》所谓"革坚者札长"，所需连属的甲片也相应减少，故五属即可。

【译文】

函人制作甲衣。犀甲〔的上下旅都是〕用七片连缀而成，兕甲〔的上下旅都〕是用六片连缀而成，合甲〔的上下旅都是〕用五片连缀而成。犀甲可用一百年，兕甲可用二百年，合甲可用三百年。

2. 凡为甲，必先为容[1]，然后制革。权其上旅与其下旅，而重若一。以其长为之围。

【注释】

〔1〕容：据贾《疏》，指人体的大小高低。

【译文】

凡制作甲衣，必须先量度人的体形，然后裁制甲片。称量甲衣的上旅和下旅，而重量要一样。用甲衣的长度作为腰围。

3. 凡甲，锻不挚则不坚[1]，已敝则桡[2]。凡察革之道：视其钻空，欲其惌也[3]；视其里，欲其易也；视其朕[4]，欲其直也；櫜之[5]，欲其约也；举而视之，欲其丰也[6]；衣之，欲其无齘也[7]。视其钻空而惌，则革坚也；视其里而易，则材更也[8]；视其朕而直，则制善也；櫜之而约，则周也[9]；举之而丰，则明也[10]。衣之无齘，则变也[11]。

【注释】

〔1〕锻不挚则不坚：锻，孙诒让曰："谓椎击皮革使纯孰也。"又曰："《论语·雍也》皇《疏》云：'质，实也。'锻不挚，亦谓锻之不实，故不坚也。"

〔2〕已敝则桡：已，谓锻治过分。敝，谓革理受损伤。桡，曲也。

〔3〕惌：音 wǎn，郑司农曰："小孔貌。"

〔4〕朕：江永曰："谓甲之缝也。"

〔5〕櫜：音 gāo，盛甲衣的袋子。

〔6〕丰：大也。这是说甲衣有光耀，使人看起来觉得很宽大似的。

〔7〕欲其无齘：齘，音 xiè，牙齿相磨切，引申为怒貌。王聘珍曰："谓札叶(甲片)不欲相磨切，如人之怒而切齿也。"

〔8〕更：郑司农曰："善也。"
〔9〕周：郑《注》曰："密致也。"
〔10〕明：郑《注》曰："有光耀。"
〔11〕变：郑司农曰："随人身便利。"

【译文】

凡甲衣，〔皮革〕锻治不实就不坚固，锻治过分致使革理损伤就会使甲衣易于曲折〔而不强韧〕。凡观察甲衣的方法：看甲片上〔为穿丝绳连缀甲片〕钻的孔眼，孔眼要小；看甲片的里面，要刮治得平而光；看甲衣的缝，要上下对得很直；装进袋子里，要体积小；举起而展开来看，要显得宽大；穿到身上，要甲片相互间不磨切。看到甲片上的钻孔很小，就知道甲衣很坚固；看到甲片的里面平而光，就知道甲衣的材料好；看到甲衣上的缝很直，就知道做工好；装进袋子体积小，就知道缝制精致；举起展开显得宽大，就一定很有光耀；穿到身上甲片相互不磨切，活动起来就很便利。

一一、鲍　人

鲍人之事[1]，望而视之，欲其荼白也[2]；进而握之，欲其柔而滑也；卷而抟之[3]，欲其无迆也；视其著，欲其浅也[4]；察其线，欲其藏也。革欲其荼白而疾澣之[5]，则坚；欲其柔滑而腥脂之[6]，则需；引而信之，欲其直也[7]。信之而直，则取材正也[8]；信之而枉，则是一方缓，一方急也。若苟一方缓，一方急，则及其用之也，必自其急者先裂。若苟自急者先裂，则是以博为帴也[9]。卷而抟之而不迆，则厚薄序也[10]；视其著而浅，则革信也[11]；察其线而藏，则虽敝不甐[12]。

【注释】

〔1〕事：据贾《疏》，谓揉治皮革。

〔2〕荼：茅、芦之类所开的白花。

〔3〕抟：《注疏》本原误作“摶”，据阮校改。抟，本指把散碎的东西捏聚成团，在此指卷紧。

〔4〕视其著，欲其浅也：郑司农曰：“谓郭韦革之札入韦革，浅缘其边也。”案“郭”通“廓”，张也。这是说，把一片皮革，缝合到另一张皮革上，要把这片皮革尽量伸张以使之变薄，那么缝合处就浅而不厚了。

〔5〕疾澣之：案澣皮革，为去其不洁，但入水太久，就会损伤皮革的坚韧性，故当“疾澣之”。

〔6〕腥脂之：腥，音 wū，厚也。郑司农曰：“谓厚脂之，韦革柔需（软）。”

〔7〕引而信之，欲其直也：据王引之校，这两句当置于上文“进而握之，欲其柔而滑也”之下，抄写者错乱于此。案王说诚是。然经文传习已久，兹姑仍其旧。

〔8〕取材正：孙诒让曰：“谓革裁断之成札，腠理齐正而不邪绝。”

〔9〕以博为帴：帴，音 jiǎn，狭也。孙诒让曰：“革札以广为贵，若有坼裂，则广者反成狭矣。”

〔10〕序：郑《注》曰：“舒也，谓其革均也。”

〔11〕革信：郑《注》曰：“无缩缓。”案“信”通“伸”。伸，据《广雅·释诂》，有展、直之义，谓皮革伸展平直；皮革伸展平直，说明它没有伸缩变形，故曰“无缩缓”。

〔12〕察其线而藏，则虽敝不甐：甐，敝也。郑《注》曰：“缝缕没藏于韦革中，则虽敝，缕不伤也。”

【译文】

鲍人〔揉治皮革〕的事，远看那皮革，要像茅、芦的花那样白；进前用手握一握，要感到很柔滑；把它紧紧地卷起来，要整齐而不斜；看皮革上两皮缝合处，要又薄又窄；看那缝合处的线，要隐藏不显。皮革要像茅、芦的花一样白而清洗时很快捷，〔不使入水时间过久〕，就会坚韧；要使皮革柔滑而涂上厚厚的油脂，就会很柔软；拉而伸展皮革，要它很平直。拉伸开来很平直，就说明所取革材纹理很正；伸展开来歪斜不直，就因为〔拉伸时用力〕一边紧，一边松。如果〔拉伸时用力〕一边紧，一边松，到用皮革的时候，一定会从紧的一边先断裂。如果从紧的一边先断裂，那就是使宽的皮革反而变窄了。将皮革卷紧而不歪斜，就说明厚薄均匀；看到皮革缝合处又薄又窄，皮革就不会伸缩变形；看到皮革上的缝线隐藏不显，即使皮革用坏了缝线也不会受损伤。

一二、韗　　人

1. 韗人为皋陶〔1〕，长六尺有六寸〔2〕，左右端广六寸，中尺〔3〕，厚三寸〔4〕，穹者三之一〔5〕，上三正〔6〕。

【注释】

〔1〕韗人为皋陶：韗，音 yùn。韗人，孙诒让曰："此工主治革以冒鼓，又兼为鼓木。"鼓木，谓鼓的木框。皋陶，郑司农曰："鼓木也。"案皋陶本指鼓的木框，亦即用作鼓名。

〔2〕长六尺六寸：案鼓之形，腹大而两头较小，因此鼓身有曲折，六尺六寸即指鼓身的曲折之长度，非指鼓两端间距离。下文记鼓长放此。

〔3〕左右端广六寸，中尺：郑司农曰："谓鼓木一判(片)者，其两端广六寸，而其中央广尺也，如此乃得有腹。"据易祓说，鼓身是由二十片木板合成，每片木板两头宽六寸，则其围一丈二尺，是鼓面直径为四尺(案实为 3.8197 尺)；中段宽一尺，则鼓腹围长二丈，是腹径为六尺零六又三分之二寸(案实为 6.3662 尺)。

〔4〕厚三寸：据孙诒让说，构成鼓身的木板，中段厚，两头渐薄，三寸是指中段的厚度。

〔5〕穹者三之一：这是指鼓腹突起如穹隆的部分比两端鼓面的直径所高出的比例。案鼓面直径为 3.8197 尺(参见注③)，其三分之一则为

1.2732尺，由此可计算出鼓腹的直径为6.3662尺(参见同上)。

〔6〕上三正：郑《注》曰："正，直也。参(三)直者，穹上一直，两端又直，各居二尺二寸，不弧曲也。"案这是说组成鼓身的二十片木板，每片都曲为三折，鼓板长六尺六寸，三折各占三分之一，则为二尺二寸，而且每折都是平直的，曲处不作弧形。

【译文】

韗人制作皋陶，长六尺六寸，〔构成鼓身的每片木板〕左右两端宽六寸，中段宽一尺，厚三寸，中段穹隆部分〔比两端鼓面直径〕高出三分之一，鼓框上的木板都折成平直的三段。

2. 鼓长八尺，鼓四尺，中围加三之一〔1〕，谓之鼖鼓〔2〕。

【注释】

〔1〕中围加三之一：郑《注》曰："加于面之围三分之一也。面四尺，其围十二尺(案实为12.5664尺)，加以三分之一，四尺(案实为4.1888尺)，则中围十六尺(案实为16.7552尺)，径五尺三寸三分寸之一也(即5.3333尺)。今亦合二十版，则版穹六寸三分寸之二耳。"案此鼓中段直径为5.3333尺，减去鼓面直径4尺，余1.3333尺，以2除之，则穹隆部分高出鼓面直径6.6666寸，即郑《注》所谓"版穹六寸三分寸之二耳"。

〔2〕鼖鼓：参见《地官·鼓人》第2节注④。

【译文】

鼓长八尺，鼓面直径四尺，鼓身中段围长〔比鼓面围长〕增加三分之一，叫做鼖鼓。

3. 为皋鼓〔1〕，长寻有四尺〔2〕，鼓四尺，倨句磬折〔3〕。

【注释】

〔1〕皋鼓：孙诒让以为即《地官·鼓人》所谓鼛鼓，“皋”是“鼛”的借字(参见《鼓人》第2节注⑤)。

〔2〕寻有四尺：寻，八尺。寻有四尺，则为一丈二尺。

〔3〕倨句磬折：倨句，即弯曲之义。磬折，谓弯曲如磬体。

【译文】

制作皋鼓，鼓长一寻零四尺，鼓面直径四尺，〔鼓腰〕弯曲如磬。

4. 凡冒鼓，必以启蛰之日[1]。良鼓瑕如积环[2]。

【注释】

〔1〕启蛰：据郑《注》，为正月中气。案启蛰即惊蛰，为二十四节气之一，今历在雨水后，为二月节；西汉以前在雨水前，为正月中气。故《汉书·律历志》曰：“惊蛰，今曰雨水；雨水，今曰惊蛰。”

〔2〕瑕如积环：贾《疏》曰：“瑕与环皆谓漆之文理。”林逸希曰：“瑕者，痕也。积环者，鼓皮既漆，其皮鞔急，则文理累累如环之积。”据此说，是鼓皮先漆而后鞔于鼓，因鞔时皮革绷紧而四周用力均匀，而漆无伸缩性，故鼓面就显出环状漆痕。

【译文】

凡蒙鼓皮，必须在启蛰那天。好鼓鼓皮上的漆痕〔一圈圈地〕如同积环。

5. 鼓大而短，则其声疾而短闻；鼓小而长，则其声舒而远闻。

【译文】

鼓面大而鼓身短，发出的声音就急促而短暂；鼓面小而鼓身长，发出的声音就舒缓而持久。

一三、韦　氏（阙）

一四、裘　氏（阙）

一五、画　　缋

1. 画缋之事，杂五色。东方谓之青，南方谓之赤，西方谓之白，北方谓之黑，天谓之玄[1]，地谓之黄[2]。青与白相次也[3]，赤与黑相次也，玄与黄相次也。青与赤谓之文，赤与白谓之章，白与黑谓之黼，黑与青谓之黻，五采备谓之绣。

【注释】

〔1〕玄：青黑色。

〔2〕地谓之黄：案自“东方谓之青”至此，凡举六方之色，而上文曰“杂五色”者，据贾《疏》说，是因为“天玄与北方黑，二者大同小异”的缘故。

〔3〕青与白相次也：孙诒让曰：“以下布众采相次之法。顺其次，则采益章明也。”

【译文】

绘画的事，调配五色。象征东方叫做青色，象征南方叫做赤色，象征西方叫做白色，象征北方叫做黑色，象征天叫做玄色，象征地叫做黄色。青与白是顺次排列的两种颜色，赤与黑是顺次排列的两种颜色，玄与黄是顺次排列的两种颜色。青色与赤色相配叫做文，赤色与白色相配叫做章，白色与黑色相配叫做黼，黑色与青色相配叫做黻，五彩具备叫做绣。

2. 土以黄，其象方。天时变〔1〕。火以圜〔2〕，山以章〔3〕，水以龙〔4〕，鸟、兽、蛇〔5〕。杂四时五色之位以章之〔6〕，谓之巧。凡画缋之事，后素功〔7〕。

【注释】

〔1〕天时变：郑司农曰："谓画天随四时色。"案《尔雅·释天》曰："春为青阳，夏为朱明，秋为白藏，冬为玄英。"即所谓四时之色（参见注⑥）。

〔2〕火以圜：郑《注》曰："形如半环然，在裳。"在裳，谓画火于裳。

〔3〕章：郑《注》曰："章，读为'獐'，獐，山物（兽）也。在衣。"

〔4〕水以龙：郑《注》曰："在衣。"

〔5〕鸟、兽、蛇：郑《注》曰："在衣。"

〔6〕杂四时五色之位以章之：章，郑《注》曰："明也。"四时五色，孙诒让据《月令》所记以为即象征四季的青、赤、白、黑，加上附于季夏的黄色。位，谓着色的部位。

〔7〕后素功：郑《注》曰："素，白采也。后布之，为其易渍汙也。"

【译文】

画土地用黄色，它的形象画作四方形。画天依照四季的变化用色。画火用圆环〔作为象征〕，画山用獐〔作为象征〕，画水用龙〔作为象征〕，还画有鸟、兽、蛇等。调配好象征四季的五色的着色部位以使色彩鲜明，叫做技巧。凡绘画，最后才着白色。

一六、钟　　氏

1. 钟氏染羽〔1〕，以朱湛丹秫三月〔2〕，而炽之〔3〕，淳而渍之〔4〕。

【注释】

〔1〕羽：据郑《注》，是装饰旌旗和王后的车子用的。

〔2〕以朱湛丹秫：朱，即丹砂，可以染赤。湛，郑司农曰："渍也。"秫，据程瑶田《九谷考》说，是有黏性的高粱。是丹秫即有黏性的红高粱。

〔3〕炽：是"饎"的借字。饎，《方言》卷七作"糦"，曰："自河以北，赵魏之间，火熟曰烂，气熟曰糦。"

〔4〕淳而渍之：郑《注》曰："淳，沃也。以炊下汤沃其炽，烝(蒸)之以渍羽。渍，犹染也。"这是说，用蒸丹秫的水，浇在丹秫上，然后再蒸，这样水就变少而颜色变浓，就可用以染羽了。

【译文】

钟氏染羽毛，把丹砂和丹秫一起在水中浸渍三个月，而后用火蒸，〔再用蒸丹秫的水〕浇丹秫〔并再蒸〕，而后就可以〔用蒸丹秫的水〕染羽了。

2. 三入为纁〔1〕，五入为緅〔2〕，七入为缁〔3〕。

【注释】

〔1〕纁：浅红色。

〔2〕緅：音 zōu，郑《注》曰："如爵头色也。"案"爵"通"雀"，雀头色，即一种赤而微黑的颜色。

〔3〕缁：黑色。

【译文】

〔羽毛〕三次放进染汁中浸染就成纁色，五次放进染汁中浸染就成緅色，七次放进染汁中浸染就成缁色。

一七、筐　人(阙)

一八、㡆　氏

1. 㡆氏湅丝〔1〕，以涚水沤其丝七日〔2〕，去地尺暴之，昼暴诸日，夜宿诸井〔3〕，七日七夜，是谓水湅。

【注释】

〔1〕湅：音 liàn，谓练丝，即加工生丝使之软熟。湅帛亦然。

〔2〕涚水：郑《注》曰："故书'涚'作'湄'。"郑司农曰："湄水，温水也。"

〔3〕宿诸井：郑《注》曰："县(悬)井中。"孙诒让曰："县而渐之于水，经宿也。"

【译文】

㡆氏湅丝，先把丝放在温水中浸泡七天，再离地一尺曝晒，白天在太阳下暴晒，晚上悬浸在井水中过夜，经过七天七夜，这就叫做水湅。

2. 湅帛，以栏为灰〔1〕，渥淳其帛〔2〕，实诸泽器〔3〕，淫之以蜃〔4〕。清其灰而盝之，而挥之〔5〕，而沃之，而盝之，而涂之，而宿之，明日沃而盝之〔6〕，昼暴诸日，夜宿诸井，七日七夜，是谓水湅。

【注释】

〔1〕栏：音 liàn，木名，即楝树，亦称苦楝。

〔2〕渥淳其帛：渥，《诗经·邶风·简兮》《毛传》曰："厚渍也。"淳，与《钟氏》之"淳"同，沃也。案栏木之灰，还当用水和之，再用以浇帛。故戴震曰："渥淳者，以栏木之灰，取沉(汁)厚沃之也。"

〔3〕泽器：郑司农曰："谓滑泽之器。"

〔4〕淫之以蜃：淫，郑《注》曰："薄粉之，令帛白。"案薄粉，即附着以粉，也就是涂粉。蜃，蛤也。蛤用火烧而为炭，再捣而为灰，可涂布帛使白。

〔5〕清其灰而盝之，而挥之：盝，音 lù。《尔雅·释诂》曰："涸竭也。"在此犹言拧干。挥，振也，谓振去帛上的细灰。戴震曰："每日之朝，置水于泽器中，以澂蜃灰，乃取帛出，盝之，挥之。"

〔6〕明日沃而盝之：郑《注》曰："朝更沃，至夕盝之。又更沃，至旦盝之。亦七日，如沤丝也。"

【译文】

湅帛，用栏木烧灰〔再和以水〕，厚厚地浇在帛上，放进光滑的容器里，再将蛤灰涂在帛上。〔早晨〕清洗帛上的蛤灰而拧干，振去细灰，再厚浇栏灰水，再清洗拧干，涂上蛤灰，这样过夜；第二天再清洗拧干。〔这样经过七天七夜，叫做灰湅〕。白天在阳光下曝晒，晚上悬浸在井水中过夜，这样经过七天七夜，叫做水湅。

一九、玉　人

1. 玉人之事：镇圭尺有二寸[1]，天子守之；命圭九寸[2]，谓之桓圭，公守之；命圭七寸，谓之信圭，侯守之；命圭七寸，谓之躬圭，伯守之〔3〕。

【注释】

〔1〕镇圭：参见《春官·大宗伯》第10节注③。

〔2〕命圭：孙诒让曰："谓诸侯初封及嗣位来朝时，王命以爵，即赐以圭。"

〔3〕伯守之：案伯之下未言子、男，文不具也。郑《注》曰："子守谷璧，男守蒲璧，不言之者，阙耳。"

【译文】

玉人〔制作玉器〕的事：镇圭长一尺二寸，由天子执守；命圭长九寸，叫做桓圭，由公执守；命圭长七寸，叫做信圭，由侯执守；命圭长七寸，叫做躬圭，由伯执守。

2. 天子执冒〔1〕，四寸，以朝诸侯。天子用全〔2〕，上公用龙〔3〕，侯用瓒，伯用将。继子男执皮帛〔4〕。

【注释】

〔1〕冒：是"瑁"的借字，玉器名，方四寸，下部刻有三角形缺口，正好可以函冒圭上端的三角形。天子接见来朝诸侯时，即用以检验诸侯所执圭之信否：圭端与瑁正好相合则信，不合则否。

〔2〕全：郑《注》曰："纯玉也。"

〔3〕龙：及下文瓒、将，郑《注》曰："皆杂名也。"即谓都是杂有石而不纯之玉名。案龙，郑司农说当作"尨"，《说文》则作"駹"，皆古通用字；将，学者多以为是"埒"字之误。戴震曰："公用駹，四玉一石；侯用瓒，伯用埒，玉、石半相埒也。"

〔4〕继子男执皮帛：继子男，郑《注》曰："谓公之孤也。"案上公九命，得置孤卿一人，四命，朝天子位在子男之后，故称"继子男"。皮帛，是孤见天子所拿的挚。郑《注》曰："贽用束帛，而以豹皮表之为饰。"（参见《春官·大宗伯》第11节注②）案"继子男执皮帛"六字盖错简于此。孙诒让曰："以《大宗伯》、《典命》两经证之，疑此文

当次前三等命圭之后(即当续于第1节之后)，因上阙子男执璧之文，而误移于此。经备记五等瑞玉，因及孤之挚耳。”孙氏说是也。

【译文】

天子所拿的瑁，四寸见方，用以接见来朝诸侯。天子用纯玉，上公用〔石占四分之一的〕龙，侯用〔石占一半的〕瓒，伯用〔石占一半的〕埒。〔朝见天子时〕位在子男之后的孤拿豹皮裹饰的束帛〔作为挚〕。

3. 天子圭中必〔1〕。四圭尺有二寸，以祀天〔2〕。大圭长三尺，杼上，终葵首〔3〕，天子服之〔4〕。土圭尺有五寸，以致日，以土地〔5〕。祼圭尺有二寸，有瓒〔6〕，以祀庙。琬圭九寸而缫，以象德〔7〕。琰圭九寸，判规〔8〕，以除慝，以易行〔9〕。

【注释】

〔1〕中必：必，组也，即丝带，此指系圭的丝带，因系于圭的中央当腰处，故称中必。郑《注》曰：“谓以组约其中央，为执之以备失队(坠)。”

〔2〕四圭尺有二寸：四圭，玉器名，即《春官·典瑞》所谓“四圭有邸”(参见彼第3节注①)。

〔3〕大圭长三尺，杼上，终葵首：大圭，圭名，亦名珽，是天子插于腰间的玉笏。这是一种特大的圭，其形如一圭的上端又横一长方形的短玉，作为圭首，略似椎头形(参见《典瑞》第2节注①)。杼，音zhù，杀也，谓此大圭的上端与圭首相接处的两边各向里削，故曰杼上。终葵首，郑《注》曰：“终葵，椎也。为椎于其杼上。”是终葵首即首如椎头之义。

〔4〕天子服之：即《典瑞》所谓“王晋大圭”，彼郑司农《注》曰：“谓插于绅带之间。”(参见同上)

〔5〕土圭尺有五寸，以致日，以土地：参见《地官·大司徒》第7节注①，及《春官·典瑞》第4节注①、②。

〔6〕裸圭尺有二寸，有瓒：裸圭，是指用做瓒柄的圭，而以圭为柄的勺即名圭瓒，因是宗庙祭祀时舀取郁鬯以行裸礼用的，故名此圭为裸圭。瓒，即勺。郑《注》曰："瓒如盘，其柄用圭，有流前注。"案瓒的前端有一向前突出的小口子，似一小槽，以便倒出瓒中的郁鬯，这小口子就叫做流。

〔7〕琬圭九寸而缫，以象德：琬圭，是前端作弧形的圭。缫，即缫借，也就是圭垫，因为圭垫的外面画饰有色彩，故谓之缫(参见《典瑞》第2节注③、⑤)。琬圭的用途，据郑《注》说，是因诸侯有德，王赏赐之，就派使者执琬圭，带着赏赐物前往赠之，故曰"以象德"。

〔8〕琰圭九寸，判规：琰圭，案一般圭的顶端作三角形，若三角形的两边向内坳作弧形，即为琰圭。判规，即谓顶端两侧坳作弧形。判，半也。规之判，即为弧形。

〔9〕以除慝，以易行：慝，恶也。郑《注》曰："诸侯有为不义，使者征之，执以为瑞节。除慝，除恶逆也。易行，去烦苛。"

【译文】

天子的圭中间系有丝带。四圭〔的每一圭〕长一尺二寸，用以祭祀天。大圭长三尺，上端两侧向里削，首部如椎头，天子插在腰间。土圭长一尺五寸，用以测量日影，度量土地。裸圭长一尺二寸，〔前端〕有勺，用于祭祀宗庙。琬圭长九寸而有彩色的圭垫，用以象征德行。琰圭长九寸，〔上端尖角两侧作〕半规形，用以〔作为奉王命〕诛除恶逆〔的凭证〕，以改变〔诸侯〕烦苛酷虐的政令。

4. 璧羡度尺，好三寸〔1〕，以为度。圭璧五寸〔2〕，以祀日、月、星、辰〔3〕。璧、琮九寸〔4〕，诸侯以享天子。谷圭七寸，天子以聘女〔5〕。

【注释】

〔1〕璧羡度尺，好三寸：羡，长也。璧的直径长一尺，正好可用作一尺的标准。好，璧中圆孔。

〔2〕圭璧：是一种特殊的玉器，其形如从璧上伸出一圭(参见《典瑞》第3节注⑦)。

〔3〕星、辰：参见《春官·大宗伯》第2节注③。

〔4〕璧、琮九寸：琮，参见《春官·大宗伯》第12节注②。九寸，是指璧的直径和琮外方之边长。案九寸之璧小于“璧羡度尺”之璧，据孙诒让说，为上公所用。

〔5〕谷圭七寸，天子以聘女：谷圭，一种刻饰有粟纹的圭(参见《典瑞》第4节注⑧)。聘女，参见《地官·媒氏》第2节注②。

【译文】

璧的直径长一尺，中间的孔径三寸，用作一尺的标准长度。圭璧直径五寸，用以祭祀日、月、星、辰。琮的边长九寸，璧的直径九寸，是诸侯〔朝见天子时〕用以进献天子的。谷圭长七寸，天子用以向〔将要迎娶的〕女方行聘礼。

5. 大璋、中璋九寸〔1〕，边璋七寸〔2〕，射四寸〔3〕，厚寸，黄金勺〔4〕，青金外〔5〕，朱中，鼻寸〔6〕，衡四寸〔7〕，有缫〔8〕，天子以巡守，宗祝以前马〔9〕。大璋亦如之，诸侯以聘女〔10〕。

【注释】

〔1〕大璋、中璋：璋，形似圭从中剖分之半。大、中璋之别，据郑《注》以为主要在纹饰：大璋纹饰较繁，中璋纹饰较简；大璋用于王巡守时祭祀所经过的大山川，中璋则用于祭祀中山川。

〔2〕边璋：璋中最小者，据郑《注》，只有“半文饰”(盖谓仅一面有纹饰)，王巡守时用于祭祀所经过的小山川。

〔3〕射：郑《注》曰：“琰出者也。”即指边璋前端的尖角的部分。

〔4〕勺：即瓒，以璋为柄，则为璋瓒。

〔5〕青金：《说文》曰：“铅，青金也。”

〔6〕鼻：郑《注》曰：“勺流也。”据孙诒让说，此流与祼圭不同，祼圭之流在前端(参见第3节注⑥)，此流则在勺之旁，故谓之鼻。

〔7〕衡：郑《注》曰："谓勺径。"

〔8〕缫：参见第3节注⑦。

〔9〕宗祝以前马：宗祝，据孙诒让说，在此指大祝。前马，郑《注》曰："其祈沈以马，宗祝亦执勺以先之。"祈沈以马，谓用马祭山川。孙诒让说，"祈"是"庪"的借字。案庪，藏也，引申为埋，是祈沈即《春官·大宗伯》所谓"貍沈"，谓埋牲于山或沈牲于水以祭祀山川。执勺以先，即谓在杀马埋沈之前先用璋瓒舀郁鬯以行祼祭礼。

〔10〕大璋亦如之，诸侯以聘女：案这两句错简，当置于上节之末。江永曰："当承'谷圭七寸，天子以聘女'之下。天子用圭七寸，因聘女，谦也；诸侯用大璋七寸，亦谦也。"

【译文】

大璋、中璋长九寸，边璋长七寸，削尖的部分长四寸，厚一寸，〔璋的前端有〕黄铜勺，勺外涂有铅，勺内朱红色，〔勺旁的〕流长一寸，勺的直径四寸，有缫垫，天子用以巡守天下时〔祭祀所经过的山川〕，由大祝在杀马祭祀山川之前先用璋瓒行祼祭礼。〔诸侯的长七寸的〕大璋也如同天子的谷圭一样，用以向〔将要迎娶的〕女方行聘礼。

6. 瑑圭[1]、璋八寸，璧琮八寸，以覜聘[2]。牙璋、中璋七寸[3]，射二寸[4]，厚寸，以起军旅，以治兵守。驵琮五寸，宗后以为权[5]。大琮十有二寸，射四寸，厚寸[6]，是谓内镇，宗后守之[7]。驵琮七寸，鼻寸有半寸[8]，天子以为权。两圭五寸有邸以祀地[9]，以旅四望[10]。瑑琮八寸，诸侯以享夫人。案十有二寸[11]，枣栗，十有二列[12]，诸侯纯九[13]，大夫纯五，夫人以劳诸侯[14]。璋邸射，素功[15]，以祀山川，以致稍饩[16]。

【注释】

〔1〕瑑：郑《注》曰："文饰也。"这是说玉器上刻有隆起的花纹。

〔2〕覜聘：郑《注》曰："覜，视也。聘，问也。众来曰覜，特来曰聘。"详《春官·大宗伯》第6节注⑤、⑥。

〔3〕牙璋、中璋七寸：郑《注》曰："二璋皆有鉏牙之饰于琰侧。先言牙璋，有文饰也。"琰侧即向上削的斜边，此斜边如锯齿状，即所谓鉏牙之饰，亦即牙璋之所以名。中璋亦然。二璋的长度都是七寸，同于边璋，其区别就在于牙璋有纹饰，中璋则无。

〔4〕射二寸：短于边璋之射一半(参见上节)。

〔5〕駔琮五寸，宗后以为权：駔琮，是系有丝带(即组)的琮。郑《注》曰："駔，读为'组'，以组系之，因名焉。"宗后，林希逸曰："尊后也，即王后也。"为权，郑司农曰："以为称锤。"案凡琮皆有鼻，可系组，此处未言鼻，省文也(参见注⑧)。

〔6〕大琮十有二寸，射四寸，厚寸：大琮，贾《疏》曰："对上駔琮五寸为大也。"案各地出土之玉琮数量甚多，均为内圆外方之形，此所谓射，盖指圆外方形之四角。射四寸，盖指角的顶端与中间圆筒的距离。此琮边长十二寸，根据毕氏定理可以算得其对角线为16.9706寸，除去两角之长8寸，则此琮内的圆筒直径为8.9706寸。厚寸，当指圆筒周围四方形的厚度。今出土所见玉琮，当中的圆筒皆高出于四周，有的圆筒的高度还远大于边长(参见钱玄《通论》页254)。

〔7〕内镇，宗后守之：内镇，郑《注》曰："如王之镇圭也。"案王主外，后主内，此琮由后守之，故称内镇。

〔8〕鼻：是琮上系组之纽，系之以为权。

〔9〕两圭五寸有邸：戴震曰："两圭盖琮为之邸，故文在此。"案两圭以琮为邸，即从同一琮的相对两边各琢出一圭。

〔10〕旅四望：参见《春官·大宗伯》第16节注②。

〔11〕案：《说文》曰："几属。"据郑《注》，这是有玉饰的案。

〔12〕枣栗，十有二列：据郑《注》，枣栗盛在篚中，篚放在案上，每案各有枣一篚、栗一篚，十二张玉案排成列，这是为夏、商二王的后裔所陈放之数。

〔13〕纯：郑《注》曰："犹皆也。"

〔14〕夫人：谓天子夫人。

〔15〕璋邸射，素功：璋邸射，即从琮的一边琢出一璋，璋以琮为其邸。素功，郑司农曰："无瑑饰也。"

〔16〕以致稍饩：谓向宾客赠送粮草，执此器以致辞。

【译文】

有纹饰的圭和璋长八寸，〔有纹饰的〕璧的直径和琮的边长八寸，是诸侯用来向王行觐礼或聘礼用的。牙璋、中璋长七寸，削尖的部分长二寸，厚一寸，用以发兵，用以调动驻守的部队。驵琮边长五寸，王后用作称锤。大琮边长十二寸，四角各长四寸，厚一寸，这叫做内镇，由王后执守。驵琮边长七寸，系丝带的鼻一寸半，天子用作称锤。用长五寸而以琮为本的两圭祭祀地，并用以祭祀四方的名山大川。有纹饰的琮的边长八寸，是诸侯〔相互朝聘时〕用以进献给夫人的。玉案高十二寸，案上陈放枣栗，〔对于来朝的夏、商二王的后裔〕用十二张玉案排成列，〔对于来朝的〕诸侯都用九张玉案排成列，〔对于来朝的〕大夫都用五张玉案排成列，这是天子夫人用以慰劳来朝诸侯的。以琮为本而锐出一璋的玉器，没有纹饰，用以祭祀山川，并在向宾客赠送粮草时〔拿着它致辞〕。

二〇、楖　人(阙)

二一、雕　人(阙)

二二、磬　　氏

磬氏为磬，倨句一矩有半[1]。其博为一[2]，股为二，鼓为三。参分其股博，去一以为鼓博；参分其鼓博，以其一为之厚。已上则摩其旁[3]，已下则摩其耑[4]。

【注释】

〔1〕倨句一矩有半：案磬体由股、鼓两部分组成，股较阔而短，鼓较狭而长(详下文)，鼓为磬的敲击部分。股与鼓相交成135度的钝角，即所谓倨句之度。一矩即一个直角，90度，再加其半45度，则为135度。

〔2〕其博为一：博，谓股宽。这里是以股宽为基数，即作为一，以便说明股、鼓的长宽比例。

〔3〕已上则摩其旁：郑《注》曰："大(太)上，声清也。薄而广则浊。"旁，谓磬的两面，磨之使薄，相对就显得宽了。

〔4〕已下则摩其耑：郑《注》曰："大下，声浊也。短而厚则清。"

【译文】

磬氏制作磬，〔股、鼓〕弯曲的度数为一矩半。以股的宽度作为一，股的长度就是二，鼓的长度则为三。把股的宽度分成三等分，去掉一等分就是鼓的宽度；把鼓的宽度分成三等分，用一等分作为磬的厚度。〔磬发出的声音〕太清就琢磨它的两面〔使变得较薄〕，〔发出的声音〕太浊就琢磨它的两端〔使变得较短〕。

二三、矢　人

1. 矢人为矢。鍭矢参分，茀矢参分，一在前，二在后〔1〕。兵矢、田矢五分〔2〕，二在前，三在后。杀矢七分〔3〕，三在前，四在后。

【注释】

〔1〕"鍭矢"至"在后"：茀矢，郑《注》说，据《夏官·司弓矢》，当为杀矢。案鍭矢、杀矢，是两种用于近射的矢，其镞尤重，故重心靠前(参见《司弓矢》第4节)。参分，一在前，二在后，即谓此二矢的重

心所在。

〔2〕兵矢、田矢：据郑《注》，兵矢，谓枉矢、絜矢，是两种可以结火而射的矢；田矢，谓矰矢，是一种结绳而射的矢(参见同上)。兵矢、田矢，镞皆稍轻，故箭杆的重心稍后移。

〔3〕杀矢：郑《注》说，据《司弓矢》当为茀矢。案茀矢也是一种可结绳而射的矢，其镞又稍轻，故箭杆的重心又稍后移(参见同上)。

【译文】

矢人制作矢。把镞矢的长度分为三等分，把杀矢的长度分为三等分，一等分在前，二等分在后，〔则前后重量相等〕。把兵矢、田矢的长度分为五等分，二等分在前，三等分在后，〔则前后重量相等〕。把茀矢的长度分为七等分，三等分在前，四等分在后，〔则前后重量相等〕。

2. 参分其长而杀其一〔1〕。五分其长而羽其一〔2〕，以其笴厚为之羽深〔3〕。水之以辨其阴阳〔4〕，夹其阴阳以设其比〔5〕，夹其比以设其羽。参分其羽以设其刃〔6〕，则虽有疾风，亦弗之能惮矣。

【注释】

〔1〕参分其长而杀其一：郑《注》曰："矢稿长三尺，杀其前一尺，令趣镞也。"这是为了安镞而将前一尺削细。案镞由刃、铤两部分构成：箭头叫刃，刃后插入矢杆的部分叫铤。只有把杆的前端削细，才能在安镞后得与其后的箭杆粗细同。

〔2〕五分其长而羽其一：郑《注》曰："羽者六寸。"

〔3〕以其笴厚为之羽深：郑《注》曰："笴，读为'稿'，谓矢干，古文假借字。厚之数未闻。"

〔4〕水之以辨其阴阳：案凡木皆有阴阳两面，因此用木做的箭杆，也有阴阳两面，其辨别之法，即把箭杆浸入水中，其阴面必向下，阳面必向上，即郑《注》所谓"阴沉而阳浮也"。这是为设比而辨其阴阳(参

见下注)。

〔5〕比:亦谓之括,是矢末端扣弦处所开的缺口。

〔6〕参分其羽以设其刃:案羽长六寸,三分之则为二寸,是镞刃为二寸。

【译文】

把箭杆的长度分为三等分而把前面的一等分削细〔以便安镞〕。把箭杆的长度分为五等分而设羽的部分占一等分,以箭杆的厚度作为设羽的深度。把箭杆浸入水中以辨别它的阴面和阳面,夹在阴阳分界处的两边开口子设比,夹在比的两边设羽。把羽的长度分为三等分〔而以一等分的长度作为〕设置镞刃的长度,那么即使有迅疾的风也不怕。

3. 刃长寸[1],围寸,铤十之[2],重三垸[3]。

【注释】

〔1〕刃长寸:案上节云"参分其羽以设其刃",是刃长二寸可知,而此处言"刃长寸",与上文不合,故郑《注》以为"寸"上脱"二"字。

〔2〕围寸,铤十之:围寸,孙诒让曰:"此专指镞本之圆在稿外者言之。"铤十之,是铤长一尺。

〔3〕三垸:垸,通"锾",重11.52铢,三垸则为34.56铢,合1.44两(参见《冶氏》第1节注④)。

【译文】

刃长二寸,〔刃最阔处〕围长一寸,铤的长度是围长的十倍,〔镞〕重三垸。

4. 前弱则俛,后弱则翔,中弱则纡,中强则扬[1];羽丰则迟,羽杀则趮[2]。是故夹而摇之,以视其丰杀之

节也[3]，挠之以视其鸿杀之称也。

【注释】

〔1〕“前弱”至“则扬”：据郑《注》，这里都是说的箭杆弱的毛病。郑《注》又曰：“倪，低也。……纡，曲也。扬，飞也。”翔，程瑶田《创物记》曰：“前高。”

〔2〕羽丰则迟，羽杀则趮：这两句说羽丰杀之病。郑《注》曰：“丰，大也。趮(同“躁”)，旁掉也。”又《说文》曰：“趮，疾也。”

〔3〕丰杀之节：《弓人》郑《注》曰：“节，犹适也。”

【译文】

〔箭杆〕前面弱箭头就会向下栽，后面弱箭头就会向上扬，中间弱箭的飞行就纡曲而不直，中间强〔而两头弱〕箭就会飘飞；羽毛过大箭就飞行迟缓，羽毛过少箭就飞行疾速而〔偏离目标〕掉落一旁。因此用手指夹着〔矢的比部〕摇动它，以观察它的羽的大小是否合适，弯曲箭杆以观察它的粗细是否匀称。

5. 凡相笴[1]，欲生而抟[2]，同抟欲重，同重节欲疏，同疏欲栗[3]。

【注释】

〔1〕相：郑《注》曰：“犹择也。”

〔2〕生而抟：郑《注》曰：“生，谓无瑕蠹也。抟，读如‘抟黍’之‘抟’，谓圜也。”贾《疏》曰：“无瑕谓无异色，无蠹谓无蠹孔也。”

〔3〕栗：郑司农曰：“欲其色如栗也。”戴震曰：“坚实之色。”

【译文】

凡选择箭杆，要挑选无异色无虫眼而又圆的，同样圆的要挑选重的，同样重的要挑选木节稀疏的，同样木节稀疏要挑选颜色如栗的。

二四、陶　人

陶人为甗[1]，实二鬴[2]，厚半寸，唇寸[3]。盆，实二鬴，厚半寸，唇寸。甑，实二鬴[4]，厚半寸，唇寸，七穿。鬲，实五觳[5]，厚半寸，唇寸。庾[6]，实二觳，厚半寸，唇寸。

【注释】

〔1〕甗：音 yǎn，古代的炊器，下部为鬲（参见注⑤），上部是透底的甑，上下部之间有箅相隔，箅上可以蒸食物。也有上下部分开的。

〔2〕鬴：参见《栗氏》第 2 节注①。

〔3〕唇：此指甗的口缘。

〔4〕甑：音 zèng，古代蒸食炊器，底部有七个小孔，即下文所谓“七穿”，可置于鬲上蒸物。

〔5〕鬲，实五觳：鬲，音 lì，古代的炊器，形似鼎，圆口，下有三空足，可用以煮水或煮食物。觳，音 hú，量器名，郑《注》曰：“受斗二升。”

〔6〕庾：瓦器，如甕之类，具体形制不详。

【译文】

陶人制作甗，容量为二鬴，厚半寸，口缘厚一寸。盆，容量为二鬴，厚半寸，口缘厚一寸。甑，容量为二鬴，厚半寸，口缘厚一寸，〔底部〕有七个孔。鬲，容量为五觳，厚半寸，口缘厚一寸。庾，容量为二觳，厚半寸，口缘厚一寸。

二五、瓬　人

1. 瓬人为簋[1]，实一觳，崇尺，厚半寸，唇寸。豆[2]，实三而成觳，崇尺。

【注释】

〔1〕簋：是盛煮熟的黍、稷、稻、粱等饭食的器具，其形有方有圆，以圆者居多，有青铜制或陶制的，此处是指陶簋。

〔2〕豆：形似高脚盘，有陶制或青铜制的，此处指陶豆。郑《注》曰："实四升。"故下文曰"实三而成觳"。

【译文】

瓬人制作簋，容量为一觳，高一尺，厚半寸，口缘厚一寸。豆，三豆为一觳，高一尺。

2. 凡陶、瓬之事，髻、垦、薜、暴不入市[1]。器中膊[2]，豆中县[3]，膊崇四尺，方四寸。

【注释】

〔1〕髻、垦、薜、暴：郑《注》曰："髻，读为'䏶'（yuè）。垦，顿伤也。薜，破裂也。暴，坟起不坚致也。"段玉裁《汉读考》曰："易'髻'为'䏶'，谓器之折足者也。"顿伤，孙诒让曰："犹言损伤。"

〔2〕器中膊：器，泛指甗、盆、甑、鬲、庾、簋、豆诸器。膊，音quán，是在用均（制陶坯的转轮）制作陶坯时，量度陶坯高度和厚度的器具。下文曰"膊崇四尺，方四寸"，则膊是一根高四尺、横截面为四平方寸的木柱，量度陶坯，使其高度不超过四尺，厚度不超过四寸。据郑《注》，器高于此，则陶范难容纳；厚于此，则难烧熟。

〔3〕豆中县：孙诒让曰："瓦器惟豆有柄(案即指豆的高脚)，尤贵其直，故别出之。"

【译文】

凡陶人、瓬人制作的器物，如果有断足、损伤、破裂或突起不平的，就不拿到市场上去卖。所制陶器要符合膊，豆的柄〔要很直而〕符合垂线。膊高四尺，〔横断面〕四寸见方。

二六、梓　　人

1. 梓人为笋虡[1]。天下之大兽五：脂者，膏者，臝者，羽者，鳞者[2]。宗庙之事，脂者、膏者以为牲，臝者、羽者、鳞者以为笋虡。外骨，内骨，却行，仄行，连行，纡行[3]，以脰鸣者[4]，以注鸣者[5]，以旁鸣者[6]，以翼鸣者[7]，以股鸣者[8]，以胸鸣者[9]，谓之小虫之属，以为雕琢。

【注释】

〔1〕笋虡：参见《春官·典庸器》注②。

〔2〕脂者，膏者，臝者，羽者，鳞者：郑《注》曰："脂，牛羊属。膏，豕属。臝者，谓虎豹貔螭为兽浅毛者之属。羽，鸟属。"臝，是"裸"的异体字。貔螭，音 pí chī，皆猛兽名。

〔3〕"外骨"至"纡行"：郑《注》曰："外骨，龟属。内骨，鳖(鳖)属。却行，螾衍之属。仄行，蟹属。连行，鱼属。纡行，蛇属。"案郑《注》以鳖为内骨，贾《疏》曰："龟、鳖皆外骨，但此经外骨、内骨相对，以鳖外有肉，缘为内骨也。"却行，谓能倒行。螾衍，即蚰蜒，此虫能两头行，即所谓却行。此处所记六类动物，皆不能鸣者。

〔4〕脰鸣：指蛙类。脰，音 dòu，颈也。

〔5〕注鸣：指蟋蟀类。注，是“咮”（zhòu）的假借字，鸟嘴。

〔6〕旁鸣：指蝉类。旁，是“膀”的假借字。

〔7〕翼鸣：指金钟子之类，其翼在甲里，其鸣实因翼的振动而发声，故曰翼鸣。

〔8〕股鸣：蚂蚱类，能以翅膀振动发音，古人误以为能用两股相切发音。

〔9〕胸鸣：郑《注》曰：“荣原属。”孙诒让说即灵龟，曰：“凡龟属，肋骨咸与外甲相属，不能张翕，故其鸣似出胸间。”案自“以脰鸣者”至此，亦六类动物，皆能鸣者。

【译文】

梓人制作笱虡。天下的大兽分五类：脂类，膏类，裸类，羽类，鳞类。宗庙祭祀，用脂类、膏类的兽为牲，用裸类、羽类、鳞类的兽的形象作为笱虡上的刻饰。骨长在外的，骨长在内的，倒行的，侧行的，连贯而行的，纡曲而行的，用脖子发声的，用嘴发声的，用翅膀发声的，用腿部发声的，用胸部发声的，这些都叫做小虫类，用它们的形象作为〔祭器上的〕雕琢。

2. 厚唇，弇口[1]，出目，短耳，大胸，燿后[2]，大体，短脰，若是者谓之蠃属，恒有力而不能走[3]，其声大而宏。有力而不能走，则于任重宜；大声而宏，则于钟宜：若是者以为钟虡，是故击其所县，而由其虡鸣。

【注释】

〔1〕弇：《吕氏春秋·仲冬纪》“君子斋戒处必弇”，高《注》曰：“深邃也。”

〔2〕燿：郑《注》曰：“读为‘哨’，顷小也。”孙诒让说，“顷”与“倾”同，顷小，就是“邪杀而小”的意思。

〔3〕不能走：案第1节郑《注》所谓“蠃者，谓虎豹貔螭为兽浅毛者之属”，是所举诸兽，皆善奔跑，而此处曰“不能走”，不知缘何。

【译文】

厚唇，深口，突眼，短耳，胸部阔大，后身渐小，身体大，颈项短，像这样的动物就叫做裸类，〔这类动物〕总是很有力而不能跑，发出的声音大而宏亮。有力而不能跑，就宜于负重；声音大而宏亮，就同钟相宜：像这类动物的形象用作钟虡上的刻饰，因此敲击所悬挂的钟，而好像声音是由钟虡发出来的。

3. 锐喙，决吻〔1〕，数目〔2〕，顅脰〔3〕，小体，骞腹〔4〕，若是者谓之羽属，恒无力而轻，其声清扬而远闻。无力而轻，则于任轻宜；其声清阳而远闻，于磬宜：若是者以为磬虡，故击其所县，而由其虡鸣。

【注释】

〔1〕锐喙，决吻：孙诒让曰："《文选·甘泉赋》李《注》云：'决，亦开也。'谓口锐利而唇开张也。"

〔2〕数：孙诒让引《毛诗·释文》曰："数，细也。"

〔3〕顅：音 qiān，郑《注》曰："长脰貌。"

〔4〕骞：《诗经·小雅·天保》"不骞不崩"，《毛传》曰："骞，亏也。"

【译文】

嘴巴尖利，嘴唇张开，眼睛细小，颈项长，身体小，腹部低陷，像这样的动物叫做羽类，〔这类动物〕总是无力而轻捷，鸣声清阳而远播。无力而轻捷，适于负载轻物；鸣声清阳而远播，就同磬相宜：像这类动物的形象用作磬虡上的刻饰，因此敲击所悬挂的磬，而好像声音是由磬虡发出来的。

4. 小首而长，抟身而鸿〔1〕，若是者谓之鳞属，以为笋。

【注释】

〔1〕抟身而鸿：郑《注》曰："抟，圜也。"鸿，据俞樾说，是"鴻"的假借字，本指鸟身肥大，在这里是指此类动物抟身亦很肥大。

【译文】

小头而长身，抟起身体而显得肥大，像这样的动物叫做鳞类，用〔这种动物的形象〕作为筍上的刻饰。

5. 凡攫杀援噬之类〔1〕，必深其爪〔2〕，出其目，作其鳞之而〔3〕。深其爪，出其目，作其鳞之而，则于视必拨尔而怒〔4〕。苟拨尔而怒，则于任重宜，且其匪色〔5〕，必似鸣矣。爪不深，目不出，鳞之而不作，则必颓尔如委矣。苟颓尔如委，则加任焉，则必如将废措〔6〕，其匪色必似不鸣矣。

【注释】

〔1〕攫杀援噬之类：贾《疏》曰："云'攫杀'者，攫著则杀之。'援噬'者，援揽则噬之。"

〔2〕深：郑《注》曰："犹藏也。"

〔3〕作其鳞之而：王引之曰："而，颊毛也。之，犹与也。'作其鳞之而'，谓起其鳞与其颊毛也。"

〔4〕拨尔：怒貌。刘沅曰："拨，拔起貌。怒，谓张其髻鬣。"

〔5〕匪：郑《注》曰："采貌也。"

〔6〕措：郑《注》曰："犹顿也。"案顿，《文选》曹植《七启》"顿纲"李《注》曰："犹舍也。"

【译文】

凡〔在筍虡上刻饰〕善于捕杀抓咬的兽类，一定要深藏它的爪，突出它的眼，张起它的鳞与颊毛。深藏它的爪，突出它的眼，张起它的鳞与颊毛，对于看它的人就一定像是勃然大怒。假如能够勃然大怒，〔这类动物〕就宜于负重，而且从它所涂饰的色彩来看，也一定像是能够发出宏大的叫声。爪不深藏，眼不突出，鳞与颊毛不张起，就一定会显得颓丧不振。假如颓丧不振，那么加给重负，就一定如同将要〔把重物〕废弃，而它的色彩也一定像是不能发出宏大的声音。

6. 梓人为饮器，勺一升〔1〕，爵一升〔2〕，觚三升〔3〕。献以爵而酬以觚，一献而三酬，则一豆矣〔4〕。食一豆肉，饮一豆酒，中人之食也。凡试梓饮器，乡衡而实不尽，梓师罪之〔5〕。

【注释】

〔1〕勺：有柄的舀酒器。

〔2〕爵：饮酒器，前有流（倒酒的槽），后有尾，中为盛酒的杯，流与杯口之间有二短柱，杯下有三足，总体略似雀形。

〔3〕觚：郑《注》说，是"觯"字之误。觯，音zhì，亦饮酒器，圆形或扁圆形，侈口，束颈，深腹，有圈足，有的有盖。案以上勺、爵、觯三器，皆木器。

〔4〕一献而三酬，则一豆矣：刘敞曰："献以一升，酬以三升，并而计之为四升。四升为豆。豆虽非饮器，其计数则然。"

〔5〕乡衡而实不尽，梓师罪之：梓师，梓人之长。据程瑶田《创物记》说，衡在此指眉，古人饮酒之礼，必立饮，饮酒时举爵而倾之，倾至爵上的两柱向眉，头不仰而酒自尽，这样的爵就符合标准；如果爵中还剩有酒，就不符合要求，是"两柱盖节饮酒之容，而验梓人之巧拙也"。

【译文】

梓人制作饮器，勺容一升，爵容一升，觯容三升。向宾客献酒用爵而进酬酒用觯，献酒一升而酬酒三升，就合一豆了。吃一豆肉，饮一豆酒，这是一般人的食量。凡检验梓人制作的饮器，如果〔爵上的两柱〕向眉而酒还没能饮尽，梓师就要加罪于〔制作此爵的〕梓人。

7. 梓人为侯，广与崇方[1]，参分其广而鹄居一焉[2]。上两个，与其身三，下两个半之[3]。上纲与下纲出舌寻，縜寸焉[4]。

【注释】

〔1〕方：郑《注》曰："犹等也。"

〔2〕参分其广而鹄居一焉：鹄，在侯中之中。鹄的大小，为侯中的三分之一。鹄中还有正，正中有质，质即靶心(参见《天官·司裘》第3节注③)。

〔3〕上两个，与其身三，下两个半之：个，又叫舌。身，即躬。案侯中的上下两边各镶有一幅布，布幅宽二尺二寸，分别叫做上躬、下躬，其长为侯中的二倍；上躬之上、下躬之下又各镶有一幅布，分别叫做上个、下个，上个是上躬长的二倍，下个则是下躬长的一倍半。因为上下个各长出于上下躬，犹如两舌，故称之为左右舌，又称之为两个，或左右个。以天子之虎侯为例，侯中一丈八尺，则其躬长三丈六尺，上两个则为七丈二尺，其两端各长出于躬一丈八尺；下两个则长五丈四尺，其两端各长出于躬九尺。若以躬长为一，上两个倍之则为二，合之则为三，故贾《疏》云："上两个居二分，身居一分，故云'与其身三'。"下两个长出的部分为九尺，仅为上两个长出部分一丈八尺的一半，故云"下两个半之"，贾《疏》云"谓半其出者也"。

〔4〕上纲与下纲出舌寻，縜寸焉：縜，音 yún，是舌两端系绳的纽襻。縜上所系的绳就叫做纲。上舌两端的纲叫做上纲，下舌两端的纲叫做下纲，上下纲将上下舌拴系在射侯两侧的立柱(名为植)上，这样就将射侯张起来了。

【译文】

梓人制作射侯。〔侯中〕的宽与高相等，把侯中的宽度分成三等分而鹄宽占三分之一。〔如以躬的长度为一〕，上两个〔则为二〕，与躬合而为三，下两个〔长出于躬的部分是上两个所长出的〕一半。上纲与下纲各长出于舌八尺，〔系纲的〕纽襻长一寸。

8. 张皮侯而栖鹄[1]，则春以功[2]。张五采之侯[3]，则远国属[4]。张兽侯[5]，则王以息燕[6]。

【注释】

〔1〕张皮侯而栖鹄：皮侯，天子所射三侯皆用兽皮饰侯中之两侧，故称皮侯。栖鹄，贾《疏》曰："各以其皮为鹄，缀于中央，似鸟之栖也。"

〔2〕春以功：谓春天行大射礼，以比较群臣的射功，而选拔可以参加祭祀者。金鹗曰："春以功，盖谓大射在春。"孙诒让曰："以功者，凡射以中为功。"

〔3〕张五采之侯：这是为举行宾射所张之侯。所谓宾射，谓天子与来朝的诸侯（即所谓宾）举行的射礼。五采之侯，是指鹄与正画作五彩的射侯。郑《注》曰："五彩者，内（指正）朱，白次之，苍次之，黄次之，黑次之。"

〔4〕远国属：远国，即指来朝的诸侯国。贾《疏》曰："对畿内诸侯为远国。"属，据下节郑《注》，犹朝会。

〔5〕张兽侯：这是为举行燕射或乡射所张设的侯：王用熊侯，诸侯用麋侯，就是用熊皮或麋皮饰侯中的两侧，鹄则是布的，王染其质（靶心）为白色，诸侯染其质为赤色；大夫、士的兽侯则全用布而不饰皮，但画兽形于侯中的两侧边，大夫画虎豹，士画鹿豕；不论大夫、士，射侯中央的质都染为丹色。

〔6〕息燕：孙诒让引敖继公曰："息，疑饮燕之别名。"又曰："燕者，先行燕礼（即燕饮酒礼）而射，即所谓燕射也。"是此处所谓息，当指燕射前的燕饮，而息燕即燕射也。

【译文】

张设皮侯而〔在中央〕缀鹄，春季用以比赛诸侯群臣的射功〔而选拔参加祭祀的人〕。张设五彩侯，〔王〕与远方来朝的诸侯〔举行宾射礼〕。张设兽侯，王与〔诸侯、群臣〕举行燕射礼。

9. 祭侯之礼[1]，以酒脯醢[2]，其辞曰："惟若宁侯[3]，毋或若女不宁侯[4]，不属于王所[5]，故抗而射女[6]。强饮强食，诒女曾孙诸侯百福[7]。"

【注释】

〔1〕祭侯之礼：案射礼完毕，要对射侯行祭礼，其具体礼仪参见《仪礼·乡射礼》。

〔2〕脯醢：脯，干肉。醢，酱类。

〔3〕若宁侯：郑《注》曰："若，犹女也。宁，安也。谓先有功德，其鬼有神。"案射侯之名，取义于射诸侯之不安、不朝者。《白虎通》卷二《乡射》曰："所以名为侯何？明诸侯有不朝者，则射之。"此句则是说祭祀那些先世安顺有功之侯，下面再说射那些不安、不朝之侯。

〔4〕毋或若女不宁侯：郑《注》曰："或，有也。若，如也。"不宁侯，孙诒让曰："不安顺之诸侯。"

〔5〕属：郑《注》曰："犹朝会也。"

〔6〕抗：郑《注》曰："举也，张也。"案所抗者，射侯也，用以象征不安顺的诸侯。

〔7〕诒女曾孙诸侯百福：郑《注》曰："诒，遗也。曾孙诸侯，谓女后世为诸侯者。"

【译文】

祭祀射侯之礼，用酒和脯醢，祭祀辞说："你们这些安顺〔而有功德的〕诸侯，不像有的不安顺的诸侯，不到王这里来朝会，因此张举〔射侯〕而射他们。努力地饮酒用食吧，遗留给你们后世做诸侯的子孙多多的福。"

二七、庐　人

1. 庐人为庐器[1]。戈柲六尺有六寸[2]，殳长寻有四尺[3]，车戟常[4]，酋矛常有四尺[5]，夷矛三寻[6]。

【注释】

〔1〕庐器：指戈、戟等长兵器的柄(参见《总叙》第3节注③)。

〔2〕戈柲六尺有六寸：贾《疏》曰："凡此经所云柄之长短，皆通刃为尺数而言。"

〔3〕殳长寻有四尺：殳，一种杖类兵器，无金属刃。寻有四尺，一丈二尺也。

〔4〕常：谓一丈六尺(参见《总叙》第8节注⑤)。

〔5〕酋矛常有四尺：是酋矛长二丈。

〔6〕夷矛三寻：夷矛，即长矛。孙诒让说，夷之义为平，引申之则为长，矛之至长者以为名。三寻，二丈四尺。

【译文】

庐人制作长兵器的柄。戈柄长六尺六寸，殳长一寻零四尺，车戟长一常，酋矛长一常零四尺，夷矛长三寻。

2. 凡兵无过三其身[1]，过三其身，弗能用也而无已，又以害人。故攻国之兵欲短，守国之兵欲长。攻国之人众，行地远，食饮饥，且涉山林之阻，是故兵欲短；守国之人寡，食饮饱，行地不远，且不涉山林之阻，是故兵欲长。

【注释】

〔1〕三其身：据郑《注》，人身高八尺，三其身则二丈四尺。

【译文】

凡兵器的长度不要超过人的身高的三倍，超过人的身高的三倍，不只是不能使用，还会危害拿兵器的人。因此攻国的兵器要短，守国的兵器要长。攻国的人员多，行路远，饮食短缺，而且要跋涉山林险阻，因此兵器要短；守国的人员较少，饮食充足，行路不远，而且不用跋涉山林险阻，因此兵器要长。

3. 凡兵，句兵欲无弹[1]，刺兵欲无蜎[2]，是故句兵椑[3]，刺兵抟[4]。

【注释】

〔1〕句兵欲无弹：句兵，郑《注》曰："戈、戟属。"案戈、戟皆有援，可用以勾击，故称。弹，郑司农曰："谓掉也。"又《说文》曰："掉，摇也。"即谓勾兵的刃必须固定得非常牢，不可稍有活动而致使其刃变动角度，否则就不能准确勾击。

〔2〕刺兵欲无蜎：刺兵，郑《注》曰："矛属。"蜎，音 yuān，郑司农曰："谓桡也。"

〔3〕椑：音 pí，郑《注》曰："隋(椭)圜也。"

〔4〕抟：郑《注》曰："圜也。"

【译文】

凡兵器，勾兵〔的兵刃〕不可转动，刺兵〔的兵刃〕不可弯折，因此勾兵〔的柄〕要椭圆，刺兵〔的柄〕要圆。

4. 击兵同强[1]，举围欲细[2]，细则校[3]；刺兵同强，举围欲重[4]，重欲傅人[5]，傅人则密[6]，是故侵之。

【注释】

〔1〕击兵同强：击兵，据郑《注》，谓勾兵及殳。案戈、戟皆有横刃(即援)，可用以啄击敌人，故亦谓之击兵。同强，贾《疏》曰："谓本末及中央皆同坚劲。"

〔2〕举：郑《注》曰："谓手所操。"

〔3〕细则校：郑《注》曰："校，疾也。"孙诒让曰："细则操之坚(握得牢)，任力多(吃得上劲)，故击之疾也。"

〔4〕重：指手握处。案"重"在此兼有大义，孙诒让曰："手所操处稍大则重。"

〔5〕傅：郑《注》曰："近也。"

〔6〕密：郑《注》曰："审也，正也。"又曰："操重以刺则正。"

【译文】

击兵〔的柄从上到下〕同样坚劲，手握处要细，手握处细〔攻击敌人〕就迅疾；刺兵〔的柄从上到下〕同样坚劲，手握处要稍大而重，〔手握处〕稍大而重就能迫近敌人，迫近敌人就能准确命中，因此能够攻击敌人。

5. 凡为殳，五分其长，以其一为之被而围之〔1〕；参分其围，去一以为晋围〔2〕；五分其晋围，去一以为首围〔3〕。凡为酋矛〔4〕，参分其长，二在前，一在后而围之；五分其围，去一以为晋围〔5〕；参分其晋围，去一以为刺围〔6〕。

【注释】

〔1〕"凡为"至"围之"：案殳长寻有四尺，即一丈二尺，五分之，其一则为2.4尺。被而围之，郑《注》曰："被，把中也。围，圜之也。"把，谓手握处。把中，即手握处的中部，这里实际是用"被"指代整个长2.4尺的手握处。至于手握处的围长，据程氏《创物记》考证，为九寸。

〔2〕参分其围，去一以为晋围：晋，郑司农曰："谓矛、戟下铜镈也。"镈，音zūn，是矛、戟等长兵器下端圆锥形的金属套，可插入地中，此处是指殳镈。案殳的手握处围长九寸，三分去一则为六寸，是为晋的围长。

〔3〕五分其晋围，去一以为首围：首，谓殳用以击敌的一端。案殳的晋围六寸，五分去一则为4.8寸，是为殳的首围。

〔4〕酋矛：案酋矛长常有四尺，即二丈。

〔5〕五分其围，去一以为晋围：孙诒让曰："酋矛围与殳同。"是酋矛围亦九寸，五分去一，则为7.2寸，是为酋矛之晋围。

〔6〕参分其晋围，去一以为刺围：刺围，孙诒让曰："谓矛刃本与矜相含之圜銎。"案銎，矛刃的下口安柄（矜）处。刺围即指銎的围长。酋

矛的晋围7.2寸，三分去一则为4.8寸，是为酋矛的刺围。

【译文】

凡制作殳，把殳的长度分为五等分，用一等分的长度作为手握处的长度而制成圆形；把殳的手握处的围长分为三等分，去掉一等分就是晋处的围长；把晋处的围长分为五等分，去掉一等分就是首部的围长。凡制作酋矛，把它的长度分为三等分，二等分在前，一等分在后而制成圆形；把酋矛的围长分为五等分，去掉一等分就是它的晋处的围长；把酋矛的晋处的围长分为三等分，去掉一等分就是刺处的围长。

6. 凡试庐事，置而摇之〔1〕，以视其蜎也；灸诸墙〔2〕，以视其桡之均也；横而摇之，以视其劲也。六建既备〔3〕，车不反复〔4〕，谓之国工。

【注释】

〔1〕置：郑《注》曰："犹树也。"

〔2〕灸诸墙：郑《注》曰："灸，犹柱也。以柱两墙之间，挽而内之，本末胜负可知。"

〔3〕六建：戴震曰："五兵与旌旗。"案五兵，谓戈、殳、戟、酋矛、夷矛（参见第1节）。

〔4〕车不反复：反复，郑《注》曰："犹轩辋也。"案轩辋，犹轩轾，在此是说车子前后忽高忽低，即所谓反复。戴震曰："六建动摇，则车行反复，矜柲不强故也。"矜柲（长兵器的柄）不强，车行时就会摇动，看起来给人的感觉就好像车子前后忽高忽低，反复不定的样子，故以车不反复为国工。

【译文】

凡检验庐人所制作的长兵器的柄，树立在地上摇动它，以观察它是否弯折；撑在两墙之间，以观察它弯曲是否均匀；横过来摇动它，以观察它是否强劲有力。五种兵器和旌旗都在车上安插好，车行时不给人以反复不定的感觉，〔这样的庐人〕就可以称做国工。

二八、匠　人

1. 匠人建国，水地以县[1]，置槷以县，视以景[2]。为规，识日出之景与日入之景[3]，昼参诸日中之景，夜考之极星，以正朝夕[4]。

【注释】

〔1〕水地以县：郑《注》曰："于四角立植(柱)，而县(悬)以水，望其高下，高下既定，乃为位而平地。"这里所说，盖用如今水平仪的原理以测地平，其法，据郑《注》，当先在地的四角立柱，然后"县以水"以测地之高下，至于具体用何种器具，如何测法，已不可知。测量地平的目的，是为了平出一块地来以便测日影，参见下注。

〔2〕置槷以县，视以景：槷，音 niè，郑《注》说是古文"臬"的假借字，是古代立在地上测量日影的木柱。此木柱必须垂直于地面，故立柱之法，据贾《疏》说，是在木柱的四角及四面悬绳，即所谓"置槷以县"，所悬之绳皆附于柱，就说明柱体垂直，就可据以测日影了。测日影的目的，则是为了确定四方的方向。

〔3〕为规，识日出之景与日入之景：规，圆也。识，记也。这是记测东西方向之法。江永说，是以所树臬为圆心画圆，即所谓"为规"。日出时，臬影投向西而略偏北(这是因为中国在赤道北的缘故)，与圆相交，在相交处做一记号，即所谓"识日出之景"；日落时臬影投向东而略偏北，与圆相交，在相交处做一记号，即所谓"识日入之景"。然后将圆上的两个相交点连成一条直线，再过圆心(即树臬处)作一条直线与之平行，这条直线的两端便指向正东西方向。

〔4〕昼参诸日中之景，夜考之极星，以正朝夕：郑《注》曰："日中之景，最短者也。极星，谓北辰。"案因为中国在赤道北，故日中的臬影不仅最短，且指向正北方，由此便可确定正南北方向。极星，即北极

星，位在正北，故夜间参考北极星，亦可确定正南北方向。朝夕，贾《疏》曰："即东西也。"案上文据日出与日入之影，已测定了东西方向，东西既定，则南北亦定。此处参考日中之影及北极星，是为进一步确定南北方向，南北既定，则东西(即所谓朝夕)亦定。

【译文】

匠人建造都城，用〔立柱〕悬水法测量地平，用悬绳的方法设置〔垂直的〕木柱，用以观察日影〔辨别方向〕。〔以所树木柱为圆心〕画圆，记下日出时木柱在圆上的投影与日落时木柱在圆上的投影，〔这样来确定东西方向〕。白天参考正中午时的日影，夜里参考北极星，以确定〔正南北和〕正东西的方向。

2. 匠人营国，方九里〔1〕，旁三门。国中九径、九纬〔2〕，经涂九轨〔3〕。左祖，右社〔4〕；面朝，后市〔5〕。市、朝一夫〔6〕。

【注释】

〔1〕方九里：谓八十一平方里，这是王都的规模。

〔2〕九径、九纬：贾《疏》曰："南北之道为经，东西之道为纬。"

〔3〕经涂九轨：郑《注》曰："经纬之涂，皆容方(并)九轨。轨谓辙广，乘车六尺六寸，旁加七寸，凡八尺，是为辙广。九轨积七十二尺，则此涂十二步也。"钱玄曰："以周尺合今23厘米计算，古都城中大路宽为16. 5米。"(《通论》页157)

〔4〕左祖，右社：参见《春官·小宗伯》第1节注①。

〔5〕面朝，后市：面，前也。孙诒让曰："谓路寝之前，北宫之后也。"案路寝在路门内，其前有三朝：外朝、治朝、燕朝。北宫，谓王后之六宫，在王宫的最北边，其后东西向并列有三市：大市居中，朝市居东，夕市居西。(参见《地官·司市》第3节注③)

〔6〕市、朝一夫：夫，是面积单位，一夫方百步，一步六尺，百步为六十丈，方百步则为3 600平方丈。

【译文】

匠人营建都城，九里见方，〔都城的四边〕每边三门。都城中有九条南北大道、九条东西大道，每条大道可容九辆车并行。〔王宫的路门外〕左边是宗庙，右边是社稷坛；〔王宫的路寝〕前面是朝，〔北宫的后面〕是市。每市和每朝各百步见方。

3. 夏后氏世室〔1〕，堂修二七〔2〕，广四修一〔3〕。五室〔4〕，三四步，四三尺〔5〕。九阶〔6〕。四旁两夹窗〔7〕。白盛〔8〕。门堂三之二〔9〕，室三之一〔10〕。

【注释】

〔1〕夏后氏世室：夏后氏，这里指夏朝。世室，孙诒让说，是夏朝的明堂。

〔2〕堂修二七："二"字衍，《隋书·宇文恺传》载恺《明堂议》已考订之，后世学者多是其说。郑《注》曰："修，南北之深也。夏度以步。"案一步六尺，七步则4.2丈。

〔3〕广四修：即修为一、广为四，广四倍于修；修七步，则广二十八步。案广二十八步，实际是堂基的边长，此堂基为正方形，堂上还分布有五室（详下注）。二十八步，合16.8丈，是此堂基的总面积为282.24平方丈。

〔4〕五室：据郑《注》，五室在堂上，其一室在正中央，另四室则在中央之室的四隅。上文所谓堂修，就是指从堂的四边到堂上之室的距离。

〔5〕三四步，四三尺：四步，是指堂上五室各方四步。因四室在中央之室的四隅，每两室之间则空有方四步之堂，因此四方之每一方皆纵横各有三个方四步，即所谓"三四步"也。又每室四周皆有墙，若自东而西数之，则有四墙，每墙厚三尺，共有四个三尺，即所谓"四三尺"也。四个三尺合二步，加上三个四步，总为十四步。

〔6〕九阶：据郑《注》，堂南边有三阶，其他三面各二阶，共为九阶。

〔7〕四旁两夹窗：郑《注》曰："每室四户八窗。"案堂上五室，每室四面的正中都开有门，门的两旁各开有一窗，将门夹在中间，故曰"四旁两夹窗"。

〔8〕白盛：郑《注》曰："蜃(大蛤)灰也。盛之言成也，以蜃灰垩墙，所以饰成宫室。"

〔9〕门堂三之二：郑《注》曰："门堂，门侧之堂，取数于正堂。"案世室的四面有围墙，每墙的正中开有一门，每门两侧建有屋，叫做塾。塾被墙分隔为内外两部分，称为内塾、外塾。内、外塾皆前为堂，后为室，叫做外堂、外室，内堂、内室。这内、外堂就叫做门堂。是每门两侧凡四堂，四门则总为十六堂。门堂的大小，为世室正堂的三分之二。依俞樾所定世室正堂之制计之：正堂前后深七步，则门堂深约为 4.666 6 步，合 2.8 丈；正堂宽二十八步，三分之二为 18.666 6 步，以左右两门堂均分之，则每堂宽 9.333 3 步，合 5.6 丈。

〔10〕室三之一：室，即指门塾之内外室，其深、宽为正堂的三分之一。正堂深七步，则此室深 2.333 3 步，合 1.4 丈；正堂宽二十八步，则此室宽 9.333 3 步，合 5.6 丈，与门堂宽等。

【译文】

夏后氏的世室，堂前后深七步，宽是深的四倍〔为二十八步〕。堂上〔四角和中央分布〕有五个室，〔每室四步见方，每边都有〕三个四步见方；〔每边都有四道墙，每道墙厚三尺，每边都有〕四个厚三尺。〔堂的四周〕有九层台阶。〔每室的〕四方〔各开一门〕，每门两旁有两窗相夹。〔用蛤灰〕把墙涂饰成白色。门堂是正堂的三分之二，〔堂后的〕室是正堂的三分之一。

4. 殷人重屋[1]，堂修七寻[2]，堂崇三尺，四阿，重屋[3]。

【注释】

〔1〕重屋：孙诒让说，是殷代的明堂，因其建筑的形制为重屋式(详注③)，故名。

〔2〕堂修七寻：这是就一堂之深而言，一寻八尺，七寻则 5.6 丈。案殷人明堂的形制，据孙诒让说，四方有四堂四出，每堂皆为七寻见方的正方形，四堂的正中，亦为一七寻见方的正方形，在此正方形中则分布有五室，五室的分布形式同于夏之世室：一室在中央，四室在四角。

这五室亦皆为正方形，边长为二寻，纵横各三室之地，则为六寻，室墙厚二尺，每边四墙则八尺，亦为一寻，是中间五室占地亦正好七寻见方。

〔3〕四阿，重屋：四阿，郑《注》曰："若今四注(案《注疏》本原误作"柱"，据阮校改)屋。"案四注屋即四面有霤下注之屋，殿屋多此形制。重屋，谓屋上又起一屋。孙诒让曰："重屋谓屋有二重。下为四阿者，方屋也。其上重者，则圆屋也。圆屋以覆中央之五室，而盖以茅；方屋以覆外出四堂，而盖以瓦。"是重屋上圆下方。然亦有以为上下屋皆方者。

【译文】

殷人的重屋，堂深七寻，堂高三尺，〔堂上〕有四注屋，〔四注屋上〕有重屋。

5. 周人明堂〔1〕，度九尺之筵〔2〕，东西九筵，南北七筵〔3〕，堂崇一筵，五室，凡室二筵。

【注释】

〔1〕周人明堂：郑《注》曰："明堂者，明政教之堂。……此三者(指夏、殷、周)，或举宗庙(指夏的世室)，或举王寝(指殷的重屋)，或举明堂，互言之，以明其制同。"

〔2〕筵：周的长度单位，一筵九尺。

〔3〕东西九筵，南北七筵：这是明堂四堂的南堂的大小，其他三堂皆放此。东西九筵，合8.1丈；南北七筵，合6.3丈。孙诒让综合阮元和陈澧之说以为，周明堂的形制亦同于殷之重屋，只是大小不同，周制大于殷制。其四周亦为四堂，每堂宽九筵，深七筵；四堂的中央还有方九筵之地，则分布五室：一室居中，其他四室居四隅。五室皆方二筵，墙厚半筵，每室连同墙的厚度则方三筵，是五室纵横皆九筵。孙诒让又曰："此经于周制止举堂室，实则九阶、四旁两夹窗、白盛之制，当与夏世同；四阿、重屋之制，当与殷屋同。经不具详者，蒙上文而省也。"

【译文】

周人的明堂，用长九尺的筵来量度，〔它的南堂〕东西宽九筵，南北深七筵，堂高一筵，共有五室，每室二筵见方。

6. 室中度以几[1]，堂上度以筵，宫中度以寻，野度以步，涂度以轨。

【注释】

〔1〕几：即《春官·司几筵》之几，彼贾《疏》曰："凡几之长短，阮谌云几长五尺，高三尺，广二尺；马融以为长三尺。"戴震云："马融以为几长三尺，六之而合二筵与？"

【译文】

室中用几来度量，堂上用筵来度量，宫中用寻来度量，野地用步来度量，道路用车轨来度量。

7. 庙门容大扃七个[1]，闱门容小扃参个[2]，路门不容乘车之五个[3]，应门二彻参个[4]。

【注释】

〔1〕大扃七个：郑《注》曰："大扃，牛鼎（煮牛牲用的鼎）之扃，长三尺。每扃为一个，七个二丈一尺。"案扃即抬鼎的杠。

〔2〕闱门容小扃参个：闱门，郑《注》曰："庙中之门曰闱。"所谓庙中之门，谓庙中旁出之小门。小扃，郑《注》曰："牛彡鼎之扃，长二尺。参个六尺。"案彡，音 xiāng，彡鼎即煮牛肉羹的鼎。

〔3〕路门不容乘车之五个：路门，郑《注》曰："大寝之门。"大寝即路寝，大寝之门即路门，为王五门之第五门。不容乘车之五个，郑《注》曰："乘车广六尺六寸，五个三丈三尺。"金鹗曰："《记》谓不容乘车之五个，则是四个有余、五个不足之文。"且以为路门宽三丈。

〔4〕应门二彻参个：应门，郑《注》曰："正门谓之应门，谓朝门也。"案应门为王五门之第四门，应门之内即治朝，亦即正朝，故谓应门为朝门。二彻参个，郑《注》曰："二彻之内八尺，三个二丈四尺。"

案彻即轨，二彻之内即二彻之间，轨宽八尺，故二彻之间为八尺。

【译文】

庙门的宽度可容七个大扃，闱门的宽度可容三个小扃，路门的宽度容不下五辆乘车并行，应门的宽度为三轨。

8. 内有九室[1]，九嫔居之。外有九室[2]，九卿朝焉。九分其国以为九分[3]，九卿治之。

【注释】

〔1〕内：郑《注》曰："路寝之里也。"

〔2〕外有九室：郑《注》曰："外，路门之表也。九室，如今朝堂诸曹治事处。"

〔3〕九分其国：郑《注》曰："分国之职也。"

【译文】

路寝内有九室，九嫔居住在那里。路门外有九室，九卿在那里处理政事。把国事划分为九个方面，由九卿负责治理。

9. 王宫门阿之制五雉[1]，宫隅之制七雉[2]，城隅之制九雉。经涂九轨[3]，环涂七轨[4]，野涂五轨。门阿之制，以为都城之制[5]。宫隅之制，以为诸侯之城制[6]。环涂以为诸侯经涂，野涂以为都经涂。

【注释】

〔1〕门阿之制五雉：门，谓门屋，即覆于门上之屋。阿，郑《注》曰："栋也。"即门屋的中脊。雉，郑《注》曰："雉长三丈，高一丈。度高以高，度广以广。"意谓雉既可量长度，亦可量高度，量长度则一雉为三丈，量高度则一雉为一丈。此处是用以量高度，五雉即高五丈。

〔2〕宫隅：及下文城隅，郑《注》曰："谓角浮思也。"案浮思，亦作"罘罳"、"罘思"，在此是指古代设在宫墙四角的屏障，上面有孔，形似网，用以守望和防御。孙诒让曰："凡古宫、城四隅皆阙然而高，……宫隅、城隅皆在四角。"

〔3〕经涂九轨：轨宽八尺，九轨则7.2丈。案此处未言东西大道，贾《疏》曰："不言纬者，以与经同。"

〔4〕环涂：杜子春曰："谓环城之道。"

〔5〕门阿之制，以为都城之制：这是记畿内诸侯的城制。都，即大都，是公及王子弟所封的采邑，其地在距王都四百里至五百里之"畺地"（参见《地官·载师》第2节及其注⑥、⑧）。城，孙诒让曰："即城隅，不言隅者，蒙上文省。"故郑《注》曰："其城隅高五丈。"

〔6〕宫隅之制，以为诸侯之城制：这是记畿外诸侯的城制。郑《注》曰："诸侯，畿以外也。其城隅制高七丈。"

【译文】

王宫门屋屋脊的建制高五雉，宫墙四角〔浮思〕建制高七雉，城墙四角〔浮思〕建制高九雉。〔城内〕南北大道宽九轨，环城大道宽七轨，野地大道宽五轨。用王宫门阿建制〔的高度〕，作为〔公和王子弟〕大都之城四角〔浮思〕高度的标准。用王宫宫墙四角〔浮思〕建制的高度，作为诸侯都城四角〔浮思〕高度的标准。用王都环城大道的宽度，作为诸侯都城中南北大道宽度的标准；用王畿野地大道的宽度，作为〔公和王子弟〕大都城中南北大道宽度的标准。

10. 匠人为沟洫〔1〕。耜广五寸〔2〕，二耜为耦〔3〕，一耦之伐，广尺、深尺谓之甽〔4〕。田首倍之，广二尺、深二尺谓之遂。九夫为井〔5〕，井间广四尺、深四尺谓之沟。方十里为成，成间广八尺、深八尺谓之洫。方百里为同，同间广二寻、深二仞谓之浍〔6〕，专达于川〔7〕。各载其名。

【注释】

〔1〕沟洫：在此泛指沟渠。

〔2〕耜：曲柄的起土农器，耜头为青铜制或铁制，是一种前端为尖刃的扁状器，耜头后面安有曲形木柄。

〔3〕二耜为耦：郑《注》曰："两人并伐之。"案此即《地官·里宰》所谓"合耦"。

〔4〕畎：音 quǎn，田间小沟。

〔5〕井：郑《注》曰："井者，方一里，九夫所治之田。"

〔6〕仞：《说文》曰："仞，伸臂一寻，八尺。"是仞与寻同，亦为八尺。

〔7〕专达于川：郑《注》曰："达，犹至也，谓浍直至于川。"

【译文】

匠人挖掘沟渠。耜头宽五寸，二耜相并为耦，一耦所掘，宽一尺、深一尺的小沟叫做畎。在田头的〔沟渠宽和深〕比这加一倍，宽二尺、深二尺叫做遂。九夫共耕一井之田，井与井之间宽四尺、深四尺的叫做沟。十里见方的土地叫做成，成与成之间宽八尺、深八尺的叫做洫。百里见方的土地叫做同，同与同之间宽二寻、深二仞的叫做浍，〔浍〕直通河流。这里是记载各种沟渠之名。

11. 凡天下之地势，两山之间必有川焉，大川之上必有涂焉。凡沟逆地防〔1〕，谓之不行；水属不理孙〔2〕，谓之不行。梢沟三十里而广倍〔3〕。凡行奠水，磬折以参伍〔4〕。欲为渊，则句于矩〔5〕。凡沟必因水势，防必因地势。善沟者水漱之〔6〕，善防者水淫之〔7〕。凡为防，广与崇方〔8〕，其杀参分去一。大防外杀〔9〕。

【注释】

〔1〕防：音 lè，郑《注》曰："谓脉理。"案脉理，在此指大地的起

伏形势及山川走向。

〔2〕水属不理孙：郑《注》曰：“属，读为‘注’。”王引之曰：“理、孙，皆顺也。”

〔3〕梢沟三十里而广倍：江永曰：“梢，谓挖地为沟也。下流纳水多，故三十里宜倍于上流之广，其广当以渐而增也。”

〔4〕凡行奠水，磬折以参伍：行奠水，郑司农曰：“‘奠’读为‘停’，谓行停水。”磬折，曲折也。参伍，在此是交互错杂之义。行奠水之所以要“如磬折以参伍”，是为了顺地势高下曲折疏导之，若为一直渠，遇到地高处，水就走不动了。

〔5〕欲为渊，则句于矩：郑《注》曰：“大曲则流转，流转则其下成渊。”案大曲，谓弯曲度过大，以至于“句于矩”（超过90度）。流转，即回旋，回旋则自然成渊。

〔6〕漱：《说文》曰：“水荡口也。”孙诒让曰：“引申为凡水荡物之称。”

〔7〕淫之：郑司农曰：“‘淫’，读为‘廞’，谓水淤泥土，留着助之厚也。”

〔8〕广与崇方：郑《注》曰：“方，犹等也。”贾《疏》曰：“假令堤高丈二尺，下基亦广丈二尺。”

〔9〕大防外杀：郑《注》曰：“又薄其上，厚其下。”这是说，大堤防的下基要更增宽，其外杀的比例当增大，使堤防的横截面呈一不等腰梯形：外侧的斜边长，内侧的斜边短，这样就可以承受更大的河水压力。

【译文】

凡天下的地势，两山之间一定有河流，大河流岸上一定有道路。凡开沟渠违逆地的脉理，叫做〔水流〕不行；水的流注不顺，也叫〔水流〕不行。所挖的沟渠下流三十里而宽度增加一倍。凡疏导停积的水，〔所开渠道要顺地势〕曲直交错。要想使水成渊，〔渠道〕弯曲度就要大于直角。凡开沟一定要顺水的流势，凡筑堤防一定要顺地势。善开沟渠的人能利用水势冲荡障碍物，善筑堤防的人能利用水淤积的泥土增厚堤防。凡建筑堤防，下基的宽度与堤防的高度相等，〔上面的宽度比下基〕渐减三分之一。大的堤防〔因下基增厚而〕外侧向上减薄〔的比例增大〕。

12. 凡沟防，必一日先深之以为式[1]，里为式，然后可以傅众力[2]。

【注释】

〔1〕必一日先深之以为式：深，泛指挖渠筑堤的进度。式，孙诒让引李藉《音义》曰："课程也。"即额定的工作量。

〔2〕里为式，然后可以傅众力：傅，通"附"。江永曰："以一日之功，筑凿几何，又以一里地计，几何日，几何人力，则可以依附此计而用几何众力也。"

【译文】

凡开渠筑堤，定要先用〔数人〕一天试作的进度为每天工作量的标准，再计算出完成一里长度所需天数和人数，然后可依此计算〔整个工程〕所用人力数。

13. 凡任[1]，索约大汲其版，谓之无任[2]。

【注释】

〔1〕任：承受、受力，在此指受力的绳索。孙诒让曰："筑土索版，必用绳索，故云任。"

〔2〕索约大汲其版，谓之无任：索，绳也。约，束也。大汲，郑《注》曰："汲，引也。筑防若墙者，以绳缩其版，大引之，言版桡也。版桡，筑之则鼓，土不坚矣。"案古代筑墙用版筑法：用两版相夹，版两端束以绳，两版之间填土夯实。如果绳束得过紧，夯土时就会把木板撑弯而鼓出肚子来，所筑的土就不坚实，其结果同没有用绳束版一样，故曰"谓之无任"。

【译文】

凡用绳〔束版〕，绳把版束得太紧，〔其结果〕就跟没有用绳束版一样。

14. 葺屋参分，瓦屋四分[1]。囷、窌、仓、城，逆墙，六分[2]。堂涂十有二分[3]。窦其崇三尺[4]。墙厚三尺，崇三之[5]。

【注释】

〔1〕葺屋参分，瓦屋四分：葺，音 qì，本指用茅草覆盖房屋，在此即指草屋。贾《疏》曰："草屋宜峻于瓦屋。……假令南北丈二尺，草屋三分取四尺为峻，瓦屋四分取三尺为峻也。"案峻谓屋顶之高。

〔2〕囷、窌、仓、城，逆墙，六分：囷，音 qūn，阴平，郑《注》曰："圜仓。"窌，音 jiào，地窖。郑《注》曰："穿地曰窌。"仓，与囷相对，指方形的粮仓。逆墙，郑《注》曰："逆，犹却也。"却，谓减杀，故所谓逆墙，就是指墙上端的厚度减杀于墙基，减杀的比例，则为墙高的六分之一，即所谓"逆墙六分"之义。案窌在地下，而亦有墙者，贾《疏》曰："虽入地，口宜宽，则牢固也。"案今北方农村所挖地窖，在窖口周围筑土隆起如坟，盖即此所谓口宽则固之意。

〔3〕堂涂十有二分：堂涂(途)，指堂下东、西阶前的引路。十有二分，郑《注》曰："分其督旁之修，以一分为峻也。"案堂途中间高而两旁低，中高的部分就叫做督。督的高度，为两旁宽度的十二分之一。贾《疏》举例说，如督两旁各宽一尺二寸，那么督高就为一寸。

〔4〕窦：郑《注》曰："宫中水道。"

〔5〕墙厚三尺，崇三之：这是记宫墙的厚度与高度的比例。

【译文】

草屋〔屋脊的高度是屋前后之深的〕三分之一，瓦屋〔屋脊的高度是屋前后之深的〕四分之一。圆仓、地窖、方仓、城墙，它们的墙上端的厚度渐减为墙高的六分之一。堂阶前的路〔中间高出的尺寸是两旁宽度的〕十二分之一。宫中水道深三尺。〔墙的厚度与高度的比例是〕：墙厚三尺，高为九尺。

二九、车　人

1. 车人之事，半矩谓之宣[1]。一宣有半谓之欘[2]，一楅有半谓之柯[3]，一柯有半谓之磬折[4]。

【注释】

〔1〕半矩：矩谓直角，半矩则为45度的锐角。

〔2〕一宣有半谓之楅：一宣有半，即67.5度的角。楅，音zhú。

〔3〕一楅有半谓之柯：一楅有半，是为101.25度的钝角。案《注疏》本“之”上脱“谓”字，以上下文例之，此处亦当曰“谓之柯”，他本亦皆有“谓”字。

〔4〕一柯有半：是为151.875度。案此处所记磬折之度与《磬氏》异（参见彼注①）。

【译文】

车人〔制作器物〕的事，直角的一半叫做宣，一宣半的角叫做楅，一楅半的角叫做柯，一柯半的角度就是磬的弯曲度。

2. 车人为耒[1]，庛长尺有一寸[2]，中直者三尺有三寸[3]，上句者二尺有二寸。自其庛缘其外，以至于首，以弦其内，六尺有六寸，与步相中也[4]。坚地欲直庛，柔地欲句庛。直庛则利推，句庛则利发。倨句磬折，谓之中地[5]。

【注释】

〔1〕耒：此指耜的木柄。

〔2〕庛：音cì，耒下端安耜头的一段木名。

〔3〕中直者：及下文“上句者”，程瑶田《古义》曰：“耒木三折。”案耒木之三折，中间一段直木最长，下端折向前为庛以安耜头，上端折向后谓之首，为人手所扶持处。

〔4〕“自其”至“中也”：案耒木三折，其上下两折角方向相反，略似一“∫ ”形，耒木两端（从首端到庛端）的直线距离即所谓弦，可视为一条虚拟的直线纵贯于“∫ ”形的耒木之中，此弦即所谓内，而如

"∫ "的耒木本身则为外。耒木的实际长度为六尺六寸，其弦则为六尺，恰为一步，即所谓"与步相中"。

〔5〕倨句磬折，谓之中地：倨句磬折，谓庇弯折的角度符合磬折，即"一柯有半"，也就是151.875度。戴震曰："中地，谓无不宜也。宜坚不宜柔，宜柔不宜坚，为不中地；利推不利发，利发不利推，为不中地。"

【译文】

车人制作耒，〔下端的〕庇长一尺一寸，中间直的一段长三尺三寸，上端〔向后〕弯的一段长二尺二寸。从庇端沿着耒木，而到达首端，以两端之内的直线距离为弦，长六尺六寸〔的耒木〕，〔而弦的长度〕正好等于一步的长度。坚硬的土地要用直庇〔的耜〕，柔软的土地要用庇弯折〔的耜〕。直庇利于推耜入土，弯折的庇利于翻土，〔庇〕弯折的角度如磬体，称之为适宜于各类土地。

3. 车人为车〔1〕。柯长三尺〔2〕，博三寸，厚一寸有半。五分其长，以其一为之首〔3〕。

【注释】

〔1〕车人为车：此处指载货车。据下文，载货之车有三，即大车、柏车、羊车。据孙诒让说，此三种车皆为牛车。

〔2〕柯：斧柄，长三尺，亦即用作长度单位。

〔3〕五分其长，以其一为之首：首，谓斧头，这里是指斧头之刃的长度。柯长三尺，五分之一则为六寸。

【译文】

车人制造货车。柯长三尺，宽三寸，厚一寸半，把柯长分为五等分，用一等分的长度作为斧刃的长度。

4. 毂长半柯[1]，其围一柯有半。辐长一柯有半，其博三寸，厚三之一。渠三柯者三[2]。行泽者欲短毂，行山者欲长毂；短毂则利，长毂则安。行泽者反𫐓[3]，行山者仄𫐓[4]；反𫐓则易[5]，仄𫐓则完。六分其轮崇，以其一为之牙围[6]。

【注释】

〔1〕毂长半柯，其围一柯有半：毂长半柯，则为一尺五寸。其围一柯有半，则为四尺五寸，除以圆周率，则毂径为1.432 4 尺，约等于毂长。

〔2〕渠三柯者三：渠，郑《注》曰："谓罔也。"王宗涑曰："'罔'即'辋'之省。"案罔即轮牙。三柯，九尺；又三之，则二丈七尺，是为轮牙的周长，其直径则为8.594 3尺。

〔3〕反𫐓：𫐓，通"煣"。反𫐓，王宗涑曰："谓煣木为车辋，反阴为阳，使木向阴者在着地一面也。"反𫐓的目的，郑司农以为木的向阴面质地较软，行于泽地可以少黏泥。

〔4〕仄𫐓：王宗涑曰："谓车辋着地，阴阳各半也。"仄𫐓的目的，郑《注》曰："为(山路)沙石破碎之，欲得表里相依坚刃(韧)。"

〔5〕易：孙诒让曰："易、滑义同。"又说易滑"则泥不黏而行利"。

〔6〕六分其轮崇，以其一为之牙围：案轮崇 8.594 3 尺(见注②)，六分之一则为 1.432 4 尺，是为牙围。

【译文】

〔大车〕毂长一尺五寸，毂围长四尺五寸。辐长四尺五寸，辐宽三寸，厚一寸。轮牙周长二丈七尺。在沼泽地行驶毂要短，在山地行驶毂要长；短毂便利，长毂安稳。在泽地行驶煣制轮牙要使木的阴面朝外，在山地行驶煣制轮牙要使木的阴阳面各一半朝外；煣制轮牙使木的阴面朝外就滑易〔而不黏泥〕，煣制轮牙使木的阴阳面各一半朝外就能保持完好〔而不被山石所损坏〕。将轮的高度分为六等分，用一等分作为牙的围长。

5. 柏车毂长一柯[1]，其围二柯，其辐一柯，其渠二柯者三[2]，五分其轮崇，以其一为之牙围[3]。

【注释】

〔1〕柏车：据郑《注》，是行山地之车。

〔2〕渠二柯者三：即一丈八尺，则轮径为5.7296尺。

〔3〕五分其轮崇，以其一为之牙围：即将5.7296尺五分之，为1.1459尺，是为牙围。

【译文】

柏车毂长三尺，毂的围长六尺，辐长三尺，轮牙的周长一丈八尺，把轮的高度分为五等分，用一等分的长度作为牙的围长。

6. 大车崇三柯[1]，绠寸[2]，牝服二柯有参分柯之二[3]。羊车二柯有参分柯之一[4]。柏车二柯[5]。

【注释】

〔1〕大车崇三柯：大车，郑《注》曰："平地任载之车。"案大车之轮崇（即直径）实为8.5943尺（见第4节注②），此处说三柯，即九尺，举成数也。

〔2〕绠：牙上榫眼外侧留出的牙边（参见《轮人》第2节注⑧）。

〔3〕牝服二柯有参分柯之二：牝服，郑《注》曰："长八尺，谓较也。"案较是车厢两旁上之横木（参见《舆人》第2节注④）。孙诒让曰："马车、牛车皆有左右两较，但马车较左右出式（轼）而高，牛车较卑，无较式之别，是谓之平较，平较谓之牝服，较高者为牡，则平者为牝矣。"二柯为六尺，又加三分之二柯，则为八尺，是为牝服之长。

〔4〕羊车二柯有参分柯之一：羊车，郑《注》曰："羊，善也。善车，若今定张车。"案羊车亦为牛拉载货车之一种，其形制已不可考，郑《注》所比况之定张车亦不可考。二柯六尺，又加三分之一柯，则为七尺，是为羊车牝服之长度。

〔5〕柏车二柯：王宗涑曰："柏车牝服最短，盖以山险难行而少其任

载也。然则任载之车分为三等，亦量地之险易而利其用尔。易野用大车，险野用柏车，易险半者用羊车，而任载多少亦随地之易险而殊，故牝服有长短也。”

【译文】

大车轮高九尺，〔牙边留出的〕緛宽一寸，牝服长八尺。羊车的牝服长七尺。柏车的牝服长六尺。

7. 凡为辕[1]，三其轮崇。参分其长，二在前，一在后，以凿其鉤[2]。彻广六尺[3]，鬲长六尺[4]。

【注释】

〔1〕辕：是指牛车(包括上节所述三种牛车)的两直辕。

〔2〕参分其长，二在前，一在后，以凿其鉤：鉤，同“钩”，是指在辕的朝下的一面上所开的半圆形的槽，可置于车轴上以辖轴。案两辕木的后段伸在车厢下，与车箱上的牝服相应，而钩则开在当辕木后段三分之一处。以大车为例，其轮高九尺(见上节)，辕长是轮高的三倍，为二丈七尺，钩则开在辕后段九尺处。王宗涑曰：“牝服立辕上，半在鉤前，半在鉤后。大车牝服深八尺(见上节)，则辕出牝服前者一丈四尺，出牝服后者五尺。”又说，这出于牝服后的五尺，就是所谓軧，故《说文》曰：“軧，大车后也。”大车的前辕和后軧之所以这样长，是为增加任载用。

〔3〕彻广六尺：彻，通“辙”，即轨。案《匠人》郑《注》说轨宽八尺(参见彼第2节注③)，此为六尺者，是牛车与马车异制的缘故。

〔4〕鬲长六尺：鬲，通“軛”，是车辕前端驾在牛颈上的曲木。

【译文】

凡制作〔牛车的〕辕，辕长是轮高的三倍。把辕长分为三等分，二等分在前，一等分在后，以在此凿〔衔轴的〕钩。轨宽六尺，軛长六尺。

三〇、弓　人

1. 弓人为弓，取六材必以其时[1]。六材既聚，巧者和之[2]。干也者[3]，以为远也；角也者[4]，以为疾也；筋也者[5]，以为深也；胶也者，以为和也；丝也者，以为固也[6]；漆也者，以为受霜露也。

【注释】

〔1〕取六材必以其时：六材，即下文所记干、角、筋、胶、丝、漆六者。必以其时，郑《注》曰："取干以冬，取角以秋，丝、漆以夏。胶、筋未闻。"

〔2〕和之：谓按一定的法度加工组合。

〔3〕干：指弓干，以木为之。

〔4〕角：戴震说，在干之里。

〔5〕筋：戴震说，在干之表。

〔6〕胶也者，以为和也；丝也者，以为固也：和，合也。案丝用以缠束弓身，然后涂胶，使附着牢固。

【译文】

弓人制作弓，取用六材必须依照季节。六材都具备后，心灵手巧的工匠将它们加工组合〔而成为弓〕。干，以求射得远；角，以求箭速快；筋，以求箭射得深；胶，以求弓身结合紧密；丝，以求弓身牢固；漆，以求弓身能经受霜露。

2. 凡取干之道七：柘为上，檍次之[1]，檿桑次之[2]，橘次之，木瓜次之[3]，荆次之[4]，竹为下。凡相干，欲赤黑而阳声[5]：赤黑则乡心[6]，阳声则远根〔7〕。凡析干，射远者用埶〔8〕，射深者用直〔9〕。居干之道〔10〕，菑栗不迆，则弓不发〔11〕。

【注释】

〔1〕檍：音 yì，木名。

〔2〕檿桑：檿，音 yǎn。檿桑，木名。

〔3〕木瓜：亦木名。

〔4〕荆：灌木名。

〔5〕阳：是“扬”的借字，郑《注》曰：“犹清也。”

〔6〕乡心：孙诒让释“乡(向)”为近，曰：“木近心则坚韧，故宜为干也。”

〔7〕远根：谓所取木材的部位远于树根。郑《注》曰：“木之类，近根者奴。”案奴谓木理纠结而不顺。然则远根则木理条顺，制成弓干能受力均匀，是为良材。

〔8〕射远者用埶：用埶，谓利用木的曲势。郑司农曰：“假令木性自曲，则当反其曲以为弓。”案反其曲则可增强干的弹射力。

〔9〕射深者用直：郑《注》曰：“直则可厚，厚则力多。”这是说射深宜用直材，直材可以使弓干剖制得厚一些，弓干厚，则力度大，故可射深。

〔10〕居：孙诒让曰：“犹言处置也。”

〔11〕菑栗不迆，则弓不发：菑，郑司农曰：“谓以锯副析干。”案副，《说文》曰：“判也。”栗，段玉裁《汉读考》曰：“干木也。”发，王引之曰：“当读为‘拨’，拨者，枉也。言析干不邪行绝理，则弓不至于枉戾也。”案绝理，谓锯断木材的纹理。

【译文】

采取干材的质量标准分七等：柘木为上等，檍木次一等，檿桑又次一等，橘木又次一等，木瓜又次一等，荆木又次一等，竹子最次。凡选择干材，要颜色赤黑而〔敲击的〕声音清扬的：颜色赤黑就木质坚韧，声音清扬就木理条顺。凡剖制弓干，为求远射的要〔反向〕利用干材的曲势，为求射得深就要用直材。处理干材的方法，剖析干材时〔锯〕不邪，制作的弓就不会扭曲。

3. 凡相角，秋杀者厚，春杀者薄；稚牛之角直而泽，老牛之角紾而昔[1]；疢疾险中[2]，瘠牛之角无泽。角欲青白而丰末。夫角之末蹙于脑而休于气[3]，是故柔，柔故欲其势也[4]，白也者，势之征也。夫角之中恒当弓之畏[5]，畏也者必桡，桡故欲其坚也，青也者，坚之征也。夫角之末远于脑而不休于气，是故脆，脆故欲其柔也，丰末也者，柔之征也[6]。角长二尺有五寸，三色不失理[7]，谓之牛戴牛[8]。

【注释】

〔1〕紾而昔：紾，音 zhěn，江永曰："辟戾不直也。"昔，俞樾曰："《说文·日部》：'昔，干肉也。'紾而昔者，紾而干也。"

〔2〕疢疾险中：疢，音 chèn，《说文》曰："热病也。"引申为凡病之称。疢疾，郑《注》释之为"久病"，曰："牛有久病则里伤。"险，孙诒让释之为"污陷"，曰："角中污陷而不实。"案污陷，犹言洼陷。

〔3〕夫角之末蹙于脑而休于气：末，当作"本"。案此句与下"夫角之末远于脑而不休于气"相对为文，"远于脑"为角之末，则此"蹙于脑"必为角之本。贾《疏》引述此经文亦曰"言角之本近于脑"，可见唐以前尚不误。孙诒让《正义》本亦作"本"。然阮元及北京大学出版社 1999 年所出《周礼注疏》之新校本于此则皆未出校，甚不可解。"蹙，郑《注》曰：'近也'。"休，郑《注》曰："读为'煦'。"段玉裁《汉读考》曰："煦，烝也。"孙诒让曰："谓角本近脑，脑气易烝(蒸)及之，故多柔韧。"

〔4〕柔故欲其势也：郑司农曰："欲其形之自曲，反以为弓。"

〔5〕畏：通"隈"。案弓的两端叫做箫，也叫弭；弓的正中射者把持之处叫做弣；箫与弣之间的弯曲处就叫做隈，又叫渊。

〔6〕丰末也者，柔之征也：郑《注》曰："末之大者，脑气及煦之。"

〔7〕三色不失理：三色，郑《注》曰："本白，中青，末丰。"孙诒让曰："末丰非色，亦言色者，从文便也。"理，谓角的纹理。不失理，谓无瑕疵。孙诒让曰："角长则易有瑕疵，而能兼有三色，故可贵也。"

〔8〕牛戴牛：郑司农曰：“角直(值)一牛。”是说好的牛角价值贵重，与一头牛的价值相等，所以等于牛头上又戴着一头牛。

【译文】

凡选择角，秋季宰杀的牛角质厚，春季宰杀的牛角质薄；小牛的角直而润泽，老牛的角不直而干燥；久病的牛角里就会受伤而洼陷不平，瘦瘠的牛角不润泽。角要颜色青白而末端粗大的。角的根本处近于牛脑而受脑气的蒸润，因此比较柔韧，柔韧因此要它具有自然弯曲之势，颜色发白，就是弯曲之势的征验。角的中段常附在弓隈处，弓隈处必然弯曲，弯曲因此要所附的牛角坚韧，颜色发青，就是坚韧的征验。角的末端远于牛脑而不受脑气的蒸润，因此比较脆，脆因此要它柔韧，角的末端粗大，就是柔韧的征验。角长二尺五寸，兼有三色而纹理无瑕疵，叫做牛头上又戴着一牛。

4. 凡相胶，欲朱色而昔〔1〕。昔也者，深瑕而泽，紾而抟廉〔2〕。鹿胶青白〔3〕，马胶赤白，牛胶火赤，鼠胶黑，鱼胶饵〔4〕，犀胶黄。凡昵之类不能方〔5〕。

【注释】

〔1〕昔：干也(参见上节注②)。

〔2〕紾而抟廉：紾，在此谓纹理，贾《疏》曰：“谓有紾理。”抟廉，郑《注》曰：“抟，圜也。廉，瑕严利也。”孙诒让曰：“谓胶裂痕有廉棱峻利也。”

〔3〕鹿胶：及下文马胶、牛胶、鼠胶、鱼胶、犀胶，郑《注》曰：“皆谓煮用其皮，或用角。”孙诒让曰：“用皮谓马、鼠，用角谓鹿、牛、犀也。鱼胶用膘，郑不言者，文略。”

〔4〕饵：郑《注》曰：“色如饵。”孙诒让曰：“饵之色盖白而微黄，鱼膘之色似之则佳也。”

〔5〕凡昵之类不能方：昵，黏也。方，谓相比方。郑司农曰：“胶善戾。”段玉裁《汉读考》以为“戾”乃“丽”之误，谓胶善附丽。附丽

即黏附之义。

【译文】

凡选择胶，要红色而干燥的。干燥的胶，裂痕深而有光泽，裂成的纹理呈圆形而有廉棱。鹿胶青白色，马胶赤白色，牛胶火赤色，鼠胶黑色，鱼胶白而微黄，犀胶黄色。凡黏附类的东西都不能〔同胶的黏合力〕相比。

5. 凡相筋[1]，欲小简而长[2]，大结而泽。小简而长，大结而泽，则其为兽必剽[3]，以为弓，则岂异于其兽？筋欲敝之敝[4]，漆欲测[5]，丝欲沈[6]。

【注释】

〔1〕筋：孙诒让曰："谓牛马及麋鹿之筋。"

〔2〕简：郑《注》曰："读如'简札'之'简'，谓筋条也。"吕调阳曰："筋之条欲小而长，其端之结则欲大而泽。"

〔3〕剽：郑《注》曰："疾也。"

〔4〕敝：据贾《疏》，谓捶打劳敝，也就是捶打熟。

〔5〕测：郑《注》曰："犹清也。"

〔6〕丝欲沈：郑《注》曰："如在水中时色。"贾《疏》曰："据干燥时，色还如在水湅之色。"

【译文】

凡选择筋，要小筋成条而长，〔筋端的〕结要大而润泽。小筋成条而长，〔筋端的〕结大而润泽，有这种筋的野兽一定行动迅疾，用〔它的筋〕制作弓，〔射出的箭〕难道会同兽的迅疾不同吗？筋要捶打得熟之又熟，漆要清，丝要像在水里〔煮练时的颜色〕。

6. 得此六材之全[1]，然后可以为良。

【注释】

〔1〕六材：参见第1节。

【译文】

得此六种弓材都完好无瑕，然后可以制作优良的弓。

7. 凡为弓，冬析干而春液角〔1〕，夏治筋，秋合三材〔2〕，寒奠体〔3〕，冰析灂〔4〕。冬析干则易〔5〕，春液角则合〔6〕，夏治筋则不烦〔7〕，秋合三材则合〔8〕，寒奠体则张不流〔9〕，冰析角则审环〔10〕，春被弦，则一年之事〔11〕。

【注释】

〔1〕春液角：郝敬曰："谓以此水渍角，必于春。"（参见下节注⑤）

〔2〕三材：郑《注》曰："胶、丝、漆。"

〔3〕寒奠体：郑《注》曰："奠，读为'定'。至冬胶坚，内之檠中，定往来体。"案檠，音qìng，竹制，是辅正弓干的器具(参见第9节注④)，纳弓干于其中，可以纠正和固定其各部分弯曲的弧度，即所谓"定往来之体"。

〔4〕冰析灂：冰，谓隆冬大寒时。灂，谓漆纹(参见《辀人》第8节注⑨)。析灂，即分析漆灂(纹)看其是否剥落。据孙诒让说，上文云"合三材"，是弓体已施漆，又于初寒时置于檠中定其体，则弓体和漆纹皆已固定，到隆冬大寒时，物皆脆而易剥落，这时将弓从檠中取出，反复张弛之，如果漆纹不剥落，则为黏合得好，即所谓"析灂"也。案"析灂"之义实难明，学者说法不一，兹姑用孙氏说以备参。

〔5〕易：江永曰："言其易治。"

〔6〕合：郑《注》曰："读为'洽'。"段玉裁《汉读考》曰："洽者，和柔之意。"

〔7〕烦：郑《注》曰："乱。"

〔8〕合：郑《注》曰："坚密也。"

〔9〕张不流：张，《说文》曰："施弓弦也。"流，郑《注》曰："犹

移也。”

〔10〕审环：审，郑《注》曰：“犹定。”环，谓环形的漆纹。案弓体外缠以丝绳，而后施以漆，则自然显出环形的漆纹。

〔11〕春被弦，则一年之事：郑《注》曰：“期岁乃可用。”案制作弓，自前一年的冬季析干，到第二年春季液角，夏季治筋，秋合三材，冬季奠体、析灂，再到下一年春被弦，是整整经过一年，然后可用。

【译文】

凡制作弓，冬季剖析干材而春季用水煮治角，夏季治理筋，秋季再用〔胶、漆、丝〕三种材料〔将干、角、筋〕组合在一起，冬寒季节固定弓体，隆冬冰冻时检验漆纹是否剥落。冬季剖析干材就比较容易治理好，春季煮治角就较易使角柔韧，夏季治理筋就不会紊乱，秋季再用〔胶、漆、丝组合干、角、筋〕三种材料就坚固而严密，冬寒季节固定弓体张弦时就不再变形，隆冬冰冻时检验漆纹就较易确定环形的漆纹是否符合要求，〔到下一年〕春季再安上弦，就是整整一年的事情了。

8. 析干必伦〔1〕，析角无邪，斫目必荼〔2〕。斫目不荼，则及其大修也，筋代之受病〔3〕。夫目也者必强，强者在内而摩其筋，夫筋之所由幨〔4〕，恒由此作，故角三液而干再液〔5〕。厚其帤则木坚，薄其帤则需〔6〕，是故厚其液而节其帤〔7〕。约之不皆约〔8〕，疏数必侔〔9〕。斫挚必中〔10〕，胶之必均。斫挚不中，胶之不均，则及其大修也，角代之受病〔11〕。夫怀胶于内而摩其角，夫角之所由挫，恒由此作。

【注释】

〔1〕伦：顺也，郑《注》曰：“顺其理也。”

〔2〕斫目必荼：郑司农曰：“荼，读为‘舒’，舒，徐也。目，干节

目。”节目即节疤。

〔3〕则及其大修也，筋代之受病：修，郑《注》曰：“犹久也。”案遇到节疤，如果不徐徐砍斫之，节疤处就不可能平整，或突起，或凹陷，弓干的受力就不均匀，久之则必使干外的筋代受其伤：或被节疤所磨损，或多受力而失其韧性。

〔4〕幨：音 chān，郑《注》曰：“绝起也。”案绝，谓筋的里层纹理磨断；起，谓筋的表层鼓起而不附于干，如车帷然，故谓之幨。

〔5〕角三液而干再液：郝敬曰：“液，用水火煮治之。角三液，木再液，则调和可用。”

〔6〕厚其帤则木坚，薄其帤则需：帤，音 rú，弓干正中的衬木，以增加强度。衬木过厚则弓干过硬，过薄则弓干过软，当厚薄适宜。需，段玉裁《汉读考》以为当作“耎”，“耎”即“偄”的借字，弱也。

〔7〕厚其液而节其帤：郑《注》曰：“厚，犹多也。节，犹适也。”江永曰：“厚其液，即上文‘干再液’也。再液干犹必节其帤，不厚不薄，乃无太坚太需(耎)之病也。”

〔8〕约之不皆约：约，《说文》曰：“缠束也。”贾《疏》曰：“约谓以丝胶横缠之，今之弓犹然。不皆约，谓不次比为之。”

〔9〕疏数必侔：郑《注》曰：“侔，犹均也。”贾《疏》曰：“约之多少，须稀疏必均也。”

〔10〕斫挚必中：郑《注》曰：“挚之言致(緻)也。中，犹均也。”

〔11〕角代之受病：郑《注》曰：“干不均则角蹴折也。”案蹴有踩踏之义，在此亦作磨损讲。折，谓折断。

【译文】

剖析干材必须顺着〔木的纹理〕，剖析角〔也要顺着纹理〕不要斜，砍斫〔干材上的〕节疤必须徐缓。砍斫节疤不徐缓，等到弓使用长久了，〔缠在弓干外的〕筋就会代干受到损坏。木节必然是坚硬的，坚硬的东西在里面磨它外面的筋，筋之所以鼓起而不附干，常常就是由于这个原因造成的，因此角要煮治三次而干要煮治两次。〔弓干中部的〕衬木过厚干木就过于坚硬，衬木过薄就过于软弱，因此〔弓干〕要多煮治而适当地加衬木。〔弓干上〕要缠束丝绳而不遍缠，缠束的疏密必须均匀。〔弓干的〕砍斫要十分精致而且〔厚薄〕必须调匀，施胶必须均匀。砍斫〔弓干〕不精致不调匀，施胶不均匀，等到弓使用长久了，角就会代干受到损坏。胶在里面而磨损角，角之所以折断，常常就是由于这个原因造成的。

9. 凡居角，长者以次需〔1〕，恒角而短，是谓逆桡〔2〕，引之则纵，释之则不校〔3〕。恒角而达，辟如终绁〔4〕，非弓之利也。今夫茭解中有变焉〔5〕，故校；于挺臂中有柎焉，故剽〔6〕。恒角而达，引如终绁，非弓之利。

【注释】

〔1〕需：亦当作“耎”（参见上节注⑥），指弓隈处（参见第3节注⑥），因为弓隈处力度较弱，故称。

〔2〕恒角而短，是谓逆桡：恒，郑《注》曰：“读为‘搄’。搄（hù），竟也。”竟，终也，尽也。孙诒让曰：“恒角而短者，谓角短不能达隈干之尽处，势必将长其箫角，揉曲之，以接于隈角（案孙氏以为附于弓干各部分的角相互间要紧密衔接，如果隈角短，则必长箫角以接之），则箫强而隈之力不足以自持，引之（谓拉弓），则隈端之角将随箫而起。凡弓隈句（勾）向内为顺，今隈弱为箫强所牵，则句势反趋外，是逆桡也。”

〔3〕引之则纵，释之则不校：纵，《说文》曰：“缓也。”在此作无力讲。因为“逆桡”的缘故，弓隈处力减弱，故拉弓缓而无力。拉弓无力，射出的箭自不能疾，故曰“释之不校”。校，郑《注》曰：“疾也。”

〔4〕恒角而达，辟如终绁：辟，《注疏》本原作“譬”，据阮校改，然在此义同“譬”。郑《注》曰：“达，谓长于渊（即隈）干，若达于箫头。”绁，《说文》曰：“系也。”郑《注》曰：“绁弓柲。”柲，音bì，即固定弓体的檠，竹制，是弓去弦后，缚在弓里以防损伤的用具。戴震曰：“柲，以竹为之，弓弛则绁（系）之于弓里，张则去之。角长过渊接，引弦送矢俱不利，故曰‘辟中终绁’，又曰‘引如终绁’。”

〔5〕茭解中有变焉：茭，音qiāo，指弓干隈与箫的相接处，此处较细，故名。茭解中，指隈角与箫角相接处。戴震曰：“角长至渊干，与居箫之短者相接，所谓渊接，是谓茭解中。”变，郑《注》曰：“谓箫、

臂用力异。”臂，弓干除两端之箫，通谓之臂。用力异，谓用力方向不同。孙诒让曰：“凡弓，箫直而外向，臂桡而内向，是用力异也。”

〔6〕挺臂中有柎焉，故剽：郑《注》曰：“挺，直也。柎，侧骨。剽，亦疾也。”是挺臂即直臂，直臂即指弓臂正中弓把处，亦即弣处。柎，即弣，因弓柎两侧贴附有骨以助力，故又称侧骨为柎。

【译文】

凡处置角，角长的安置在弓隈〔而短的安置在弓箫〕。隈角过短，〔就会受箫角的影响而向相反方向弯曲〕，这就叫做逆曲，这样拉弓就无力，射出的箭就不能疾行。隈角过长，那就譬如弓始终系在柲上一样，〔影响拉弓射箭〕，并非对弓有利。弓的隈角与箫角交接处用力方向不同，因此射出的箭能迅疾；在弓把处两侧贴附有骨，因此射出的箭能迅疾。隈角过长，拉弓时就如同弓始终缚系在柲上一样，并非对弓有利。

10. 挢干欲孰于火而无赢[1]，挢角欲孰于火而无燂[2]，引筋欲尽而无伤其力，煮胶欲孰而水火相得，然则居旱亦不动，居湿亦不动。

【注释】

〔1〕挢干欲孰于火而无赢：挢，通“矫”，在此谓用火煣木、角。赢，郑《注》曰：“过孰也。”案孰(熟)，是掌握火候的标准，但具体用火到何种程度为熟，今已不详。

〔2〕燂：音 xún，郑《注》曰：“炙烂也。”

【译文】

用火煣制弓干要熟而不要过熟，用火煣制角要熟而不要烤烂，拉筋要尽量伸展而又不要〔拉断纹理〕损伤它的力度，煮胶要熟而所用水火恰到好处，〔这样制成的弓〕放在干燥的地方不变形，放在潮湿的地方也不变形。

11. 苟有贱工，必因角、干之湿以为之柔，善者在外，动者在内，虽善于外，必动于内，虽善亦弗可以为良矣。

【译文】

假如有低能的工匠，必然会趁角、干潮湿〔易煣〕时进行煣制，〔只图〕外表好看，而变化的因素隐藏在内，即使能做到外表好看，内部必然发生变化，外表再好也不可以成为良弓。

12. 凡为弓，方其峻而高其柎[1]，长其畏而薄其敝[2]，宛之无已，应[3]。

【注释】

〔1〕方其峻而高其柎：峻，弓之两端向上隆起以系弦之处，亦即箫，故郑《注》释峻曰“谓箫也”。柎，即弓把，在弓臂正中而向内高出于两侧。

〔2〕长其畏而薄其敝：这是就所贴附的角而言。弓隈较长而软，则隈角亦当长而尽隈，否则不足以坚其势。敝，通“蔽”，郑司农曰：“读为‘蔽塞’之‘蔽’，谓弓人所握持者。”案蔽亦角也，贴附在弓把之外以蔽内，故称。孙诒让曰：“敝与柎同处，但敝蔽柎之外，干既高，则表角不宜过厚，故欲薄。盖隈干耎而角长，柎干高而角薄，皆欲剂其强弱之平也。”

〔3〕宛之无已，应：郑《注》曰：“宛，谓引之也。引之不休止，常应弦，言不罢需(耎)也。”

【译文】

凡制作弓，峻要方而弣要高，隈角要长而蔽角要薄，即使拉弓不停，也都能与弦的缓急相应〔而不疲软〕。

13. 下柎之弓，末应将兴[1]。为柎而发，必动于杀[2]。弓而羽杀，末应将发[3]。

【注释】

〔1〕下柎之弓，末应将兴：下柎（弣），上节云“高其柎”，是弓弣处当高，当高而不高，故曰“下柎”。郑《注》曰：“末，犹箫也。兴，犹动也，发（拨）也。弓柎卑，箫应弦则柎将动。”案弓弣处之所以要高，就是因为它当弓臂之中，受力大，高之则可增其强度。如果弓弣不高，则力弱，拉弦时箫一受力，弣就应之而动，无力撑住弓隈，射出的箭也就不可能有力。

〔2〕为柎而发，必动于杀：发，孙诒让曰：“亦当读为‘拨’，谓枉戾也。”（参见第2节注⑪）杀，郑《注》曰：“接中。”案接中义同第9节所谓“茭解中”，指两角相接处，不过第9节是指箫角与隈角的交接处，此则指弣角与隈角的交接处。戴震曰：“言因柎以致伤动者，其病必在角（指隈角）、柎（指弣角）相接之处。”

〔3〕弓而羽杀，末应将发：郑《注》曰：“羽，读为‘扈’，扈，缓也。接中动则缓，缓，箫应弦，则角干将发（拨）。”孙诒让曰：“言畏、柎相接处一动，则接缝宽缓，而力不相贯，箫应弦时，弓体之角干皆随之而拨枉也。”

【译文】

弣低的弓，箫一应弦〔承受拉力〕弣就将变形。作为弣而变形，必然会使弣角与隈角相接处变动。作为弓而〔弣角与隈角〕相接处〔因变动而〕宽缓无力，箫一应弦〔承受拉力整个弓体〕都将变形。

14. 弓有六材焉，维干强之，张如流水[1]；维体防之[2]，引之中参[3]；维角党之[4]，欲宛而无负弦[5]，引之如环，释之无失体，如环。

【注释】

〔1〕张如流水：谓干不仅强有力，而且调制得好，因此张弓顺如

流水。

〔2〕维体防之：郑《注》曰："体，谓内(纳)之于檠中，定其体。"定其体，即第7节所谓"寒奠体"之义。防，谓防其变形。

〔3〕引之中参：郑《注》曰："谓体定张之，弦居一尺，引之又二尺。"这是说，定体后，弦与弓臂之间应保持一尺的距离，而当拉满弓时，则应有三尺的距离，据贾《疏》，这是因为"矢长三尺，须满故也。"

〔4〕党：是"掌(撑)"的本字。

〔5〕宛而无负弦：宛，同"宛之无已"之"宛"(参见第12节注③)。负弦，郑《注》曰："辟戾也。"孙诒让曰："辟戾，谓角与弦邪背也。"案弓干上所贴附的角，与弦正相对，若角辟戾而邪曲，则不能与弦正相对，即所谓负弦。

【译文】

弓有六种材料。要使干强有力，而拉弓时顺如流水；要使弓体固定而防止变形，拉满弓时〔弦与弓臂之间〕符合三尺的距离；角要能撑住弓干〔以增加强度〕，拉弦时〔不发生邪曲而〕不能正对弦；拉弓时弓体弯曲如环，松手放箭时弓体不变形，仍弯曲如环。

15. 材美，工巧，为之时，谓之参均[1]；角不胜干，干不胜筋[2]，谓之参均；量其力有三均[3]：均者三，谓之九和。九和之弓，角与干权[4]。筋三侔[5]，胶三锊[6]，丝三邸[7]，漆三斞，上工以有余，下工以不足。

【注释】

〔1〕参均：盖谓三者均符合要求。

〔2〕角不胜干，干不胜筋：不胜，郑《注》曰："无负也。"孙诒让曰："谓与角无负弦义同(参见上节注⑤)。角与干，干与筋，并相得均一，不相胜害，则自无辟戾也。"

〔3〕量其力有三均：量其力，谓衡量弓的拉力。其量法，据《注》、《疏》，用绳代弦著于弓箫，加上一石（一百二十斤）的重量，弓当张开一尺；再加一石，又当张一尺；加上三石，则弓张三尺：这样三次都符合要求，就叫做三均，这就是三石力的弓。

〔4〕角与干权：郑《注》曰："权，平也。"戴震曰："权之使无胜负。"

〔5〕侔：通"桙"，据孙诒让引吕贤基考证，为量器名，其容量今已难确考。

〔6〕三锊：锊重六又三分之二两，三锊则一斤四两（参见《冶氏》第2节注⑧）。

〔7〕邸：及下文㪷（音 yǔ），皆量名，郑《注》曰："轻重未闻。"

【译文】

材料优良，工艺精巧，制作适时，叫做三均；角与干相应，干与筋相应，叫做三均；衡量弓的拉力又符合三均：三个三均，叫做九和。符合九和标准的弓，角与干相称。筋三侔，胶三锊，丝三邸，漆三㪷，上等工匠用之有余，下等工匠用之不足。

16. 为天子之弓，合九而成规[1]；为诸侯之弓，合七而成规；大夫之弓，合五而成规；士之弓，合三而成规。

【注释】

〔1〕合九而成规：及下文"合七而成规"至"合三而成规"，皆详《夏官·司弓矢》第5节注①。

【译文】

制作天子的弓，合九弓而成圆；制作诸侯的弓，合七弓而成圆；大夫的弓，合五弓而成圆；士的弓，合三弓而成圆。

17. 弓长六尺有六寸，谓之上制，上士服之[1]；弓长六尺有三寸，谓之中制，中士服之；弓长六尺，谓之下制，下士服之。

【注释】

〔1〕上士：及下中士、下士，是就人的身高而言，非谓命士之上、中、下。

【译文】

弓长六尺六寸，称为上制，高个子的人使用；弓长六尺三寸，称为中制，中等身材的人使用；弓长六尺，称为下制，低个子的人使用。

18. 凡为弓，各因其君之躬志虑血气[1]。丰肉而短，宽缓以荼[2]，若是者为之危弓[3]，危弓为之安矢[4]。骨直以立，忿势以奔[5]，若是者为之安弓，安弓为之危矢。其人安，其弓安，其矢安，则莫能以速中，且不深。其人危，其弓危，其矢危，则莫能以愿中[6]。

【注释】

〔1〕各因其君之躬志虑血气：君，泛指用弓的人。躬，指人的身体形貌。志虑血气，据郑《注》，指人的情性。此句在于说明弓的制作不仅要看人的身材，还当因人的情性而异。

〔2〕荼：音 shū，徐也。（参见第 8 节注②）

〔3〕若是者为之危弓：危，及下文奔，郑《注》曰：“犹疾也。”又曰：“言损赢济不足。”案“宽缓以荼”，是舒缓有余（即所谓赢）而迅疾不足，故以危（疾）弓济之。下文义皆放此。

〔4〕安：江永曰：“柔缓为安。”

〔5〕骨直以立，忿势以奔：骨直，郑《注》曰：“谓强毅。”立，立

即，迅速。忿，同“愤”。忿势，谓性情急躁、暴躁。

〔6〕愿：郑《注》曰：“悫也。”案悫，音 què，《说文》曰：“谨也。”

【译文】

凡制作弓，各因使用者的形貌性情而定。胖而矮，性情宽舒而举动徐缓，这样的人要为他制作劲疾的弓，劲疾的弓配以柔缓的箭。刚毅而敏捷，暴躁而迅疾，这样的人要为他制作柔缓的弓，柔缓的弓配以劲疾的箭。如果人的性情柔缓，他的弓也柔缓，箭也柔缓，〔射出的箭〕就不能迅速中的，而且不能深入。如果人的性情急躁，他的弓也劲疾，箭也劲疾，〔射出的箭〕就不能谨慎命中。

19. 往体多，来体寡〔1〕，谓之夹、臾之属〔2〕，利射侯与弋〔3〕。往体寡，来体多，谓之王弓之属〔4〕，利射革与质〔5〕。往体来体若一，谓之唐弓之属〔6〕，利射深。

【注释】

〔1〕往体多，来体寡：往体，谓弓体外曲；来体，谓弓体内向。案弓体当两隈处略曲向外，而当弓把（即弣）处略曲向内，即所谓往来之体。

〔2〕夹、臾：即《司弓矢》所谓夹弓、庾弓，是“合五而成规”的两种较弱的弓（参见彼第2节注②）。

〔3〕射侯与弋：即《司弓矢》所谓“射豻侯、鸟兽”：豻侯侯道五十步，为侯道之最近者，射鸟兽亦非远射，故皆以较弱之弓射之（参见同上）；弋，即弋射，射飞鸟用弋射（参见同上第4节注③）。

〔4〕王弓：即第16节所谓天子之弓，是“合九而成规”的弓，弓中之最强者。

〔5〕利射革与质：即《司弓矢》所谓“射甲革、椹质”（参见《司弓矢》第2节注①）。

〔6〕唐弓：是“合七而成规”的弓，强弱程度适中（参见同上

注③）。

【译文】

弓体向外弯曲的弧度大，向内弯曲的弧度小，称为夹、臾之类的弓，利于射豻侯和弋射飞鸟。向外弯曲的弧度小，向内弯曲的弧度大，称为王弓之类的弓，利于射革甲和椹板。向外和向内弯曲的弧度相同，称为唐弓之类的弓，利于深射。

20. 大和无灂〔1〕，其次筋、角皆有灂而深〔2〕，其次有灂而疏，其次角无灂〔3〕。合灂若背手文〔4〕。角环灂，牛筋蕡灂〔5〕，麋筋斥蠖灂〔6〕。

【注释】

〔1〕大和无灂：大和，贾《疏》曰："谓九和之弓（参见第15节），以其六材俱善，尤良，故无漆灂也。"灂，谓漆纹。

〔2〕筋、角皆有灂而深：郑《注》曰："深，谓灂在中央，两边无也。"孙诒让曰："弓筋在表而角在里，中央谓表里之中皆有灂。两边无者，弓侧也。"盖谓漆纹深藏在筋、角的内侧，即贴着弓干的一面上，表面看不出来。

〔3〕其次角无灂：贾《疏》曰："谓隈里无灂，箫头及背有之。"

〔4〕合灂若背手文：郑《注》曰："弓表里灂合处，若人合手背，文相应。"程瑶田《创物记》曰："合手掌，空缝有疏密，惟手背之缝闲不容发，弓合处似之，言文密也。"

〔5〕蕡：郑《注》曰："枲实也。"即麻子，其表有斑纹，此漆纹似之。

〔6〕斥蠖：蠖，音huò。郑《注》曰："斥蠖，屈虫也。"案斥蠖即尺蠖，是尺蠖蛾的幼虫，虫形细小而蜷曲，此漆纹似之。

【译文】

九和的弓没有漆纹，其次筋、角都有漆纹而深藏在内侧，又其次〔筋、角的表面〕都有漆纹而较稀疏，又其次仅角〔当隈里的地方〕没有漆纹。〔弓侧表里〕漆纹相合处就像人两手背相合一样〔纹理相应〕。角上的漆纹如环状，牛筋上的漆纹如麻子纹，麋筋上的漆纹形似尺蠖。

21. 和弓击摩〔1〕。覆之而角至，谓之句弓〔2〕；覆之而干至，谓之侯弓〔3〕，覆之而筋至，谓之深弓〔4〕。

【注释】

〔1〕和弓击摩：郑《注》曰："和，犹调也。击，拂也。将用弓，必先调之，拂之，摩之。"据孙诒让的解释，调，谓调试弓的强弱。拂，谓去尘。摩，谓察弓有无瑕衅。

〔2〕覆之而角至，谓之句弓：郑《注》曰："覆，犹察也，谓用(因)射而察之。至，犹善也，但角善，则矢虽疾而不能远。"所谓但角善，谓只有角善，而筋、干则不善。贾《疏》曰："弓有六材，角、干、筋用力多，特言之。若三者全善，则为尤良，若一善者为敝，二善者为次。"句弓，郑《注》曰："句于三体，材敝恶，不用之弓也。"据孙诒让说，三体，谓合九、合七、合五而成规的三种弓，句(勾)于这三种弓，则谓合三而成规之弓，因弯曲的弧度过大，弓体太弱而不能用。

〔3〕侯弓：郑《注》曰："射侯之弓。"即夹弓、臾弓之类的弓。

〔4〕深弓：郑《注》曰："射深之弓也。……矢既疾而远又深。"据贾《疏》，这是指唐弓、大弓及王弓、弧弓之类的弓。

【译文】

调试弓之前先要拂去弓表的灰尘并抚摸检查弓体是否有毛病。检查弓体而只有角好，叫做勾弓；检查弓体〔不仅角好〕而干又好，叫做侯弓；检查弓体〔不仅角、干好〕而筋又好，叫做深弓。

附　录

主要引用书目

（以首次引用的先后为序）

朱　申　《周礼句解》（文渊阁《四库全书》本，以下简称《库》本）
俞　樾　《群经平议》（《清经解续编》本，以下简称《续经解》本，上海书店 1988 年版）
姜兆锡　《周礼辑义》（《续修四库全书》本，以下简称《续库》本，上海古籍出版社 2002 年版）
沈梦兰　《周礼学》（《续库》本）
方　苞　《周礼析疑》（简称《析疑》，《续库》本）
蒋载康　《周官心解》（《续库》本）
郝　敬　《周礼完解》（《续库》本）
孙诒让　《周礼正义》（点校本，中华书局 1987 年版）
王引之　《经义述闻》（《清经解》本，以下简称《经解》本，上海古籍出版社 2002 年版）
于　鬯　《续周礼日记》（《续库》本）
王昭禹　《周礼详解》（《库》本）
毛应龙　《周官集解》（《库》本）
李光坡　《周礼述注》（《库》本）
乾隆十三年　《周官义疏》（简称《义疏》，《库》本）
江　永　《周礼疑义举要》（《经解》本）
段玉裁　《说文解字注》（上海古籍出版社 1981 年 10 月版）

金　榜　《礼笺》（《经解》本）
刘　敞　《七经小传》（《库》本）
叶　时　《礼经会元》（《库》本）
惠士奇　《礼说》（《经解》本）
程瑶田　《九谷考》（《经解》本）
沈　彤　《周官禄田考》（《续经解》本）
李调元　《周礼摘笺》（《续库》本）
王安石　《周官新义》（《库》本）
黄　度　《周礼说》（《续库》本）
方　苞　《周官集注》（简称《集注》,《库》本）
曾　钊　《周礼注疏小笺》（《续经解》本）
段玉裁　《周礼汉读考》（简称《汉读考》,《经解》本）
刘　沅　《周官恒解》（《续库》本）
孙诒让　《十三经注疏校记》（简称《校记》，齐鲁书社 1983 年版）
凌廷堪　《礼经释例》（简称《释例》,《经解》本）
敖继公　《仪礼集说》（《库》本）
孔广林　《周官肊测》（简称《肊测》,《续库》本）
无名氏　《周官集说》（简称《集说》,《库》本）
秦蕙田　《五礼通考》（简称《通考》,《库》本）
胡培翚　《仪礼正义》（简称《正义》,《续经解》本）
王应电　《周礼传》（《库》本）
李钟伦　《周礼纂训》（《库》本）
庄存与　《周官说补》（《续经解》本）
陈　澔　《礼记集说》（简称《集说》，上海古籍出版社 1987 年影印世界书局本）
王志长　《周礼注疏删翼》（《库》本）
金　鹗　《求古录礼说》（《续经解》本）
官献瑶　《石谿读周官》（《续库》本）
吕飞鹏　《周礼补注》（《续库》本）

扬　雄　《方言》（《库》本）

易　袚　《周官总义》（《库》本）

聂崇义　《三礼图集注》（简称聂氏《三礼图》，《库》本）

任大椿　《弁服释例》（《经解》本）

郑伯谦　《太平经国书》（《库》本）

刘青芝　《周礼质疑》（《续库》本）

朱　熹　《朱子语类》（点校本，中华书局 1986 年版）

丁　晏　《周礼释注》（《续库》本）

柯尚迁　《周礼全经释原》（《库》本）

钱　玄　《三礼通论》（简称《通论》，南京师范大学出版社 1996 年版）

杜　佑　《通典》（《十通》本，浙江古籍出版社 1988 年版）

刘　绩　《三礼图》（《库》本）

张　参　《五经文字》（《库》本）

马承源　《中国青铜器》（上海古籍出版社 1988 年版）

戴　震　《考工记图》（《经解》本）

程瑶田　《磬折古义》（简称《古义》，《经解》本）

王与之　《周官订义》（《库》本）

孔广森　《礼学卮言》（简称《卮言》，《经解》本）

胡匡衷　《仪礼释官》（《经解》本）

陈祥道　《礼书》（《库》本）

黄以周　《礼书通故》（《续库》本）

黄以周　《礼说》（《续库》本）

崔灵恩　《三礼义宗》（《黄氏逸书考》本）

徐养原　《周官故书考》（《经解》本）

段玉裁　《释拜》（见《经韵楼集》，《经解》本）

林希逸　《鬳斋考工记解》（《库》本）

阮　元　《考工记车制图解》（简称《图解》，《经解》本）

王宗涑　《考工记考辨》（《续经解》本）

李　惇　《群经小识》（《经解》本）

程瑶田 《考工创物小记》（简称《创物记》，《经解》本）
郑　珍 《轮舆私笺》（《续经解》本）
王聘珍 《周礼学》（《续库》本）
钱　坫 《车制考》（《续经解》本）
吕调阳 《考工记考》（《续库》本）